머리말

　현대사회가 복잡해짐에 따라 경제현상을 설명하는 회계학의 영역과 그 중요성은 더욱 커져가고 있다. 회계학은 인류의 경제생활과 더불어 꾸준히 발전해 왔으며, 과거의 수작업에 의존하던 회계처리과정이 컴퓨터의 도움으로 처리속도와 정확도면에서 눈부신 발전을 해온 것이 사실이다.

　이에 발맞추어 전산과 회계를 접목시킨 많은 자격증제도가 만들어 졌으며, 이를 취득하려는 수요가 폭팔적으로 증가하는 실정이다. 전산회계는 그 특징상 회계이론과 전산실무능력을 동시에 갖추어야 한다. 따라서 수험생들은 이론과 실무를 병행하여 학습하여야 한다. 그러나 기존의 교재는 이론과 실무를 병행하여 학습하는데 충분하지 못하여 수험생들에게 어려운 점이 있었다. 이에 본 저자는 수험생들의 고충을 조금이나마 덜어주기 위하여 본서를 출간하게 되었다.

　본서의 특징은 다음과 같다.

1. 최적화된 이론정리

　현장에서 강의하는 강사로서 가장 크게 느끼는 점은 시험이 갈수록 이론적 체계 없이는 합격할 수 없다는 것이다. 과거의 암기식, 요약식의 시험대비는 시간을 절약할 수 있을지는 몰라도 합격을 보장받을 수 없다. 오히려 시험기간을 오래 걸리게 하는 요인이 된다.

　따라서 시간을 절약하면서 이론을 체계적으로 정립할 수 있는 교재가 필요하게 되었으며 이러한 시대적 부흥에 맞추어 본서는 집필되었다.

2. 출제경향에 맞춘 문제개발

　기존의 교재는 유형별로 기출문제를 배열하고 반복함으로써 시험에 대비하도록 구성되어 있으나, 이러한 방법은 새로운 유형의 문제나 응용된 문제를 푸는데 한계점을 가지고 있다. 이러한 문제점을 해결하기 위해 본서는 수미일관된 문제(빈출유형정복하기)를 개발하여 수험생이 전체적인 흐름을 파악할 수 있게 하였다.

3. 국가직무능력표준(NCS) 반영

　국가직무능력표준(NCS)의 회계 3, 4수준에 맞는 능력단위와 능력단위요소 및 수행준거에서 제시하는 직무수행을 할 수 있도록 능력단위별 표준평가내용과 학생별 훈련과정 종합평가문제를 부록편에 제공하였다.

　본 교재를 통하여 전산회계 자격증을 취득하고자 하는 많은 분들에게 합격의 영광이 있기를 기대하며, 교재의 부족한 부분은 계속 노력하여 채워나갈 것을 독자여러분에게 약속드립니다.

2025년 1월
저자씀

PART 1 회계원리

CHAPTER 01 | 회계의 개념과 순환과정 ········ 17
- 01. 회계의 의의와 목적 ·············· 17
- 02. 회계의 분류 ·························· 17
- 03. 재무제표 ······························ 17
- 04. 재무회계의 개념체계 ·········· 20
- 05. 회계의 순환과정 ·················· 23

CHAPTER 02 | 당좌자산 ············ 32
- 01. 유동자산의 종류 ·················· 32
- 02. 당좌자산 ······························ 32

CHAPTER 03 | 재고자산 ············ 51
- 01. 재고자산의 의의와 종류 ······ 51
- 02. 재고자산의 취득원가 ·········· 51
- 03. 재고자산의 기록방법 ·········· 52
- 04. 재고자산에 포함되는 항목 ····· 57
- 05. 재고자산의 감모손실과 평가손실 ···· 58

CHAPTER 04 | 유형자산 ············ 67
- 01. 비유동자산의 종류 ·············· 67
- 02. 유형자산의 의의와 종류 ······ 67
- 03. 유형자산의 취득원가결정 ···· 68
- 04. 취득이후의 지출 ·················· 70
- 05. 감가상각 ······························ 71
- 06. 유형자산의 처분 ·················· 73

CHAPTER 05 | 투자자산 · 무형자산 · 기타비유동자산 ··· 83
- 01. 투자자산 ······························ 83
- 02. 무형자산 ······························ 84
- 03. 기타비유동자산 ·················· 91

CHAPTER 06 | 부 채 ··················· 99
- 01. 부채의 의의 ·························· 99
- 02. 유동부채 ······························ 99
- 03. 비유동부채 ························ 102
- 04. 사채 ···································· 103
- 05. 충당부채 ···························· 106

CHAPTER 07 | 자 본 ··················· 117
- 01. 자본의 의의 ························ 117
- 02. 자본의 구성 ························ 117
- 03. 자본금 ································ 118
- 04. 자본잉여금 ························ 120
- 05. 기타자본잉여금 ················ 121
- 06. 자본조정 ···························· 121
- 07. 기타포괄손익누계액 ········ 122
- 08. 이익잉여금 ························ 123
- 09. 배당금 ································ 124

CHAPTER 08 | 수익과 비용 ······· 130
- 01. 수익의 정의 ························ 130
- 02. 수익의 인식기준 ················ 131
- 03. 수익인식기준의 구체적 적용 ··· 132
- 04. 회수기준 ···························· 133
- 05. 비용의 정의 ························ 134
- 06. 비용의 측정과 인식 ·········· 135
- 07. 비용의 인식방법 ················ 135
- 08. 손익계산서 ························ 136

PART 2 원가회계

CHAPTER 01 | 원가회계의 개념 · · · · · · 145
- 01. 원가회계의 개념 · · · · · · · · · 145
- 02. 원가의 분류 · · · · · · · · · · · 146

CHAPTER 02 | 제조원가의 흐름 · · · · · · 154
- 01. 제조원가의 흐름 · · · · · · · · · 154
- 02. 원가계산의 절차 · · · · · · · · · 155
- 03. 제조원가명세서의 작성 · · · · · · 156
- 04. 제조원가의 회계처리 · · · · · · · 157
- 05. 제조간접원가 · · · · · · · · · · 158
- 06. 원가계산과 재무제표와 관계 · · · · 159

CHAPTER 03 | 원가배분 · · · · · · · · · 163
- 01. 원가배분의 의의 · · · · · · · · · 163
- 02. 원가배분기준 · · · · · · · · · · 163
- 03. 보조부문의 원가배분 · · · · · · · 164
- 04. 제조간접비의 배부 · · · · · · · · 166

CHAPTER 04 | 개별원가계산 · · · · · · · 173
- 01. 개별원가계산의 의의 · · · · · · · 173
- 02. 개별원가계산의 절차 · · · · · · · 173
- 03. 제조간접비 배부기준 및 배부방법 · · 173
- 04. 정상(예정)원가계산 · · · · · · · · 174
- 05. 개별원가계산과 종합원가계산의 비교 · · 175

CHAPTER 05 | 종합원가계산 · · · · · · · 180
- 01. 종합원가계산의 의의와 종류 · · · · 180
- 02. 종합원가계산방법 · · · · · · · · 180
- 03. 평균법과 선입선출법의 비교 · · · · 181

PART 3 부가가치세

CHAPTER 01 | 총 칙 · · · · · · · · · · · 189
- 01. 부가가치세의 개념 · · · · · · · · 189
- 02. 부가가치세의 납세의무자 · · · · · 190
- 03. 과세기간 · · · · · · · · · · · · 191
- 04. 납세지 · · · · · · · · · · · · · 192
- 05. 사업자등록 · · · · · · · · · · · 193

CHAPTER 02 | 과 세 거 래 · · · · · · · · 194
- 01. 과세거래의 의의 · · · · · · · · · 194
- 02. 재화 또는 용역의 공급시기 · · · · · 196

CHAPTER 03 | 영세율과 면세 · · · · · · · 198
- 01. 영세율 · · · · · · · · · · · · · 198
- 02. 면 세 · · · · · · · · · · · · · 198

CHAPTER 04 | 과 세 표 준 · · · · · · · · 201
- 01. 과세표준의 의의 · · · · · · · · · 201
- 02. 과세표준의 계산방식 · · · · · · · 201

CHAPTER 05 | 거래징수와 세금계산서 · · · 204
- 01. 거래징수 · · · · · · · · · · · · 204
- 02. 세금계산서 · · · · · · · · · · · 204
- 03. 영수증과 신용카드매출전표 · · · · 207

CHAPTER 06 | 납 부 세 액 · · · · · · · · 209
- 01. 납부세액의 계산구조 · · · · · · · 209
- 02. 매출세액의 계산구조 · · · · · · · 209
- 03. 매입세액의 계산구조 · · · · · · · 210

CHAPTER 07 | 납 세 절 차 · · · · · · · · 212
- 01. 신고와 납부 · · · · · · · · · · · 212
- 02. 결정 · 경정 및 징수 · · · · · · · · 213
- 03. 환 급 · · · · · · · · · · · · · 214

CONTENTS

PART 1 전산세무회계프로그램 시작

CHAPTER 01 | 전산세무회계프로그램 시작 ··· 231
- 01. 프로그램 실행하기 ················ 232
- 02. 전체메뉴화면 소개 ················ 234

PART 2 기초정보관리

CHAPTER 01 | 회사등록 ················ 239
- 01. 기본사항 ························ 239
- 02. 추가사항 ························ 243

CHAPTER 02 | 거래처 등록 ············· 247
- 01. 일반거래처 ······················ 247
- 02. 금융기관 ························ 249
- 03. 신용카드 ························ 251

CHAPTER 03 | 계정과목 및 적용등록 ····· 256
- 01. 적색계정과목 ···················· 257
- 02. 흑색계정과목 ···················· 257
- 03. 사용자설정계정과목 ·············· 257
- 04. 성격 ···························· 258
- 05. 적요의 수정 및 추가 ············· 258

CHAPTER 04 | 환경등록 ················ 260

CHAPTER 05 | 초기이월작업 ············ 263
- 01. 전기분재무상태표 ················ 263
- 02. 전기분 손익계산서 ··············· 269
- 03. 전기분원가명세서 ················ 272
- 04. 전기분 이익잉여금처분계산서 ····· 276
- 05. 거래처별 초기이월 ··············· 278

PART 3 거래자료의 입력

CHAPTER 01 | 일반전표 입력 ············ 283
- 01. 일반전표입력방법 ················ 285
- 02. 반드시 거래처코드를 입력해야하는 채권·채무 ··· 286
- 03. 경비계정의 계정코드선택 ········· 286

CHAPTER 02 | 매입매출전표입력 ········· 300
- 01. 상단부입력방법 ·················· 301

PART 4 감가상각과결산

CHAPTER 01 | 고정자산등록 및 감가상각 ··· 323
- 01. 고정자산의 등록 ················· 323
- 02. 고정자산관리대장 ················ 325

CHAPTER 02 | 결산자료입력 ············ 330
- 01. 수동결산항목 ···················· 330
- 02. 자동결산항목의 입력 ············· 337

실기편

PART 5 입력자료조회

CHAPTER 01 | 장부 조회 ························· 357
01. 거래처원장··· 357
02. 계정별원장··· 359
03. 현금출납장··· 360
04. 일계표(월계표) ··································· 362
05. 분개장··· 367
06. 총계정원장··· 368
07. 매입매출장··· 369
08. 세금계산서(계산서)현황 ······················ 371
09. 전표출력·· 371

CHAPTER 02 | 부가가치 조회 ····················· 372
01. 세금계산서합계표 조회 ······················· 372
02. 부가가치세신고서 조회 ······················· 374

PART 6 기출문제

기출문제 ··· 387

해답편

이론문제
기출문제

시험안내 및 출제유형

I. 목적

전산세무회계의 실무처리능력을 보유한 전문인력을 양성할 수 있도록 조세의 최고전문가인 세무사로 구성된 한국세무사회가 엄격하고 공정하게 자격시험을 실시하여 그 능력을 등급으로 부여함으로써, 학교의 세무회계 교육방향을 제시하여 인재를 양성시키도록 하고, 기업체에는 실무능력을 갖춘 인재를 공급하여 취업의 기회를 부여하며, 평생교육을 통한 우수한 전문인력의 양성으로 국가 발전에 기여하고자 함

II. 자격구분

종목 및 등급		시험구성	비고
전산세무회계	전산세무1급	이론시험 30%(4지선다형)와 실무시험 70% (컴퓨터 프로그램이용)	국가공인
	전산세무2급	이론시험 30%(4지선다형)와 실무시험 70% (컴퓨터 프로그램이용)	
	전산회계1급	이론시험 30%(4지선다형)와 실무시험 70% (컴퓨터 프로그램이용)	
	전산회계2급	이론시험 30%(4지선다형)와 실무시험 70% (컴퓨터 프로그램이용)	

III. 시행근거

- 법 적 근 거 : 자격기본법 제19조
- 공 인 번 호 : 노동부 제2007-01호
- 종목 및 등급 : 전산세무회계(전산세무1급 · 2급, 전산회계1급 · 2급)
- 자격관리자 : 한국세무사회장

Ⅳ. 검정요강

1. 검정기준

종목 및 등급	검정기준
전산세무 1급	대학 상급수준의 재무회계와 원가회계, 세무회계(법인세 및 부가가치세, 소득세)에 관한 지식을 갖추고 기업체 세무회계담당책임자로서 세무회계프로그램을 이용하여 세무회계 전반에 관한 업무를 수행할 수 있는 능력을 평가함
전산세무 2급	대학 중급수준의 재무회계와 원가회계, 세무회계(부가가치세, 소득세)에 관한 지식을 갖추고 기업체 세무회계관리자로서 세무회계프로그램을 이용하여 세무회계에 관한 업무를 수행할 수 있는 능력을 평가함
전산회계 1급	고등학교 상급 또는 대학 초급수준의 회계원리와 원가회계, 세무회계(부가가치세 중 세금계산서 관련 부분에 한함)에 관한 지식을 갖추고 기업체의 초급관리자로서 세무회계프로그램을 이용하여 세무회계에 관한 기본적인 업무를 처리할 수 있는 능력을 평가함
전산회계 2급	고등학교 수준의 회계원리에 관한 지식을 갖추고 기업체의 세무회계 업무보조자로서 회계프로그램을 이용하여 회계업무를 처리할 수 있는 능력을 평가함

2. 검정방법

종목 및 등급	시험 방법	시험과목(평가범위 요약)		평가 비율	제한 시간	출제방법
전산세무 1급	이론 시험	재무회계	당좌, 재고, 유·무형자산, 유가증권과 투자유가증권, 외화환산, 부채, 자본금, 잉여금, 자본조정, 수익과 비용, 회계변경	30%	90분	·이론시험 객관식 4지선다형 ·실무시험 전산세무회계 프로그램을 이용한 실기시험
		원가회계	원가의 개념, 요소별·부문별 원가계산, 개별·종합(단일, 공정별, 조별, 등급별)원가계산, 표준 원가계산			
		세무회계	법인세법, 부가가치세법, 소득세법(종합소득세액의 계산 및 원천징수부분에 한함), 조세특례제한법(상기 관련 세법에 한함)			
	실무 시험	재무회계 원가회계	거래자료입력, 결산자료입력	70%		
		부가가치세	매입·매출거래자료 입력, 부가가치세 신고서의 작성			
		원천제세	원천제세 전반			
		법인세무조정	법인세무조정 전반			

종목 및 등급	시험 방법	시험과목(평가범위 요약)		평가 비율	제한 시간	출제방법
전산 세무 2급	이론 시험	재무회계	당좌, 재고, 유·무형자산, 유가증권과 투자유가 증권 부채, 자본금, 잉여금, 수익과 비용	30%	90분	
		원가회계	원가의 개념, 요소별·부문별 원가계산, 개별·종합(단일, 공정별, 조별, 등급별)원가계산			
		세무회계	부가가치세법, 소득세법(종합소득세액의 계산 및 원천징수부분에 한함)			
	실무 시험	재무회계 원가회계	초기이월, 거래자료 입력, 결산자료 입력	70%		
		부가가치세	매입·매출거래자료 입력, 부가가치세신고서의 작성			
		원천제세	원천징수와 연말정산 기초			
전산 회계 1급	이론 시험	회계원리	회계의 기본원리 당좌·재고자산, 유·무형자산, 유가증권, 부채, 자본금, 잉여금, 수익과 비용	30%	60분	· 이론시험 객관식 4지선다형 · 실무시험 전산세무회계 프로그램을 이용한 실기시험
		원가회계	원가의 개념, 요소별·부문별 원가계산, 개별·종합(단일, 공정별)원가계산			
		세무회계	부가가치세법(과세표준과 세액)			
	실무 시험	기초정보의 등록·수정	초기이월, 거래처 등록, 계정과목의 운용	70%		
		거래자료의 입력	일반전표 입력, 결산자료 입력(제조업포함)			
		부가가치세	매입·매출거래자료 입력, 부가가치세신고서의 조회			
		입력자료 및 제장부 조회				
전산 회계 2급	이론 시험	회계원리	회계의 기본원리, 당좌·재고·유형자산, 부채, 자본금, 수익과 비용	30%	60분	
	실무 시험	기초정보의 등록·수정	회사등록, 거래처 등록, 계정과목 및 적요등록	70%		
		거래자료의 입력	일반전표 입력, 입력 자료의 수정·삭제, 결산자료 입력(상기업에 한함)			
		입력자료 및 제장부 조회				

· 세무 및 회계의 이론과 실무지식을 갖춘 자가 30%의 비중으로 출제되는 이론시험문제(4지선다형, 객관식)와 70%의 비중으로 출제되는 실무시험문제(컴퓨터에 설치된 전산세무회계프로그램을 활용함)를 동시에 푸는 방식
· 답안매체로는 문제USB가 주어지며, 이 USB에는 전산세무회계 실무과정을 폭넓게 평가하기 위하여 회계처리대상회사의 기초등록사항 및 1년간의 거래자료가 전산수록되어 있음
· 답안수록은 문제USB의 기본 DATA를 이용하여 수험프로그램상에서 주어진 문제의 해답을 입력하고 USB에 일괄 수록(저장)하면 됨

V. 합격자 결정기준

종목 및 등급		합격기준	비고
전산세무회계	전산세무 1급	100점 만점에 70점 이상	국가공인
	전산세무 2급	〃	
	전산회계 1급	〃	
	전산회계 2급	〃	

VI. 응시자격기준

응시자격은 제한이 없다. 다만, 부정행위자는 해당 시험을 중지 또는 무효로 하며 이후 2년간 시험에 응시할 수 없다.

VII. 응시원서접수방법

각 회차별 접수기간 중 한국세무사회 홈페이지(http://license.kacpta.or.kr)로 접속하여 단체 및 개인별 접수(회원가입 및 사진등록)

IX. 기타

궁금한 사항은 홈페이지를 참고하거나 아래 전화로 문의바람

> 문의
> · TEL : (02)521-5398~9
> · FAX : (02)597-2940

CLASS 전산회계1급
이 론 편

이론편

CHAPTER 01 회계원리
CHAPTER 02 원가회계
CHAPTER 03 부가가치세

CLASS 전산회계1급
이 론 편

PART 1

이론편
회계원리

CHAPTER 01 _ 회계의 개념과 순환과정
CHAPTER 02 _ 당좌자산
CHAPTER 03 _ 재고자산
CHAPTER 04 _ 유형자산
CHAPTER 05 _ 투자자산 · 무형자산 · 기타비유동산
CHAPTER 06 _ 부 채
CHAPTER 07 _ 자 본
CHAPTER 08 _ 수익과 비용

CLASS 전산회계1급
이 론 편

01 회계의 개념과 순환과정

01.. 회계의 의의와 목적

구 분	내 용
회계의 의의	회계란 회계정보이용자*가 합리적인 의사결정을 할 수 있도록 경제적 정보를 식별하고 측정하여 전달하는 과정을 말한다. *회계정보이용자 : 주주, 채권자, 경영자, 정부, 거래처 등
회계의 목적	회계의 목적은 회계정보이용자에게 경제적 의사결정을 하는데 유용한 정보를 제공하는 것이다.

02.. 회계의 분류

회계는 정보이용자에 따라 재무회계, 관리회계, 세무회계로 구분된다.

구 분	재무회계	관리회계	세무회계
목 적	외부보고 목적	내부보고 목적	과세소득 계산
정보이용자	투자자 등 외부이용자	경영자 등 내부이용자	정부, 지방자치단체 (과세당국)
보고의 형태	재무보고서 (재무제표)	특수목적 재무보고서 (특정양식 없음)	세법에 규정된 양식
작성근거	일반적으로 인정된 회계원칙	경제적 의사결정이론	세법

03.. 재무제표

1. 재무제표의 의의

재무제표란 주주, 채권자, 경영자, 정부 등 다양한 이해관계자들에게 회계정보를 전달하는 핵심적 수단을 말한다.

2. 재무제표의 종류

재무제표의 종류에는 재무상태표, 손익계산서, 현금흐름표, 자본변동표, 주석이 있다.

구 분	내 용
재 무 상 태 표	일정시점에 기업의 재무상태(자산, 부채, 자본)를 나타내는 보고서
손 익 계 산 서	일정기간동안에 기업의 경영성과(수익, 비용, 이익)를 나타내는 보고서
현 금 흐 름 표	일정기간동안에 기업의 현금유입과 유출에 대한 현금흐름을 나타내는 보고서
자 본 변 동 표	일정기간동안에 기업의 자본의 크기와 자본의 변동에 관한 정보를 제공하는 보고서
주 석	재무제표를 이해하는데 필요한 추가적인 정보를 제공하는 것

1) 재무상태표

기업실체의 가정이란 기업은 주주나 경영자와는 별개로 존재하는 하나의 독립된 실체라는 것을 의미한다.

① **재무상태표의 의의**

재무상태표란 기업의 재무상태를 나타내는 보고서로서 재무상태표일 현재 기업이 보유하고 있는 자산, 부채, 자본을 보여주는 정태적 보고서를 말한다.

② **재무상태표의 기본구조**

재무상태표의 구성요소인 자산, 부채, 자본은 다음과 같이 구분한다. 그리고 자산과 부채는 유동성이 큰 항목부터 배열하는 것을 원칙으로 한다.

구 분			계 정
자산	유동자산	당좌자산	현금및현금성자산, 단기투자자산, 매출채권, 선급비용, 기타의 당좌자산
		재고자산	상품, 제품, 재공품, 원재료, 저장품 등
	비유동자산	투자자산	투자부동산, 장기투자증권, 지분법적용투자주식, 장기대여금 등
		유형자산	토지, 건물, 기계장치, 차량운반구, 건설중인자산 등
		무형자산	영업권, 산업재산권, 개발비, 광업권, 어업권 등
		기타비유동자산	임차보증금, 장기선급비용, 장기선급금, 장기미수금 등
부채	유 동 부 채		매입채무, 단기차입금, 미지급금, 선수금, 예수금, 미지급비용, 미지급법인세, 유동성장기부채 등
	비 유 동 부 채		장기차입금, 사채, 장기성매입채무, 퇴직급여충당부채, 이연법인세부채, 장기선수금 등

자	자 본 금	보통주자본금, 우선주자본금
본	자 본 잉 여 금	주식발행초과금, 감자차익, 자기주식처분이익 등
	자 본 조 정	주식할인발행차금, 감자차손, 자기주식처분손실, 자기주식, 미교부주식배당금 등
	기 타 포 괄 손 익 누 계 액	매도가능증권평가손익, 해외사업환산손익, 파생상품평가손익 등
	이 익 잉 여 금	법정적립금(이익준비금), 임의적립금, 미처분이익잉여금

※ 단기투자자산은 기업이 여유자금의 활용 목적으로 보유하는 단기예금, 단기매매증권, 단기대여금 및 유동자산으로 분류되는 매도가능증권과 만기보유증권 등의 자산을 포함한다.

③ 자산과 부채의 유동성과 비유동성 구분

자산은 1년을 기준으로 유동자산과 비유동자산으로 분류한다. 다만, 정상적인 영업주기 내에 판매되거나 사용되는 재고자산과 회수되는 매출채권 등은 보고기간종료일로부터 1년 이내에 실현되지 않더라도 유동자산으로 분류한다.

부채는 1년을 기준으로 유동부채와 비유동부채로 분류한다. 다만, 정상적인 영업주기 내에 소멸할 것으로 예상되는 매입채무와 미지급비용 등은 보고기간종료일로부터 1년 이내에 결제되지 않더라도 유동부채로 분류한다. 이 경우 유동부채로 분류한 금액 중 1년 이내에 결제되지 않을 금액을 주석으로 기재한다.

④ 재무상태표 항목의 구분과 통합표시

자산, 부채, 자본 중 중요한 항목은 재무상태표 본문에 별도 항목으로 구분하여 표시한다. 중요하지 않은 항목은 성격 또는 기능이 유사한 항목에 통합하여 표시할 수 있으며, 통합할 적절한 항목이 없는 경우에는 기타항목으로 통합할 수 있다. 이 경우 세부 내용은 주석으로 기재한다.

⑤ 자산과 부채의 총액표시

자산과 부채는 원칙적으로 상계하여 표시하지 않는다. 다만, 기업이 채권과 채무를 상계할 수 있는 법적 구속력 있는 권리를 가지고 있고, 채권과 채무를 순액기준으로 결제하거나 채권과 채무를 동시에 결제할 의도가 있다면 상계하여 표시한다. 매출채권에 대한 대손충당금 등은 해당 자산이나 부채에서 직접 가감하여 표시할 수 있으며, 이는 상계에 해당하지 아니한다.

2) 손익계산서

① 손익계산서의 의의 및 작성원칙

손익계산서란 일정기간 동안의 기업에 경영성과를 나타내는 보고서로서 기업의 경영활동을 통한 수익 비용·이익·손실을 보고하는 동태적 보고서를 말한다. 손익계산서는 다음과 같은 원칙에 의하여 작성되어야 한다.

구 분	내 용
발 생 주 의	수익과 비용은 발생한 기간에 정당하게 배분되도록 처리한다.
실 현 주 의	수익은 실현시기를 기준으로 계상한다.
수익·비용대응	수익은 실현시기에 따라 비용은 관련수익이 인식된 기간에 인식한다.
총 액 주 의	수익과 비용은 총액으로 기재한다.
구 분 표 시	손익은 매출총손익, 영업손익, 법인세차감전순손익, 당기순손익, 주당순손익으로 구분하여 표시한다.

② 손익계산서계정

구 분		계 정
수익	영업수익	상품매출, 제품매출, 부산물매각 등
	영업외수익	이자수익, 배당금수익, 각종자산의 처분이익, 각종자산의 평가이익, 대손충당금환입*, 자산수증이익, 채무면제이익, 보험금수익, 잡이익 등
비용	영업비용	매출원가, 급여, 퇴직급여, 통신비, 수도광열비, 기업업무추진비, 감가상각비, 세금과공과금, 대손상각비, 광고선전비, 연구비, 경상개발비 등
	영업외비용	이자비용, 기타의대손상각비, 각종자산의 처분손실, 각종자산의 평가손실, 기부금, 재해손실 등
	법인세비용	법인세, 지방소득세 등

* 매출채권(외상매출금·받을어음)에 대한 대손충당금환입은 판매비와 일반관리비에서 차감한다.

04. 재무회계의 개념체계

재무회계 개념체계란 재무회계에 있어서 기본골격이 되는 것으로, 재무제표의 작성과 공시에 기초가 되는 개념을 정하는 것을 말한다. 즉, 회계의 개념체계(회계이론)란 회계에 관한 일련의 현상에 기본이 되고 있거나 그 현상들을 지배하고 있는 규칙 또는 원칙을 체계화한 것을 말한다.

1. 재무제표의 기본가정(회계공준)

재무제표는 기업실체의 외부정보이용자에게 기업실체에 관한 재무정보를 전달하는 핵심적 재무보고수단이다. 이러한 재무제표는 일정한 가정하에서 작성되며, 그러한 기본가정으로는 기업실체, 계속기업, 기간별보고가 있다.

1) 기업실체(경제적 실체)의 가정

기업실체의 가정이란 기업은 주주나 경영자와는 별개로 존재하는 하나의 독립된 실체라는 것을 의미한다.

2) 계속기업의 가정

계속기업의 가정이란 설립된 기업은 기업의 설립목적과 의무를 이행하기에 충분할 정도로 기업실체가 장기간 존속한다고 가정하는 것을 말한다.

3) 기간별보고의 가정

기간별보고란 기업실체의 존속기간을 일정기간의 인위적 단위로 분할하여 각 기간에 대해 경제적 의사결정에 유용한 정보를 보고하는 것을 말한다.

2. 회계정보의 질적특성

재무보고의 목적이 달성되기 위해서는 재무제표에 의해 제공되는 정보가 정보이용자들의 의사결정에 유용하여야 한다. 회계정보의 질적특성이란 정보이용자의 의사결정에 유용한 정보를 제공하기 위하여 회계정보가 갖추어야 할 주요 속성을 말한다.

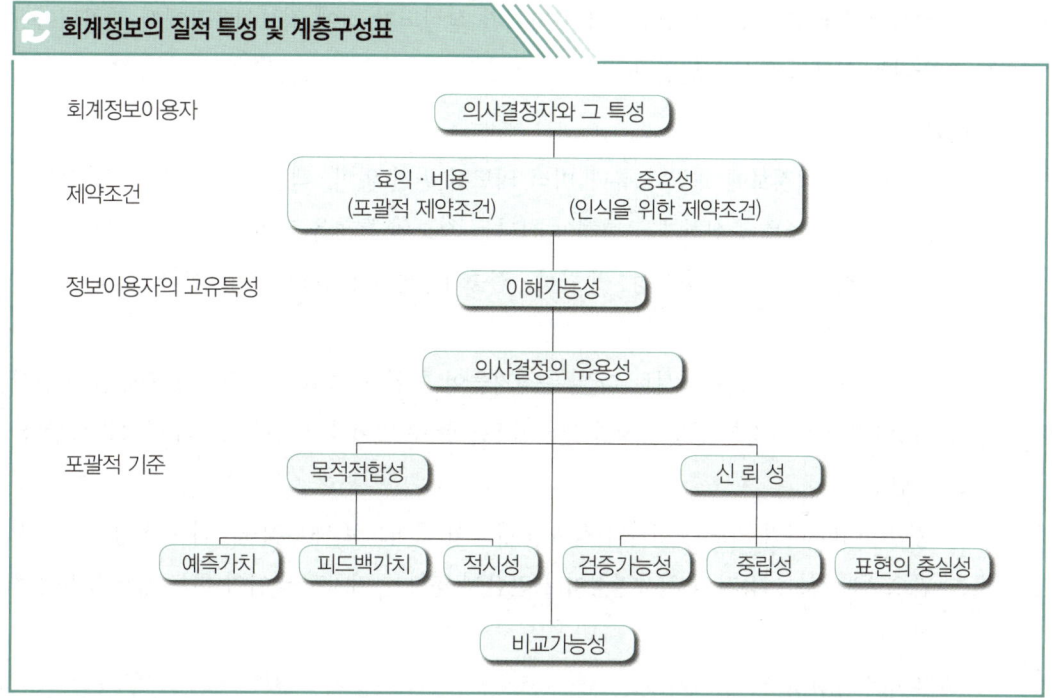

1) 주요 질적특성

회계정보의 주요 질적특성은 목적적합성과 신뢰성을 들 수 있다. 일반적으로 이들을 기본적 특성 또는 1차적 특성이라고도 하는데, 이 두 가지 특성을 갖춘 정보는 유용성이 있는 것으로 본다.

① 목적적합성

목적적합성이란 회계정보가 정보이용자의 의사결정목적과 관련이 있어야 하며 당해 회계정보를 이용하여 의사결정을 하였을 경우 회계정보를 이용하지 아니하고 의사결정을 하였을 경우와 차이를 발생시킬 수 있는 속성을 말한다. 목적적합한 정보가 되기 위해서는 예측가치, 피드백가치, 적시성을 갖추어야 한다.

㉠ 예측가치

예측가치란 정보이용자가 미래의 재무상태, 경영성과, 순현금흐름 등을 예측하는 데에 그 정보가 활용될 수 있는 능력을 말한다.

㉡ 피드백가치

피드백가치란 과거의 기대치 또는 예측치를 확인 또는 수정함으로써 정보이용자의 의사결정에 영향을 미칠 수 있는 정보의 능력을 말한다.

㉢ 적시성

적시성이란 회계정보가 정보로서의 가치가 상실되기 전에 정보이용자에게 제공되어야 한다는 정보의 특성을 말한다.

② 신뢰성

신뢰성이란 회계정보에 대한 오류나 미리 의도된 편견 없이, 객관적이고 검증가능하며 나타내고자 하는 바를 충실하게 표현해야 한다는 정보의 특성을 말한다. 회계정보가 신뢰성을 갖기 위해서는 표현의 충실성·중립성·검증가능성을 갖추고 있어야 한다.

㉠ 검증가능성

검증가능성이란 다수의 서로 다른 측정자들이 동일한 경제적 사건이나 거래를 동일한 측정방법으로 측정할 경우 유사한 결론에 도달할 수 있어야 한다는 정보의 특성을 말한다.

㉡ 중립성

중립성이란 미리 의도된 결과나 성과를 유도할 목적으로 재무제표상의 특정정보를 표시함으로써 정보이용자의 의사결정이나 판단에 영향을 미치지 않아야 하는 정보적 특성을 말한다.

㉢ 표현의 충실성

표현의 충실성이란 회계정보의 측정치는 표현하고자 하는 거래와 경제적 사건을 그대로 왜곡됨 없이 충실하게 표현해야 한다는 정보의 특성을 말한다.

2) 부수적 질적특성으로서의 비교가능성

비교가능성이란 회계정보의 목적적합성과 신뢰성을 동시에 충족시켜주는 질적 특성으로서, 두 개의 서로 다른 경제적 현상에 대해 정보이용자가 유사점과 차이점을 식별할 수 있는 정보의 특성을 말한다. 비교가능성은 기간별 비교가능성과 기업간 비교가능성을 포괄하는 개념이다.

① 기간별 비교가능성

기간별 비교가능성(계속성)이란 동일 기업이 동일 종류의 회계사건에 대하여 계속 같은 회계처리방법을 사용하여야 한다는 질적특성을 말한다.

② 기업간 비교가능성

기업간 비교가능성(통일성)이란 상이한 기업들의 회계처리방법이 유사할 때 회계정보의 비교가능성이 제고된다는 질적특성을 말한다.

05. 회계의 순환과정

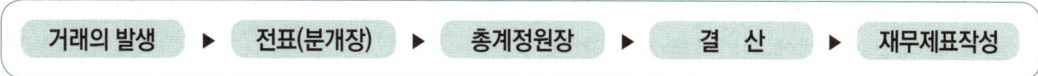

1. 거래의 발생과 분개 및 전기

1) 거래

회계에서 말하는 거래란 기업의 자산, 부채, 자본의 변동(증감)을 가져오는 경제적사건을 말한다. 경제적사건이란 기업에 영업활동이 재무상태에 금전적 영향을 미치는 것을 말하며 반드시 화폐금액으로 측정할 수 있어야 한다. 회계상의 거래가 발생하면 거래를 식별하여 복식부기 기장방식에 따라 장부에 기록한다.

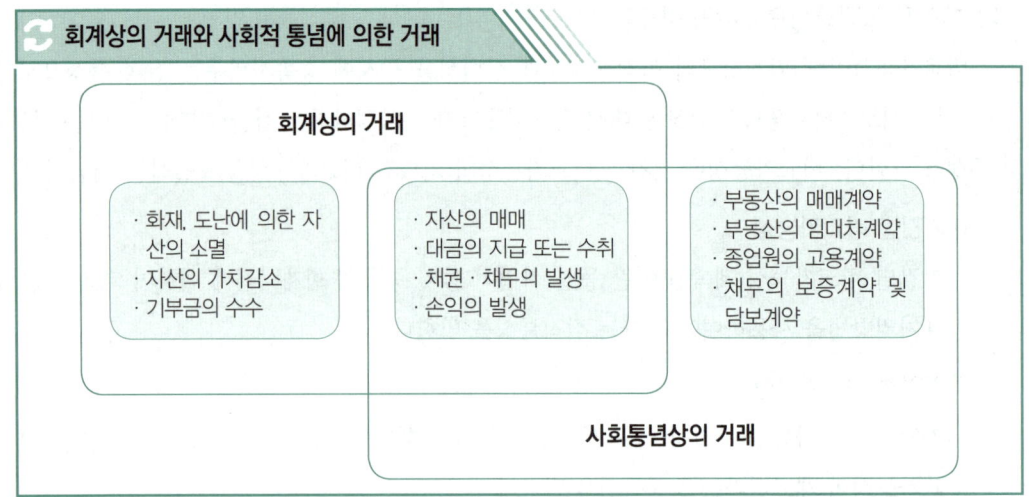

2) 분개와 전기

분개란 거래발생 순서대로 계정과목과 금액을 차변과 대변으로 나누어 기록하는 것을 분개라 하며 이를 기록하는 장부를 분개장이라고 한다. 전기란 분개를 해당 원장에 옮겨 적는 것을 말한다. 다시 말해서 분개의 차변에 있는 계정을 당해 계정의 차변에 기입하고 대변에 있는 계정을 당해 계정의 대변에 기입하는 것을 말한다.

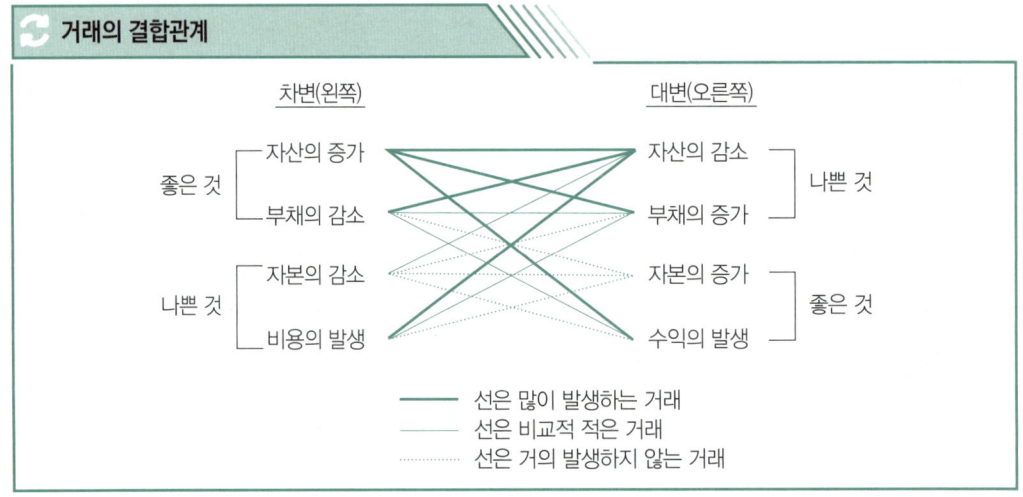

3) 결산 및 결산절차

① 결산의 의의

기업의 경영활동에 따라 발생한 거래를 분개장에 분개하고 총계정원장에 전기하는 것만으로는 기업의 재무상태와 경영성과를 명확하게 파악할 수 없다. 따라서 인위적으로 회계기간을 정하고, 회계기말에 각종 장부를 정리, 마감하여 알기쉽게 체계화할 필요가 있다.

이와 같이 회계기말에 장부를 마감하여 자산, 부채, 자본의 상태를 정리하고, 발생한 수익과 비용을 비교하여 순손익(경영성과)을 체계적으로 파악하는 일련의 절차를 결산이라고 한다. 회계기록은 거래의 발생에서부터 재무제표 작성까지의 전 과정에 걸쳐 이루어지며 이러한 과정은 매 회계기간마다 반복되기 때문에 회계의 순환과정이라고 한다.

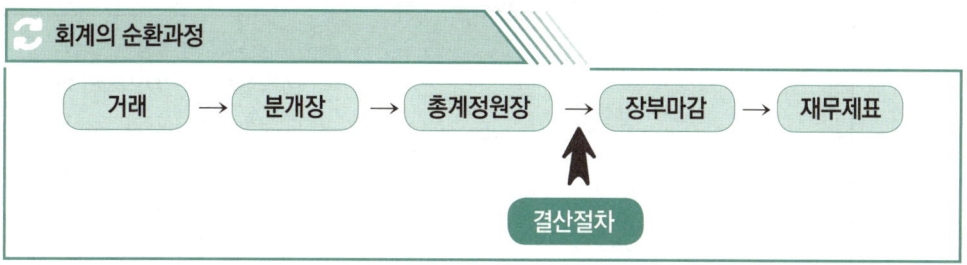

② 결산절차

한 회계기간 동안 발생된 거래들이 가져온 영향은 총계정 원장의 각 계정에 반영되므로 결산절차는 총계정원장의 마감을 중심으로 이루어진다. 일반적으로 결산절차는 결산예비절차, 결산본절차, 결산보고서(재무제표)작성의 세가지 절차로 이루어진다.

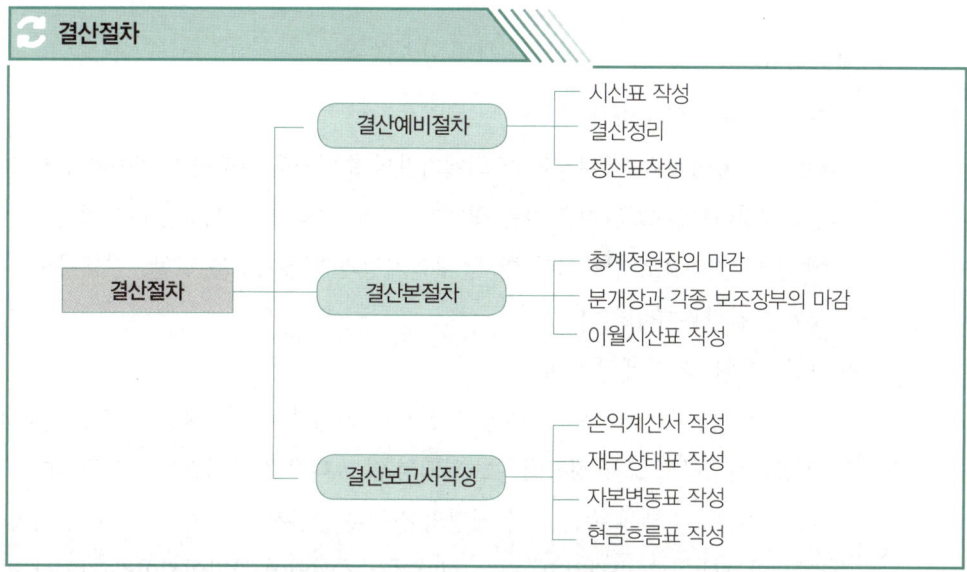

㉠ 결산정리기입

결산일에 기업의 재무상태와 경영성과를 정확하게 파악하기 위해서 이미 기록된 회계수치의 일부를 수정하거나 추가로 기록해 주어야 하는데 이를 결산정리사항(결산수정사항)이라 하며, 결산정리사항을 분개하여 원장에 전기하는 것을 결산정리기입(결산수정

기입)이라 한다. 결산정리사항은 각 기업의 영업성격에 따라 다르지만 일반적으로 재무상태표계정에 속하는 결산정리사항과 손익계정에 속하는 결산정리사항으로 구분할 수 있다.

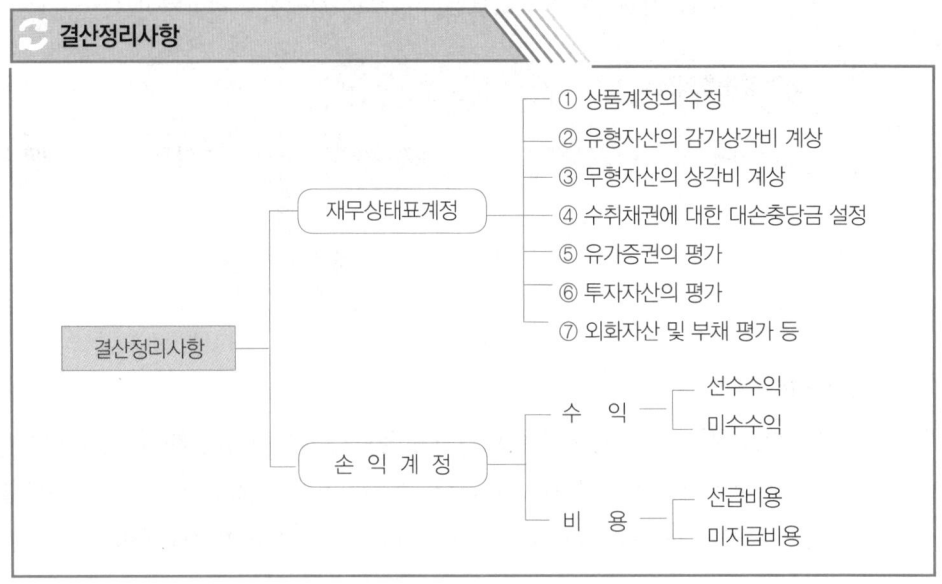

ⓒ 장부의 마감
- 수익·비용계정의 마감

    수익·비용에 속하는 계정은 한 회계기간의 순이익을 산출하기 위하여 임시로 설정된 명목계정이므로 그 잔액은 다음 회계기간으로 이월되지 않는다. 따라서 집합손익계정에 옮겨 영(0)으로 만들어야 한다. 수익계정과 비용계정을 집합손익계정으로 보내는 분개를 결산분개라 한다.
- 자산·부채·자본계정의 마감

    자산·부채·자본에 속하는 계정은 실제로 존재하는 실질계정이므로, 특정회계기간이 종료하더라도 그 계정잔액은 소멸되지 않고 다음 회계기간으로 이월된다.

    자산·부채·자본에 속하는 각 계정의 잔액은 붉은색으로 차기이월이라 기입하여 대차를 일치시킨 후 마감하고, 다음 회계기간 개시일에 차기이월이라 기입한 반대쪽에 파란색으로 전기이월이라 기입한다.

4) 재무제표 작성

결산의 마지막 절차로서 결산본절차에서 마감 된 장부를 기초로 재무상태표, 손익계산서, 현금흐름표, 자본변동표를 작성한다.

연습문제

01 다음 중 일반기업회계기준에서 재무보고의 목적과 거리가 가장 먼 항목은?
① 투자 및 신용의사결정에 유용한 정보의 제공
② 미래 현금흐름 예측에 유용한 정보의 제공
③ 경영자의 수탁책임평가에 유용한 정보의 제공
④ 재무상태, 경영성과, 현금흐름 및 자본변동에 관한 화폐 및 비화폐적 정보의 제공

02 다음 중 재무제표에 대한 설명으로 옳지 않은 것은?
① 재무상태표는 일정 시점의 기업의 재무상태를 나타내는 보고서이다.
② 손익계산서는 일정 기간 동안의 기업의 경영성과에 대한 정보를 제공한다.
③ 기업의 현금유입과 유출에 대한 현금흐름을 나타내는 보고서는 현금흐름표이다.
④ 재무제표는 재무상태표, 손익계산서, 현금흐름표, 자본변동표로 구성되며 주석은 포함되지 않는다.

03 다음 중 재무상태표에 대한 설명으로 가장 적절한 것은?
① 기업의 자산, 부채, 자본을 보여주며 유동성이 큰 항목부터 배열한다.
② 자산과 부채의 유동성과 비유동성을 구분하지 않는다.
③ 자산과 부채는 상계하여 처리하는 것을 원칙으로 한다.
④ 일정 기간 동안의 기업에 대한 경영성과를 나타내는 보고서이다.

04 아래의 계정과목을 유동성배열법으로 나열할 경우 배열 순서로 옳은 것은?

> · 임차보증금   · 상품   · 건설중인자산   · 선급금

① 임차보증금, 상품, 선급금, 건설중인자산
② 건설중인자산, 상품, 선급금, 임차보증금
③ 선급금, 상품, 임차보증금, 건설중인자산
④ 선급금, 상품, 건설중인자산, 임차보증금

05 다음 중 회계의 기본가정에 대한 설명으로 틀린 것은?
① 계속기업의 가정이란 기업실체는 그 목적과 의무를 이행하기에 충분할 정도로 장기간 존속한다고 가정하는 것을 말한다.
② 기간별 보고의 가정이란 기업실체의 존속기간을 일정한 기간단위로 분할하여 각 기간별 재무제표를 작성하는 것을 말한다.
③ 기업실체의 가정이 도입되는 근본적 이유는 소유주가 투자의 결과로서 당해 기업실체에 대해 갖고 있는 청구권의 크기와 그 변동을 적절히 측정하기 위함이며 소유주와 별도의 회계단위로서 기업실체를 인정하는 것이다.
④ 발생주의회계는 발생기준에 따라 수익과 비용을 인식하는 것이다. 재무상태표, 손익계산서, 자본변동표, 현금흐름표 모두 발생기준에 따라 작성한다.

06 다음 중 재무제표의 질적 특성 중 목적적합성에 대한 설명으로 옳지 않은 것은?
① 정보이용자들의 의사결정 목적과 관련이 있어야 한다.
② 객관적으로 검증가능해야 한다.
③ 예측가치를 가지고 있어야 한다.
④ 피드백가치를 지니고 있어야 한다.

07 다음 중 회계정보의 질적특성 중 하나인 목적적합성을 갖기 위한 회계정보의 속성이 아닌 것은?
① 표현의 충실성   ② 예측가치   ③ 피드백가치   ④ 적시성

08 다음 중 회계상 거래에 해당하는 것은?

① 사무실의 임대차계약을 1년 더 연장하기로 임대인과 구두로 합의하였다.
② 종업원의 급여를 1,000,000원 인상하는 것으로 근로계약서를 작성하였다.
③ 상품 10,000,000원을 구입하고 대금은 현금으로 지급하였다.
④ 거래처로부터 상품 5,000,000원의 주문을 받았다.

09 다음 중 거래의 결합관계가 나머지와 다른 회계상의 거래는?

① 사무실 청소비 5만원을 현금 지급하였다.
② 직원 결혼 축의금 10만원을 계좌이체 하였다.
③ 토지 5억원을 현물출자 받았다.
④ 관리비 30만원을 현금 지급하였다.

10 다음 중 회계상의 거래와 가장 관련이 없는 것은?

① 화재, 도난에 의한 자산의 소멸   ② 채권, 채무의 발생
③ 자산의 가치 감소   ④ 종업원의 고용계약

11 회계상 거래가 발생하면 재무제표의 차변과 대변 양편에 동시에 영향을 미치게 되는데, 이를 나타내는 회계의 특성은 무엇인가?

① 중요성   ② 중립성   ③ 거래의 이중성   ④ 신뢰성

12 아래의 현금계정에 대한 날짜별 거래내용의 추정으로 가장 틀린 것은?

현 금				(단위:원)
1/7 자본금	1,000,000	1/10	원재료	200,000
1/15 임대보증금	500,000	1/20	외상매입금	300,000

① 1월 7일 : 현금 1,000,000원을 출자하여 영업을 시작하였다.
② 1월 10일 : 원재료 200,000원을 매입하고, 대금은 현금으로 지급하였다.
③ 1월 15일 : 임대보증금 500,000원을 현금으로 지급하였다.
④ 1월 20일 : 거래처 외상매입금 300,000원을 현금으로 상환하였다.

13 다음 중 회계상의 거래가 아닌 것은?
① 건물을 매각하면서 계약금을 받았다.
② 당사제품을 관할구청에 불우이웃돕기 목적으로 기탁하였다.
③ 원재료로 구입한 부품이 부주의로 파손되어 감모처리하였다.
④ 박희동 신입사원과 근로계약서를 작성하였다.

14 다음 합계잔액시산표상 A, B, C에 들어갈 금액의 합은?

차 변		계정과목	대 변	
잔 액(원)	합 계(원)		합 계(원)	잔 액(원)
10,000	(A)	현　　　금	240,000	
20,000	(B)	외 상 매 출 금	310,000	
	110,000	외 상 매 입 금	(C)	10,000
		자　본　금	500,000	500,000
250,000	250,000	여 비 교 통 비		
		이 자 수 익	110,000	110,000

① 560,000원　② 620,000원　③ 680,000원　④ 700,000원

15 다음 중 회계순환과정의 순서가 가장 올바른 것은?
① 거래식별→전기→분개→수정전시산표 작성→기말 수정분개
② 수정전시산표 작성→수익비용계정의 마감→수정후시산표 작성→기말 수정분개→집합손익계정의 마감→자산부채자본계정의 마감→재무제표 작성
③ 수정후시산표 작성→기말 수정분개→자산부채자본계정의 마감→집합손익계정의 마감→수익비용계정의 마감→재무제표 작성
④ 기말 수정분개→수정후시산표 작성→수익비용계정의 마감→집합손익계정의 마감→자산부채자본계정의 마감→재무제표 작성

16 다음 설명 중 밑줄 친 부분과 관련 있는 계정과목으로만 나열된 것은?

> 기업이 경영활동을 하기 위하여 소유하고 있는 각종 재화와 채권은 자산에 해당한다.

① 제품, 단기매매증권   ② 미수금, 선급금
③ 재공품, 차량운반구   ④ 건물, 임차보증금

17 거래처로부터 받은 판매와 관련된 계약금을 매출액으로 잘못 처리하였다. 이 회계처리가 재무제표에 미치는 영향은?

① 자산이 과소계상, 부채가 과대계상   ② 자산이 과대계상, 수익이 과소계상
③ 부채가 과소계상, 자본이 과대계상   ④ 부채가 과대계상, 수익이 과대계상

18 다음의 회계등식 중 옳지 않은 것은?

① 기말자산 = 기말부채 + 기초자산 + 이익   ② 총비용 + 이익 = 총수익
③ 기말자본 − 기초자본 = 이익   ④ 자산 = 부채 + 순자산

19 다음은 시산표에서 발견할 수 없는 오류를 나열한 것이다. 이에 해당하지 않는 것은?

① 동일한 금액을 차변과 대변에 반대로 전기한 경우
② 차변과 대변의 전기를 동시에 누락한 경우
③ 차변과 대변에 틀린 금액을 똑같이 전기한 경우
④ 차변만 이중으로 전기한 경우

20 결산과정에서 시산표를 작성하였는데, 차변합계는 491,200원이고 대변합계는 588,200원이었다. 다음과 같은 오류만 있다고 가정한다면 시산표의 올바른 합계금액은 얼마인가?

> · 당기 중 소모품비로 지급한 45,500원을 복리후생비로 기입하였다.
> · 미수금 23,500원을 대변에 잘못 기록하였다.
> · 상품재고 50,000원이 누락되었다.

① 588,200원   ② 564,700원   ③ 541,200원   ④ 538,200원

02 당좌자산

 자산은 1년을 기준으로 유동자산과 비유동자산으로 분류한다. 다만, 정상적인 영업주기 내에 판매되거나 사용되는 재고자산과 회수되는 매출채권 등은 보고기간종료일로부터 1년 이내에 실현되지 않더라도 유동자산으로 분류한다. 또한, 장기미수금이나 투자자산에 속하는 매도가능증권 또는 만기보유증권 등의 비유동자산 중 1년 이내에 실현되는 부분은 유동자산으로 분류한다.

01..유동자산의 종류

유동자산은 당좌자산과 재고자산으로 구분한다.

구 분		내 용
당좌자산	의의	판매활동을 거치지 않고 현금화 할 수 있는 자산
	종류	현금및현금성자산, 외상매출금, 받을어음, 단기예금, 단기매매증권, 단기대여금, 미수금, 선급금, 미수수익, 선급비용 등
재고자산	의의	판매활동을 거쳐야만 현금화 할 수 있는 자산
	종류	상품, 제품, 원재료, 재공품, 반제품, 저장품 등

02..당좌자산

 당좌자산은 유동자산 중 판매를 목적으로 보유하고 있는 재고자산을 제외한 모든 자산을 말한다. 당좌자산에는 현금및현금성자산, 매출채권(받을어음, 외상매출금), 단기예금, 단기매매증권 등이 있다.

1. 현금및현금성자산

 현금및현금성자산이란 회계상의 자산항목 중 사용용도에 제약을 받지 않는 가장 유동성이 큰 자산을 말한다. 현금및현금성자산에는 현금, 요구불예금, 현금성자산이 포함된다.

1) 현 금

회계상에서 현금이란 통화, 통화대용증권, 요구불예금을 포함한다.

구 분	종 류
통 화	지폐, 동전
통화대용증권	타인발행수표(당좌수표, 자기앞수표), 공·사채만기이자표, 배당금지급통지서, 우편환증서, 만기도래어음 등
요구불예금	보통예금, 당좌예금

* 우표, 인지, 차용증서, 선일자수표(매출채권 또는 미수금으로 분류)는 현금에 포함되지 않는다.

2) 현금성자산

현금성자산이란 큰 거래비용 없이 현금으로 전환이 용이하고 이자율 변동에 따른 가치변동의 위험이 경미한 금융상품으로서 취득 당시 만기일(또는 상환일)이 3개월 이내인 것을 말한다.

현금성자산에 속하는 금융상품과 유가증권은 취득당시 만기(또는 상환일)가 3개월 이내인 채권, 상환우선주, 환매체, 양도성예금증서 등이 있다.

2. 현금과부족

특정시점에서 장부상 현금잔액과 금고에 보관되어 있는 실제 현금잔액은 일치하여야 하지만 계산착오나 거래의 누락 등에 의해서 일치하지 않는 경우가 있는데, 이를 현금과부족이라 한다.

현금과부족계정은 임시계정이기 때문에 재무상태표에 보고하면 안된다. 따라서 현금이 불일치하는 경우에는 현금과부족이라는 임시계정으로 처리하였다가 그 원인을 조사하여 원인이 밝혀진 경우에는 현금과부족계정을 해당계정으로 대체한다. 불일치의 원인을 보고기간말에 가서도 알 수 없을 경우에는 현금부족액은 잡손실계정 차변에, 과다액은 잡이익계정 대변에 대체하고, 현금과부족계정을 마감하여야 한다.

회계기간 중이 아닌 보고기간말에 장부잔액과 실제잔액이 일치하지 않는 경우 현금과부족계정을 사용하지 않고 실제잔액이 부족하면 잡손실로 처리하고 실제잔액이 초과하면 잡이익으로 처리한다.

3. 당좌예금과 당좌차월

당좌예금이란 기업이 은행과 당좌거래약정을 맺고 당좌수표를 발행할 수 있는 은행계좌를 말한다. 당좌예금은 현금관리업무를 은행이 대행해주는 예금제도로서 당좌예금인출 시 수표를 발행한다는 것이 특징이다.

당좌차월이란 은행과 당좌차월계약(차입계약)을 맺고 예금잔액을 초과하여 계약 한도액까지 수표나 어음을 발행할 수 있는 것을 말한다. 당좌예금잔액을 초과하여 수표나 어음을 발행한 금액을 당좌차월이라고 한다. 당좌차월액은 당좌예금계정 대변 잔액이 되며 은행으로부터 차입한 금액을 의미하므로 재무상태표에는 단기차입금으로 하여 유동부채로 분류한다.

4. 단기예금(단기금융상품)

단기예금이란 금융기관이 취급하는 정형화된 상품으로 만기가 1년 내에 도래하는 것을 말한다. 단기예금에는 양도성예금증서(CD), 어음관리구좌(CMA), 환매체(RP), 기업어음(CP) 등이 있다.

5. 단기매매증권

단기매매증권이란 단기간 내의 매매차익을 얻을 목적으로 취득한 유가증권으로서 매수와 매도가 적극적이고 빈번하게 이루어지는 것을 말한다. 단기매매증권의 회계처리는 취득, 보유, 기말평가, 처분시로 구분되며, 구체적인 회계처리는 다음과 같다.

1) 취득시 회계처리

단기매매증권을 취득하는 경우 취득원가는 공정가치로 측정한다. 취득시 발생하는 거래비용은 취득원가에 가산하지 않고 당기의 비용으로 처리한다. 단기매매증권의 원가를 결정할 때는 개별법, 총평균법, 이동평균법 또는 다른 합리적인 방법을 사용하되, 동일한 방법을 매기 계속 적용한다.

```
(차) 단 기 매 매 증 권      ×××      (대) 현           금      ×××
    수 수 료 비 용*         ×××
    *거래비용 : 증권거래세, 중개수수료 등
```

2) 보유시 회계처리

단기매매증권을 보유하는 경우 배당금이나 이자를 받을 수 있다. 배당금을 받는 경우에는 배당금수익으로 이자를 받는 경우에는 이자수익으로 회계처리 하여야 한다.

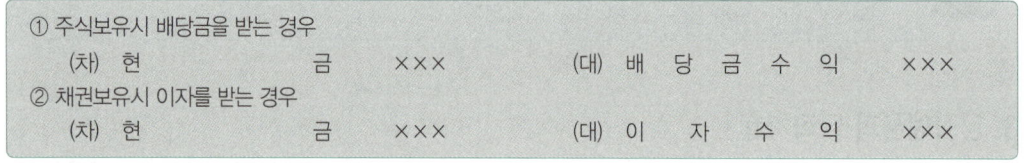

3) 기말평가시 회계처리

단기매매증권을 결산일 현재 보유하는 경우에는 결산일의 공정가치(시가)와 장부금액을 비교하여 평가손익을 계상하여야 한다.

① 공정가치 > 장부금액
　(차) 단 기 매 매 증 권　×××　　(대) 단기매매증권평가이익　×××
② 공정가치 < 장부금액
　(차) 단기매매증권평가손실　×××　　(대) 단 기 매 매 증 권　×××

4) 처분시 회계처리

보유 중인 단기매매증권을 처분하는 경우에는 처분가액과 취득가액(또는 장부가액)을 비교하여 처분손익을 계상하여야 한다.

① 처분가액 > 장부금액
　(차) 현　　　　　금　×××　　(대) 단 기 매 매 증 권　×××
　　　　　　　　　　　　　　　　　　　단기매매증권처분이익　×××
② 처분가액 < 장부금액
　(차) 현　　　　　금　×××　　(대) 단 기 매 매 증 권　×××
　　　단기매매증권처분손실　×××
* 처분시에 발생하는 처분비용은 처분가액에서 차감한다.

필수예제

다음은 정호상사의 주식거래내역이다. 일자별로 분개하시오.

[20X1년]
　11월 10일　도림(주)의 주식 100주를 주당 ₩1,000에 취득하고 중개수수료 ₩5,000과 함께 현금으로 지급하였다.
　12월 31일　결산일 현재 도림(주) 주식의 주당 공정가치는 ₩1,200이다.
[20X2년]
　2월 15일　도림(주)로부터 배당금 ₩8,000을 현금으로 받다.
　3월 15일　도림(주)의 주식 100주를 주당 ₩800에 처분하였다.

해답

[20X1년]
　11월10일　(차) 단 기 매 매 증 권　100,000　　(대) 현　　　　　금　105,000
　　　　　　　　　수 수 료 비 용　　5,000
　12월31일　(차) 단 기 매 매 증 권　 20,000　　(대) 단기매매증권평가이익　20,000
　　　　　　　　*100주 × (₩1,200 − ₩1,000) = 20,000
[20X2년]
　2월15일　(차) 현　　　　　금　　8,000　　(대) 배 당 금 수 익　　8,000
　3월15일　(차) 현　　　　　금　 80,000　　(대) 단 기 매 매 증 권　120,000
　　　　　　　단기매매증권처분손실　 40,000

6. 매출채권

매출채권은 일반적인 상거래에서 발생한 외상매출금과 받을어음을 말한다. 외상매출금은 상품 등의 매매거래중 신용에 의한 외상거래에서 발생한 채권을 말하며, 대금 회수가 어음으로 이루어진 경우에는 받을어음이라고 한다. 매출채권과 관련된 회계처리는 매출채권의 발생, 매출채권의 양도와 할인, 매출채권의 회수, 대손회계로 구분된다.

1) 매출채권의 발생

매출채권은 상품, 제품 등을 외상으로 판매한 경우 발생한다. 매출채권은 어음수수여부에 따라 외상매출금과 받을어음으로 구분된다.

구 분	거 래 내 용	분 개
외 상 매 출 금	상품을 외상으로 판매한 경우	외상매출금 100 / 매출 100
받 을 어 음	어음을 받고 상품을 판매한 경우	받을어음 100 / 매출 100

2) 매출채권(받을어음)의 양도 및 할인

보유하고 있는 매출채권(받을어음)은 타인에게 양도하거나 금융기관을 통하여 할인할 수 있다.

구 분	거 래 내 용	분 개
어음의 양도	어음소지인이 만기일 전에 어음 뒷면에 기명날인하여 어음상의 채권을 타인에게 양도하는 경우	상 품 100 / 받을어음 100
어음의 할인	어음소지인이 만기일 전에 금융기관을 통하여 어음대금에서 할인료를 차감하고 자금을 융통하는 것	현 금 80 / 받을어음 100 매출채권처분손실 20

3) 매출채권의 회수

매출채권이 만기일에 정상적으로 회수된다면 다음과 같이 회계처리된다.

구 분	거 래 내 용	분 개
외 상 매 출 금	외상매출금이 만기일에 정상적으로 회수된 경우	현 금 100 / 외상매출금 100
받 을 어 음	받을어음이 만기일에 정상적으로 회수된 경우	현 금 100 / 받을어음 100

4) 매출채권의 대손회계

① 의의

회사가 경영활동을 하다보면 외상거래를 하거나 금전을 대여하는 등 채권이 발생하게 된다. 이렇게 발생된 채권은 기한이 되면 당연히 회수되어야 한다. 그러나 채권관리를 아무리 철저하게 하더라도 거래처의 부도나 파산 등의 이유로 인하여 채권 중 일부는 회수할 수 없는 경우가 발생하게 되는데 이를 대손이라 한다.

② 대손처리방법

대손회계처리는 결산일에 회수불가능한 금액을 추정하여 대손충당금을 설정하고 대손이 발생하는 경우에 대손충당금을 감액시키고 동시에 채권을 차감하여야 한다.

③ 대손의 추정방법

일반기업회계기준에서는 회수가 불확실한 채권에 대하여 합리적이고 객관적인 기준에 따라 산출한 대손추산액을 대손충당금으로 설정하도록 규정하고 있다. 대손추산액을 설정하는 방법에는 채권잔액비율법과 연령분석법 등이 있다. 한편 대손충당금계정의 잔액이 있는 경우에는 기말 대손추산액과 대손충당금잔액의 차액을 대손상각비나 대손충당금환입액으로 처리한다. 이때 대손상각비 중 상거래상의 채권인 매출채권 등에서 발생한 것은 판매비와 관리비로 처리하고 상거래상의 채권이 아닌 채권에서 발생한 대손상각비는 기타의 대손상각비의 계정인 영업외비용으로 처리하여야 한다.

④ 대손충당금의 회계처리
  ㉠ 대손충당금을 설정하는 경우

  기업은 회계기말에 채권 잔액에 대손충당금을 설정함으로써 순실현가치를 재무상태표에 보고하여야 한다. 그러므로 회계기말에 채권에 대하여 대손을 추정하고 다음과 같이 회계처리하여야 한다.

  - 대손충당금을 추가 설정하는 경우(대손예상액 〉 대손충당금잔액)

    | (차) 대 손 상 각 비 | ××× | (대) 대 손 충 당 금 | ××× |

    * 대손충당금설정액 = 채권잔액 × 추정대손율 − 대손충당금잔액 = 대손예상액 − 대손충당금잔액

  - 대손충당금을 환입하는 경우(대손예상액 〈 대손충당금잔액)

    | (차) 대 손 충 당 금 | ××× | (대) 대 손 충 당 금 환 입 | ××× |

    * 대손충당금환입액 = 대손충당금잔액 − 채권잔액 × 추정대손율 = 대손충당금잔액 − 대손예상액

  ㉡ 대손이 발생한 경우

  결산기 이외에서 실제로 대손이 발생한 경우에는 다음과 같이 기설정된 대손충당금과 매출채권을 상계시켜야 한다.

  - 대손충당금 잔액이 없는 경우

    | (차) 대 손 상 각 비 | ××× | (대) 매 출 채 권 | ××× |

  - 대손충당금 잔액이 대손된 채권액보다 큰 경우

    | (차) 대 손 충 당 금 | ××× | (대) 매 출 채 권 | ××× |

  - 대손충당금이 대손된 채권액보다 작은 경우

    | (차) 대 손 충 당 금 | ××× | (대) 매 출 채 권 | ××× |
    | 대 손 상 각 비 | ××× | | |

  ㉢ 대손된 채권을 회수한 경우

  회사가 거래처의 부도 등으로 인해 그 거래처에 대한 매출채권을 회수 불가능한 것으로 판단하여 이미 대손처리한 이후에 거래처 자금사정의 호전으로 인해 이미 상각한 매출

채권을 회수하는 경우도 있다. 이러한 경우 현금계정 등을 차변에 기입하고 대손충당금을 대변에 기입한다.

| (차) 현 금 | ××× | (대) 대 손 충 당 금 | ××× |

필수예제

다음은 정호상회의 대손에 관한 거래내역이다. 일자별로 분개하시오.

[20X1년]
  12/31 정호상회는 당해연도에 영업을 개시하였으며 매출채권 잔액에 2%가 대손 될 것으로 추정하고 있다. 회계기말 현재 매출채권 잔액은 ₩2,000,000이다.

[20X2년]
  04/30 외상 거래처인 부실상회가 부도로 인하여 채권 ₩20,000이 회수가 불가능한 것으로 판명되었다.
  05/06 부도상회의 파산으로 채권 ₩30,000이 회수가 불가능하게 되었다.
  07/30 4월 30일에 대손처리 하였던 채권을 회수하게 되었다.

해답

[20X1년]
| 12/31 | (차) 대 손 상 각 비 | 40,000 | (대) 대 손 충 당 금 | 40,000 |

  * ₩2,000,000 × 2% = ₩40,000

[20X2년]
04/30	(차) 대 손 충 당 금	20,000	(대) 매 출 채 권	20,000
05/06	(차) 대 손 충 당 금	20,000	(대) 매 출 채 권	30,000
	대 손 상 각 비	10,000		
07/30	(차) 현 금	20,000	(대) 대 손 충 당 금	20,000

7. 기타의 당좌자산

구 분	거 래
선 급 금	상품 등을 인도하기 전에 상품 등의 대금을 지급한 경우 선급금으로 처리한다.
미 수 금	상품 외의 자산을 외상으로 매각한 경우 미수금으로 처리한다.
단 기 대 여 금	만기가 1년 이내로 금전을 대여한 경우 단기대여금으로 처리한다.
가 지 급 금	현금의 지출이 있었으나 금액과 계정과목이 확정되지 않은 경우 가지급금으로 처리한다.
선 급 비 용	당기의 비용을 인식하는 경우 선급비용으로 처리한다.
미 수 수 익	당기의 수익을 인식하는 경우 미수수익으로 처리한다.

어음의 회계처리

1. 어음의 의의와 종류

상품의 외상거래에서 발생한 채권·채무에 대하여 어음을 주고 받게 되는 경우가 발생하게 되는데 어음을 받는 경우 받을어음이라고 하고 어음을 발행하여 지급하게 되는 경우 지급어음이라고 한다. 상품의 외상거래에서 어음을 사용하는 주된 이유는 어음법에 의하여 어음상의 권리나 의무를 보호받을 수 있기 때문이다.

여기서 어음이란 채무자가 자기의 채무를 갚기 위하여 일정한 금액을 일정한 일자에 틀림없이 지급하겠다는 약속을 일정한 요식에 따라 기재한 증서를 말한다. 어음은 법적인 측면에서 약속어음과 환어음으로 구분하고 경제적 측면에서 상업어음과 융통어음으로 구분할 수 있다.

어음의 종류		
법적측면	약속어음	어음의 발행인이 일정한 금액을 일정한 일자에 지급할 것을 약속한 증서
	환어음	어음의 발행인이 일정한 금액을 일정한 일자에 수취인에게 지급할 것을 지급인에게 위탁하는 증서
경제적측면	상업어음	일반상거래에서 거래의 지불수단으로 발행한 어음으로 진성어음이라고도 한다.
	융통어음	일반상거래 없이 자금을 조달하기 위한 목적으로 발행한 어음으로 차(借)어음 이라고도 한다.

2. 받을어음과 지급어음의 회계처리

어음을 받고 상품을 판매하면 일정기간이 지난 후에 판매대금을 받을 수 있는 채권이 발생하므로 받을어음계정 차변에 기입하고 일정기간이 지나 약속된 날짜에 어음대금을 받으면 받을어음이라는 채권이 소멸되므로 받을어음계정 대변에 기입한다.

또한 약속된 날짜 전에 어음대금을 회수할 수 있는 방법으로 배서양도와 어음의 할인이 있다. 배서양도란 어음대금을 받을 수 있는 권리를 타인에게 양도하는 것을 말하며, 어음의 할인은 어음금액을 금융회사에서 할인하고 할인료를 차감한 실수금을 수령하는 방법을 말한다. 이와 같이 배서양도와 어음을 할인(매각거래 해당 시)한 경우에도 받을어음계정 대변에 기입한다. 이와 반대로 상품을 매입하고 약속어음을 발행하여 주면 일정한 날짜에 대금을 지급할 채무가 발생하므로 지급어음계정 대변에 기입하고, 약속된 날짜에 지급하면 채무가 소멸하므로 지급어음계정의 차변에 기입한다.

받을어음		지급어음	
전기이월	어음대금의 회수	어음대금의 지급	전기이월
어음의 수령	배서양도	차기이월(미지급액)	어음의 발생
	어음의 할인		
	차기이월(미회수액)		

한편 받을어음과 지급어음의 관리를 효율적으로 하기 위해서 만기일, 발행인, 지급인, 수취인, 지급장소, 금액, 결제여부 등을 보조부인 받을어음기입장과 지급어음기입장에 기록하여 유지하는 것이 바람직하다.

Exercise [1]

다음은 마포상회의 영업활동에 관한 자료이다. 다음 자료에 의하여 질문에 답하시오.
1. 아래 거래를 일자별로 분개하시오.
2. 받을어음 기입장과 지급어음 기입장에 기입하시오.

9/ 6   중앙상회에 상품 ₩800,000을 매출하고 대금은 동점발행 당점수취의 약속어음 No. 101(발행일: 9월 6일, 만기일: 12월 6일, 지급장소: 우리은행)를 받다.

9/12   모란상회에서 상품 ₩250,000을 구입하고 대금은 약속어음 No. 35(발행일: 9월 12일, 만기일: 12월 10일, 지급장소: 대한은행)을 발행교부하다.

9/17   종로상회에 상품 ₩500,000을 매출하고 대금은 동점발행 당점수취의 약속어음 No. 24(발행일: 9월 17일, 만기일: 12월 16일, 지급장소: 동해은행)를 받다.

12/ 6   중앙상회에서 받은 약속어음 ₩800,000이 만기가 되어 우리은행으로부터 현금으로 받다.

12/10   대한은행으로부터 모란상회에 발행하여 준 어음대금을 당사 당좌예금계좌에서 지급하였다는 통지를 받다.

12/16   종로상회에서 받은 약속어음 ₩500,000이 만기가 되어 동해은행으로부터 현금으로 받아 보통예금계좌에 예입하였다.

1. 분 개

일자	차변		금액	대변		금액
9/ 6	(차) 받 을 어 음		800,000	(대) 매 출		800,000
9/12	(차) 상 품		250,000	(대) 지 급 어 음		250,000
9/17	(차) 받 을 어 음		500,000	(대) 매 출		500,000
12/ 6	(차) 현 금		800,000	(대) 받 을 어 음		800,000
12/10	(차) 지 급 어 음		250,000	(대) 당 좌 예 금		250,000
12/16	(차) 보 통 예 금		500,000	(대) 받 을 어 음		500,000

2. 받을어음기입장

일자	적요	금액	어음종류	어음번호	수취인	발행인	발행일	만기일	지급장소	비고
9. 6	매출	800,000	약속어음	101	마포상회	중앙상회	9. 6	12. 6	우리은행	12.6 결제
9. 17	매출	500,000	약속어음	24	마포상회	종로상회	9. 17	12.16	동해은행	12.16 결제
합계		1,300,000								

3. 지급어음기입장

일자	적요	금액	어음종류	어음번호	수취인	발행인	발행일	만기일	지급장소	비고
9. 12	매입	250,000	약속어음	35	모란상회	마포상회	9. 12	12. 10	대한은행	12.10결제
합계		250,000								

3. 어음의 배서양도와 할인

어음대금을 만기일 전에 회수할 수 있는 방법은 배서양도와 어음할인의 방법이 있다. 배서양도란 어음의 소지인이 당해 어음의 만기일 전에 상품매입대금이나 외상매입금 등을 지급하기 위하여 어음상의 채권을 타인에게 양도하는 것을 말한다. 어음을 타인에게 배서양도하게 되면 어음상의 채권이 소멸하게 되므로 받을어음계정의 대변에 기입하여야 한다.

어음의 소지인은 만기일 전에 자금을 융통하기 위해 어음을 은행 등 금융회사에 배서양도하고 만기일까지의 이자를 차감한 금액을 받게 되는데, 이것을 어음의 할인이라고 한다. 어음을 할인할 때에는 어음의 지급기일까지 이자에 상당하는 할인료를 지급하여야 하는데 이때의 할인료는 어음의 할인이 매각거래[1]에 해당하는지 차입거래에 해당하는지에 따라 회계처리가 달라진다. 전산회계 1급에서는 매각거래인 경우만 출제되었으므로 매각거래를 위주로 학습하기 바란다.

	매각거래로 보는 경우	차입거래로 보는 경우
할인시	현 금　　　×××　받을어음 ××× 매출채권처분손실 ×××	현 금　×××　　단기차입금 ××× 이자비용 ×××
만기시	분 개 없 음	단기차입금 ×××　　받을어음　×××

* 할인료 = 어음금액 × 이자율 × 미경과일수/365

---

1. 일반기업회계기준에 따르면 다음의 요건이 충족되는 경우에는 매각거래로 보고 그 이외의 경우에는 차입거래로 본다.
   ① 양도인은 양도자산에 대하여 권리를 행사할 수 없어야 한다.
   ② 양수인은 자산처분에 대한 자유로운 권리가 있어야 한다.
   ③ 양도인은 양도자산에 대하여 효율적인 통제권을 행사할 수 없어야 한다.
   위의 요건이 충족되면 받을어음이 실질적으로 이전된 것으로 보아 받을어음을 차감시키고 할인료를 매출채권처분손실로 처리한다. 그러나 위의 요건을 충족하지 못하였다면 차입거래로 보아 단기차입금으로 계상하고 할인료는 이자비용으로 처리한다.

Exercise [2]

다음 거래를 분개하시오.(매각거래로 처리할 것)

- 8/ 1   해신상회는 신촌상회에 상품 ₩1,000,000을 외상으로 판매하고 동점발행 당점수취의 약속어음을 받다.(어음의 만기일: 10월 31일)
- 9/ 1   해신상회는 자금을 융통하기 위하여 신촌상회의 약속어음을 서울은행에 12%의 이자율로 할인하고 할인료를 차감한 실수금을 현금으로 받다.(할인일수는 60일이다.)
- 10/31 서울은행으로부터 어음금액이 무사히 결제되었다는 통지를 받다.

일 자	회계처리			
8/ 1	받 을 어 음	1,000,000	매 출	1,000,000
9/ 1	현 금 매출채권처분손실	980,274 19,726	받 을 어 음	1,000,000
9/ 1	* 1,000,000×12%×60/365 = 19,726			
10/31	분 개 없 음			

4. 어음의 부도

어음을 배서양도하거나 할인한 경우 어음상의 채무자가 만기일에 어음금액을 결제하지 않으면 부도가 발생하는데, 이때 배서인은 피배서인에게 어음금액을 상환해야 하는 의무가 발생한다. 어음 부도시의 회계처리는 어음금액에 소구비용(지급거절증서작성비용 등)을 가산한 금액을 부도어음계정으로 처리한다.

부도어음계정 처리 후 회수할 가능성이 없다고 판단되면 대손상각비로 처리하여야 한다. 부도어음계정은 회계기간 중에 사용하는 임시계정이기 때문에 재무상태표상에 보고 시에는 매출채권 또는 장기성매출채권에 포함시켜 보고하여야 한다.

부도어음 회계처리				
부도시	부도어음	×××	받을어음 현 금	××× ×××
회수시	현 금	×××	부도어음	×××

Exercise [3]

일자별로 분개를 하고 결산시까지 회수가능성이 없는 것으로 판단된 경우의 분개를 하시오.

7/10   부실상회에서 받은 약속어음 ₩500,000을 거래은행인 서울은행에 할인하고 할인료 ₩20,000을 공제한 실수금을 당좌예입하다.(매각거래에 해당함)

10/9   서울은행으로부터 7월 10일에 할인어음이 부도가 발생하였다는 통지를 받고 당좌수표를 발행하여 지급하다. 또한 부실상회에게 어음금액을 청구하기 위하여 지급거절증서를 작성하고 작성비용 ₩5,000을 현금으로 지급하였다. (대손충당금잔액은 없음)

7/10 당 좌 예 금	480,000	받 을 어 음	500,000
매 출 채 권 처 분 손 실	20,000		
10/9 부 도 어 음	505,000	당 좌 예 금	500,000
		현 금	5,000
12/31 대 손 상 각 비	505,000	부 도 어 음	505,000

5. 어음의 개서

어음의 지급인이 어음의 만기일에 지급할 자금이 없는 경우 어음 소지인과 협의에 의하여 지급기일을 연기하고, 새로운 어음을 발행하여 구어음과 교환하는 것을 어음의 개서라고 한다.

실무시험대비 분개연습

01 카드대금의 결제를 위하여 당좌예금계좌에서 보통예금계좌로 ₩1,000,000을 이체하였다 이 때 송금수수료 ₩500이 당좌예금계좌에서 인출되었다.

02 단기 매매차익을 목적으로 상장회사인 (주)엘지의 주식 100주를 주당 75,000원(액면가액 50,000원)에 구입하고 매입수수료 75,000원을 포함하여 당사의 보통예금계좌에서 인터넷뱅킹으로 지급하였다.(이체수수료는 없음)

03 기중에 단기보유목적으로 상장회사인 (주)새길의 주식 100주를 주당 5,000원에 구입하고 매입수수료 5,000원을 지급하였는데 결산일 현재 (주)새길 주식의 주당 공정가치는 6,000원이 되었다.

04 단기보유목적으로 24,000,000원(1,000주, @₩24,000원)에 취득하였던 상장주식 전부를 1주당 20,000원에 처분하고 보통예금에 계좌이체 되었다.

05 외상매출금 30,000,000원 중 10,000,000원은 현금으로 받고 나머지 잔액은 어음으로 받았다.

06 국민카드 매출대금 2,500,000원에서 수수료 3%를 제외하고 당사의 보통예금계좌에 입금되었다. 단, 카드매출대금은 외상매출금계정으로 처리하고 있다.

07 제품을 매출하고 매화상사로부터 수취한 어음이 3,000,000원 있다. 20X1년 9월 30일에 매화상사에서 수취한 어음이 부도처리 되었다는 것을 거래처 주거래은행인 국민은행으로부터 통보받았다. 이에 따른 적절한 회계처리를 20X1년 9월 30일로 회계처리하시오.

08 거래처인 금성주유소로부터 받은 받을어음 30,000,000원을 거래은행인 국민은행에 할인하고 할인료 300,000원을 제외한 금액은 보통예금에 입금하였다.(매각거래로 처리할 것)

09 20X1년 1월 1일 (주)삼미에 대여한 10,000,000원이 동사의 파산으로 인하여 전액 대손처리 하기로 하였다. 상환일자는 20X1년 11월 30일이고 대손충당금은 설정되어 있지 않다.

10 지난달에 대손이 확정되어 대손충당금과 상계처리하였던 하이마트의 외상매출금 중 일부인 430,000원을 회수하여 보통예금계좌로 입금하였다.(대손발생시 대손충당금은 충분하였다.)

연습문제

01 다음 중 유동자산이 아닌 것은?
① 장기미수금 중 1년 이내에 실현되는 부분
② 기업의 정상적인 영업주기 내에 실현될 것으로 예상되는 재고자산
③ 사용의 제한이 있는 현금및현금성자산
④ 단기매매 목적으로 보유하는 자산

02 다음 중 회계보고기간 종료일이 12월 31일인 경우, 유동자산에 속하지 않는 항목은?
① 7월 1일부터 내년 10월 말까지 보유예정인 현금및현금성자산
② 7월 1일 수취하여 내년 10월 말에 현금으로 실현될 받을어음
③ 7월 1일 투자목적으로 취득하여 2년 후에 매각예정인 회사주변의 땅
④ 7월 1일 단기매매목적으로 구입한 상장회사 (주)무릉의 주식

03 다음 중 현금및현금성자산에 해당하지 않는 것은?
① 우편환증서
② 배당금지급통지표
③ 타인발행약속어음
④ 만기도래한 국채이자표

04 재무상태표에 현금및현금성자산으로 계상되는 항목인 것은?
① 우표, 수입인지
② 타인발행 약속어음
③ 질권설정된 보통예금
④ 취득당시 만기가 3개월 이내에 도래하는 채권

05 다음 항목 중 반드시 현금및현금성자산에 해당하는 것은?

① 지급기일 도래한 사채이자표
② 결산시점 만기 6개월 양도성예금증서
③ 선일자수표
④ 결산시점 만기 3개월 양도성예금증서

06 다음은 기말자산과 기말부채의 일부분이다. 기말재무상태표에 표시될 계정과목과 금액이 틀린 것은?

· 지급어음 : 10,000,000원   · 타인발행수표 : 25,000,000원   · 받을어음 : 10,000,000원
· 외상매입금 : 50,000,000원   · 외상매출금 : 40,000,000원   · 우편환증서 : 5,000,000원

① 매입채무 60,000,000원
② 현금및현금성자산 30,000,000원
③ 매출채권 50,000,000원
④ 당좌자산   75,000,000원

07 유가증권에 대한 설명이다. 옳은 것은?

① 유가증권 중 채권은 취득한 후에 단기매매증권이나 매도가능증권 중의 하나로만 분류한다.
② 단기매매증권이 시장성을 상실한 경우에는 매도가능증권으로 분류하여야 한다.
③ 단기매매증권과 만기보유증권은 원칙적으로 공정가치로 평가한다.
④ 매도가능증권은 주로 단기간 내의 매매차익을 목적으로 취득한 유가증권이다.

08 다음 중 일반기업회계기준의 유가증권에 대한 설명으로 틀린 것은?

① 단기매매증권의 미실현보유이익은 당기순이익항목으로 처리한다.
② 단기매매증권 및 매도가능증권은 원칙적으로 공정가치로 평가한다.
③ 단기매매증권이 시장성을 상실한 경우에는 만기보유증권으로 분류하여야 한다.
④ 매도가능증권의 미실현보유이익은 기타포괄손익누계액으로 처리한다.

09 시장성 있는 (주)A의 주식 10주를 1주당 56,000원에 구입하고, 거래수수료 5,600원을 포함하여 보통예금계좌에서 결제하였다. 당해 주식은 단기매매차익을 목적으로 보유하는 경우이며, 일반기업회계기준에 따라 회계처리하는 경우 발생하는 계정과목으로 적절치 않은 것은?

① 단기매매증권   ② 만기보유증권   ③ 수수료비용   ④ 보통예금

10 다음의 자료로 20X3년 5월 5일 현재 주식수와 주당금액을 계산한 것으로 맞는 것은?

> · (주)갑의 주식을 20X2년 8월 5일 100주를 주당 10,000원(액면가액 5,000원)에 취득하였다. 회계처리시 계정과목은 단기매매증권을 사용하였다.
> · (주)갑의 주식을 20X2년 12월 31일 주당 공정가치는 7,700원이었다.
> · (주)갑으로부터 20X3년 5월 5일에 무상으로 주식 10주를 수령하였다.

① 100주, 7,000원/주 ② 100주, 7,700원/주
③ 110주, 7,000원/주 ④ 110주, 7,700원/주

11 다음 유가증권 거래로 인하여 20×6년 당기손익에 미치는 영향을 바르게 설명한 것은?

> · 20X6년 3월 1일   단기시세차익을 얻을 목적으로 (주)고려의 주식 1,000주를 주당 10,000원(액면가액 5,000원)에 현금 취득하였다.
> · 20X6년 6월 30일 (주)고려의 주식 300주를 주당 9,000원에 처분하였다.

① 당기순이익이 1,200,000원 감소한다. ② 당기순이익이 300,000원 감소한다.
③ 당기순이익이 1,350,000원 감소한다. ④ 당기순이익이 1,050,000원 감소한다.

12 다음은 단기매매증권의 취득·보유·처분에 대한 현황이다. 일련의 회계처리 중 옳지 않은 것은?

> · 제1기 기중 단기매매증권 100주를 주당 1,000원에 현금으로 취득하였다.
> · 제1기 결산일 현재 단기매매증권의 1주당 시가는 1,200원이다.
> · 제2기 기중 단기매매증권 50주를 주당 1,500원에 현금을 받고 처분하였다.
> · 제2기 결산일 현재 단기매매증권의 1주당 시가는 1,100원이다.

① 1기 취득시 : (차) 단기매매증권 100,000원 (대) 현   금   100,000원
② 1기 결산일 : (차) 단기매매증권   20,000원 (대) 단기매매증권평가이익 20,000원
③ 2기 처분시 : (차) 현   금   75,000원 (대) 단기매매증권   50,000원
                                              단기매매증권처분이익   25,000원
④ 2기 결산일 : (차) 단기매매증권평가손실 5,000원 (대) 단기매매증권   5,000원

13 다음 중 매출채권에 대한 설명으로 틀린 것은?

① 매출채권이란 영업활동으로 제품이나 서비스를 제공하고 아직 대금을 받지 못한 경우의 금액을 말한다.
② 매출채권에는 외상매입금과 지급어음이 있다.
③ 매출채권에 대한 대손충당금 설정은 순실현가능가치로 평가하고, 매출채권에 대한 자산평가를 적정하게 한다.
④ 매출채권에 대한 대손충당금 설정은 대손이 예상되는 회계연도에 대손예상액만큼을 대손충당금으로 적립하였다가 실제로 대손이 확정되는 시점에 대손충당금과 상계처리 한다.

14 다음 중 대손충당금 설정대상자산으로 적합한 것은?
① 미지급금　　② 대여금　　③ 외상매입금　　④ 예수금

15 다음 중 대손충당금 설정대상자산에 해당되지 않는 것은?
① 가수금　　② 외상매출금　　③ 미수금　　④ 받을어음

16 다음 중 대손에 대한 설명으로 옳지 않은 것은?

① 기말에 대손추산액에서 대손충당금잔액을 차감한 금액을 대손상각비로 계상한다.
② 기말에 대손상각비를 설정하는 경우 모든 대손상각비는 판매비와 관리비로만 처리한다.
③ 회수가 불가능한 채권은 대손충당금과 상계하고, 대손충당금이 부족한 경우에는 그 부족액을 대손상각비로 처리한다.
④ 회수가 불확실한 금융자산은 합리적인 기준에 따라 산출한 대손추산액을 대손충당금으로 설정한다.

17 (주)세원은 대손충당금을 보충법에 의해 설정하고 있으며, 매출채권 잔액의 1%로 설정하고 있다. 기말 재무상태표상 매출채권의 순장부가액은 얼마인가?

매출채권	(단위:원)	대손충당금	(단위:원)
기초 50,000 발생 500,000	회수 등 200,000	대손 8,000	기초 10,000

① 346,500원   ② 347,000원   ③ 347,500원   ④ 348,000원

18 회계기간 말에 매출채권 잔액 9,000,000원에 대해 1%의 대손충당금을 설정한다. 대손충당금잔액이 50,000원 있었다고 가정할 경우 분개로 올바른 것은?

① (차) 대손상각비 40,000원   (대) 대손충당금 40,000원
② (차) 대손상각비 40,000원   (대) 매출채권　 40,000원
③ (차) 대손상각비 90,000원   (대) 대손충당금 90,000원
④ (차) 대손상각비 90,000원   (대) 매출채권　 90,000원

19 ㈜백호는 매출채권 잔액의 1%를 대손충당금으로 설정한다. 다음 자료를 이용하여 ㈜백호가 20X2년 말 결산 시 인식할 대손충당금 추가설정액은 얼마인가?

・20X2년 01월 01일 대손충당금 잔액 : 1,000,000원
・20X2년 12월 05일 대손 발생액 : 500,000원
・20X2년 12월 31일 매출채권 잔액 : 200,000,000원

① 1,000,000원   ② 1,500,000원   ③ 2,000,000원   ④ 3,000,000원

03 재고자산

01. 재고자산의 의의와 종류

재고자산이란 기업의 정상적인 영업활동 과정에서 판매를 위하여 보유하고 있는 자산과 제품을 생산하는데 사용되는 자산을 말한다. 상품매매회사에 있어서 재고자산은 상품을 가리키며 제조회사에 있어서 재고자산은 제품과 이를 생산하는데 사용되는 원재료, 저장품 그리고 생산 중에 있는 재공품 등을 가리킨다.

> **재고자산의 종류**
>
> - 상   품 : 기업의 정상적인 영업활동과정에서 판매를 목적으로 구입한 상품을 말하며, 부동산 매매업에 있어서 판매를 목적으로 소유하는 토지, 건물, 기타 이와 유사한 부동산도 상품에 포함한다.
> - 제   품 : 기업내부에서 판매를 목적으로 제조한 생산품을 말한다.
> - 반 제 품 : 자가제조한 중간제품과 부분품 등을 말한다.
> - 재 공 품 : 제품의 제조를 위하여 제조과정에 있는 물건을 말한다.
> - 원 재 료 : 완제품을 제조·가공할 목적으로 구입한 원료, 재료 등을 말한다.
> - 저 장 품 : 소모품, 수선용 부분품 및 기타 저장품 등을 말한다.

02. 재고자산의 취득원가

재고자산의 취득원가는 재고자산을 판매 가능한 상태로 만들기까지 소요된 모든 현금지출액 등이 포함되어야 한다. 즉, 재고자산의 취득가액은 그 매입대금과 취득과정에서 소요된 매입수수료·수입관세·보관료·운반비·보험료·하역비 등이 포함되고, 매입과 관련된 매입할인, 매입에누리, 매입환출이 있는 경우에는 이를 매입원가에서 차감해야 한다.

> 상품의 취득원가 = 총매입가액 + 매입부대비용 − 매입에누리 − 매입환출 − 매입할인

1. 매입에누리와 환출

매입에누리와 매입환출은 취득가액에서 차감하여야 한다. 매입에누리는 상품구입 후 상품에 하자가 있는 경우 매입대금의 일정액을 할인받는 것을 말하고, 매입환출은 상품의 현격한 하자로 인하여 상품을 반품하는 것을 말한다. 당초 상품에 하자가 있으면 구입하지 않았을 것이기 때문에 당연히 매입에누리와 환출은 취득가액에서 차감되어야 할 것이다.

2. 매입할인

매입할인이란 상품을 외상으로 매입한 후 외상대금을 당초에 약정한 기일 전에 결제하는 경우 외상대금의 일정률을 할인하여 받는 것을 말한다. 매입할인은 외상대금의 조기상환에 대한 이자비용의 혜택을 의미하기 때문에 상품의 취득원가에서 차감되어야 한다.

03. 재고자산의 기록방법

재고자산의 경우에는 기중에 매입과 매출이 수시로 일어나기 때문에 기중의 자산관리는 수량을 위주로 관리한다. 그리고 기말에 인위적인 원가흐름의 가정에 의한 단가를 적용하여 기말재고원가와 매출원가를 산정하는 방식을 사용하는 것이다. 즉, 자산기록방법에 따라 산정된 기말재고수량에 원가흐름의 가정에 의한 단가를 곱하여 기말재고원가를 결정짓고 매출원가는 재고등식에 의하여 다음과 같이 계산한다.

> 매출원가 = 기초상품재고원가 + 당기상품매입원가 − 기말상품재고원가

먼저 재고자산의 수량결정방법인 기록방법을 알아보고 단가산정방법인 원가흐름의 가정을 살펴보기로 한다. 재고자산 기록방법에는 크게 계속기록법과 실지재고조사법이 있다.

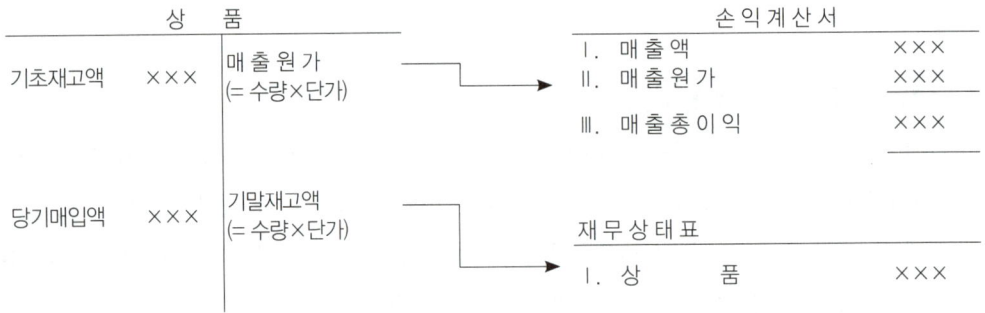

1. 수량결정방법

1) 계속기록법

계속기록법이란 기중 재고를 매입할 경우에는 매입수량, 단가, 금액을 모두 기입하고 매출할 때에도 수량 등을 기록하는 방법이다.

> 기초재고수량 + 당기매입수량 − 당기판매수량 = 기말재고수량

2) 실지재고조사법

실지재고조사법이란 재고자산을 매입할 때에는 매입수량, 단가, 금액을 모두 기입하지만, 매출할 때에는 특별한 기록을 하지 아니하였다가 기말에 실사를 통하여 기말재고의 수량과 금액을 확정짓고 매출수량 및 매출원가를 다음 산식에 따라 사후적으로 계산하는 방법이다.

> 기초재고수량 + 당기매입수량 − 기말재고수량 = 당기판매수량

2. 단가를 결정하는 방법

1) 개별법

개별법이란 재고자산에 가격표 등을 붙여 매입상품별로 매입가격을 알 수 있도록 함으로써, 매입가격별로 판매된 것과 재고로 남은 것을 구별하여 매출원가와 기말재고로 구분하는 방법이다.

2) 선입선출법

선입선출법(FIFO)이란 실제물량흐름과는 관계없이 먼저 입고된 재고자산의 원가가 먼저 매출원가로 대응된다는 가정하에서 기말재고자산의 단가를 결정하는 방법이다.

⚓ 필수예제
다음은 태평상회의 20X1년 상품매매에 관한 거래내역이다.

일 자	적 요	수 량	단 가
1/1	기초재고	100개	100원
4/22	매 입	300개	150원
5/28	매 출	200개	−
7/20	매 입	300개	200원
12/31	매 출	200개	−

⚓ 물음
다음 각 방법에 의한 매출원가와 기말재고액을 계산하시오.
1. 계속기록법에 의한 선입선출법
2. 실지재고조사법에 의한 선입선출법

⚓ 해답
1. 계속기록법에 의한 선입선출법

> 매 출 원 가 : 100개×@₩100+100개×@₩150+200개×@₩150= ₩55,000
> 기말재고액 : 300개 × @₩200 = ₩60,000

* 계속기록법이란 판매시마다 재고자산평가방법을 적용하는 것을 말한다.

2. 실지재고조사법에 의한 선입선출법

매 출 원 가 : 100개×@₩100+300개×@₩150= ₩55,000
기말재고액 : 300개 × @₩200 = ₩60,000

* 실지재고조사법이란 결산시에 재고자산평가방법을 적용하는 것을 말한다.

3) 후입선출법

후입선출법(LIFO)이란 실제물량흐름과는 무관하게 가장 최근에 입고된 재고자산이 먼저 판매된다는 가정에 기초하여 기말재고자산의 원가를 결정하는 방법이다.

필수예제
다음은 태평상회의 20X1년 상품매매에 관한 거래내역이다.

일 자	적 요	수 량	단 가
1 / 1	기초재고	100개	100원
4 / 22	매 입	300개	150원
5 / 28	매 출	200개	-
7 / 20	매 입	300개	200원
12 / 31	매 출	200개	-

물음
다음 각 방법에 의한 매출원가와 기말재고액을 계산하시오.
1. 계속기록법에 의한 후입선출법
2. 실지재고조사법에 의한 후입선출법

해답
1. 계속기록법에 의한 후입선출법

매 출 원 가 : 200개×@₩150+200개×@₩200= ₩70,000
기말재고액 : 100개×@₩100+100개×@₩150+100개×@₩200= ₩45,000

* 계속기록법이란 판매시마다 재고자산평가방법을 적용하는 것을 말한다.

2. 실지재고조사법에 의한 후입선출법

매 출 원 가 : 300개×@₩200+100개×@₩150= ₩75,000
기말재고액 : 100개×@₩100+200개×@₩150 = ₩40,000

* 실지재고조사법이란 결산시에 재고자산평가방법을 적용하는 것을 말한다.

4) 평균법

평균법이란 실제물량흐름과는 무관하게 원가흐름을 연중 평균적으로 발생한다고 가정하여 평균단가를 재고자산의 단가로 결정하는 방법이다. 평균법은 이동평균법과 총평균법으로 구분된다.

① 이동평균법

이동평균법이란 상품을 새로 구입할 때마다 가중평균단가를 구하고 그 단가를 기준으로 기말상품재고액을 결정하는 방법이다.

$$\text{평균단가} = \frac{\text{매입직전의 상품재고액} + \text{당일의 상품매입액}}{\text{매입직전의 상품재고수량} + \text{당일의 상품 매입수량}}$$

필수예제

다음은 태평상회의 20X1년 상품매매에 관한 거래내역이다.

일 자	적 요	수 량	단 가
1 / 1	기초재고	100개	100원
4 / 22	매 입	300개	150원
5 / 28	매 출	200개	–
7 / 20	매 입	300개	200원
12 / 31	매 출	200개	–

물음

이동평균법(계속기록법)에 의한 매출원가와 기말재고액을 계산하시오.

해답

매 출 원 가 : 200개×@₩137.5*+200개×@₩175** = ₩62,500
기말재고액 : 300개×@₩175** = ₩52,500
 * 4/22 평균단가 = (100개×@₩100+300개×@₩150)/400개=@₩137.5
 ** 7/20 평균단가 = (200개×@₩137.5+300개×@₩200)/500개=@₩175

* 이동평균법은 매입시마다 평균단가를 구하고 판매시에는 판매직전의 평균단가를 적용하여 매출원가를 구하는 방법이다. (기말재고액은 기말재고수량에 최근의 평가단가를 곱하여 계산한다.)

② 총평균법

총평균법은 일정기간 동안의 상품의 매입원가 합계를 매입수량 합계로 나눈 단가로서 기말상품재고액을 결정하는 방법으로 기중에는 상품의 단가를 전혀 알 수 없다.

$$\text{총평균단가} = \frac{\text{기초재고액} + \text{당기매입액}}{\text{기초재고수량} + \text{당기매입수량}}$$

필수예제

다음은 태평상회의 20X1년 상품매매에 관한 거래내역이다.

일 자	적 요	수 량	단 가
1 / 1	기초재고	100개	100원
4 / 22	매 입	300개	150원
5 / 28	매 출	200개	–
7 / 20	매 입	300개	200원
12 / 31	매 출	200개	–

물음

총평균법(실지재고조사법)에 의한 매출원가 기말재고액을 계산하시오.(평균단가계산시 소숫점이하 버림)

해답

매 출 원 가 : 400개×@₩164= ₩65,600
기말재고액 : 300개×@₩164= ₩49,200
 * 12/31 평균단가 = (100개×@₩100+300개×@₩150+300개×@₩200)/700개=@₩164

* 총평균법은 기말시점에 평균단가를 구하여 매출원가와 기말재고액을 계산하는 방법이다.

[재고자산 단가결정방법의 장·단점]

구 분	장 점	단 점
개별법	· 실제물량흐름과 일치한다. · 이론적으로 가장 이상적인 방법이다. · 수익·비용대응의 원칙에 충실한 방법이다.	· 거래가 빈번한 경우 적용하기 곤란하다. · 이익조작가능성이 있다.
선입선출법	· 실제물량흐름과 일치한다. · 기말재고자산가액이 현행가치로 보고된다. (재무상태표에 충실한 방법)	· 물가상승시 기말재고자산의 과대평가로 이익이 과대계상된다. · 수익·비용대응의 원칙에 충실하지 못하다(현행판매가격에 과거원가가 대응된다.)
후입선출법	· 물가상승시에 기말재고자산의 과소평가로 이익이 과소계상됨으로써 법인세 이연효과가 있다. · 수익·비용대응의 원칙에 충실한 방법이다(현행판매가격에 현행원가가 대응된다). → 손익계산서에 충실한 방법	· 실제물량흐름과 일치하지 않는다. · 기말재고액이 과거원가로 보고되기 때문에 과소평가된다. · LIFO 청산문제가 발생할 수 있다.
이동평균법	· 물가변동을 단가에 신속하게 반영한다.	· 거래가 빈번한 경우 계산이 복잡하다. · 계속기록법에서만 사용이 가능하다.
총평균법	· 계산이 간편하다. · 이익조작가능성이 없다.	· 총평균단가계산은 기말에만 가능하다.
기업회계기준에서 인정하지 않는 방법	① 매출총이익률법, ② 기준재고법, ③ 최종매입원가법 등	

각 방법의 비교

물가상승시에 기말재고액, 매출원가, 당기순이익의 크기 비교

① 기말상품재고액의 크기

선입선출법 〉이동평균법 〉 총평균법 〉 후입선출법

② 매출원가의 크기

선입선출법 〈 이동평균법 〈 총평균법 〈 후입선출법

③ 당기순이익의 크기

선입선출법 〉이동평균법 〉 총평균법 〉 후입선출법

∴기말상품재고액과 당기순이익의 크기는 같은 방향이고 매출원가는 반대방향이다.

04. 재고자산에 포함되는 항목

구 분		내 용
미착상품	선적지인도기준	선적완료시부터 구매자의 재고자산에 포함
	도착지인도기준	도착지까지 판매자의 재고자산에 포함
할부판매	단기할부판매	장·단기할부판매를 구분하지 않고 인도시까지 판매자의 재고자산에 포함
	장기할부판매	
위탁판매		위탁상품이 제3자에게 판매되기 전까지 위탁자 재고자산에 포함
시 송 품		매입자가 구매의사를 밝히기 전까지 판매자의 재고자산에 포함

필수예제

다음은 판매자의 재고자산에 포함되는 항목을 열거한 것이다. 올바르지 않은 것은?

① 수탁자가 보관하고 있는 적송품
② 도착지 인도조건으로 판매한 운송중인 자산
③ 금융기관에 담보로 제공한 저당상품
④ 판매대금이 회수되지 않은 장기할부판매상품

해답

할부판매의 경우에는 대금이 모두 회수되지 않았다고 하더라도 상품의 판매시점에 판매자의재고자산에서 제외하여야 한다.

답: ④

05. 재고자산의 감모손실과 평가손실

재무상태표에 보고되는 재고자산의 기말재고액은 순실현가능가액(실제수량×실제(장부)단가)으로 보고되어야 하므로, 장부상 기말재고액에서 재고자산 감모손실(원가성이 없는 부분)과 재고자산 평가손실액을 차감하여야 한다.

부분재무상태표

재고자산 = 실제수량 × 실제 또는 장부단가

1. 재고자산 감모손실

재고자산 감모손실은 재고자산의 분실·도난·파손·증발 등에 의하여 장부상 수량보다 실제수량이 부족한 경우 부족수량에 대한 손실액을 말한다.

> 재고자산 감모손실 = (장부수량 − 실제수량) × 장부단가 × 비원가성비율

재고자산감모손실은 정상적인 원인에 의한 것일 수도 있고 부주의에 의한 파손이나 도난 등의 비정상적인 원인에 의한 것일 수도 있다. 기업회계기준에서는 정상적인 원인에 의한 감모손실액은 원가성을 인정하여 매출원가에 포함시키고 비정상적인 원인에 의하여 발생한 감모손실액은 원가성을 인정하지 않기 때문에 영업외비용으로 처리하도록 규정하고 있다.

> (차) 매 출 원 가   ×××   (대) 재 고 자 산   ×××
>   (정상적인 감모)
>   재 고 자 산 감 모 손 실   ×××
>   (비정상적인 감모)

2. 타계정대체

기업이 영업활동을 하는 과정에서는 자사의 제품이나 상품을 판매목적 이외에 다른 목적으로 사용하는 경우가 있는데, 이를 타계정대체라고 한다. 예컨대 자사의 제품이나 상품을 광고선전목적으로 사용하거나 연구시험용으로 사용하는 경우, 혹은 화재가 발생하여 제품이나 상품이 소실되는 경우 등을 그 예로 들 수 있다. 이와 같이 제품이나 상품을 판매목적 이외에 다른 목적으로 사용하는 경우에는 사용 또는 소실된 제품이나 상품의 원가를 손익계산서상의 매출원가란에 매출이외의 상품감소액이라는 과목으로 하여 매출원가에서 제외시켜야 한다.

> (차) 기 업 업 무 추 진 비   ×××   (대) 제 품   ×××
>   수 선 비 등   ×××

3. 재고자산 평가손실

 기말에 재고자산의 재고수량에는 문제가 없으나 재고자산의 구입원가보다 기말재고자산의 가치가 하락하는 경우 즉, 시가가 취득원가보다 하락한 경우 시가로 평가하게 되는데 이를 저가법이라고 한다. 저가법에 의해 평가하는 경우 취득원가와 시가와의 차액을 재고자산평가손실계정을 사용하여 차변에 기록하고 동일한 금액을 재고자산평가충당금계정으로 하여 대변에 기록한다. 재고자산평가손실액은 매출원가에 가산하고 재고자산평가충당금은 자산의 차감계정으로 표시한다.

 저가로 평가한 이후의 기간에 시가가 회복된 경우에는 최초의 장부가액을 초과하지 않는 범위내에서 평가손실을 환입하여야 한다. 이 경우 재고자산평가손실의 환입액은 매출원가에서 차감한다.

1) 시가가 떨어진 경우

```
(차)  재고자산평가손실      ×××      (대)  재고자산평가충당금      ×××
     (매출원가에 가산)
```

* 재고자산 평가손실 = 실제수량 × (장부단가 − 실제단가)

부분재무상태표

재 고 자 산	×××	
재 고 자 산 평 가 충 당 금	(×××)	×××

2) 시가가 회복된 경우

```
(차)  재고자산평가충당금    ×××      (대)  재고자산평가충당금환입   ×××
                                        (매출원가에서 차감)
```

실무시험대비 분개연습

01 (주)새길로부터 원재료 1,500,000원을 구입하면서 발생한 운반비 250,000원을 현금으로 지급하였다. 운반비와 관련한 회계처리만 하시오.

02 부산세관으로부터 수입한 원재료에 대한 통관수수료 230,000원이 발생하여 현금으로 지급하였다. 자산으로 처리하시오.

03 대한산업으로부터 구입한 원재료의 외상매입금 42,000,000원을 약정에 따라 430,000원을 할인받고 잔액은 당좌수표를 발행하여 지급하였다.

04 (주)서강으로부터 원재료 14,000,000원을 매입함과 동시에 대금 중 8,000,000원을 현금으로 지급하고 나머지 금액에 대하여는 약속어음을 발행하여 교부하였다.

05 (주)정민상사에 원재료를 주문하면서 계약금으로 7,000,000원을 당좌예금에서 이체하였다.

06 미국 메가패스상사에 원재료 물품대금 10,000,000원을 보통예금에서 이체하여 결제하였다.(선적지인도조건이며 해당물품은 선적되어 운송 중에 있다.)

07 원재료의 일부 550,000원을 공장의 기계장치를 수리하는데 사용하였다.

08 당사에서 생산한 제품(원가 5,000,000원, 시가 6,500,000원)을 관할 구청에 불우이웃돕기 목적으로 기탁하였다.

09 당사에서 제조한 제품을 거래처의 선물로 증정하였다. 제품의 원가는 1,300,000원이다.

10 원재료로 구입한 부품 ₩30,000이 창고이동시 부주의로 파손되어 감모처리하였다.

연습문제

01 다음 중 재고자산 취득원가 측정에 대한 내용으로 올바른 것은?
① 매입과 관련된 할인, 에누리는 취득원가에서 차감하지 않는다.
② 취득과정에서 정상적으로 발생한 부대비용은 취득원가에 포함하지 않는다.
③ 제조원가 중 비정상적으로 낭비된 부분은 취득원가에 포함하지 않는다.
④ 제조원가 중 추가 생산단계에 투입하기 전에 보관이 필요한 경우 외의 보관비용은 취득원가에 포함한다.

02 다음 설명은 재고자산의 원가흐름의 가정 중 어떤 방법에 해당하는가?

> 나중에 매입한 상품을 먼저 판매한다는 가정 하에 출고단가를 산정하는 방법으로 가장 최근 매입분이 매출원가로 기록되므로 수익·비용의 대응이 적절히 이루어진다는 장점이 있다. 반면, 기말재고자산이 오래전의 매입분으로 구성되므로 시가에 가깝게 표시되지 않는다는 단점이 있다.

① 선입선출법　② 후입선출법　③ 개별법　④ 총평균법

03 다음 중 재고자산의 평가방법에 대한 설명으로 가장 옳지 않은 것은?
① 개별법은 실제물량 흐름과 원가흐름이 일치하는 평가방법이다.
② 선입선출법을 적용시 기말재고는 최근에 구입한 상품의 원가로 구성된다.
③ 물가가 상승시 선입선출법을 적용하면 평균법에 비해 일반적으로 매출총이익이 작게 계상된다.
④ 평균법은 기초재고자산과 당기에 매입한 상품으로 평균 단위당 원가를 구하여 기말재고자산과 매출원가를 계산하는 것이다.

04 다음 중 물가가 지속적으로 상승하는 경우 매출총이익 및 기말재고자산 금액이 가장 높게 평가되는 재고자산평가방법으로 올바른 것은?(단, 기초재고자산 수량과 기말재고자산 수량은 동일하다고 가정함)

	매출총이익	기말재고자산금액
①	후입선출법	선입선출법
②	선입선출법	후입선출법
③	후입선출법	후입선출법
④	선입선출법	선입선출법

05 다음 자료를 이용하여 선입선출법에 따라 계산한 ㈜서울의 기말재고자산 금액은 얼마인가?

일자	적요	수량	단가
05월 06일	매입	200개	200원
09월 21일	매출	150개	500원
12월 12일	매입	100개	300원

① 30,000원 ② 35,000원 ③ 40,000원 ④ 45,000원

06 다음은 ㈜진성상사의 제1기(1.1~12.31) 재고자산 내역이다. 이동평균법에 의한 기말재고자산의 단가는 얼마인가?

일자	적요	수량	단가
1월 23일	매입	2,000개	250원
5월 15일	매출	1,000개	500원
12월 24일	매입	1,000개	400원

① 250원 ② 300원 ③ 325원 ④ 400원

07 다음은 ㈜서울의 재고자산 관련 자료이다. 선입선출법과 총평균법에 따른 각 기말재고자산 금액으로 옳은 것은?

일 자	적 요	수 량	단 가
01월 01일	기초재고	10개	100,000원
03월 14일	매입	30개	120,000원
09월 29일	매출	20개	140,000원
10월 17일	매입	10개	110,000원

	선입선출법	총평균법
①	2,500,000원	2,420,000원
②	2,500,000원	2,820,000원
③	3,500,000원	3,420,000원
④	3,500,000원	3,820,000원

08 물가가 상승하는 시기에 있어 재고자산의 기초재고수량과 기말재고수량이 같을 경우 당기순이익과 법인세비용을 가장 높게 하는 재고자산 원가결정방법으로 묶어진 것은?

	당기순이익	법인세비용		당기순이익	법인세비용
①	선입선출법	평 균 법	②	후입선출법	선입선출법
③	평 균 법	평 균 법	④	선입선출법	선입선출법

09 물가가 상승하는 시기에 있어 재고자산의 기초재고수량과 기말재고수량이 같을 경우에, 매출원가, 당기순이익과 법인세비용을 가장 높게 하는 재고자산 원가결정방법으로 묶어진 것은?

	매출원가	당기순이익	법인세비용		매출원가	당기순이익	법인세비용
①	선입선출법	평균법	평균법	②	후입선출법	선입선출법	선입선출법
③	평균법	후입선출법	후입선출법	④	선입선출법	선입선출법	선입선출법

10 다음 자료를 이용하여 매출총이익을 계산하면 얼마인가?

· 매출액 : 250,000원	· 매출할인 : 30,000원	· 매입할인 : 10,000원
· 기말재고액 : 7,000원	· 매출에누리 : 50,000원	· 매입액 : 190,000원
· 매입환출 : 15,000원	· 타계정으로 대체 : 30,000원	

① 42,000원   ② 52,000원   ③ 62,000원   ④ 72,000원

11 (주)오정은 A사로부터 갑상품을 12월 10일에 주문받고, 주문받은 갑상품을 12월 24일에 인도하였다. 갑상품 대금 100원을 다음과 같이 받을 경우, 이 갑상품의 수익인식시점은 언제인가?

날 짜	대 금(합계 100원)
12월 31일	50원
다음해 1월 2일	50원

① 12월 10일   ② 12월 24일   ③ 12월 31일   ④ 다음해 1월 2일

12 다음 중 기말재고자산에 포함될 항목을 모두 모은 것은?

a. 시용판매용으로 고객에게 제공한 재화에 대해 고객이 매입하겠다는 의사표시를 해옴
b. 위탁판매용으로 수탁자에게 제공한 재화 중 수탁자가 현재 보관중인 재화
c. 장기할부조건으로 판매한 재화
d. 도착지 인도조건으로 운송중인 판매재화

① a,b   ② b,c   ③ b,d   ④ c,d

13 다음 중 재고자산에 포함되지 않는 것은?

① 선적지인도조건으로 구매한 운송 중인 상품

② 수탁자 창고 보관 중인 위탁상품

③ 매입자가 구매의사를 밝히지 않은 시용판매상품

④ 할부판매조건으로 판매한 상품

14 다음은 (주)한공의 20X6년 중 상품매입과 관련된 자료이다. (주)한공의 20X6년 기말재고자산은 얼마인가?

항목	금액(취득원가 기준)	비고
기말 재고자산 실사액	150,000원	창고보유분
미착상품	90,000원	선적지인도조건으로 매입한 상품으로 기말 현재 운송 중
시송품	90,000원	고객이 매입의사를 표시한 재고액 30,000 포함

① 150,000원　② 240,000원　③ 300,000원　④ 330,000원

15 재고자산감모손실이 10,000원 발생하였다. 이 중 8,000원은 정상적인 감모손실이고 2,000원은 비정상적인 감모손실이다. 다음 중 감모손실이 재무제표에 미치는 영향을 잘못 설명한 것은?

① 당기순이익을 10,000원 감소시킨다.

② 재고자산을 10,000원 감소시킨다.

③ 매출총이익을 8,000원 감소시킨다.

④ 영업이익을 10,000원 감소시킨다.

04 유형자산

01. 비유동자산의 종류

자산은 1년을 기준으로 유동자산과 비유동자산으로 분류한다. 비유동자산은 투자자산, 유형자산, 무형자산, 기타비유동자산으로 구분한다. 비유동자산은 유형자산(chapter 04), 투자자산, 무형자산, 기타비유동자산(chapter 05) 순으로 설명한다.

구 분		내 용
투자자산	의의	기업이 장기적인 투자수익이나 타기업 지배목적 등의 부수적인 기업활동의 결과로 보유하는 자산
	종류	투자부동산, 장기투자증권, 지분법적용투자주식, 장기대여금 등
유형자산	의의	재화의 생산이나 용역의 제공, 타인에 대한 임대, 또는 자체적으로 사용할 목적으로 보유하고 있으며, 물리적 형태가 있는 비화폐성자산
	종류	토지, 건물, 기계장치, 차량운반구, 건설중인자산, 구축물, 미착기계 등
무형자산	의의	물리적 형체는 없지만 식별가능하고 기업이 통제하고 있으며 미래경제적효익이 있는 비화폐성자산
	종류	영업권, 산업재산권, 개발비, 소프트웨어, 광업권, 어업권 등
기타 비유동자산	의의	투자자산, 유형자산, 무형자산에 속하지 않는 비유동자산으로서 투자수익이 없고 다른 자산으로 분류하기 어려운 자산
	종류	임차보증금, 부도어음과수표, 장기선급비용, 장기선급금, 장기미수금 등

02. 유형자산의 의의와 종류

유형자산이란 물리적 형태가 있는 자산으로서, 재화의 생산, 용역의 제공, 임대 또는 자체적으로 사용할 목적으로 보유하고 1년을 초과하여 사용할 것이 예상되는 자산이다. 유형자산은 기업의 영업활동과정에서 사용을 통하여 매출수익 창출에 기여하게 된다.

유형자산의 특징

① 정상영업활동 과정 중에 사용할 목적으로 보유하는 자산이다.
② 효익제공기간이 장기이다.
③ 물리적 실체가 존재하는 유형의 자산이다.
④ 일반적으로 감가상각대상이다.(토지와 건설중인자산은 제외)

> **유형자산의 종류**
>
> ① 토   지 : 대지·임야·전답·잡종지 등을 말하며, 매매목적 보유 토지와 비업무용 토지는 제외한다.
> ② 건   물 : 건물과 냉난방·조명 및 기타의 부속설비를 말한다.
> ③ 구 축 물 : 선거·교량·안벽·부교·갱도 및 기타의 토목설비 또는 공작물 등을 말한다.
> ④ 기계장치 : 기계장치·운송설비와 기타의 부속설비를 말한다.
> ⑤ 선   박 : 선박과 기타의 수상운반구 등을 말한다.
> ⑥ 차량운반구 : 철도차량·자동차 및 기타의 육상운반구 등을 말한다.
> ⑦ 건설중인자산 : 유형자산의 건설을 위한 재료비·노무비·경비를 말하며, 건설을 위하여 지출한 도급금액 또는 취득한 기계 등을 포함한다.

03. 유형자산의 취득원가결정

유형자산은 최초에 취득원가로 측정하며, 현물출자, 증여, 기타 무상으로 취득한 자산은 공정가치를 취득원가로 한다. 취득원가는 구입원가 또는 제작원가 및 경영진이 의도하는 방식으로 자산을 가동하는 데 필요한 장소와 상태에 이르게 하는 데 직접 관련되는 원가로 구성된다. 매입할인 등이 있는 경우에는 이를 차감하여 취득원가를 산출한다.

> 유형자산의 취득원가 = 매입가액 + 취득부대비용(운반비, 취득세, 등록세, 설치비, 시운전비 등) − 매입할인

1. 강제로 매입하는 채권

유형자산의 취득과 관련하여 국·공채 등을 불가피하게 매입하는 경우 당해 채권의 매입가액과 공정가치(시가)와의 차액은 유형자산구입과 관련하여 불가피하게 발생한 부대비용으로 보아 취득원가에 가산하여야 한다.

2. 일괄취득시 취득원가 결정

자산을 일괄하여 취득하는 경우 취득원가는 상대적 시장가치에 따라 안분하여 취득원가를 산정하여야 할 것이다. 예를 들어, 영업활동에 사용할 목적으로 기계장치와 차량운반구를 일괄하여 취득한 경우 일괄취득가액을 기계장치와 차량운반구의 상대적 시장가치에 따라 안분하여야 한다.

3. 토지·건물 및 구축물의 취득원가

건물을 신축할 목적으로 토지를 구입하는 경우 신축활동 개시 이전단계까지 발생한 원가는 토지의 원가를 구성한다. 따라서 측량비, 정지비 등은 토지원가이며 기초공사를 위한 굴착비용은 신축건물의 원가가 된다.

지상 건물이 있는 토지를 구입하여 구건물을 철거할 경우 구건물 구입가액과 순철거비(철거비에

서 고철매각대 등을 차감한 비용) 등은 모두 토지의 원가를 구성한다. 그러나 건물을 신축하기 위해 사용 중인 기존건물을 철거하는 경우 그 건물의 장부금액은 제거하여 처분손실로 반영하고 철거비용은 전액 당기비용으로 처리한다. 당기비용 처리하는 이유는 토지의 효용을 증가시키거나 신축건물의 가치를 증대하는 지출이 아니기 때문이다.

지상 건물이 있는 토지를 구입하여 구건물을 계속 사용할 경우에는 일괄구입가격을 토지와 건물에 각각 안분하여야 한다.

토지 · 건물의 취득원가

구 분		회계처리
건물이 있는 토지를 매입한 경우	기존건물을 사용하는 경우	시장가치로 안분
	기존건물을 철거하는 경우	토지의 취득원가
사용중인 건물을 철거하는 경우		당기 비용 처리

토지를 취득한 이후 이루어지는 진입로 개설, 배수설비, 도로포장, 조경공사 등의 부대시설공사비는 내용연수와 유지 · 보수비용의 부담에 따라 판단한다. 이 경우 내용연수가 영구적이거나 회사측에 유지 · 보수책임이 없는 경우에는 감가상각할 필요가 없으므로 토지원가로 계상한다. 그러나 내용연수가 한정되어 있거나 유지 · 보수책임이 회사측에 있는 경우에는 감가상각대상이므로 구축물계정으로 처리한다.

구 분	회 계 처 리
유지 · 보수책임이 국가 등에게 있는 경우	토지취득원가에 가산한다.
유지 · 보수책임이 회사에게 있는 경우	구축물로 계상하고 감가상각한다.

4. 현물출자에 의한 취득원가 결정

현물출자란 자산취득시 대가를 주식으로 발행하여 교부하여 주는 것을 말한다. 일반기업회계기준에서는 현물출자로 인한 유형자산 취득시 취득원가는 공정가치로 계상하도록 규정하고 있다. 여기서 공정가치는 취득한 자산의 공정가치와 발행된 주식의 공정가치 중에서 보다 명확한 것을 기준으로 결정하여야 한다는 의미이다.

5. 무상으로 취득하는 경우 취득원가 결정

증여 등 무상으로 취득한 자산은 일방적 이전 거래이므로 공정가치로 평가한다. 기업회계기준에서도 증여 또는 무상으로 취득한 자산은 공정가치를 취득원가로 계상하도록 규정하고 있다. 이때의 공정가치란 시장가치나 전문기관의 감정가액을 의미한다. 이 경우 증여로 인한 순자산 증가액은 증여목적에 관계없이 자산수증이익으로 계상한다.

6. 교환에 의해서 취득하는 경우 취득원가 결정

(1) 다른 종류(이종자산)의 자산과 교환하는 경우

이종자산의 교환으로 유형자산을 취득하는 경우 유형자산의 취득원가는 교환을 위하여 제공한 자산의 공정가치로 측정한다.

이종자산의 교환에 대한 회계처리는 제공한 자산을 처분하고 제공받은 자산을 취득한 것으로 보아 회계처리하며, 제공한 자산의 장부금액과 제공한 자산의 공정가치와의 차액을 제공한 자산의 처분손익으로 처리한다.

(2) 같은 종류(동종자산)의 자산과 교환하는 경우

동종자산의 교환으로 유형자산을 매각하는 경우에는 제공된 유형자산으로부터의 수익창출과정이 아직 완료되지 않았기 때문에 교환에 따른 거래손익을 인식하지 않아야 하며, 교환으로 받은 자산의 취득원가는 교환으로 제공한 자산의 장부금액으로 한다.

04. 취득이후의 지출

1. 의 의

유형자산은 장기간에 걸쳐 경제적 효익을 제공하므로 취득일 이후에도 계속 지출이 이루어 진다. 유형자산을 보유하는 기간 중에 이루어지는 추가적 지출은 미래 경제적 효익을 증가 시키는가의 여부에 따라 자본적지출과 수익적지출로 구분한다.

자본적지출이란 유형자산에 대한 특정지출의 효익이 당해 기간에 그치지 않고 미래 일정기간에 걸쳐 지속되는 지출을 말한다. 이러한 지출액은 자산으로 계상한 후 감가상각을 통하여 비용화하여야 한다. 수익적지출이란 특정지출의 효과가 당해 연도에 한정되어 발생연도의 기간비용으로 처리하는 지출을 의미한다.

구 분	자본적지출	수익적지출
1. 의의	유형자산에 대한 특정지출의 효익이 당해 기간에 그치지 않고 미래 일정기간에 걸쳐 지속되는 지출	특정지출의 효과가 당해 연도에 한정되어 발생연도의 기간비용으로 처리하는 지출
2. 분류요건	· 자산가치의 증대를 가져오는 지출 · 자산의 능률향상을 가져오는 지출 · 내용연수를 연장시키는 지출	· 자산의 현상유지를 위한 지출 · 자산의 능률유지를 위한 지출
3. 회계처리	차) 자산 ××× 대) 현금 ×××	차) 수선비 ××× 대) 현금 ×××

4. 사례	· 엘리베이터의 설치 · 냉 · 난방 장치의 설치 · 피난시설 등의 설치 · 기타 개량 · 확장 · 증설 등 위와 유사한 성질의 것	· 건물의 도장 · 파손된 유리의 대체 · 기계부속품의 대체 · 자동차의 타이어 대체 · 기타 조업가능한 상태의 유지 등 위와 유사한 성질의 것

필수예제

다음 중에서 자본적 지출로 처리할 금액은 얼마인가?

· 용광로의 내화벽돌 교체   700,000원
· 건물 외벽의 도색비용   500,000원
· 건물 내부의 조명기구 교환 300,000원
· 사무실 확장 비용   400,000원
· 엘리베이터 정기점검 비용   200,000원

① 1,100,000원   ② 1,400,000원   ③ 1,700,000원   ④ 2,100,000원

해답

자본적 지출 : (700,000원 + 400,000원) = 1,100,000원
수익적 지출 : (500,000원 + 300,000원 + 200,000원) = 1,000,000원   답: ①

2. 회계처리를 잘못했을 경우의 효과

자본적지출을 수익적지출로 회계처리한 경우 (자산을 비용으로)	자산과소, 비용과대, 이익과소, 자본과소
수익적지출을 자본적지출로 회계처리한 경우 (비용을 자산으로)	자산과대, 비용과소, 이익과대, 자본과대

3. 자본적지출과 수익적지출로 구분하는 이론적근거

수익 · 비용대응원칙에 근거한다. 수익 · 비용대응원칙이란 수익이 인식된 회계기간에 관련된 비용을 대응시켜 인식하는 것을 말한다.

05..감가상각

1. 의 의

유형자산은 시간이 경과하거나 사용정도에 따라, 일정기간 경과 후에는 그 가치가 소멸되어 기업에 더 이상 경제적 효익을 제공하지 못하게 된다. 따라서 기업은 유형자산의 취득원가를 수익에 대응시키기 위하여 합리적이고 체계적인 방법에 따라 유형자산의 내용연수에 걸쳐 배분하여야 하는데, 이러한 절차를 감가상각이라 한다.

2. 감가상각대상자산

감가상각대상자산은 영업활동에 사용하는 유형 또는 무형자산을 말한다. 따라서 영업활동에 사용하지 않는 투자자산, 건설중인자산, 재고자산은 감가상각대상자산이 아니다. 또한 영업활동에 사용하는 자산이라도 예외적으로 토지는 감가상각을 하지 않는다.

3. 감가상각 계산의 구성요소

감가상각의 요소란 감가상각비를 계산하기 위하여 필요한 자료들을 말한다. 감가상각의 요소로는 ① 감가상각기초가액, ② 잔존가액, ③ 내용연수, ④ 감가상각방법으로 구분할 수 있다.

4. 감가상각방법

구 분		계산방법
직 선 법	정 액 법	(취득원가 − 잔존가액)/내용연수
가속상각법	정 률 법	(취득원가 − 감가상각누계액) × 정률
	연수합계법	(취득원가 − 잔존가액) × 잔여내용연수/내용연수의 합
비 례 법	생산량비례법	(취득원가 − 잔존가액) × 당기생산량/총추정생산량
	작업시간비례법	(취득원가 − 잔존가액) × 당기작업시간/총추정작업시간

⚓ 필수예제

다음 자료를 이용하여 정액법, 정률법, 연수합계법에 의한 감가상각비를 연도별로 계산하시오.

- 자 산 명: 차량운반구
- 취득가액: 500,000원
- 내용연수: 3년
- 취 득 일: 20×1년 1월 1일
- 잔존가액: 50,000원
- 정   률: 53.6%

⚓ 해 답

· 정액법

구 분	감가상각비		감가상각누계액	장부금액
20×1년	(500,000−50,000)/3년	= 150,000	150,000	350,000
20×2년	(500,000−50,000)/3년	= 150,000	300,000	200,000
20×3년	(500,000−50,000)/3년	= 150,000	450,000	50,000

· 정률법

구 분	감가상각비		감가상각누계액	장부금액
20×1년	500,000×53.6%	= 268,000	268,000	232,000
20×2년	(500,000−268,000)×53.6%	= 124,352	392,352	107,648
20×3년	(500,000−392,352)×53.6%	= 57,648*	450,000	50,000

* 단수차이조정

· 연수합계법

구 분	감가상각비	감가상각누계액	장부금액
20×1년	(500,000−50,000)×3/6* = 225,000	225,000	275,000
20×2년	(500,000−50,000)×2/6 = 150,000	375,000	125,000
20×3년	(500,000−50,000)×1/6 = 75,000	450,000	50,000

* 1+2+3=6

· 초기감가상각비크기: 정률법 〉 연수합계법 〉 정액법
· 결산 시 회계처리(정액법)   : 감가상각비 150,000 / 감가상각누계액 150,000
· 부분재무상태표(20×1년)

부분재무상태표

Ⅱ. 비유동자산			
차량운반구		500,000	
감가상각누계액		(150,00)	350,000

5. 감가상각방법별 특징

구 분		특 징
직 선 법	정 액 법	유형자산의 가치감소가 시간의 경과에 따라 정비례하여 발생하는 것으로 가정하고, 매기간 동일한 금액을 상각해 나가는 방법으로, 균등액상각법 또는 직선법이라고도 한다. 정액법은 실무에 적용이 간편하고, 감가상각비가 이익에 미치는 영향이 매기 동일하므로 감가상각비를 통한 이익조작을 방지할 수 있는 장점이 있으나 매기 감가상각비를 동일하게 배분하므로 조업도를 무시하는 상각방법이다. 즉, 생산량이 많을 경우에도 동일한 감가상각비를 배분하게 되므로 수익·비용대응이 잘 이루어지지 않는 단점이 있다.
가속상각법	정 률 법	가속상각법은 초기에 감가상각비를 많이 계상하고 후반기에 상각비를 적게 계상함으로써 법인세이연효과를 누리는 방법이다.
	연수합계법	
비 례 법	생산량비례법	비례법은 수익·비용의 합리적인 대응에 초점을 맞추어 생산량이나 작업시간 등의 일정한 기준에 의하여 감가상각비를 계산하는 방법이다.
	작업시간비례법	

06. 유형자산의 처분

유형자산의 서비스 잠재력이 모두 소멸되기 이전에 일정한 대가를 받고 유형자산을 처분하는 경우가 있다. 유형자산의 처분손익은 처분가액과 처분당시의 유형자산의 장부가액과의 차액을 유형자산처분손익의 과목으로하여 당기손익에 반영한다.

> 유형자산처분손익 = 처분가액 − 장부가액 = 처분가액 − (취득가액 − 감가상각누계액)

필수예제

다음은 나눔(주)의 건물에 대한 거래내역이다. 일자별로 회계처리 하시오.

[20X1년]
- 1월 1일   나눔(주)는 사옥으로 사용하기 위하여 건물을 2,000,000원에 취득하였으며, 취득과 관련하여 취득세 100,000원과 중개수수료 200,000원을 현금으로 지급하였다.
- 7월 1일   건물을 수리하기 위하여 수리비 500,000원을 현금으로 지출하였다. 수리비 중 300,000원은 자본적지출에 해당하며, 나머지는 수익적지출에 해당한다.(자본적지출액은 기초에 지출한 것으로 가정한다.)
- 12월 31일   건물에 대한 감가상각자료는 다음과 같다.

> · 감가상각방법: 정액법   · 잔존가액: 600,000원   · 내용연수: 5년

[20X2년]
- 1월 1일   나눔(주)는 건물을 1,800,000원에 처분하였다.

해 답

[20X1년]

일자	차변		대변	
1월 1일	(차) 건 물	2,300,000	(대) 현 금	2,300,000

* 2,000,000 + 100,000 + 200,000 = 2,300,000

7월 1일	(차) 건 물	300,000	(대) 현 금	500,000
	수 선 비	200,000		
12월 31일	(차) 감 가 상 각 비	400,000	(대) 감가상각누계액	400,000

* (2,600,000 − 600,000) × 1/5 = 400,000

부분재무상태표

Ⅱ. 비유동자산			
건 물		2,600,000	
감가상각누계액		(400,00)	2,200,000

[20X2년]

1월 1일	(차) 감가상각누계액	400,000	(대) 건 물	2,600,000
	현 금	1,800,000		
	유형자산처분손실	400,000		

실무시험대비 분개연습

01 동해상회로부터 사옥건축용 토지를 100,000,000원에 매입하고, 토지대금 중 30,000,000원은 당좌수표를 발행하여 결제하고, 나머지는 외상으로 하였다. 토지매입에 따른 등록세 1,000,000원은 보통예금에서 인출하여 지급하였다.

02 영업부에서 사용할 승용차를 (주)대한자동차로부터 전액 5개월 할부로 ₩20,000,000에 구입하였다. 또한 구입대금과는 별도로 발생한 취득부대비용 ₩800,000은 현금으로 지급하였다.

03 당사의 대주주로부터 자본을 충실히 할 목적으로 시가 55,000,000원의 토지를 증여받았다.

04 공장에 설치 중인 자동화기계장치의 성능을 시험하기 위하여 성산주유소에서 휘발유 150,000원을 구입하고 법인카드로 결제하였다.

05 (주)태양건설과 본사 건물의 신축계약을 맺고 공사계약금액 10,000,000원 중 3,000,000원을 당좌수표를 발행하여 지급하였다.

06 당사는 공장 벽면이 노후화 되어 새로이 도색작업을 하고 이에 대한 비용 1,000,000원을 (주)노루페인트에 현금으로 결제하였다.

07 건물에 에스컬레이터를 설치하고 이에 대한 비용 50,000,000원을 (주)동양에 외상으로 하였다.

08 회사가 소유하고 있는 오토바이(취득원가 1,000,000원, 감가상각누계액 550,000원)는 한 대밖에 없으며 해당 오토바이는 금일 사고로 폐기처분하였다.

09 사용중인 기계장치(취득가액 7,000,000원 전기말감가상각누계액 4,500,000원)을 (주)경북전자에 3,400,000원에 매각하고 대금은 한달 후에 받기로 하였다(매각시까지의 감가상각비는 계상하지 않음)

10 대한화재의 화재보험에 가입되어있는 공장건물(취득가액: 45,000,000원, 감가상각누계액: 38,000,000원)이 화재로 소실되어 보험회사에 보험금을 청구하였다.

연습문제

01 다음 중 유동자산과 비유동자산의 분류가 올바르게 짝지어진 것은?

	유동자산	비유동자산		유동자산	비유동자산
①	건설중인자산	개발비	②	미수금	선급비용
③	선급비용	건설중인자산	④	영업권	단기투자자산

02 다음 중 유형자산에 대한 특징이 아닌 것은?
① 물리적 형태가 있는 자산이다.
② 판매를 목적으로 취득한 자산이다.
③ 비화폐성 자산이다.
④ 여러 회계기간에 걸쳐 경제적 효익을 제공해주는 자산이다.

03 다음 중 유형자산의 취득원가가 아닌 것은?
① 설치장소 준비를 위한 지출   ② 관리 및 기타 일반간접원가
③ 자본화대상인 차입원가   ④ 설치비

04 다음 중 유형자산의 취득원가에 포함되지 않는 것은?
① 설치장소 준비를 위한 지출   ② 외부운송 및 취급비
③ 새로운 시설을 개설하는데 소요되는 원가   ④ 설치비

05 다음은 유형자산의 취득원가와 관련된 내용이다. 틀린 것은?

① 유형자산은 최초 취득원가로 측정한다.

② 현물출자, 증여, 기타 무상으로 취득한 자산은 공정가치를 취득원가로 한다.

③ 취득원가는 구입원가 또는 경영진이 의도하는 방식으로 자산을 가동하는데 필요한 장소와 상태에 이르게 하는데 지출된 직접원가와 간접원가를 포함한다.

④ 유형자산이 정상적으로 작동되는지 여부를 시험하는 과정에서 발생하는 원가도 취득원가에 포함한다.

06 다음 중 유형자산의 내용으로 옳지 않은 것은?

① 재화의 생산, 용역의 제공, 타인에 대한 임대 또는 자체적으로 사용할 목적으로 보유하는 물리적 형체가 있는 자산

② 1년을 초과하여 사용할 것이 예상되는 자산

③ 유형자산의 취득시 발생한 매입할인은 취득원가에서 차감하지 않는다.

④ 유형자산의 취득세 등 취득과 직접 관련된 제세공과금은 취득원가에 포함한다.

07 다음 중 아래의 빈칸에 공통으로 들어갈 내용으로 가장 적합한 것은?

> 다른 종류의 자산과의 교환으로 취득한 유형자산의 취득원가는 교환을 위하여 제공한 자산의 (　　)로/으로 측정한다. 다만, 교환을 위하여 제공한 자산의 (　　)이/가 불확실한 경우에는 교환으로 취득한 자산의 (　　)을/를 취득원가로 할 수 있다.

① 공정가치　　② 취득가액　　③ 장부가액　　④ 미래가치

08 당기 중 새로 취득한 건물과 관련하여 지출된 비용은 다음과 같다. 건물의 취득원가는 얼마인가?

> · 건물 매입가액 : 300,000,000원　　· 건물 취득관련 중개수수료 : 5,000,000원
> · 건물 취득세 : 10,000,000원　　· 건물 관리비 : 400,000원
> · 건물 재산세 : 200,000원　　· 건물 보험료 : 300,000원

① 300,000,000원　② 315,000,000원　③ 317,000,000원　④ 321,000,000원

09 사용 중인 유형자산에 대한 수익적 지출을 자본적 지출로 회계처리한 경우, 재무제표에 미치는 영향으로 올바른 것은?

① 자산의 과소계상 ② 당기순이익의 과대계상
③ 부채의 과소계상 ④ 비용의 과대계상

10 자본적 지출과 수익적 지출에 대한 회계처리의 오류로 인하여 발생하는 영향에 대해 빈칸 (a)와 (b)에 각각 들어갈 말로 모두 옳은 것은?

구분	자산	비용	당기순이익	자본
자본적 지출을 수익적 지출로 인식한 경우	(a)	(b)	(과소)	(과소)

	(a)	(b)
①	과소	과소
②	과대	과소
③	과대	과대
④	과소	과대

11 다음 중 유형자산의 감가상각에 대한 내용으로 옳지 않은 것은?

① 감가상각은 자산이 사용가능한 시점부터 시작한다.
② 자산의 내용연수 동안 감가상각액이 매 기간 감소하는 상각방법은 정률법이다.
③ 제조공정에서 사용된 유형자산의 감가상각액은 당기비용으로 처리한다.
④ 유형자산의 내용연수는 자산으로부터 기대되는 효용에 따라 결정된다.

12 다음은 유형자산의 감가상각에 대한 설명이다. 아래의 (㉠) 안에 들어갈 알맞은 단어는 무엇인가?

> 유형자산의 감가상각방법에는 정액법, 체감잔액법, 연수합계법, 생산량비례법 등이 있다. (㉠)은 자산의 예상조업도 혹은 예상생산량에 근거하여 감가상각액을 인식하는 방법이다. 감가상각방법은 해당 자산으로부터 예상되는 미래경제적효익의 소멸형태에 따라 선택하고, 소멸형태가 변하지 않는 한 매기 계속 적용한다.

① 정액법 ② 체감잔액법 ③ 연수합계법 ④ 생산량비례법

13 유형자산의 감가상각과 관련한 다음 설명 중 가장 옳지 않은 것은?

① 연수합계법은 자산의 내용연수 동안 동일한 금액의 감가상각비를 계상하는 방법이다.
② 감가상각의 주목적은 원가의 합리적이고 체계적인 배분에 있다.
③ 감가상각비가 제조와 관련된 경우 재고자산의 원가를 구성한다.
④ 유형자산의 잔존가치가 유의적인 경우 매 보고기간 말에 재검토한다.

14 다음은 감가상각에 대한 설명이다. 옳지 않은 것은?

① 유형자산의 감가상각은 자산이 사용가능한 때부터 시작한다.
② 토지와 건물을 동시에 취득하는 경우에는 토지 구입액도 감가상각 대상이 된다.
③ 유형자산의 감가상각방법에는 정액법, 정률법, 체감잔액법, 연수합계법, 생산량비례법 등이 있다.
④ 감가상각방법은 자산의 성격에 따라 선택 가능하고, 소멸형태가 변하지 않는 한 매기 계속 적용한다.

15 유형자산에 대해 계속해서 5년간 감가상각할 경우 상각액에 대한 설명이다. 다음 중 가장 거리가 먼 것은?

① 정률법의 경우 상각율이 정해져 있으므로 상각액은 매년 일정하다.
② 정액법의 경우 금액이 정해져 있으므로 상각액은 매년 일정하다.
③ 연수합계법의 경우 내용년수를 역순으로 적용하므로 상각액은 매년 감소한다.
④ 이중체감법의 경우 매년 상각잔액에 대하여 상각율을 적용하므로 상각액은 매년 감소한다.

16 다음 자료에 의한 당기말 감가상각비는 얼마인가? 단, 기계장치는 정률법으로 상각한다.

· 기계장치 취득원가 15,000,000원   · 전기말 감가상각누계액 6,765,000원   · 상각률 0.451
· 잔존가치 취득원가의 5%   · 내용연수 5년

① 1,647,000원   ② 3,000,000원   ③ 3,713,985원   ④ 6,765,000원

17 유형자산의 감가상각비를 계산하는 방법으로 옳은 것은?

① 정액법 : (취득원가 − 감가상각누계액) ÷ 내용연수

② 정률법 : (취득원가 − 잔존가치) × 상각률

③ 연수합계법 : (취득원가 − 감가상각누계액) × $\dfrac{잔여내용연수}{내용연수의 합계}$

④ 생산량비례법 : (취득원가 − 잔존가치) × $\dfrac{당기실제생산량}{총추정예정량}$

18 유형자산의 감가상각방법 중 정액법, 정률법 및 연수합계법 각각에 의한 1차년도말 계상된 감가상각비가 큰 금액부터 나열한 것은?

· 기계장치 취득원가 : 1,000,000원(1월 1일 취득)
· 내용연수 : 5년   · 잔존가치 : 취득원가의 10%   · 정률법 상각률 : 0.4

① 정률법 > 정액법 > 연수합계법
② 정률법 > 연수합계법 > 정액법
③ 연수합계법 > 정률법 > 정액법
④ 연수합계법 > 정액법 > 정률법

19 다음은 기계장치에 대한 감가상각 관련 자료이다. 연수합계법에 의한 1차연도의 감가상각비는 얼마인가?

· 취득원가 : 60,000,000원(1월 1일 취득)   · 잔존가치 : 취득원가의 10%   · 내용연수 : 3년

① 9,000,000원   ② 15,000,000원   ③ 18,000,000원   ④ 27,000,000원

20 다음 자료를 이용하여 유형자산에 대한 감가상각을 실시하는 경우 연수합계법에 의한 3차년도말 현재의 장부금액(장부가액)으로 맞는 것은?

· 기계장치 취득원가 : 50,000,000원(1월 1일 취득)   · 내용연수 : 5년
· 잔존가치 : 취득원가의 10%   · 정률법 상각률 : 0.45

① 8,318,750원
② 10,000,000원
③ 14,000,000원
④ 23,000,000원

21 연초에 취득하여 영업부서에 사용한 소형승용차(내용연수 5년, 잔존가치 "0")를 정률법으로 감가상각 할 경우, 정액법과 비교하여 1차년도의 당기순이익 및 1차년도 말 유형자산(차량운반구)의 순액에 미치는 영향으로 올바른 것은?

① 당기순이익은 과대계상 되고, 유형자산은 과대계상 된다.
② 당기순이익은 과대계상 되고, 유형자산은 과소계상 된다.
③ 당기순이익은 과소계상 되고, 유형자산은 과대계상 된다.
④ 당기순이익은 과소계상 되고, 유형자산은 과소계상 된다.

22 (주)세원은 20×3년 7월 18일 구입하여 사용 중인 기계장치를 20×4년 6월 1일 37,000,000원에 처분하였다. 당기분에 대한 감가상각 후 처분시점의 감가상각누계액은 8,000,000원이며, 처분이익 5,000,000원이 발생하였다. 내용연수 5년, 정액법으로 월할상각하였다고 가정할 경우 기계장치의 취득원가는?

① 32,000,000원　　② 40,000,000원
③ 45,000,000원　　④ 50,000,000원

23 다음 자료를 이용하여 유형자산에 대한 감가상각을 실시하는 경우에 정액법, 정률법 및 연수합계법 각각에 의한 2차년도말까지의 감가상각누계액 크기와 관련하여 가장 맞게 표시한 것은?

· 기계장치 취득원가 : 2,000,000원(1월 1일 취득)　· 내용연수 : 5년
· 잔존가치 : 취득원가의 10%　· 정률법 상각률 : 0.4

① 연수합계법 〉 정률법 〉 정액법　② 연수합계법 〉 정액법 〉 정률법
③ 정률법 〉 정액법 〉 연수합계법　④ 정률법 〉 연수합계법 〉 정액법

05 투자자산·무형자산·기타유동자산

01. 투자자산

투자자산이란 기업의 정상적 영업활동과는 무관하게 타 회사를 지배하거나 통제할 목적 또는 장기적인 투자이윤을 얻을 목적으로 투자된 자산을 말한다. 투자자산은 기업고유의 사업목적 달성과는 관련이 없다는 점에서 유형자산과 다르며, 장기적으로 보유하고 있다는 점에서 단기매매증권이나 단기금융상품 등과 구별된다.

1. 투자자산의 종류

> **투자자산의 종류**
>
> ① 투자부동산 : 영업활동과는 무관하게 투자목적으로 보유하는 토지나 건물을 말한다.
> ② 매도가능증권 : 유가증권 중 단기매매증권이나 만기보유증권 및 지분법적용투자주식으로 분류되지 않는 것을 말한다.
> ③ 만기보유증권 : 만기가 확정된 채무증권으로서 상환금액이 확정되었거나 확정이 가능한 채무증권을 만기까지 보유할 적극적인 의도와 능력이 있는 것을 말한다.
> ④ 지분법적용투자주식 : 피투자회사에 중대한 영향력을 행사할 수 있는 주식으로서 지분법으로 평가하는 것을 말한다.
> ⑤ 장기금융상품 : 금융회사가 취급하는 정형화된 상품이나 신종금융상품에 투자한 경우로 재무상태표일로부터 1년 이후에 만기가 도래하는 것을 말한다.
> ⑥ 장기대여금 : 이자수익을 창출할 목적으로 타인에게 장기의 자금을 대여한 경우를 말한다.
> ⑦ 기타의 투자자산 : 위에 속하지 아니하는 투자자산을 말한다.

2. 투자유가증권의 회계처리

(1) 취득시

투자유가증권을 취득하는 경우에는 매입가액에 매입수수료 등 부대비용을 가산한 금액을 취득원가로 하여 차변에 만기보유증권 또는 매도가능증권으로 계상하고, 대변에는 현금 등 그 대가를 계상한다.

```
(차) 투 자 유 가 증 권    ×××        (대) 현         금    ×××
  * 취득원가=유가증권매입가액 + 부대비용(증권거래세, 중개수수료 등)
```

(2) 보유시

투자유가증권을 보유하게 되는 경우에는 채무증권인 경우에는 이자수익으로 지분증권은 현금배당금인 경우에는 배당금수익으로 회계처리하고 주식배당인 경우에는 회계처리하지 않고 수량과 단가만을 수정한다. 이자나 배당금을 수령 시 차변에는 현금 등 그 대가를 계상하고, 대변에는 이자수익 또는 배당금수익으로 계상한다.

| (차) 현 금 | ××× | (대) 이 자 수 익 등 | ××× |

(3) 기말평가시(투자유가증권별 평가방법)

구 분	평가방법			평가손익처리방법
매도가능증권	지분증권	공정가치가 없는 경우	원가법	-
		공정가치가 있는 경우	공정가치법	기타포괄손익누계액
	채무증권			
만기보유증권	상각후원가법			-

(4) 처분시

투자유가증권을 처분하는 경우 처분가액과 처분당시 장부금액을 비교하여 이를 당기손익에 반영하여야 한다. 특히 매도가능증권을 처분하는 경우에는 매도가능증권 평가손익의 잔액을 상계한 후에 처분손익을 계상하여야 한다. 그 결과 처분손익은 매도가능증권의 처분가액에서 당초 취득가액을 차감한 가액이 된다.

02. 무형자산

무형자산이란 재화의 생산·용역의 제공·타인에 대한 임대 또는 관리에 사용할 목적으로 기업이 보유하고 있으며, 물리적 형체가 없지만 식별가능하고, 기업이 통제하고 있으며, 미래 경제적 효익이 있는 자산을 말한다. 오늘날 우리의 기업환경이 산업사회에서 지식정보화사회로 전환됨에 따라 무형자산의 중요성은 점차 증대되고 있다. 무형자산은 물리적 실체가 없으며 미래 경제적 효익에 대해 고도의 불확실성이 존재한다는 점을 제외하고는 유형자산과 동일한 기능을 수행한다. 따라서 무형자산의 회계처리도 유형자산과 거의 동일하다.

무형자산의 인식요건

① 식별가능성: 물리적 실체는 없지만 식별 가능할 것
② 통제가능성: 기업이 제3자의 접근을 제한할 수 있을 것
③ 미래경제적 효익: 재화의 매출이나 용역수익, 원가절감, 또는 자산의 사용에 따른 기타 효익의 형태로 발생할 것이 기대될 것

무형자산의 특징

① 물리적 실체가 존재하지 않는다.
② 영업활동에 사용할 목적으로 보유하는 자산이다.
③ 미래경제적 효익에 고도의 불확실성이 존재한다.
④ 효익제공기간이 장기이다.

무형자산의 종류

① 산업재산권(특허권, 상표권, 의장권, 실용신안권, 상호권 및 상품명 포함)
② 영업권
③ 개발비(제조비법, 공식, 모델, 디자인 및 시작품 등의 개발)
④ 소프트웨어
⑤ 광업권, 어업권
⑥ 프랜차이즈와 라이센스
⑦ 저작권 등

1. 무형자산의 취득원가

무형자산을 개별적으로 취득하는 경우에는 매입가액에 매입부대비용을 가산한 금액을 취득원가로 한다. 이 경우 매입할인 등이 있는 경우에는 매입가액에서 차감한 금액을 취득원가로 한다.

2. 무형자산의 상각

무형자산의 취득원가는 경제적 효익을 창출할 것으로 기대되는 기간에 걸쳐 체계적인 방법으로 상각한다. 무형자산은 사용과 동시에 소멸하는 특성을 가지므로 상각과 구분하여 감모상각이라 한다. 감모상각도 기본적으로 감가상각과 마찬가지로 상각대상금액을 인위적인 방식에 의하여 추정내용연수에 걸쳐 비용으로 배분하는 원가배분의 과정이다.

1) 상각기간

무형자산의 상각대상금액은 그 자산의 추정내용연수 동안 체계적인 방법에 의하여 비용으로 배분한다. 무형자산의 상각기간은 독점적·배타적인 권리를 부여하고 있는 관계 법령이나 계약에 정해진 경우를 제외하고는 20년을 초과할 수 없다. 상각은 자산이 사용 가능한 때부터 시작한다.

2) 상각방법

무형자산의 상각방법은 자산의 경제적 효익이 소비되는 행태를 반영한 합리적인 방법이어야 한다. 무형자산의 상각대상금액을 내용연수동안 합리적으로 배분하기 위해 다양한 방법을 사용할 수 있다. 이러한 상각방법에는 정액법, 체감잔액법(정률법 등), 연수합계법, 생산량비례법 등이 있다. 다만, 합리적인 상각방법을 정할 수 없는 경우에는 정액법을 사용하여야 하며, 영업권은 반드시 정액법으로 상각하여야 한다.

3) 잔존가액

무형자산의 잔존가액은 없는 것으로 한다. 다만, 경제적 내용연수보다 짧은 상각기간을 정한 경우에 상각기간이 종료될 때 제3자가 자산을 구입하는 약정이 있거나, 그 자산에 대한 거래시장이 존재하여 상각기간이 종료되는 시점에 자산의 잔존가액이 거래시장에서 결정될 가능성이 매우 높다면 잔존가액을 인식할 수 있다.

3. 공 시

무형자산의 상각이 다른 자산의 제조와 관련된 경우에는 관련 자산의 제조원가로, 그 밖의 경우에는 판매비와 관리비로 계상한다. 또한 무형자산의 상각시에는 상각액을 무형자산에서 직접 차감하는 직접법과 무형자산상각누계액을 별도로 사용하여 당해 자산에서 차감형식으로 표시하는 간접법을 모두 사용할 수 있다. 다만, 직접상각법을 사용하는 경우에는 취득원가 및 상각누계액에 대한 정보를 주석으로 기재하여야 한다. 산업재산권을 대상으로 회계처리를 예시하면 다음과 같다.

1) 회계처리

- 직접법

| (차) 무 형 자 산 상 각 비 | ××× | (대) 산 업 재 산 권 | ××× |

부분재무상태표
―――――――――――――――――――――――――――――

무 형 자 산
산 업 재 산 권   ×××

* 주석공시 : 취득원가와 상각누계액

• 간접법

| (차) 무 형 자 산 상 각 비 | ××× | (대) 산업재산권상각누계액 | ××× |

부분재무상태표

무 형 자 산
산 업 재 산 권   ×××
상 각 누 계 액   (×××)   ×××

[무형자산상각 및 공시]

구 분	내 용
상각기간	관계법령이나 계약에 정해진 경우를 제외하고는 20년을 초과할 수 없다.
상각방법	정액법, 정률법 등 합리적인 방법을 모두 인정(합리적인 방법을 정할 수 없는 경우와 영업권에 경우에는 정액법을 사용한다.)
잔존가액	잔존가액은 없는 것을 원칙으로 한다.
공 시	직접법과 간접법 모두 인정(직접법을 사용할 경우 취득원가와 누계액을 주석으로 기재하여야 한다.)

필수예제

제일산업은 고려산업으로부터 20X1년초에 상표권을 2억원에 매입하였다. 구입시 등기비 5,000,000과 중개수수료 3,000,000을 현금으로 지급하였다. 상표권은 법령에 의하여 25년 동안 보호 받을 수 있다. 상각방법은 정액법이다.

물음

1. 상표권 취득시 분개를 하시오.

2. 20X1년 결산일에 분개와 부분재무상태표를 공시하시오.
   ① 직접법인 경우
   ② 간접법인 경우

해답

1. 상표권 취득시
   (차) 산업재산권(상표권)   208,000,000   (대) 현   금   208,000,000
   * 취득원가 = 2억(구입액) + 8,000,000(부대비용) = 208,000,000
2. 20X1년 결산시
   ① 직접법
   (차) 무 형 자 산 상 각 비   8,320,000   (대) 산업재산권(상표권)   8,320,000
   * 208,000,000 ÷ 25년 = 8,320,000

부분재무상태표

무 형 자 산
산 업 재 산 권   199,680,000
   * 주석공시 : 취득원가와 상각누계액

② 간접법

(차) 무 형 자 산 상 각 비　　8,320,000　　(대) 산업재산권상각누계액　　8,320,000

부분재무상태표

무 형 자 산
산 업 재 산 권　　208,000,000
상 각 누 계 액　　(8,320,000)　　199,680,000

4. 무형자산의 종류

1) 산업재산권

산업재산권이란 법률의 보호하에서 일정기간 독점적·배타적으로 이용할 수 있는 권리를 말하는 것으로 특허권, 상표권, 의장권, 실용신안권, 상호권 등을 말한다.

산업재산권을 외부에서 구입하는 경우에는 매입가액에 의도된 용도에 사용가능할 때까지 소요된 부대비용을 가산하여 취득원가를 결정한다. 산업재산권을 내부적으로 창출하는 경우에는 당해 자산을 창출하기 위하여 투입한 직접재료비, 직접노무비, 제조간접비를 포함한다. 또한 권리를 등록하는데 소요된 수수료나 제세공과금 등은 취득원가에 가산하여야 한다.

2) 영업권

영업권이란 기업의 특별한 기술이나 지식, 고도의 경영능력, 독점적 지위 양질의 고객관계, 유리한 입지조건 등으로 인하여 장차 그 기업에 경제적 이익으로 공헌하리라고 기대되는 초과수익력이 있는 경우 그 미래의 초과수익력을 말한다.

영업권은 기업 내부적으로 창출된 영업권과 외부에서 구입한 영업권으로 구분할 수 있는데 기업회계기준에서는 외부에서 구입한 영업권만 인정하고, 내부적으로 창출된 영업권은 취득원가를 신뢰성있게 측정할 수 없을 뿐만 아니라 기업이 통제하고 식별가능한 자원도 아니기 때문에 인정하지 않고 있다. 여기서 외부에서 구입한 영업권이란 합병, 영업양수, 등의 경우에 유상으로 취득한 것을 말하며 합병 등으로 취득하는 순자산의 공정가액을 초과하는 금액을 말한다.

> 영업권 = 합병 등의 대가로 지급한 금액 − 취득한 순자산공정가액

3) 개발비

개발비란 신제품, 신기술 등의 개발과 관련하여 발생한 비용(소프트웨어 개발과 관련된 비용을 포함)으로서 개별적으로 식별가능하고 미래 경제적 효익을 확실하게 기대할 수 있는 것을 말한다. 개발비는 내부적으로 창출된 무형자산으로써 자산의 인식기준에 부합하는지를 평가하기

는 쉽지 않다. 왜냐하면 미래 경제적 효익을 창출할 무형자산의 존재 여부와 인식시점을 식별하기 어렵고, 그러한 자산의 원가를 신뢰성 있게 측정하기 어렵기 때문이다.

내부적으로 창출된 무형자산이 인식기준에 부합하는지를 평가하기 위하여 무형자산의 창출과정을 연구단계와 개발단계로 구분한다. 무형자산을 창출하기 위한 내부 프로젝트를 연구단계와 개발단계로 구분할 수 없는 경우에는 그 프로젝트에서 발생한 지출은 모두 연구단계에서 발생한 것으로 본다.

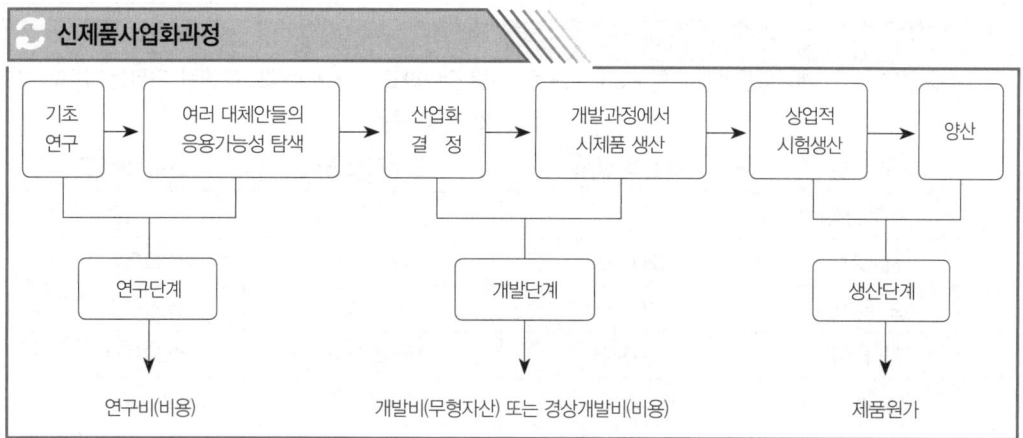

① 연구단계

프로젝트 연구단계에서는 미래 경제적 효익을 창출할 무형자산이 존재한다는 것을 입증할 수 없기 때문에 연구단계에서 발생한 지출은 무형자산으로 인식할 수 없고 발생한 기간비용으로 인식한다.

② 개발단계

개발활동이란 새로운 또는 현저히 개량된 재료, 장치, 제품, 공정, 시스템, 용역을 생산하기 위하여 연구결과나 기타 지식을 계획적으로 적용하는 활동으로서 상업적인 생산을 시작하기 이전의 활동을 의미한다.

개발단계는 연구단계보다 훨씬 더 진전되어 있는 상태이기 때문에 프로젝트의 개발단계에서는 무형자산을 식별할 수 있으며, 그 무형자산이 미래 경제적 효익을 창출할 것임을 입증할 수 있기 때문에 개발단계에서의 지출은 무형자산으로 인식하는 것이다.

개발단계에서 발생한 지출은 무형자산의 요건을 모두 충족하는 경우에만 무형자산으로 인식하고, 그 외의 경우에는 경상개발비의 과목으로 발생한 기간의 제조원가 또는 판매비와 관리비로 비용처리 한다.

[연구·개발비에 대한 회계처리]

구 분		내 용
연구단계		연구비의 과목으로 하여 발생한 기간의 비용으로 인식 한다.
개발단계	요건을 충족시키는 경우	개발비의 과목으로 하여 무형자산으로 인식하고 당해 자산이 사용가능한 시점부터 내용연수에 걸쳐 상각한다.
	요건을 충족시키지 못하는 경우	경상개발비의 과목으로 하여 발생한 기간의 비용으로 인식한다.

필수예제

(주)중앙은 연구·개발활동과 관련하여 3개의 프로젝트를 진행하고 있다. 프로젝트의 관련 자료는 다음과 같다.

[프로젝트별 지출비용]

구 분	프로젝트(A)	프로젝트(B)	프로젝트(C)
진행상황	완료	완료	진행중
재료비	₩200,000	₩350,000	₩120,000
노무비	₩150,000	₩70,000	₩50,000
기타경비	₩100,000	₩120,000	₩30,000
계	₩450,000	₩540,000	₩200,000

[프로젝트 연구사항]

· 프로젝트(A) : 개발단계에서 발생한 지출로 미래의 경제적 효익을 제공할 것이 확실하다.
· 프로젝트(B) : 개발단계에서 발생한 지출로 미래의 경제적 효익의 제공여부가 불확실하다.
· 프로젝트(C) : 연구단계에서 발생한 지출이다.

물음

(주)중앙의 프로젝트별 처리방안과 지출당시의 분개를 하시오.

해답

· 프로젝트(A): 개발단계에서 발생하였고 경제적 효익의 제공이 확실하므로 개발비과목으로 하여 무형자산으로 처리한다.(무형자산요건충족)

(차) 개 발 비   450,000   (대) 현   금   450,000

· 프로젝트(B): 개발단계에서 발생하였으나 경제적 효익을 기대할 수 없으므로 경상개발비의 과목으로 하여 당기비용 처리한다.

(차) 경 상 개 발 비   540,000   (대) 현   금   540,000

· 프로젝트(C): 연구단계에서 발생한 지출이므로 연구비의 과목으로 하여 당기비용 처리한다.

(차) 연 구 비   200,000   (대) 현   금   200,000

4) 소프트웨어

자산인식조건을 충족하는 소프트웨어를 구입하여 사용하는 경우의 동 구입비용은 소프트웨어의 과목으로 하여 무형자산으로 인식하고, 내부에서 개발된 소프트웨어에 소요된 원가가 자산인식조건을 충족하는 경우에는 개발비의 과목으로 하여 무형자산으로 처리한다.

> 소프트웨어를 외부구입 하는 경우 ⇨ 무형자산(소프트웨어계정)
> 소프트웨어를 자체개발 하는 경우 ⇨ 무형자산(개발비계정)

5) 광업권 및 어업권

광업권이란 일정한 광구에서 등록을 한 광물과 동 광상 중에 부존하는 다른 광물을 채굴하여 취득할 수 있는 권리를 말한다.

어업권이란 수산업법에 의하여 등록된 수면에서 독점적·배타적으로 어업을 영위할 수 있는 권리를 말한다.

6) 프랜차이즈와 라이선스

프랜차이즈란 프랜차이저가 자신의 제품이나 서비스의 판매권, 상표나 상호명의 사용권 또는 특정 기능을 수행할 수 있는 독점적인 권리를 프랜차이저에게 부여하는 계약을 말한다. 프랜차이즈의 예로는 햄버거체인, 주유소체인 등이 있다.

라이센스는 특정 권리자가 자신의 권리를 사용하기를 희망하는 자와 계약에 의하여 타인에게 사용을 허가하는 권리의 허락을 말한다. 라이센스는 프랜차이즈의 일종이라 할 수 있다.

7) 저작권

저작권은 문학, 학술, 예술의 범위에 속하는 창작물에 대하여 저작자나 권리승계인이 행사하는 저작물에 대한 배타적·독점적인 권리를 말한다.

03.. 기타비유동자산

기타비유동자산이란 투자자산, 유형자산, 무형자산에 속하지 않는 비유동자산으로서 투자수익이 없고 다른 자산으로 분류하기 어려운 자산을 말한다.

1. 이연법인세자산

차감할 일시적차이 등으로 인하여 미래에 경감될 법인세부담액으로서 유동자산으로 분류되는 이연법인세자산을 제외한 부분을 말한다.

2. 보증금
전세권, 회원권, 임차보증금 및 영업보증금을 말한다.

3. 장기매출채권
유동자산에 속하지 아니하는 일반적 상거래에서 발생한 장기의 매출채권을 말한다.

4. 부도어음과수표
어음의 소지인이 만기일에 어음대금 청구 시 어음의 지급인이 어음금액에 대한 지급을 거절한 경우 어음의 부도라 하고 지급이 거절된 어음을 부도어음이라고 한다. 이 경우 어음의 소지인은 자기의 앞선 배서인에게 어음금액, 법정이자, 공증인에 의한 지급거절증서 작성비용 등을 청구할 수 있다. 지급거절 된 수표도 유사하다.

이러한 어음과 수표는 일반어음(수표)과 구분하기 위하여 [부도어음과수표]계정을 사용한다. 부도어음과 수표는 추후 회수가능성을 추정하여 대손여부를 판단한다.

부도발생시 :	부도어음과수표	××× /	받을어음	×××
대손확정시 :	대손충당금	××× /	부도어음과수표	×××

5. 기 타
장기선급비용, 장기선급금, 장기미수금 등을 말한다.

실무시험대비 분개연습

01 장기투자목적으로 토지를 60,000,000원에 취득하고 대금은 당좌수표를 발행하여 지급하였다.

02 우리은행과 당좌거래계약을 체결하고 당좌거래개설보증금 1,500,000원과 당좌예금계좌에 2,000,000원을 현금으로 입금하였다.

> 은행과 당좌예금거래약정을 위해서는 보증금을 예치하여야 하는데 이때 예치한 보증금을 '당좌거래개설보증금'이라고 한다. 당좌개설보증금은 당좌거래를 해지하는 경우에 찾을 수 있기 때문에 회계상 장기금융상품에 해당한다. 더존프로그램에서는 이러한 예금을 '특정현금과 예금'이라는 계정과목을 사용한다.

03 한국대학에 의뢰한 신제품 개발에 따른 연구용역비 25,000,000원을 보통예금에서 폰뱅킹 이체하여 지급하다(무형자산으로 처리할 것).

04 본점 이전을 위하여 미가빌딩 301호를 임차하기로 하였으며 임차보증금 40,000,000원을 보통예금 통장에서 송금하였다.

05 수입 L/C를 개설하고 수입보증금 4,000,000원을 현금으로 지급하였다

연습문제

01 제조업을 영위하는 (주)한공의 매도가능증권의 회계처리와 관련된 설명으로 옳지 않은 것은?

① 취득 시 발생한 부대비용은 취득원가에 포함한다.
② 장기간에 걸쳐 보유할 목적으로 취득한 유가증권이다.
③ 매도가능증권평가손실은 영업외비용 항목으로 분류한다.
④ 매도가능증권처분이익은 영업외수익 항목으로 분류한다.

02 다음 중 유가증권의 취득원가 및 평가에 대한 설명으로 옳지 않은 것은?

① 단기매매증권은 공정가치로 평가하며 평가손익을 당기손익으로 인식한다.
② 매도가능증권은 시장성이 있는 경우 공정가치로 평가하며 평가손익을 당기손익으로 인식한다.
③ 단기매매증권의 취득부대비용은 발생 즉시 비용으로 처리한다.
④ 만기보유증권의 취득부대비용은 취득원가에 가산한다.

03 다음 중 유가증권에 대한 설명으로 옳지 않은 것은?

① 단기시세차익이 목적인 유가증권은 단기매매증권으로 분류한다.
② 시장성이 있는 매도가능증권은 공정가치로 평가하며, 평가손익은 기타포괄손익누계액(자본)으로 처리한다.
③ 매도가능증권은 무조건 공정가치로 평가하여야 한다.
④ 유가증권의 매매로 발생하는 처분손익은 영업외손익으로 처리한다.

04 다음 중 유가증권에 대한 설명으로 옳지 않은 것은?

① 단기매매증권의 미실현보유손익은 당기손익으로 처리한다.

② 매도가능증권에 대한 미실현보유손익은 기타포괄손익누계액으로 처리한다.

③ 만기보유증권은 공정가치로 평가하여 재무상태표에 표시한다.

④ 단기매매증권은 유동자산으로 분류한다.

05 다음 괄호 안에 들어갈 내용을 순서대로 적은 것으로 옳은 것은?

> (　　　)에 대한 미실현보유손익은 당기손익항목으로 처리한다. (　　　)에 대한 미실현보유손익은 기타포괄손익누계액으로 처리한다.

① 단기매매증권, 만기보유증권　　② 단기매매증권, 매도가능증권

③ 매도가능증권, 만기보유증권　　④ 매도가능증권, 지분법적용투자주식

06 유가증권과 관련한 다음의 설명 중 적절치 않은 것은?

① 유가증권에는 지분증권과 채무증권이 포함된다.

② 만기가 확정된 채무증권을 만기까지 보유할 적극적인 의도와 능력이 있는 경우에는 만기보유증권으로 분류한다.

③ 만기보유증권으로 분류되지 아니하는 채무증권은 매도가능증권으로만 분류된다.

④ 주로 단기간 내의 매매차익을 목적으로 취득한 유가증권으로서 매수와 매도가 적극적이고 빈번하게 이루어지는 것은 단기매매증권으로 분류한다.

07 시장성 있는 ㈜진성의 주식 10주를 장기투자 목적으로 1주당 50,000원에 매입하고 거래수수료 5,000원을 포함하여 보통예금으로 결제하였다. 기말 공정가치는 1주당 52,000원이다. 일반기업회계기준에 따라 회계처리 하는 경우 다음 중 맞는 것은?

① 매도가능증권의 취득가액은 500,000원이다.

② 매도가능증권의 취득시점 분개는 아래와 같다.

　　(차) 매도가능증권 505,000원　　　(대) 보통예금 505,000원

③ 매도가능증권평가이익은 20,000원이다.

④ 매도가능증권평가손익은 당기손익에 반영한다.

08 기말현재 보유하고 있는 유가증권의 현황이 다음과 같을 경우 적절한 회계처리는?

> · 취득원가 1,000,000원의 갑회사 주식(단기보유목적), 기말공정가액 1,200,000원
> · 취득원가 9,000,000원의 을회사 주식(장기투자목적, 시장성있음), 기말공정가액 8,500,000원

① (차) 유가증권평가손실   300,000 (대) 유가증권   300,000
② (차) 단기매매증권   200,000 (대) 단기매매증권평가이익   200,000
   (차) 매도가능증권평가손실 500,000 (대) 매도가능증권   500,000
③ (차) 단기매매증권   200,000 (대) 단기매매증권평가이익   200,000
   (차) 매도가능증권평가손실 500,000 (대) 매도가능증권평가손실충당금 200,000
④ (차) 유가증권평가손실   300,000 (대) 유가증권평가손실충당금   300,000

09 다음은 무형자산에 대한 대화내용이다. 잘못 설명하고 있는 사람은?

① 김한국   ② 이공인   ③ 정사회   ④ 박회계

10 다음 중 무형자산에 대한 설명으로 틀린 것은?

① 무형자산은 식별가능하고 기업이 통제하고 있으며, 미래 경제적 효익이 있어야 한다.

② 무형자산을 상각할 때는 반드시 감가상각누계액이라는 자산의 차감적 계정을 사용한다.

③ 무형자산의 소비되는 형태를 신뢰성 있게 결정할 수 없을 경우 정액법으로 상각한다.

④ 무형자산의 잔존가치는 원칙적으로 없는 것으로 본다.

11 다음 중 무형자산에 대한 설명으로 옳지 않은 것은?

① 내부적으로 창출하여 계상한 영업권은 인정하지 않는다.

② 무형자산 상각 시 잔존가치는 원칙적으로 0원인 것으로 한다.

③ 장기간에 걸쳐 영업 활동에 사용할 목적으로 보유하는 물리적 형체가 없는 자산이다.

④ 무형자산의 상각은 취득 시점부터 시작한다.

12 다음 중 유형자산과 무형자산에 대한 설명으로 맞는 것은?

① 유형자산은 모두 감가상각을 해야 한다.

② 무형자산은 화폐성자산이다.

③ 무형자산은 미래 경제적 효익이 없다.

④ 무형자산은 물리적 실체가 없다.

13 다음은 무형자산과 관련된 내용이다. 틀린 것은?

① 무형자산을 창출하기 위한 내부 프로젝트를 연구단계와 개발단계로 구분할 수 없는 경우에는 그 프로젝트에서 발생한 지출은 모두 개발단계에서 발생한 것으로 본다.

② 연구단계에서 발생한 지출은 미래경제적효익을 창출할 무형자산이 존재한다는 것을 입증할 수 없기 때문에 무형자산으로 인식할 수 없고 발생한 기간의 비용으로 인식한다.

③ 무형자산의 상각기간은 독점적·배타적인 권리를 부여하고 있는 관계 법령이나 계약에 정해진 경우를 제외하고는 20년을 초과할 수 없다.

④ 무형자산은 장기간에 걸쳐 영업활동에 사용할 목적으로 보유하는 물리적 형체가 없는 자산으로서 식별가능하고 기업이 통제하고 있으며 미래경제적 효익이 있는 자산이다.

14 다음 중 무형자산과 관련된 설명으로 잘못된 것은?

① 내부 창출된 무형자산이 인식기준에 부합하는지 평가하기 위해 연구단계와 개발단계로 구분한다.
② 산업재산권, 저작권, 개발비 등이 대표적이며 사업결합에서 발생한 영업권은 포함하지 않는다.
③ 물리적 형체는 없지만 식별가능하고, 기업이 통제하고 있으며, 미래경제적 효익이 있는 비화폐성 자산이다.
④ 내부 프로젝트를 연구단계와 개발단계로 구분할 수 없는 경우 모두 연구단계에서 발생한 것으로 본다.

15 다음 중 일반기업회계기준의 무형자산에 대한 설명으로 가장 틀린 것은?

① 영업권, 산업재산권, 개발비, 연구비 등이 포함된다.
② 무형자산의 취득 후의 지출로서 일정한 요건을 충족하는 경우에는 자본적 지출로 처리한다.
③ 물리적 형체는 없지만 식별가능하고 기업이 통제하고 있으며 미래 경제적 효익이 있는 비화폐성자산이다.
④ 상각기간은 관계 법령이나 계약에 정해진 경우를 제외하고는 20년을 초과할 수 없다.

CHAPTER 06 부 채

01..부채의 의의

　부채란 특정기업이 과거의 거래나 사건의 결과로 인해, 미래에 다른 기업에게 자산을 이전하거나 용역을 제공하여야 하는 현재의 의무로부터 발생하는 미래의 경제적 효익의 희생을 말한다. 부채는 여러 가지 기준에 따라 분류할 수 있지만, 일반적으로 각 부채가 상환될 때까지 소요되는 기간을 기준으로 유동부채와 비유동부채로 구분한다.

　일반기업회계기준에서는 매입채무·미지급비용 등 영업활동과 관련된 부채는 1년 기준과 정상영업순환주기기준 중 장기를 기준으로, 기타의 부채는 1년 기준으로 유동부채와 비유동부채로 분류하도록 규정하고 있다.

[부채의 종류]

유동부채	비유동부채
① 매입채무 ② 단기차입금 ③ 미지급금과 미지급비용 ④ 선수금 ⑤ 예수금 ⑥ 미지급법인세 ⑦ 유동성장기부채 ⑧ 선수수익 등	① 사　채 ② 장기차입금 ③ 퇴직급여충당부채 ④ 장기미지급금 ⑤ 장기미지급비용 ⑥ 장기선수수익 ⑦ 이연법인세부채 등

02..유동부채

　유동부채란 부채 중 재무상태표일로부터 1년 또는 정상영업순환주기 이내에 만기가 도래하는 부채를 말한다. 유동부채에는 매입채무, 단기차입금, 미지급금, 미지급비용, 선수금, 예수금, 선수수익, 미지급법인세, 유동성장기부채 등이 있다.

1. 매입채무

매입채무란 기업의 일반적인 상거래(주된 영업활동)에서 발생하는 채무를 말하며, 여기에는 외상매입금과 지급어음이 있다. 여기서 일반적 상거래라 함은 당해 회사의 사업목적을 위한 매출, 매입, 제조 등 정상적인 영업활동에서 발생하는 거래를 말한다.

2. 단기차입금

단기차입금이란 기업의 차입금 중 차입일로부터 1년 이내에 지급기일이 도래하는 차입금을 말한다. 단기차입금의 유형에는 금융기관으로부터의 단기차입액과 주주나 특수관계회사로부터의 단기차입액, 당좌차월 등이 있다.

당좌차월의 경우에는 기중에는 당좌예금과 통합하여 사용할 수 있으나 결산기말에는 총액표시원칙에 근거하여 당좌예금은 현금및현금성자산, 당좌차월액은 단기차입금으로 표시하여야 한다.

3. 미지급금과 미지급비용

미지급금이란 일반적 상거래 이외에서 발생한 채무(미지급비용을 제외한다)를 말한다. 즉, 미지급금이란 기업의 일상적인 상거래 이외의 거래나 계약관계 등에 의하여 이미 확정된 채무 중 아직 지급이 완료 되지 아니한 것으로 재무상태표일로 부터 1년 이내에 상환하기로 되어있는 부채를 말한다. 여기서 일상적인 상거래 이외의 거래란, 원재료, 상품매입 등의 본업상의 거래 이외의 거래를 말한다. 일반적 상거래에서의 외상거래는 외상매입금이나 매입채무라고 하며 그 이외의 외상거래에서는 미지급금이라고 하여야 한다. 미지급비용이란 발생된 비용으로서 지급되지 아니한 것을 말한다. 즉, 미지급비용이란 일정기간 계속 발생하는 비용으로서, 이미 당기에 발생하였으나 아직 지급기일이 도래하지 않아 지급되지 않은 비용을 말한다.

구 분	내 용
미지급금	일반적 상거래 이외에서 발생한 채무(확정채무)
미지급비용	일정기간 계속 발생하는 비용으로서, 이미 당기에 발생하였으나 아직 지급기일이 도래하지 않아 지급되지 않은 비용을 말한다.(미확정채무)

4. 선수금

선수금이란 거래처로부터 주문받은 상품 또는 제품을 인도하거나 공사를 완성하기 이전에 그 대가의 일부 또는 전부를 수취한 금액을 말하는데, 수주공사 또는 수주품의 거래 및 기타의 일반적 상거래에서 발생한 판매대금의 선수액을 말한다. 선수금은 현금으로 반제되는 부채가 아니라 물품 또는 용역을 인도함으로써 그 채무가 소멸된다.

일반적 상거래가 아닌 거래에서 발생하는 대금의 선수취액은 선수금계정에 포함시켜서는 안 될 것이나, 고정자산 등의 매각과 관련하여 수취하는 계약금·중도금과 같은 선수취액도 실무적으로는 선수금에 포함시킨다. 선수금의 회계처리는 다음과 같다.

1) 선수금 수령시

(차) 현　　　　금　×××　　　(대) 선　수　금　×××

2) 상품 인도시

(차) 선　수　금　×××　　　(대) 매　　　출　×××
　　 현　　　　금　×××

5. 예수금

예수금이란 일반적 상거래 이외의 일시 예수액을 말한다. 예수금에는 종업원의 급여에 대한 소득세예수금, 의료보험료, 고용보험료, 국민연금예수금 등이 있다. 예수금의 회계처리는 예수금 수령시 예수금계정으로 하여 부채로 계상하였다가 납부하는 시점에 예수금과 상계처리 한다. 여기서 선수금과 예수금은 구별되어야 한다. 선수금은 일반적 상거래에서 발생된 것으로 미래에 재화 또는 용역을 제공한다는 약속하에 미리 받은 금액을 말하며, 예수금은 일반적 상거래 이외에서 발생된 일시적 예수액으로 미래에 이를 반제할 의무가 있는 것을 말한다.

1) 예수금 수령시

2) 예수금 납부시

6. 미지급법인세

미지급법인세는 당기 법인세법 등의 법령에 의하여 당기에 납부하여야 할 법인세 및 법인세에 부가되는 세액(주민세 등)을 부채로 계상한 것이다. 미지급법인세는 당기 세무조정에 의하여 계산된 법인세부담액에서 원천징수나 중간예납 등으로 인하여 이미 납부한 선급법인세를 차감한 나머지 금액을 추가로 계상하는 방식에 의하여 계산된다.

7. 유동성장기부채

비유동부채 중에서 1년 이내에 만기일이 도래하는 부분을 유동부채로 재분류하여야 하며, 이와 같이 비유동부채의 일부분이 유동부채로 재분류된 것을 유동성장기부채이라고 한다.

8. 선수수익

선수수익이란 대가의 수입은 이루어졌으나 수익의 귀속시기가 차기 이후인 것을 말한다. 선수수익은 일종의 부채이긴 하지만, 원칙적으로는 금전으로 변제되는 부채가 아니라, 일반적으로 계속적인 용역의 제공을 통하여 변제되는 부채이다.

즉, 선수수익이란 일정기간 동안 용역을 제공하기로 약정하고 수취한 수입이자, 임대료, 수수료 등을 기간 손익계산상 차기 이후에 귀속하는 금액을 말한다.

03..비유동부채

비유동부채란 부채 중 재무상태표일로부터 1년 또는 정상영업순환주기 이후에 만기가 도래하는 부채를 말한다. 비유동부채는 자본금과 함께 장기자본의 주요 조달 원천이다. 비유동부채는 원칙적으로 미래에 제공해야 할 재화와 용역의 현재가치로 평가하여야 하지만 일반적으로 액면금액으로 표시하고 있다. 비유동부채에는 사채, 장기차입금, 퇴직급여충당금, 장기미지급비용, 장기선수수익, 이연법인세부채 등이 있다.

1. 사 채

사채는 회사가 장기자금을 조달하기 위해서 회사의 확정 채무임을 표시하는 증서인 사채권을 발행하고 자금을 차입함에 따라 부담하는 채무이다.

2. 장기차입금

장기차입금이란 기업의 차입금 중 재무상태표일로부터 1년 이내에 지급시기가 도래하지 아니하는 부채를 말한다. 기업회계기준에서는 장기차입금에 대하여 차입처별로 차입용도, 이자율, 상환 방법 등을 주석으로 기재하도록 규정하고 있다.

3. 장기미지급금과 이연법인세부채

장기미지급금이란 미지급금 중 지급시기가 1년 이내에 도래하지 않는 금액을 말한다. 이연법인세부채는 일시적 차이로 인하여 법인세비용이 법인세법 등의 법령에 의하여 납부하여야 할 금액을 초과하는 경우 그 초과하는 금액을 말한다. 이연법인세는 법인세법을 학습하여야만 이해할 수 있는 부분이다.

04. 사채

사채란 사채권이라는 유가증권을 발행하여 직접 금융시장인 증권시장을 통하여 자금을 차입하는 차입금을 말한다.

1. 사채의 발행가격 결정

사채를 발행한 회사는 사채의 만기일에 원금을 상환하고 이자지급기일에 액면이자를 지급하는데, 여기서 만기일에 상환할 원금을 액면가액이라 하고, 사채권에 표시되어 있는 이자율을 액면이자율(표시이자율)이라고 한다. 이자지급일은 보통 3개월, 6개월, 1년 등으로 정해지며, 매 이자지급일에 지급할 이자는 액면가액에 액면이자율을 곱한 금액이 된다.

사채는 액면이자율과 시장이자율과의 관계에 따라 다음과 같이 발행된다.

시장상황	발행방법
액면이자율 = 시장이자율	액면발행
액면이자율 〈 시장이자율	할인발행
액면이자율 〉 시장이자율	할증발행

액면이자율과 시장이자율이 같다면 사채는 액면가액으로 발행될 것이다. 그리고 액면이자율이 시장이자율보다 더 낮다면 사채는 액면가액 이하로 할인발행될 것이다. 왜냐하면, 투자자 입장에서 보면 기대수익률(시장이자율)보다 액면이자율이 낮기 때문에 투자자의 수요는 자연히 감소하게 되고, 수요가 감소하면 가격이 하락하게 되어 사채는 액면가액 이하로 발행될 것이기 때문이다. 반대로, 액면이자율이 시장이자율보다 더 높다면 사채는 액면가액 이상으로 할증발행될 것이다.

2. 사채의 회계처리

(1) 액면발행

액면발행이란 사채의 발행가액이 사채권의 액면가액과 같은 경우를 말한다. 사채권면액에 표시되어 있는 이자율과 시장에서 거래되고 있는 시장이자율이 같은 경우에 액면발행된다.

```
① 사채발행시
   (차) 현         금   ×××      (대) 사         채   ×××
② 이자지급시
   (차) 이 자 비 용   ×××      (대) 현         금   ×××
③ 사채상환시
   (차) 사         채   ×××      (대) 현         금   ×××
```

(2) 할인발행

할인발행이란 사채를 액면가보다 낮은 가액으로 발행하는 것을 말한다. 즉, 사채의 액면이자율이 시장이자율보다 낮은 경우에는 아무도 액면가액 이상으로 사채를 사지 않을 것이다. 따라서 회사는 투자자들을 유인하기 위하여 사채의 발행가액을 액면가액보다 낮게 발행하여 액면이자율이 낮은 것을 만회하려 한다.

```
   (차) 현         금   ×××      (대) 예   수   금   ×××
```

이것을 사채의 할인발행이라고 하는 것이다.

```
① 사채발행시
   (차) 현         금        ×××   (대) 사         채   ×××
       사 채 할 인 발 행 차 금   ×××
② 이자지급시
   (차) 이 자 비 용   ×××      (대) 현         금            ×××
                                      사 채 할 인 발 행 차 금   ×××
③ 사채상환시
   (차) 사         채   ×××      (대) 현         금   ×××
```

(3) 할증발행

할증발행이란 할인발행과는 반대로 액면가액 이상으로 사채를 발행하는 것을 말한다. 할증발행은 사채의 액면이자율이 시장에서 거래되는 시장이자율보다 높기 때문에 사채모집에 응하고자 하는 사람이 많게 된다. 왜냐하면 투자자의 경우 다른 곳에 투자하는 경우보다 사채를 구입하는 것이 이자가 더 많으므로 너도 나도 사채에 투자하려고 할 것이기 때문에 이 때에는 사채의 가격이 액면가액보다 더 높아지게 되는 것이다.

---
① 사채발행시
  (차) 현   금   ×××   (대) 사   채   ×××
                                          사 채 할 증 발 행 차 금   ×××

② 이자지급시
  (차) 이 자 비 용   ×××   (대) 현   금   ×××
      사 채 할 증 발 행 차 금

③ 사채상환시
  (차) 사   채   ×××   (대) 현   금   ×××

사채의 요약

① 사채발행차금은 유효이자율법으로 상각하여야 한다.(정액법상각은 인정하지 않음)
② 사채발행차금상각액은 할인발행이든 할증발행이든 모두 증가한다.
③ 사채발행비는 사채발행가액에서 차감하여야 한다.
④ 사채발행은 시장이자율과 액면이자율의 차이로 액면발행, 할증발행, 할인발행 된다.

[유효이자율법 요약]

구 분	장부가액	유효이자	액면이자	상각액
할인발행	증 가	증 가	일 정	증 가
할증발행	감 소	감 소	일 정	증 가

3. 사채발행비

사채발행비란 사채를 발행하기 위하여 직접 발생한 사채권인쇄비, 사채발행수수료, 광고비 등의 비용을 말한다. 사채발행비는 사채발행으로 인해 조달된 현금을 감소시키는 효과가 있으므로 사채할인발행차금에 가산하거나 사채할증발행차금에 차감하여야 한다. 이렇게 회계처리하면 사채발행비는 자동적으로 사채발행기간 동안 이자비용으로 비용화된다. 기업회계기준에서는 사채발행을 위하여 직접 발생한 사채발행비용은 사채의 발행가액에서 차감하도록 규정하고 있다. 즉, 사채발행비는 사채할인발행차금에는 가산하고 사채할증발행차금에는 차감하여야 하는 것이다.

05. 충당부채

충당부채란 과거사건이나 거래의 결과에 의하여 재무상태표일 현재 발생한 의무로써 지출의 시기 또는 금액이 불확실한 현재의무와 우발부채 중 이용가능한 모든 증거를 고려할 때 재무상태표일 현재 존재할 가능성이 높고, 금액을 신뢰성 있게 추정할 수 있는 현재의 의무를 말한다.

1. 인식

충당부채는 지출의 시기 또는 금액이 불확실한 부채를 말하며 다음의 인식요건을 모두 충족하는 경우에 인식한다.
① 과거사건이나 거래의 결과로 현재의무가 존재한다.
② 당해 의무를 이행하기 위하여 자원이 유출될 가능성이 매우 높다.
③ 그 의무의 이행에 소요되는 금액을 신뢰성 있게 추정할 수 있다.

2. 충당부채의 종류

충당부채의 종류에는 퇴직급여충당부채, 제품보증충당부채, 경품충당부채, 하자보수충당부채 등이 있다.

구 분	내 용
퇴직급여충당부채	장래에 종업원이 퇴직할때 지급하여야할 퇴직금에 대비하여 설정한 부채로써 종업원의 근로제공에 대하여 근로제공기간에 비용으로 계상함으로써 발생한 부채이다.
제품보증충당부채 (하자보증충당부채)	상품 등을 판매할 때, 일정기간 발생하는 하자에 대하여 무상으로 수리조건인 경우 미래에 발생할 보증수리비용을 충당부채로 인식하는 것을 말한다.
경품충당부채	특정상품의 판매를 촉진하기 위하여 환불정책이나 경품제도를 시행할 경우 경품관련비용에 대한 최선의 추정치를 충당부채로 인식하는 것을 말한다.

3. 퇴직급여

(1) 퇴직금제도

퇴직금제도란 계속근로기간 1년에 대하여 30일분 평균임금을 퇴직하는 근로자에게 지급하는 제도를 말한다.

일반기업회계기준에 따르면 결산일 현재 모든 임직원이 퇴직할 경우 지급하여야 할 퇴직금(퇴직급여추계액)을 전액 부채로 인식하여야 한다. 따라서 다음에 해당하는 금액을 결산일에 퇴직급여로 계상하여야 한다.

> 퇴직급여 = 퇴직급여추계액 − [퇴직급여충당부채 기초잔액 − 당기퇴직급지급액]

(2) 퇴직연금제도

퇴직연금이란 퇴직 등을 퇴직급여의 지급사유로 하고 종업원을 수급자로 하는 연금으로서 법인이 퇴직연금사업자(보험회사 등)에게 납부하는 것을 말한다. 퇴직연금에는 확정기여제도와 확정급여제도가 있다.

1) 확정기여제도

확정기여제도를 설정한 경우에는 당해 회계기간에 대하여 기업이 납부하여야 할 부담금(기여금)을 퇴직급여(비용)로 인식하고, 퇴직연금운용자산, 퇴직급여충당부채 및 퇴직연금미지급금은 인식하지 아니한다.

2) 확정급여제도

확정급여제도를 설정한 경우에는 퇴직급여충당부채를 설정하여야 한다. 퇴직급여충당부채는 보고기간말 현재 전종업원이 일시에 퇴직할 경우 지급하여야 할 퇴직금에 상당하는 금액으로 한다.

구 분		확정급여형	확정기여형
운용책임		회 사	종업원
회계처리	납부시	퇴직연금운용자산 ××× / 현 금 ×××	퇴직급여 ××× / 현금 ×××
	운용수익 발생시	퇴직연금운용자산 ××× / 이자수익 ×××	분개없음
	결산시	퇴직급여 ××× / 퇴직급여충당부채 ×××	

외화채권·채무의 회계처리

외화채권과 채무는 원화로 환산하여야 한다. 외화의 원화환산이란 외국화폐단위로 측정된 거래 또는 채권·채무를 자국의 화폐로 수정하여 표시하는 절차를 말한다. 우리나라의 기업은 외국기업과의 외화거래내역과 당해 거래에서 발생한 채권·채무를 모두 원화금액으로 보고하여야 하기 때문에 외화의 원화환산의 문제가 발생한다.

외화채권·채무의 재무상태표 금액은 외화금액에 환율을 곱하여 계산한다. 여기서 환율은 외국화폐에 대한 자국화폐의 비율로 매매기준환율, 대고객전신환매입율, 대고객전신환매도율 등 여러 가지가 있으나, 외화거래나 외화채권 등을 합리적으로 결정할 수 있는 환율이면 어떤 환율을 적용하여도 무방하다. 한번 채택된 환율은 계속적으로 적용하여야 한다.

1. 외화채권·채무의 발생

외화거래가 발생하는 경우에는 당해 외화금액에 발생시점의 환율을 적용하여 기록한다. 이때에 적용되는 환율을 역사적환율이라고 한다. 거래가 발생하는 경우의 인식시점은 일반적인 수취채권이나 지급채무의 인식시점과 일치하며, 인식시점이 결정되면 외화금액에 당해 시점의 환율을 적용하여 회계처리하면 된다.

2. 외화채권·채무의 평가

외화채권·채무의 보유기간 중 회계처리는 재무제표상 외화채권·채무를 결산기말 현재의 환율로 환산하는 문제이다. 거래가 발생한 시점의 환율인 역사적환율과 구분하여 측정시마다 변동되는 환율을 현행환율이라고 한다.

결산기말 현재의 현행환율이 변동하면 채권·채무의 외화금액은 변동이 없더라도 원화금액이 변동하게 되는데 이때 발생하는 차액을 외화환산이익 또는 외화환산손실로 표시한다. 외화환산손익은 외화채권·채무의 아직 완결되지 아니한 거래에서 발생한 미실현보유손익이므로 포괄손익계산서상 영업외손익으로 처리한다.

> ⚓ 필수예제

1. 다음의 거래를 일자별로 분개하시오.

[20X1년 12월 20일]

새길무역(주)는 웰스(주)로부터 상품(500개, 개당 $200)을 3개월 외상조건으로 매입하였다. 거래일 현재 적용환율은 미화 1$당 1,200원이다.

> ⚓ 해 답

(차) 상　　　　　품　　　120,000,000　　(대) 외 화 외 상 매 입 금　　120,000,000
* 500개 × $200 × 1,200 = 120,000,000

> ⚓ 필수예제

[20X1년 12월 25일]

2. 새길무역(주)는 (주)델타에게 상품(300개, 개당 $250)을 2개월 외상조건으로 판매하였다. 거래일 현재 적용환율은 미화 1$당 1,250원이다.

> ⚓ 해 답

(차) 외 화 외 상 매 출 금　　93,750,000　　(대) 매　　　　출　　　93,750,000
* 300개 × $250 × 1,250 = 93,750,000

3. 외화채권·채무의 완결거래

완결거래란 외화채권·채무가 현금으로 수수되는 거래를 말하며 완결시점의 현행환율에 의하여 수수되는 금액과 외화채권·채무의 장부금액의 차액은 외환차익이나 외환차손으로 표시한다. 외환차손익도 외화환산손익과 마찬가지로 포괄손익계산서상 영업외손익으로 분류한다. 외환차손익은 외화채권·채무의 완결된 거래에서 발생한 실현된 처분손익 또는 상환손익의 성격이라는 점에서 외화환산손익과 구별된다.

> ⚓ 필수예제

3. 필수예제(1)의 외화채권과 채무를 결산일 현재의 환율로 평가하여 분개하시오. 결산일 현재의 환율은 미화 1$당 1,100원이다.

> ⚓ 해 답

[외화외상매입금]
(차) 외 화 외 상 매 입 금　　10,000,000　　(대) 외 화 환 산 이 익　　10,000,000
* $100,000 × (1,100 − 1,200) = △10,000,000

[외화외상매출금]
(차) 외 화 환 산 손 실　　11,250,000　　(대) 외 화 외 상 매 출 금　　11,250,000
* $75,000 × (1,100 − 1,250) = △11,250,000

필수예제

4. 필수예제(1)의 외화외상매출금은 20X2년 2월 25일에 전액 회수하였으며, 외화외상매입금은 동년 3월 20일에 전액 결제하였다. 거래일자별 환율은 다음과 같다. 거래일자별로 분개하시오.

일 자	2월 25일	3월 20일
환 율	1,300원/1$	1,400원/1$

해 답

[20X2년 2월 25일]

(차) 현　　　　　　금　　　97,500,000　　(대) 외 화 외 상 매 출 금　　82,500,000
　　　　　　　　　　　　　　　　　　　　　　　　외　환　차　익　　　　15,000,000

　* $75,000×1,300=97,500,000
　* $75,000×1,100=82,500,000

[20X2년 3월 20일]

(차) 외 화 외 상 매 입 금　110,000,000　　(대) 현　　　　　　금　　140,000,000
　　　외　환　차　손　　　　30,000,000

　* $100,000×1,100=110,000,000
　* $100,000×1,400=140,000,000

실무시험대비 분개연습

01 (주)대성에 발행하여 만기가 도래한 지급어음 5,000,000원을 당좌수표를 발행하여 지급하였다.

02 원재료 매입처인 (주)삼미전자로부터 지난 5월 18일 원재료 매입시 발생하였던 외상매입금을 보유 중인 (주)삼미전자에서 발행한 어음 4,000,000원과 상계처리하였다.

03 대한은행으로부터 차입한 단기차입금 35,000,000원을 상환함과 동시에 이자 2,000,000원을 보통예금에서 이체하여 지급하였다.

04 미지급금 중 BC카드(법인)이용대금 3,000,000원이 당좌예금계좌에서 자동이체 되어 지급결제처리되었다.

05 (주)한국전자로부터 제품판매에 대한 납품계약을 맺고 계약금 2,000,000원을 현금으로 입금 받았다.

06 20X1년도 제1기 확정 신고기간에 대한 부가가치세 2,300,000원을 현금으로 납부하였다. 6월 30일에 부가세대급금과 부가세예수금의 잔액을 대체분개하고 부가세예수금의 잔액은 미지급금 계정으로 회계처리하였다.

07 영업용 토지를 매입하고 토지대금과 매입비용 120,000,000원을 대한은행에서 발행한 당좌수표로 지급하였다.(단, 당좌예금 잔액은 85,000,000원이며, 당좌차월 한도는 80,000,000원이다.)

08 사채 액면 총액 6,000,000원, 상환기한 5년, 발행가액은 5,800,000원으로 발행하고 납입금은 보통예금하다.

09 전기 말 회사가 발행한 사채의 장부금액은 950,000원이었고 회사가 사용하는 유효이자율은 10%이며, 액면이자는 매년말 80,000원씩 지급하며, 당기 사채할인발행차금 상각액은 15,000원이다. 12월 31일 할인발행된 사채의 이자를 현금으로 지급하였다.

10 영업사원의 퇴직금 2,500,000원을 지급하면서 소득세와 지방소득세 33,000원을 차감한 잔액을 당사 보통예금계좌에서 퇴직사원의 계좌로 자동이체하여 지급하였다.(설정된 퇴직급여충당부채는 충분한 것으로 가정한다)

연습문제

01 다음 중 부채에 대한 설명으로 옳지 않은 것은?
① 부채는 과거의 거래나 사건의 결과로 현재 기업실체가 부담하고 있고 미래에 자원의 유출 또는 사용이 예상되는 의무이다.
② 부채는 보고기한 후 1년을 기준으로 유동부채와 비유동부채로 분류한다.
③ 정상적인 영업주기 내에 소멸할 것으로 예상되는 매입채무와 미지급비용 등은 보고기간 종료일로부터 1년 이내에 결제되지 않더라도 유동부채로 분류한다.
④ 유동성장기부채는 비유동부채로 분류한다.

02 다음 중 부채에 대한 설명으로 가장 옳지 않은 것은?
① 일반적인 상거래에서 발생한 외상대금은 외상매입금으로 표시한다.
② 선수금은 일반적인 상거래에서 미리 받은 금액이다.
③ 미지급금은 일반적인 상거래에서 발생한 것으로 지급기일이 도래한 확정채무이다.
④ 부채는 1년 기준으로 유동부채와 비유동부채로 분류한다.

03 다음 중 유동부채의 계정과목별 설명으로 틀린 것은?
① 매입채무는 일반적 상거래에서 발생한 외상매입금과 지급어음으로 한다.
② 선수금은 수주공사 및 기타 일반적 상거래에서 발생한 선수액으로 한다.
③ 단기차입금은 금융기관으로부터의 당좌차월과 1년 이내에 상환될 차입금으로 한다.
④ 미지급금은 일반적 상거래에서 발생한 지급기일이 도래한 확정채무를 말한다.

04 다음의 거래를 회계처리할 때 사용되지 않는 계정과목은?

> 공장사무실에 사용하는 컴퓨터 10대(@500,000원)를 구입하고, 대금 중 50%는 타인이 발행한 당좌수표로 지급하고 나머지는 외상으로 하다.

① 외상매입금   ② 미지급금   ③ 비품   ④ 현금

05 다음 중 사채에 대한 설명으로 올바른 것은?
① 유효이자율법 적용 시 사채를 할인발행한 경우 사채의 장부가액이 매년 감소한다.
② 유효이자율법 적용 시 사채할인발행차금 상각액은 매년 감소한다.
③ 유효이자율법 적용 시 사채할증발행차금 상각액은 매년 증가한다.
④ 유효이자율법 적용 시 사채를 할증발행한 경우 사채이자는 매년 증가한다.

06 다음 중 비유동부채로 분류되지 않는 것은?
① 사채
② 장기차입금
③ 퇴직급여충당부채
④ 유동성장기부채

07 다음 중 재무상태표의 자산 및 부채계정의 차감적인 평가항목이 아닌 것은?
① 사채할증발행차금
② 재고자산평가충당금
③ 대손충당금
④ 감가상각누계액

08 다음 중 사채의 평가계정으로 사채에서 차감하여 표시되는 것은?
① 사채할증발행차금
② 사채할인발행차금
③ 사채이자
④ 사채발행비상각

09 다음 중 사채에 대한 설명으로 틀린 것은?
① 인쇄비, 수수료 등 사채발행비용은 영업외비용으로 처리한다.
② 사채할인발행차금은 유효이자율법으로 상각하고 그 금액을 사채이자에 포함한다.
③ 사채할인발행차금과 사채할증발행차금은 유효이자율법에 따라 상각한다.
④ 시장이자율이 액면이자율보다 더 크다면 사채는 할인발행된다.

10 다음의 자료에서 비유동부채에 속하는 계정들의 금액 합계는 얼마인가?

· 미지급금	50,000원	· 매입채무	150,000원
· 임차보증금	200,000원	· 퇴직급여충당부채	350,000원
· 유동성장기부채	70,000원	· 사채	300,000원

① 650,000원 ② 720,000원 ③ 850,000원 ④ 920,000원

11 대형마트에서 상품권 500,000원을 소비자에게 현금으로 판매하면서 상품권 판매시점에서 상품매출로 회계처리 하였을 경우 나타난 효과로 가장 올바른 것은?

① 자본 과소계상 ② 자산 과소계상 ③ 수익 과소계상 ④ 부채 과소계상

12 (주)한공의 퇴직급여충당부채 계정에 기입된 5월 18일 거래를 추정한 것으로 옳은 것은?

퇴직급여충당부채			
5/18 현 금	3,000,000	1/1 전기이월	10,000,000

① 당기분 퇴직급여 추산액 3,000,000원을 계상하다.
② 당기에 지급했던 퇴직급여 중 과다지급액 3,000,000원을 현금으로 회수하다.
③ 종업원이 퇴직하여 퇴직급여 3,000,000원을 현금으로 지급하다.
④ 퇴직급여충당부채 추산액의 초과금 3,000,000원을 현금으로 회수하다.

13 다음 퇴직급여와 관련하여 당기에 인식할 퇴직급여 비용은?

㈜전산은 퇴직금추계액의 100%를 퇴직급여충당금부채로 설정하는 법인으로 전기말 5,000,000원을 퇴직급여충당부채로 설정하였으며, 20×1년 7월 30일에 7,000,000원의 퇴직급여를 지급하였으며, 기말 현재 종업원의 퇴직으로 지급해야할 퇴직금추계액은 8,000,000원이다.

① 8,000,000원 ② 10,000,000원 ③ 12,000,000원 ④ 15,000,000원

14 다음 중 유동부채에 속하는 계정들의 금액을 모두 합하면 얼마인가?

· 장기차입금 : 30,000원　· 단기차입금 : 10,000원　· 미지급비용 : 3,000원
· 예수금 : 6,000원　· 퇴직급여충당부채 : 15,000원　· 선수수익 : 10,000원
· 유동성장기부채 : 17,000원

① 29,000원　② 36,000원　③ 46,000원　④ 59,000원

15 다음 자료를 이용하여 외상매입금의 기초잔액을 계산하면 얼마인가?

· 외상매입금 지급액 : 5,000,000원　　· 기말외상매입금 : 400,000원
· 외상순매입액 : 4,000,000원　　· 외상총매입액 : 4,200,000원

① 1,400,000원　② 2,400,000원　③ 1,200,000원　④ 1,500,000원

07 자 본

01..자본의 의의

자본이란 기업의 자산에서 부채를 차감한 후에 남는 잔여지분을 말하며, 순자산 또는 소유주지분이라고도 한다. 자본은 기업자신이 조달한 자금이라 하여 자기자본이라 하고 부채는 기업자신 이외에서 조달한 자금이라 하여 타인자본이라 한다. 여기서 기업자신이란 투자자(출자자)를 말한다.

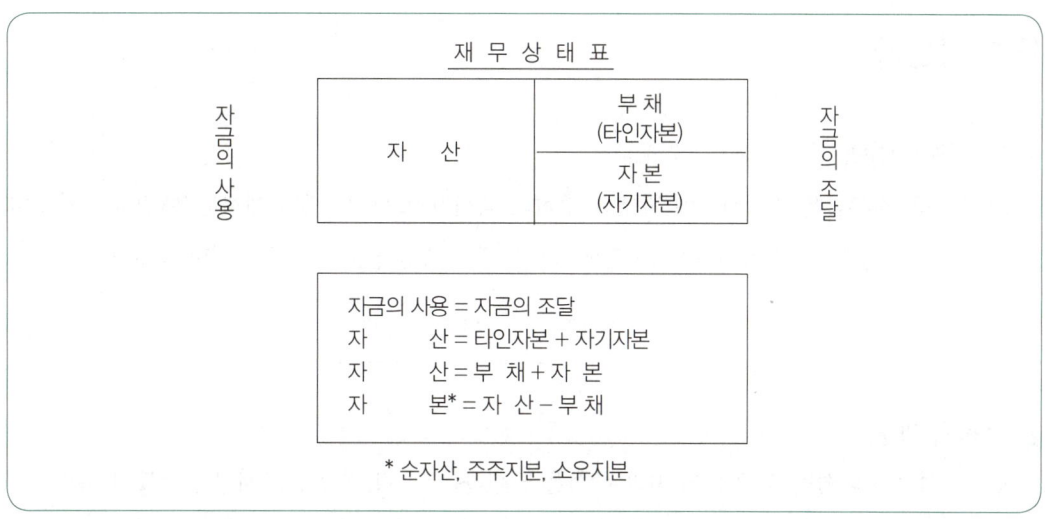

02..자본의 구성

자본은 크게 불입자본과 이익유보액으로 구분할 수 있다. 불입자본이란 주주로부터 납입받은 주식대금을 말하며, 이익유보액은 당기순이익 중 사내에 유보된 잉여금을 말한다. 기업회계기준에서는 다음과 같이 자본을 분류하고 있다.

구 분	내 용
자 본 금	법정자본금으로써 발행주식의 액면가액을 말한다.
자 본 잉 여 금	자본거래에서 발생한 이익을 말한다.
자 본 조 정	자본에 차감하거나 가산하여야 하는 임시적 계정을 말한다.
기타포괄손익누계액	당기손익에 포함되지 않고 자본항목에 포함되는 평가손익을 말한다.
이 익 잉 여 금	손익거래에서 발생한 이익을 말한다.

* 자본거래 : 기업과 주주간의 주식거래를 말한다.
* 손익거래 : 기업과 제3자간의 자산·부채거래를 말한다.

03. 자본금

1. 자본금의 의의

주식회사의 자본금은 일정시점에 발행한 주식의 액면가액으로서, 상법에서는 '채권자를 보호하기 위하여 주식회사가 보유해야 할 최소한도의 담보재산(법정자본금)'으로 규정하고 있다.

> 자본금 = 발행주식수 × 1주당 액면가액

2. 주식의 발행

회사는 설립시와 설립 후 필요에 따라 주식을 발행하는데, 이 때 자본금계정은 반드시 액면가액으로 기록해야 한다. 액면가액이란 주권의 액면에 표시되어 있는 금액을 말한다. 주식의 액면가액은 회사의 법정자본금을 의미하는 것이므로 주주가 불입하는 금액과 반드시 일치하는 것은 아니다. 따라서 액면가액을 초과해서 주식을 발행할 수 있고 아주 드물게 액면가액보다 낮은 금액으로 주식을 발행할 수도 있다. 주식을 발행하는 방법에는 액면발행, 할인발행, 할증발행이 있다.

> 액면발행 : 발행가액 = 액면가액
> 할인발행 : 발행가액 〈 액면가액
> 할증발행 : 발행가액 〉 액면가액

1) 액면발행

액면발행이란 주식의 발행가액과 액면가액이 동일한 경우을 말하며, 주의할 점은 액면발행의 경우에도 신주발행비가 발생하는 경우에는 주식할인발행차금이 발생한다는 것이다.

> (차) 현　　　　금　×××　　　(대) 자　본　금　×××

2) 할인발행

할인발행이란 주식을 액면금액 이하로 발행하는 것을 말하며, 발행가액과 액면가액의 차액을 주식할인발행차금(자본조정)으로 계상한다. 주식할인발행차금은 자본에서 차감하는 형식으로 표시한다.

(차) 현　　　　　금	×××	(대) 자　　본　　금	×××
주 식 할 인 발 행 차 금	×××		
(자 본 조 정)			

3) 할증발행

할증발행이란 주식을 액면가액 이상으로 발행하는 것을 말하며, 발행가액과 액면가액의 차액을 주식발행초과금(자본잉여금)으로 계상한다.

(차) 현　　　　　금	×××	(대) 자　　본　　금	×××
		주 식 발 행 초 과 금	×××
		(자 본 잉 여 금)	

4) 신주발행비

신주발행비란 주식발행시에 발생하는 주권인쇄비나 증권회사수수료 등의 제비용을 말한다. 신주발행비는 자기자본을 조달하는 데 투입되는 자본조달비용에 해당한다. 자기자본은 영구적으로 회사의 이익에 기여하게 되므로 비용으로 처리하는 것이 아니라 발행가액에서 직접차감하여야 한다. 기업회계기준에서도 신주발행비가 발생한 경우에는 주식발행가액에서 차감하도록 규정하고 있다. 즉, 신주발행비는 주식발행초과금에서는 차감하고 주식할인발행차금에서는 가산하여야 한다.

⚓ 필수예제

강서산업(주)는 20X1년 초에 액면가액 @₩5,000원인 주식 1,000주를 주당 7,000원에 발행하였으며 주식발행시에 증권인쇄비와 증권수수료 등이 300,000원 발생하여 현금으로 지급하였다.

⛵ 물음

1. 주식발행시와 발행비용 지급시 분개를 하시오.
2. 만약 위의 주식발행이 액면발행의 경우라면 위의 물음에 답하시오.

⚓ 해답

1. ① 주식발행시

(차) 현　　　　　금	7,000,000*	(대) 자　　본　　금	5,000,000**
		주 식 발 행 초 과 금	2,000,000

　　* 1,000주 × @₩7,000 = 7,000,000
　　** 1,000주 × @₩5,000 = 5,000,000

② 발행비용 지급시

(차) 주 식 발 행 초 과 금	300,000	(대) 현　　　　　금	300,000

2. ① 주식발행시
   (차) 현   금   5,000,000   (대) 자 본 금 *   5,000,000
   *1,000주 × @₩5,000 = 5,000,000

   ② 발행비용 지급시
   (차) 주식할인발행차금   300,000   (대) 현   금   300,000

04. 자본잉여금

　잉여금이란 회사자산에 대한 주주청구권이 회사의 법정자본금을 초과하는 경우에 그 차액으로 표시되는 부분을 말한다. 이러한 잉여금은 발생원천에 따라 자본잉여금과 이익잉여금으로 구분된다.
　자본잉여금이란 불입자본 중 액면가액을 초과하는 금액 또는 주주와의 거래에서 발생하는 이익을 처리하는 계정이다. 자본잉여금은 납입자본에 해당하는 출자금이므로 주주에게 배당할 수 없으며, 자본금이나 결손보전에만 사용할 수 있다. 또한 자본잉여금은 이익잉여금과는 달리 자본거래에서 발생하므로 손익계산서를 거치지 않고 직접 자본계정에 가감되는 특징을 가지고 있다.

1. 주식발행초과금

　주식발행초과금이란 회사가 액면가를 초과하여 주식을 발행한 경우 액면가액을 초과하는 금액에서 신주발행비를 차감한 금액을 말한다.

(차) 현   금   ×××   (대) 자 본 금   ×××
                                     주식발행초과금   ×××

2. 감자차익

　주식회사에서 사업의 규모를 축소하기 위하여 발행주식을 매입·소각하거나, 결손금을 보전하기 위하여 자본을 감소시키는 것을 감자라 한다. 감자시에 감소한 자본금이 주금의 환급액 또는 결손금의 보전액을 초과할 때의 초과액을 감자차익이라 한다.

(차) 자 본 금   ×××   (대) 현   금   ×××
                              감 자 차 익   ×××

⚓ **필수예제**

부실(주)는 결손금 1,000,000을 보전하기 위하여 자본금 500주(액면가액 @₩4,000)를 @₩1,500에 매입하여 소각하였다.

물음
위의 거래를 분개하시오.

해답

(차) 자 본 금	2,000,000*	(대) 결 손 금	1,000,000
		현 금	750,000**
		감 자 차 익	250,000

* 500주 × @₩4,000 = ₩2,000,000
** 500주 × @₩1,500 = ₩750,000

05. 기타자본잉여금

기타자본잉여금은 주식발행초과금, 감자차익 이외의 자본잉여금을 말하며 대표적인 예가 자기주식처분이익이다. 자기주식이란 회사가 이미 발행한 주식을 소각하거나 재발행할 목적으로 취득하여 보유하고 있는 주식을 말한다. 자기주식의 취득은 상법상 원칙적으로 금지하고 있으나 특별한 경우에는 예외적으로 인정하고 있다. 기업회계기준에서는 자기주식처분이익을 자본잉여금 중 기타자본잉여금으로 규정하고 있다.

1. 자기주식 취득시

(차) 자 기 주 식   ×××   (대) 현   금   ×××

2. 자기주식 매각시

(차) 현   금   ×××   (대) 자 기 주 식   ×××
                              자 기 주 식 처 분 이 익   ×××

06. 자본조정

자본조정이란 원칙적으로 자본에 속하는 항목이나 재무상태표 작성일 현재 자본금·자본잉여금·이익잉여금으로 분류하기 곤란한 것들을 임시적으로 기록한 항목을 말한다. 자본조정은 자본에 차감하거나 가산되어야 하는 항목들로서 일정기간이 지남에 따라 소멸되는 특성을 가지고 있다. 자본조정에는 주식할인발행차금, 자기주식, 자기주식처분손실 등이 있다.

1. 주식할인발행차금

주식할인발행차금은 주식을 액면가액에 미달하여 발행하는 경우에 액면가액과 발행가액의 차액을 말한다. 발행금액이 액면금액보다 작다면 그 차액을 주식발행초과금의 범위내에서 상계처리하고, 미상계된 잔액이 있는 경우에는 자본조정의 주식할인발행차금으로 회계처리한다. 이익잉여금(결손금) 처분(처리)으로 상각되지 않은 주식할인발행차금은 향후 발생하는 주식발행초과금과 우선적으로 상계한다.

2. 자기주식

자기주식은 회사가 발행한 주식의 소각 · 회사의 합병 · 권리의 실행 등 특수한 경우에 주주로부터 유상 또는 무상으로 취득한 주식을 말한다. 자기주식의 취득원가는 주식의 취득가액으로 하며, 자본조정의 차감항목으로 처리한다.

3. 자기주식처분손실

자기주식처분손실이란 자기주식 매각시 처분가액이 취득원가보다 적은 경우 자기주식처분이익과 상계하고 부족한 경우에 그 차액을 말한다. 자기주식처분손실은 자본에서 차감하는 형식으로 기재한다.

4. 미교부주식배당금

미교부주식배당금이란 이익잉여금처분계산서상의 주식배당액을 말하며, 주식교부시에 자본금계정에 대체된다.

5. 감자차손

감자차손이란 기업이 주주에게 감자대가를 지불하고 자본금을 감소시키는 경우 감소된 자본금이 감자대가에 미달하는 경우 그 미달금액을 말한다.

07..기타포괄손익누계액

기타포괄손익누계액은 당기손익에 포함되지 않지만 자본항목에 포함되는 평가손익의 재무상태표일 현재 잔액을 말한다. 기타포괄손익누계액에는 매도가능증권평가손익, 해외사업환산손익, 지분법자본변동, 파생상품평가손익들이 있으나 지분법자본변동과 파생상품평가손익은 본서의 수준을 넘어서기 때문에 설명을 생략하고자 한다.

1. 매도가능증권평가손익

매도가능증권평가손익은 중대한 영향력이 없는 지분증권과 일반 채무증권을 공정가액법으로 평가하는 경우에 발생하는 평가손익을 말한다.

2. 해외사업환산손익

영업·재무활동이 독립적으로 운영되는 해외지점·해외사업소 등 지분법적용대상 회사의 경우에 당해 자산·부채는 재무상태표일 현재의 환율을 적용하며, 손익계산서 항목은 평균환율을 적용하여 환산하여야 한다.

이러한 환산과정에서 발생하는 환산손익은 이를 상계하여 그 차액이 환산손실인 경우 해외사업환산손실로, 환산이익인 경우에는 해외사업환산이익으로 처리하여야 한다.

08. 이익잉여금

이익잉여금은 영업활동에 의하여 획득한 이익 중에서 사외에 유출되지 않고 기업내에 유보된 것을 말한다. 이익잉여금은 미처분이익잉여금과 기처분이익잉여금으로 분류된다.

미처분이익잉여금이란 유보이익 중에서 특정목적에 사용되기 이전의 상태를 말하고 기처분이익잉여금이란 미처분이익잉여금에 대한 처분이 주주총회에서 확정되어 특정의 목적에 따라 적립금 형태로 기업내에 유보되는 이익을 말한다.

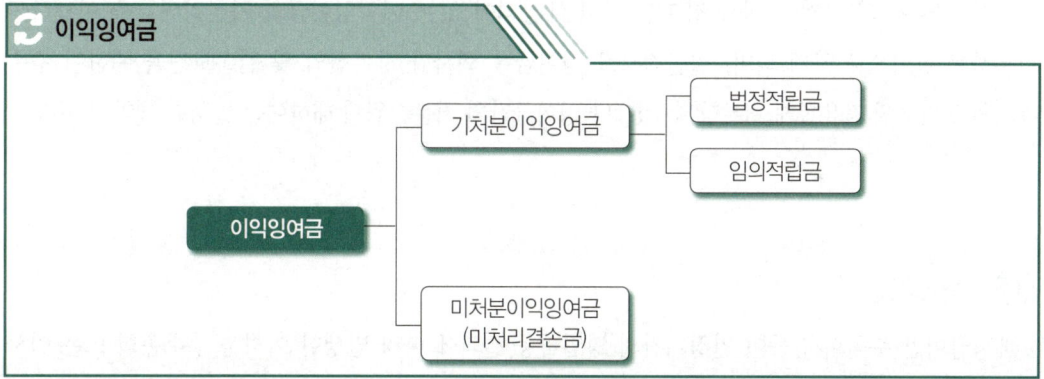

1. 기처분이익잉여금

기처분이익잉여금이란 미처분이익잉여금에 대한 처분이 주주총회에서 확정되어 특정의 목적에 따라 적립금 형태로 기업내에 유보되는 이익을 말한다. 기처분이익잉여금에는 법정적립금(이익준비금, 재무구조개선적립금 등)과 임의적립금이 있다.

1) 법정적립금

법정적립금은 상법 또는 기타법률에 의하여 강제적으로 일정금액이 적립되어야하는 것으로 여기에는 이익준비금이 있다. 이익준비금은 법정적립금으로서 상법규정에 의하여 자본(기업회계상 자본금을 의미한다)의 1/2에 달할 때까지 매 결산기에 금전배당액의 1/10 이상의 금액을 적립하여야 하는 적립금을 말한다.

2) 임의적립금

임의적립금이란 이익잉여금 중에서 회사가 임의로 적립한 적립금을 말한다. 임의적립금은 법정적립금을 제외한 모든 적립금을 말한다.

2. 미처분이익잉여금(또는 미처리결손금)

미처분이익잉여금이란 기업의 이익 중 배당금이나 기타의 이익잉여금으로 처분되지 않고 남아있는 잉여금을 말한다. 그리고 미처리결손금이란 기업이 결손을 보고한 경우에 보고된 결손금 중 다른 잉여금으로 보전되지 않고 이월된 부분으로서 당기 결손금처리계산서상의 미처리결손금을 말한다.

이익처분사항은 주주의 고유권한이기 때문에 이익처분과 재무제표의 승인은 정기주주총회에서 확정된다. 정기주주총회는 한 회계연도의 다음 회계연도초에 개최되고 이익처분에 관한 회계처리는 주주총회 승인을 받은 뒤에 행해지기 때문에 회계연도말 재무상태표에는 미처분이익잉여금(미처리결손금)으로 표시된다.

미처리결손금의 보전은 회사 장부상 이미 계상되어 있는 이익잉여금과 자본잉여금을 이입하여 처분하는 형식으로 하게 되며, 일반적으로 잉여금은 회사가 자본전입 및 결손보전을 위하여 주주총회의 결의로써 자유롭게 처분할 수 있으나 잉여금간의 처분순위에 대하여는 일정한 제약이 있다.

09. 배당금

배당금이란 주식회사 등이 일정기간의 영업활동 결과에 따라 발생한 이익을 주주총회 또는 이사회의 결의에 따라 주주에게 자본출자에 대한 대가로 배분하는 것을 말한다. 즉, 기업의 영업활동을 통하여 획득한 이익을 주주에게 분배하는 것을 배당금이라 한다.

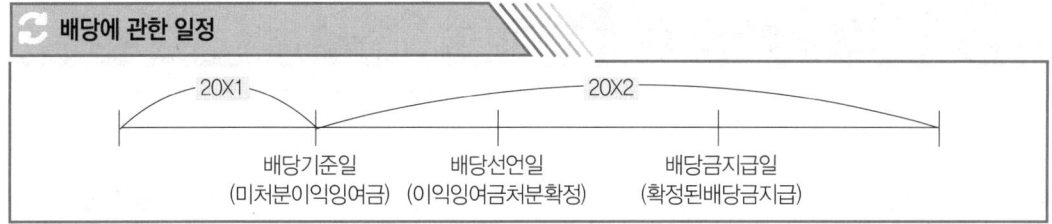

1. 배당기준일
배당기준일이란 배당을 받을 권리가 있는 주주를 확정하는 시간적 기준으로서, 일반적으로 결산일을 기준으로 한다.

2. 배당선언일
배당선언일이란 배당의무가 발생하는 시간적 기준으로서, 주주총회의 결의일로 주식을 발행한 회사는 배당에 대한 실질적인 채무를 부담하게 되는 날이다.

3. 배당금지급일
배당금지급일이란 배당의무의 이행일로서, 현실적으로 배당금을 지급하거나 주식을 교부하여야 하는 날을 말한다.

[배당회계처리]

구 분	현금배당	주식배당
배당기준일	분개없음	분개없음
배당선언일	(차) 미처분이익잉여금 ××× (대) 미지급배당금 ×××	(차) 미처분이익잉여금 ××× (대) 미교부주식배당금 ×××
배당지급일	(차) 미지급배당금 ××× (대) 현 금 ×××	(차) 미교부주식배당금 ××× (대) 자 본 금 ×××

4. 주식배당
주식배당이란 기업의 이익을 현금으로 배당하지 않고 미발행주식을 발행교부하는 것을 말한다. 주식배당으로 주식을 수령할 경우에 회계처리는 하지 않고 주식수와 단가만을 조정해야 한다.

주식배당의 특징
① 주식배당은 순자산의 유출 없이 배당효과를 얻을 수 있다.
② 자본에 변동을 가져오지 않는다.(이익잉여금이 자본금으로 대체되기 때문에)
③ 투자자의 경우에는 자산 및 수익의 증가로 보지 않고 주당 장부가액만 수정한다.
④ 주식수의 증가로 미래의 배당압력이 가중될 수 있다.

실무시험대비 분개연습

01 이사회의 결의로 신주 20,000주(액면 @₩5,000원)를 주당 7,000원에 발행하였다. 주식발행에 따른 수수료 12,000,000원을 제외한 대금잔액은 전액 당사의 보통예금계좌에 입금되었다.

02 당사는 이사회의 결의로 신주 10,000주(액면가액 1주당 ₩5,000)를 1주당 4,500원에 발행하고 전액 현금으로 받아 즉시 거래은행에 당좌예입하였다.

03 주주총회의 결의에 의해 주식 3,000주(액면가 @₩5,000원)을 주당4,500원에 발행하고 주식발행관련비용 ₩280,000을 차감한 잔액은 당좌예금계좌로 입금하였다. 주식발행초과금 잔액은 없다고 가정한다.

04 당사는 신주 15,000주를 발행하여 기계장치를 구입하였다. 주당 액면가액은 5,000원이며, 발행시점의 공정가치는 주당 5,500원이다.

05 당사는 신주 5,000주를 발행하여 토지를 구입하였다. 주당 액면가액은 1,000원이며, 토지의 공정가치는 9,000,000원이다. 토지 취득시 발생한 취득세와 등록세 1,000,000원은 현금으로 납부하였다.

06 당사는 자기주식 6,000주를 1주당 2,000원에 당좌수표를 발행하여 취득하였다. 주식의 액면가액은 1주당 1,000원이다.

07 보유중인 자기주식을 처분하였다. 장부금액은 12,340,000원(10,000주, 1,234원/주)으로 처분가액은 11,000,000원(10,000주,1,100원/주)이었다. 처분대금은 보통예금 계좌에 입금되었다. 단, 자기 주식처분이익계정의 잔액은 없는 것으로 한다.

08 (주)역곡은 사업을 축소하기 위하여 주식 2,000주(액면가액 @₩5,000)를 1주당 3,500원에 매입소각하고 대금은 현금으로 지급하였다.

09 주주총회의 결의에 따라 주식배당을 지급하기 위하여 주식(4,000주 액면가 @₩5,000원)을 발행하여 지급하였다.

10 주주총회에서 승인된 금전배당 5,000,000원과 주식배당 2,000,000원을 현금 및 주식으로 교부하였다.

연습문제

01 재무상태표의 기본요소 중 하나인 자본에 대한 설명으로 잘못된 것은?

① 자본이란 기업실체의 자산에 대한 소유주의 잔여청구권이다.
② 배당금 수령이나 청산 시에 주주간의 권리가 상이한 경우 주주지분을 구분표시 할 수 있다.
③ 재무상태표상 자본의 총액은 자산 및 부채를 인식, 측정함에 따라 결정된다.
④ 재무상태표상 자본의 총액은 주식의 시가총액과 일치하는 것이 일반적이다.

02 다음 중 자본에 대한 설명으로 가장 옳지 않은 것은?

① 자본은 기업의 자산에서 모든 부채를 차감한 후의 잔여지분을 의미한다.
② 잉여금은 자본거래에 따라 이익잉여금, 손익거래에 따라 자본잉여금으로 구분한다.
③ 주식의 발행금액 중 주권의 액면을 초과하여 발행한 금액을 주식발행초과금이라 한다.
④ 주식으로 배당하는 경우 발행주식의 액면금액을 배당액으로 하여 자본금의 증가와 이익잉여금의 감소로 회계처리한다.

03 다음 중 자본에 대한 설명으로 가장 옳지 않은 것은?

① 이익잉여금은 기업과 주주간의 자본거래에서 발생한 이익을 말한다.
② 현물출자로 취득한 자산은 공정가치를 취득원가로 한다.
③ 자본조정은 자본에 차감하거나 가산하여야 하는 임시적 계정을 말한다.
④ 주식의 발행은 할증발행, 액면발행 및 할인발행이 있으며, 어떠한 발행을 하여도 자본금은 동일하다.

04 다음의 계정과목 중 계정체계의 분류가 나머지와 다른 것은?

① 매도가능증권처분이익　　② 자산수증이익
③ 단기매매증권평가이익　　④ 자기주식처분이익

05 다음의 자본항목 중 성격이 다른 하나는?
① 자기주식   ② 감자차익
③ 자기주식처분이익   ④ 주식발행초과금

06 다음의 자본의 분류항목 중 나머지 셋과 성격이 다른 계정과목을 고르시오.
① 자기주식처분이익 ② 주식발행초과금 ③ 감자차익 ④ 이익준비금

07 다음 중 자기주식거래와 관련하여 자본항목의 성격이 올바르게 짝지어진 것은?
① 자기주식처분이익 : 자본조정
② 자기주식처분손실 : 기타포괄손익누계액
③ 감자차익 : 자본조정
④ 감자차손 : 자본조정

08 주식배당을 실시한 경우, 배당 후 재무상태표 및 발행주식수 등의 상태변화로 옳지 않은 것은?
① 이익잉여금은 감소한다.   ② 자본금은 증가한다.
③ 총자본은 증가한다.   ④ 발행주식수는 증가한다.

09 아래의 보기에서 주식배당을 하였을 때 발생하는 영향으로 올바른 것들로 짝지어진 것은?

| 가. 자본금이 증가한다. | 나. 이익잉여금이 감소한다. |
| 다. 자본잉여금이 감소한다. | 라. 발행 주식 수가 증가한다. |

① 가, 나, 라   ② 가, 나, 다   ③ 가, 다, 라   ④ 나, 다, 라

10 다음 자료는 20X1년도말 재무상태표의 자본과 관련된 자료이다. 이를 바탕으로 20X1년도 이익잉여금의 합계를 구하시오.

· 자 본 금 :   10,000,000원   · 자기주식 :   1,000,000원
· 이익준비금 :   500,000원   · 임의적립금 :   200,000원
· 감자차익 :   2,500,000원   · 주식발행초과금 :   2,000,000원
· 미처분이익잉여금 :   3,000,000원

① 3,500,000원   ② 3,700,000원   ③ 4,700,000원   ④ 6,200,000원

08 수익과 비용

01. 수익의 정의

수익은 통상적인 경영활동에서 발생하는 경제적 효익의 총유입을 말하며, 자산의 증가 또는 부채의 감소로 나타난다. 다만, 주주의 지분참여로 인한 자본증가는 수익에 포함하지 아니한다. 또한 수익은 기업에 귀속되는 경제적 효익의 유입만을 포함하므로 부가가치세와 같이 제3자를 대신하여 받는 금액이나, 대리 관계에서 위임자를 대신하여 받는 금액 등은 수익으로 보지 아니한다.

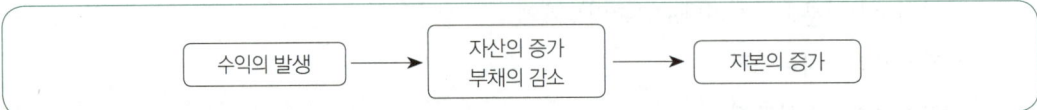

수익의 종류

- 영업수익
  영업수익(매출수익)이란 상품·제품의 판매 또는 용역의 제공으로 실현된 금액을 말한다.

- 영업외수익
  영업외수익이란 영업활동 이외의 보조적 또는 부수적인 활동에서 발생하는 수익을 말한다.
  ① 이자수익 : 예금이나 대여금에서 발생하는 수익
  ② 배당금수익 : 주식이나 출자금 등의 투자에서 분배받은 수익
  ③ 임대료 : 부동산 또는 동산을 타인에게 임대하고 받는 대가
  ④ 유가증권처분이익 : 유가증권을 처분함에 따라 발생하는 이익
  ⑤ 유가증권평가이익 : 유가증권을 공정가액으로 평가함에 따라 발생하는 이익
  ⑥ 외환차익 : 외화자산의 회수나 외화부채의 상환시에 발생하는 이익
  ⑦ 외화환산이익 : 외환자산·외환부채의 기말 평가시 발생하는 이익
  ⑧ 투자자산처분이익 : 투자자산을 처분함에 따라 발생하는 이익
  ⑨ 유형자산처분이익 : 유형자산을 처분함에 따라 발생하는 이익
  ⑩ 사채상환이익 : 사채를 상환함에 따라 발생하는 이익
  ⑪ 법인세환급액 : 과거 회계연도에 대한 법인세 등이 경정되어 환급된 금액
  ⑫ 자산수증이익 : 주주나 제3자 등으로부터 자산을 증여받음으로써 발생하는 이익
  ⑬ 채무면제이익 : 채권자로부터 회사채무를 면제받아 발생하는 이익
  ⑭ 보험금수익 : 보험회사로부터 받은 보험금

02. 수익의 인식기준

수익은 경영활동 전 과정을 통하여 서서히 그리고 지속적으로 발생하기 때문에 수익을 어느 시점에서 인식할 것인지를 결정하는 것이 중요한 회계적 문제이다. 이를 결정하기 위한 기준으로 현금주의와 발생주의가 있다.

신용거래가 많은 현대에는 기간손익배분이 부적절한 현금주의는 사용되지 않으며 발생주의에 의하여 수익과 비용을 인식한다.

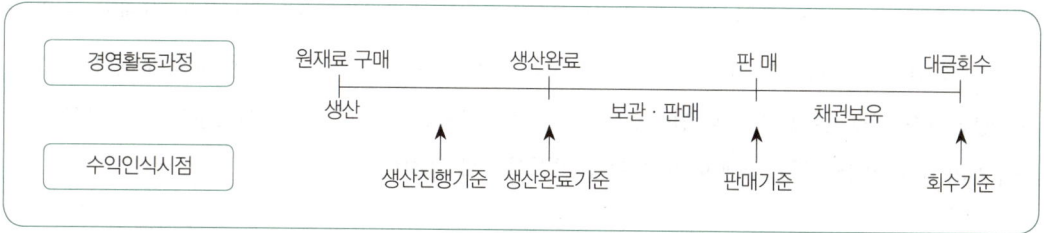

수익은 경영활동 전 과정을 통하여 발생하므로, 발생주의에 따라 수익을 인식하기 위해서는 수익획득과정별로 증가된 가치를 구분하여 그 크기를 측정해야 한다. 그러나 이러한 측정과정은 객관성을 확보하기 어렵고 실무적으로도 매우 복잡하기 때문에 수익의 인식과 측정에 있어서 발생주의를 후퇴시키고 실현주의에 따라 수익을 인식하고 있다. 실현주의란 발생주의를 적용함에 있어 실무상의 어려움 때문에 이를 현실에 맞게 수정시킨 수익인식기준으로서 일정요건(실현요건 · 가득요건)이 충족되었을 때 수익을 인식하는 방법이다.

일반기업회계기준에서는 수익을 재화의 판매와 용역의 제공으로 구분하여 다음의 요건을 모두 충족한 시점에서 인식하도록 규정하고 있다.

(1) 재화의 판매

① 재화의 소유에 따른 유의적인 위험과 보상이 구매자에게 이전된다.
② 판매자는 판매한 재화에 대하여 소유권이 있을 때 통상적으로 행사하는 정도의 관리나 효과적인 통제를 할 수 없다.
③ 수익금액을 신뢰성 있게 측정할 수 있다.
④ 경제적 효익의 유입 가능성이 매우 높다.
⑤ 거래와 관련하여 발생했거나 발생할 원가를 신뢰성 있게 측정할 수 있다.

(2) 용역의 제공

① 거래 전체의 수익금액을 신뢰성 있게 측정할 수 있다.
② 경제적 효익의 유입 가능성이 매우 높다.
③ 진행률을 신뢰성 있게 측정할 수 있다.
④ 이미 발생한 원가 및 거래의 완료를 위하여 투입하여야 할 원가를 신뢰성 있게 측정할 수 있다.

03.. 수익인식기준의 구체적 적용

1. 생산기준

생산기준은 수익을 생산기간 중에 또는 생산완료시점에서 인식하는 것을 말한다. 판매시점에서 수익을 인식하는 것이 일반적이지만 업종에 따라서는 판매시점 이전에 이미 수익인식을 위한 조건이 충족되는 경우가 있다. 즉, 생산과정이 수익창출활동을 위한 결정적인 사건이라고 할 수 있으며, 생산의 진행 혹은 생산의 완료시에 그 생산물의 가치를 합리적으로 측정할 수 있고 경제적 효익의 유입가능성이 매우 높다면 생산기준에 따라 수익을 인식하는 것이 발생주의 회계에 가장 적합한 방법이다. 생산기준에 따라 수익을 인식하는 경우로는 용역의 제공, 건설형 공사계약 등이 있다. 생산기준은 생산완료기준과 생산진행기준으로 구분되며, 일반기업회계기준에서는 건설형 공사계약의 경우 생산진행기준에 따라 수익을 인식하도록 규정하고 있다.

2. 판매기준

판매기준이란 수익을 판매시점에서 인식하는 것을 말한다. 많은 기업들의 수익활동에 있어 판매는 수익이 가득되기 위한 결정적인 사건이며, 제품의 판매시점에서는 교환거래가 발생하므로 측정이 용이하기 때문에 대부분의 수익인식방법으로 판매기준이 적용된다.

일반적으로 상거래의 판매시점은 상품을 구매자에게 인도하는 시점이지만 특수매매에서는 상품의 인도시점이 아닌 다른 시점이 판매시점으로 될 수 있는데, 여기서는 이러한 특수매매에 대하여 알아보고자 한다. 특수매매거래에는 위탁판매, 시용판매, 상품권판매, 설치 및 검사조건부판매, 반품가능판매 등이 있다.

1) 위탁판매

위탁판매는 자기의 상품을 타인에게 위탁하여 수수료를 지급하고 판매하는 형태이다. 위탁판매의 경우에는 상품의 발송이 판매계약 성립 이전에 이루어지기 때문에, 상품을 발송했다는 사실만으로 수익을 인식하는 것은 타당하지 않다.

수익은 수탁자가 그 상품을 판매함으로써 비로소 실현되는 것이다. 따라서 위탁판매에서는 수탁자에 의한 상품의 판매가 수익인식의 기준이 된다. 기준서에서는 수탁자가 해당 재화를 제3자에게 판매한 시점에 수익을 인식하도록 규정하고 있다. 위탁판매의 경우 위탁자는 결산일까지 판매되지 않은 위탁품은 창고에 없을지라도 기말재고자산에 포함시켜야 한다.

2) 시용판매

시용판매란 주문을 받지 않고 상품 등을 고객에게 인도하여 고객이 그 상품을 사용하여 보고 매입하겠다는 의사표시를 함으로써 판매가 성립하는 특수한 형태의 판매이다. 기준서에서는 시용판매의 경우 인도시점에서 수익을 인식하는 것이 아니라 고객이 구입의사를 표명하는 시점에 수익을 인식하도록 규정하고 있다. 따라서 기말 현재 창고에는 없을지라도 고객이 구입의사를 표명하지 아니한 시송품은 법적소유권이 회사에 있으므로 기말재고자산에 포함시켜야 한다.

3) 상품권판매

상품권이란 그 명칭 또는 형태에 관계없이 발행자가 일정한 금액이나 물품 또는 용역의 수량이 기재된 무기명증표를 발행·매출하고 그 소지자가 발행자에게 제시함으로써 그 증표에 기재된 내용에 따라 상품권 발행자로부터 물품 또는 용역을 제공받을 수 있는 유가증권을 말한다. 기준서에서는 상품권의 발행과 관련된 수익은 상품권을 회수한 시점 즉, 재화를 인도하거나 판매한 시점에 인식하고, 상품권을 판매한 때에는 선수금으로 처리하도록 규정하고 있다

04.. 회수기준

회수기준이란 수익을 판매시점이 아닌 대금이 실제로 회수되는 시점에서 인식하는 방법을 말한다. 회수기준이 적용될 수 있는 경우는 대금회수에 고도의 불확실성이 존재하고 그 금액을 합리적으로 추정할 수 없는 경우 또는 판매에 따른 추가비용이 크고 그 금액을 합리적으로 추정하기 어려울 경우에 사용할 수 있다.

[거래형태별 수익인식기준 요약]

구 분	수익인식방법
상품 및 제품매출	판매기준(인도기준)
용역매출 및 예약매출	진행기준
위탁판매	수탁자가 제3자에게 판매한 시점
시용판매	고객이 구입의사를 표명한 시점
상품권판매	상품 등을 고객에게 제공한 날
할부판매	재화가 인도되는 시점(단, 현재가치와 명목가액이 중요한 차이가 나는 경우에는 현재가치로 평가)

05. 비용의 정의

비용이란 제품의 판매나 생산, 용역제공 및 회사의 영업활동을 구성하는 활동으로부터 일정기간 동안 발생한 자산의 유출이나 사용 또는 부채의 발생액이다. 비용은 주된 영업활동에서 발생한 비용과 일시적이거나 우연한 거래로부터 발생한 손실로 분류된다.

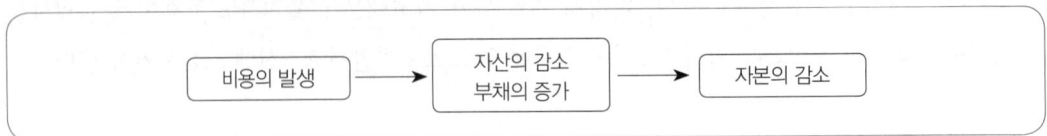

비용의 종류

- **매출원가** : 매출원가란 매출액과 직접대응되는 원가로서, 일정기간 동안 판매된 상품이나 제품에 대하여 배분된 매입원가를 말한다.
- **판매비와 관리비** : 판매비와 관리비는 상품과 용역의 판매활동 또는 회사의 관리와 유지에서 발생하는 비용으로, 매출원가에 속하지 아니하는 모든 영업비용을 말한다.
  ① 급　여 : 임원급여·임금·각종 수당 등
  ② 퇴직급여 : 근속기간이 경과함에 따라 증가하는 퇴직금을 비용으로 인식하기 위한 계정
  ③ 복리후생비 : 근로환경개선 및 근로의욕의 향상을 위하여 지출하는 노무비 성격의 금액
  ④ 임차료 : 부동산이나 동산을 임차하고 그 소유자에게 지급하는 금액
  ⑤ 기업업무추진비 : 사업(업무)과 관련하여 지출하는 교제비용 등
  ⑥ 감가상각비 : 유형자산의 가치감소분을 기간손익에 반영하기 위하여 배분된 금액
  ⑦ 무형자산상각비 : 무형자산의 가치감소분을 기간손익에 반영하기 위하여 배분된 금액
  ⑧ 세금과공과 : 국가 또는 지방자치단체가 부과하는 공과금·벌금·과료 등
  ⑨ 광고선전비 : 상품·제품의 판매촉진을 위하여 선전효과를 얻고자 지출하는 비용
  ⑩ 연구비 : 연구활동을 수행하는 과정에서 발생하는 비용
  ⑪ 경상개발비 : 개발활동과 관련하여 경상적으로 발생한 비용
  ⑫ 대손상각비 : 회수가 불가능한 채권과 대손추산액을 처리하는 계정
- **영업외비용** : 영업외비용이란 매출수익을 얻기 위한 주된 영업활동 이외의 보조적 또는 부수적인 활동에서 순환적으로 발생하는 비용을 말한다.
  ① 이자비용 : 타인자본에 대하여 지급하는 이자와 할인료
  ② 기타의대손상각비 : 매출채권 이외의 채권에 대한 대손상각비를 처리하는 계정
  ③ 유가증권처분손실 : 유가증권을 처분함에 따라 발생하는 손실
  ④ 유가증권평가손실 : 유가증권을 공정가액으로 평가함에 따라 발생하는 손실
  ⑤ 외환차손 : 외화자산의 회수나 외화부채의 상환시에 발생하는 손실
  ⑥ 외화환산손실 : 외화자산이나 외화부채의 기말 평가시에 발생하는 손실
  ⑦ 기부금 : 무상으로 증여하는 금전 또는 기타 자산의 금액
  ⑧ 투자자산처분손실 : 투자자산을 처분함에 따라 발생하는 손실
  ⑨ 유형자산처분손실 : 유형자산을 처분함에 따라 발생하는 손실
  ⑩ 사채상환손실 : 사채를 상환함에 따라 발생하는 손실
  ⑪ 특별손실 : 비경상적·비반복적으로 발생한 영업외비용과 재해손실.
- **법인세비용** : 법인세비용이란 영업활동의 결과인 일정기간의 소득에 대하여 부과되는 세금으로, 영업활동이 보고되는 기간의 비용으로 인식되어야 한다.

06..비용의 측정과 인식

1. 비용의 측정
비용의 측정이란 손익계산서에 계상할 비용의 금액을 화폐액으로 측정하는 것을 말한다. 즉 비용의 측정은 당기 손익계산서에 보고될 비용액을 결정하는 과정을 말하며, 주로 역사적 원가에 의하여 측정된다.

2. 비용의 인식시기
비용의 발생시점, 인식시점, 보고시점에 관한 것으로 비용이 귀속되는 회계기간을 결정하는 것을 비용의 인식이라 하며, 비용의 보고 또는 기간귀속이라고도 한다. 그리고 경제적 효익이 수익획득활동에 소비되었을 때, 또는 미래의 경제적 효익이 감소되거나 소멸되었을 때를 비용의 인식시점으로 본다.

07..비용의 인식방법

비용은 기본적으로 수익 · 비용의 대응 원칙에 따라 직접대응시켜야 하며, 직접대응이 불가능한 경우에는 간접대응 또는 당기의 비용(손실)으로 즉시 인식하여야 한다.

1. 직접대응
직접대응이란 보고된 수익과의 인과관계를 기초로 비용을 인식하는 방법이다. 따라서 직접대응은 수익과 비용의 인과관계가 명확한 경우에 적용되는 방법이다. 직접대응의 예로는 매출액에 대응되는 매출원가 · 판매원의 수수료 · 매출운임 등이 있다.

2. 간접대응
간접대응이란 수익에 대응되는 비용을 직접적인 방법에 의하여 적절히 대응시킬 수 없는 경우에 비용을 체계적이고 합리적인 방법에 의하여 기간배분하는 것을 말한다. 즉 간접대응의 발생원가가 장래의 특정시기 또는 미래의 일정기간과 관련될 수 있는지를 확인하여, 그 원가가 미래수익과 관련이 있다고 인정될 경우에는 해당되는 미래기간에 걸쳐 합리적 · 체계적으로 배분하는 것이다. 간접대응의 예로는 선급보험료, 감가상각비 등이 있다.

3. 당기비용(손실)

직접대응, 간접대응 방법을 모두 적용할 수 없는 경우에는 발생원가를 당기비용 또는 손실로 인식하여야 한다.

08. 손익계산서

손 익 계 산 서

(주)제이오비　　　20X1년1월1일부터 20X1년12월31일까지　　　단위: 원

과 목			계 정		
I	매출액		상품매출 · 제품매출*		
			*총매출액−매출에누리−매출환입−매출할인		
II	매출원가		상품매출원가 · 제품매출원가		
	상 품 매 매 업	기초상품재고액	제 조 업	기초제품재고액	
		(+)당기상품매입액*		(+)당기제품제조원가	
		(−)기말상품재고액		(−)기말제품재고액	
		*총매입액−매입에누리−매입환출−매입할인			
III	매출총이익(매출총손실)		= 매출액 − 매출원가		
IV	판매비와 관리비	급여 퇴직급여 복리후생비 임차료 기업업무추진비 감가상각비	수도광열비 여비교통비 소모품비 교육훈련비 통신비 광고선전비	세금과공과 보험료 차량유지비 도서인쇄비 대손상각비 운반비	수수료비용 보관료 판매수수료 연구비 경상개발비 무형자산상각비
V	영업이익(영업손실)		= 매출총이익(손실) − 판매비와관리비		
VI	영업외수익	이자수익 배당금수익 임대료 수수료수익 외환차익	외화환산이익 보험금수익 자산수증이익 채무면제이익 사채상환이익	단기투자자산처분이익 단기투자자산평가이익 유형자산처분이익 매도가능증권처분이익 만기보유증권처분이익	
VII	영업외비용	이자비용 외환차손 재해손실 기부금 잡손실	수수료비용 외화환산손실 사채상환손실	기타대손상각비 매출채권처분손실 단기투자자산처분손실 단기투자자산평가손실 재고자산감모손실 유형자산처분손실	
VIII	법인세비용차감전순손익		= 영업이익(손실) + 영업외수익 − 영업외비용		
IX	법인세비용				
X	당기순이익(당기순손실)		= 법인세비용차감전순이익(손실) − 법인세비용		

실무시험대비 분개연습

01 보유 중인 (주)한성의 주식에 대하여 중간배당금 1,000,000원을 보통예금계좌로 송금받았다.

02 당사는 경영부진으로 누적된 결손금의 보전을 위하여 대주주로부터 자기앞수표 1억원을 증여받았다.

03 영업팀 사무실에서 사용하는 전화의 전화요금 125,000원을 은행에서 현금으로 납부하였다.

04 공장건물에 대한 화재보험료 1,000,000원을 현금으로 납부하고 비용으로 처리하였다.

05 새로 구축한 생산라인에 대한 교육을 생산부서에서 실시하였다. 강의는 외부강사를 초빙하였고 강사료는 2,000,000원으로 세금 66,000원을 원천징수 후 1,934,000원을 현금지급 하였다.

06 관리부에서 사용할 차와 음료수 30,000원을 인근 대성할인마트에서 구입하고, 현금을 지급하였다.

07 매출처에 선물할 선물용품을 구입하고 물품대금 150,000원을 본사 소유의 법인카드로 결제하였다.

08 당사가 속한 중소기업상공인협회에 협회비 200,000원을 현금으로 지급하였다.

09 본사의 홍보팀은 새로 출시한 제품을 광고하기 위하여 신문에 광고를 게재하고 대금 500,000원을 현금으로 지급하였다.

10 본사 게시판에 부착할 본사 정경을 담은 대형사진을 현상하고 대금 400,000원을 현금으로 지급하였다.

연습문제

01 다음 중 손익계산서 작성에 영향을 주는 거래는?
① 자기주식처분이익　　　　　　② 감자차익
③ 매도가능증권평가이익　　　　④ 단기매매증권처분이익

02 다음의 계정과목 중 분류가 다른 것은?
① 기타의 대손상각비　② 이자비용　③ 소모품비　④ 외환차손

03 영업활동과 관련하여 비용이 감소함에 따라 발생하는 매출채권의 대손충당금환입은 다음의 계정구분 중 어디에 속하는가?
① 판매비와 관리비　② 영업외수익　③ 자본조정　④ 이익잉여금

04 다음의 계정과목 중 미실현이익에 해당하는 것은?
① 배당금수익　　　　　　　　② 외환차익
③ 매도가능증권처분이익　　　④ 단기매매증권평가이익

05 다음 중 일반기업회계기준에 의한 수익의 인식시점이 옳지 않은 것은?
① 위탁매출은 수탁자가 상품을 판매한 시점
② 상품권매출은 상품권이 고객으로부터 회수된 시점
③ 할부매출은 할부금이 회수된 시점
④ 시용매출은 매입자의 의사표시가 있는 시점

06 다음 중 일반기업회계기준에 의한 수익인식기준으로 가장 옳지 않은 것은?

① 상품권 판매 : 물품 등을 제공 또는 판매하여 상품권을 회수한 때 수익을 인식한다.

② 위탁판매 : 위탁자는 수탁자가 해당 재화를 제3자에게 판매한 시점에 수익을 인식한다.

③ 광고매체수수료 : 광고 또는 상업방송이 대중에게 전달될 때 수익을 인식한다.

④ 주문형 소프트웨어의 개발 수수료 : 소프트웨어 전달 시에 수익을 인식한다.

07 다음의 자료로 영업이익을 계산하면 얼마인가?

· 매출액 :	15,000,000원	· 매출원가 :	10,000,000원	· 급여 :	3,000,000원
· 이자수익 :	500,000원	· 기업업무추진비 :	1,000,000원	· 기부금 :	300,000원
· 유형자산처분손실 :	150,000원	· 배당금수익	400,000원	· 기타의대손상각비 :	160,000원

① 540,000원　② 700,000원　③ 1,000,000원　④ 2,000,000원

08 손익계산서 항목 중 영업이익을 산출하는 데 포함되는 항목들의 합계액은?

| · 제품매출원가 : 1,000,000원 | · 수선비 : 50,000원 | · 복리후생비 : 30,000원 |
| · 여비교통비 : 35,000원 | · 기부금 : 400,000원 | · 이자비용 : 40,000원 |

① 1,000,000원　② 1,115,000원　③ 1,400,000원　④ 1,440,000원

09 (주)세진테크는 원재료를 매입하기로 하고 지급한 계약금을 매출원가로 회계처리하였다. 이로 인하여 재무제표에 미치는 영향은 무엇인가?

① 자본이 과대계상되고, 부채가 과소계상된다.

② 이익이 과소계상되고, 부채가 과소계상된다.

③ 수익이 과대계상되고, 자산이 과대계상된다.

④ 자산이 과소계상되고, 자본이 과소계상된다.

10 다음 중 매출원가에 영향을 미치지 않는 비용은?

① 원재료 구입에 따른 운반비　② 화재로 소실된 원재료

③ 재고자산평가손실　④ 정상적인 재고자산감모손실

11 다음의 자료로 매출총이익, 영업이익과 당기순이익을 계산하면 얼마인가?

· 매출액 : 1,000,000원   · 기부금 :   20,000원   · 급여 :   100,000원
· 이자비용 :   50,000원   · 매출원가 : 600,000원   · 기업업무추진비 : 30,000원

	매출총이익	영업이익	당기순이익		매출총이익	영업이익	당기순이익
①	1,000,000원	220,000원	200,000원	②	400,000원	220,000원	200,000원
③	400,000원	270,000원	200,000원	④	1,000,000원	270,000원	220,000원

12 다음의 유가증권거래로 인하여 당기손익에 미치는 영향을 바르게 설명 한 것은?

(주)달무리는 2월 5일에 시장성 있는 단기매매증권 1,000주(주당 @10,000원)를 취득하면서, 수수료비용 500,000원을 포함하여 현금으로 결제하였다. 다음날 600주를 주당 @11,000원에 현금 처분하였다.

① 당기순이익이 600,000원 증가한다.　　② 당기순이익이 600,000원 감소한다.
③ 당기순이익이 100,000원 증가한다.　　④ 당기순이익이 300,000원 증가한다.

13 다음 중 기말 결산시 비용의 이연과 가장 관련있는 거래는?
① 공장건물에 선급보험료 100,000원을 계상하다.
② 공장건물에 대한 선수임대료 1,000,000원을 계상하다.
③ 정기예금에 대한 미수이자 100,000원을 계상하다.
④ 단기차입금에 대한 미지급이자 100,000원을 계상하다.

14 다음 중 결산정리분개에 대한 설명으로 가장 옳은 것은?
① 시장성 있는 유가증권계정은 기말결산시 공정가치법에 의하여 평가하고, 공정가치는 기말 결산일 현재 종가이다.
② 비유동자산은 사용에 의해 가치가 감소하게 되고, 가치감소액은 정액법만 사용하여 산출한다.
③ 부가가치세는 매입세액과 매출세액을 서로 상계처리하고 차액은 선수금계정으로 처리한다.
④ 가지급금, 가수금계정은 기말결산시까지 내용이 파악되지 않은 경우에도 그대로 사용한다.

15 다음 중 아래 빈칸의 내용으로 가장 적합한 것은?

> · 선수수익이 (가) 되어 있다면 당기순이익은 과대계상된다.
> · 선급비용이 (나) 되어 있다면 당기순이익은 과대계상된다.

	가	나			가	나
①	과대계상	과소계상		②	과소계상	과소계상
③	과소계상	과대계상		④	과대계상	과대계상

16 (주)관우의 결산 결과 손익계산서에 당기순이익이 100,000원으로 계상되어 있으나, 다음과 같은 사항들을 발견하고 수정하였다. 수정 후의 당기순이익으로 옳은 것은?

> · 손익계산서에 계상된 보험료 중 5,000원은 차기 비용이다.
> · 손익계산서에 계상된 이자수익 중 4,000원은 차기 수익이다.

① 99,000원 ② 100,000원 ③ 101,000원 ④ 109,000원

17 다음 괄호에 들어갈 계정과목으로 옳은 것은?

> 발생주의 회계는 발생과 이연의 개념을 포함한다. 발생이란 (A)과 같이 미래에 수취할 금액에 대한 자산을 관련된 부채나 수익과 함께 인식하거나, 또는 (B)과 같이 미래에 지급할 금액에 대한 부채를 관련된 자산이나 비용과 함께 인식하는 회계과정을 의미한다.

① (A) : 미수수익 (B) : 선급비용   ② (A) : 선수수익 (B) : 선급비용
③ (A) : 선수수익 (B) : 미지급비용 ④ (A) : 미수수익 (B) : 미지급비용

18 다음 설명의 괄호 안에 들어갈 것으로 옳은 것은?

> 이연이란 (   )과 같이 미래에 수익을 인식하기 위해 현재의 현금유입액을 부채로 인식하거나, (   )과 같이 미래에 비용을 인식하기 위해 현재의 현금유출액을 자산으로 인식하는 회계과정을 의미한다.

① 미수수익, 선급비용   ② 선수수익, 선급비용
③ 미수수익, 미지급비용 ④ 선수수익, 미지급비용

19 결산 시 미지급 임차료에 대한 회계처리를 하지 않았을 경우, 당기 재무제표에 미치는 영향으로 틀린 것은?

① 순이익이 과소계상   ② 자본이 과대계상
③ 비용이 과소계상   ④ 부채가 과소계상

20 다음의 사항을 누락한 경우 20×1년 12월 말 당기순이익은 350,000원이었다. 누락된 사항을 모두 정확하게 반영하였을 경우 20×1년 12월 말 당기순이익은 얼마인가? 단, 손익의 계산은 월할계산을 한다.

· 3월 1일 영업부에 대한 1년치 화재보험료 120,000원을 현금으로 납부하면서 전액 비용으로 처리하였으나, 기간미경과에 대한 부분을 결산시점에 회계담당자가 누락하였다.
· 5월 1일 거래처에 1년 후 회수할 목적으로 5,000,000원을 대여하면서 선이자 300,000원을 차감(전액 수익으로 처리)하고 보통예금에서 이체하였으나, 기간미경과분에 대한 이자를 결산시점에 회계담당자가 누락하였다.

① 270,000원   ② 330,000원   ③ 370,000원   ④ 430,000원

PART 2

이론편
원가회계

CHAPTER 01 _ 원가회계의 개념
CHAPTER 02 _ 제조원가의 흐름
CHAPTER 03 _ 원가배분
CHAPTER 04 _ 개별원가계산
CHAPTER 05 _ 종합원가계산

CLASS 전산회계1급
이 론 편

01 원가회계의 개념

01.. 원가와 원가회계

1. 원가의 의의
　원가란 재화나 용역을 획득하기 위하여 희생된 경제적 가치를 말한다. 이러한 원가는 소멸되지 않은 경우에는 자산으로 계상되며, 소멸되는 경우에는 비용으로 계상한다.

2. 원가회계의 의의
　원가회계란 내부보고용 재무제표를 작성하고 기업내부의 경영계획을 수립·통제하여 특수한 의사결정에 필요한 정보를 제공하기 위하여 제조활동과 영업활동에 관한 원가자료를 집계·배분·분석하는 것을 말한다.

3. 재무회계와 관리회계(원가회계)

구 분	재무회계	관리회계
목적	외부보고목적	경영관리목적
정보이용자	외부이해관계자(투자자, 채권자 등)	내부이용자(주로 경영자)
보고수단	일반목적의 재무제표	특수목적의 보고서
준거기준	일반적으로 인정된 회계원칙	일정한 준거기준이 없다.
정보의 유형 및 속성	과거지향적→객관성 강조	미래지향적→목적적합성 강조
보고주기	정기적 보고	수시보고

4. 원가회계의 목적
　① 재무제표작성을 위한 제품의 원가계산　② 제품원가계산을 통한 재고자산의 평가
　③ 통제를 위한 원가자료의 제공　　　　　④ 예산편성을 위한 원가자료의 제공
　⑤ 특수의사결정을 위한 원가자료의 제공

02. 원가의 분류

원가는 사용목적에 따라 다음과 같이 다양하게 분류할 수 있다.

1. 추적가능성에 따른 분류

원가는 원가계산의 목적물인 원가대상에 대한 추적가능성에 따라 직접원가와 간접원가로 분류된다.

1) 직접원가(직접비)

직접원가란 특정한 원가대상에 직접 추적할 수 있는 원가로서 특정제품에 투입되는 원재료의 원가나 생산직 근로자의 급여 같은 경우가 여기에 해당한다.

2) 간접원가(간접비)

간접원가란 특정한 원가대상에 직접 추적할 수 없는 원가로서 공장건물의 임차료 같은 경우를 말한다.

2. 기능에 따른 분류

1) 제조원가

제조원가란 제품을 생산하는 과정에서 소요되는 모든 원가로서, 이는 직접재료비, 직접노무비, 제조간접비로 분류된다.

구 분	내 용
직접재료비	제품을 생산하기 위하여 사용되는 원재료의 원가로서 특정 제품에 직접 추적할 수 있는 원가를 말한다.
직접노무비	생산직 근로자에게 노동의 대가로 지급되는 원가로서 특정제품에 직접 추적할 수 있는 원가를 말한다.
제조간접비	직접재료비와 직접노무비 이외의 모든 제조원가를 말한다.

2) 비제조원가

비제조원가는 제조활동과 관계없이 판매 및 관리활동과 관련해서 발생하는 원가로서 대개 판매비와 관리비를 의미하는데 이는 제품원가를 구성하지 않고 발생연도의 기간비용으로 처리된다.

3. 원가행태에 따른 분류

원가행태란 조업도 수준의 변동에 따른 원가의 변동양상을 말하며, 여기서 조업도는 일정기간동안 설비능력을 이용한 정도를 나타내는 지표로서 생산량·판매량·직접노동시간·기계작업시간 등으로 표시된다. 즉, 생산량이나 시간 등 조업도 수준에 따라 변동하는가, 그렇지 않은가에 따라 변동원가와 고정원가로 나눌 수 있다. 원가행태를 파악할 경우 한 가지 주의할 점은 원가행태가 원가총액을 기준으로 하는 것이지 제품 단위당 원가를 기준으로 하지 않는다는 것이다.

1) 변동비
제품을 한 단위 더 생산할 때마다 투입되는 재료원가처럼 조업도의 변동에 따라 총액이 비례적으로 변화하는 원가를 변동비라고 말한다.

2) 고정비
제품의 생산량과는 무관하게 금액이 이미 정해져 있는 공장건물에 대한 감가상각비처럼 조업도의 변동에 관계없이 총원가가 일정하게 발생하는 원가를 고정비라고 한다.

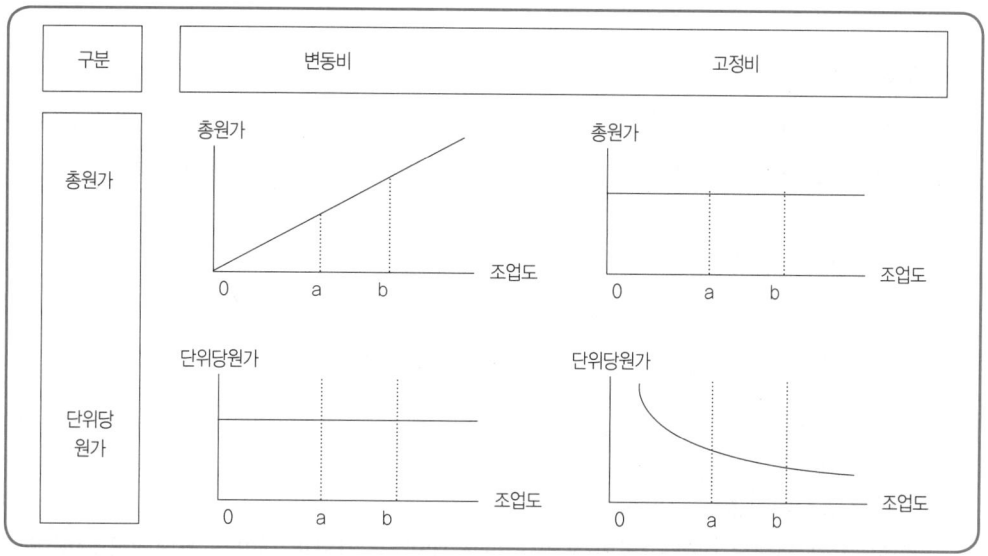

4. 준변동비와 준고정비
준변동비는 조업도의 변화에 관계없이 총원가가 일정한 고정원가와 순수변동원가의 두 요소를 모두 가지고 있는 원가로서 혼합원가라고도 한다. 예를 들면, 전력비의 경우 일부는 기본요금이며 조업도가 증가함에 따라 전력비도 비례적으로 증가하므로 준변동비에 해당된다.

준고정비는 특정범위의 조업도 내에서는 총원가가 일정하지만 조업도가 그 범위를 벗어나면 총액이 달라지는 원가로서 계단원가라고도 한다.

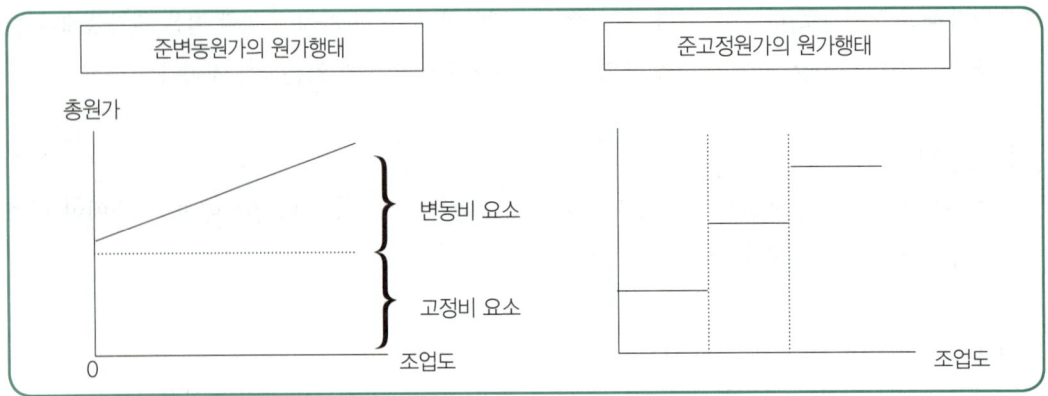

5. 의사결정과의 관련성에 따른 분류

1) 매몰원가

　매몰원가란 과거의 의사결정으로 인하여 이미 발생한 역사적 원가로서 현재 또는 미래에 어떤 의사결정을 하더라도 회수할 수 없는 원가를 말한다. 따라서 의사결정에 고려할 필요가 없다.

2) 관련원가와 비관련원가

　관련원가란 여러 대안 사이에 차이가 나는 원가로서 의사결정에 직접적으로 관련되는 원가를 말하며, 비관련원가는 여러 대안 사이에 차이가 없는 원가로서 의사결정에 영향을 미치지 않는 원가를 의미한다.

3) 기회원가(기회비용)

　기회원가란 선택된 대안 이외의 포기된 다른 대안 중 최선의 대안을 선택했더라면 얻을 수 있었던 최대이익을 말한다.

6. 기본원가와 가공원가

　제조원가를 구성하는 원가요소를 다음과 같이 기초원가(기본원가)와 가공원가(전환원가)로 분류하기도 한다.

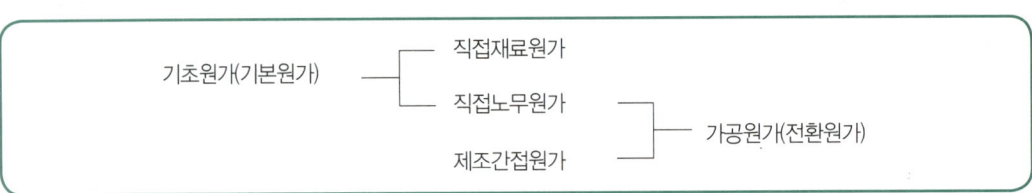

연습문제

01 다음 중 원가관리회계에 대한 설명으로 가장 거리가 먼 것은?
① 도·소매업 등에서 매출원가 정보 등을 획득하기 위한 회계과정이다.
② 경영활동의 계획과 통제를 위해 필요한 회계과정이다.
③ 미래 의사결정을 위한 성과평가시 유용한 정보를 제공한다.
④ 외부 이해관계자보다 내부 경영자를 위한 회계이다.

02 다음 중 원가회계의 일반적인 특성이 아닌 것은?
① 제품제조원가계산을 위한 원가자료의 제공
② 기업의 외부정보이용자에게 정보제공
③ 기업의 경영통제를 위한 원가자료의 제공
④ 특수의사결정을 위한 원가정보의 제공

03 다음 중 원가회계의 특징으로 가장 틀린 것은?
① 손익계산서의 제품매출원가를 결정하기 위하여 제품생산에 소비된 원가를 집계
② 재무상태표에 표시되는 재공품과 제품 등의 재고자산의 가액을 결정
③ 기업의 경영계획 및 통제, 의사결정에 필요한 원가자료를 제공
④ 주로 외부 이해관계자에게 의사결정에 대한 유용한 정보제공

04 다음 중 원가에 대한 설명으로 틀린 것은?
① 직접노무비는 기본원가에도 속하고 가공원가에도 속한다.
② 조업도가 감소함에 따라 단위당 고정비는 감소하고 단위당 변동비는 일정하다.
③ 조업도가 증가함에 따라 변동비 총액은 증가하고 고정비 총액은 일정하다.
④ 원가의 추적가능성에 따라 직접원가와 간접원가로 분류한다.

05 원가에 대한 다음의 설명 중 옳지 않은 것은?

① 직접재료비와 직접노무비를 기초원가라 한다.
② 혼합원가는 조업도의 변화에 따라 일정비율로 증가하는 변동비를 말한다.
③ 간접원가란 특정한 원가집적대상에 직접 추적할 수 없는 원가를 말한다.
④ 준고정원가는 관련조업도 내에서 일정하고 특정범위를 벗어나면 일정액만큼 증가하는 원가를 말한다.

06 다음 중 원가회계에 대한 설명으로 옳지 않은 것은?

① 원가 발생형태에 따라 고정비와 변동비로 나눌 수 있다.
② 원가 추적 가능성에 따라 직접비와 간접비로 나눌 수 있다.
③ 직접재료비와 직접노무비를 합하여 가공원가라고 한다.
④ 조업도의 변동에 비례하여 총원가가 일정하게 발생하는 원가를 고정비라고 한다.

07 원가 개념에 대한 설명 중 틀린 것은?

① 간접원가란 특정한 원가대상에 직접 추적할 수 없는 원가이다.
② 회피가능원가는 특정 대안을 선택하지 않음으로써 회피할 수 있는 원가이다.
③ 변동원가는 조업도가 증가할 때마다 원가총액이 비례하여 증가하는 원가이다.
④ 경영자가 미래의 의사결정을 위해서는 과거 지출된 원가의 크기를 고려하여야 함으로 매몰원가 역시 관련원가에 해당한다.

08 제조과정에 있는 작업자에게 제공하는 작업복과 관련된 비용은 어느 원가에 해당하는가?

	기본원가	가공원가	제품제조원가	판매비와 관리비
①	포함	포함	포함	미포함
②	포함	미포함	포함	포함
③	미포함	포함	포함	미포함
④	미포함	미포함	미포함	포함

09 다음 중 원가와 관련된 설명으로 옳지 않은 것은?

① 당기총제조원가는 직접재료비, 직접노무비, 제조간접비의 합계이다.
② 재공품의 기초, 기말재고가 없는 경우 당기총제조원가는 당기제품제조원가와 같다.
③ 매몰원가는 의사결정을 할 때 고려되지 않는 과거에 발생한 원가의 합계이다.
④ 기회원가는 여러 대안에 대한 의사결정을 하였을 때, 선택하지 않은 대안의 기대치 합계이다.

10 원가회계에 있어 고정비와 변동비에 대한 설명 중 옳은 것은?

① 고정비는 관련범위 내에서 조업도가 증가하면 증가한다.
② 변동비는 관련범위 내에서 조업도가 증가하면 일정하다.
③ 고정비는 관련범위 내에서 조업도가 증가하면 단위당 고정비가 감소한다.
④ 변동비는 관련범위 내에서 조업도가 증가하면 단위당 변동비가 증가한다.

11 다음에서 설명하고 있는 원가를 원가행태에 따라 분류하고자 할 때 가장 적절한 것은?

> 관련범위 내에서 조업도의 변동에 관계없이 총원가가 일정하고, 조업도가 증가함에 따라 단위당 원가는 감소한다.

① 변동원가   ② 고정원가   ③ 준변동원가   ④ 준고정원가

12 다음은 어떠한 원가의 행태를 나타내는 그림인가?

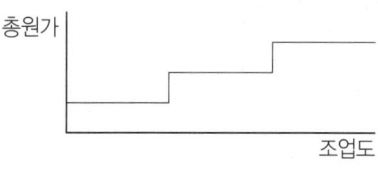

① 준고정원가   ② 준변동원가   ③ 변동원가   ④ 고정원가

13 다음 중 원가행태를 나타낸 표로 올바른 것은?

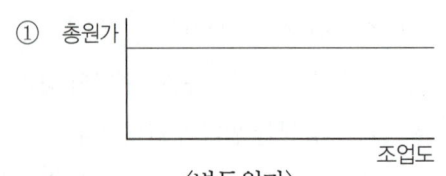

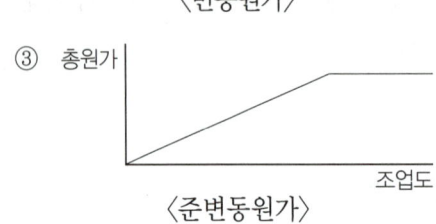 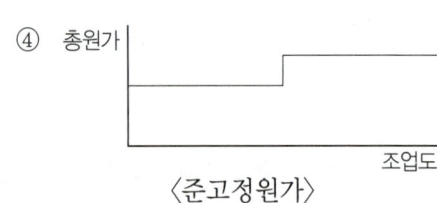

14 제조원가 중 원가행태가 다음과 같은 원가의 예로 가장 부적합한 것은?

생산량	1,000개	2,000개	2,500개
총원가	1,000,000원	1,000,000원	1,000,000원

① 공장 화재보험료 ② 임차료
③ 정액법에 따른 감가상각비 ④ 제품포장비용

15 공장에서 사용하던 화물차(취득원가 3,500,000원, 처분시점까지 감가상각누계액 2,500,000원)가 고장이 나서 매각하려고 한다. 동 화물차에 대해 500,000원 수선비를 투입하여 처분하면 1,200,000원을 받을 수 있지만, 수선하지 않고 처분하면 600,000원을 받을 수 있다. 이 경우에 매몰원가는 얼마인가?

① 400,000원   ② 500,000원   ③ 1,000,000원   ④ 1,200,000원

16 다음의 자료를 근거로 가공비 금액을 계산하면 얼마인가?

· 직접재료비 : 250,000원   · 직접노무비 : 500,000원
· 변동제조간접비 : 400,000원   · 고정제조간접비 : 350,000원

① 750,000원   ② 900,000원   ③ 1,250,000원   ④ 1,500,000원

17 다음의 자료를 이용하여 기초원가와 가공원가를 계산한 것으로 옳은 것은?

구분	직접비	간접비
재료비	100,000원	50,000원
노무비	200,000원	100,000원
제조경비	0원	50,000원

	기초원가	가공원가
①	300,000원	200,000원
②	200,000원	250,000원
③	300,000원	400,000원
④	450,000원	50,000원

18 흑치(주)의 제2기 원가 자료가 다음과 같을 경우 가공원가는 얼마인가?

· 직접재료원가 구입액: 800,000원
· 직접재료원가 사용액: 900,000원
· 직접노무원가 발생액: 500,000원
· 변동제조간접원가 발생액 : 600,000원 (변동제조간접원가는 총제조간접원가의 40%이다)

① 2,000,000원   ② 2,400,000원   ③ 2,800,000원   ④ 2,900,000원

19 원가에 대한 설명 중 가장 옳은 것은?
① 직접재료비는 기초원가와 가공원가 모두 해당된다.
② 매몰원가는 의사결정과정에 영향을 미치는 원가를 말한다.
③ 고정원가는 조업도와 상관없이 일정하게 증가하는 원가를 말한다.
④ 직접원가란 특정한 원가집적대상에 추적할 수 있는 원가를 말한다.

20 원가회계와 관련하여 다음 설명 중 가장 적절치 않은 것은 어느 것인가?
① 제품원가에 고정제조간접비를 포함하는지의 여부에 따라 전부원가계산과 종합원가계산으로 구분된다.
② 제품생산의 형태에 따라 개별원가계산과 종합원가계산으로 구분된다.
③ 원가는 제품과의 관련성(추적가능성)에 따라 직접비와 간접비로 구분된다.
④ 원가는 조업도의 증감에 따라 원가총액이 변동하는 변동비와 일정한 고정비로 분류할 수 있다.

02 제조원가의 흐름

01. 제조원가의 흐름

제조업의 원가흐름

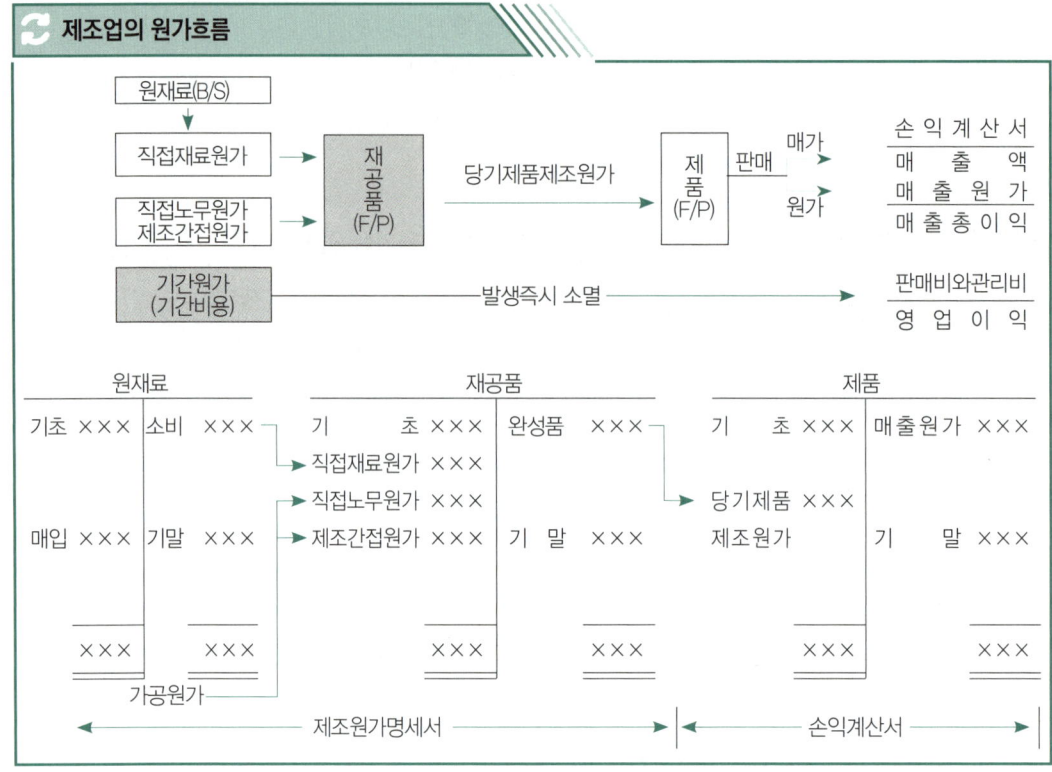

02. 원가계산의 절차

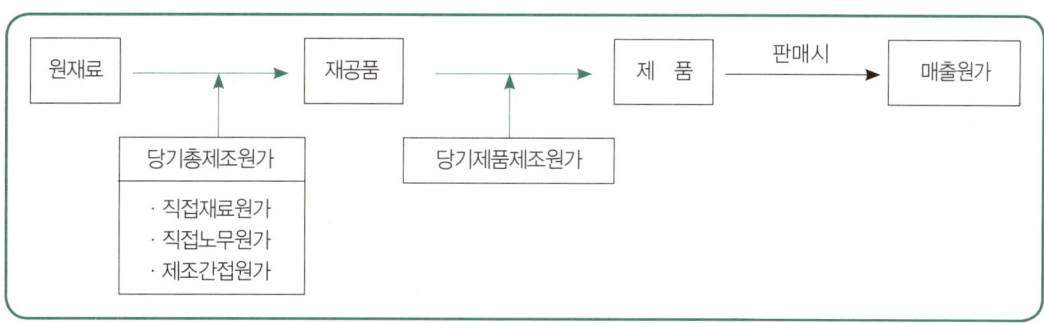

1. 당기총제조원가

　당기총제조원가란 당기에 제조과정에 투입된 모든 제조원가를 말하는데, 이 중 직접재료원가는 당기에 제조과정에 투입된 원재료의 원가를 의미하며 직접노무원가는 당기에 제조과정에 투입된 생산직 근로자의 급여를 말한다. 또한 제조간접원가는 직접재료원가와 직접노무원가를 제외하고 당기에 투입된 모든 제조원가를 의미한다.

> 당기총제조원가 = <u>직접재료원가</u> + 직접노무원가 + 제조간접원가
> 　　　　　　　　　↓
> 　　　　(기초원재료재고액 + 당기원재료매입액 − 기말원재료재고액)

2. 당기제품제조원가

당기제품제조원가란 당기에 완성된 제품의 제조원가를 말한다.

> 당기제품제조원가 = 기초재공품재고액 + <u>당기총제조원가</u> − 기말재공품재고액
> 　　　　　　　　　　　　　　　　↓
> 　　　　　　　(직접재료원가 + 직접노무원가 + 제조간접원가)

3. 매출원가

매출원가란 당기에 판매된 제품의 원가를 말한다.

> 매출원가 = 기초제품재고액 + <u>당기제품제조원가</u> − 기말제품재고액
> 　　　　　　　　　　　　　↓
> 　　　　(기초재공품재고액 + 당기총제조원가 − 기말재공품재고액)

03. 제조원가명세서의 작성

손익계산서상에는 당기제품제조원가의 최종결과만 보고된다. 그러나 제조업의 경우 당기제품제조원가는 매우 중요한 정보이기 때문에 정보이용자는 당기제품제조원가에 대한 상세한 정보를 원한다. 따라서 기업은 부속명세서로서 제조원가명세서를 작성하여야 한다.

제조원가명세서는 당기제품제조원가가 어떻게 산출되었는지를 보여주는 명세서이다. 따라서 제품과 관련된 정보는 제공되지 않는다. 즉, 기초제품, 기말제품, 매출원가 정보는 제공되지 않는다. 또한 제조원가명세서는 부속명세서일 뿐 재무제표가 아님을 유의하여야 한다.

[제조원가명세서]

과 목	금 액	
Ⅰ. 직접재료비		
① 기초재료재고액	×××	
② 당기재료매입액	×××	
③ 기말재료재고액	×××	×××
Ⅱ. 직접노무비		
① 기본급	×××	
② 제수당 등	×××	×××
Ⅲ. 제조간접비		
① 감가상각비	×××	
② 동 력 비	×××	
③ 보 험 료 등	×××	×××
Ⅳ. 당기총제조비용		×××
Ⅴ. 기초재공품원가		×××
계		×××
Ⅵ. 기말재공품원가		×××
Ⅶ. 당기제품제조원가		×××

04. 제조원가의 회계처리

1. 직접재료비
직접재료원가를 산정하기 위하여 사용하는 계정은 원재료계정이다.

1) 원재료 구입
원재료를 구입하면 원재료계정의 차변에 기록한다.

| (차) 원 재 료 ×××　　(대) 현 금 등 ××× |

2) 원재료 사용
원재료를 제조과정에 사용한 경우에는 원재료계정의 대변에 기입한다.

| (차) 재 공 품 ×××　　(대) 원 재 료 ××× |

2. 직접노무비
당기에 제조과정에 투입된 노무비를 산정하기 위하여 노무비계정을 사용한다.

1) 직접노무비 발생
직접노무비가 발생하면 직접노무비계정 차변에 기입한다.

| (차) 노 무 비 ×××　　(대) 현 금 ××× |
| 미 지 급 비 용 ××× |

2) 직접노무비 대체
당기의 제조과정에 투입된 직접노무비가 확정되면 이를 재공품계정으로 대체한다.

| (차) 재 공 품 ×××　　(대) 노 무 비 ××× |

05. 제조간접원가

제조간접비는 직접재료비와 직접노무비 이외의 모든 제조원가를 말하는바 제조간접비계정을 사용하여 관리한다.

1. 제조간접비 발생

제조간접비가 발생하면 각 비용계정과목을 차변에 기록한다.

```
(차) 동      력      비      ×××      (대) 현              금      ×××
    감 가 상 각 비 − 공 장 분    ×××          감 가 상 각 누 계 액    ×××
    전      력      비      ×××           미  지  급  비  용     ×××
```

2. 제조간접비 집계

여러 가지 형태로 발생한 제조간접비를 기말에 제조간접비계정에 집계한다.

```
(차) 제  조  간  접  비    ×××      (대) 동      력      비      ×××
                                      감 가 상 각 비 − 공 장 분    ×××
                                      전      력      비      ×××
```

3. 제조간접비 대체

제조활동에 사용한 제조간접비를 제조간접비계정에 집계한 후에는 재공품계정으로 대체한다.

```
(차) 재      공      품      ×××      (대) 제  조  간  접  비    ×××
```

06. 원가계산과 재무제표와 관계

원가계산과 재무제표

연습문제

01 다음은 재공품계정에 대한 설명이다. 괄호 안에 들어갈 내용으로 맞는 것은?

> 기말재공품재고액이 기초재공품재고액 보다 크다면 당기총제조비용이 당기제품제조원가보다 (   ).

① 크다　　　　② 작다　　　　③ 같다　　　　④ 알 수 없다

02 당기총제조원가가 당기제품제조원가보다 더 큰 경우 다음 중 맞는 설명은?
① 당기제품제조원가가 제품매출원가보다 반드시 더 크다.
② 기초제품재고액이 기말제품재고액보다 더 작다.
③ 기초재공품액이 기말재공품액보다 더 크다.
④ 기초재공품액이 기말재공품액보다 더 작다.

03 다음 중 원가계산에서 일반적인 제조원가요소 분류에 대한 설명으로 옳지 않은 것은?
① 제조원가요소는 재료비, 노무비 및 경비로 분류한다.
② 회사가 선택하고 있는 원가계산방법에 따라 직접재료비, 직접노무비, 제조간접비 등으로 분류할 수 있다.
③ 제조원가요소와 판매비와관리비요소의 구분이 명확하지 아니한 경우 판매비와관리비로 계상하여야 한다.
④ 재료비는 기초재료재고액에 당기재료매입액을 가산하고 기말재료재고액을 차감하여 계산한다.

04 다음 중 원가항목과 그 원가항목의 금액을 확인할 수 있는 재무제표간의 짝이 적절치 않은 것은? 단, 재무제표는 2개년 비교형식으로 제공되는 것으로 가정한다.
① 기말제품 : 재무상태표, 손익계산서
② 기초재공품 : 재무상태표
③ 기말재공품 : 재무상태표
④ 원재료비 : 재무상태표

05 다음 중 당기총제조원가에 대한 설명으로 가장 옳지 않은 것은?

① 직접재료원가, 직접노무원가, 제조간접원가로 구성된다.
② 당기에 제조과정에 투입된 원재료의 원가를 직접재료원가라고 한다.
③ 당기의 판매직 근로자의 급여를 직접노무원가라고 한다.
④ 당기에 제조과정에 투입된 모든 제조원가를 당기총제조원가라고 한다.

06 다음의 자료를 근거로 당기 총제조원가를 계산하면 얼마인가?

· 기초재공품재고액 : 20,000원   · 기초제품재고액 : 50,000원   · 매출가 : 500,000원
· 기말재공품재고액 : 35,000원   · 기말제품재고액 : 40,000원

① 475,000원   ② 490,000원   ③ 505,000원   ④ 510,000원

07 다음의 자료를 근거로 매출원가를 계산하면 얼마인가?

· 당기총제조원가 : 2,000,000원   · 기초재공품재고액 : 200,000원   · 기말재공품재고액 : 100,000원
· 기초제품재고액 :   400,000원   · 기말제품재고액 :   500,000원

① 2,000,000원   ② 2,100,000원   ③ 3,000,000원   ④ 3,100,000원

08 제조원가명세서에 대한 다음 설명 중 가장 옳지 않은 것은?

① 제조원가명세서만 보면 매출원가를 계산할 수 있다.
② 상품매매기업에서는 작성하지 않아도 된다.
③ 제조원가명세서에서 당기총제조비용을 알 수 있다.
④ 재공품계정의 변동사항이 나타난다.

09 다음 자료에 의해 당기제품제조원가를 계산하면 얼마인가?

· 기초원재료재고 :   150,000원   · 직접노무비 :   450,000원
· 기말원재료재고 :   90,000원   · 제조간접비 :   300,000원
· 당기원재료매입 :   230,000원   · 기초재공품재고 :   200,000원
· 기초 제품 재고 :   60,000원   · 기말재공품재고 :   240,000원

① 290,000원   ② 1,000,000원   ③ 1,040,000원   ④ 1,100,000원

10 기말재공품은 기초재공품에 비해 500,000원 증가하였으며, 제조과정에서 직접재료비가 차지하는 비율은 60%이다. 당기제품제조원가가 1,500,000원이라면, 당기총제조원가에 투입한 가공원가는 얼마인가?

① 200,000원　② 400,000원　③ 600,000원　④ 800,000원

11 제품의 제조와 매출에 관련된 자료가 다음과 같을 경우 매출총이익률은 얼마인가?

- 매출액 :　　　　　500,000원　· 기초제품재고액 :　40,000원　· 기말제품재고액 : 90,000원
- 판매부대비용 : 100,000원　· 당기총제조원가 : 320,000원　· 기초재공품 :　　30,000원
- 기말재공품 :　　50,000원

① 30%　② 50%　③ 62.5%　④ 66.6%

12 기말재공품은 기초재공품에 비하여 800,000원 증가하였다. 또한 공정에 투입한 직접재료비, 직접노무비와 제조간접비의 비율이 1 : 2 : 3이었다. 당기제품제조원가가 1,000,000원이라면, 직접재료비는 얼마인가?

① 300,000원　② 600,000원　③ 900,000원　④ 1,800,000원

13 재공품 계정을 구성하는 자료가 다음과 같을 경우 당기의 직접노무비는 얼마인가?

- 직접재료비 : 10,000원　· 직접노무비 : 가공비의 20%　· 제조간접비 : 50,000원

① 10,000원　② 12,500원　③ 15,000원　④ 30,000원

14 다음 자료에 의하면 당기 총제조원가는 얼마인가?

- 기초원가　　　　1,500,000원　· 직접노무비 600,000원　· 간접노무비　　　　200,000원
- 공장세금과공과 150,000원　· 공장임차료 150,000원　· 기계감가상각비 100,000원
- 공장전력비　　100,000원

① 2,000,000원　② 2,200,000원　③ 2,600,000원　④ 3,100,000원

15 다음 자료는 20×6. 12. 31. 종료되는 회계연도의 제조원가와 관련된 자료이다. 기초재공품은 얼마인가?

- 직접재료비 : 5,000,000원　· 직접노무비 :　　　　4,000,000원　· 제조간접비 : 3,000,000원
- 기말재공품 : 1,500,000원　· 당기제품제조원가 : 13,000,000원　· 기초제품 :　　2,500,000원

① 2,500,000원　② 2,700,000원　③ 2,900,000원　④ 3,000,000원

03 원가배분

01. 원가배분의 의의

원가배분이란 개개의 원가를 집합하여 합리적 배분기준에 따라 원가대상에 배분하는 과정을 말한다. 여기서 원가집합이란 원가대상에 배분되어야 할 개별원가들의 집합을 말하는데 그 대표적인 예로 다양한 원가요소들로 구성된 제조간접비가 있다. 원가대상이란 그 원가를 따로 측정하고자 하는 어떤 활동 또는 항목을 말하며, 그 대표적인 예로 제품, 부문 등을 들 수 있다.

02. 원가배분기준

정확한 원가계산을 위한 원가배분의 기본원칙은 원가발생이라는 결과를 야기시킨 원인(원가동인)에 따른 원가를 배분하는 인과관계 기준이며 이 방법이 경제적으로 실현가능한 경우에는 반드시 인과관계기준에 의하여 원가배분을 하여야 한다.

인과관계가 분명하지 않거나 인과관계를 사용하는 것이 경제성이 없는 경우에 차선으로 부담능력기준이나 수혜기준을 적용하는 것이고 이마저 배분기준으로 적절하지 않다면 공정성과 공평성기준을 적용하여야 한다.

구 분	내 용
인과관계기준	인과관계기준이란 원가대상과 배분대상이 되는 원가간의 인과관계에 따라 원가를 배분하는 가장 이상적인 원가배분기준을 말한다.
수 혜 기 준	수혜기준이란 원가대상이 배분대상이 되는 공통원가로부터 제공받은 경제적 효익의 크기에 따라 원가를 배분하는 기준을 말한다.
부담능력기준	부담능력기준이란 원가대상이 원가를 부담할 수 있는 능력에 따라 원가를 배분하는 기준을 말한다.
공정성과 공평성기준	공정성과 공평성기준이란 공정하고 공평하게 원가대상에 원가를 배분해야 한다는 기준을 말한다.

03. 보조부문의 원가배분

1. 의 의

제품은 보조부문을 직접 통과하지 않으므로 보조부문은 제조활동에 직접 기여하지는 않는다. 그러나 보조부문의 모든 활동은 궁극적으로 제조부문의 생산활동을 보조하기 위한 것이므로, 보조부문에서 발생하는 모든 지출은 제품의 제조원가를 구성하는 것으로 보아야 한다. 따라서 보조부문원가의 제조부문배분은 제조부문을 통해 보조부문원가를 제품에 배부하기 위한 즉, 제조원가로 취급하기 위한 사전작업에 해당한다.

구 분	내 용
제조부문	제품 제조활동에 직접 참여하는 부문
보조부문	제품 제조활동에 직접 참여하지 않고 다른 부문에 서비스를 제공하는 부문

2. 보조부문원가의 배분기준

보조부문원가를 제조부문에 배분할 때에는 보조부문이 제공한 용역을 정확하게 반영할 수 있는 배분기준을 선택하여야 하는바 다음 두 가지 요소를 고려하여 선택하여야 한다.
① 배분기준은 보조부문원가의 발생원인과 상당한 인과관계가 존재해야 한다.
② 배분기준은 적용하기 쉬워야 한다.
일반적으로 많이 사용되는 보조부문원가의 배분기준은 다음과 같다.

보조부문의 예	배분기준의 예
건 물 관 리 부 문	점유면적
공 장 인 사 관 리 부 문	종업원수
전 력 부 문	전력사용량
수 선 부 문	작업시간, 수선횟수
검 사 부 문	검사수량, 검사시간
식 당 부 문	종업원수

3. 보조부문원가의 배분절차

제조활동과 관련된 모든 제조원가는 최종원가대상(제품)에 배부하여야 한다. 직접비(직접재료비와 직접노무비)의 경우 개별제품에 추적할 수 있으므로 배분절차가 필요 없으나 제조간접비의 경우에는 직접 추적할 수 없으므로 다음과 같은 원가배분절차가 필요하게 된다.
① 보조부문과 제조부문 등 부문별로 제조간접비를 집계한다.
② 보조부문에 집계된 원가를 제조부문에 배분한다.

③ 제조부문 자체의 제조간접비와 보조부문에서 배분된 원가를 합하여 개별제품에 배부한다.

회계정보의 질적 특성 및 계층구성표

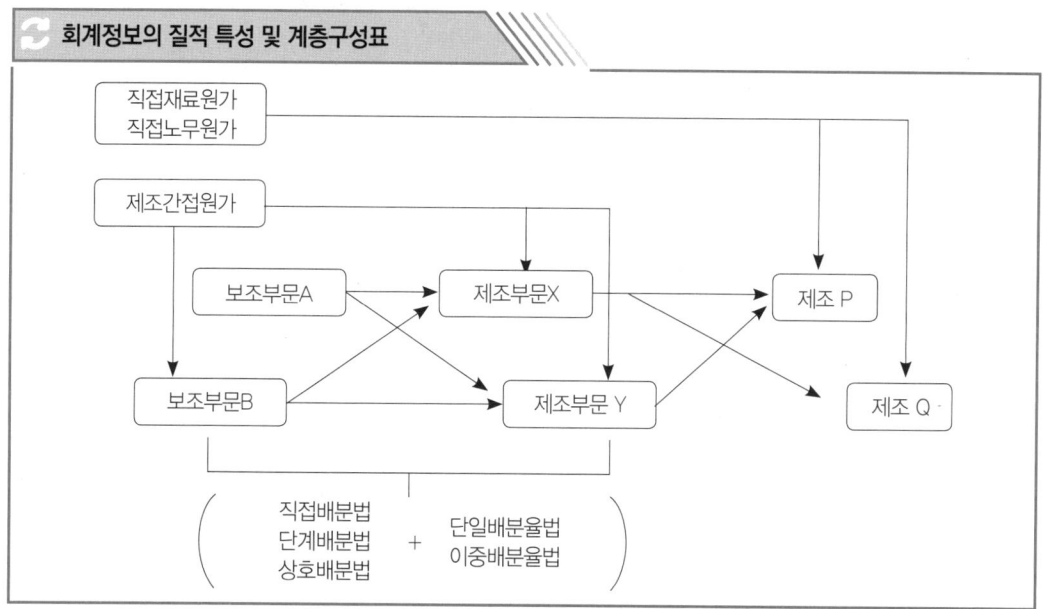

4. 보조부문원가의 제조부문에 배분방법

1) 보조부문 상호간 용역수수관계의 인식정도에 따른 배분방법

① 직접배분법

직접배분법이란 보조부문 상호간의 용역수수관계를 완전히 무시하고 보조부문원가를 제조부문에 직접 배분하는 방법이다. 따라서 보조부문원가는 다른 보조부문에 전혀 배분하지 않는다. 이 방법은 가장 간편하지만 부정확한 결과가 도출된다.

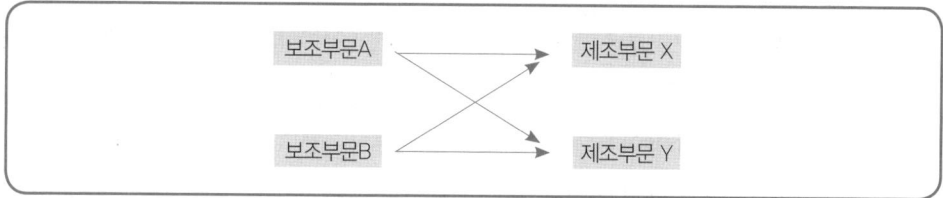

② 단계배분법

단계배분법은 보조부문 상호간의 용역수수관계를 일부만 고려하는 방법으로서 보조부문간에 배분순서를 정하여 그 순서에 따라 원가를 배분하는데 배분이 끝난 보조부분에는 더 이상 원가를 배분하지 않는다.

단계배분법의 특징은 ① 보조부문의 우선순위를 정하여야 하고 ② 직접배분법과 상호배분법의 절충적인 방법이다.

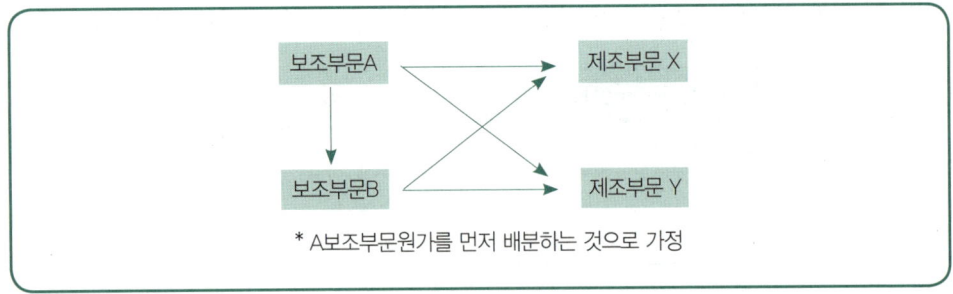

* A보조부문원가를 먼저 배분하는 것으로 가정

③ 상호배분법

상호배분법은 보조부문 상호간의 용역수수관계를 완전히 고려하는 방법이다. 보조부문 상호간의 용역수수관계는 연립방정식으로 나타낸다. 이 방법은 가장 정확하지만 계산과정이 다소 복잡하다.

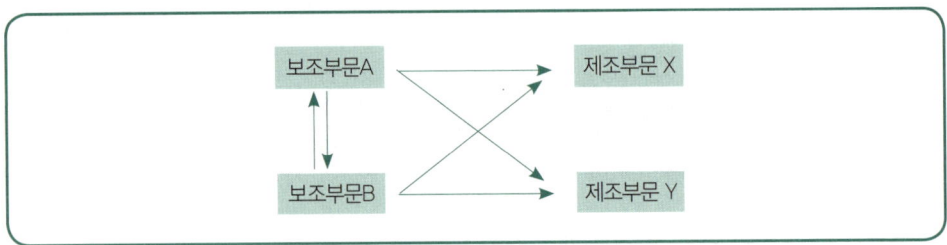

2) 보조부문원가를 원가행태에 의한 구분여부에 따른 배분방법

① 단일배분율법

단일배분율법은 보조부문원가를 변동비와 고정비로 구분하지 않고 모든 보조부문의 원가를 하나의 배분기준을 사용하여 배분하는 방법을 말한다. 따라서, 이 방법은 이중배분율법에 비해 간편하지만 그만큼 정확한 배분이 곤란하게 된다.

② 이중배분율법

이중배분율법은 보조부문원가를 변동비와 고정비로 구분하여 각각 별개의 배분기준을 사용하여 배분하는 방법이다.
- 변동원가 : 실제 용역제공량을 기준으로 배분
- 고정원가 : 최대 용역제공가능량을 기준으로 배분

04..제조간접비의 배부

1. 제조간접비 배부의 의의

원재료가 투입되어 하나의 제품이 되기 위해서는 여러 가지 제조과정을 거치게 되며, 이 때 생산

기능별로 구분된 제조단위를 제조부문이라고 한다. 제조부문에서 발생하는 원가 중 생산되는 제품과 직접적인 관련성을 갖는 직접원가인 재료비나 노무비는 원가를 배부하는 문제가 발생하지 않는다. 그러나 감가상각비, 재산세, 감독자의 급여 등과 같은 제조간접비는 제품과의 직접적인 관련성을 찾기가 어렵기 때문에 제품원가로 부과하기 위한 배부절차가 필요하게 된다.

2. 제조간접비 배부율의 종류

1) 공장전체 제조간접비 배부율

제조간접비를 (제조)부문별로 집계하지 않는 경우를 말하는데 이 경우에는 보조부문에서 발생한 원가를 제조부문에 배분할 필요가 없다. 왜냐하면, 보조부문원가를 제조부문에 어떻게 배분하든지 최종적으로는 제조부문에 집계된 원가를 제조부문별로 구분하지 않고 총액으로 합계하여 하나의 배부율에 의해 개별제품에 배부하기 때문이다.

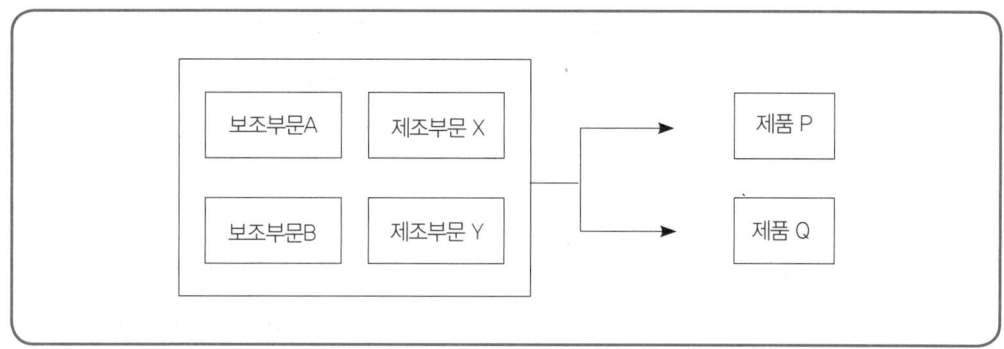

2) 부문별 제조간접비 배부율

부문별 제조간접비배부율을 적용하여 제조간접비를 개별제품에 배부하는 경우에는 먼저 보조부문에서 발생한 원가를 제조부문에 배분하고, 제조부문에 집계된 원가는 부문별배부율에 의해 개별제품에 배부하게 된다. 따라서 이 장에서는 제조간접비를 부문별로 집계하는 경우를 전제로 한다.

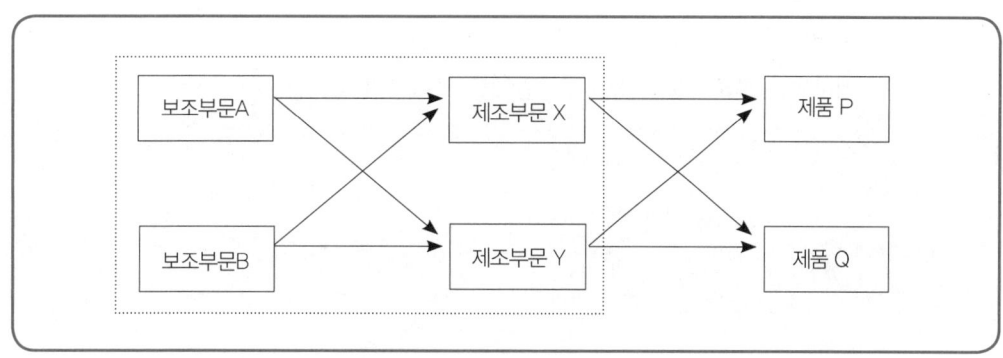

연습문제

01 다음의 괄호에 들어갈 적당한 말은?

> (　　)이란 원가집합에 집계된 공통원가 또는 간접원가를 합리적인 배부기준에 따라 원가대상에 대응시키는 과정을 말한다.

① 원가대상　　　　　　　　② 원가배분
③ 원가집합　　　　　　　　④ 원가대응

02 다음의 공통원가 배분기준 중 가장 우선적으로 적용되어야 할 기준은?

① 인과관계기준　　　　　　② 수혜기준(수익자 부담기준)
③ 부담능력기준　　　　　　④ 공정성과 공평성기준

03 다음 중 공장의 임차료를 각 제품제조원가에 배부하는 가장 적합한 배부방법은 무엇인가?

① 각 제품생산라인의 연면적비율　　② 공장에서 발생하는 직접원가비율
③ 기계장치의 수선비용　　　　　　④ 생산직 근로자의 임금비율

04 다음 중 보조부문의 원가를 배부하는 방법에 관한 설명 중 옳은 것은?

① 직접배부법은 보조부문의 자가용역을 고려한다.
② 단계배부법은 보조부문의 우선순위가 결정되어야 한다.
③ 보조부문비 총액 중 일부만 제조부문에 배부된다.
④ 상호배부법은 보조부문간 용역제공관계를 고려하지 않는다.

05 다음 중 부문비배분법의 설명으로 틀린 것은?

① 단계배분법은 보조부문간의 용역제공을 일부만 고려하는 방법이다.
② 직접배분법은 보조부문 상호간에 주고받는 용역의 정도를 고려하지 않는다.
③ 상호배분법은 보조부문 상호간의 용역수수를 전부 고려하는 가장 정확한 원가배분방식이다.
④ 상호배분법은 직접배분법과 단계배분법의 절충적인 중간형태이다.

06 다음 중 보조부문원가의 배부방법에 대한 설명으로 옳지 않는 것은?

① 상호배부법은 보조부문간의 용역제공을 모두 고려하는 가장 정확한 방법이나, 계산과정이 복잡한 단점이 있다.
② 단계배부법은 보조부문의 우선순위가 결정되어야 하며, 배분결과가 오히려 직접배부법보다 왜곡되는 경우도 발생할 수 있다.
③ 직접배부법은 보조부문의 자가용역도 고려하여 일차적으로 배분후 제조부문으로 다시 배분하는 방법이다.
④ 일반적으로 원가배부는 인과관계에 따라 배부하는 것이 가장 합리적이다.

07 다음은 보조부문원가를 배분하는 방법과 설명이다. 잘못 연결된 것은?

① 보조부문원가를 다른 보조부문에는 배분하지 않고 제조부문에만 배분하는 방법 – 직접배분법
② 보조부문원가를 배분순서에 따라 순차적으로 다른 보조부문과 제조부문에 배분하는 방법-단계배분법
③ 보조부문 상호간의 용역수수관계를 완전히 인식하여 보조부문원가를 다른 보조부문과 제조부문에 배분하는 방법-상호배분법
④ 보조부문원가를 변동원가와 고정원가로 구분하여 각각 다른 배분기준을 적용하여 배분하는 방법-단일배분율법

08 다음은 보조부문원가에 관한 자료이다. 보조부문의 제조간접비를 다른 보조부문에는 배부하지 않고 제조부문에만 직접 배부할 경우 수선부문에서 조립부문으로 배부될 제조간접비는 얼마인가?

구분		보조부문		제조부문	
		수선부문	관리부문	조립부문	절단부문
제조간접비		80,000원	100,000원		
부문별배부율	수선부문		20%	40%	40%
	관리부문	50%		20%	30%

① 24,000원　② 32,000원　③ 40,000원　④ 50,000원

09 단계배부법을 이용하여 보조부문 제조간접비를 제조부문에 배부하고자 한다. 다음 자료를 이용하여 전력부문에서 연마부문으로 배부될 제조간접비를 계산하면 얼마인가?(단, 전력부문부터 배부할 것)

구분		제조부문		보조부문	
		조립부문	연마부문	전력부문	포장부문
자기부문별 제조간접비		300,000원	200,000원	300,000원	150,000원
부문별 배부율	전력부문 동력공급(kw)	150	50	–	200
	포장부문 용역공급(시간)	20	30	50	–

① 37,500원　② 75,000원　③ 150,000원　④ 180,000원

10 다음은 개별원가계산에서 적용되는 제조간접원가와 예정배부에 대한 설명이다. 적합하지 않은 것은?

① 제조간접비 배부율은 공장전체의 제조간접비배부율을 적용할 수도 있고, 부문별 제조간접비 배부율을 적용할 수도 있다.

② 제조간접원가 예정배부액이 제조간접원가 실제발생액 보다 많은 경우에는 과대배부가 발생한다.

③ 제조간접원가 배부율은 기계시간 또는 직접노동시간 등을 적용할 수 있다.

④ 재료원가는 직접재료원가이므로 제조간접원가를 구성하지 아니한다.

11 다음 중 보조부문원가의 배분방법에 대한 설명으로 옳지 않은 것은?

① 상호배분법은 가장 정확성이 높은 배분방법이다.

② 직접배분법은 배분순위를 고려하지 않는 가장 단순한 방법이다.

③ 직접배분법은 단계배분법에 비해 순이익을 높게 계상하는 배분방법이다.

④ 보조부문원가 배분방법 중 배분순위를 고려하여 배분하는 것은 단계배분법이다.

12 다음 중 원가배분에 관한 설명으로 틀린 것은?

① 원가배분 기준에는 인과관계기준, 수혜기준, 부담능력기준이 있다.

② 보조부문 원가를 제조부문에 배분하는 방법에는 직접배분법, 단계배분법, 상호배분법이 있다.

③ 상호배분법은 계산이 단순하지만, 정확성이 떨어지는 단점이 있다.

④ 수 개의 부문이 공동으로 사용 기계장치의 감가상각비를 각 부문에 배분하기 위한 합리적 배부기준은 부문별 기계장치 사용시간이다.

13 다음 보조부문의 제조간접비 배부방법 중 계산방법이 가장 단순한 방법과 배부금액의 정확도가 가장 높은 방법을 순서대로 나열한 것은?

① 직접배분법, 단계배분법 ② 단계배분법, 상호배분법

③ 상호배분법, 단계배분법 ④ 직접배분법, 상호배분법

14 다음 중 보조부문원가의 배분방법에 대한 설명으로 가장 옳지 않은 것은?

① 상호배분법은 계산과정이 복잡한 단점이 있다.

② 상호배분법은 보조부문원가 배분방법 중 가장 정확성이 높은 방법이다.

③ 단계배분법은 보조부문원가 배분방법 중 배분순위를 고려하여 배분한다.

④ 직접배분법은 보조부문 상호 간의 용역 수수를 완전히 고려하여 배분한다.

15 다음은 부문별 원가에 대한 자료이다. 보조부문의 제조간접비를 다른 보조부문에는 배부하지 않고 제조부문에만 직접 배부할 경우 수선부문에서 조립부문으로 배부될 제조간접비로 옳은 것은?

구분		보조부문		제조부문	
		수선부문	관리부문	조립부문	절단부문
제조간접비		80,000원	60,000원		
부문별배부율	수선부문		20%	40%	40%
	관리부문	40%		30%	30%

① 16,000원   ② 24,000원   ③ 32,000원   ④ 40,000원

04 개별원가계산

01.. 개별원가계산의 의의

 개별원가계산은 제품원가를 개별작업별로 구분하여 집계하는 원가계산제도로서, 주로 조선업·건설업·특수기계공업 등과 같이 고객의 주문에 따라 개별적으로 제품을 생산하는 주문생산형태의 기업에 적용된다.

 따라서 기업이 생산하는 제품은 주문에 따라 각각 수량, 규격, 품목 등이 다르므로 원가를 개별작업별로 구분하여 집계해야지만 정확한 제품원가를 구할 수 있다.

02.. 개별원가계산의 절차

구 분	내 용
1단계	원가대상이 되는 개별 작업을 파악한다.
2단계	개별 작업에 대한 직접재료비와 직접노무비를 작업별로 부과한다.
3단계	개별 작업에 직접부과 할 수 없는 제조간접비를 집계한다.
4단계	제조간접비를 배부하기 위한 배부기준을 설정한다.
5단계	설정된 배부기준에 따라 제조간접비를 개별 작업에 배부한다.

03.. 제조간접비 배부기준 및 배부방법

1. 배부기준

 제조간접비는 특정작업에 사용된 것이 분명하지 않은 공통비용이기 때문에 기말에 제조간접비를 집계하여 합리적인 기준에 따라 배부되어야 한다. 여기서 사용되는 배부기준은 원가법과 시간법이 있다.

구 분		내 용
원가법	직접재료비법	직접재료비 발생액을 기준으로 배부하는 방법
	직접노무비법	직접노무비 발생액을 기준으로 배부하는 방법
	직접원가법	직접재료비와 직접노무비 합계액을 기준으로 배부하는 방법
시간법	직접작업시간법	개별 작업별로 소비된 직접작업시간을 기준으로 배부하는 방법
	기계작업시간법	개별 작업별로 소비된 기계작업시간을 기준으로 배부하는 방법

2. 배부방법

제조간접비를 각 작업별로 배부하기 위해서는 제조간접비 배부율을 계산한 후 계산된 배부율을 사용하여 각 작업별로 제조간접비를 배부하면 된다.

1) 배부율 계산

제조간접비 배부율은 실제발생한 총제조간접비를 합리적 기준에 의하여 선택된 배부기준으로 나누어 계산한다.

> 제조간접비 배부율 = 제조간접비총액 / 배부기준

2) 각 작업별 제조간접비 배부액 계산

각 작업별 제조간접비 배부액은 실제 발생한 배분기준에 제조간접비 배부율을 곱하여 계산한다.

> 각 작업별 배부액 = 배부기준 × 제조간접비 배부율

04. 정상(예정)원가계산

실제원가계산은 원가계산이 지연되고 제품원가가 기간별로 변동되기 때문에 이를 보완하기 위한 원가계산방법이 정상(예정)원가계산방법이다. 정상원가계산은 제조간접비를 예정배부함으로써 적시성 있는 제품원가정보를 제공하고 기간별로 동일한 제품원가를 계산할 수 있는 장점이 있다.

구 분	내 용
의 의	정상개별원가계산은 직접재료원가와 직접노무원가는 실제발생액으로 집계하고, 제조간접원가는 예정배부율을 사용하여 원가를 계산하는 방법이다.
예정배부	제조간접비 예정배부율 = 제조간접비 예산 / 예정배부기준 제조간접비 예정배부액 = 실제배부기준 × 제조간접비 예정배부율
절 차	① 직접재료비와 직접노무비는 실제원가로 집계하여 각 작업별로 부과 한다. ② 제조간접비는 실제배부기준에 예정배부율을 곱한 금액을 배부 한다. ③ 재무제표에는 실제원가로 보고하여야 하기 때문에 예정배부된 제조간접비와 실제제조간접비와의 차이를 조정 한다. ④ 조정방법은 원가법(매출원가조정법, 총원가비례법, 원가요소별비례법)과 영업외 손익법이 있다.

05. 개별원가계산과 종합원가계산의 비교

구 분	개별원가계산	종합원가계산
생 산 형 태	다품종 소량생산하는 주문생산형태 (조선, 건설, 특수기계 등)	동종제품을 대량생산하는 연속생산형태 (제지, 철강, 정유, 자동차 등)
원 가 계 산 방 법	· 주문을 받은 개별제품별로 작성된 작업원가표에 집계 · 제품단위당 원가는 작업원가표에 집계된 제조원가를 작업한 수량으로 나누어 계산 · 작업이 완성된 것은 제품계정으로 대체되고, 미완성된 작업은 재공품이 됨	· 발생한 원가는 공정별 · 부문별 재공품 계정에 집계됨 · 일정기간에 발생한 총원가를 총생산량으로 나누어 단위당 평균제조원가를 계산 · 제품은 완성수량에, 재공품은 기말재공품의 완성품환산량에 단위당 평균제조원가를 곱하여 계산
핵 심 과 제	제조간접원가의 배부	완성품환산량의 계산
기말재공품의 평가	미완성작업지시서에 집계된 모든 원가	기말재공품환산량 × 환산량단위당원가
장 점	정확한 제품원가계산이 가능	· 원가계산이 간편하고 경제적(제조간접 원가의 배분문제가 없음) · 원가관리 및 통제가 제품별이 아닌 공정이나 부문별로 수행되므로 원가에 대한 책임중심점이 명확해짐
원가보고서의 작성	각 작업지시서별로 작성	각 공정별로 작성

연습문제

01 다음 중 개별원가계산에 가장 적합한 업종이 아닌 것은?
① 화학공업 ② 항공기제작업 ③ 조선업 ④ 건설업

02 다음 중 개별원가계산에 대한 설명으로 가장 잘못된 것은?
① 개별작업에 대한 원가의 추적가능성 여부에 따라 원가를 직접원가와 제조간접원가로 분류한다.
② 직접원가는 실제원가를 제품별로 직접 대응시킨다.
③ 제조간접원가는 실제원가 또는 예정원가를 각 제품에 배부한다.
④ 개별원가계산은 종합원가계산과 비교하여 소품종대량생산을 하는 기업에 더 적합한 원가계산방법이다.

03 다음 중 개별원가계산에 대한 설명으로 옳지 않은 것은?
① 선박, 비행기 제조에 사용하기에 적당하다.
② 제지업에 사용하기에는 적합하지 않다.
③ 모든 제조원가를 작업별로 직접 추적한다.
④ 작업원가표를 사용하며, 제조간접비는 배부하는 절차를 따른다.

04 다음 중 개별원가계산에 대한 설명으로 가장 옳지 않은 것은?
① 개별원가계산은 주문생산 형태에 적합하다.
② 개별원가계산은 제품의 소품종 대량생산에 적합하다.
③ 개별원가계산은 개별작업별로 구분하여 집계한다.
④ 개별원가계산은 제조간접비의 제품별 직접 추적이 불가능하다.

05 다음 중 제조간접비에 대한 설명으로 틀린 것은?

① 배부방법에는 실제배부법과 예정배부법이 있다.

② 실제배부법은 계절별 생산량이 큰 차이가 있는 경우에 적합한 배부법이다.

③ 여러 제품에 공통으로 발생하는 원가이기에 각 제품별로 집계하기 어렵다.

④ 일반적으로 제조부문의 임차료, 보험료, 감가상각비 등이 이에 해당된다.

06 ㈜성창의 제품 A와 제품 B에 대한 제조원가 자료는 다음과 같다. 실제개별원가계산 방법에 따라 기계시간을 기준으로 제조간접비를 배부하였을 때 제품 A에 배부될 제조간접비는?

구분	제품 A	제품 B	합계
직접재료비	5,000,000원	10,000,000원	15,000,000원
직접노무비	4,000,000원	6,000,000원	10,000,000원
제조간접비(실제)	?	?	10,500,000원
기계시간	500시간	1,000시간	1,500시간

① 10,500,000원　② 5,250,000원　③ 3,500,000원　④ 7,000,000원

07 원가계산 방법에 대한 설명 중 틀린 것은?

① 실제원가계산은 직접재료비, 직접노무비, 제조간접비를 실제원가로 측정하는 방법이다.

② 정상원가계산은 직접재료비는 실제원가로 측정하고, 직접노무비와 제조간접비를 합한 가공원가는 예정배부율에 의해 결정된 금액으로 측정하는 방법이다.

③ 표준원가계산은 직접재료비, 직접노무비, 제조간접비를 표준원가로 측정하는 방법이다.

④ 원가의 집계방식에 따라 제품원가를 개별 작업별로 구분하여 집계하는 개별원가계산과 제조공정별로 집계하는 종합원가계산으로 구분할 수 있다.

08 직접재료원가와 직접노무원가는 실제원가로, 제조간접원가는 예정배부율로 계산하는 방법인 정상개별원가계산에 의하여 제조간접비를 예정배부하는 경우 예정배부액 계산식으로 옳은 것은?

① 배부기준의 예정조업도 × 예정배부율

② 배부기준의 실제조업도 × 실제배부율

③ 배부기준의 예정조업도 × 실제배부율

④ 배부기준의 실제조업도 × 예정배부율

09 개별원가계산시 실제제조간접비 배부율 및 배부액과 예정제조간접비 배부율 및 배부액을 산정하는 산식 중 올바르지 않은 것은?

① 실제제조간접비배부율 = 실제제조간접비 합계액/실제조업도(실제 배부기준)

② 예정제조간접비배부율 = 예정제조간접비 합계액/예정조업도(예정 배부기준)

③ 실제제조간접비배부액 = 개별제품등의 실제조업도(실제 배분기준)×제조간접비 실제배부율

④ 예정제조간접비배부액 = 개별제품등의 예정조업도(예정 배분기준)×제조간접비 예정배부율

10 제조간접비예정배부율은 직접노동시간당 90원이고, 직접노동시간이 43,000시간 발생했을 때 제조간접비 배부차이가 150,000원 과소배부인 경우 제조간접비 실제발생액은 얼마인가?

① 3,720,000원 ② 3,870,000 ③ 4,020,000원 ④ 4,170,000원

11 제조간접비와 관련한 자료가 다음과 같을 경우 제조간접비 기계작업시간당 예정배부율은 얼마인가?

- 제조간접비 실제발생액 : 23,500,000원
- 제조간접비 과대배부 : 1,500,000원
- 실제 기계작업시간 : 500시간

① 44,000원 ② 47,000원 ③ 50,000원 ④ 53,000원

12 제조간접비와 관련한 자료가 다음과 같을 경우 제조간접비 실제 발생액은 얼마인가?

- 제조간접비 예정배부율 : 기계작업시간당 200원
- 제조지시서의 기계작업시간 : 60,000시간
- 제조간접비 과대배부 : 300,000원

① 12,000,000원 ② 11,700,000원 ③ 12,300,000원 ④ 60,000,000원

13 제조간접비와 관련한 자료가 다음과 같을 경우 제조간접비 예정배부액은 얼마인가?

- 제조간접비 실제발생액 : 25,000,000원
- 제조지시서의 기계작업시간 : 500시간
- 제조간접비 실제배부율 : 기계작업시간당 50,000원
- 제조간접비 과소배부 : 1,500,000원

① 23,500,000원 ② 25,000,000원 ③ 26,500,000원 ④ 27,500,000원

14 다음 자료에 의하면 10월 중 제조간접비 실제 발생액과 예정배부액 간의 배부차이로 올바른 것은?

· 10월 중 제조간접비 실제 발생액은 600,000원이다.
· 10월 중 실제 직접노동시간 : 1,000시간
· 10월 중 예정 직접노동시간 : 1,200시간
· 제조간접비 예정배부율은 직접노동시간당 @550원이다

① 50,000원 과소배부　　② 50,000원 과대배부
③ 60,000원 과소배부　　④ 60,000원 과대배부

15 다음 중 보조부문비 배부 방법이 아닌 것은?
① 총원가비례법(요소별비례법)　　② 단계배부법
③ 직접배부법　　④ 상호배부법

05 종합원가계산

01. 종합원가계산의 의의와 종류

1. 종합원가계산의 의의
종합원가계산은 제품원가를 제조공정별로 구분하여 집계하는 원가계산제도로서 연속공정을 통하여 규격화된 제품을 대량생산하는 형태에 적합한 방법이다.

2. 종합원가계산의 종류

구 분	내 용
단일종합원가계산	단일공정에서 제품을 생산하는데 적합한 원가계산방법
조별종합원가계산	이종제품을 연속적으로 대량생산하는데 적합한 원가계산방법
공정별종합원가계산	두 개 이상의 공정을 통하여 제품을 생산하는데 적합한 원가계산방법
등급별종합원가계산	동일원재료와 동일공정을 통하여 규격, 모양, 무게 등이 다른 동일제품을 생산하는데 적합한 원가계산방법
연산품종합원가계산	동일원재료를 사용하여 유사한 제품을 생산하는데 적합한 원가계산방법

02. 종합원가계산방법

종합원가계산방법에는 평균법과 선입선출법이 있다. 평균법은 기초재공품원가와 당기발생원가를 구분하지 않고 이를 가중평균하여 완성품과 기말재공품에 원가를 배분하는 방법이다. 선입선출법은 기초재공품이 먼저 완성된 것으로 가정하여 기초재공품원가는 모두 완성품에 포함시키고 당기발생원가를 완성품과 기말재공품에 배분하는 방법이다.

1. 평균법에 의한 종합원가계산방법

구 분		내 용
1단계	물 량 파 악	① 기초재공품 ② 당기에 착수하여 당기에 완성된 제품 ③ 기말재공품의 물량을 파악한다.
2단계	완 성 품 환 산 량	위의 ①, ②의 환산량은 파악된 물량과 동일하며, ③의 환산량은 파악된 물량에 완성도(공정진행률)를 곱하여 계산한다.
3단계	원 가 의 요 약	원가요소별로 당기에 발생한 원가와 기초재공품의 원가를 합한 총원가를 계산한다.
4단계	환 산 량 단 위 당 원 가	환산량 단위당원가는 다음과 같이 계산한다. (기초재공품원가 + 당기투입원가) ÷ (완성품수량 + 기말재공품환산량)
5단계	원 가 배 분	① 완 성 품 원 가 = 완성품수량 × 환산량단위당원가 ② 기말재공품원가 = 기말재공품환산량 × 환산량단위당원가

2. 선입선출법에 의한 종합원가계산방법

구 분		내 용
1단계	물 량 파 악	① 기초재공품 ② 당기에 착수하여 당기에 완성된 제품 ③ 기말재공품의 물량을 파악한다.
2단계	완 성 품 환 산 량	위의 ①의 환산량은 기초물량에 (1−완성도)를 곱하여 계산하고 ②의 환산량은 파악된 물량과 동일하며, ③의 환산량은 파악된 물량에 완성도를 곱하여 계산한다.
3단계	원 가 의 요 약	당기에 발생한 원가요소별 총원가를 계산한다.
4단계	환 산 량 단 위 당 원 가	환산량 단위당원가는 다음과 같이 계산한다. 당기투입원가 ÷ (완성품수량 − 기초재공품환산량 + 기말재공품환산량)
5단계	원 가 배 분	① 완성품원가 = 기초재공품원가 + 완성품수량 × 환산량단위당원가 ② 기말재공품원가 = 기말재공품환산량 × 환산량단위당원가

03. 평균법과 선입선출법의 비교

평균법과 선입선출법의 차이는 결국 기초재공품원가를 어떻게 처리하느냐에 달려 있다. 이런 차이로 인해 완성품환산량, 완성품환산량 단위당원가, 완성품과 기말재공품의 원가배분액이 달라지게 된다.

1. 완성품환산량의 차이

평균법에서는 기초재공품도 당기에 투입된 것으로 강조하기 때문에 기초재공품의 완성도를 고려하지 않는다. 반면, 선입선출법의 경우 기초재공품의 완성도를 고려한다. 따라서, 선입선출법에 의한 완성품환산량은 평균법에 의한 완성품환산량보다 항상 적거나 같게 된다.

2. 완성품환산량 단위당원가의 차이

평균법에서는 총원가를 총완성품환산량으로 나누어 완성품환산량 단위당원가를 구하지만, 선입선출법의 경우 기초재공품원가와 당기투입원가로 구분하여 당기발생원가를 당기완성품환산량으로 나누어 완성품환산량 단위당원가를 계산한다.

3. 원가배분과정의 차이

평균법은 전기에 투입한 기초재공품원가와 당기투입원가의 합계액을 완성품원가와 기말재공품원가에 배분한다. 그러나 선입선출법하에서는 당기투입원가의 경우 완성품원가와 기말재공품원가에 배분하지만 기초재공품원가는 배분절차없이 완성품원가를 구성하게 된다.

평균법은 기초재공품원가와 당기발생원가를 구별하지 않으므로 원가계산이 비교적 간편하지만 이들 원가가 가중평균되므로 전기와 당기의 성과가 혼합되어 원가통제나 성과측정면에서 유용한 정보를 제공하지 못한다. 이러한 관점에서 평균법보다 선입선출법이 더 우수한 방법이라 할 수 있겠다.

공손품은 생산과정에서 일부가 파손되거나, 표준규격·품질에 미달되는 불합격품으로서, 원재료의 불량·작업자의 부주의·기계장치의 정비불량 등의 원인에 의하여 발생한다. 공손품은 가치가 없어 폐기처분되거나, 혹은 가치가 있어도 극히 작으므로 매우 낮은 가격으로 판매되거나 재작업을 하여 판매되기도 한다.

구 분	내 용
정상공손	제품을 생산하는데 불가피하게 발생하는 공손품을 말하며, 정상공손의 원가는 제품제조원가에 포함시켜야 한다.
비정상공손	비효율적인 생산관리로 인하여 발생하는 공손품을 말하며, 비정상공손원가는 발생기간의 비용(영업외비용)으로 처리하여야 한다.

연습문제

01 다음 중 종합원가계산에 대한 설명으로 옳지 않은 것은?
① 제조원가는 각 작업별로 집계되며 그 작업에서 생산된 제품단위에 원가를 배분한다.
② 단일 종류의 제품을 연속적으로 대량생산하는 업종에 적합한 원가계산방법이다.
③ 각 제조공정에 대한 제조원가보고서가 종합원가계산의 기초가 된다.
④ 화학공업, 식품가공업, 제지업 등과 같은 산업분야에 적용된다.

02 종합원가계산 하에서는 원가흐름 또는 물량흐름의 가정에 따라 완성품환산량이 다르게 계산된다. 다음 중 선입선출법을 적용하는 경우에 대한 설명으로 옳지 않은 것은?
① 전기와 당기 발생원가를 구분하지 않고 모두 당기 발생원가로 가정하여 계산한다.
② 기초재공품이 없는 경우 제조원가는 평균법과 동일하게 계산된다.
③ 완성품환산량은 당기 작업량을 의미한다.
④ 먼저 제조에 착수된 것이 먼저 완성된다고 가정한다.

03 개별원가계산과 종합원가계산에 대한 내용으로 틀린 것은?
① 개별원가계산의 핵심은 제조간접비 배부에 있다.
② 종합원가계산의 핵심은 완성품환산량을 계산하는데 있다.
③ 개별원가계산은 정확한 원가계산을 할 수 있고 시간과 비용이 절약된다.
④ 종합원가계산은 대량연속 생산형태에 적합하다.

04 다음 중 개별원가계산과 종합원가계산의 차이점에 관한 내용으로 가장 옳지 않은 것은?

	개별원가계산	종합원가계산
①	선박 3척일 경우, 각각 별도로 원가를 집계	자동차 100대일 경우, 모두 묶어서 원가를 집계
②	제조간접비 배부의 정확성이 중요	기말 재공품 평가의 정확성이 중요
③	여러 가지 개별제품의 주문생산일 경우 적합	단일제품의 연속대량생산일 경우 적합
④	직접재료비와 가공비로 분류하여 집계	직접비와 제조간접비로 분류하여 집계

05 평균법으로 종합원가계산을 하고 있다. 기말재공품은 200개(재료비는 공정초기에 모두 투입되고, 가공비는 70%를 투입)이며 만일 완성품환산량 단위당 재료비와 가공비가 각각 350원, 200원이라면 기말재공품의 원가는 얼마인가?

① 96,000원　　② 98,000원　　③ 100,000원　　④ 102,000원

06 다음 자료를 활용하여 평균법에 의한 재료비와 가공비의 완성품환산량을 계산하면 얼마인가?

- 기초재공품 : 700개(완성도 30%)　　· 당기착수량 : 1,500개
- 당기완성품 : 1,700개　　· 기말재공품 : 500개(완성도 50%)
- 재료는 공정초에 전량 투입되고, 가공비는 공정전반에 걸쳐 균등하게 투입된다.

① 재료비 2,200개, 가공비 1,950개　　② 재료비 2,200개, 가공비 1,990개
③ 재료비 1,740개, 가공비 1,950개　　④ 재료비 1,740개, 가공비 1,990개

07 다음 자료를 보고 평균법에 의한 가공비의 완성품환산량을 계산하면 얼마인가?

- 기초재공품 : 10,000단위 (완성도 : 60%)　· 기말재공품 : 20,000단위 (완성도 : 50%)
- 착 수 량 : 30,000단위　　　　　　　　· 완성품수량 : 20,000단위
- 원재료는 공정초에 전량 투입되고, 가공비는 공정전반에 걸쳐 균등하게 발생한다.

① 10,000단위　　② 20,000단위　　③ 24,000단위　　④ 30,000단위

08 다음 자료를 활용하여 선입선출법에 의한 재료비와 가공비의 완성품환산량을 계산하면 얼마인가?

- 당기완성품 : 20,000개　　　　　　　· 기말재공품 : 10,000개(완성도 40%)
- 기초재공품 : 5,000개(완성도 20%)　　· 당기착수량 : 25,000개
- 재료는 공정초에 전량 투입되고, 가공비는 공정전반에 걸쳐 균등하게 투입된다.

① 재료비 20,000개, 가공비 23,000개　　② 재료비 22,000개, 가공비 20,000개
③ 재료비 25,000개, 가공비 23,000개　　④ 재료비 30,000개, 가공비 24,000개

09 다음 자료를 활용하여 선입선출법에 의한 재료비와 가공비의 완성품환산량을 계산하면 얼마인가?

· 기초재공품 : 500개(완성도 20%) · 당기착수량 : 2,000개 · 기말재공품 : 300개(완성도 50%)
· 재료는 공정초에 전량 투입되고, 가공비는 공정전반에 걸쳐 균등하게 투입된다.

① 재료비 2,000개, 가공비 2,250개 ② 재료비 2,200개, 가공비 1,990개
③ 재료비 1,500개, 가공비 1,740개 ④ 재료비 1,500개, 가공비 1,990개

10 다음은 종합원가계산시 가공비(공정전반에 걸쳐 균등하게 발생)에 관한 자료이다. 기말재공품 평가를 평균법과 선입선출법으로 계산할 경우, 완성품환산량의 차이는?

· 기초재공품 수량 : 200개(완성도 60%) · 당기 착수 수량 : 800개
· 기말재공품 수량 : 300개(완성도 40%) · 당기 완성품 수량 : 700개

① 100개   ② 120개   ③ 140개   ④ 160개

11 다음 자료를 활용하여 평균법에 의한 재료비의 완성품환산량을 계산하면 얼마인가?

· 기초재공품 : 400개(완성도 60%)   · 당기착수량 : 1,000개
· 당기완성품 : 1,200개   · 기말재공품 : 200개(완성도 40%)
· 재료는 공정초에 전량 투입되고, 가공비는 공정전반에 걸쳐 균등하게 투입된다.

① 재료비 1,000개 ② 재료비 1,040개 ③ 재료비 1,280개 ④ 재료비 1,400개

12 다음 자료를 이용하여 평균법에 의한 가공비 완성품환산량을 계산하시오. 단, 재료비는 공정 초기에 전량 투입되며, 가공비는 공정 전반에 걸쳐 균등하게 발생한다.

· 기초재공품 수량 : 400개(완성도 20%)   · 당기완성품 수량 : 800개
· 당기착수 수량 : 450개   · 기말재공품 수량 : 50개(완성도 40%)

① 450개   ② 800개   ③ 820개   ④ 850개

13 다음 자료에서 선입선출법에 의한 직접재료비의 완성품환산량을 계산하면 얼마인가?

· 기초재공품 : 15,000단위(완성도 : 40%)   · 기말재공품 : 10,000단위(완성도 : 60%)
· 당기착수량 : 35,000단위   · 완성품수량 : 40,000단위
· 직접재료비는 공정초기에 전량 투입되고, 가공비는 공정전반에 걸쳐 균등하게 발생함

① 35,000단위   ② 40,000단위   ③ 46,000단위   ④ 50,000단위

14 다음 중 개별원가계산과 종합원가계산에 대한 설명으로 옳은 것은?

① 개별원가계산은 표준화된 제품을 연속적이며 대량으로 생산하는 기업에 적합하다.
② 종합원가계산은 직접재료비와 직접노무비의 실제로 발생한 원가를 각 제품별로 대응시킨다.
③ 개별원가계산은 종합원가계산에 비해 각 제품별 정확한 원가계산이 가능하다.
④ 종합원가계산은 특정제조지시서를 사용한다.

15 개별원가계산과 종합원가계산의 차이점을 설명한 것 중 옳지 않은 것은?

① 개별원가계산은 다품종 소량주문 생산, 종합원가계산은 동종제품을 연속적으로 대량 생산하는 업종에 적합한 방법이다.
② 개별원가계산은 종합원가계산에 비해 제품별 정확한 원가계산이 가능하나 원가계산 비용이 많이 소요되는 단점이 있다.
③ 종합원가계산은 제조지시서별 원가계산을 위하여 직접비, 간접비의 구분과 제조간접비의 배부가 중요한 방식이다.
④ 종합원가계산은 완성품환산량을 기준으로 원가를 완성품과 기말재공품에 배부하며, 개별원가계산은 작업원가표에 의해 원가를 배부한다.

PART 3

이론편
부가가치세

CHAPTER 01 _ 총 칙
CHAPTER 02 _ 과세거래
CHAPTER 03 _ 영세율과 면세
CHAPTER 04 _ 과세표준
CHAPTER 05 _ 거래징수와 세금계산서
CHAPTER 06 _ 납부세액
CHAPTER 07 _ 납세절차

CLASS전산회계1급
이 론 편

01 총 칙

01..부가가치세의 개념

1. 부가가치세의 의의
　부가가치세는 재화나 용역이 생산되어 유통되는 모든 거래단계에서 창출되는 부가가치를 과세대상으로 하는 간접세를 말한다. 부가가치란 생산 및 유통되는 각 단계에서 발생하는 매출액에서 기업이 부담한 외부구입가액을 차감한 금액을 말한다.

2. 부가가치세의 계산
　부가가치세는 매출세액에서 이전단계에서 부담했던 매입세액을 공제하는 방법으로 납부세액을 계산한다.

> 납부세액 = 과세표준(공급가액) × 세율 − 세금계산서에 의해 확인되는 매입세액

3. 부가가치세의 특징
① 부가가치세는 국세이다.
② 부가가치세는 간접세이다.(담세자는 최종소비자, 납세의무자는 사업자)
③ 부가가치세는 일반소비세이며, 다단계소비세이다.
④ 부가가치세는 사업장별로 과세가 이루어진다.
⑤ 부가가치세는 전단계세액공제법에 의하여 납부세액을 계산한다.
⑥ 부가가치세는 단일세율이다.(역진성발생)

02. 부가가치세의 납세의무자

(1) 사업자의 개념

부가가치세법상 납세의무자는 사업자이다. 사업자란 영리목적에 불구하고 사업상 독립적으로 재화 또는 용역을 공급하는 자를 말한다.
① 재화나 용역을 공급하여야 한다.
② 재화나 용역을 계속적·반복적으로 공급하여야 한다.
③ 인적·물적 독립성이 있어야 한다.

(2) 사업자의 분류

유 형			구분기준	계산구조
부가가치세법	과세사업자	일 반 과세자	법인사업자	매출세액 − 매입세액
			개인사업자	
		간 이 과세자	개인사업자로서 직전 1역년 동안의 공급대가가 1억 400만원에 미달하는 자	공급대가×부가가치율×세율
소득세법 등	겸영사업자		과세사업과 면세사업을 겸영하는 사업자	매출세액 − 매입세액 (과세사업 부분)
	면세사업자		부가가치세법상 사업자가 아니고 소득세법 또는 법인세법상 사업자	부가가치세법상 납세의무 없음

03. 과세기간

1. 과세기간

 과세기간이란 과세표준과 세액계산의 기초가 되는 기간을 말한다. 부가가치세법상 과세기간은 다음과 같다.

구 분	과 세 기 간
계속사업자	제1기 : 1월 1일~ 6월 30일 제2기 : 7월 1일~12월 31일
신규사업자	사업개시일~당해 과세기간의 종료일
폐 업 자	당해 과세기간의 개시일~폐업일
간이과세자	제1기 : 1월 1일~ 12월 31일

 사업자는 위의 각 과세기간의 과세표준과 세액을 과세기간 종료일부터 25일 이내에 신고 납부하여야 하는데, 이것을 "확정신고납부" 라고 한다.

2. 예정신고기간

 부가가치세법은 각 과세기간마다 예정신고기간을 설정하여 사업자에게 그 예정신고기간에 대한 과세표준과 세액을 그 예정신고기간 종료일부터 25일 이내에 신고납부하도록 하고 있는데 이것을 "예정신고납부" 라고 한다. 이러한 예정신고기간은 다음과 같다.

구 분	예 정 신 고 기 간
계속사업자	제1기 : 1월 1일~3월 31일 제2기 : 7월 1일~9월 30일
신규사업자	사업개시일~그 예정신고기간의 종료일

04. 납세지

부가가치세법상 납세지는 사업장이다. 사업장이란 사업자 또는 사용인이 상시 주재하여 거래의 전부 또는 일부를 행하는 장소를 말한다. 사업자는 사업장마다 사업자등록을 하여야 하며, 사업장별로 구분하여 세금계산서를 교부·수취하고 사업장별로 각각 납부(환급)세액을 계산하여 이를 각 사업장 관할세무서장에게 신고·납부하여야 한다.

1. 사업형태별 사업장

구 분	사 업 장
광 업	광업사무소의 소재지
제 조 업	최종제품을 완성하는 장소
건설업 · 운수업 · 부동산매매업	법인 : 법인의 등기부상 소재지 개인 : 업무를 총괄하는 장소
부동산임대업	부동산의 등기부상 소재지
무인자동판매기사업	업무를 총괄하는 장소

2. 구체적 사업장

구 분	내 용	사업장 여부
직매장	사업자가 재화의 직접 판매를 위하여 판매시설을 갖춘 장소	사업장으로 본다.
하치장	재화의 보관·관리시설을 갖춘 장소	사업장으로 보지 않는다.
임시사업장	박람회·경기대회 등에서 임시로 사업장을 개설한 장소	기존사업장에 포함

05. 사업자등록

1. 사업자등록의 의의

사업자등록이란 부가가치세 납세의무자에 해당하는 사업자 및 그에 관계된 사업내용을 관할세무서의 대장에 등록하는 것을 말한다.

2. 사업자등록의 절차

신규로 사업을 개시하는 자는 사업장마다 사업개시일부터 20일 이내에 사업장 관할세무서장에게 등록하여야 한다. 다만, 신규로 사업을 개시하려는 자는 사업개시일 전이라도 등록할 수 있다.

3. 사업자등록증의 교부

사업자등록의 신청을 받은 사업장 관할세무서장은 신청일부터 2일 이내에 등록번호가 부여된 사업자등록증을 신청자에게 교부하여야 한다. 다만, 사업장시설이나 사업현황을 확인하기 위하여 국세청장이 필요하다고 인정하는 경우에는 교부기한을 5일 이내에 연장할 수 있다.

4. 사업자등록의 정정신고

사업자가 다음에 해당하는 경우에는 지체없이 세무서장(관할 또는 그 밖의 모든 세무서장)에게 사업자등록정정신고를 하여야 한다. 사업장등로 정정 신고를 받은 세무서장은 상호변경시에는 당일 그밖의 경우에는 2일 이내에 징정된 사업자등록증을 재교부하여야 한다.

> ① 상호를 변경하는 때
> ② 법인의 대표자를 변경하는 때
> ③ 사업의 종류에 변동이 있는 때
> ④ 사업장을 이전하는 때
> ⑤ 상속으로 인하여 사업자의 명의가 변경되는 때 등

* 증여로 인하여 사업자의 명의가 변경되는 경우에는 폐업사유에 해당한다.

CHAPTER 02 과세거래

01..과세거래의 의의

과세거래란 부가가치세의 과세대상이 되는 거래를 말한다. 부가가치세법상 과세거래는 재화의 공급, 용역의 공급, 재화의 수입이다. 용역의 수입도 이론상 가능 하지만 실무적으로 과세하기가 곤란하기 때문에 과세거래에서 제외하고 있다.

1. 재화의 공급
재화의 공급이란 계약상 또는 법률상의 모든 원인에 의하여 재화를 인도 또는 양도하는 것을 말한다.

(1) 재 화
재화란 재산적가치가 있는 모든 유체물과 무체물을 말한다.

구 분	구체적 범위
유체물	상품, 제품, 원재료, 기계, 건물과 기타 모든 유형적 물건
무체물	동력, 열과 권리 등으로서 재산적가치가 있는 유체물 외의 모든 것

(2) 재화의 공급 범위
재화의 공급은 실질적 공급과 간주공급으로 구분된다.

① 실질적 공급

실질적 공급은 매매계약, 가공계약, 교환계약, 현물출자 등과 같이 계약상 또는 법률상 원인에 의하여 재화를 인도 또는 양도하는 것을 말한다.

② 간주공급

간주공급은 본래의 재화의 공급에 해당하지 않지만 과세의 형평성을 위하여 재화의 공급으로 보아 과세하는 것을 말한다. 간주공급에는 자가공급, 개인적공급, 사업상증여, 폐업시 잔존재화가 있다.

㉠ 자가공급

자가공급은 사업자가 자기의 사업과 관련하여 생산하거나 취득한 재화를 자기의 사업을 위하여 직접 사용하거나 소비하는 것을 말한다. 자가공급은 다음과 같다.

구 분	내 용
면세사업에 전용	매입세액을 공제 받은 재화를 면세사업에 사용하는 경우
개별소비세법에 따른 자동차	개별소비세법에 따른 자동차의 구입과 그 유지를 위한 재화
타사업장반출	판매목적으로 자기의 다른 사업장에 반출하는 재화

ⓒ 개인적공급

개인적공급이란 사업자가 자기생산·취득재화를 사업과 직접적인 관계없이 자기의 개인적인 목적이나 그 밖의 다른 목적을 위하여 사용·소비하거나 그 사용인 또는 그 밖의 자가 사용·소비하는 것으로서 사업자가 그 대가를 받지 아니하거나 시가보다 낮은 대가를 받는 경우는 재화의 공급으로 본다. 이 경우 사업자가 실비변상적이거나 복리후생적인 목적으로 그 사용인에게 대가를 받지 아니하거나 시가보다 낮은 대가를 받고 제공하는 것으로서 대통령령으로 정하는 경우는 재화의 공급으로 보지 아니한다.

ⓒ 사업상증여

사업상증여란 사업자가 자기의 사업과 관련하여 생산하거나 취득한 재화를 자기의 고객이나 불특정 다수인에게 증여하는 것을 말한다. 단, 매입세액이 불공된 재화, 견본품의 제공, 광고선전물로 사용되는 것은 사업상증여로 보지 않는다.

ⓔ 폐업시 잔존재화

폐업시 잔존재화란 사업자가 사업을 폐지하는 때에 잔존하는 재화는 자기에게 공급하는 것으로 보는 것을 말한다.

(3) 재화의 공급으로 보지 않는 거래

다음에 해당하는 경우에는 재화의 공급으로 보지 않기 때문에 과세되지 않는다.

① 조세의 물납
② 담보의 제공
③ 포괄적인 사업의 양도
④ 법에 따른 공매 및 강제경매[1]

2. 용역의 공급

용역의 공급이란 계약상 또는 법률상의 모든 원인에 의하여 역무를 제공하거나 재화·시설물 또는 권리를 사용하게 하는 것을 말한다.

---

1) 국세징수법에 의한 공매 및 민사집행법에 의한 강제경매에 의하여 재화를 인도 또는 양도하는 것은 재화의 공급으로 보지 않는다.

(1) 용역

용역이란 재화 외의 재산적 가치가 있는 모든 역무 및 기타 행위를 말한다. 용역은 다음의 사업에 해당하는 모든 역무 및 그 밖의 행위로 한다.

① 건설업
② 숙박 및 음식점업
③ 운수업·통신업
④ 금융 및 보험업
⑤ 부동산업 및 임대업. 다만, 전·답·과수원·목장용지·임야 또는 염전임대업은 제외한다.
⑥ 사업서비스업
⑦ 공공행정, 국방 및 사회보장행정
⑧ 교육서비스업
⑨ 보건 및 사회복지사업
⑩ 가사서비스업
⑪ 국제 및 외국기관의 사업 등

(2) 용역의 공급 범위

용역의 공급은 실질적 공급과 간주공급을 구분된다. 용역의 실질적 공급은 과세대상이 되나 간주공급(자가공급, 무상공급)은 과세 되지 않는다.

3. 재화의 수입

재화의 수입이란 다음 중 어느 하나에 해당하는 물품을 우리나라에 인취하는 것을 말한다.
① 외국으로부터 우리나라에 도착된 물품(외국의 선박에 의하여 공해에서 체포된 수산물 포함)
② 수출신고가 수리된 물품

02. 재화 또는 용역의 공급시기

재화 또는 용역의 공급시기는 재화 또는 용역의 공급이 어느 과세기간에 귀속되는가를 결정하는 기준이 된다. 또한 공급시기가 도래하면 공급자는 거래상대방에게 세금계산서를 교부하여야 하므로, 세금계산서 교부시기를 정하는 기준이 된다.

1. 재화의 공급시기

(1) 원칙

구 분	재화의 공급시기
재화의 이동이 필요한 경우	재화가 인도되는 때
재화의 이동이 필요하지 않은 경우	재화가 이용가능하게 되는 때
위의 기준을 적용할 수 없는 경우	재화의 공급이 확정되는 때

(2) 구체적인 기준

구 분	재화의 공급시기
현금판매, 외상판매, 할부판매	재화가 인도되거나 이용가능하게 되는 때
장기할부판매	대가의 각 부분을 받기로 한 때
완성도기준과 중간지급조건부판매	대가의 각 부분을 받기로 한 때
재화의 공급으로 보는 가공	가공된 재화를 인도하는 때
재화의 간주공급	재화가 사용 또는 소비되는 때(폐업하는 경우는 폐업하는 때)
무인판매기를 이용한 재화의 판매	무인판매기에서 현금을 인취하는 때
수 출	수출재화의 선적일

2. 용역의 공급시기

(1) 원칙

용역이 공급되는 시기는 역무가 제공되거나 재화·시설물 또는 권리가 사용되는 때로 한다.

(2) 구체적인 기준

구 분	용역의 공급시기
통상적인 공급의 경우	역무의 제공이 완료되는 때
완성도기준지급·중간지급·장기할부 또는 기타 조건부로 용역을 공급하는 경우	대가의 각 부분을 받기로 한 때
위의 기준을 적용할 수 없는 경우	역무의 제공이 완료되고 공급가액이 확정되는 때
임대보증금에 대한 간주임대료	예정신고기간 또는 과세기간의 종료일

03 영세율과 면세

01.. 영세율

1. 영세율제도
영세율제도란 재화 또는 용역의 공급에 대하여 영의 세율을 적용하는 제도를 말한다. 영세율제도는 국제적인 이중과세방지와 소비지국 과세를 실현하기 위하여 도입한 제도이다.

2. 영세율 적용대상거래
영세율은 다음에 해당하는 재화나 용역에 대하여 적용한다.
① 수출하는 재화
② 국외에서 제공하는 용역
③ 선박 또는 항공기의 외국항행용역
④ 기타의 외화획득재화 또는 용역

02.. 면 세

1. 면세제도
면세제도란 일정한 재화 또는 용역의 공급에 대한 부가가치세의 납세의무를 면제하는 제도를 말한다. 면세제도는 저소득층의 부가가치세 부담을 경감시키기 위하여 도입한 제도이다.

2. 면세대상 거래

구 분	면 세 대 상
(1) 기초생활 필수품	① 미가공식료품(식용에 공하는 농산물·축산물·수산물·임산물 포함) 및 우리나라에서 생산된 식용에 공하지 않는 미가공 농산물·축산물·수산물과 임산물
	② 수돗물(생수는 과세)
	③ 연탄과 무연탄
	④ 여성용 생리처리 위생용품, 영유아용 기저귀와 분유
	⑤ 여객운송용역(항공기·고속버스·전세버스·택시·고속철도는 과세)
	⑥ 주택과 이에 부수되는 토지의 임대용역
(2) 국민후생 및 문화관련 재화·용역	① 의료보건용역과 혈액(약사가 판매하는 일반의약품은 과세, 미용목적 성형수술과 수의사의 애완동물 진료용역은 과세)
	② 교육용역(무허가 교육용역·운전면허학원 및 무도학원의 교육용역은 과세)
	③ 도서(도서대여 및 실내도서 열람 용역 포함)·신문(인터넷신문 포함)·잡지·관보 및 뉴스통신(광고는 과세)
	④ 예술창작품(골동품 제외)·예술행사·문화행사·비직업운동경기
	⑤ 도서관·과학관·박물관·미술관·동물원·식물원에의 입장
(3) 생산요소	① 토지(토지의 임대는 과세)
	② 금융·보험용역
	③ 저술가·작곡가·기타 일정한 자가 직업상제공하는 인적용역
(4) 기 타	① 우표(수집용 우표는 과세)·인지·증지·복권과 공중전화
	② 종교·자선·학술·구호 기타 공익을 목적으로 하는 단체가 공급하는 일정한 재화 또는 용역
	③ 국가·지방자치단체·지방자치단체조합이 공급하는 일정한 재화 또는 용역
	④ 국가·지방자치단체·지방자치단체조합·공익단체에게 무상으로 공급하는 재화 또는 용역

여객운송용역	
면세되는 여객운송	일반고속버스, 시내버스(시내버스용 전기버스, 수소버스 포함), 시외버스, 마을버스, 지하철
과세되는 여객운송	우등고속버스, 전세버스, 택시, 항공기, 고속철도, 관광 또는 유흥목적 삭도, 유람선 등

3. 면세포기

일정한 면세대상 재화 또는 용역에 대하여는 사업자의 자유의사에 따라 면세를 포기할 수 있다.

(1) 면세포기대상

① 영세율 적용대상이 되는 재화 또는 용역
② 학술연구단체 또는 기술연구단체가 공급하는 재화 또는 용역

(2) 면세포기 절차

면세를 포기하고자 하는 사업자는 관할세무서장에게 포기신고를 하고 지체없이 사업자등록을 하여야 한다. 면세포기에는 시기에 제한이 없으며, 사업자의 포기신고로 족하고, 과세관청의 승인을 필요로 하지 않는다.

(3) 면세포기의 효력

면세를 포기하게 되면 과세사업자로 전환된다. 따라서 과세사업자로서의 제반의무를 모두 이행하여야 한다. 면세포기신고를 한 사업자는 신고한 날로부터 3년간은 면세를 적용받지 못한다.

(4) 영세율과 면세의 비교

구 분	영세율	면 세
목 적	① 국제적 이중과세방지 ② 소비지국 과세실현 ③ 수출산업의 지원과 육성	저소득층의 세부담의 역진성 완화
대 상	수출 등 외화획득 재화 또는 용역	기초생활필수품 등
면세정도	완전면세(매입세액이 전액 환급 됨)	불완전면세(매입세액이 환급되지 않음)
사업자여부	부가가치세법상 사업자	부가가치세법상 사업자가 아님
부가가치세법상 의 무	영세율 사업자는 부가가치세법상 사업자이므로 부가가치세법상 제반 의무를 이행하여야 한다.	부가가치세법상 각종 의무를 이행할 필요가 없으나 다음의 협력의무는 있다. · 매입처별세금계산서합계표 제출의무 · 대리납부의무

04 과세표준

01. 과세표준의 의의

과세표준이란 납세의무자가 납부하여야할 세액산출의 기초가 되는 과세대상의 수량과 가액을 말한다. 부가가치세는 전단계세액공제방식에 의하여 매출세액에서 매입세액을 공제한 잔액을 납부세액으로 한다. 따라서 부가가치세의 과세표준이란 매출세액계산시 세율이 적용되는 가액(공급가액)을 의미한다. 여기서 공급가액이란 다음의 것을 말한다.

구 분	공급 가액
① 금전으로 대가를 받는 경우	그 대가
② 금전 외의 대가를 받는 경우	자기가 공급한 재화 또는 용역의 시가
③ 특수관계자와의 거래인 경우	자기가 공급한 재화 또는 용역의 시가

* 시가란 사업자가 특수관계에 있는 자 외의 자와 당해 거래와 유사한 상황에서 계속적으로 거래한 가격 또는 제3자간에 일반적으로 거래된 가격을 말한다.

02. 과세표준의 계산방식

1. 공급유형별 과세표준

과세표준에는 거래상대자로부터 받은 대금·요금·수수료 기타 명목 여하에 불구하고 대가관계에 있는 모든 금전적 가치가 있는 것을 포함한다. 여기에 포함되는 것과 포함되지 않는 것은 다음과 같다.

> 공급가액(=과세표준) + 과세표준에 포함하는 것 − 과세표준에 포함하지 않는 것

구 분	내 용
과세표준에 포함되는 것	① 할부판매의 이자상당액 ② 대가의 일부로 받는 운송비·포장비·하역비·운송보험료·산재보험료 등 ③ 개별소비세·주세·교통·에너지·환경세·교육세 및 농어촌특별세 상당액
과세표준에 포함되지 않는 것	① 부가가치세 ② 매출에누리·매출환입·매출할인 ③ 공급받는 자에게 도달하기 전에 파손·훼손 또는 멸실된 재화의 가액 ④ 재화 또는 용역의 공급과 직접 관련되지 않는 국고보조금과 공공보조금 ⑤ 계약 등에 의하여 확정된 대가의 지급 지연으로 인하여 지급받는 연체이자 ⑥ 반환조건부 용기대금 및 포장비용 ⑦ 대가와 구분하여 기재한 경우로서 당해 종업원에게 지급한 사실이 확인되는 봉사료
과세표준에서 공제하지 않는 것	① 대손금 ② 판매장려금 ③ 하자보증금

2. 거래형태별 과세표준

구 분	내 용
· 외상판매 및 할부판매의 경우	공급한 재화의 총가액
· 장기할부판매 · 완성도기준지급·중간지급조건부로 재화용역을 공급하거나 계속적인 재화·용역을 공급하는 경우	계약에 따라 받기로 한 대가의 각 부분

3. 대가를 외국통화로 기타 외국환으로 받는 경우의 과세표준

구 분	내 용
공급시기 도래 전에 원화로 환가한 경우	그 환가한 금액
공급시기 이후에 외국통화 기타 외국환 상태로 보유하거나 지급받는 경우	공급시기의 외국환거래법에 따른 기준환율 또는 재정환율로 계산한 금액

4. 수입재화의 과세표준

재화의 수입에 대한 부가가치세의 과세표준은 관세의 과세가격과 관세·개별소비세·주세·교육세·농어촌특별세 및 교통에너지환경세의 합계액으로 한다.

> 과세표준 = 관세의 과세가격+관세+개별소비세·주세+교육세·농특세+교통·에너지·환경세

5. 간주공급(무상공급)의 과세표준

일반적인 경우에는 당해 재화의 시가를 과세표준으로 한다. 예외적으로 비상각자산의 직매장 반출의 경우는 당해 재화의 취득가액을 과세표준으로 한다.

구 분	과 세 표 준
원 칙	당해 재화의 시가
판매목적타사업장반출	해당 재화의 취득가액을 과세표준으로 한다. 다만, 당해 재화의 취득가액에 일정액을 가산하여 공급하는 경우에는 그 공급가액을 과세표준으로 한다.

6. 간주임대료의 과세표준

사업자가 부동산임대용역을 공급하고 전세금 또는 임대보증금을 받는 경우에는 금전외의 대가를 받는 것으로 보아 다음과 같이 계산한 금액을 과세표준으로 한다.

> 과세표준 = 해당 기간의 전세금 또는 임대보증금 × 정기예금이자율 × 과세대상기간의 일수/365일(366일)

05 거래징수와 세금계산서

01..거래징수

사업자가 재화 또는 용역을 공급하는 때에는 과세표준에 세율을 적용하여 계산한 부가가치세를 그 재화 또는 용역을 공급받는 자로부터 징수하여야 하는데 이를 거래징수라 한다. 이것은 사업자에게 부과되는 부가가치세를 거래상대방에게 전가하는 과정이다.

02..세금계산서

세금계산서란 사업자가 재화 또는 용역을 공급할 때 부가가치세를 거래징수하고 이를 증명하기 위하여 공급받는 자에게 교부하는 세금영수증을 말한다.

1. 세금계산서의 종류

구 분		내 용
정규 세금계산서	(전자)세금계산서	사업자가 공급받는 자에게 교부
	수입세금계산서	세관장이 수입자에게 교부
영수증	신용카드매출전표	주로 소비자를 대상으로 영위하는 사업자가 교부
	현금영수증	
	일반적인 영수증	영세사업자 등이 교부

※ 전자세금계산서 의무발급 사업자는 전자세금계산서를 발급하고 그 발급명세를 국세청장에게 전송할 의무가 있다. 이러한 의무를 위반하면 가산세가 부과된다.

(1) 전자세금계산서

구 분	내 용
발급의무자	법인사업자 및 직전연도 공급가액(과세+면세) 합계액이 8천만원 이상인 개인사업자
발급시기	공급시기에 발급(발급시기의 특례에 해당하는 경우는 다음달 10일까지)
전송의무	전자세금계산서 발급일의 다음날까지 국세청에 전송하야야 한다.
혜 택	1. 세금계산서합계표 제출의무면제 2. 세금계산서 5년간 보존의무면제 3. 직전년도 공급가액 3억 미만인 개인사업자 전자세금계산서 발급세액공제(해당연도에 신규로 사업을 시작한 개인사업자 포함)

(2) 매입자발행세금계산서

부가가치세 납세의무자로 등록한 사업자로서 세금계산서 발급의무가 있는 사업자가 재화 또는 용역을 공급하고 세금계산서 발급시기에 세금계산서를 발급하지 않은 경우(공급대가가 5만원 이상인 거래) 그 재화 또는 용역을 공급받은 자(면세사업자 포함)는 관할세무서장의 확인을 받아 세금계산서를 발행할 수 있는데 이것을 "매입자발행세금계산서"라 한다.

2. 세금계산서 기재사항

세금계산서의 기재사항은 다음과 같다.

구 분	내 용	비 고
필요적 기재사항	① 공급하는 사업자의 등록번호와 성명 또는 명칭 ② 공급받는 자의 등록번호 ③ 공급가액과 부가가치세액 ④ 작성연월일	그 전부 또는 일부가 기재되지 않았거나 그 내용이 사실과 다른 경우에는 세금계산서로서의 효력이 인정되지 않는다.
임의적 기재사항	① 공급하는 자의 주소 ② 공급받는 자의 상호 · 성명 · 주소 ③ 단가와 수량 ④ 공급연월일 등	세금계산서의 효력에 아무런 영향을 미치지 않는 사항 들이다.

3. 세금계산서의 교부의무자 및 교부시기

(1) 원칙

세금계산서는 원칙적으로 재화 또는 용역의 공급시기에 발급하여야 한다. 다만, 공급시기가 도래하기 전에 대가의 전부 또는 일부를 받고서 세금계산서를 발급한 경우에는 발급하는 때를 공급시기로 한다.

(2) 발급시기의 특례

구 분	내 용
공급시기 전 발급특례	① 사업자가 재화 또는 용역의 공급시기가 되기 전에 세금계산서를 발급하고 그 세금계산서 발급일로부터 7일 이내에 대가를 지급받는 경우에는 정당한 세금계산서를 발급한 것으로 한다. ② 위 ①의 규정에 불구하고 대가를 지급하는 사업자가 다음의 요건을 모두 충족하는 경우에는 공급하는 사업자가 재화 또는 용역의 공급시기가 되기전에 세금계산서를 발급하고 그 세금계산서 발급일로부터 7일 경과 후 대가를 지급받는 경우에는 그 교부한 때를 교부시기로 한다. 　㉠ 거래 당사자간의 계약서·약정서 등에 대금청구시기와 지급시기가 별도로 기재될 것 　㉡ 대금 청구시기와 지급시기가 30일 이상 차이가 나지 않을 것
공급시기 후 발급특례	사업자가 다음 중 어느 하나에 해당하는 경우에는 재화 또는 용역의 공급일이 속하는 달의 다음달 10일까지 세금계산서를 발급할 수 있다. ① 거래처별로 달의 1일부터 말일까지 공급가액을 합산하여 당해 월의 말일자를 발행일자로 하여 세금계산서를 교부하는 경우 ② 거래처별로 달의 1일부터 말일까지의 기간 이내에서 거래관행상 정하여진 기간의 공급가액을 합계하여 그 기간의 종료일자를 발행일자로 하는 경우 ③ 관계증빙서류 등에 의하여 실제 거래사실이 확인되는 경우로서 당해 거래일자를 발행일자로 하여 세금계산서를 교부하는 경우

4. 세금계산서의 수정발급

(1) 발급사유 및 발급방법

수정세금계산서 또는 수정전자세금계산서는 다음사유(일부중요내용만 열거)에 따라 발급할 수 있다.

구 분	내 용
처음 공급한 재화가 **환입**된 경우	재화가 **환입된 날**을 작성일로하여 음(-)의 표시를 하여 발급
착오로 전자세금계산서를 **이중**으로 발급한 경우	처음에 발급한 세금계산서의 내용대로 음(-)의 표시를 하여 발급
필요적 기재사항 등이 **착오**로 잘못 적힌 경우	처음에 발급한 세금계산서의 내용대로 세금계산서를 음(-)의 표시를 하여 발급하고, 수정하여 발급하는 세금계산서는 검은색 글씨로 작성하여 발급
세율을 잘못 적용하여 발급한 경우	처음에 발급한 세금계산서의 내용대로 음(-)의 표시를 하여 발급
계약의 해지 등에 따라 **공급가액에 추가되거나 차감**되는 금액이 발생한 경우	**증감 사유가 발생한 날**을 작성일로 하여 증가액 또는 감액을 표시를 하여 발급
면세 등 **발급대상이 아닌 거래** 등에 대하여 발급한 경우	처음에 발급한 세금계산서의 내용대로 붉은색 글씨로 쓰거나 음(-)의 표시를 하여 발급

(2) 발급할 수 없는 경우

다음 어느 하나에 해당하는 경우로서 과세표준 또는 세액을 경정할 것을 미리 알고 있는 경우는 수정세금계산서 또는 수정전자세금계산서를 발급할 수 없다.

① 세무조사의 통지를 받은 경우
② 세무공무원이 과세자료의 수집 또는 민원 등을 처리하기 위하여 현지출장이나 확인업무에 착수한 경우
③ 세무서장으로부터 과세자료 해명안내 통지를 받은 경우

5. 세금계산서 교부의무 면제

사업자가 재화 또는 용역을 공급하는 때에는 세금계산서를 교부하는 것이 원칙이나 다음의 경우에는 재화 또는 용역을 공급하는 경우 세금계산서 교부의무가 면제된다.

① 택시운송사업자, 노점, 행상, 무인자동판매기를 이용하여 재화 또는 용역을 공급하는 자
② 소매업 또는 목욕·이발·미용업을 영위하는 자가 공급하는 재화 또는 용역
③ 간주공급에 해당하는 재화의 공급(직매장반출은 제외)
④ 영세율이 적용되는 재화 또는 용역
⑤ 부동산임대용역 중 간주임대료에 해당하는 부분

03.. 영수증과 신용카드매출전표

1. 영수증

영수증이란 세금계산서의 필요적 기재사항 중 공급받는 자와 부가가치세액을 별도로 기재하지 아니한 계산서를 말한다.

2. 영수증을 교부하는 사업의 범위

1) 간이과세자(신규사업자 및 직전연도 공급대가 합계액이 4,800만원 미만인 사업자)
2) 최종소비자를 대상으로 하는 다음의 사업을 영위하는 사업자
   ① 소매업
   ② 음식점업(다과점업 포함)
   ③ 숙박업
   ④ 목욕·이발·미용업

⑤ 여객운송업(전세버스운송사업자는 제외)
⑥ 입장권을 발행하여 영위하는 사업
⑦ 변호사·공인회계사·세무사 등 인적용역의 과세사업과 행정사업
⑧ 주로 사업자가 아닌 소비자에게 재화 또는 용역을 공급하는 사업

3) 영수증교부의무자(1)에 해당하는 간이과세자 제외)라도 공급을 받는 사업자가 사업자등록증을 제시하고 세금계산서의 교부를 요구하는 때에는 세금계산서를 교부하여야 한다. 다만, 다음의 사업자는 세금계산서를 발급할 수 없다.
① 미용, 욕탕 및 유사서비스업
② 여객운송업(전세버스운송사업자는 제외)
③ 입장권을 발행하여 영위하는 사업
④ 의료보건용역, 응급환자 이송 용역 등

3. 신용카드매출전표

신용카드매출전표(직불카드·기명식선불카드영수증 포함)와 현금영수증은 영수증으로 본다. 따라서 이것을 교부받은 사업자는 원칙적으로 매입세액공제를 받을 수 없다. 그러나 사업자가 일반과세자(목욕·이발·미용업·여객운송업 및 입장권을 발행하여 영위하는 사업자는 제외)로부터 재화 또는 용역을 공급받고 부가가치세액이 별도로 구분 가능한 신용카드매출전표 등을 교부받은 때에는 부가가치세액을 공제할 수 있는 매입세액으로 본다.

06 납부세액

01. 납부세액의 계산구조

구 분	세액의 계산
매출세액 〉 매입세액	납부세액 = 매출세액 − 매입세액
매출세액 〈 매입세액	환급세액 = 매출세액 − 매입세액

02. 매출세액의 계산구조

매출세액은 과세기간의 재화 또는 용역의 공급에 대한 가액의 합계액에 세율을 적용하여 계산한다. 부가가치세의 세율은 10% 또는 0%이다.

> 매출세액 = (과세표준 × 세율) ± 대손세액

1. 대손세액공제

사업자가 과세재화 또는 용역을 공급한 후 공급받는 자의 파산 등의 사유로 부가가치세를 거래징수하지 못하는 경우에는 그 대손세액을 매출세액에서 차감할 수 있으며, 공급받는 자는 그 세액을 매입세액에서 차감하여야 한다.

(1) 대손사유

① 상법, 어음법, 수표법, 민법에 따른 소멸시효가 완성된 채권
② 회생계획인가의 결정 또는 법원의 면책결정에 따라 회수불능으로 확정된 채권
③ 신용회복지원협약에 따라 면책으로 확정된 채권
④ 채무자의 파산, 강제집행, 형의집행, 사업의 폐지, 사망, 실종 또는 행방불명으로 회수할 수 없는 채권
⑤ 부도발생일로부터 6개월 이상 지난 수표 또는 어음상의 채권 및 외상매출금(중소기업의 외상매출금으로서 부도발생일 이전의 것에 한정한다). 다만, 해당 법인이 채무자의 재산에 대하여 저당권을 설정하고 있는 경우는 제외한다.
⑥ 중소기업의 외상매출금 및 미수금으로서 회수기일이 2년 이상 지난 외상매출금 등. 다만, 특수관계인과의 거래로 인하여 발생한 외상매출금 등은 제외한다.
⑦ 회수기일이 6개월 이상 지난 채권 중 채권가액이 30만원 이하(채권자별 채권가액의 합계액을 기준으로 한다)채권

(2) 대손세액공제액

$$대손세액공제액 = 대손금액(부가가치세 포함) \times 10/110$$

(3) 시기의 제한

대손세액공제는 사업자가 과세재화 또는 용역을 공급한 후 그 공급일로부터 10년이 지난날이 속하는 과세기간에 대한 확정신고기한까지 위의 사유로 확정되는 대손세액에 한정하여 공제받을 수 있다.

(4) 증명서제출

대손세액공제를 받고자 하는 사업자는 부가가치세 확정신고서에 대손세액공제신고서와 대손사실을 증명하는 서류를 첨부하여 관할세무서장에게 제출하여야 한다.

03. 매입세액의 계산구조

$$공제받을 수 있는 매입세액 = 매입세액 - 불공제 매입세액$$

1. 매입세액공제

재화·용역을 공급받을 때 거래징수당한 매입세액 또는 재화를 수입할 때 징수당한 매입세액은 납부세액계산에 있어서 공제된다. 여기서 공제대상 매입세액은 자기의 사업을 위하여 사용되었거나 사용될 재화·용역의 공급 또는 재화의 수입에 대한 세액으로서 공제대상 매입세액은 다음과 같다.

① 매입처별세금계산서합계표상의 매입세액
② 신용카드매출전표 등 수취명세서제출분
③ 의제매입세액·재활용폐자원 등 매입세액
④ 재고매입세액
⑤ 변제대손세액
⑥ 매입자발행세금계산서 매입세액

2. 매입세액 불공제

일정한 매입세액은 실제로 거래징수당한 경우에도 매출세액에서 공제될 수 없는데 그 내용은 다음과 같다.

① 매입처별세금계산서합계표의 미제출·부실기재·허위기재한 경우의 매입세액
② 세금계산서의 미수취·부실기재·허위기재한 경우의 매입세액
③ 사업과 직접 관련이 없는 지출에 대한 매입세액
④ 개별소비세법에 따른 자동차 구입과 임차 및 유지에 관한 매입세액
⑤ 기업업무추진비 및 이와 유사한 비용의 지출에 관련된 매입세액
⑥ 면세사업에 관련된 매입세액
⑦ 토지관련 매입세액
⑧ 사업자등록을 하기 전의 매입세액

07 납세절차

01. 신고와 납부

1. 예정신고와 납부

(1) 일반적인 경우

사업자는 각 예정신고기간에 대한 과세표준과 납부세액 또는 환급세액을 그 예정신고기간이 끝난 후 25일 이내에 각 사업장 관할세무서장에게 신고하고 해당 예정신고기간의 납부세액을 납부하여야 한다. 이 경우 예정신고납부세액은 신용카드매출전표 등에 대한 세액공제액은 차감하고 가산세는 가산하지 않는다.

> ① 예정신고시 신용카드매출전표 발급 등에 대한 세액공제와 전자세금계산서 발급·전송에 대한 세액공제는 적용받는다.
> ② 예정신고시 가산세는 적용하지 않는다.
> ③ 조기환급신고를 할 때 이미 신고한 내용은 예정신고 대상에서 제외한다.

(2) 개인사업자등의 경우

개인사업자와 직전과세기간 공급가액의 합계액이 1억5천만원 미만인 법인사업자의 경우에는 관할세무서장이 각 예정신고기간마다 **직전 과세기간에 대한 납부세액에 50%를 곱한 금액을 결정하여 해당 예정신고기간이 끝난 후 25일까지 징수한다.** 다만, 예정고지에 의하여 징수하여할 금액이 **50만원 미만**인 경우등에는 이를 징수하지 않는다.

위와 같이 개인사업자의 경우에는 예정고지에 의한 징수가 원칙이지만 다음에 경우에는 예정신고납부를 할 수 있다.

> ① 휴업 또는 사업부진으로 인하여 각 예정신고기간의 공급가액 또는 납부세액이 직전 과세기간의 공급가액 또는 납부세액의 1/3에 미달하는 자
> ② 각 예정신고기간분에 대해 조기환급을 받고자 하는 자

2. 확정신고와 납부

사업자는 각 과세기간에 대한 과세표준과 납부세액 또는 환급세액을 그 과세기간이 끝난 후 25일 이내에 각 사업장 관할세무서장에게 신고하고, 해당 과세기간에 대한 납부세액을 납부하여야 한다. 다만, 예정신고 및 조기환급신고를 할 때 이미 신고한 내용은 확정신고의 대상에서 제외한다. 그리고 예정신고한 환급세액은 확정신고시의 납부세액에서 공제한다.

납세의무자가 재화의 수입에 대하여 「관세법」에 따라 관세를 세관장에게 신고하고 납부하는 경우에는 재화의 수입에 대한 부가가치세를 함께 신고하고 납부하여야 한다.

세관장은 매출액에서 수출액이 차지하는 비율 등 법요건을 충족하는 중소사업자가 물품을 제조·가공하기 위한 원재료 등 소정의 재화의 수입에 대하여 부가가치세의 납부유예를 미리 신청하는 경우에는 재화를 수입할 때 부가가치세의 납부를 유예할 수 있다.

02. 결정·경정 및 징수

1. 결정 및 경정

각 사업장 관할세무서장은 사업자가 다음에 해당하는 경우에만 그 과세기간에 대한 부가가치세의 과세표준과 납부세액 또는 환급세액을 조사하여 결정 또는 경정한다.

① 예정신고 또는 확정신고를 하지 아니한 경우
② 예정신고 또는 확정신고를 한 내용에 오류가 있거나 내용이 누락된 경우
③ 확정신고를 할 때 매출처별 세금계산서합계표 또는 매입처별 세금계산서합계표를 제출하지 아니하거나 제출한 매출처별 세금계산서합계표 또는 매입처별 세금계산서합계표에 기재사항의 전부 또는 일부가 적혀 있지 아니하거나 사실과 다르게 적혀 있는 경우
④ 그 밖에 사업장의 이동이 빈번한 경우 등으로 부가가치세를 포탈할 우려가 있는 경우

2. 결정·경정의 방법

각 사업장 관할세무서장 등이 각 과세기간에 대한 과세표준과 납부세액 또는 환급세액을 결정 또는 경정하는 경우에는 세금계산서, 장부 또는 그 밖의 증명자료를 근거로 하여야 한다. 다만, 다음 중 어느 하나에 해당하는 경우에는 추계(추정하여 계산)할 수 있다.

① 과세표준을 계산할 때 필요한 세금계산서, 장부, 그 밖의 증명자료가 없거나 그 중요한 부분이 갖추어지지 않은 경우
② 세금계산서, 장부 또는 그 밖의 증명자료의 내용이 시설규모·종업원수와 원자재·상품·제품 또는 각종 요금의 시가에 비추어 거짓임이 명백한 경우

3. 징 수

징수란 납세자가 납세의무를 이행하지 않은 경우에 과세권자가 미달납부세액 및 추가납부세액 등의 조세채권을 실현하는 절차를 말한다.

03. 환 급

1. 일반환급

부가가치세 납부세액을 계산할 때 매입세액이 매출세액을 초과하는 경우에는 환급세액이 발생하게 되는데, 이 경우 사업장 관할 세무서장은 각 과세기간별로 해당 과세기간에 대한 환급세액을 그 확정신고기한 경과 후 30일 이내에 사업자에게 환급하여야 한다. 따라서 예정신고기간의 환급세액은 예정 때 환급하지 않고 확정신고시 납부할 세액에서 정산하는 것이다.

2. 조기환급

사업장 관할세무서장은 사업자가 다음 중 어느 하나에 해당하는 경우에는 위의 일반환급절차에 불구하고 환급세액을 사업자에게 조기환급할 수 있다.

① 영세율을 적용받는 경우
② 사업설비를 신설·취득·확장·증축하는 경우(감가상각자산)
③ 재무구조개선계획을 이행 중인 경우

예정신고기간 또는 과세기간 최종 3월 중 매월 또는 매 2월을 조기환급기간이라 하며, 조기환급기간 종료일로부터 25일 이내에 조기환급기간에 대한 과세표준과 환급세액을 정부에 신고하면 정부는 각 조기환급기간별로 해당 조기환급신고기한 경과 후 15일 이내에 사업자에게 환급하여야 한다.

연습문제

01 다음 중 우리나라 부가가치세법의 특징과 관련이 없는 것은?
① 전단계세액공제법　　② 소비지국 과세원칙
③ 간접세　　　　　　　④ 개별소비세

02 다음 중 부가가치세의 특징에 대한 설명으로 옳지 않은 것은?
① 일반소비세로서 간접세에 해당　　② 생산지국 과세원칙
③ 전단계세액공제법　　　　　　　　④ 영세율과 면세제도

03 다음 중 부가가치세법에 대한 설명으로 옳지 않는 것은?
① 현행 부가가치세는 일반소비세이면서 간접세에 해당된다.
② 면세제도의 궁극적인 목적은 부가가치세의 역진성을 완화하는 것이다.
③ 현행 부가가치세는 전단계거래액공제법을 채택하고 있다.
④ 소비지국과세원칙을 채택하고 있어 수출재화 등에 영세율이 적용된다.

04 현행 부가가치세법에 대한 설명으로 가장 거리가 먼 것은?
① 부가가치세 부담은 전적으로 최종소비자가 하는 것이 원칙이다.
② 영리목적의 유무에 불구하고 사업상 독립적으로 재화를 공급하는 자는 납세의무가 있다.
③ 해당 과세기간 중 이익이 발생하지 않았을 경우에는 납부하지 않아도 된다.
④ 일반과세자의 내수용 과세거래에 대해서는 원칙적으로 10%의 단일세율을 적용한다.

05 다음 중 부가가치세법상 사업자등록의 정정사유가 아닌 것은?
① 사업의 종류를 변경 또는 추가하는 때　　② 사업장을 이전하는 때
③ 법인의 대표자를 변경하는 때　　　　　　④ 개인이 대표자를 변경하는 때

06 다음 중 부가가치세법상 사업자등록에 대한 설명으로 옳은 것은?

① 사업자는 사업장마다 사업개시일부터 20일 이내에 사업자등록을 신청하는 것이 원칙이다.
② 신규 사업자는 사업개시일 이전이라면 사업자등록 신청이 불가능하다.
③ 일반과세자가 3월 25일에 사업자등록을 신청하고 실제 사업개시일은 4월 1일인 경우 4월 1일부터 6월 30일까지가 최초 과세기간이 된다.
④ 사업자등록의 신청은 사업장 관할세무서장이 아닌 다른 세무서장에게는 불가능하다.

07 다음 중 현행 부가가치세법에 대한 설명으로 가장 틀린 것은?

① 신규로 사업을 시작하려는 자는 사업개시일 이전이라도 사업자등록을 신청할 수 있다.
② 사업자등록을 신청하기 전의 매입세액은 원칙적으로 공제되지 않는다.
③ 주사업장총괄납부시 종된 사업장은 부가가치세 신고의무가 없다.
④ 사업자등록의 신청은 사업장 관할 세무서장이 아닌 다른 세무서장에게도 할 수 있다.

08 다음 중 부가가치세법상 납세지에 대한 설명으로 옳지 않은 것은?

① 사업자의 납세지는 각 사업장의 소재지로 한다.
② 제조업의 납세지는 최종제품을 완성하는 장소를 원칙으로 한다.
③ 광업의 납세지는 광구 내에 있는 광업사무소의 소재지를 원칙으로 한다.
④ 무인자동판매기를 통하여 재화를 공급하는 사업의 납세지는 무인자동판매기를 설치한 장소로 한다.

09 다음 중 부가가치세 과세대상 거래에 해당되는 것을 모두 고르면?

| 가. 재화의 수입 | 나. 재산적 가치가 있는 권리의 양도 |
| 다. (특수관계 없는 자에게)부동산임대용역의 무상공급 | 라. 국가 등에 무상으로 공급하는 재화 |

① 가   ② 가, 나   ③ 가, 나, 라   ④ 가, 나, 다, 라

10 다음 중 부가가치세법상 과세기간에 대한 설명으로 가장 옳지 않은 것은?

① 간이과세자 : 1월 1일부터 12월 31일
② 사업자가 폐업하는 경우 : 폐업일이 속하는 과세기간의 개시일부터 폐업일까지
③ 일반과세자가 간이과세자로 변경되는 경우 : 그 변경 이후 1월 1일부터 12월 31일까지
④ 신규로 사업을 시작하는 경우 : 사업 개시일부터 그 날이 속하는 과세기간의 종료일까지

11 다음 중 부가가치세법상 재화의 공급에 해당하는 것은?

① 부동산의 담보제공
② 사업장별로 사업에 관한 모든 권리와 의무 중 일부를 승계하는 사업양도
③ 사업용 자산을 지방세법에 따라 물납하는 것
④ 도시 및 주거환경정비법에 따른 수용 및 국세징수법에 따른 공매

12 다음 중 부가가치세법상 용역의 공급으로 과세하지 않는 것은?

① 고용관계에 의하여 근로를 제공하는 경우
② 사업자가 특수관계 있는 자에게 사업용 부동산의 임대용역을 무상공급하는 경우
③ 자기가 주요 자재를 전혀 부담하지 아니하고 상대방으로부터 인도받은 재화를 단순히 가공만 하는 경우
④ 건설사업자가 건설자재의 전부 또는 일부를 부담하고 공급하는 용역의 경우

13 부가가치세법상 재화의 원칙적인 공급시기에 대한 설명으로 틀린 것은?

① 장기할부판매 : 인도기준
② 국내물품을 외국으로 반출 : 수출재화의 선적일 또는 기적일
③ 폐업시 잔존재화 : 폐업일
④ 조건부판매 및 기한부판매 : 그 조건이 성취되거나 기한이 지나 판매가 확정되는 때

14 다음 중 부가가치세법상 재화의 공급시기로 틀린 것은?

① 현금판매 : 재화가 인도되거나 이용가능하게 되는 때
② 반환조건부 : 그 조건이 성취되어 판매가 확정되는 때

③ 무인판매기에 의한 공급 : 무인판매기에서 현금을 인취하는 때
④ 폐업시 잔존재화 : 폐업신고서 접수일

15 다음 중 부가가치세법상 영세율에 대한 설명으로 가장 틀린 것은?
① 수출하는 재화뿐만 아니라 국외에서 제공하는 용역도 영세율이 적용된다.
② 영세율이 적용되는 모든 사업자는 세금계산서를 발급하지 않아도 된다.
③ 영세율이 적용되는 경우에는 조기환급을 받을 수 있다.
④ 영세율이 적용되는 사업자는 부가가치세법상 과세사업자이어야 한다.

16 다음 중 부가가치세법상 재화의 수출 시 영세율을 적용하는 이유는 무엇인가?
① 소비세 ② 간접세
③ 전단계세액공제법 ④ 소비지국과세원칙

17 다음 중 부가가치세법상 면세되는 용역이 아닌 것은?
① 은행법에 따른 은행 업무 및 금융용역
② 주무관청의 허가 또는 인가 등을 받은 교육용역
③ 철도건설법에 따른 고속철도에 의한 여객운송용역
④ 주택임대용역

18 다음 중 부가가치세법상 면세 대상 용역에 해당하는 것은?
① 전세버스 운송 용역 ② 골동품 중개 용역
③ 도서대여 용역 ④ 자동차운전학원 교육 용역

19 다음 중 부가가치세가 면세되는 재화 또는 용역의 공급에 해당하는 것의 개수는?

| · 수돗물 | · 항공기 여객운송 용역 |
| · 연탄과 무연탄 | · 신문의 광고 |

① 1개 ② 2개 ③ 3개 ④ 4개

20 다음 중 부가가치세법상 세금계산서 및 영수증 발급의무면제 대상이 아닌 것은? (단, 주사업장총괄납부 및 사업자단위과세 사업자가 아니다.)

① 용역의 국외공급
② 무인자동판매기를 이용한 재화의 공급
③ 다른 사업장에 판매목적으로 반출되어 공급으로 의제되는 재화
④ 부동산임대용역 중 간주임대료에 해당하는 부분

21 다음은 세금계산서의 일부이다. 부가가치세법상 필요적 기재사항이 아닌 것은?

전자세금계산서					승인번호		
공급자	사업자등록번호	①	종사업장 번호	공급받는자	사업자등록번호		종사업장 번호
	상호(법인명)		성명(대표자)		상호(법인명)	성 명	④
	사업장주소				사업장 주소		
	업 태		종목		업 태	종 목	
	이메일				이메일		
작성일자		공급가액		세액	수정사유		
②		③					

22 다음 중 부가가치세법상 세금계산서에 대한 설명으로 가장 옳지 않은 것은?

① 법인사업자 및 개인사업자는 반드시 전자세금계산서를 발급하여야 한다.
② 세금계산서는 사업자가 원칙적으로 재화 또는 용역의 공급시기에 재화 또는 용역을 공급받는 자에게 발급하여야 한다.
③ 전자세금계산서를 발급하였을 때에는 발급일의 다음 날까지 전자세금계산서 발급명세를 국세청장에게 전송하여야 한다.
④ 세관장은 수입되는 재화에 대하여 부가가치세를 징수할 때에는 수입된 재화에 대한 수입세금계산서를 수입하는 자에게 발급하여야 한다.

23 다음 중 전자세금계산서 제도에 대한 설명으로 가장 틀린 것은?

① 발급기한은 원칙적으로 공급시기이지만, 예외도 있다.
② 전송기한은 발급일의 다음 날까지이다.
③ 전자세금계산서 관련 가산세는 미(지연)발급 가산세와 미(지연)전송 가산세 등이 있다.
④ 발급의무자는 모든 법인사업자 및 직전연도 공급가액(과세공급가액과 면세공급가액)합계가 10억원 이상인 개인사업자이다.

24 다음 간이과세자 중 세금계산서 발급의무가 있는 사업자는?

① 직전 연도의 공급대가의 합계액이 5,000만원인 목욕탕업을 운영하는 간이과세자
② 직전 연도의 공급대가의 합계액이 3,000만원인 여관업을 운영하는 간이과세자
③ 직전 연도의 공급대가의 합계액이 7,000만원인 제조업을 운영하는 간이과세자
④ 직전 연도의 공급대가의 합계액이 4,000만원인 미용실을 운영하는 간이과세자

25 다음 중 부가가치세법상 수정(전자)세금계산서를 발급할 수 없는 경우는 어느 것인가?

① 처음 공급한 재화가 환입된 경우
② 해당거래에 대하여 세무조사 통지를 받은 후에, 세금계산서의 필요적 기재사항이 잘못 기재된 것을 확인한 경우
③ 착오로 전자세금계산서를 이중으로 발급한 경우
④ 과세기간의 확정신고기한까지 경정할 것을 전혀 알지 못한 경우로서 필요적 기재사항이 착오 외의 사유로 잘못 적힌 경우

26 다음 중 부가가치세법상 세금계산서 및 거래징수와 관련된 설명으로 잘못된 것은?

① 사업자가 재화 또는 용역을 공급하는 경우에는 부가가치세를 재화 또는 용역을 공급받는 자로부터 징수하여야 한다.
② 세금계산서는 재화 또는 용역의 공급시기에 발급한다.
③ 세금계산서는 재화 또는 용역의 공급받는 자와 대가를 지급하는 자가 다른 경우 대가를 지급하는 자에게 발급하여야 한다.
④ 재화 또는 용역의 공급시기가 되기 전이라도 대가의 전부 또는 일부를 수령한 경우 세금계산서를 발급할 수 있다.

27 다음 중 재화의 공급에 대한 부가가치세 과세표준에 대한 설명 중 틀린 것은?
① 재화의 수입에 대한 부가가치세의 과세표준은 관세의 과세가격에 관세, 개별소비세 등도 포함한다.
② 금전 외의 대가를 받는 경우 : 자기가 공급한 재화 또는 용역의 시가
③ 폐업하는 경우 : 폐업 시 남아 있는 재고자산의 장부가액(원가)
④ 사업자가 재화 또는 용역을 공급하고 그 대가로 받은 금액에 부가가치세가 포함되어 있는지가 분명하지 아니한 경우에는 그 대가로 받은 금액에 110분의 100을 곱한 금액을 공급가액으로 한다.

28 다음 중 부가가치세의 과세표준에 포함되는 항목은 어느 것인가?
① 재화 또는 용역을 공급하고 외상매출금이나 그 밖의 매출채권의 일부 또는 전부를 회수할 수 없는 경우의 대손금액
② 재화 또는 용역의 공급과 직접 관련되지 아니하는 국고보조금과 공공보조금
③ 환입된 재화의 가액
④ 공급에 대한 대가의 지급이 지체되었음을 이유로 받는 연체이자

29 다음 중 부가가치세 과세표준에 대한 설명으로 옳지 않은 것은?
① 대손금은 과세표준에서 공제하지 않는다.
② 공급에 대한 대가의 지급이 지체되었음을 이유로 받는 연체이자는 공급가액에 포함한다.
③ 금전 이외의 대가를 받는 경우 자기가 공급한 재화 또는 용역의 시가를 과세표준으로 한다.
④ 외화로 대가를 받은 후 공급시기가 되기 전에 환가한 경우 환가한 금액을 과세표준으로 한다.

30 다음 중 부가가치세법상 과세표준 계산 시 공급가액에 포함되는 것은?
① 매출에누리, 매출환입, 매출할인액
② 공급받는 자에게 도달하기 전 파손된 재화의 가액
③ 장기할부판매 또는 할부판매에 의해 지급받는 이자상당액
④ 계약에 의해 확정된 대가의 지급지연으로 지급받는 연체이자

31 다음 자료에 의하여 부가가치세 과세표준을 계산하면 얼마인가?

- 총매출액 : 1,000,000원
- 매출에누리액 : 16,000원
- 판매장려금(금전) 지급액 : 50,000원
- 외상매출금 연체이자 : 5,000원
- 매출할인액 : 30,000원
- 대손금 20,000원

① 929,000원　② 934,000원　③ 954,000원　④ 959,000원

32 다음 자료에서 부가가치세법상 일반과세자의 부가가치세 과세표준은 얼마인가? 단, 다음의 금액에는 부가가치세액이 포함되어있지 않다.

- 총매출액 : 5,000,000원
- 총매입액 : 3,000,000원
- 매출환입액 : 500,000원
- 금전지급 판매장려금 : 200,000원

① 4,500,000원　② 4,300,000원　③ 3,600,000원　④ 1,700,000원

33 과세사업자인 ㈜삼원전자는 20×1년 당사 제품인 기계장치를 공급하는 계약을 아래와 같이 체결하였다. 이 거래와 관련하여 20×1년 1기 확정신고기간의 과세표준에 포함되어야 할 공급가액은 얼마인가?

- 총판매대금 : 35,000,000원(이하 부가가치세 별도)
- 1차 중도금(5월 15일) : 5,000,000원 지급
- 잔금(11월 30일) : 5,000,000원 지급
- 계약금(4월 15일) : 20,000,000원 지급
- 2차 중도금(7월 15일) : 5,000,000원 지급
- 제품인도일 : 11월 30일

① 20,000,000원　② 25,000,000원　③ 30,000,000원　④ 35,000,000원

34 다음 자료에 의하여 부가가치세 과세표준을 계산하면 얼마인가?

- 발급한 세금계산서 중 영세율세금계산서의 공급가액은 1,500,000원이고, 그 외의 매출, 매입과 관련된 영세율 거래는 없다.
- 세금계산서를 받고 매입한 물품의 공급가액은 6,200,000원이고, 이 중 사업과 관련이 없는 물품의 공급가액 400,000원이 포함되어 있다.
- 납부세액은 270,000원이다.

① 7,000,000원　② 8,500,000원　③ 10,000,000원　④ 11,500,000원

35 다음 자료에 의하여 일반과세자 김세무의 부가가치세 매출세액을 계산하면 얼마인가?

· 납부세액은 100,000원이다.
· 세금계산서를 받고 매입한 물품의 공급가액은 3,000,000원이고 이 중 사업과 관련이 없는 물품의 공급가액 200,000원이 포함되어 있다.
· 매입에 대한 영세율세금계산서는 없다.

① 360,000원   ② 380,000원   ③ 400,000원   ④ 420,000원

36 다음 자료에 의하여 부가가치세 매출세액을 계산하면 얼마인가?

· 발급한 세금계산서 중 영세율세금계산서의 공급가액은 2,400,000원이고, 매입과 관련된 영세율세금계산서는 없다.
· 세금계산서를 받고 매입한 물품의 공급가액은 15,000,000원이고, 이 중 사업과 관련이 없는 물품의 공급가액 1,500,000원이 포함되어 있다.
· 납부세액은 1,500,000원이다.

① 2,850,000원   ② 3,000,000원   ③ 3,090,000원   ④ 3,150,000원

37 다음 중 부가가치세법상 매입세액공제가 가능한 것은?

① 면세사업과 관련이 있는 지출에 대한 매입세액
② 토지의 취득 및 형질변경, 공장부지 및 택지의 조성 등에 관련된 매입세액
③ 기업업무추진비 및 이와 유사한 비용의 지출에 관련된 매입세액
④ 과세 재화 생산과 관련된 원재료 매입세액

38 다음 중 부가가치세 매입세액으로 공제되는 것은?

① 기계부품 제조업자가 원재료를 매입하고 신용카드매출전표를 수취한 경우
② 농산물(배추) 도매업자가 운송용 트럭을 매입하는 경우
③ 거래처에 접대하기 위하여 선물을 매입하는 경우
④ 비사업자로부터 원재료를 매입하면서 세금계산서 등을 수취하지 않은 경우

39 다음 중 부가가치세법상 매입세액공제가 가능한 것은?

① 면세사업에 사용하기 위하여 구입한 기계장치 매입세액(전자세금계산서 수취함)
② 음식점을 영위하는 개인사업자가 계산서 등을 수취하지 아니하고 면세로 구입한 농산물의 의제매입세액
③ 거래처에 선물하기 위한 물품구입 매입세액(세금계산서 등을 수취함)
④ 제조업을 영위하는 사업자가 농민으로부터 면세로 구입한 농산물의 의제매입세액

40 다음 중 부가가치세법상 대손세액의 공제특례에 관한 내용으로 옳지 않은 것은?

① 대손세액공제는 사업자가 부가가치세가 과세되는 재화 또는 용역을 공급한 후 그 공급일부터 10년이 지난 날이 속하는 과세기간에 대한 확정신고기한까지 가능하다.
② 중소기업의 외상매출금으로서 회수기일이 2년 이상 지난 외상매출금은 거래상대방과 무관하게 대손세액공제 대상 대손금에 해당한다.
③ 대손세액공제액은 부가가치세를 포함한 공급대가의 10/110으로 계산한다.
④ 대손세액공제를 받은 후 사업자가 대손금액의 전부 또는 일부를 회수한 경우에는 회수한 대손금액에 관련된 대손세액을 회수한 날이 속하는 과세기간의 매출세액에 더한다.

41 다음 자료에 의해 부가가치세법상 일반과세사업자의 부가가치세 매출세액을 계산하면 얼마인가?

· 총매출액 10,000,000원이며, 다음과 같이 구성되었다.
　- 일반과세매출액 8,000,000원　　- 영세율매출액 2,000,000원
· 매출할인액 1,000,000원이 발생하였는데, 전액 일반과세매출과 관련된 것으로 밝혀졌다.
· 외상으로 일반과세매출한 금액 중 대손세액공제 120,000원이 발생하였다.

① 580,000원　　② 680,000원　　③ 780,000원　　④ 880,000원

42 (주)평화는 일반과세사업자이다. 다음 자료에 대한 부가가치세액은 얼마인가? 단, 거래금액에는 부가가치세가 포함되어 있지 않다.

- 외상판매액 : 20,000,000원
- 사장 개인사유로 사용한 제품(원가 800,000원, 시가 1,200,000원) : 800,000원
- 비영업용 소형승용차(2,000CC) 매각대금 : 1,000,000원
- 화재로 인하여 소실된 제품 : 2,000,000원
  계 : 23,800,000원

① 2,080,000원 ② 2,120,000원 ③ 2,220,000원 ④ 2,380,000원

43 다음 자료에 의하면 일반과세 사업자인 ㈜무릉의 부가가치세 납부세액은 얼마인가?

- 전자세금계산서 발급에 의한 제품매출액 : 7,000,000원(부가가치세 별도)
- 신용카드에 의한 원재료 매입액(매입세액공제 가능) : 2,750,000원(공급대가)
- 세금계산서를 받고 구입한 거래처 선물 구입비 300,000원(부가가치세 별도)

① 425,000원 ② 435,000원 ③ 444,000원 ④ 450,000원

44 다음은 과세사업을 영위하는 ㈜부동산에서 발생한 매입세액이다. 이 중 부가가치세법상 매입세액불공제금액은?

- 토지 취득시 발생한 중개수수료 매입세액 : 2,200,000원
- 건물의 취득과 관련된 감정평가수수료(건물분) 매입세액 : 5,500,000원
- 과세사업에 사용하던 건물과 부속토지를 양도하면서 발생한 중개수수료 매입세액 : 3,000,000원

① 7,700,000원 ② 2,200,000원 ③ 8,500,000원 ④ 5,200,000원

45 다음 중 부가가치세법상 '조기환급'과 관련된 내용으로 틀린 것은?

① 조 기 환 급 : 조기환급신고 기한 경과 후 25일 이내 환급
② 조기환급기간 : 예정신고기간 또는 과세기간 최종 3월 중 매월 또는 매 2월
③ 조기환급신고 : 조기환급기간 종료일부터 25일 이내에 조기환급기간에 대한 과세표준과 환급세액 신고
④ 조기환급대상 : 영세율적용이나 사업 설비를 신설, 취득, 확장 또는 증축하는 경우 등

CLASS 전산회계 1급
실 기 편

실기편

CHAPTER 01 전산세무회계프로그램 시작
CHAPTER 02 기초정보관리
CHAPTER 03 거래자료의 입력
CHAPTER 04 감가상각과 결산
CHAPTER 05 입력자료조회

CLASS 전산회계1급
실 기 편

실기편
전산세무회계 프로그램 시작

www.nanumclass.com

CLASS전산회계1급
실 기 편

01 전산세무회계프로그램 시작

사용프로그램 : 한국세무사회 KcLep(케이 렙) 프로그램

KcLep(케이 렙) 프로그램 설치하기

KcLep(케이 렙) 프로그램은 한국세무사회 자격시험 홈페이지(http://license.kacpta.or.kr)에서 다운로드하여 설치합니다.

01.. 프로그램 실행하기

전산세무회계 교육용 프로그램 (KcLep)를 설치하면 바탕화면에 다음과 같은 아이콘이 나타난다. 이를 더블클릭하면 아래와 같이 시작화면이 나타난다.

1. 사용급수

전산세무회계 프로그램은 사용급수에 따라 실행메뉴의 내용과 기능의 차이가 있기 때문에 수험목적에 따라 사용급수를 선택하여야 한다. 따라서 사용급수 중 "전산회계1급"을 선택하여야 한다.

2. 회사등록

우측의 [회사등록] 메뉴를 클릭하면 회사등록을 할 수 있는 화면이 실행되며 본 화면에 입력하고자 하는 회사의 내용을 등록한다. Part 1에서는 메인화면에 들어가기 위한 목적이므로 임의의 회사를 간단하게 입력하는 방법만 제시하고 회사등록에 대한 자세한 내용은 Part 2 기초정보관리에서 설명하고자 한다.

[입력사항]

① 코 드: "0101~9999"번호 중 사용자가 원하는 숫자 4자리를 입력한다.

② 회사명: 한글 10자, 영문 20자 이내로 입력한다.

③ 구 분: 법인인 경우 "1"(자동으로 선택 됨), 개인인 경우 "2"을 선택한다.

④ 회계연도: 사업자 신고가 된 당해 연도부터 계산하여 입력한다. 사업자 신고가 된 해에 프로그램을 설치하였다면 1기가 될 것이고, 중간에 설치를 한 경우에는 기수를 계산하여 입력한다.

실습예제

① 코 드: "0101"을 입력한다.

② 회사명: "(주)대한"을 입력한다.

③ 구 분: 법인을 선택한다.

④ 회계연도: 기수: 5기, 회계연도: 2025. 01. 01~2025. 12. 31(자동입력)을 입력한다.

위의 내용을 회사등록화면에 입력하고 좌측상단에 ⊗닫기 버튼을 눌러서 초기화면으로 돌아온다. 초기화면에서 회사코드의 [풍선]을 클릭하고 작업할 회사를 선택한 후 [확인]을 클릭하면 해당 프로그램이 실행된다.

02. 전체메뉴화면 소개

전산회계1급 수험용 KcLep 프로그램은 [회계관리]와 [부가가치] 메뉴로 구성되어있으며, 메뉴별로 구체적으로 살펴보면 다음과 같다.

1. 회계관리메뉴

회계관리메뉴는 [전표입력], [기초정보등록], [장부관리], [결산및재무제표], [전기분재무제표 등], [고정자산및감가상각], [데이타관리]로 구성되어있다.

메인메뉴	서브메뉴
전표입력	일반전표입력, 매입매출전표입력, 전자세금계산서발행
기초정보등록	회사등록, 거래처등록, 계정과목및적요등록, 환경등록
장부관리	거래처원장, 거래처별계정과목별원장, 계정별원장, 현금출납장, 일계표(월계표), 분개장, 총계정원장, 매입매출장, 세금계산서(계산서)현황, 전표출력
결산및재무제표	결산자료입력, 합계잔액시산표, 재무상태표, 손익계산서, 제조원가명세서, 이익잉여금처분계산서
전기분재무제표	전기분재무상태표, 전기분손익계산서, 전기분원가명세서, 전기분이익잉여금처분계산서, 거래처별 초기이월, 마감후이월
고정자산및감가상각	고정자산등록, 미상각분감가상각비, 양도자산감가상각비, 고정자산관리대장
자금관리	받을어음현황 · 지급어음현황, 일일자금명세(경리일보) 예적금현황
데이터관리	데이터백업, 회사코드변환, 회사기수변환, 기타코드변환, 데이터체크, 데이터저장및압축

2. 부가가치메뉴

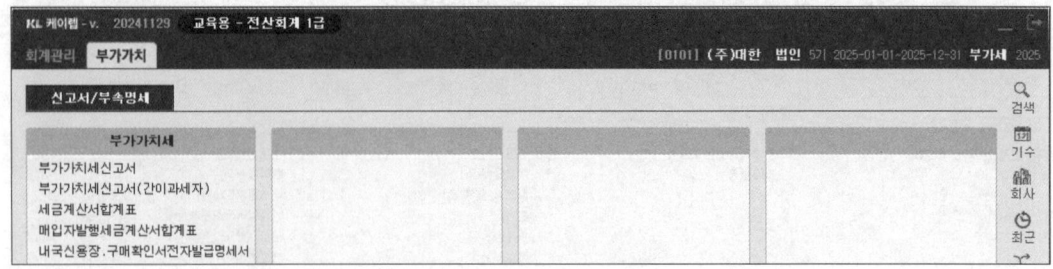

메인메뉴	서브메뉴
부가가치세	부가가치세신고서, 부가가치세신고서(간이과세자), 세금계산서합계표, 매입자발행세금계산서합계표, 내국신용장, 구매확인서전자발급명세서

실기편
기초정보관리

CHAPTER 01 _ 회사등록
CHAPTER 02 _ 거래처등록
CHAPTER 03 _ 계정과목 및 적요등록
CHAPTER 04 _ 환경등록
CHAPTER 05 _ 초기이월작업

CLASS 전산회계1급
실 기 편

01 회사등록

　회사등록은 회계처리를 하고자하는 회사를 등록하는 메뉴로서 회사와 관련된 기본적인 내용 등을 입력하는 곳이다. 회사등록은 등록하여야 할 회사의 사업자등록증을 기초로 작성하여야 하며 회사등록 메뉴에 입력한대로 각종 신고서에 기본내용이 반영되기 때문에 정확하게 입력하여야 한다. 회사등록사항을 살펴보면 다음과 같다.

01. 기본사항

[회사등록화면]

1. 회사코드
등록할 회사의 코드를 부여하며, 회사코드는 0101부터 9999까지 사용이 가능하다.

2. 회사명
사업자등록증에 기재된 상호명을 입력한다.

3. 구 분
사업자등록증상 법인과 개인의 구분을 의미한다. 법인사업자의 경우에는 "1", 개인사업자의 경우에는 "2"를 선택한다. 별도의 숫자를 입력하지 않으면 법인사업자("1")로 자동부여 된다.

4. 회계연도
당해 연도의 사업연도를 의미하며 개업일로부터 당해 연도까지의 사업연도에 대한 기수를 선택하고 회계기간을 입력한다. 여기서 기수란 기업이 사업을 개시한 후 몇 번째 회계연도인지를 나타내는 것으로 회사의 나이라고 할 수 있다.

5. 사업자등록번호
사업자등록증상의 사업자등록번호를 입력한다. 사업자등록번호 중 앞의 세 자리는 세무서코드, 가운데 두 자리는 개인과 법인의 구분번호, 마지막 여섯 자리는 일련번호와 검증번호이다. 사업자등록번호를 잘못 입력할 경우 적색으로 표시된다. 따라서 적색으로 표시되는 경우에는 사업자등록번호를 다시 확인하여 정확하게 입력하여야 한다.

6. 법인등록번호
사업자등록증상의 법인등록번호를 입력한다.

7. 대표자명
사업자등록증상의 대표자 성명과 대표자 주민번호를 입력한다. 대표자가 2인 이상일 때는 1인만을 입력하고 그 밖의 대표자는 "외 몇 명"으로 입력한다.

8. 내 · 외국인구분
사업자등록증상의 대표자가 내국인이면 "0"을 외국인이면 "1"을 선택한다. 별도의 숫자를 입력하지 않으면 내국인("0")으로 자동부여 된다.

9. 대표자주민번호

사업자등록증상의 대표자의 주민등록번호를 입력한다.

10. 사업장주소

사업장주소는 F2 또는 ▭를 클릭하여 [우편번호검색]란에서[도로명주소 우편번호]란을 선택한 후 시도, 시군구, 도로명을 입력하여 해당 우편번호를 선택하면 주소가 자동으로 입력된다.

사업장주소의 두 번째 란에는 번지, 호수 등 부가적인 주소는 직접 입력하여야 한다.

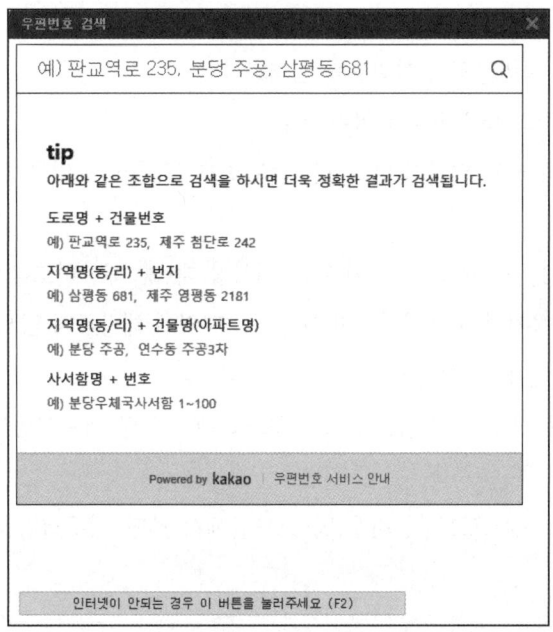

① KcLep(케이렙)프로그램은 구주소 입력이 가능하다. 우편번호검색창에서 동이름으로 주소를 검색할 수 있다.
② 인터넷이 연결되어 있지 않은 경우라면 화면 하단의"인터넷이 안 되는 경우 이 버튼을 눌러주세요" 버튼을 클릭하여 구주소(지번)검색으로 주소를 입력한다. 검색란에 해당 동네명 2자리를 입력하면 검색이 된다. 신주소, 구주소를 구분하여 검색하면 검색이 더 편리하다.

11. 본점주소

본점 우편번호와 소재지를 입력한다. 사업장주소 입력 시 자동으로 본점주소가 입력되며, 사업장주소와 동일하지 않으면 주소를 검색하여 입력한다.

12. 업태와 종목

사업자등록증상 업태와 종목을 입력한다. 업태란 사업의 형태를 말하는 것이고 종목은 업태에 따라 취급하는 주요 품목을 말하는 것이다.

구 분	내 용
업 태	제조업, 도소매업, 음식·숙박업, 건설업, 농업, 수산업 등
종 목	전자제품, 의류, 완구류, 문구류, 컴퓨터, 도서 등

13. 기 타

① 사업장 전화번호 : 사업장의 전화번호를 입력한다.
② 팩스(FAX) : 사업장의 팩스번호를 입력한다.
③ 법인구분 : 본 란에 커서 위치시 나타나는 선택번호 "1.내국,2.외국,3.외투" 중 해 당 번호를 입력한다.
④ 법인종류별구분 : 1.중소기업~9.장외주식-비상장(대) 중 해당번호를 입력한다.
⑤ 중소기업여부 : 사용자가 중소기업이면 "1", 중소기업에 해당하지 않으면 "0"을 입력한다.
⑥ 설립연월일 : 법인의 설립연도, 월, 일을 입력한다.
⑦ 사업장 관할세무서 : F2코드도움, 마우스, 코드란에서 해당 세무서명을 입력하여 코드번호를 입력한다.
⑧ 본점 관할세무서 : F2코드도움, 마우스, 코드란에서 해당 세무서명을 입력하여 코드번호를 입력한다.

02. 추가사항

[추가사항등록화면]

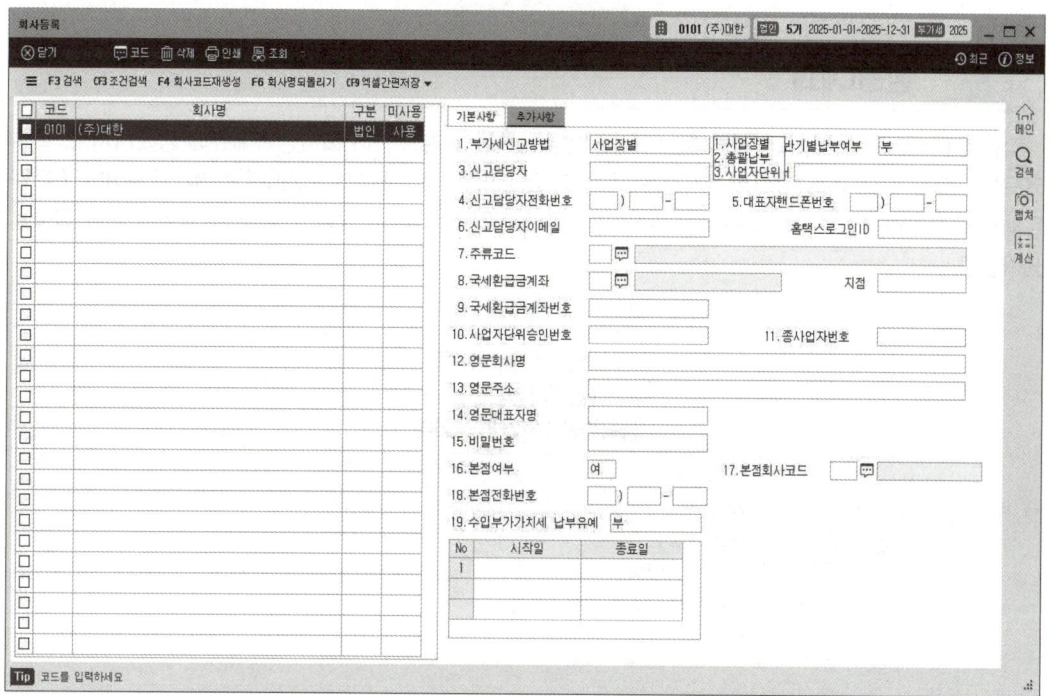

① 부가세신고방법 : "1.사업장별 2.총괄납부 3.사업자단위" 중 하나를 선택하여 입력한다.

    1.사업장별: 사업장별로 부가가치세를 신고·납부하고자 하는 경우 선택
    2.총괄납부: 납부를 주사업장에서 하고자 하는 경우에 선택
    3.사업자단위: 납부뿐만이 아니라 신고, 세금계산서발행등도 주사업장에서 할 경우에 선택

② 반기별납부여부 : 소득세신고·납부를 매월하지 않고 6개월분을 합하여 다음 달 10일까지 신고시 선택한다.

③ 신고담당자 : 신고담당자를 입력한다.

④ 신고담당자전화번호 : 신고담당자의 해당 전화번호를 입력한다.

⑤ 대표자핸드폰번호 : 대표자핸드폰번호를 입력한다.

⑥ 신고담당자이메일 : 신고담당자의 이메일주소를 입력한다.

⑦ 주류코드 : 주류도소매업 영위회사는 주류코드를 조회하여 입력한다.

⑧ 국세환급금계좌 : 국세환급 받을 은행명과 지점명을 조회하여 입력한다.

⑨ 국세환급금계좌번호 : 국세환급받을 계좌번호를 입력한다.

⑩ 사업자단위승인번호 : 사업자단위과세제도 적용을 받는 사업자는 과세관청으로부터 받은 승인번호를 입력한다.

⑪ 종사업자번호 : 종된사업장 사업자번호를 입력한다.

실습예제

다음은 (주)앤트패션의 사업자등록증이다. 사업자등록증을 참고하여 회사등록메뉴에 등록하시오. 회사코드는 [3000]으로 등록하고 회계기간은 제 8 기 2025년 1월 1일부터 2025년 12월 31일이다. (주)앤트패션의 설립연월일은 2018년 04월 20일이며, 중소기업-기타에 해당한다. 주어진 자료 외에는 입력을 생략한다.

사 업 자 등 록 증
(법인사업자용)
등록번호 : 312-81-45646

① 상　　　　호 : (주)앤트패션
② 대　표　자 : 김 상 길
③ 개 업 연 월 일 : 2018년 4월 25일
④ 법 인 등 록 번 호 : 110111-1234569
⑤ 사 업 장 소 재 지 : 경기도 부천시 원미구 부일로 117
⑥ 본 점 소 재 지 : 상 동
⑦ 사 업 의 종 류 : 업태 : 제조　종목 : 의류

2018년 5월 2일

부천세무서장

따라하기

① 전체메뉴화면에서 [기초정보등록]메뉴 중 아래쪽에 "회사등록"을 클릭한다.

② [코드]란에 "3000"을 입력하고, 회사명에는 "(주)앤트패션"을 입력한 후 구분란에서 "1"법인을 선택한다.

③ 1. 회계연도 : 2018년도 개업이므로 제8기 2025년 1월 1일~2025년 12월 31일까지를 입력한다.

④ 2. [사업자등록번호] : 312-81-45646으로 입력한다.

⑤ 3. 법인등록번호 : 110111-1234569

⑥ 4. [대표자명] : 김상길을 입력한다.

⑦ 5. [대표자주민번호] : 제시되지 않았으므로 생략한다. [대표자외국인여부] : 부를 선택하여 입력한다.

⑧ 6. [사업장주소] : 부천시 원미구 부일로 117번지(신주소)를 입력한다.

⑨ 7. [본점주소] : 사업장주소를 입력하면 자동으로 입력된다.

⑩ 8. [업태] : 제조를 입력한다.

⑪ 9. [종목] : 의류를 입력한다.

⑫ 11. [사업장전화번호] : 제시되지 않았으므로 생략한다.

⑬ 12. [팩스번호] : 제시되지 않았으므로 생략한다.
⑭ 13. [법인구분] : 1. 내국법인으로 자동선택 된다.
⑮ 14. [법인종류별구분] : 30. 중소기업-기타를 선택한다.
⑯ 15. [중소기업여부] : 1.여로 자동선택 된다.
⑰ 16. [설립연월일] : 2018년 4월 20일을 입력한다.
⑱ 17. [개업년월일] : 2018년 4월 25일을 입력한다.
⑲ 주소입력시 사업장동코드, 본점동코드, 사업장관할세무서 지방소득납세자가 자동 반영된다.
⑳ 회사를 (주)앤트패션으로 변경하여 작업한다.

02 거래처 등록

[거래처등록]은 회사의 주요거래처의 기본정보를 등록하는 메뉴이다. 외상채권·채무나 기타채권·채무에 관한 거래가 발생했을 경우 외상매출금계정이나 외상매입금계정 등의 보조장부로서 거래처별 장부를 만들어야 하며, 이렇게 각 거래처별 장부를 만들기 위해서는 장부를 만들고자 하는 거래처를 등록하여야 한다. 거래처 코드체계는 다음과 같이 구성되어 있다.

구 분	코드범위	거래처별 구분내용
일반거래처	00101 – 97999	채권·채무관리, 일반경비거래처, 부가가치세신고
금 융 기 관	98000 – 99599	보통예금, 당좌예금 등 자금과 관련된 거래처
신 용 카 드	99600 – 99999	법인의 매입카드와 카드매출과 관련된 거래처

01..일반거래처

부가가치세신고대상거래는 반드시 거래처등록을 해야 하며, 기타 채권·채무관리를 위한 거래처를 등록한다.

[거래처등록화면]

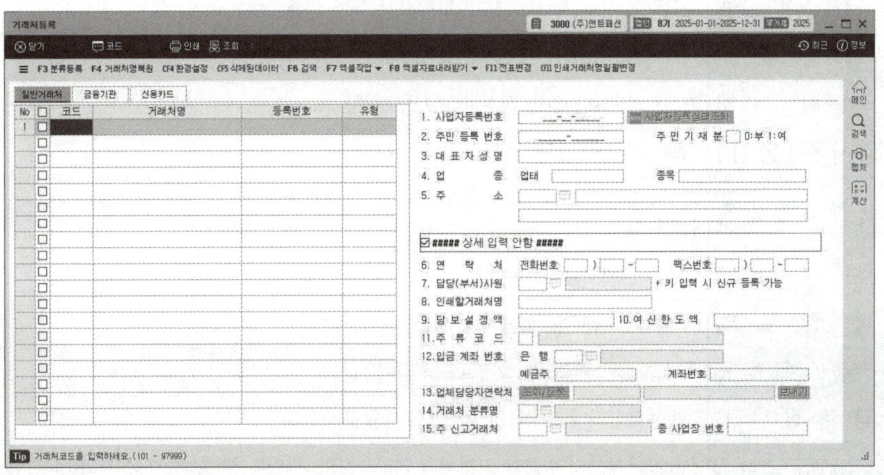

1. 코 드

"00101~97999"의 범위 내에서 코드번호를 임의로 선택하여 입력한다. 거래처명을 입력한 후 [Enter↵]키를 누르면 거래처코드가 자동으로 부여된다. 코드범위를 벗어난 숫자를 입력하면 입력되지 않는다.

2. 거래처명

거래처의 사업자등록증상 상호명을 입력한다.(한글은 15자, 영문은 30자 이내로 입력한다.)

3. 유 형

유형은 "1.매출, 2.매입, 3.동시"이며, 동시는 매출과 매입 동시에 해당될 때 선택합니다. 선택 없이 엔터로 지나가면 "3.동시"가 선택됩니다.

4. 일반거래처 등록사항

1. 사업자등록번호	거래처의 사업자등록번호를 입력한다.
2. 주민 등록 번호	주민기재분 세금계산서를 발행시 주민등록번호를 입력한다. 상대 거래처가 기업체가 아닌 일반인의 경우, 세금계산서 합계표상 주민등록 기재분으로 표시하여야 하므로 주민기재분란에 "1 주민기재분"을 선택한다.
3. 대 표 자 성 명	거래처의 대표자성명을 입력한다.
4. 업 태	거래처의 사업자등록증상의 업태를 입력한다.
5. 종 목	거래처의 사업자등록증상의 종목을 입력한다.
6. 우 편 번 호	해당란에 커서 위치시 코드조회창 또는 "F2" 키를 이용하여 입력한다.
7. 사 업 장 주 소	거래처의 사업장 소재지를 입력한다.
8. 연 락 처	거래처의 전화번호와 팩스번호를 입력한다.
9. 담 당 사 원 (당 사)	거래처에 대한 당사의 담당사원을 입력한다.
10. 인 쇄 할 거 래 처 명	거래처명에 입력된 거래처명과 다르게 증빙에 인쇄하고자 하는 경우에는 거래처명을 수정 입력한다.
11. 담 보 설 정 액	설정된 담보액을 입력한다.
12. 여 신 한 도 액	거래처의 여신한도 설정액을 입력한다
13. 주 류 코 드	주류업체에 해당되면, 해당코드를 입력한다
14. 입 금 계 좌 번 호	거래처로부터 거래대금의 수취계좌 등을 입력한다
15. 업체담당자 연락처	전자세금계산서 수령할 거래처의 담당사원의 이메일, 전화번호, 메신저아이디 등을 입력한다. 사용으로 체크된 사원에게 전자세금계산서가 발행된다.

16. 거 래 처 분 류 명	거래처를 분류하고자 하는 몇 개 부류로 나누고, 분류등록에서 각각 등록시킨 후 거래처분류명에서 등록한 코드를 선택한다. 이 곳에서 입력된 분류명은 거래처 원장에서 조회시 분류명으로 조회할 수 있다.
17. 거래시작(종료)일	해당 거래처와 거래가 시작(종료)된 년, 월, 일을 입력한다
18. 사 용 여 부	사용여부에서 "0.부" 선택시 거래처 코드도움 등에서 조회되지 않는다.

* 상세입력안함을 체크하면 하단 입력사항으로 커서가 이동하지 않고 바로 다음 거래처코드로 이동한다.

02. 금융기관

당해 회사가 거래하고 있는 금융기관의 사항을 입력한다.

1. 코 드

코드는 "98000~99599" 범위 내에서 선택합니다. 코드를 일련번호순으로 부여하고자 하는 경우에는 금융기관 코드에서 일련번호 숫자를 넣으면 자동으로 완성되어 진다. 예를 들어 98001로 부여하고자 하면, "1"을 입력하면 98001로 완성되어 진다.

2. 거래처명

보통예금, 당좌예금 등의 해당계좌 금융기관명을 입력한다.

3. 계좌번호
우측에서 입력한 계좌번호가 자동표기 된다.

4. 유 형
예금의 종류를 말하며, "1.보통예금, 2.당좌예금, 3.정기적금, 4.정기예금" 중 선택하여 입력한다.

5. 금융기관 등록사항

1. 계좌번호	통장 계좌번호를 입력한다.
2. 계좌개설은행/지점	계좌개설은행 및 지점을 코드도움으로 조회하여 입력한다.
3. 계좌개설일	계좌개설일을 입력한다.
4. 예금종류/만기	예금이 자유로운 입출금방식인지에 따라 자유저축예금 등으로 표기한다. 적금인 경우에는 만기를 표기한다.
5. 이자율/매월납입액	이자율 및 적금인 경우에는 매월납입액을 기입한다.
6. 당좌한도액	예금의 종류가 "2.당좌예금"일 때 은행과 약정한 당좌차월 한도 금액을 입력한다.
7. 은행사업자번호	거래은행의 사업자등록번호를 필요한 경우 입력한다
8. 사업용계좌	당해 통장이 국세청에 신고한 사업용계좌에 해당하는 경우에는 "1.여"로 한다.
9. 전화번호/팩스	거래은행의 전화번호와 팩스번호를 필요시 입력한다.
10. 거래처분류명	은행을 당해회사가 분류한 그룹으로 분류할 때 사용한다.
11. 우편번호	우편번호를 조회하여 입력한다.
12. 금융기관주소	거래은행의 주소를 조회하여 입력한다.
13.사용여부	현재 거래중인 거래은행인 경우에는 "1.여", 거래하지 않는 경우에는 "0.부"로 설정한다.

03..신용카드

당해 회사에서 신용카드사에 가맹되어 있는 경우 가맹점으로 등록된 사항을 입력한다.

1. 코 드

등록할 회사의 코드를 "99600~99999"의 범위내에서 임으로 정하여 입력한다.

2. 거래처명

등록할 신용카드사를 입력한다.

3. 가맹점(카드)번호

우측에서 입력한 가맹점번호, 카드번호가 자동표기 된다. 사용자가 신용카드 가맹점인 경우, 즉 매출인 경우 신용카드 가맹점번호를 입력한다. 매입인 경우에는 신용카드번호를 입력한다.

4. 유 형

유형은 매출인 경우에는 "1.매출", 매입인 경우에는 "2.매입"을 선택한다.

5. 신용카드 등록사항

1.사업자등록번호	신용카드 거래처의 사업자등록번호를 입력한다.
2.가맹점번호	가맹점번호를 입력한다.(매출인 경우)
3.카드번호(매입)	카드번호를 입력한다.(매입인 경우)
4.카드종류(매입)	"1.일반카드, 2.복지카드, 3.사업용카드" 중 하나를 선택하여 입력한다. 이 구분입력은 신용카드 매출전표등수취금액합계표에 반영된다.
5.전화번호	해당카드사의 전화번호를 입력합니다.
6.결제계좌	해당카드의 결제계좌와 계좌번호를 입력한다.
7.신용카드사코드	해당카드사의 부여된 코드를 조회하여 입력한다.
8.수수료	카드수수료율을 입력한다.
9.결제일	해당카드의 결제일을 입력한다.
10.담당자	신용카드사의 담당자를 입력한다.
11.홈페이지	신용카드사의 홈페이지를 입력한다.
12.거래처분류명	당해회사 기준에 의해 분류한 분류명을 카드사별로 입력한다.
13.사용한도	신용카드회사에서 부여한 사용한도액을 입력한다.
14.사용여부	사용여부를 입력한다.

실습예제

(주)앤트패션의 거래처는 다음과 같다. 거래처를 등록하시오. 단, 주어진 자료 외에는 입력을 생략한다.

코드	구분	상호명	대표자명	사업자등록번호	업태	종목	주소 또는 우편번호
101	매출	(주)새롬	박새롬	128-81-42248	도소매	의류	서울 중구 남대문로 112
102	매출	시티패션	전보라	101-81-74857	도소매	의류	서울 금천구 가산로 113
103	매출	동국무역	손정호	220-81-26452	서비스	무역	서울 강남구 역삼로 405
104	매입	고려섬유(주)	김창용	124-29-74624	제조	원단	부산광역시 사상구 모덕로 100
105	매입	대한원단	최춘화	108-81-59726	제조	원단	광주광역시 광산구 산월로 25
106	매입	부천유통	권세민	107-81-27084	도소매	잡화	경기 부천 소사구 심곡로 10번길 35
107	매입	현대자동차	한기주	101-81-39258	제조·도매	자동차	충청북도 단양군 매포읍 도곡1길 13
108	매출	김태희	주민등록번호 : 830208-2182630				
109	매출	Mossy Oak	생 략				
98000	-	우리은행	계좌번호 : 123-5135-123456, 유형 : 보통예금				
99600	매입	국민카드	카드번호 : 5272-8954-3391-7146, 카드구분 : 사업용카드				

1. 입력방법

① 거래처등록에서 거래처코드와 거래처명을 입력하고 →키나 ↵키를 누르면 일반거래처등록사항으로 이동한다.
② 여기서 거래처의 등록사항을 입력하고 [Enter↵]키를 치면, 다시 화면의 왼쪽으로 이동한다.
③ [거래처등록] 메뉴를 클릭하게 되면 일반거래처화면이 나타나므로 일반거래처인 경우에는 거래처등록 사항을 입력하면 된다. 그러나 금융기관이나 신용카드회사인 경우에는 금융기관 또는 신용카드메뉴를 클릭한 후 입력하여야 한다.

2. 입력된 화면

① (주)새롬(101)

② 시티패션(102)

③ 동국무역(103)

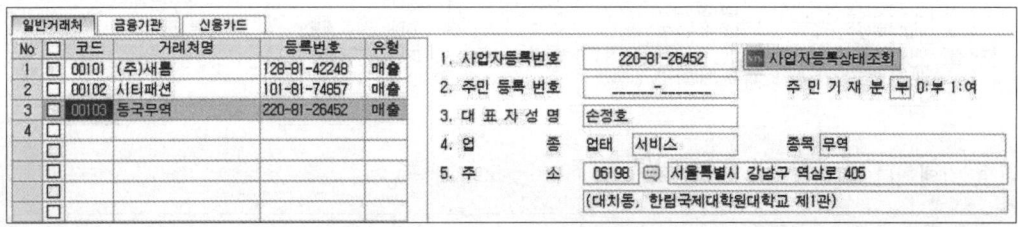

④ 고려섬유(주)(104)

일반거래처 | 금융기관 | 신용카드

No	코드	거래처명	등록번호	유형
1	00101	(주)새롬	128-81-42248	매출
2	00102	시티패션	101-81-74857	매출
3	00103	동국무역	220-81-26452	매출
4	00104	고려섬유(주)	124-29-74624	매입
5				

1. 사업자등록번호	124-29-74624	사업자등록상태조회	
2. 주민 등록 번호	______-_______	주 민 기 재 분	부 0:부 1:여
3. 대 표 자 성 명	김창용		
4. 업 종	업태 제조	종목	원단
5. 주 소	46944 부산광역시 사상구 모덕로 100		
	(덕포동)		

⑤ 대한원단(105)

일반거래처 | 금융기관 | 신용카드

No	코드	거래처명	등록번호	유형
1	00101	(주)새롬	128-81-42248	매출
2	00102	시티패션	101-81-74857	매출
3	00103	동국무역	220-81-26452	매출
4	00104	고려섬유(주)	124-29-74624	매입
5	00105	대한원단	108-81-59726	매입
6				

1. 사업자등록번호	108-81-59726	사업자등록상태조회	
2. 주민 등록 번호	______-_______	주 민 기 재 분	부 0:부 1:여
3. 대 표 자 성 명	최춘화	종 사업장 번호	
4. 업 종	업태 제조	종목	원단
5. 우 편 번 호	506-824 광주광역시 광산구 산월로 25		
6. 사 업 장 주 소	(월계동)		

⑥ 부천유통(106)

일반거래처 | 금융기관 | 신용카드

No	코드	거래처명	등록번호	유형
1	00101	(주)새롬	128-81-42248	매출
2	00102	시티패션	101-81-74857	매출
3	00103	동국무역	220-81-26452	매출
4	00104	고려섬유(주)	124-29-74624	매입
5	00105	대한원단	108-81-59726	매입
6	00106	부천유통	107-81-27084	매입
7				

1. 사업자등록번호	107-81-27084	사업자등록상태조회	
2. 주민 등록 번호	______-_______	주 민 기 재 분	부 0:부 1:여
3. 대 표 자 성 명	권세민	종 사업장 번호	
4. 업 종	업태 도소매	종목	잡화
5. 우 편 번 호	422-820 경기도 부천시 소사구 심곡로10번길 35		
6. 사 업 장 주 소	(송내동, 보강빌라)		

⑦ 현대자동차(107)

일반거래처 | 금융기관 | 신용카드

No	코드	거래처명	등록번호	유형
1	00101	(주)새롬	128-81-42248	매출
2	00102	시티패션	101-81-74857	매출
3	00103	동국무역	220-81-26452	매출
4	00104	고려섬유(주)	124-29-74624	매입
5	00105	대한원단	108-81-59726	매입
6	00106	부천유통	107-81-27084	매입
7	00107	현대자동차	101-81-39258	매입
8				

1. 사업자등록번호	101-81-39258	사업자등록상태조회	
2. 주민 등록 번호	______-_______	주 민 기 재 분	부 0:부 1:여
3. 대 표 자 성 명	한기주	종 사업장 번호	
4. 업 종	업태 제조,도매	종목	자동차
5. 우 편 번 호	395-902 충청북도 단양군 매포읍 도곡1길 13		
6. 사 업 장 주 소			

⑧ 김태희(108)

일반거래처 | 금융기관 | 신용카드

No	코드	거래처명	등록번호	유형
1	00101	(주)새롬	128-81-42248	매출
2	00102	시티패션	101-81-74857	매출
3	00103	동국무역	220-81-26452	매출
4	00104	고려섬유(주)	124-29-74624	매입
5	00105	대한원단	108-81-59726	매입
6	00106	부천유통	107-81-27084	매입
7	00107	현대자동차	101-81-39258	매입
8	00108	김태희	830208-2182630	매출

1. 사업자등록번호	___-__-_____	사업자등록상태조회	
2. 주민 등록 번호	830208-2182630	주 민 기 재 분	여 0:부 1:여
3. 대 표 자 성 명		종 사업장 번호	
4. 업 종	업태	종목	
5. 우 편 번 호	___-___		
6. 사 업 장 주 소			

⑨ Mossy Oak(109)

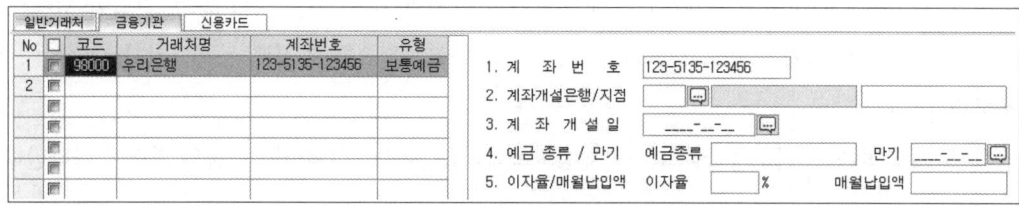

⑩ 우리은행(98000)

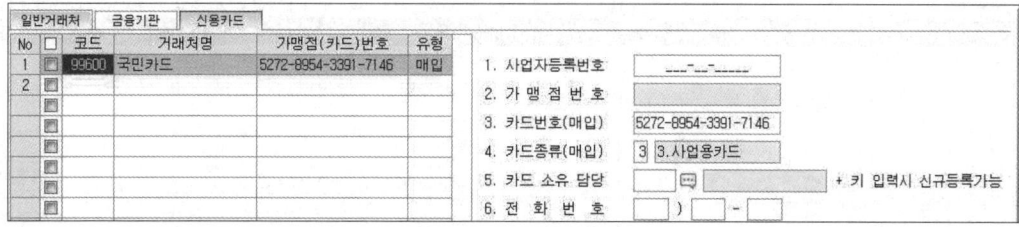

⑪ 국민카드(99600)

No	□	코드	거래처명	가맹점(카드)번호	유형
1		99600	국민카드	5272-8954-3391-7146	매입
2					

1. 사업자등록번호   ___-__-_____
2. 가 맹 점 번 호
3. 카드번호(매입)   5272-8954-3391-7146
4. 카드종류(매입)   3 3.사업용카드
5. 카드 소유 담당   + 키 입력시 신규등록가능
6. 전 화 번 호   )   -

03 | 계정과목 및 적용등록

[계정과목 및 적요등록]은 전표를 입력하기 위한 계정과목을 101부터 999번까지 코드를 이용하여 등록되어 있는 메뉴이다. 따라서 본 메뉴는 회사에서 사용할 계정과목을 설정하고 또한, 입력의 편의와 능률 향상을 위하여 거래자료 입력 시 빈번히 사용되는 적요를 미리 등록하는 것이 바람직하다. 일반적으로 사용되는 계정과목과 적요가 이미 등록되어 있는 상태이므로 기업이 수행하는 경영활동의 성격, 기업의 규모에 따라 필요한 계정과목과 적요를 추가로 등록하거나 수정하여 사용하면 된다.

전체메뉴화면에서 [기초정보등록] → [계정과목및적요등록]을 선택하면 다음의 화면이 나타난다.

[계정과목및적요등록화면]

01. 적색계정과목

적색계정과목은 과목의 특수성 때문에 수정할 수 없게 되어 있다. 부득이하게 수정할 경우에는 Ctrl+F2를 누른 후 수정할 계정과목의 명칭을 입력한다.

02. 흑색계정과목

커서를 계정코드(명)에 위치한 다음 변경할 계정과목으로 수정하여 입력한다.

03. 사용자설정계정과목

계정과목을 새로 만들어서 사용할 경우는 코드체계에 유념하여 코드 범위내의 사용자설정계정과목으로 커서를 위치한 다음 변경할 계정과목으로 수정하여 입력한다.

예를 들어 당좌자산에 해당되는 계정과목을 수정하고 싶으면 반드시 계정과목코드체계 범위 101-145번 코드범위 내에서 계정과목을 등록하여야 하며, 유동부채에 해당되는 계정과목을 등록하고 싶으면 251-290번 코드범위 내에서 등록 하여야 한다. 이처럼 모든 계정과목들은 계정코드체계를 이용하여 그 코드범위 내에서 수정 또는 계정과목을 등록하여야 됨을 유념하여야 한다.

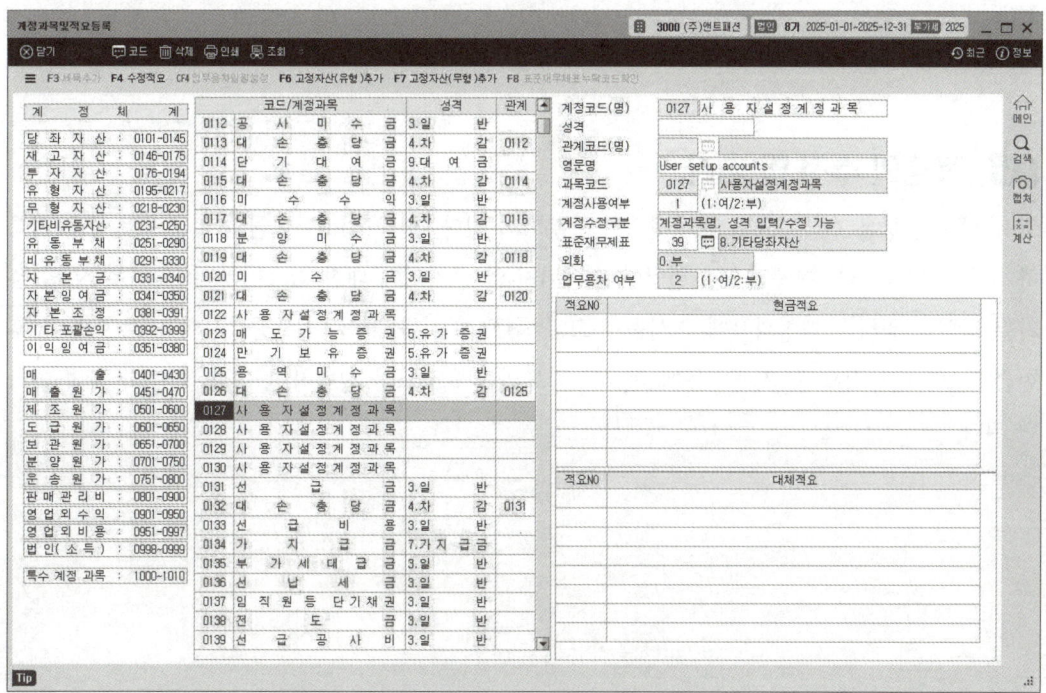

04..성격

계정과목의 성격은 해당 계정과목의 특성을 나타내는 것으로 본 프로그램에서는 이미 정확하게 입력되어있다. 그러나 회사계정과목을 수정 및 추가 하는 경우에는 해당 계정과목의 특성에 적합한 것을 선택하여 입력하여야 한다.

05..적요의 수정 및 추가

적요등록사항은 현금적요와 대체적요로 구분되어 있다. 현금적요는 현금의 입금과 출금을 기록하기 위한 적요이다. 대체적요는 현금이 수반되지 않는 거래에 대한 적요이다. 적요의 수정 및 추가는 작업을 원하는 계정과목에 커서를 두고 "⇥(Tap)"키를 눌러 "적요등록사항"으로 이동한 후 현금적요와 대체적요 중 거래내용에 적합한 적요의 적요코드를 선택하여 수정 및 추가 작업을 하면 된다.

🔍 실습예제

계정과목 및 적요등록메뉴에서 다음 자료를 수정 또는 추가 등록하시오.

① 회사는 중국에 제품을 수출하기로 하고 새로운 계정과목을 다음과 같이 설정하여 사용하고자 한다.

구 분	내 용
계 정 과 목 코 드	420
계 정 과 목	중 국 수 출
성 격	매 출
적 요	현금적요 : 중국제품수출

② "외상매출금(108)"계정의 대체적요 8번에 "외상매입금과 상계"를 등록하시오.

① [계정과목 및 적요등록]화면에서 임의의 코드란에서 420입력하면 커서가 420번으로 이동한다. 이동시에는 방향키나 엔터키를 사용한다. "계정코드(명)"에 중국수출로 입력 하고 "성격"에는 "1.매출"을 선택한다. 아래쪽 적요등록사항 중 현금적요란에 "중국 제품수출"을 입력한다. 다음은 계정과목과 적요가 입력된 화면이다.

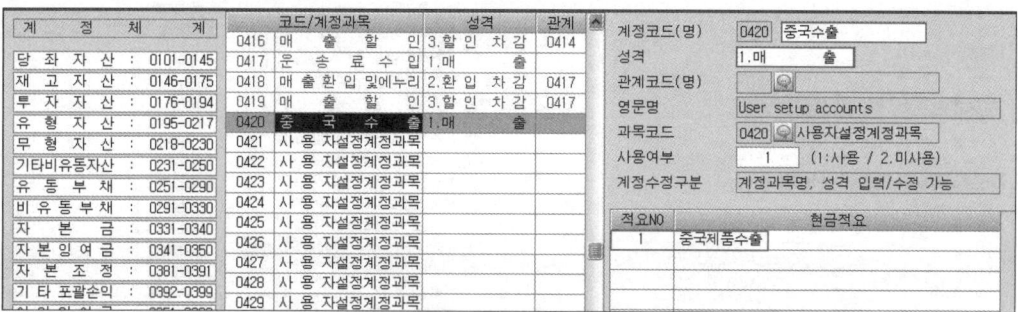

② 108.외상매출금계정과목의 화면우측아래 대체적요란 중 "8.외상매입금과 상계"를 입력한다.

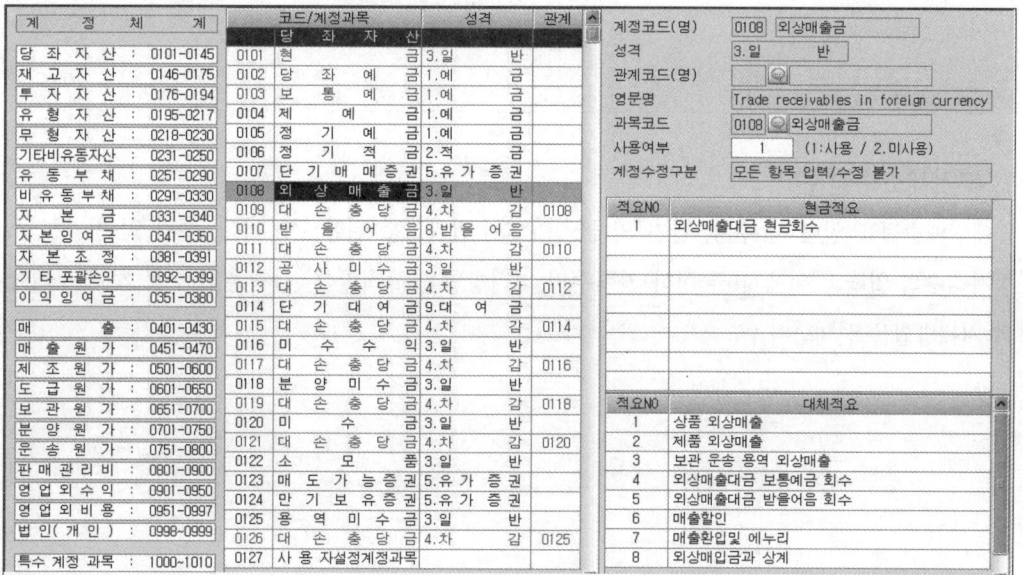

04 환경등록

환경등록은 시스템환경을 설정하기 위해 설정하는 메뉴이다. 시스템환경설정은 시스템전반에 걸쳐 영향을 미치기 때문에 초기 설정 값을 신중하게 고려하여 결정하고 입력하여야 한다.

[환경등록화면]

1. 부가세소수점 관리

매입매출전표 입력 시 수량, 단가 및 금액의 소수점관리를 위한 항목이다. 수량 및 단가는 소수점자리수의 입력과 이에 따른 이하 자릿수의 처리방법을 선택한다. 금액은 소수점 첫째 자리에서의 처리방법을 선택한다.

2. 분개유형설정

① 매입 · 매출
매입매출전표 입력 시 자동분개 되는 매입 매출계정코드이며 기본값이 "0146(상품)", "0401(상품매출)"로 설정되어 있으므로 제품매출, 원재료매입이거나, 다른 매출, 매입인 경우에는 해당코드로 수정 · 입력한다.

② 매입채무 · 매출채권
매입매출전표 입력 시 자동분개 되는 매입채무 매출채권코드이며 기본 값이 "0251(외상매입금)" "0108(외상매출금)"으로 설정되어 있으므로 주 매입채무계정이 외상매입금, 주 매출채권계정이 외상매출금이 아닌 경우는 사용자가 해당코드로 수정 · 입력한다.

③ 신용카드매입채무 · 신용카드매출채권
자동분개 되는 신용카드 매출채권 기본값이 0120.미수금, 매입채무 0253.미지급금으로 되어 있으며, 다른 계정을 사용하고자 하는 경우에는 바꾸어 입력한다.

3. 부가세 포함 여부

① 카드입력방식
부가세 "1.포함"으로 설정된 경우 매입매출전표에서 유형 카과와 현과 입력시 공급가액란에 부가세를 포함한 금액을 입력하면 그 입력한 금액에서 부가세를 제외한 금액(100/110)이 자동 산출된다.
"0.미포함"으로 설정된 경우 매입매출전표에서 유형 카과와 현과 입력시 공급가액란에 부가세를 제외한 금액을 입력한다. 기본계정은 "0.미포함"으로 설정되어 있다.

② 건별공급가액에 부가세 포함 : 카드입력방식과 동일하다.

4. 단가 표시
수량과 공급가액을 입력하면 자동으로 공급가액을 수량으로 나누어 단가를 표시한다.

실습예제

다음과 같이 환경등록을 수정하고 고정자산 간편 자동등록 사용을 사용안함으로 수정하시오.

구 분		변경내용
매입매출전표입력자동설정관리	매 출	제품매출(404)
	매 입	원 재 료(153)

따라하기

전체메뉴화면에서 [기초정보등록] → [환경등록]

① 기본계정설정 매출에서 [(401)상품매출]을 [(404)제품매출]로 수정한다.

② 기본계정설정 매입에서 [(146)상품]에서 [(153)원재료]로 수정한다.

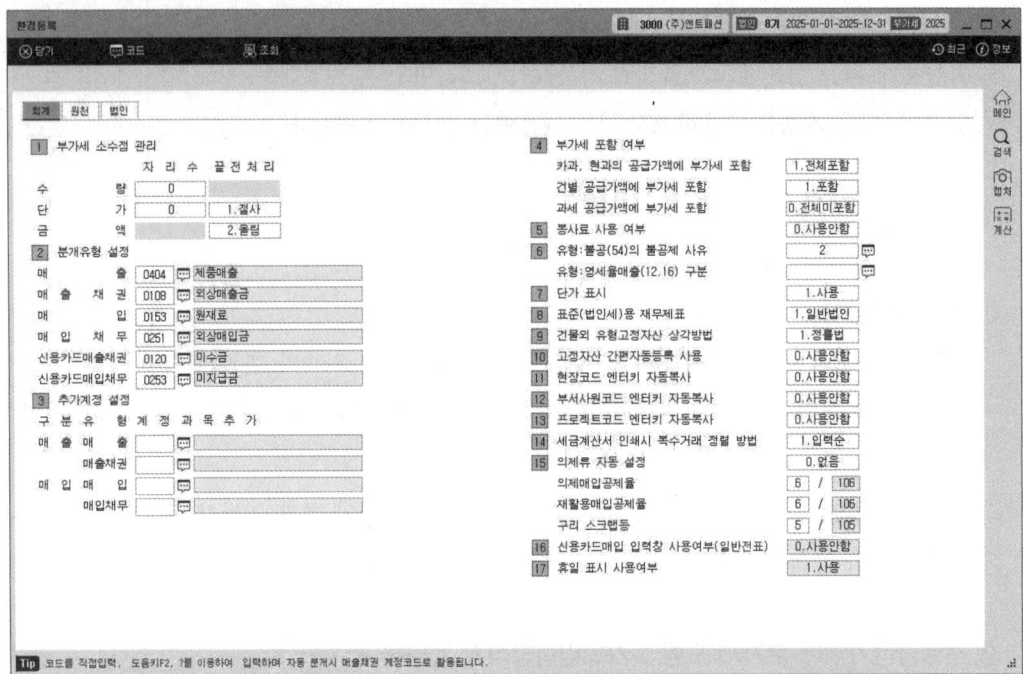

05 초기이월작업

기초정보관리 작업은 본 프로그램을 이용하여 특정회사에 대한 전산회계처리를 처음으로 수행하는 경우에 필요하다. 계속하여 본 프로그램을 사용하는 기업들은 마감 후 이월메뉴를 이용하여 차기로 회계자료를 이월시키면 전기분 자료가 자동 생성되므로 초기이월작업을 할 필요가 없다. 초기이월메뉴에는 전기분재무상태표, 전기분손익계산서, 전기분원가명세서, 전기분이익잉여금처분계산서, 거래처별 초기이월이 있다.

01..전기분재무상태표

전기분재무상태표에서의 초기이월 작업은 본 메뉴에서 전년도의 재무상태표자료를 입력하면 된다. 본 작업을 통해 각 계정별로 전기 잔액이 이월되고, 비교식 재무상태표의 전기분 자료가 제공되며, 전기분손익계산서와 전기분제조원가명세서의 기말재고액은 전기분재무상태표에서 재고자산을 입력하여야 자동으로 표시되며, 채권·채무 등 거래처관리가 필요한 과목의 금액은 [거래처별초기이월]메뉴에 입력할 수 있는 기초금액을 제공한다.

[전기분재무상태표화면]

1. 코드 및 금액

계정과목 코드 3자리와 금액을 입력한다. 계정과목의 코드를 모르는 경우에는 다음과 같은 방법으로 입력한다.

① 툴바의 코드 키를 이용하여 조회되는 화면에서 해당 계정과목에 커서를 위치시키고 Enter 키를 누르거나 더블 클릭한다.

② 코드란에 커서를 위치시키고 입력하고자 하는 계정과목명의 앞 글자 2자를 입력하고 Enter 키를 누르면, 해당 글자가 포함되어 있는 계정과목명이 조회되므로 해당 계정과목에 커서를 위치시키고 Enter 키를 누르면 입력된다.

2. 퇴직급여충당부채와 퇴직연금충당부채의 입력

부채항목 중 퇴직급여충당부채(코드: 295)는 원가 구성항목별로 구분(제조원가, 판관비 등) 하여 입력하여야 한다. 퇴직연금충당부채(코드: 329)도 동일하다.

이와 같이 원가 구성항목별로 구분하여 입력하게 되면 결산자료에 자동으로 반영된다.

3. 법인의 잉여금(결손금)계정 입력

전년도 재무상태표상 당기말미처분이익잉여금일 경우는 이월이익잉여금(코드: 0375)으로 미처리결손금일 경우는 이월결손금(코드: 0376)으로 입력한다.(당기순이익(손실)계정은 사용하지 않는다.)

4. 입력오류의 자동검색

각 계정과목과 금액을 입력하면 하단에 차변금액과 대변금액이 자동으로 집계되며, 차변금액과 대변금액이 일치하지 않는 경우에는 우측하단에 대차차액이표시 된다. 이는 입력이 잘못된 상태이므로 확인하여 정확히 입력하여야 한다.

대차차액금액이 음수(-)이면 차변금액이 부족한 경우이고, 양수(+)이면 대변금액이 부족한 경우이다.

> 🔍 **실습예제**

(주)앤트패션의 전기분재무상태표는 다음과 같다. [전기분재무상태표]메뉴에 입력하시오

재 무 상 태 표

(주)앤트패션　　　　　　　　2024.12.31 현재　　　　　　　　(단위:원)

과　　　　목	금　　액		과　　　　　목	금　　액
자　산			부　채	
Ⅰ.유동자산		33,770,000	Ⅰ.유 동 부 채	46,400,000
1.당 좌 자 산		20,070,000	외 상 매 입 금	15,000,000
현　　　　금		5,420,000	지 급 어 음	6,000,000
보 통 예 금		6,730,000	미 지 급 금	4,000,000
외 상 매 출 금	8,000,000		단 기 차 입 금	20,000,000
대 손 충 당 금	(80,000)	7,920,000	미 지 급 비 용	1,400,000
2.재 고 자 산		13,700,000	Ⅱ.비 유 동 부 채	90,000,000
제　　　　품		6,000,000	장 기 차 입 금	50,000,000
재 공 품		3,500,000	퇴직급여충당부채	40,000,000
원 재 료		4,200,000	부 채 총 계	136,400,000
Ⅱ.비유동자산		205,600,000	자　본	
1.투 자 자 산		0	Ⅰ.자 본 금	60,000,000
2.유 형 자 산		180,600,000	자 본 금	60,000,000
건　　　　물	150,000,000			
감가상각누계액	(7,500,000)	142,500,000	Ⅱ.자 본 잉 여 금	0
기 계 장 치	30,000,000		Ⅲ.자 본 조 정	0
감가상각누계액	(6,000,000)	24,000,000	Ⅳ.기타포괄손익누계액	0
차 량 운 반 구	12,000,000		Ⅴ.이 익 잉 여 금	42,970,000
감가상각누계액	(2,400,000)	9,600,000	이 익 준 비 금	5,000,000
비　　　　품	5,000,000		미처분이익잉여금	37,970,000
감가상각누계액	(500,000)	4,500,000	(당기순이익:	
3.무 형 자 산		10,000,000	21,936,000)	
특 허 권		10,000,000	자 본 총 계	102,970,000
4.기 타 비 유 동 자 산		15,000,000		
기 타 보 증 금		15,000,000		
자 산 총 계		239,370,000	부채와자본총계	239,370,000

* 퇴직급여충당부채 40,000,000원은 생산직이 25,000,000원이고, 사무직이 15,000,000원이다.

따라하기

전체메뉴화면에서 [전기분재무제표] → [전기분 재무상태표]를 클릭한다.

1. 계정과목 입력방법

입력방법은 코드란에 한글로 계정과목의 앞 두 글자를 입력한 후 해당계정을 선택하여 [Enter↵] 키를 친다. 이때 계정별 합계액은 자동계산 되므로 구분항목은 별도로 입력하지 않는다. 여기서 주의해야 할 것은 미처분이익잉여금계정은 재무상태표에서 "미처분이익잉여금"으로 표시되나 계정과목 입력시에는 "이월이익잉여금(375)" 계정으로 입력하여야 한다.

2. 금액입력방법

금액을 입력할 때에는 컴마(,) 없이 숫자만 입력하는데, 키보드 우측에 있는 숫자키 중 '+' 키를 누르면 "0" 세개(000)가 자동생성 된다.

3. 차감계정 입력방법

대손충당금과 감가상각비 등은 자산의 차감계정 이므로 해당 자산의 차감표시 되어야 한다. 예를 들어 외상매출금의 대손충당금 계정은 외상매출금계정이 108번이기 때문에 이에 대한 대손충당금은 109번으로 입력 하여야 한다. 받을어음에 대한 대손충당금계정도 받을어음 계정이 110번이기 때문에 111번으로 입력하여야 한다.

0101	현금	5,420,000
0103	보통예금	6,730,000
0108	외상매출금	8,000,000
0109	대손충당금	80,000
0150	제품	6,000,000

감가상각누계액 또한 유형자산의 차감계정 이므로 해당 자산에 차감표시 되어야 한다. 예를 들어 건물이 202번이면 감가상각누계액은 다음 코드번호인 203번으로 입력한다.

0202	건물	150,000,000
0203	감가상각누계액	7,500,000
0206	기계장치	30,000,000
0207	감가상각누계액	6,000,000
0208	차량운반구	12,000,000
0209	감가상각누계액	2,400,000
0212	비품	5,000,000
0213	감가상각누계액	500,000

4. 퇴직급여충당부채 입력방법

　퇴직급여충당부채계정(295)은 코드를 입력한 후 금액은 하단에 있는 제조경비에 해당하는 금액은 제조란에 입력하고 판매비와 관리비에 해당하는 금액은 판관비란에 입력하면 퇴직급여충당부채계정에 합계액으로 표시된다.

0293	장기차입금	50,000,000
0295	퇴직급여충당부채	40,000,000
0331	자본금	60,000,000

퇴직급여충당부채(295) :	제 조	25,000,000	도 급		보 관	
	분 양		운 송		판 관 비	15,000,000
퇴직연금충당부채(329) :	제 조		도 급		보 관	
	분 양		운 송		판 관 비	

5. 입력할 계정과목과 금액

계정과목	코드번호	금액	계정과목	코드번호	금액
현　　　　　금	101	5,420,000	감 가 상 각 누 계 액	213	500,000
보 통 예 금	103	6,730,000	특　　허　　권	219	10,000,000
외 상 매 출 금	108	8,000,000	기 타 보 증 금	234	15,000,000
대 손 충 당 금	109	80,000	외 상 매 입 금	251	15,000,000
제　　　　　품	150	6,000,000	지 급 어 음	252	6,000,000
재 공 품	169	3,500,000	미 지 급 금	253	4,000,000
원 재 료	153	4,200,000	단 기 차 입 금	260	20,000,000
건　　　　　물	202	150,000,000	미 지 급 비 용	262	1,400,000
감 가 상 각 누 계 액	203	7,500,000	장 기 차 입 금	293	50,000,000
기 계 장 치	206	30,000,000	퇴직급여충당부채	295	40,000,000
감 가 상 각 누 계 액	207	6,000,000	자 본 금	331	60,000,000
차 량 운 반 구	208	12,000,000	이 익 준 비 금	351	5,000,000
감 가 상 각 누 계 액	209	2,400,000	이 월 이 익 잉 여 금	375	37,970,000
비　　　　　품	212	5,000,000			

6. 전기분재무상태표가 입력된 화면

02. 전기분 손익계산서

전기분손익계산서 작업은 재무회계 메인화면에서 "전기분재무제표"의 "전기분손익계산서" 메뉴를 클릭하여 실행된 화면에서 전년도의 손익계산서 자료를 입력하여 수행한다. 입력방식은 전기분 재무상태표와 거의 유사하다.

실습예제

(주)앤트패션의 전기분손익계산서는 다음과 같다. [전기분손익계산서]메뉴에 입력하시오.

손 익 계 산 서

(주)앤트패션　　　　　제 7 기　2024.1.1 ~ 2024.12.31　　　　　(단위:원)

계 정 과 목	금 액	
Ⅰ. 매　　출　　액		230,000,000
제　품　매　출	230,000,000	
Ⅱ. 매　출　원　가		114,934,000
기 초 제 품 재 고 액	2,500,000	
당 기 제 품 제 조 원 가	118,434,000	
기 말 제 품 재 고 액	6,000,000	
Ⅲ. 매　출　총　이　익		115,066,000
Ⅳ. 판 매 비 와 관 리 비		93,500,000
급　　　　　　　　여	34,500,000	
복　리　후　생　비	8,400,000	
여　비　교　통　비	3,250,000	
기 업 업 무 추 진 비	7,860,000	
통　　신　　비	1,370,000	
세　금　과　공　과　금	15,150,000	
감　가　상　각　비	8,000,000	
보　　험　　료	1,250,000	
차　량　유　지　비	1,640,000	
광　고　선　전　비	12,000,000	
대　손　상　각　비	80,000	
Ⅴ. 영　업　이　익		21,566,000
Ⅵ. 영　업　외　수　익		740,000
잡　　이　　익	740,000	
Ⅶ. 영　업　외　비　용		200,000
이　자　비　용	200,000	
Ⅷ. 법인세차감전순이익		22,106,000
Ⅸ. 법　인　세　비　용		170,000
법　인　세　비　용	170,000	
Ⅹ. 당　기　순　이　익		21,936,000

따라하기

메인화면에서 [전기재무제표] → [전기분손익계산서]를 클릭한다.

1. 매출원가입력 방법

　매출원가를 입력할 때에 보조화면이 나타나면 그 보조화면에 기초제품재고액과 당기제품제조원가를 입력한다. 기말제품재고액은 전기분재무상태표에 제품으로 재고자산을 등록하면 자동으로 손익계산서에 반영된다. 만약에 기말제품재고액이 누락 되었다면 손익계산서에서 직접 입력이 불가능하므로 전기분재무상태표에서 먼저 제품을 입력하여야 한다.

2. 입력할 계정과목과 금액

계정과목	코드번호	금 액	계정과목	코드번호	금 액
제 품 매 출	404	230,000,000	세금과공과금	817	15,150,000
기 초 제 품 재 고 액		2,500,000	감 가 상 각 비	818	8,000,000
당 기 제 품 제 조 원 가	455	118,434,000	보 험 료	821	1,250,000
기 말 제 품 재 고 액		6,000,000 (자동반영)	차 량 유 지 비	822	1,640,000
급 여	801	34,500,000	광 고 선 전 비	833	12,000,000
복 리 후 생 비	811	8,400,000	대 손 상 각 비	835	80,000
여 비 교 통 비	812	3,250,000	잡 이 익	930	740,000
기 업 업 무 추 진 비	813	7,860,000	이 자 비 용	951	200,000
통 신 비	814	1,370,000	법 인 세 비 용	998	170,000

3. 전기분손익계산서가 입력된 화면

　각 계정과목의 코드와 금액을 정확히 입력하면 화면상의 당기순이익금액과 문제에서의 당기순이익 금액은 일치 하여야 한다. 만약에 일치 하지 않는다면 계정별 합계액의 구분항목을 대조한 후 잘못 입력된 계정과목을 찾아서 수정하여야한다.

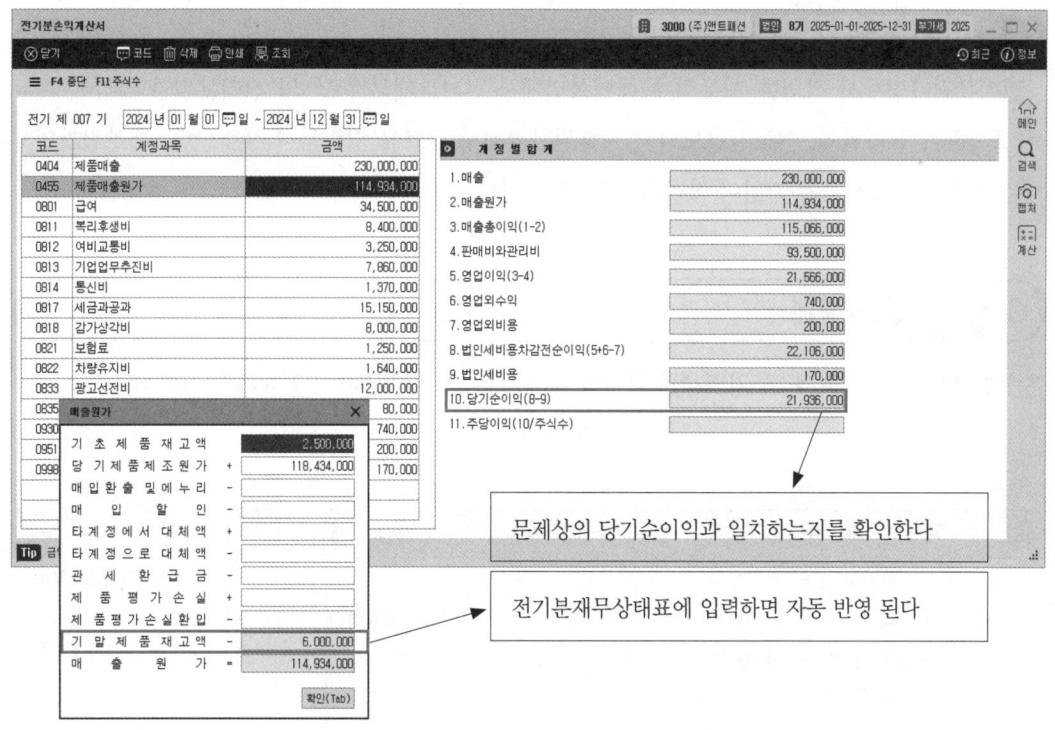

03. 전기분원가명세서

전기분원가명세서 작업은 재무회계 메인화면에서 "전기분재무제표"의 "전기분원가명세서" 메뉴를 클릭하여 실행된 화면에 전년도의 전기분원가명세서 자료를 입력하여 수행한다. 제조원가명세서는 제조업을 영위하는 기업이 작성하는 명세서이다.

🔍 실습예제

(주)앤트패션의 전기분제조원가명세는 다음과 같다. [전기분원가명세서]메뉴에 입력하시오.

제 조 원 가 명 세 서

(주)앤트패션　　　　　제 7 기 2024. 1. 1 ~ 2024. 12. 31　　　　　(단위 : 원)

계 정 과 목	금 액	
Ⅰ. 원 재 료 비		47,134,000
기 초 원 재 료 재 고 액	1,300,000	
당 기 원 재 료 매 입 액	50,034,000	
기 말 원 재 료 재 고 액	4,200,000	
Ⅱ. 노 무 비		24,700,000
임　　　　　　　　　금	24,700,000	
Ⅲ. 경 비		47,100,000
복 리 후 생 비	6,450,000	
통　　신　　비	2,200,000	
가 스 수 도 료	2,450,000	
전　　력　　비	4,260,000	
세 금 과 공 과	1,100,000	
감 가 상 각 비	8,400,000	
수　　선　　비	3,755,000	
보　　험　　료	1,694,000	
차 량 유 지 비	1,796,000	
소 모 품 비	1,245,000	
외 주 가 공 비	13,750,000	
Ⅳ. 당 기 총 제 조 비 용		118,934,000
Ⅴ. 기 초 재 공 품 재 고 액		3,000,000
Ⅵ. 합　　　　　　　　계		121,934,000
Ⅶ. 기 말 재 공 품 재 고 액		3,500,000
Ⅷ. 타 계 정 으 로 대 체 액		0
Ⅸ. 당 기 제 품 제 조 원 가		118,434,000

따라하기

메인화면에서 [전기분재무제표] → [전기분원가명세서]를 클릭한다.

전기분원가명세서를 입력하기 위해서 F4 원가설정 클릭하면 매출원가 코드와 원가경비를 입력하도록 화면이 나타나며 제조원가명세서는 제품을 제조하는데 매출원가가 얼마인지 알기위해서 작성하므로 첫 번째 라인에 커서를 위치시키고 하단에 있는 편집(Tab) 키를 누른다. 사용여부를 "1.여"로 선택한 다음 하단의 선택(Tab) 키를 누른 다음 확인(Enter) 키를 누른다.

사용여부	매출원가코드 및 계정과목		원가경비		화면
여	0455	제품매출원가	1	0500번대	제조
부	0452	도급공사매출원가	2	0600번대	도급
부	0457	보관매출원가	3	0650번대	보관
부	0453	분양공사매출원가	4	0700번대	분양
부	0458	운송매출원가	5	0750번대	운송

[참고사항]
1. 편집(tab)을 선택하면 사용여부를 1.여 또는 0.부로 변경하실 수 있습니다.
2. 사용여부를 1.여로 입력 되어야만 매출원가코드를 변경하실 수 있습니다.
   (편집(tab)을 클릭하신 후에 변경하세요)
3. 사용여부가 1.여인 매출원가코드가 중복 입력되어 있는 경우 본 화면에 입력하실 수 없습니다.

1. 전기분원가명세서 입력방법

전기분원가명세서의 원재료비는 기초원재료재고액에서 당기원재료매입액을 더한 다음 기말원재료재고액를 빼면 원재료비가 계산된다. 원재료비를 입력할 때 "원재" 두 글자를 입력하고 Enter 키를 누르면 원재료비를 입력할 수 있는 보조화면이 나타나며 <u>기초원재료재고액, 당기원재료매입액</u>은 직접 입력한다.

코드	계정과목	금액
0501	원재료비	47,134,000

원재료
기 초 원 재 료 재 고 액		1,300,000
당 기 원 재 료 매 입 액	+	50,034,000
매 입 환 출 및 에 누 리	−	
매 입 할 인	−	
타 계 정 에 서 대 체 액	+	
타 계 정 으 로 대 체 액	−	
원 재 료 평 가 손 실	+	
원 재 료 평 가 환 입	−	
기 말 원 재 료 재 고 액	−	4,200,000
원 재 료 비	=	47,134,000

기말원재료재고액 또는 기말재공품재고액은 전기분재무상태표에서 재고자산인 원재료 또는 재공품을 입력하여야 전기분원가명세서에 자동으로 반영된다. 그러므로 만약 전기분원가명세서에서 기말원재료재고액 또는 기말재공품재고액이 누락 되었다면 전기분원가명세서에서는 직접입력이 불가능하므로 전기분재무상태표에서 입력하여야 한다.

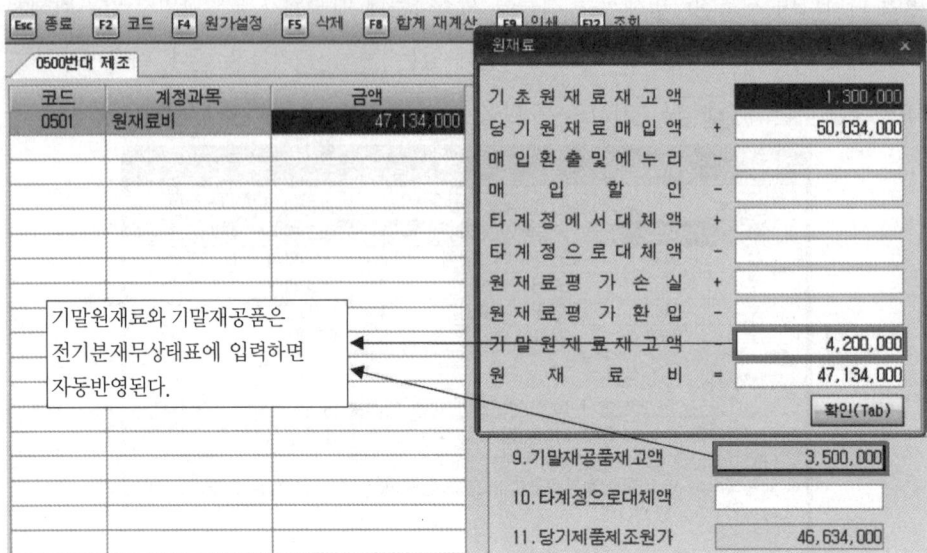

반면, 기초재공품재고액은 전기분원가명세서 화면우측의 계정별합계액에서 6. 기초재공품재고액란에 마우스를 이용하여 우측에 직접 입력해야 한다.

2. 입력할 계정과목과 금액

계정과목	코드번호	금액	계정과목	코드번호	금액
기 초 원 재 료 재 고 액	501	1,300,000	세 금 과 공 과 금	517	1,100,000
당 기 원 재 료 매 입 액		50,034,000	감 가 상 각 비	518	8,400,000
기 말 원 재 료 재 고 액		4,200,000 (자동반영)	수 선 비	520	3,755,000
임 금	504	24,700,000	보 험 료	521	1,694,000
복 리 후 생 비	511	6,450,000	차 량 유 지 비	522	1,796,000
통 신 비	514	2,200,000	소 모 품 비	530	1,245,000
가 스 수 도 료	515	2,450,000	외 주 가 공 비	533	13,750,000
전 력 비	516	4,260,000			

3. 입력된 전기분원가명세서

전기분원가명세서의 모든 계정과목이 입력되면 화면상에 있는 당기제품제조원가금액과 문제상의 당기제품제조원가금액이 일치하면 정확하게 입력된 것이다.

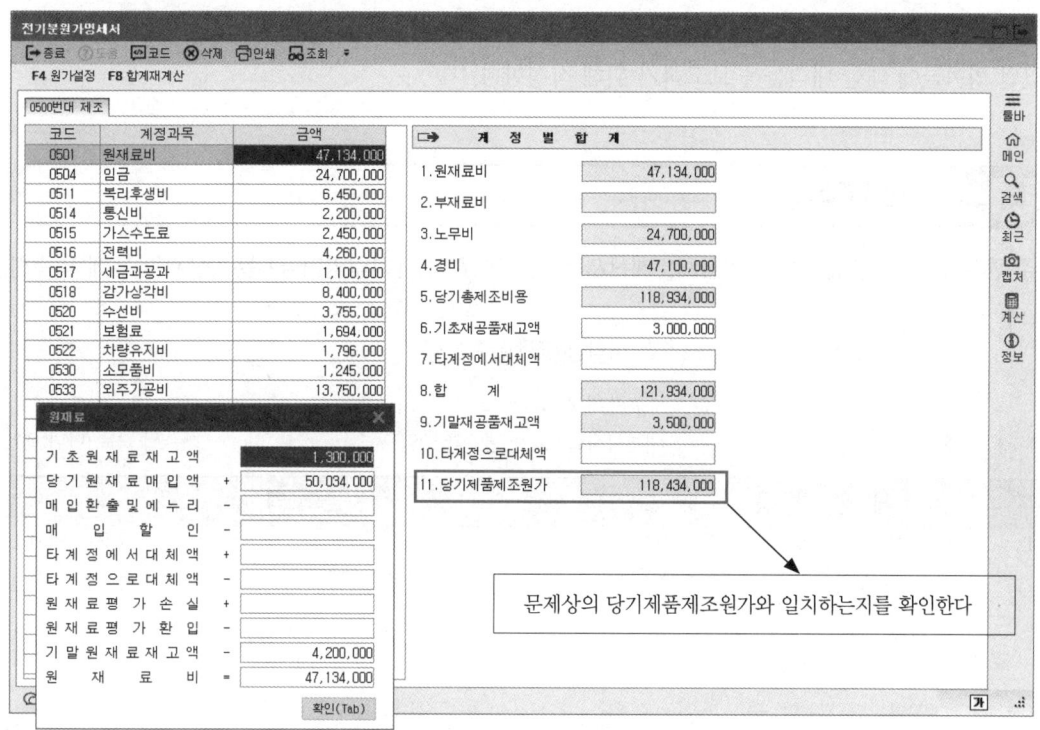

04. 전기분 이익잉여금처분계산서

전기분 이익잉여금처분계산서 작업은 재무회계 전체메뉴화면에서 "전기분재무제표등"의 "전기분 이익잉여금처분계산서" 메뉴를 클릭하여 실행된 화면에서 전년도의 전기분 이익잉여금처분계산서 자료를 입력하여 수행한다. 이익잉여금처분계산서는 법인의 당기순이익과 전년도 결산 시 처분하였던 잉여금에 대한 내역들을 보고하기 위해 작성한다.

실습예제

(주)앤트패션의 전기분이익잉여금처분계산서는 다음과 같다. [이익잉여금처분계산서]메뉴에 입력하시오.

이익잉여금처분계산서

제 7 기 2024.1.1 ~ 2024.12.31

처분확정일 : 2025년 3월 10일

(주)앤트패션 (단위:원)

계 정 과 목	금 액	
Ⅰ. 미 처 분 이 익 잉 여 금		37,970,000
전 기 이 월 미 처 분 이 익 잉 여 금	16,034,000	
회 계 정 책 변 경 누 적 효 과		
전 기 오 류 수 정 이 익		
전 기 오 류 수 정 손 실		
당 기 순 이 익	21,936,000	
Ⅱ. 임 의 적 립 금 등 의 이 입 액		0
Ⅲ. 합　　　　　　　　　　　계		37,970,000
Ⅳ. 이 익 잉 여 금 처 분 액		0
이 익 준 비 금		
기 업 합 리 화 적 립 금		
미 지 급 배 당 금		
Ⅴ. 차 기 이 월 미 처 분 이 익 잉 여 금		37,970,000

따라하기

메인화면에서 [전기분재무제표] → [전기분이익잉여금처분계산서]를 클릭한다.

1. 전기분잉여금처분계산서 입력방법

전기분잉여금처분계산서는 기업의 이익이 어떻게 사용되었는지 처분내역을 알기위해서 작성한다. 미처분이익잉여금은 전기이월미처분이익잉여금과 당기순이익을 더한 금액으로 구성되는데, 미처분이익잉여금은 전기분재무상태표상의 이월이익잉여금과 금액이 동일하게 입력된다.

과목	계정과목명		제 7(전)기 2024년01월01일-2024년12월31일 금액	
	코드	계정과목	입력금액	합계
I.미처분이익잉여금				37,970,000
1.전기이월미처분이익잉여금			16,034,000	
2.회계변경의 누적효과	0369	회계변경의누적효과		
3.전기오류수정이익	0370	전기오류수정이익		
4.전기오류수정손실	0371	전기오류수정손실		
5.중간배당금	0372	중간배당금		
6.당기순이익			21,936,000	
II.임의적립금 등의 이입액				

화면에 입력된 항목이외의 계정과목을 추가로 입력할 경우 좌측상단에 F4 칸추가 를 누르면 빈란이 생긴다. 빈란이 생기면 여기에 "과목"명과 "계정코드 및 과목명"을 코드란에 추가로 입력이 가능하다. 추가로 등록한 계정과목이 필요치 않을 경우는 F5 삭제 를 누르면 현재의 라인이 삭제된다.

2. 전기분이익잉여금처분계산서 입력화면

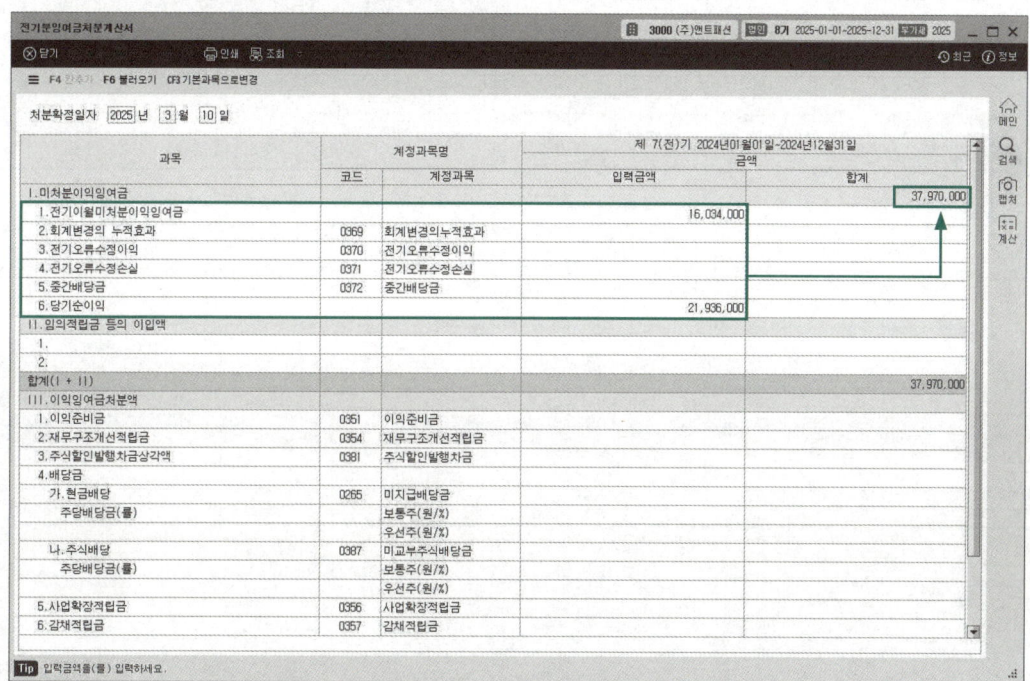

05. 거래처별 초기이월

　[거래처별 초기이월]메뉴는 기업의 채권·채무 등 거래처별 관리가 필요한 재무상태표항목에 대하여 거래처별 인명장부 즉, [거래처원장]에 "전기이월"로 표기하면서 거래처별 전년도 데이터를 이월받기 위한 메뉴이다. 거래처별 초기이월 작업은 재무회계 메인화면에서 "전기분재무제표"의 "거래처별 초기이월" 메뉴를 클릭하여 실행된 화면에서 채권, 채무 등과 관련된 계정과목을 거래처별로 관리하는 작업을 한다.

[거래처별초기이월화면]

실습예제

(주)앤트패션의 거래처별 채권·채무의 잔액은 다음과 같다. 거래처별 초기이월메뉴에 등록하시오.

계정과목	거래처	금액
외 상 매 출 금	㈜ 새 롬	3,000,000
	시 티 패 션	5,000,000
외 상 매 입 금	고 려 섬 유 ㈜	10,000,000
	대 한 원 단	5,000,000
지 급 어 음	고 려 섬 유 ㈜	6,000,000
미 지 급 금	현 대 자 동 차	4,000,000
단 기 차 입 금	우 리 은 행	20,000,000
장 기 차 입 금		50,000,000

* 지급어음·단기차입금·장기차입금에 대한 상세내역(화면하단)입력은 생략한다.

따라하기

1. 거래처별 초기이월 입력방법

관리하고자 하는 계정과목을 선택적으로 불러오거나, 전체를 불러오기를 한 후 좌측에 표시된 계정과목 중에서 거래처관리를 하고자 하는 과목에 커서를 위치한 후 탭키를 누르면 우측으로 커서가 이동한다.

여기에서 선택한 계정과목에 대한 거래처코드는 F2키를 눌러 코드도움을 받아 입력한다. 물론 거래처코드는 거래처코드등록 메뉴에 등록되어 있는 거래처만 나타난다. 거래처별로 금액을 입력하면 화면 우측하단에 거래처별로 입력된 금액의 합계가 표시된다. 예를 들어 외상매출금이 8,000,000원이면 오른쪽 화면 하단의 합계액도 8,000,000원과 일치하도록 입력하여야 한다.

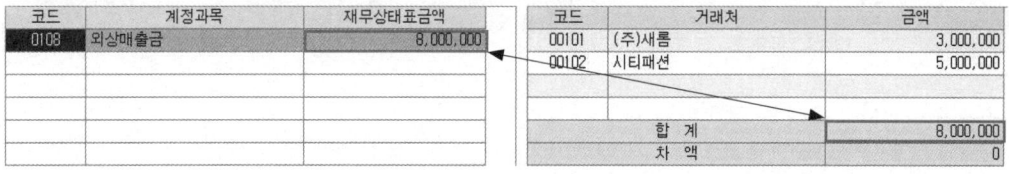

다른 계정과목인 외상매입금을 거래처별로 입력 하려면 현재 외상매출금에서 Esc 키를 누른 다음, 여기에서 선택한 계정과목에 대한 거래처코드는 F2키를 눌러 코드도움을 받아 입력한다. 우측 화면으로 이동하고자 할 경우 Tab 키를 사용하여 이동한다.

코드	계정과목	재무상태표금액		코드	거래처	금액
0108	외상매출금	8,000,000		00104	고려섬유(주)	10,000,000
0251	외상매입금	15,000,000		00105	대한원단	5,000,000
					합 계	15,000,000
					차 액	0

2. 지급어음 · 미지급금 · 단기차입금 · 장기차입금이 입력된 화면

① 지급어음

코드	계정과목	재무상태표금액
0108	외상매출금	8,000,000
0251	외상매입금	15,000,000
0252	지급어음	6,000,000

코드	거래처	금액
00104	고려섬유(주)	6,000,000
	합 계	6,000,000
	차 액	0

② 미지급금

코드	계정과목	재무상태표금액
0108	외상매출금	8,000,000
0251	외상매입금	15,000,000
0252	지급어음	6,000,000
0253	미지급금	4,000,000

코드	거래처	금액
00107	현대자동차	4,000,000
	합 계	4,000,000
	차 액	0

③ 단기차입금

코드	계정과목	재무상태표금액
0108	외상매출금	8,000,000
0251	외상매입금	15,000,000
0252	지급어음	6,000,000
0253	미지급금	4,000,000
0260	단기차입금	20,000,000

코드	거래처	금액
98000	우리은행	20,000,000
	합 계	20,000,000
	차 액	0

④ 장기차입금

코드	계정과목	재무상태표금액
0108	외상매출금	8,000,000
0251	외상매입금	15,000,000
0252	지급어음	6,000,000
0253	미지급금	4,000,000
0260	단기차입금	20,000,000
0293	장기차입금	50,000,000

코드	거래처	금액
98000	우리은행	50,000,000
	합 계	50,000,000
	차 액	0

실기편
거래자료의 입력

CHAPTER 01 _ 일반전표의 입력
CHAPTER 02 _ 매입매출전표 입력

CLASS 전산회계1급
실 기 편

01 일반전표 입력

　기업에서 발생하는 거래는 부가가치세신고와 관련된 거래 및 부가가치세신고와 관련이 없는 거래로 구분된다. 부가가치세신고와 관련 있는 거래는 [매입매출전표입력]메뉴에 입력하여야 하고 부가가치세신고와 관련이 없는 거래는 [일반전표입력]메뉴에 입력하여야 한다.

구 분		입력장소
부가가치세신고와 관련 있는 거래	세금계산서 등이 수수된 거래	매입매출전표입력
부가가치세신고와 관련 없는 거래	세금계산서 등이 수수되지 않은 거래	일반전표입력

　부가가치세신고와 관련이 없는 거래는 입금거래, 출금거래, 대체거래로 구분된다. 입금거래란 현금이 수취되는 거래를 말하고 출금거래란 현금이 지출되는 거래를 말한다. 대체거래는 현금의 수입과 지출이 없는 거래 또는 현금이 일부 수반되는 거래를 말한다.

구 분	내 용	사 례					
입금거래	현금이 수입된 거래	차) 현　　금	100	대) 매　　출	100		
출금거래	현금이 지출된 거래	차) 이자비용	100	대) 현　　금	100		
대체거래	현금의 수입과 지출이 없는 거래	차) 받을어음	100	대) 외상매출금	100		
	현금이 일부 수반되는 거래	차) 현　　금 　　받을어음	40 60	대) 외상매출금	100		

[일반전표입력화면]

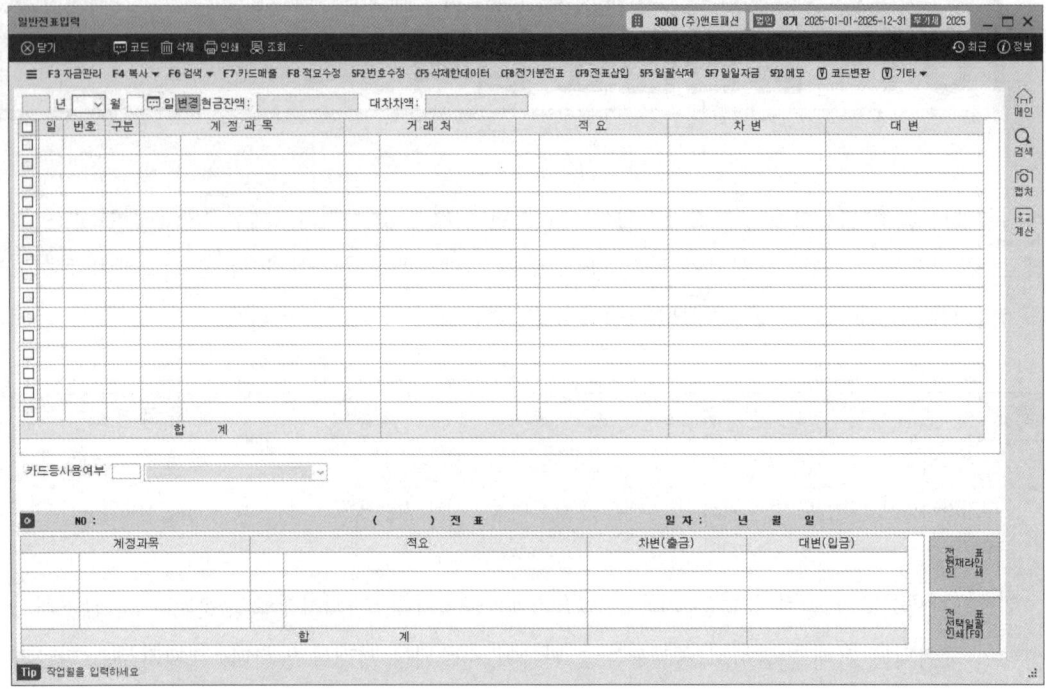

01.. 일반전표입력방법

구 분	내 용
월	입력하고자 하는 전표의 해당 월 2자리 숫자를 직접입력하거나 열람키를 클릭하여 1월~12월중 해당 월을 선택한다.
일	거래 일자를 두 자리로 입력한다. 일 단위가 아니라 월단위로 입력하고자 하는 경우에는 일자입력 없이 엔터를 치면 선택 월의 모든 일자가 입력이 가능하며, 일자를 입력하면 선택일자만 입력이 가능하다.
번호	전표번호는 각 일자별로 00001부터 자동부여 되며, 한 번 부여 후 삭제된 번호는 다시 부여되지 않는 다. 전표번호를 수정하고자 할 때에는 상단에 있는 번호수정버튼을 누른 후 전표번호 란에 커서를 이동 시킨 후 덧씌워 입력한다.
구분	거래(전표)의 유형을 입력하는 란이다. | 구분	전표유형	코드번호
---	---	---
출 금 전 표	1	출
입 금 전 표	2	입
대 체 전 표 차 변	3	차
대 체 전 표 대 변	4	대
결 산 차 변	5	결차
결 산 대 변	6	결대	
계정과목	계정과목코드 3자리를 입력하면 계정과목명은 자동입력 된다.
거래처	거래처별 채권·채무를 관리하기 위하여 코드를 입력하는 란으로 거래처코드란에 "+" 또는 "00000"을 입력한 후 상호명을 입력하고 [Enter↵] 키를 치면 이미 등록된 거래처는 코드번호를 표시해 주고, 등록되지 않은 거래처는 거래처 등록의 메시지를 표시해준다. [Tab(수정)]키를 이용하여 직접 등록 할 수 있다.
금액	거래금액을 입력한다. (금액란에서 "+" 키를 칠 경우 "000"이 입력되어 입력시간을 단축할 수 있다.)
적요	등록된 번호 중 선택한다. 적요를 수정하거나 추가하고자 하는 경우에는 툴바의 "적요수정"키를 마우스를 선택하여 입력한다.
전표삽입	특정전표에 전표라인을 추가하고자 할 때 사용한다. 삽입하고자 하는 전표줄의 하단에 커서를 위치시 킨 후에 "전표삽입"을 클릭하면 칸이 하나 열리게 된다.

02. 반드시 거래처코드를 입력해야하는 채권·채무

특정거래처의 채권과 채무에 대한 거래는 반드시 거래처코드를 입력하여야 한다. 반드시 거래처코드를 입력해야하는 채권·채무는 다음과 같다. 기타계정은 문제 상에서 요구하는 경우 거래처코드를 입력한다.

채권계정	채무계정	기타계정
외 상 매 출 금	외 상 매 입 금	보 통 예 금
받 을 어 음	지 급 어 음	당 좌 예 금
미 수 금	미 지 급 금	
선 급 금	선 수 금	
단 기 대 여 금	단 기 차 입 금	
장 기 대 여 금	장 기 차 입 금	
임 원 등 단 기 채 권	유 동 성 장 기 부 채	
임 차 보 증 금	임 대 보 증 금	
부 도 어 음 과 수 표		
가 지 급 금		

03. 경비계정의 계정코드선택

경비계정은 본사경비와 공장경비를 구분하여 입력하여야 한다. 본사에서 사용한 판매관리비는 800번대 코드를 선택하고, 공장에서 사용한 제조경비는 500번대 코드를 선택하여야 한다.

경비구분	계정코드	내 용
판매비와 관리비	800번대 선택	본사에서 발생하는 경비 → 판매비와 관리비를 구성
제조경비	500번대 선택	공장에서 발생하는 경비 → 제조원가를 구성

실습예제

출금거래

다음은 (주)앤트패션의 기중 거래내역이다. 일반전표 입력메뉴에 입력하시오.

1월 5일 : 고려섬유(주)의 외상매입금 ₩5,000,000을 현금으로 지급하였다.

1월 10일 : 본사에서 사용하기 위하여 소모품 ₩35,000을 현금으로 지급하였다.(비용처리)

따라하기

1. 출금전표 입력방법

일	번호	구분	계정과목		거래처	적요	차변	대변
5	00001	출금	0251	외상매입금	00104 고려섬유(주)		5,000,000	(현금)
		합 계					5,000,000	5,000,000

계정과목		적요	차변(출금)	대변(입금)
0251	외상매입금		5,000,000	
0101	현금			5,000,000
	합 계		5,000,000	5,000,000

(출금) 전 표 — 1월 5일

① 전표유형선택

"구분"에 커서가 있을 때 하단에서 어떤 유형의 전표를 입력 할 것인지를 선택해야 한다. 출금전표를 입력 하려면 1.출금을 선택하면 된다.

출금전표를 선택하면 하단 분개에서 대변에 현금계정과목이 자동생성 되므로 상대계정과목 외상매입금만 입력하면 된다.(계정과목 "코드"에서 외상 두글자를 입력하면 "계정코드도움" 상자가 나타나고 "계정코드도움" 상자에서 입력하고자 하는 계정과목을 선택하면 된다)

② 거래처관리를 요하는 채권, 채무 등록

거래처관리를 요하는 채권, 채무는 계정과목을 입력한 다음 커서가 거래처코드란에 있을때 F2 키를 이용하여 원하는 거래처를 "거래처코드도움" 상자에 이미 등록된 고려섬유(주)를 선택하여 등록한다. 또는 거래처코드란에 "+" 또는 "00000"을 입력한 후 고려섬유(주)을 입력하고 Enter← 키를 치면 거래처가 등록된다.

2. 일자별 거래입력

① 일자 : 1월 5일

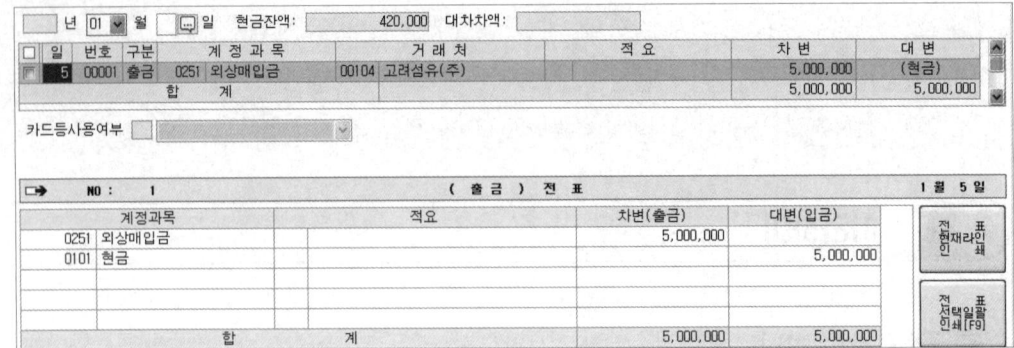

② 일자 : 1월 10일

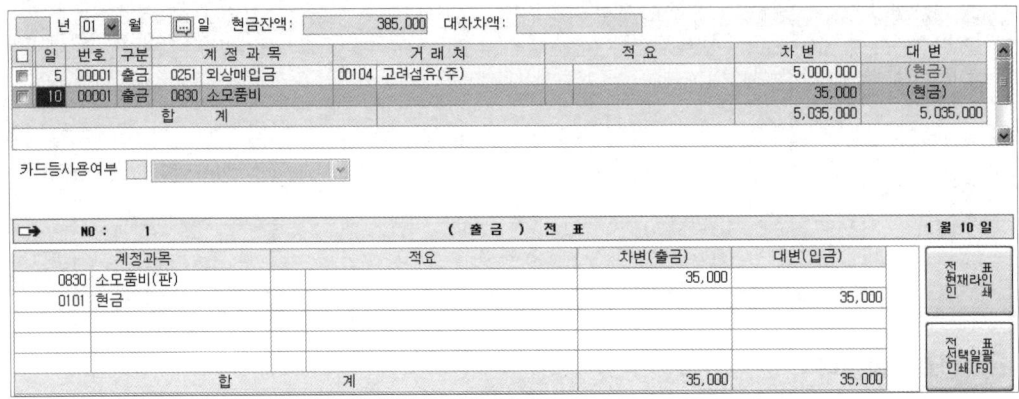

실습예제

입금거래

다음은 (주)앤트패션의 기중 거래내역이다. 일반전표 입력메뉴에 입력하시오.

1월 12일 : 시티패션의 외상매출금 ₩3,000,000을 현금으로 회수하였다.

1월 13일 : 우리은행에서 현금 ₩2,000,000을 차입하였다.(차입기간은 6개월이다.)

따라하기

- 일자 : 1월 12일

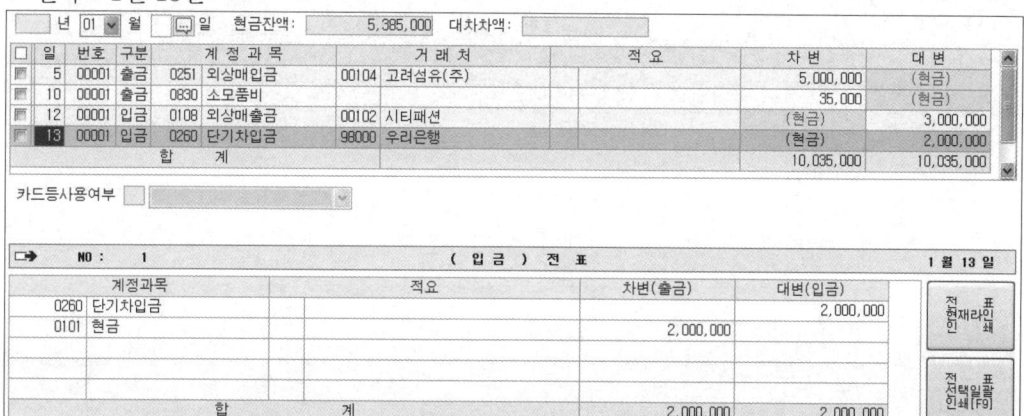

- 일자 : 1월 13일

① 전표유형선택

"구분"에 커서가 있을때 하단에서 어떤 유형의 전표를 입력 할 것인지를 선택해야 한다. 입금전표를 입력 하려면 2.입금을 선택하면 된다.

입금전표를 선택하면 하단분개에서 차변에 현금계정과목이 자동생성 되므로 상대계정과목 외상매출금만 입력하면 된다.(계정과목 "코드"에서 외상 두 글자를 입력하면 "계정코드도움" 상자에서 입력하고자 하는 외상매출금계정과목을 조회할 수 있다.)

② 거래처명등록

실무에서는 거래처명을 입력하여야 하나 시험목적으로는 반드시 거래처 관리를 요하는 채권, 채무가 아니면 관리를 하지 않아도 되므로 앞으로는 생략하도록 한다.

③ 적요등록

적요 또한 실무에서는 적요를 입력 하여야 하지만 시험목적으로는 문제에서 적요등록 사항을 원할 때만 하면 되기 때문에 이하 생략 하도록 한다.

🔍 실습예제

대체거래

다음은 (주)앤트패션의 기중 거래내역이다. 일반전표 입력메뉴에 입력하시오.

1월 15일 : 거래처 직원에게 미리내식당에서 식사를 제공하고 식대 ₩50,000을 외상으로 하였다.
　　　　(사업자번호 : 123-08-14986, 대표자 : 김종표, 거래처코드 126번 등록하시오.)

1월 17일 : 현대자동차의 미지급금 ₩4,000,000을 보통예금에서 이체하였다.

따라하기

- 일자 : 1월 15일

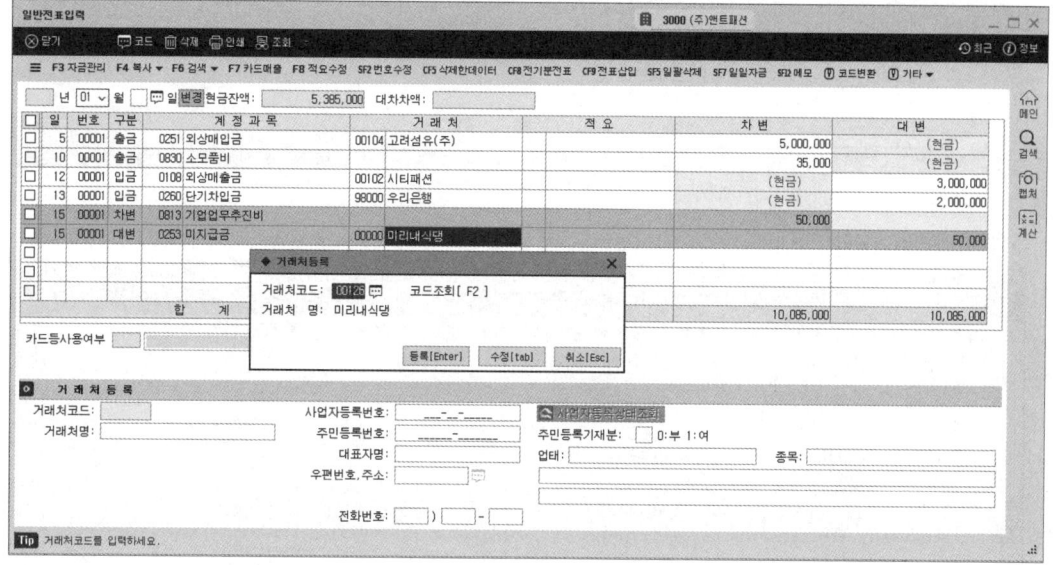

① 신규거래처를 등록하는 방법에는 두 가지가 있다. 첫 번째는 [기초정보등록] → [거래처등록]에서 입력하는 방법, 두 번째는 일반전표에서 바로 등록하는 방법인데 일반전표에서 바로 등록하고자 할 때는 거래처코드란에서 "+" 또는 "00000"을 입력한 후 상호명을 입력하고 Enter↵ 키를 치면 거래처등록의 메시지를 표시해준다. [수정(TAB)] 키를 이용하여 직접 등록할 수 있다.

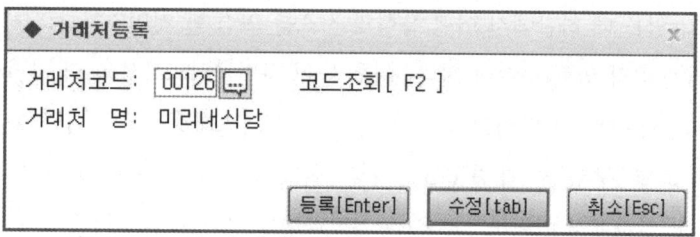

거래처코드란에 "+" 또는 "00000"을 입력하고 거래처명란에 상호명을 입력한다.
신규거래처인 경우 보조화면이 표시된다. 보조화면에서 [수정(TAB)]키를 클릭한다.

② [Tab(수정)]키를 클릭하면 하단에 거래처 내용을 등록 할 수 있도록 화면이 나타난다. 본 화면에 거래처코드, 거래처 인적사항을 입력하고 [Enter↵]키로 빠져나온다.

• 일자 : 1월 17일

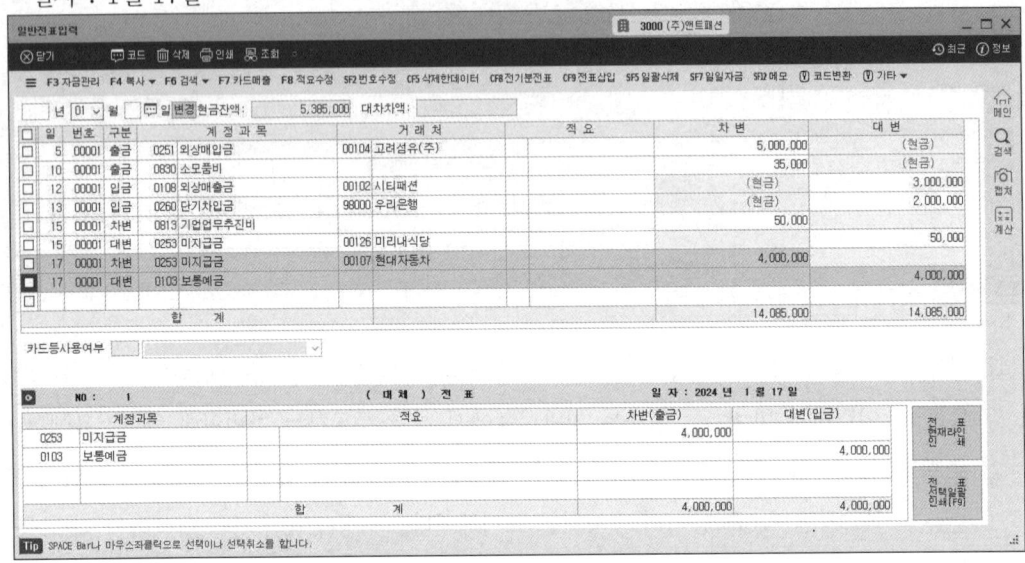

"구분"에 커서가 있을 때 하단에서 어떤 유형의 전표를 입력 할 것인지를 선택해야 한다. 대체전표는 차변과 대변을 각각 입력 하여야 한다. 예를 들어 차변계정과목을 입력 하려면 3을 선택하고 3을 선택했을 때 "구분"에 "차변"라고 표시된다. 그리고 대변계정과목을 입력 하려면 4를 선택한다. 4를 선택하게 되면 "구분"에 "대변"라고 표시된다.(계정과목 "코드"에서 접대 두 글자를 입력하면 "계정코드 도움" 상자에서 입력하고자 하는 계정과목을 선택할 수 있다.)

실습예제

종합문제

다음은 (주)앤트패션의 기중 거래내역이다. 일반전표 메뉴에 입력하시오.

1월 중 거래

1월 18일 : 본사사무실에서 사용하는 전화요금 125,000원이 당사 보통예금에서 자동 이체되어 지급되었다.

1월 20일 : 공장 가스료 ₩100,000을 현금으로 납부하였다.

1월 25일 : 단기 매매차익을 목적으로 상장회사인 (주)대한건설의 주식 50주를 주당 30,000원에 구입하고, 수수료 15,000원과 함께 당사의 보통예금계좌에서 인터넷뱅킹으로 지급하였다.

1월 28일 : 우리은행으로부터 20,000,000원을 차입하여 보통예금에 입금하였다.(상환기간은 2년이다.)

2월 중 거래

2월 8일 : 대한화재에 공장건물에 대한 화재보험료 1,200,000원을 현금으로 납부하였다.

2월 11일 : 호원주유소에서 공장용 화물차에 주유를 하고 유류대 50,000원을 국민카드(법인)으로 결제 하였다.

2월 15일 : 미리내식당에 미지급한 식사대금 50,000원을 현금으로 지급하였다.

2월 27일 : 고려섬유(주)에 원재료를 주문하면서 계약금으로 1,500,000원을 보통예금에서 이체하였다.

3월 중 거래

3월 7일 : 당사가 속한 섬유협회에 협회비 200,000원을 현금으로 지급하였다.

3월 10일 : 제품생산에 필요한 기계 1대를 ₩2,000,000에 구입하고 현금으로 지급하였다.

3월 26일 : 영업부직원 박상국씨에게 출장여비를 대략 계산하여 현금 300,000원을 지급하였다.(거래처코드 112번으로 등록하시오.)

3월 28일 : (주)새롬의 외상매출금 3,000,000원 중 2,000,000원은 현금으로 받고 나머지 잔액은 어음으로 받았다.

4월 중 거래

4월 6일 : 본사 총무부에서 사용할 차와 음료수를 대형마트에서 60,000원에 구입하고 국민카드(법인)으로 결제하였다.

4월 8일 : 영업부직원 박상국씨가 지방출장에서 돌아와 3월 26일에 지급한 출장비를 아래와 같이 정산하고 잔액은 현금으로 회수하였다.

내 역	금 액
교 통 비	80,000
숙 박 비	130,000
식 대	60,000
계	270,000

5월 중 거래

5월 6일 : 공장 생산부 직원이 한성가든에서 회식을 하고 회식대금 230,000원을 국민카드(법인)으로 결제하였다.

5월 12일 : 공장건물에 대한 재산세 80,000원을 현금으로 납부하였다.

5월 20일 : 종업원의 5월분 급여를 당사 보통예금계좌에서 직원의 계좌로 이체하였다.

소 속	급 여	소득세	지방소득세	건강보험료	공제계	차감지급액
사무직	2,500,000	28,000	2,800	32,000	62,800	2,437,200
생산직	3,400,000	33,000	3,300	41,000	77,300	3,322,700
계	5,900,000	61,000	6,100	73,000	140,100	5,759,900

6월 중 거래

6월 10일 : 5월분 급여에 대하여 원천징수한 소득세와 지방소득세를 현금으로 납부하였다.

6월 13일 : 5월분 건강보험료 회사부담분 73,000원과 급여지급시 본인부담분 예수액을 현금으로 납부 하였다.

6월 22일 : 관할구청에 불우이웃돕기 목적으로 현금 ₩500,000을 기탁하였다.

7월 중 거래

7월 20일 : 거래처인 (주)새롬으로부터 받은 받을어음 1,000,000원을 거래은행인 국민은행에 할인하고 할인료 10,000원을 제외한 금액은 보통예금에 입금하였다.(매각거래로 회계처리 할 것)

7월 21일 : 거래처 (주)새롬의 부도로 인하여 외상매출금 4,785,000원이 회수 불가능하여 대손처리하였다.

7월 25일 : 당사는 운영자금에 필요한 자금을 조달하기 위해서 이사회의 결의로 신주 100,000주(액면가액 1주당 600원)를 1주당 700원에 발행하고 전액 현금으로 납입 받아 당좌예입하였다.

7월 28일 : 매출거래처 시티패션의 제품 외상대금 5,500,000원을 회수하면서 약정 기일보다 10일 빠르게 회수되어 5%를 할인해 주고, 대금은 당좌예금계좌로 입금 되었다.

8월 중 거래

8월 8일 : 원재료 10,000,000원을 구입하는 계약을 (주)유신기업과 맺고 계약금 2,000,000원을 당좌수표를 발행하여 지급하였다.(거래처코드 550번으로 등록할 것)

8월 18일 : 1월 25일에 취득한 (주)대한건설의 주식 50주를 증권회사를 통하여 주당 35,000원에 처분하고, 중개수수료 15,000원을 차감한 금액이 보통예금으로 입금되었다. [계정과목및적요등록]메뉴에서 단기투자자산처분이익계정을 단기매매증권처분이익계정으로 수정하여 사용할 것

8월 21일 : 보유 중인 제품 600,000원(원가)을 공장직원들의 복리를 위하여 공장내 직원식당에 설치하였다.

8월 25일 : 보통예금계좌에 이자(800,000원)가 발생하여 원천징수세액(75,000원)를 제외한 금액이 입금되었다.

8월 28일 : (주)한국자동차로부터 업무용 승용차를 구입하면서 관련법령에 따라 공채를 현금 500,000원에 매입하였다. 기업회계기준에 따라 평가한 공채의 현재가치는 460,000원이며, 단기매매증권으로 회계처리한다.

9월 중 거래

9월 5일 : 서울주유소에서 공장 소형승용차(2,000cc)에 주유를 하고 유류대 150,000원을 국민카드로 결제 하였다.

9월 9일 : 본사 판매사원을 교육하기 위해서 외부강사를 초빙하였고, 강사료는 1,000,000원으로 원천징수세액은 23,000원을 차감한 후 나머지는 보통예금에서 이체하였다.

9월 22일 : 당사는 시설자금에 충당하기 위해 이사회에서 유상증자를 결정함에 따라 신주 3,000주를 8,500원(액면가액 5,000원)에 발행하고 납입금액은 전액 당좌예입하였다.

따라하기

1월 중 거래

- 일자 : 1월 18일

일	번호	구분	계정과목	거래처	적요	차변	대변
18	00001	차변	0814 통신비			125,000	
18	00001	대변	0103 보통예금				125,000

- 일자 : 1월 20일

일	번호	구분	계정과목	거래처	적요	차변	대변
20	00001	출금	0515 가스수도료			100,000	(현금)

- 일자 : 1월 25일

일	번호	구분	계정과목	거래처	적요	차변	대변
25	00001	차변	0107 단기매매증권			1,500,000	
25	00001	차변	0984 수수료비용			15,000	
25	00001	대변	0103 보통예금				1,515,000

• 일자 : 1월 28일

□	일	번호	구분	계 정 과 목	거 래 처	적 요	차 변	대 변
☐	28	00001	차변	0103 보통예금			20,000,000	
☐	28	00001	대변	0293 장기차입금	98000 우리은행			20,000,000

2월 중 거래

• 일자 : 2월 8일

□	일	번호	구분	계 정 과 목	거 래 처	적 요	차 변	대 변
☐	8	00001	출금	0521 보험료			1,200,000	(현금)

• 일자 : 2월 11일

□	일	번호	구분	계 정 과 목	거 래 처	적 요	차 변	대 변
☐	11	00001	차변	0522 차량유지비			50,000	
☐	11	00001	대변	0253 미지급금	99600 국민카드			50,000

• 일자 : 2월 15일

□	일	번호	구분	계 정 과 목	거 래 처	적 요	차 변	대 변
☐	15	00001	출금	0253 미지급금	00126 미리내식당		50,000	(현금)

• 일자 : 2월 27일

□	일	번호	구분	계 정 과 목	거 래 처	적 요	차 변	대 변
☐	27	00001	차변	0131 선급금	00104 고려섬유(주)		1,500,000	
☐	27	00001	대변	0103 보통예금				1,500,000

3월 중 거래

• 일자 : 3월 7일

□	일	번호	구분	계 정 과 목	거 래 처	적 요	차 변	대 변
☐	7	00001	출금	0817 세금과공과금			200,000	(현금)

• 일자 : 3월 10일

□	일	번호	구분	계 정 과 목	거 래 처	적 요	차 변	대 변
☐	10	00001	출금	0206 기계장치			2,000,000	(현금)

• 일자 : 3월 26일

□	일	번호	구분	계 정 과 목	거 래 처	적 요	차 변	대 변
☐	26	00001	출금	0134 가지급금	00112 박상국		300,000	(현금)

• 일자 : 3월 28일

□	일	번호	구분	계 정 과 목	거 래 처	적 요	차 변	대 변
☐	28	00001	차변	0101 현금			2,000,000	
☐	28	00001	차변	0110 받을어음	00101 (주)새롬		1,000,000	
☐	28	00001	대변	0108 외상매출금	00101 (주)새롬			3,000,000

4월 중 거래

• 일자 : 4월 6일

□	일	번호	구분	계 정 과 목	거 래 처	적 요	차 변	대 변
☐	6	00001	차변	0811 복리후생비			60,000	
☐	6	00001	대변	0253 미지급금	99600 국민카드			60,000

• 일자 : 4월 8일

□	일	번호	구분	계 정 과 목	거 래 처	적 요	차 변	대 변
☐	8	00001	차변	0812 여비교통비			270,000	
☐	8	00001	차변	0101 현금			30,000	
☐	8	00001	대변	0134 가지급금	00112 박상국			300,000

5월 중 거래

- 일자 : 5월 6일

□	일	번호	구분	계정 과목	거래처	적요	차변	대변
□	6	00001	차변	0511 복리후생비			230,000	
□	6	00001	대변	0253 미지급금	99600 국민카드			230,000

- 일자 : 5월 12일

□	일	번호	구분	계정 과목	거래처	적요	차변	대변
□	12	00001	출금	0517 세금과공과금			80,000	(현금)

- 일자 : 5월 20일

□	일	번호	구분	계정 과목	거래처	적요	차변	대변
□	20	00001	차변	0801 급여			2,500,000	
□	20	00001	차변	0504 임금			3,400,000	
□	20	00001	대변	0254 예수금				140,100
□	20	00001	대변	0103 보통예금				5,759,900

6월 중 거래

- 일자 : 6월 10일

□	일	번호	구분	계정 과목	거래처	적요	차변	대변
□	10	00001	출금	0254 예수금			67,100	(현금)

- 일자 : 6월 13일

□	일	번호	구분	계정 과목	거래처	적요	차변	대변
□	13	00001	차변	0254 예수금			73,000	
□	13	00001	차변	0811 복리후생비			32,000	
□	13	00001	차변	0511 복리후생비			41,000	
□	13	00001	대변	0101 현금				146,000

- 일자 : 6월 22일

□	일	번호	구분	계정 과목	거래처	적요	차변	대변
□	22	00001	출금	0953 기부금			500,000	(현금)

7월 중 거래

- 일자 : 7월 20일

□	일	번호	구분	계정 과목	거래처	적요	차변	대변
□	20	00001	차변	0103 보통예금			990,000	
□	20	00001	차변	0956 매출채권처분손실			10,000	
□	20	00001	대변	0110 받을어음	00101 (주)새롬			1,000,000

- 일자 : 7월 21일

□	일	번호	구분	계정 과목	거래처	적요	차변	대변
□	21	00001	차변	0109 대손충당금			80,000	
□	21	00001	차변	0835 대손상각비			4,705,000	
□	21	00001	대변	0108 외상매출금	00101 (주)새롬			4,785,000

- 일자 : 7월 25일

□	일	번호	구분	계정 과목	거래처	적요	차변	대변
□	25	00001	차변	0102 당좌예금			70,000,000	
□	25	00001	대변	0331 자본금				60,000,000
□	25	00001	대변	0341 주식발행초과금				10,000,000

- 일자 : 7월 28일

□	일	번호	구분	계정 과목	거래처	적요	차변	대변
□	28	00001	차변	0102 당좌예금			5,225,000	
□	28	00001	차변	0406 매출할인			275,000	
□	28	00001	대변	0108 외상매출금	00102 시티패션			5,500,000

8월 중 거래

- 일자 : 8월 8일

일	번호	구분	계정과목	거래처	적요	차변	대변
8	00001	차변	0131 선급금	00550 (주)유신기업		2,000,000	
8	00001	대변	0102 당좌예금				2,000,000

- 일자 : 8월 18일

일	번호	구분	계정과목	거래처	적요	차변	대변
18	00001	차변	0103 보통예금			1,735,000	
18	00001	대변	0107 단기매매증권				1,500,000
18	00001	대변	0906 단기매매증권처분이익				235,000

- 일자 : 8월 21일

일	번호	구분	계정과목	거래처	적요	차변	대변
21	00001	차변	0511 복리후생비			600,000	
21	00001	대변	0150 제품		8 타계정으로 대체액 손익		600,000

*타계정대체에 해당하는 경우에는 적요 8번을 입력해야한다.

- 일자 : 8월 25일

일	번호	구분	계정과목	거래처	적요	차변	대변
25	00001	차변	0136 선납세금			75,000	
25	00001	차변	0103 보통예금			725,000	
25	00001	대변	0901 이자수익				800,000

- 일자 : 8월 28일

일	번호	구분	계정과목	거래처	적요	차변	대변
28	00001	차변	0107 단기매매증권			460,000	
28	00001	차변	0208 차량운반구			40,000	
28	00001	대변	0101 현금				500,000

9월 중 거래

- 일자 : 9월 5일

일	번호	구분	계정과목	거래처	적요	차변	대변
5	00001	차변	0522 차량유지비			150,000	
5	00001	대변	0253 미지급금	99600 국민카드			150,000

- 일자 : 9월 9일

일	번호	구분	계정과목	거래처	적요	차변	대변
9	00001	차변	0825 교육훈련비			1,000,000	
9	00001	대변	0254 예수금				23,000
9	00001	대변	0103 보통예금				977,000

- 일자 : 9월 22일

일	번호	구분	계정과목	거래처	적요	차변	대변
22	00001	차변	0102 당좌예금			25,500,000	
22	00001	대변	0331 자본금				15,000,000
22	00001	대변	0341 주식발행초과금				10,500,000

02 매입매출전표입력

매입매출전표입력은 기업에서 발생하는 거래 중 부가가치세신고와 관련된 거래를 입력하는 것을 말한다. 입력방법은 회계관리 전체메뉴에서 [전표입력]의 서브메뉴 중 [매입매출전표입력]을 클릭하면 매입매출전표입력화면으로 들어간다.

[매입매출전표입력화면]

상단부: 매입매출 거래내용을 입력하는 장소 → 부가가치세신고서 등에 활용

하단부: 분개내용을 입력하는 장소 회계장부작성 등에 활용

매입매출전표 메뉴는 매입매출 거래내용을 입력하는 상단부와 분개를 입력하는 하단부로 나눌 수 있다. 상단부에 입력된 거래내용은 부가가치세신고서와 세금계산서합계표 등 부가가치세 관련 신고자료 등을 작성하는 데 활용되며, 하단부에 입력된 분개 내용은 재무제표, 계정별원장, 거래처원장 등 기타 회계장부를 작성하는데 반영된다.

01. 상단부입력방법

1. 월, 일
일반전표 입력 방법과 같다. 작업하고자 하는 월과 일을 입력한다.

2. 유형의 선택
매입매출전표 유형은 매출과 매입 유형으로 구분되며 2자리 코드로 되어 있다. 유형코드를 잘못 입력하게 되면 부가가치세신고서식에 잘못된 자료가 반영되므로 정확한 유형선택과 자료를 정확하게 입력하여야 한다.

[매출유형]

코드	유형	내 용
11	과세매출	매출공급가액에 세율을 10% 적용하는 일반적인 매출세금계산서를 교부한 경우 선택한다.
12	영세매출	부가가치세가 "0"인 영세율세금계산서를 교부한 경우 선택한다. (예 : 내국신용장(Local L/C)이나 구매확인서 등에 의한 국내사업자간에 수출할 물품을 공급하는 경우 영세율세금계산서가 발행된다.)
13	면세매출	면세사업자가 면세재화를 공급하고 계산서를 교부한 경우 선택한다.
14	건별매출	과세되는 재화 등을 공급하고 영수증을 발행한 경우 선택한다.
15	간이과세	간이과세자가 재화 등을 공급하고 영수증을 발행한 경우 선택한다.
16	수출매출	직수출이나 대행수출의 국외거래로 영세율이 적용되는 경우 선택한다.
17	카드매출	과세되는 재화 등을 공급하고 신용카드매출전표를 발행한 경우 선택한다.
18	카드면세	면세사업자가 면세재화를 공급하고 신용카드로 매출한 경우 선택한다.
19	카드영세	영세율 적용대상의 신용카드 매출 시 선택한다.
20	면세건별	증빙이 발행되지 않은 면세매출 시 선택한다.
21	전자화폐	전자적 결제수단에 의한 매출 시 선택한다.
22	현금과세	현금영수증에 의한 과세 매출 시 선택한다.
23	현금면세	현금영수증에 의한 면세 매출 시 선택한다.
24	현금영세	현금영수증에 의한 영세율 매출 시 선택한다.

[매입유형]

코드	유 형	내 용
51	과세매입	매입공급가액에 세율을 10% 적용하는 일반적인 매입세금계산서를 교부받은 경우 선택한다.
52	영세매입	영세율세금계산서를 교부받은 경우 선택한다. (예 : 내국신용장(Local L/C)이나 구매확인서 등에 의한 국내사업자간에 수출할 물품을 공급받는 경우 영세율세금계산서가 발행된다.)
53	면세매입	면세사업자로부터 면세재화를 공급받고 계산서를 교부받은 경우 선택한다.
54	불공매입	매입세액이 공제되지 않는 세금계산서를 교부받았을 때 선택한다. ① 필요적 기재사항 누락 등 ② 사업과 직접관련 없는 지출 ③ 개별소비세법 제1조 제2항에 따른 자동차 구입 ④ 기업업무추진비 및 이와 유사한 비용관련 ⑤ 면세사업 관련 ⑥ 토지의 자본적 지출관련 ⑦ 사업자등록 전 매입세액
55	수입매입	재화를 수입하고 세관장으로부터 수입세금계산서를 교부받은 경우 선택한다.
57	카드매입	매입세액이 공제가능한 재화 등을 매입하고 신용카드로 결제한 경우 선택한다.
58	카드면세	면세사업자에게 면세재화를 공급받고 신용카드로 결제한 경우 선택한다.
59	카드영세	영세율이 적용되는 재화 등을 매입하고 신용카드로 결제한 경우 선택한다.
60	면세건별	면세재화 등을 매입하고 영수증을 교부받은 경우에 선택한다.
61	현금과세	현금영수증에 의한 과세 매입 시 선택한다.
62	현금면세	현금영수증에 의한 면세 매입 시 선택한다.

* **공제받지 못하는 매입세액(불공)**

① 매입처별세금계산서합계표의 미제출 · 부실기재 · 허위기재한 경우의 매입세액

② 세금계산서의 미수취 · 부실기재 · 허위기재한 경우의 매입세액

③ 사업과 직접 관련이 없는 지출에 대한 매입세액

④ 개별소비세법 제1조 제2항에 따른 자동차 구입

⑤ 기업업무추진비 및 이와 유사한 비용의 지출에 관련된 매입세액

⑥ 면세사업에 관련된 매입세액

⑦ 토지관련 매입세액

⑧ 사업자등록을 하기 전의 매입세액(등록신청일로부터 역산하여 20일 이내의 것은 공제 받을 수 있다.)

3. 품명 · 수량 · 단가

매입 · 매출에 따른 물품명 · 거래수량 · 단가를 입력한다. 수량과 단가를 입력하면 공급가액과 부가가치세는 자동으로 반영된다. 거래품목이 2개 이상인 경우에는 "복수거래"버튼을 클릭 하거나 기능키 [F7]를 누르면 하단에 아래와 같은 화면이 표시되고 화면에 품명 · 수량 · 단가를 입력하면 된다.

4. 공급가액과 부가가치세

공급가액과 부가가치세는 수량과 단가를 입력하면 자동으로 표시된다. 그리고 수량과 단가를 입력하지 않고 공급가액을 직접입력하면 부가가치세가 자동으로 표시된다.

5. 거래처와 거래처코드

① 부가가치세대상거래는 반드시 거래처코드를 입력하여야 한다. 거래처코드를 입력하여야만 거래처코드별 집계를 하여 세금계산서합계표를 작성할 수 있다. 또한 거래처코드는 하단부에 분개내용을 입력할 때 거래처코드를 입력하면 자동으로 거래처가 관리된다.

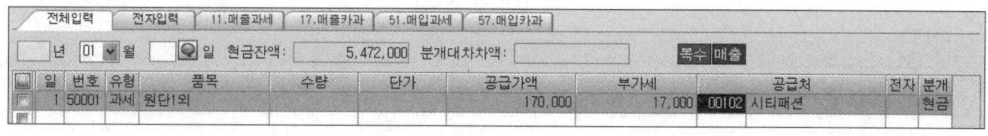

② 거래처코드입력은 코드란에서 상호명을 입력하거나 "+" 키 또는 "00000"을 입력한 후 상호명을 입력하고 [Enter↵]를 치면 이미 등록된 거래처는 코드번호를 표시해주고, 신규거래처인 경우에는 거래처코드 등록여부를 묻는 화면이 나타난다. 이 경우[수정(Tab)] 키를 이용하여 직접 등록할 수 있다.[등록(ENTER)]은 자동 부여된 코드번호를 그대로 등록할 때 선택한다. [수정(TAB)]은 신규거래처코드 등록과 함께 등록내용을 입력할 때 선택한다.

6. 전자

국세청 e세로 등과 같이 전자세금계산서 발급시스템에 의하여 전자세금계산서를 발급하거나 발급받은 경우에는 [1.여]를 선택한다.

7. 분개

분개란은 분개유형을 선택하는 곳이다. 분개유형을 선택하게 되면 커서는 [매입매출전표]메뉴의 하단부로 이동한다. 하단부는 매입매출거래의 회계처리를 위한 입력란이다. 분개유형은 0 : 분개없음, 1 : 현금, 2 :외상, 3 : 혼합 4 : 카드, 5 : 추가로 구분된다.

[분개유형]

코드		내 용
0	분개없음	부가가치세 신고만을 위하여 상단부분만 입력하고 하단부에 분개를 생략하는 경우에 선택한다.
1	현금	전액 현금거래(입금거래, 출금거래)인 경우 선택한다.
2	외상	전액 외상거래인 경우 선택한다. 외상은 매출채권, 매입채무인 경우만 사용한다. 미수금이나 미지급금계정은 혼합을 선택하여야 한다.
3	혼합	전액현금과 전액외상 이외의 거래 경우 선택한다.
4	카드	카드 결제인 매출, 매입을 입력 시 선택한다.
5	추가	추가는 환경설정에서 추가적으로 매출액과 매출채권, 매입액과 매입채무를 설정하고 이를 자동분개 시 사용하는 기능이다.

실습예제

종합문제

다음은 (주)앤트패션의 기중 거래내역이다. 매입매출전표 입력메뉴에 입력하시오.(고정자산 간편등록 생략)

1월 중 거래

• 1월 10일 시티패션에 제품을 판매하고 다음과 같이 전자세금계산서를 발행하였다. 판매대금은 전액 현금으로 회수하였다.

전자세금계산서(공급자보관용)

승인번호	12121212-41000000-95842154
관리번호	

공급자	등록번호	312-81-45646	종사업장번호		공급받는자	등록번호	101-81-74857	종사업장번호	
	상호(법인명)	(주)앤트패션	성명(대표자)	김상길		상호(법인명)	시티패션	성명(대표자)	전보라
	사업장주소	경기도 부천시 부일로 117				사업장주소	서울시 금천구 가산로 113		
	업태	제조	종목	의류		업태	도소매	종목	의류

작성			공 급 가 액								세 액							수정사유
년	월	일	천	백	십	억	천	백	십	만	천	백	십	일	십	억	천	백	십	만	천	백	십	일	
2025	1	10					2	5	0	0	0	0	0					2	5	0	0	0	0	0	

비고	

월	일	품 목	규격	수량	단 가	공 급 가 액	세 액	비고
1	10	숙녀복		1,000	25,000	25,000,000	2,500,000	

합 계 금 액	현 금	수 표	어 음	외 상 미 수 금	이 금액을 **청구** 함
27,500,000	27,500,000				영수

- 1월 15일 대한원단에서 원재료를 구입하고 다음과 같이 전자세금계산서를 교부받았다. 대금은 전액 현금으로 지급하였다.

전자세금계산서(공급받는 자 보관용)						승인번호	12121212-41000000-95842674		
						관리번호			
공급자	등록번호	108-81-59726	종사업장번호		공급받는자	등록번호	312-81-45646	종사업장번호	
	상호(법인명)	대한원단	성명(대표자)	최춘화		상호(법인명)	(주)앤트패션	성명(대표자)	김상길
	사업장주소	광주광역시 광산구 신월로 25				사업장주소	경기도 부천시 부일로 117		
	업태	제조	종목	원단		업태	제조	종목	의류
작성		공 급 가 액				세 액		수정사유	
년 월 일	천 백 십 억 천 백 십 만 천 백 십 일					십 억 천 백 십 만 천 백 십 일			
2025 1 15	1 3 0 0 0 0 0 0					1 3 0 0 0 0 0			
비고									
월 일	품 목		규격	수량	단가	공급가액		세액	비고
1 15	원 단			2,600	5,000	13,000,000		1,300,000	
합계금액	현금		수표		어음	외상미수금		이 금액을	영수 함
14,300,000	14,300,000								청구

- 1월 17일 (주)새롬에 제품을 아래와 같이 판매하고 전자세금계산서를 발행하였다. 대금은 전액 외상으로 판매하였다.

품명	수량	단가	공급가액	부가가치세
숙녀복정장	150	30,000	4,500,000	450,000

- 1월 20일 고려섬유(주)에서 원재료를 아래와 같이 매입하고 전자세금계산서를 교부받았다. 대금은 전액 외상으로 하였다.

품명	수량	단가	공급가액	부가가치세
원단	1,200	8,000	9,600,000	960,000

- 1월 24일 시티패션에 제품(남성용정장 500벌, @35,000, VAT 별도)을 판매하고 전자세금계산서를 발행하였다. 판매대금 중 10,000,000원은 현금으로 받고 나머지는 외상으로 하였다.

2월 중 거래

- 2월 11일 한국섬유(주)로부터 원단을 아래와 같이 구입하고 전자세금계산서를 교부받았다. 대금 중 1,000,000원은 현금으로 지급하고 나머지는 외상으로 하였다.(한국섬유(주): 180-81-37122, 거래처코드는 2000으로 등록하시오.)

품 명	수 량	단 가	공급가액	부가가치세
원단			12,000,000	1,200,000

- 2월 13일 사업자가 아닌 개인 오승철(810220-1919417)에게 남성용정장(공급가액 650,000원, VAT별도)을 판매하고 전자세금계산서를 교부하였다. 대금은 전액 현금으로 받았다.(거래처코드 2100번으로 등록하시오.)

- 2월 16일 공장에서 사용할 화물용 트럭(공급가액 5,000,000원, VAT별도, 내용연수 5년)을 현대자동차에서 구입하고 전자세금계산서를 교부받았다. 그 대금은 전액 외상으로 하였다.

- 2월 18일 시티패션에 제품을 다음과 같이 판매하고 전자세금계산서를 발행하였다. 대금은 전액 외상으로 하였다.

품 명	수 량	단 가	공급가액	부가가치세
남 성 용 캐 주 얼	200	25,000	5,000,000	500,000
여 성 용 정 장	150	30,000	4,500,000	450,000

- 2월 23일 (주)새롬에 판매한 제품 중 불량으로 다음과 같이 반품을 받고 반품전자세금계산서를 발행하였다. 대금은 전액 외상매출금과 상계처리하였다.

품 명	수 량	단 가	공급가액	부가가치세
숙녀복정장	-5	30,000	-150,000	-15,000

3월 중 거래

- 3월 5일 고려섬유(주)에서 다음과 같이 원재료를 구입하고 전자세금계산서를 교부받았다. 동 건에 대하여 2월27일자로 지급한 계약금을 차감한 잔액은 외상으로 하였다.

품 명	수 량	단 가	공급가액	부가가치세
원단	1,500	8,500	12,750,000	1,275,000

- 3월 15일 수출업체인 동국무역에 내국신용장(Local L/C)에 의하여 다음과 같이 판매하고 영세율전자세금계산서를 발행하였다.

품 명	수 량	단 가	공급가액	부가가치세	결제방법
무스탕	150	350,000	52,500,000	0	전액외상

• 3월 17일 교보문고에서 본사 경리부업무에 사용할 세법전을 구입하고 계산서를 교부받았다. 도서대금 90,000원은 현금으로 지급하였다.(교보문고: 214-81-95478, 거래처코드는 2200번으로 등록하시오.)

• 3월 26일 영업부에서 거래처에 선물할 선물셋트를 부천유통에서 550,000원(부가가치세포함)에 현금으로 구입하고 전자세금계산서를 교부받았다.

• 3월 28일 공장에서 사용하던 기계장치(취득가액 5,000,000원, 양도시점의 감가상각누계액 1,400,000원)를 동양섬유(주)에 3,800,000(부가가치세별도)에 매각하고 전자세금계산서를 교부하였다. 그 대금은 전액 현금으로 수취하였다.(거래처코드 2300, 사업자등록번호 123-81-58731)

따라하기

따라하기문제

다음은 (주)앤트패션의 기중 거래내역이다. 매입매출전표 메뉴에 입력하시오.

1월 중 거래

• 일자 : 1월 10일(11.과세)

□	일	번호	유형	품목	수량	단가	공급가액	부가세	코드	공급처명	사업/주민번호	전자	분개
□	10	50001	과세	숙녀복	1,000	25,000	25,000,000	2,500,000	00102	시티패션	101-81-74857	여	현금

구분	계정과목	적요	거래처	차변(출금)	대변(입금)
입금	0255 부가세예수금	숙녀복 1000X25000	00102 시티패션	(현금)	2,500,000
입금	0404 제품매출	숙녀복 1000X25000	00102 시티패션	(현금)	25,000,000

① 분개유형 선택 후 입력 방법

   분개유형 1.현금을 선택하면 구분에 입금이라고 생성이 되는데 이는 차변에 현금계정과목이 있는 것과 동일한 의미이므로 상대계정과목만을 입력하면 된다.이것은 일반전표에서 입금전표를 선택했을 때 차변에 현금계정과목을 입력하지 않는 것처럼 매입매출전표도 분개유형 1.(현금)를 선택하게 되면 현금이란 계정과목은 입력하지 않는다.

② 계정과목 자동생성

   과세유형을 매출(10번대, 20번대)로 선택하게 되면 제품매출 계정과목과 부가세예수금 계정과목이 자동으로 생성이 되는데 이는 회사등록사항에서 기본계정(매출)을 제품매출로 등록하였기 때문에 자동연결 된 것이다. 이처럼 회사 업종에 맞추어 기본계정(매출)을 설정해 놓으면 입력을 편리하게 할 수 있다.

• 일자 : 1월 15일(51.과세)

□	일	번호	유형	품목	수량	단가	공급가액	부가세	코드	공급처명	사업자주민번호	전자	분개
	15	50001	과세	원단	2,600	5,000	13,000,000	1,300,000	00105	대한원단	108-81-59726	여	현금

구분	계정과목		적요	거래처		차변(출금)	대변(입금)
출금	0135	부가세대급금	원단 2600X5000	00105	대한원단	1,300,000	(현금)
출금	0153	원재료	원단 2600X5000	00105	대한원단	13,000,000	(현금)

① 분개유형 선택 후 입력 방법

분개유형 1.현금을 선택하면 구분에 출금이라고 생성이 되는데 이는 대변에 현금계정과목이 있는 것과 동일한 의미이므로 상대계정과목만을 입력하면 된다. 일반전표에서 출금전표를 선택하면 대변에 현금계정과목을 입력되지 않는 것처럼 매입매출전표도 분개유형을 1. 현금을 선택 하면 현금이란 계정과목은 입력이 되지 않으므로 이 점 유의하여 입력하여야 한다.

② 계정과목 자동생성

과세유형을 매입(50번대, 60번대)으로 선택하면 원재료 계정과목과 부가세대급금 계정과목이 자동생성 되는데 이는 환경등록에서 기본계정(매입)을 원재료로 등록하였기 때문에 자동으로 연결 되는 것이다. 이 처럼 회사 업종에 맞추어 기본계정(매입)을 설정해 놓으면 입력을 편리하게 할 수 있다.

• 일자 : 1월 17일(11.과세)

□	일	번호	유형	품목	수량	단가	공급가액	부가세	코드	공급처명	사업/주민번호	전자	분개
	17	50001	과세	숙녀복정장	150	30,000	4,500,000	450,000	00101	(주)새롬	128-81-42248	여	외상

구분	계정과목		적요	거래처		차변(출금)	대변(입금)
차변	0108	외상매출금	숙녀복정장 150X30000	00101	(주)새롬	4,950,000	
대변	0255	부가세예수금	숙녀복정장 150X30000	00101	(주)새롬		450,000
대변	0404	제품매출	숙녀복정장 150X30000	00101	(주)새롬		4,500,000

[분개유형 선택 후 입력 방법]

분개유형 2. 외상을 선택하면 자동으로 분개가 완성이 된다. 이것은 과세유형을 매출(11번)로 하고 분개유형을 외상으로 하게 되면 차변은 외상매출금계정뿐이기 때문에 분개를 자동으로 완성시키도록 프로그램화 되어있다. 이것은 입금전표나 출금전표에서 현금계정을 입력하지 않는 것과 동일한 개념이다. 따라서 외상매출금계정이 아니고 미수금계정인 경우 2.외상을 선택하면 미수금이 외상매출금계정과목으로 자동생성이 되므로 2.외상을 선택하면 안 되고 반드시 3. 혼합을 선택하여야 한다.

• 일자 : 1월 20일(51.과세)

일	번호	유형	품목	수량	단가	공급가액	부가세	코드	공급처명	사업자주민번호	전자	분개
20	50001	과세	원단	1,200	8,000	9,600,000	960,000	00104	고려섬유(주)	124-29-74624	여	외상

구분	계정과목		적요	거래처		차변(출금)	대변(입금)
대변	0251	외상매입금	원단 1200X8000	00104	고려섬유(주)		10,560,000
차변	0135	부가세대급금	원단 1200X8000	00104	고려섬유(주)	960,000	
차변	0153	원재료	원단 1200X8000	00104	고려섬유(주)	9,600,000	

[분개유형 선택 후 입력 방법]

분개유형 2.외상을 선택하면 자동으로 분개가 완성이 된다. 이는 과세유형 입력시 매입으로(51번) 과세유형을 선택하면 매입이 이루어지는 걸로 보고 자동으로 외상매입금이란 계정과목이 생성된다. 그러므로 외상매입금이 아닌 미지급금인 경우 2.외상을 선택하면 미지급금이 외상매입금 계정과목으로 자동생성 되므로 2.외상을 선택하면 안 되고 반드시 3.혼합계정을 선택하여야 한다.

• 일자 : 1월 24일(11.과세)

일	번호	유형	품목	수량	단가	공급가액	부가세	코드	공급처명	사업자주민번호	전자	분개
24	50001	과세	남성용정장	500	35,000	17,500,000	1,750,000	00102	시티패션	101-81-74957	여	혼합

구분	계정과목		적요	거래처		차변(출금)	대변(입금)
대변	0255	부가세예수금	남성용정장 500X35000	00102	시티패션		1,750,000
대변	0404	제품매출	남성용정장 500X35000	00102	시티패션		17,500,000
차변	0101	현금	남성용정장 500X35000	00102	시티패션	10,000,000	
차변	0108	외상매출금	남성용정장 500X35000	00102	시티패션	9,250,000	

[분개유형 선택 후 입력 방법]

분개유형 3.혼합을 선택하면 과세유형에 따라 대변계정과목이 생성되기도 하고 차변계정과목이 생성되기도 한다. 예를 들어 과세유형 10번대와 20번대를 선택하면 매출이 이루어지는 걸로 보고 대변계정과목이 자동생성 되므로 대변에 계정과목의 수정사항이 있으면 계정과목을 수정 해주고 수정사항이 없으면 하단 구분에서 3.차변을 선택하여 차변계정과목을 입력하여 분개를 완성 시킨다.(계정과목에서 입력하고자 하는 계정과목 두 글자만 입력한 다음 "계정코드도움" 상자 에서 입력하고자 하는 계정과목을 선택할 수 있다)

2월 중 거래

• 일자 : 2월 11일(51.과세)

일	번호	유형	품목	수량	단가	공급가액	부가세	코드	공급처명	사업자주민번호	전자	분개
11	50001	과세	원단			12,000,000	1,200,000	02000	한국섬유(주)	180-81-37122	여	혼합

구분	계정과목		적요	거래처		차변(출금)	대변(입금)
차변	0135	부가세대급금	원단	02000	한국섬유(주)	1,200,000	
차변	0153	원재료	원단	02000	한국섬유(주)	12,000,000	
대변	0101	현금	원단	02000	한국섬유(주)		1,000,000
대변	0251	외상매입금	원단	02000	한국섬유(주)		12,200,000

*한국섬유(주)는 새로운 거래처이므로 주어진 조건대로 거래처등록을 하여야 한다.

[분개유형 선택 후 입력 방법]

분개유형 3.혼합을 선택하면 과세유형에 따라 대변계정과목이 생성되기도 하고 차변계정과목이 생성되기도 한다. 예를 들어 과세유형 50번대와 60번대를 선택하면 매입이 이루어지는 걸로 보고 차변계정과목이 자동생성 되므로 차변에 계정과목의 수정사항이 있으면 계정과목을 수정 해주고 수정사항이 없다면 하단 구분에서 4.대변을 선택하여 대변계정과목을 입력하여 분개를 완성 시킨다.(계정과목에서 입력하고자 하는 계정과목 두 글자만 입력한 다음 "계정코드도움"상자에서 입력하고자 하는 계정과목을 선택할 수 있다)

- 일자 : 2월 13일(11.과세)

□	일	번호	유형	품목	수량	단가	공급가액	부가세	코드	공급처명	사업자주민번호	전자	분개
□	13	50001	과세	남성용정장			650,000	65,000	02100	오승철	810220-1919417	여	현금

구분	계정과목	적요	거래처	차변(출금)	대변(입금)
입금	0255 부가세예수금	남성용정장	02100 오승철	(현금)	65,000
입금	0404 제품매출	남성용정장	02100 오승철	(현금)	650,000

* 오승철씨는 신규로 거래처등록을 하여야 하는데 오승철씨는 비사업자이므로 주민등록번호를 입력하고 주민번호란 우측에 1.(주민등록번호)이 자동입력 된다.

- 일자 : 2월 16일(51.과세)

□	일	번호	유형	품목	수량	단가	공급가액	부가세	코드	공급처명	사업/주민번호	전자	분개
□	16	50001	과세	화물트럭			5,000,000	500,000	00107	현대자동차	101-81-39258	여	혼합

구분	계정과목	적요	거래처	차변(출금)	대변(입금)
차변	0135 부가세대급금	화물트럭	00107 현대자동차	500,000	
차변	0208 차량운반구	화물트럭	00107 현대자동차	5,000,000	
대변	0253 미지급금	화물트럭	00107 현대자동차		5,500,000

- 일자 : 2월 18일(11.과세)

□	일	번호	유형	품목	수량	단가	공급가액	부가세	코드	공급처명	사업/주민번호	전자	분개
□	18	50001	과세	남성용케쥬얼			9,500,000	950,000	00102	시티패션	101-81-74857	여	외상

구분	계정과목	적요	거래처	차변(출금)	대변(입금)
차변	0108 외상매출금	남성용케쥬얼외	00102 시티패션	10,450,000	
대변	0255 부가세예수금	남성용케쥬얼외	00102 시티패션		950,000
대변	0404 제품매출	남성용케쥬얼외	00102 시티패션		9,500,000

	품목	규격	수량	단가	공급가액	부가세	합계	비고
1	남성용케쥬얼		200	25,000	5,000,000	500,000	5,500,000	
2	여성용정장		150	30,000	4,500,000	450,000	4,950,000	
3								
			합 계		9,500,000	950,000	10,450,000	

[복수거래 등록방법]

거래품목이 2개 이상 인 경우에는 복수거래를 선택한다. 화면상단에서 "복수거래"버튼을 클릭하거나 또는 기능키 F7을 누르면 화면 하단으로 커서가 이동하여 여러 품목을 등록할 수 있다.

- 일자 : 2월 23일(11.과세)

□	일	번호	유형	품목	수량	단가	공급가액	부가세	코드	공급처명	사업자주민번호	전자	분개
□	23	50001	과세	숙녀복정장	-5	30,000	-150,000	-15,000	00101	(주)새롬	128-81-42248	여	외상

구분	계정과목	적요		거래처	차변(출금)	대변(입금)
차변	0108 외상매출금	숙녀복정장 -5X30000		00101 (주)새롬	-165,000	
대변	0255 부가세예수금	숙녀복정장 -5X30000		00101 (주)새롬		-15,000
대변	0404 제품매출	숙녀복정장 -5X30000		00101 (주)새롬		-150,000

[반품세금계산서 입력방법]

반품세금계산서는 매출 시와 동일한 과세유형에서 마이너스(-)로만 입력을 해주면 된다.

3월 중 거래

- 일자 : 3월 5일(51.과세)

□	일	번호	유형	품목	수량	단가	공급가액	부가세	코드	공급처명	사업자주민번호	전자	분개
□	5	50001	과세	원단	1,500	8,500	12,750,000	1,275,000	00104	고려섬유(주)	124-29-74624	여	혼합

구분	계정과목	적요	거래처	차변(출금)	대변(입금)
차변	0135 부가세대급금	원단 1500X8500	00104 고려섬유(주	1,275,000	
차변	0153 원재료	원단 1500X8500	00104 고려섬유(주	12,750,000	
대변	0131 선급금	원단 1500X8500	00104 고려섬유(주		1,500,000
대변	0251 외상매입금	원단 1500X8500	00104 고려섬유(주		12,525,000

- 일자 : 3월 15일(12.영세)

□	일	번호	유형	품목	수량	단가	공급가액	부가세	코드	공급처명	사업자주민번호	전자	분개
□	15	50001	영세	무스탕	150	350,000	52,500,000		00103	동국무역	220-81-26452	여	외상

영세율구분 3 내국신용장 · 구매확인서에 의하여 공급하는 재화

구분	계정과목	적요	거래처	차변(출금)	대변(입금)
차변	0108 외상매출금	무스탕 150X350000	00103 동국무역	52,500,000	
대변	0404 제품매출	무스탕 150X350000	00103 동국무역		52,500,000

[과세유형 영세율 입력방법]

과세유형이 영세율인 경우는 부가가치세법상 수출하는 재화는 세율이 영세율(0%)이기 때문에 하단에 분개를 입력 할 때 부가가치세(VAT)계정과목이 생성 되지 않는다.

상단부입력 시 커서가 영세율구분란에 위치하면 F2 또는 ▭를 이용하여 영세율매출내용을 입력한다.

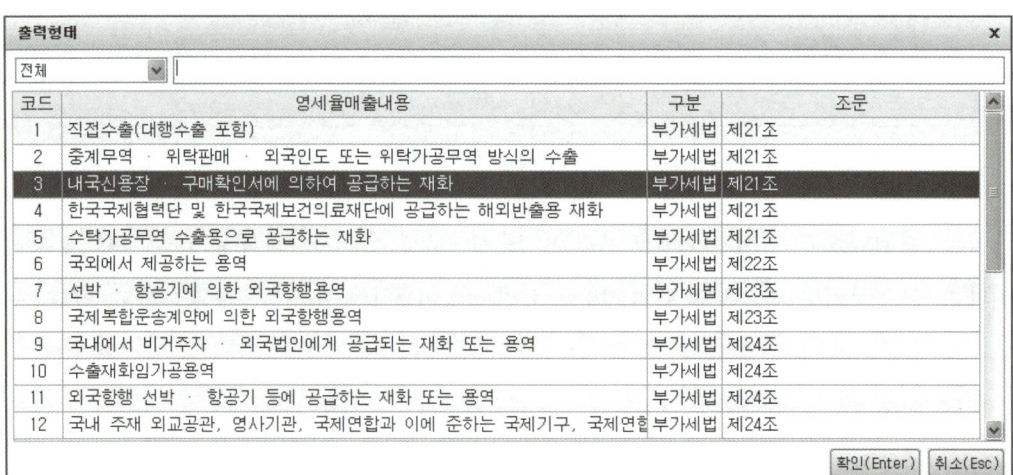

• 일자 : 3월 17일(53.면세)

□	일	번호	유형	품목	수량	단가	공급가액	부가세	코드	공급처명	사업자주민번호	전자	분개
□	17	50001	면세	세법전			90,000		02200	교보문고	214-81-95478		현금
구분		계정과목			적요			거래처		차변(출금)	대변(입금)		
출금		0826	도서인쇄비	세법전				02200	교보문고		90,000	(현금)	

[과세유형 면세 입력방법]

과세유형이 면세인 경우는 부가가치세법상 기초생활필수품 등에는 부가가치세가 과세되지 않기 때문에 하단에 분개를 입력 할 때 부가가치세(VAT)계정과목이 생성 되지 않는다.

• 일자 : 3월 26일(54.불공)

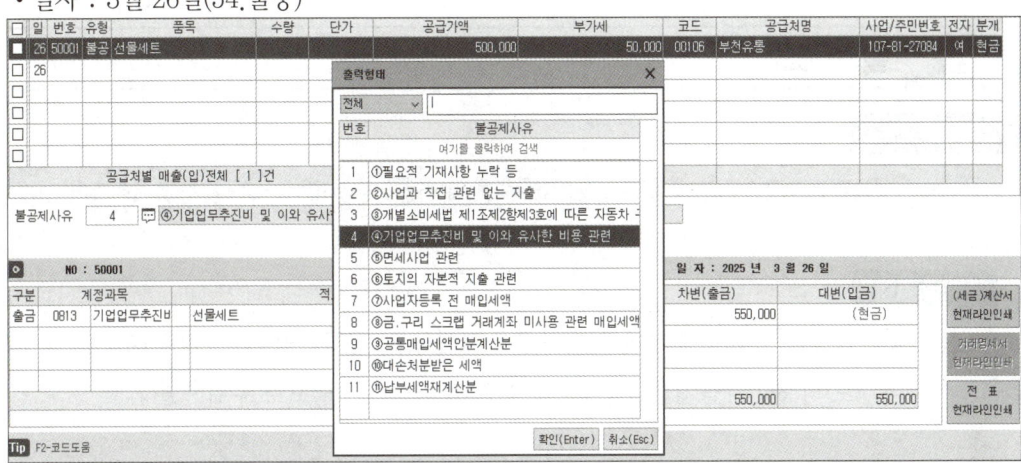

[과세유형 불공 입력방법]

과세유형이 불공인 경우는 매입시 세금계산서를 수취하였어도 부가가치세법상 매입세액공제를 받지 못하는 경우에 해당하므로 매입세금계산서는 불공으로 처리한다.

이처럼 불공에 해당하는 경우 매입매출전표입력시 주의하여야 한다. 상단은 부가가치세신고서에 반영하기 위해서 입력하는 란이기 때문에 무조건 불공일지라도 세금계산서에 기재된 공급가액을 그대로 입력하고 부가가치세란에 세액을 입력하여야 한다. 그리고 하단에 경우 과세유형을 매입세액이 공제되지 않는 불공을 선택하게 되면 자동으로 부가세대급금이 생성되지 않는다. 따라서 위의 사례의 경우 기업업무추진비는 부가가치세가 포함된 금액으로 처리하는 것이 맞는 것이다. 다시 강조하지만 공급가액란에는 부가가치세가 포함된 금액을 입력하면 안 된다는 점에 유의한다.

• 일자 : 3월 28일(11.과세)

□	일	번호	유형	품목	수량	단가	공급가액	부가세	코드	공급처명	사업자주민번호	전자	분개
□	28	50001	과세	기계장치			3,800,000	380,000	02300	동양섬유(주)	123-81-58731	여	혼합
구분		계정과목			적요			거래처		차변(출금)	대변(입금)		
대변		0255	부가세예수금	기계장치				02300	동양섬유(주)			380,000	
대변		0206	기계장치	기계장치				02300	동양섬유(주)			5,000,000	
대변		0914	유형자산처분익	기계장치				02300	동양섬유(주)			200,000	
차변		0207	감가상각누계액	기계장치				02300	동양섬유(주)		1,400,000		
차변		0101	현금	기계장치				02300	동양섬유(주)		4,180,000		
								합 계		5,580,000	5,580,000		

*동양섬유(주)를 신규거래처로 등록한다.

[유형자산 매각한 경우 입력방법]

유형자산을 매각하는 경우 입력시 주의하여야 한다. 유형자산매각시 세금계산서에 기재되는 금액은 취득가액이 아니라 처분가액이다. 따라서 매입매출전표입력시 상단에 경우 공급가액란에는 매각한 금액을, 부가가치세란에는 매각대금의 10% 세액을 입력한다. 하단에 경우 분개입력시 매각대금인 공급가액과 기본계정(예: 제품매출)이 자동으로 생성된다. 그러나 유형자산은 취득가액과 감가상각누계액을 감소 시켜야 하므로 계정과목을 유형자산 계정과목으로 바꾼 다음 공급가액을 취득가액 금액으로 수정하여야 한다.

실습예제

종합문제

다음은 (주)앤트패션의 기중 거래내역이다. 매입매출전표 메뉴에 입력하시오(고정자산 간편 등록 생략)

1월 중 거래

- **1월 3일** 제품을 사업자가 아닌 김태희에게 판매하고, 공급가액 800,000원(부가가치세 별도)의 전자세금계산서를 교부하였으며, 대금은 현금으로 수취하였다.

- **1월 7일** 해외수출대행업체인 동국무역에 Local L/C에 의하여 제품 200개(개당 20,000원)를 납품하고 영세율전자세금계산서를 발행하였다. 대금은 전액 동사발행 당좌수표로 받았다.

- **1월 18일** 본사 사무실에서 사용할 책상을 부천유통에서 구입하고 대금 1,100,000원(부가가치세 포함)은 현금으로 지급함과 동시에 현금 영수증을 수취하였다.

- **1월 26일** 미국에 소재한 Mossy Oak에 제품을 직수출 하였다. 대금은 7,500달러이며, 선적일 현재의 기준환율은 달러당 800원이다. 대금은 아직 수령하지 못하였다.

2월 중 거래

- **2월 12일** 시티패션에 제품 30개를 1개당 400,000원(부가가치세 별도)에 판매하고 전자세금계산서를 교부하였다. 매출대금 중 4,000,000원은 현금으로 받고, 나머지 금액은 외상으로 하였다.

- 2월 14일   (주)새롬에 제품 500개(판매단가 100,000원/개, 부가가치세 별도)를 판매하고 전자세금계산서를 발급하였다. 대금은 대한원단이 발행한 약속어음(3개월 만기)을 배서양도 받았다.

- 2월 19일   거래처인 대한원단으로부터 원재료(2,000개, @5,000, 부가가치세별도)를 매입하고 종이세금계산서를 교부받다. 대금 중 3,000,000원은 거래처 고려섬유(주)로부터 받은 동사발행의 약속어음으로 지급하였으며, 잔액은 외상으로 하였다.

- 2월 28일   동국무역에 구매확인서에 의하여 제품 40,000,000원을 납품하고 영세율 전자세금계산서를 발행하였다. 대금 중 40%는 현금으로 받고, 나머지는 동사발행 6개월 만기 약속어음을 수령하였다.

3월 중 거래

- 3월 6일   영업부서의 매출거래처에 접대하기 위하여 (주)횡성한우로부터 갈비세트를 220,000원에 구입(전자계산서 수취)하고 대금결제는 (주)시티패션으로부터 받은 당좌수표로 지급하였다.(사업자번호: 109-81-33452, 대표자: 김한우, 거래처코드: 2500)

- 3월 12일   동국무역에 제품을 10,000,000원(부가가치세 별도)에 판매하고 전자세금계산서를 발행하였다. 대금 중 5,000,000원은 현금으로 받았고 부가가치세는 보통예금으로 입금되었으며 나머지는 어음으로 받았다.

- 3월 19일   고려섬유(주)에 임가공계약체결을 하고 제작을 의뢰하였던 제품을 납품받고, 외주용역에 대한 전자세금계산서를 수취하였다. 임가공비 3,000,000원(부가가치세 별도)은 전액 보통예금으로 결제하였다.

- 3월 24일   부천유통으로부터 본사 사무실에서 사용할 온풍기를 구입하였다. 대금은 5,000,000원(부가가치세 포함, 카드매입에 대한 부가가치세 매입세액 공제 요건을 충족함)이었으며 법인카드(국민카드)로 결제하였다.

- 3월 27일 사내식당에서 사용할 쌀과 부식(채소류)을 부천유통에서 구입하고 대금 500,000원은 법인카드(국민카드)로 지급하였다. 사내식당은 야근하는 생산직 직원을 대상으로 무료로 운영되고 있다.

4월 중 거래

- 4월 6일 공장에서 원자재 매입거래처인 (주)새롬의 체육대회에 증정할 전자제품을 부천유통에서 770,000원(부가가치세 포함)에 구입하고 전자세금계산서를 수취하였다. 대금은 보통예금계좌에서 이체하였다.

- 4월 16일 수출업체인 동국무역에 구매확인서에 따라 제품 30,000,000원을 납품하고 영세율 전자세금계산서를 발행하였다. 대금은 전액 현금으로 수취하여 당좌예입하였다.

- 4월 20일 지난 3월 10일 미국 맥도날드사에서 구입한 원재료와 관련하여 인천세관으로부터 전자수입세금계산서(공급가액 $15,000, 환율 1,200원/$)를 수취하였고 부가가치세 1,800,000원은 즉시 현금으로 납부하였다.(코드: 600, 사업자등록번호: 113-81-54868)

- 4월 22일 직원들의 업무용으로 사용하기 위해 노트북 20대(대당 700,000원, 부가가치세 별도)를 부천유통에서 외상으로 구입하고, 전자세금계산서를 수취하였다.

5월 중 거래

- 5월 3일 건물주인 대한빌딩으로부터 본사 건물 4월분 임차료(공급가액800,000원, 부가가치세 80,000원)에 대한 전자세금계산서를 교부받았으며, 임차료는 계약상 지급일인 말일에 지급하기로 하였다.(코드: 610, 사업자등록번호: 215-16-25846)

- 5월 10일 대한원단으로부터 내국신용장(Local L/C)에 의하여 원재료 15,000,000원을 공급받고 영세율 전자세금계산서를 발급 받았으며, 대금 중 50%는 어음으로 지급하고 나머지 금액은 보통예금에서 이체하였다.

- 5월 15일 현대자동차로부터 제품 및 원재료 운반을 위한 트럭(부가세별도, 공급가액 20,000,000원)을 구입하고 전자세금계산서를 교부받았다. 대금은 다음 달에 지급하기로 하였으며, 취득세 및 등록세 100,000원은 별도로 현금으로 지급하였다.

따라하기

1월 중 거래

- 일자 : 1월 3일(11.과세)

□	일	번호	유형	품목	수량	단가	공급가액	부가세	코드	공급처명	사업/주민번호	전자	분개
□	3	50001	과세	제품매출			800,000	80,000	00108	김태희	830208-2182630	여	현금

구분	계정과목		적요			거래처		차변(출금)	대변(입금)
입금	0255	부가세예수금	제품매출			00108	김태희	(현금)	80,000
입금	0404	제품매출	제품매출			00108	김태희	(현금)	800,000

- 일자 : 1월 7일(12.영세)

□	일	번호	유형	품목	수량	단가	공급가액	부가세	코드	공급처명	사업/주민번호	전자	분개
□	7	50001	영세	제품매출	200	20,000	4,000,000		00103	동국무역	220-81-26452	여	현금

영세율구분 3 　 내국신용장 · 구매확인서에 의하여 공급하는 재화

구분	계정과목		적요		거래처		차변(출금)	대변(입금)
입금	0404	제품매출	제품매출 200X20000		00103	동국무역	(현금)	4,000,000

- 일자 : 1월 18일(61.현과)

□	일	번호	유형	품목	수량	단가	공급가액	부가세	코드	공급처명	사업/주민번호	전자	분개
□	18	50001	현과	책상구입			1,000,000	100,000	00106	부천유통	107-81-27084		현금

구분	계정과목		적요		거래처		차변(출금)	대변(입금)
출금	0135	부가세대급금	책상구입		00106	부천유통	100,000	(현금)
출금	0212	비품	책상구입		00106	부천유통	1,000,000	(현금)

- 일자 : 1월 26일(16.수출)

□	일	번호	유형	품목	수량	단가	공급가액	부가세	코드	공급처명	사업/주민번호	전자	분개
□	26	50001	수출	제품매출			6,000,000		00109	Mossy Oak			외상

영세율구분 1 　 직접수출(대행수출 포함)

구분	계정과목		적요		거래처		차변(출금)	대변(입금)
차변	0108	외상매출금	제품매출		00109	Mossy Oak	6,000,000	
대변	0404	제품매출	제품매출		00109	Mossy Oak		6,000,000

2월 중 거래

- 일자 : 2월 12일(11.과세)

□	일	번호	유형	품목	수량	단가	공급가액	부가세	코드	공급처명	사업/주민번호	전자	분개
□	12	50001	과세	제품매출	30	400,000	12,000,000	1,200,000	00102	시티패션	101-81-74857	여	혼합

구분	계정과목		적요		거래처		차변(출금)	대변(입금)
대변	0255	부가세예수금	제품매출 30X400000		00102	시티패션		1,200,000
대변	0404	제품매출	제품매출 30X400000		00102	시티패션		12,000,000
차변	0101	현금	제품매출 30X400000		00102	시티패션	4,000,000	
차변	0108	외상매출금	제품매출 30X400000		00102	시티패션	9,200,000	

- 일자 : 2월 14일(11.과세)

□	일	번호	유형	품목	수량	단가	공급가액	부가세	코드	공급처명	사업/주민번호	전자	분개
□	14	50002	과세	제품매출	500	100,000	50,000,000	5,000,000	00101	(주)새롬	128-81-42248	여	혼합

구분	계정과목		적요		거래처		차변(출금)	대변(입금)
대변	0255	부가세예수금	제품매출 500X100000		00101	(주)새롬		5,000,000
대변	0404	제품매출	제품매출 500X100000		00101	(주)새롬		50,000,000
차변	0110	받을어음	제품매출 500X100000		00105	대한원단	55,000,000	

*당사는 (주)새롬과 거래하였지만 대한원단이 발행한 어음을 받았기 때문에 거래처를 변경해야 한다.

- 일자 : 2월 19일(51.과세)

□	일	번호	유형	품목	수량	단가	공급가액	부가세	코드	공급처명	사업/주민번호	전자	분개
□	19	50001	과세	원재료매입	2,000	5,000	10,000,000	1,000,000	00105	대한원단	108-81-59726		혼합

구분	계정과목		적요		거래처		차변(출금)	대변(입금)
차변	0135	부가세대급금	원재료매입 2000X5000		00105	대한원단	1,000,000	
차변	0153	원재료	원재료매입 2000X5000		00105	대한원단	10,000,000	
대변	0110	받을어음	원재료매입 2000X5000		00104	고려섬유(주)		3,000,000
대변	0251	외상매입금	원재료매입 2000X5000		00105	대한원단		8,000,000

*원재료구입대금으로 당사가 어음을 발행한 것이 아니라 보유중인 고려섬유(주)의 어음으로 지급하였으므로 거래처를 변경하여야 한다.

- 일자 : 2월 28일(12.영세)

□	일	번호	유형	품목	수량	단가	공급가액	부가세	코드	공급처명	사업/주민번호	전자	분개
□	28	50001	영세	제품매출			40,000,000		00103	동국무역	220-81-26452	여	혼합

영세율구분 3 내국신용장 · 구매확인서에 의하여 공급하는 재화

구분	계정과목		적요	거래처		차변(출금)	대변(입금)
대변	0404	제품매출	제품매출	00103	동국무역		40,000,000
차변	0101	현금	제품매출	00103	동국무역	16,000,000	
차변	0110	받을어음	제품매출	00103	동국무역	24,000,000	

3월 중 거래

- 일자 : 3월 6일(53.면세)

□	일	번호	유형	품목	수량	단가	공급가액	부가세	코드	공급처명	사업/주민번호	전자	분개
□	6	50001	면세	한우구입			220,000		02500	(주)횡성한우	109-81-33452	여	현금

구분	계정과목		적요	거래처		차변(출금)	대변(입금)
출금	0813	기업업무추진비	한우구입	02500	(주)횡성한우	220,000	(현금)

- 일자 : 3월 12일(11.과세)

□	일	번호	유형	품목	수량	단가	공급가액	부가세	코드	공급처명	사업/주민번호	전자	분개
□	12	50001	과세	제품매출			10,000,000	1,000,000	00103	동국무역	220-81-26452	여	혼합

구분	계정과목		적요	거래처		차변(출금)	대변(입금)
대변	0255	부가세예수금	제품매출	00103	동국무역		1,000,000
대변	0404	제품매출	제품매출	00103	동국무역		10,000,000
차변	0101	현금	제품매출	00103	동국무역	5,000,000	
차변	0103	보통예금	제품매출	00103	동국무역	1,000,000	
차변	0110	받을어음	제품매출	00103	동국무역	5,000,000	

- 일자 : 3월 19일(51.과세)

□	일	번호	유형	품목	수량	단가	공급가액	부가세	코드	공급처명	사업/주민번호	전자	분개
□	19	50001	과세	외주가공비			3,000,000	300,000	00104	고려섬유(주)	124-29-74624	여	혼합

구분	계정과목		적요	거래처		차변(출금)	대변(입금)
차변	0135	부가세대급금	외주가공비	00104	고려섬유(주)	300,000	
차변	0533	외주가공비	외주가공비	00104	고려섬유(주)	3,000,000	
대변	0103	보통예금	외주가공비	00104	고려섬유(주)		3,300,000

- 일자 : 3월 24일(57.카과)

□	일	번호	유형	품목	수량	단가	공급가액	부가세	코드	공급처명	사업/주민번호	전자	분개
□	24	50002	카과	온풍기구입			4,545,455	454,545	00106	부천유통	107-81-27084		카드

신용카드사: 99600 국민카드 봉사료:

구분	계정과목		적요	거래처		차변(출금)	대변(입금)
대변	0253	미지급금	온풍기구입	99600	국민카드		5,000,000
차변	0135	부가세대급금	온풍기구입	00106	부천유통	454,545	
차변	0212	비품	온풍기구입	00106	부천유통	4,545,455	

- 일자 : 3월 27일(58.카면)

□	일	번호	유형	품목	수량	단가	공급가액	부가세	코드	공급처명	사업/주민번호	전자	분개
□	27	50001	카면	쌀과 부식			500,000		00106	부천유통	107-81-27084		카드

신용카드사: 99600 국민카드 봉사료:

구분	계정과목		적요	거래처		차변(출금)	대변(입금)
대변	0253	미지급금	쌀과 부식	99600	국민카드		500,000
차변	0511	복리후생비	쌀과 부식	00106	부천유통	500,000	

4월 중 거래

- 일자 : 4월 6일 (54.불공)

□	일	번호	유형	품목	수량	단가	공급가액	부가세	코드	공급처명	사업/주민번호	전자	분개
□	6	50001	불공	전자제품			700,000	70,000	00106	부천유통	107-81-27084	여	혼합

불공제사유 4 ④기업업무추진비 및 이와 유사한 비용 관련

구분	계정과목		적요			거래처		차변(출금)	대변(입금)
차변	0513	기업업무추진비	전자제품			00106	부천유통	770,000	
대변	0103	보통예금	전자제품			00106	부천유통		770,000

- 일자 : 4월 16일 (12.영세)

□	일	번호	유형	품목	수량	단가	공급가액	부가세	코드	공급처명	사업/주민번호	전자	분개
□	16	50001	영세	제품매출			30,000,000		00103	동국무역	220-81-26452	여	혼합

영세율구분 3 내국신용장 · 구매확인서에 의하여 공급하는 재화

구분	계정과목		적요			거래처		차변(출금)	대변(입금)
대변	0404	제품매출	제품매출			00103	동국무역		30,000,000
차변	0102	당좌예금	제품매출			00103	동국무역	30,000,000	

- 일자 : 4월 20일 (55.수입)

□	일	번호	유형	품목	수량	단가	공급가액	부가세	코드	공급처명	사업/주민번호	전자	분개
□	20	50001	수입	원재료수입			18,000,000	1,800,000	00600	인천세관	113-81-54868	여	현금

구분	계정과목		적요			거래처		차변(출금)	대변(입금)
출금	0135	부가세대급금	원재료수입			00600	인천세관	1,800,000	(현금)

- 일자 : 4월 22일 (51.과세)

□	일	번호	유형	품목	수량	단가	공급가액	부가세	코드	공급처명	사업/주민번호	전자	분개
□	22	50001	과세	노트북구입	20	700,000	14,000,000	1,400,000	00106	부천유통	107-81-27084	여	혼합

구분	계정과목		적요			거래처		차변(출금)	대변(입금)
차변	0135	부가세대급금	노트북구입 20X700000			00106	부천유통	1,400,000	
차변	0212	비품	노트북구입 20X700000			00106	부천유통	14,000,000	
대변	0253	미지급금	노트북구입 20X700000			00106	부천유통		15,400,000

5월 중 거래

- 일자 : 5월 3일 (51.과세)

□	일	번호	유형	품목	수량	단가	공급가액	부가세	코드	공급처명	사업/주민번호	전자	분개
□	3	50001	과세	4월임차료			800,000	80,000	00610	대한빌딩	215-16-25846	여	혼합

구분	계정과목		적요			거래처		차변(출금)	대변(입금)
차변	0135	부가세대급금	4월임차료			00610	대한빌딩	80,000	
차변	0819	임차료	4월임차료			00610	대한빌딩	800,000	
대변	0253	미지급금	4월임차료			00610	대한빌딩		880,000

- 일자 : 5월 10일 (52.영세)

□	일	번호	유형	품목	수량	단가	공급가액	부가세	코드	공급처명	사업/주민번호	전자	분개
□	10	50001	영세	원재료매입			15,000,000		00105	대한원단	108-81-59726	여	혼합

구분	계정과목		적요			거래처		차변(출금)	대변(입금)
차변	0153	원재료	원재료매입			00105	대한원단	15,000,000	
대변	0252	지급어음	원재료매입			00105	대한원단		7,500,000
대변	0103	보통예금	원재료매입			00105	대한원단		7,500,000

- 일자 : 5월 15일 (51.과세)

□	일	번호	유형	품목	수량	단가	공급가액	부가세	코드	공급처명	사업/주민번호	전자	분개
□	15	50001	과세	트럭구입			20,000,000	2,000,000	00107	현대자동차	101-81-39258	여	혼합

구분	계정과목		적요			거래처		차변(출금)	대변(입금)
차변	0135	부가세대급금	트럭구입			00107	현대자동차	2,000,000	
차변	0208	차량운반구	트럭구입			00107	현대자동차	20,100,000	
대변	0253	미지급금	트럭구입			00107	현대자동차		22,000,000
대변	0101	현금	트럭구입			00107	현대자동차		100,000

CLASS 전산회계1급
실 기 편

실기편
감가상각과 결산

CHAPTER 01 _ 고정자산등록 및 감가상각
CHAPTER 02 _ 결산자료 입력

CLASS 전산회계 1급
실 기 편

01 고정자산등록 및 감가상각

    기업의 영업활동이나 제조활동을 위하여 보유하는 대부분의 고정자산은 사용 및 시간의 경과 등 여러 가지 원인에 의해 자산의 사용가치가 감소하므로 회계기간 말에는 자산의 가치 감소분을 비용으로 처리하여야 하는데 이것을 감가상각이라고 한다.

    본 프로그램의 [고정자산등록]메뉴에서 감가상각비에 필요한 요소들을 입력하거나 선택하면 감가상각비계산이 자동으로 이루어진다. 또한 본 데이터에 대한 차기이월이 가능하며, 당기 취득분 등에 대한 추가 입력만으로 감가상각계산이 완료된다.

01. 고정자산의 등록

    고정자산에 대한 감가상각비를 계산하려면 [고정자산등록]의 고정자산등록메뉴에서 해당자산을 등록해야 한다. 본 메뉴는 기본등록사항과 추가등록사항으로 구성되어있다.

[고정자산등록화면]

》》 고정자산등록시 좌측 등록사항

구 분	내 용
고정자산 계정과목	계정코드 세자리를 입력하거나 도움단추 [...]를 클릭하여 해당코드를 선택한다.
자 산 코 드 / 명	코드 6자리, 한글 10자, 영문은 20자 이내로 구체적인 품목명을 입력한다.
취 득 년 월 일	해당자산을 취득한 년, 월, 일 또는 사용 년 월 일 을 입력한다.
상 각 방 법	자산을 선택하면 상각방법은 자동으로 선택된다.

》》 기본등록사항

구 분	내 용
기 초 가 액	전기말 현재의 취득가액 또는 당기에 취득한 고정자산의 취득원가를 입력한다.
전 기 말 상 각 누 계 액	전기말까지 상각한 감가상각누계액을 입력한다.
전 기 말 장 부 가 액	기초가액에서 전기말상각누계액을 차감한 금액이 자동반영 된다.
상 각 방 법	당기증가는 신규자산의 취득원가 또는 고정자산의 자본적 지출액을 입력한다.
당기감소는 고정자산의 일부를 매각하거나 기타 이유로 고정자산의 자본적 지출액을 입력한다.	해당자산의 내용연수를 입력한다. (상각률은 자동계산 된다.)
내 용 연 수 (상 각 률)	해당자산의 내용연수를 입력한다. (상각률은 자동계산 된다.)
경 비 구 분	자산의 사용용도에 따라 판매비와 관리비는 800대, 제조경비는 500번대를 선택한다.
일 반 상 각 비	기초가액, 상각방법, 내용연수 등 입력된 사항에 의해서 자동계산 된다.
당 기 말 상 각 누 계 액	전기말상각누계액과 당기상각비의 합계액이 자동으로 표시된다.
당 기 말 장 부 가 액	기초가액에서 당기말 상각누계액을 차감한 금액이 자동으로 표시된다.
양 도 일 자 / 폐 기 일 자	고정자산을 폐기처분하거나 양도한 경우 폐기일자 및 양도일자를 입력한다.
업 종	업종입력이 필요한 경우에는 도움단추 [...]를 클릭하여 업종코드도움을 이용하여 입력한다.
보 조 금 적 용 여 부	
당 기 말 보 조 금 잔 액	

02. 고정자산관리대장

본 메뉴에서는 고정자산등록 메뉴의 입력사항을 반영하여 자동계산 된 내용을 계정과목별로 500번대와 800번대의 경비를 구분되어 조회된다.

고정자산관리대장은 고정자산의 양도·폐기·사용부서 등 당해 연도에 변동내역을 조회할 수 있다.

[고정자산관리대장화면]

실습예제

다음은 (주)앤트패션의 고정자산내역이다. 고정자산등록메뉴에 입력하시오.

계정과목	자산명	취득일자	취득가액	감가상각 누계액	상각 방법	내용 연수	사용 부서
건 물	사옥	2021.10. 1	50,000,000	8,125,000	정액법	20년	영업부
	공장	2022. 4.10	100,000,000	13,750,000	정액법	20년	생산부
기계 장치	재단기	2023. 9. 5	27,000,000	4,752,279	정률법	8년	생산부
	염색기	2025. 3.10	2,000,000	0	정률법	8년	생산부
차 량 운반구	화물차	2025. 2.16	5,000,000	0	정률법	5년	생산부
	승용차	2024.11.12	12,000,000	902,000	정률법	5년	영업부
비 품	컴퓨터	2021. 5.11	5,000,000	3,167,890	정률법	4년	영업부

따라하기

고정자산의 입력방법은 메인화면에서 [고정자산 및 감가상각] → [고정자산등록]을 클릭 한 다음 [고정자산계정과목]에서 F2 또는 🔍를 선택하면 "계정코드 도움" 상자가 표시되는데 등록하고자 하는 계정과목을 두 글자만 입력 한 다음 원하는 계정과목을 선택하여 입력한다.

① 건물의 당기감가상각비 : 2,500,000원

② 공장건물의 감가상각비 : 5,000,000원

③ 기계장치(재단기)의 감가상각비 : 6,963,536원

④ 기계장치(염색기)의 감가상각비 : 521,666원

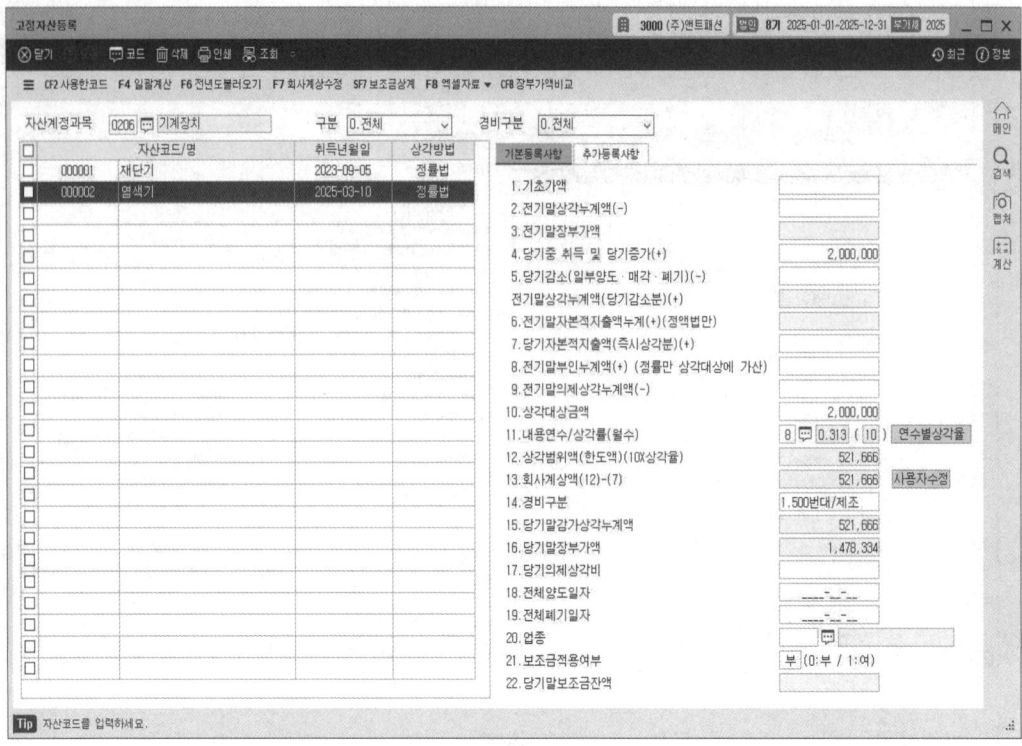

⑤ 차량운반구(화물트럭)의 감가상각비 : 2,067,083원

⑥ 차량운반구(승용차)의 감가상각비 : 5,005,198원

⑦ 비품(컴퓨터)의 감가상각비 : 967,354원

02 고정자산등록 및 감가상각

우리는 앞에서 한 회계기간 동안에 발생한 거래를 [일반전표입력] 및 [매입매출전표]메뉴에 입력하였다. 이 자료를 통하여 기업의 경영성과와 재무상태를 알기 위해서는 결산이라는 작업이 필요하다. 따라서 지금부터는 결산방법에 대하여 알아보고자 한다. 본 프로그램의 결산방법은 수동결산방법과 자동결산방법이 있다.

구 분	내 용
수동결산방법	[일반전표입력]메뉴에서 12월31일자로 결산대체분개를 직접 입력하는 방법
자동결산방법	[결산자료입력]메뉴에 해당금액을 입력한 후 [추가]키를 이용하여 결산을 완료하는 방법

01..수동결산항목

수동결산항목들은 [결산자료입력]메뉴에서 작업할 수 없는 항목들이다. 따라서 수동결산항목은 [일반전표입력]메뉴에서 결산대체분개를 직접 입력해야한다. 또한 수동결산은 자동결산이 행해지기 전에 먼저 작업이 이루어져야 한다. 수동결산항목을 정리해 보면 다음과 같다.

1. 현금계정의 정리

현금은 장부상의 잔액과 실제잔액이 일치하여야 하지만 여러 가지 원인에 의하여 차이가 발생할 수 있는데 그 원인을 결산시까지 밝혀야 한다. 결산시까지 원인을 밝히지 못한 경우에는 잡손실 또는 잡이익으로 대체시켜야 한다.

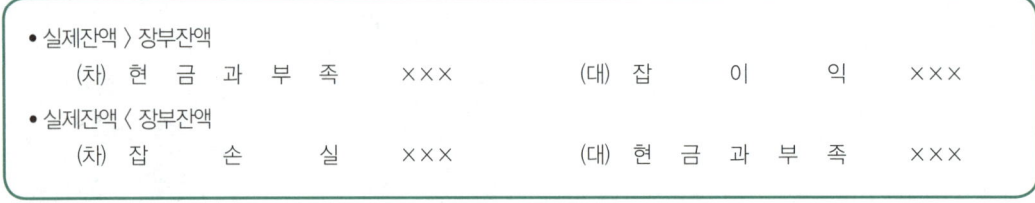

 회계기간 중이 아닌 보고기간말에 장부잔액과 실제잔액이 일치하지 않는 경우 현금과부족계정을 사용하지 않고 실제잔액이 부족하면 잡손실로 처리하고 실제잔액이 초과하면 잡이익으로 처리한다.

2. 유가증권의 평가

유가증권계정은 보고기간말에 공정가치법에 의하여 평가하여한다. 공정가치란 보고기간말의 종가를 말하며, 보고기간말의 종가가 없는 경우에는 보고기간말로부터 가장 최근의 종가를 적용하여 한다.

- 공정가치 〉 장부잔액
  - (차) 단 기 매 매 증 권　×××　　(대) 단기투자자산평가이익　×××
- 공정가치 〈 장부잔액
  - (차) 단기투자자산평가손실　×××　　(대) 단 기 매 매 증 권　×××

3. 가지급금과 가수금의 정리

가지급금과 가수금계정은 회계기간 중에 일시적으로 사용하는 임시계정이기 때문에 재무상태표에 보고되어서는 안된다. 따라서 결산일에 가지급금과 가수금계정은 내용을 파악하여 본 계정으로 대체하여야 한다.

- 가지급금의 정리
  - (차) 해 당 비 용 등　×××　　(대) 가 지 급 금　×××
- 가수금의 정리
  - (차) 가 　 수 　 금　×××　　(대) 해 당 자 산 등　×××

4. 수익과 비용의 결산정리

(1) 수익이연과 수익의 인식

1) 수익의 이연(선수수익)

수익의 이연이란 회계기간 중 이미 계상한 수익 중 차기 이후의 수익이 포함되어 있는 경우 이를 당해 수익에서 차감하고 선수수익이라는 부채로 계상하는 결산수정분개이다. 선수수익은 미래에 재화나 용역을 제공하여야 하는 현재의 의무로 부채에 해당한다. 선수수익은 수익의 이연절차에 따라 계상하는 부채이며 선불로 수수하는 임대료, 이자수익 등을 대상으로 한다.

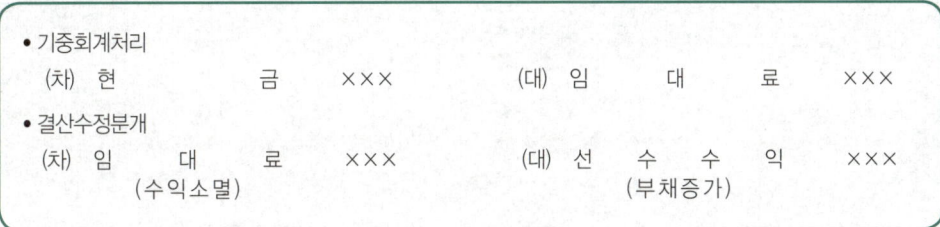

5. 분개

실습예제

선수(주)는 20X1년 9월 1일에 6개월분 임대료 ₩60,000을 현금으로 받다. 기중거래와 기말 결산수정분개를 하시오.

해설

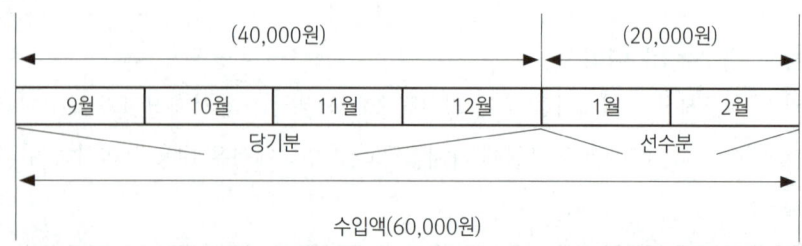

구 분	차 변	금 액	대 변	금 액
9월 1일	현 금	60,000	임 대 료	60,000
12월 31일	임 대 료	20,000	선 수 수 익	20,000

2) 수익의 인식(미수수익)

수익의 인식이란 차기 이후에 현금으로 받을 수익 중 당기분을 수익으로 인식하고 미수수익이라는 자산을 계상하는 결산수정분개이다. 미수수익은 미래에 현금을 수취할 권리이므로 자산에 해당한다. 미수수익은 수익의 인식절차에 따라 계상하는 자산이며 후불로 수수하는 이자수익, 임대료 등을 대상으로 한다.

실습예제

미수(주)는 20X1년 9월 1일에 6개월간 임대계약을 하고 임대료 60,000은 임대기간 종료후에 받기로 하다. 기중거래와 기말 결산수정분개를 하시오.

해설

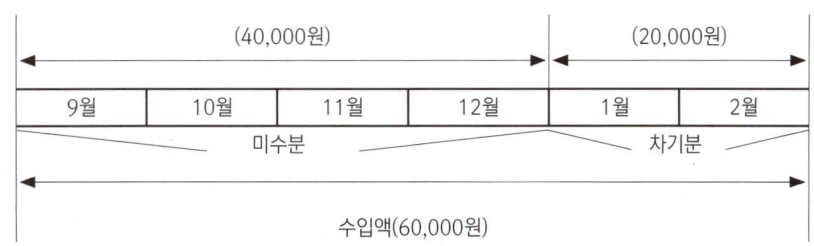

구 분	차 변	금 액	대 변	금 액
9월 1일	분 개 없 음			
12월 31일	미 수 수 익	40,000	임 대 료	40,000

(2) 비용의 이연과 비용의 인식

1) 비용의 이연(선급비용)

비용의 이연이란 회계기간 중 이미 계상한 비용에 차기 이후의 비용이 포함되어 있는 경우, 이를 당해 비용에서 차감하고 선급비용이라는 자산으로 계상하는 결산수정분개이다. 선급비용은 미래에 재화나 용역을 제공받는 권리로 자산에 해당한다. 선급비용은 비용의 이연절차에 따라 계상하는 자산이며 선불로 지급하는 임차료, 보험료, 이자비용 등을 대상으로 한다.

- 기중회계처리
  - (차) 보   험   료   ×××   (대) 현   금   ×××
    (비용발생)   (자산감소)
- 결산수정분개
  - (차) 선   급   비   용   ×××   (대) 보   험   료   ×××
    (자산증가)   (비용소멸)

실습예제

선급(주)는 20X1년 9월 1일에 6개월분 보험료 60,000을 현금으로 지급하다. 기중거래와 기말 결산수정분개를 하시오.

해설

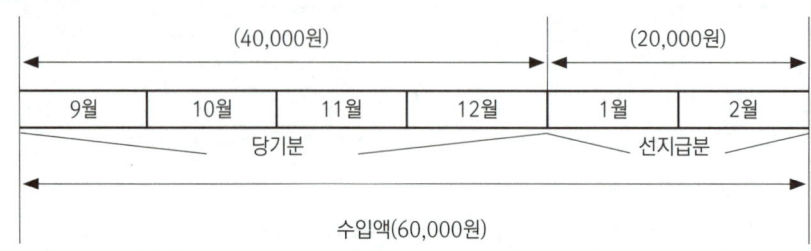

구 분	차 변	금 액	대 변	금 액
9월 1일	보 험 료	60,000	현 금	60,000
12월 31일	선 급 비 용	20,000	보 험 료	20,000

2) 비용의 인식(미지급비용)

비용의 인식이란 차기 이후에 현금으로 지급할 비용 중 당기분을 비용으로 인식하고 미지급비용이라는 부채를 계상하는 결산수정분개이다. 미지급비용은 미래 현금을 지급하여야할 의무이므로 부채에 해당한다. 미지급비용은 비용의 인식절차에 따라 계상하는 부채이며 후불로 지급하는 이자비용, 임차료 등을 대상으로 한다.

실습예제

미지급(주)는 20X1년 9월 1일에 6개월간 임대계약을 하고 임차료 60,000은 임대기간 종료후에 지급하기로 하였다. 기중 거래와 기말 결산수정분개를 하시오.

해설

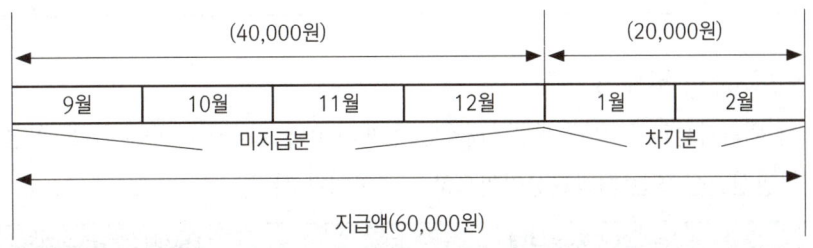

구 분	차 변	금 액	대 변	금 액
9월 1일	분 개 없 음			
12월 31일	임 차 료	40,000	미 지 급 비 용	40,000

6. 소모품의 처리

사무용품, 장부 및 기타 소모품을 구입하는경우 회계처리방법은 구입 시 자산으로 처리하는 자산처리법과 비용으로 처리하는 비용처리법이 있다.

(1) 비용처리법

비용처리법이란 소모품 구입 시 소모품비계정으로 처리하였다가 결산 시에 미사용액을 소모품계정으로 대체하는 방법을 말한다.

- 기중회계처리
  (차) 소 모 품 비   ×××   (대) 현   금   ×××
- 결산수정분개
  (차) 소 모 품   ×××   (대) 소 모 품 비   ×××

(2) 자산처리법

자산처리법이란 소모품 구입 시 소모품계정으로 처리하였다가 결산 시에 사용액을 소모품비 계정으로 대체하는 방법을 말한다.

```
• 기중회계처리
    (차) 소    모    품     ×××      (대) 현            금      ×××
• 결산수정분개
    (차) 소  모  품  비    ×××      (대) 소    모    품    ×××
```

7. 화폐성 외화자산 · 부채의 평가

기말결산 시 외화자산과 부채는 재무상태표일 현재의 환율로 환산하여야 한다. 환산에 따른 환산손익은 외화환산손실 또는 외화환산이익으로 처리하여야 한다.

구 분	환산액 〉 장부금액	환산액 〈 장부금액
외화자산	(차)외화예금 ××× (대) 외화환산이익 ×××	(차)외화환산손실××× (대) 외화예금 ×××
외화부채	(차)외화환산손실 ××× (대) 장기차입금 ×××	(차)장기차입금 ××× (대)외화환산이익 ×××

8. 대손충당금의 환입

기업은 보고기간말에 채권 잔액에 대손충당금을 설정함으로써 순실현가치를 재무상태표에 보고하여야 한다. 기말현재 대손충당금잔액이 대손예상액보다 큰 경우에는 그 차액을 환입하여야한다. 대손충당금을 환입하는 경우에는 수동분개사항으로 일반전표에 입력하거나 [결산자료입력]메뉴에 입력한다. 매출채권에 대한 대손충당금환입은 판매비 및 일반관리비 차감항목이며 매출채권이 아닌 기타채권에 대한 대손충당금환입은 영업외수익으로 처리하여야 한다.

```
    (차) 대 손 충 당 금    ×××      (대) 대 손 충 당 금 환 입    ×××
  * 대손충당금환입액 = 대손충당금잔액 - (채권잔액 × 추정대손율) = 대손충당금잔액 - 대손예상액
```

02. 자동결산항목의 입력

1. 자동결산항목

다음에 해당하는 항목들은 [결산자료입력]메뉴의 해당 과목란에서 금액을 입력하는 것으로 결산을 끝낼 수 있다.

> ① 재고자산의 기말재고액 ② 유형자산의 감가상각비
> ③ 퇴직급여충당부채 및 퇴직보험충당부채의 설정액 ④ 매출채권에 대한 대손상각비
> ⑤ 무형자산의 상각액 ⑥ 법인세비용(**선납세금포함**)

2. 자동결산항목입력방법

[결산자료입력]메뉴를 클릭하고 기간을 입력하면 다음과 같은 화면이 나타난다.

[결산자료입력화면]

(1) 기간 입력
결산하고자 하는 대상 기간을 입력한다. 월 결산 하는 경우에는 결산 대상 월을 입력한다. 회계기간에 1회 결산 하는 경우 회계기간의 시작월과 종료월을 직접 입력(ENTER를 치면 시작월과 종료월이 자동으로 채워진다)한다.

(2) 원가 설정
환경등록의 회계탭 (8.매출원가와 원가경비 선택) 에서 1.사용하는 매출원가 및 원가경비로 자동화면을 구성한다. 직접 원가설정을 변경할 수도 있다.
매출원가 성격이 3.매입판매인 경우 해당 매출원가는 입력하지 않는다. (무조건 반영)

(3) 화면구성
① 결산전 금액 : 전표에서 각 항목별로 입금·출금 및 차변·대변 금액을 반영한다.
② 결산반영금액 : 결산자료입력에서 직접 입력하는 항목으로서 결산전표 추가 시 영향을 준다.
③ 결산 후 금액 : 결산 전금액과 결산반영금액을 가감하여 산출된다. 매출원가 및 당기순이익 금액을 확인할 수 있다.
④ 결산분개 금액: 전표에 추가된 결산 분개 (결차 또는 결대) 금액을 반영한다.

(4) 매출원가 확정
① 재고자산의 기말재고액 (평가 전 금액)을 직접 입력한다.
② 재고자산의 평가금액이 있을 경우 평가손실 또는 평가 환입 금액을 직접 입력한다.
③ 제품매출원가를 산정하기 위해서 500번대 계정코드가 집계가 된다. 원재료비를 산정하기 위해서는 기말 원재료 재고액을 직접 입력해야 하며, 노무비에 퇴직급여 충당부채 산정을 위한 퇴직급여 전입액이 있을 경우 결산반영금액란에 직접입력 가능하다.

(5) 감가상각비 입력 (판매비와 일반관리비)
① 직접입력 : 각 경비(제조, 도급, 분양, 보관, 운송)별로 유형자산의 결산반영금액에 입력한다.
② 자동반영 : 툴바의 감가상각의 결산반영 금액을 본 메뉴에 자동 반영한다. 툴바의 감가상각의 고정자산 등록의 금액을 결산월수 만큼 안분해서 가져 온다.

(6) 대손상각입력 (판매비와 일반관리비)
① 직접입력 : 영업 관련 매출채권에 대한 회수 불가능성을 추산하여 직접 입력한다.
② 자동반영: 툴바의 대손상각에 의해서 반영한다. 툴바의 대손상각은 보충법에 의해 계산

한 추가 설정액을 자동 반영한다.

(7) 퇴직급여 입력
① 직접입력: 퇴직급여 충당부채의 추가 설정액을 직접 입력한다.
② 자동반영: 툴바의 퇴직충당에서 추가 설정액을 자동 계산하여 결산 반영 한다.

(8) 전표추가
원가 및 매출원가 등 대체 분개를 통해 손익 항목을 확정 한다. 종료월의 말일자로 결산대체 분개를 일반전표에 추가 한다. 추가된 전표는 별도 관리를 위해 일반전표에 결산이라고 표기된다. 결산 분개한 기간은 본 메뉴에서 "자동결산분개 완료"라고 표기하여 확인 가능하다.

3. 자동결산작업의 완료 및 재결산

1) 결산완료(결산대체분개)
[결산자료입력]메뉴에 자동결산항목의 금액들을 모두 입력했다고 해서 결산이 끝난 것은 아니다. 결산작업은 자동결산항목들의 결산대체분개를 일반전표에 추가해야 완료된다.

자동결산항목을 모두 입력한 후 화면 상단의 [F3 전표추가] 또는 F3키를 누루면 아래와 같은 화면이 나타나며 여기에서 [예(Y)]를 선택하면 결산분개가 일반전표에 추가되면서 결산이 완료된다.

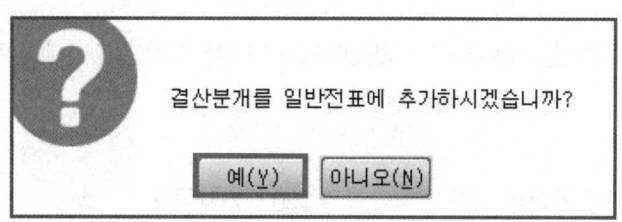

2) 재결산 및 수정작업(결산대체분개의 일괄삭제)
재결산이나 수정 등의 이유로 결산대체분개를 삭제하고자 할 경우는 [일반전표입력]메뉴의 결산월로 들어가서 이미 추가된 결산자료를 삭제할 수 있다. [일반전표입력]화면에서 "Shift +F5"를 누르면 다음과 같은 [일반전표-자동분개 일괄삭제]화면이 나타난다.

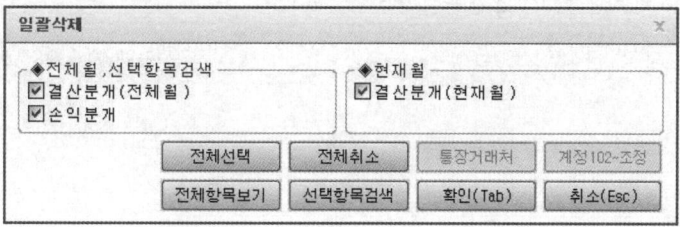

여기서 하단에 있는 확인(Tab) 키를 누르면 [삭제할 데이터를 조회하시겠습니까]라는 메시지가 나타나고 여기에서 하단에 있는 예(Y)를 누르면 삭제할 데이터가 선택된다. 좌측상단에 있는 [X]를 누르면 자동분개가 모두 삭제된다.

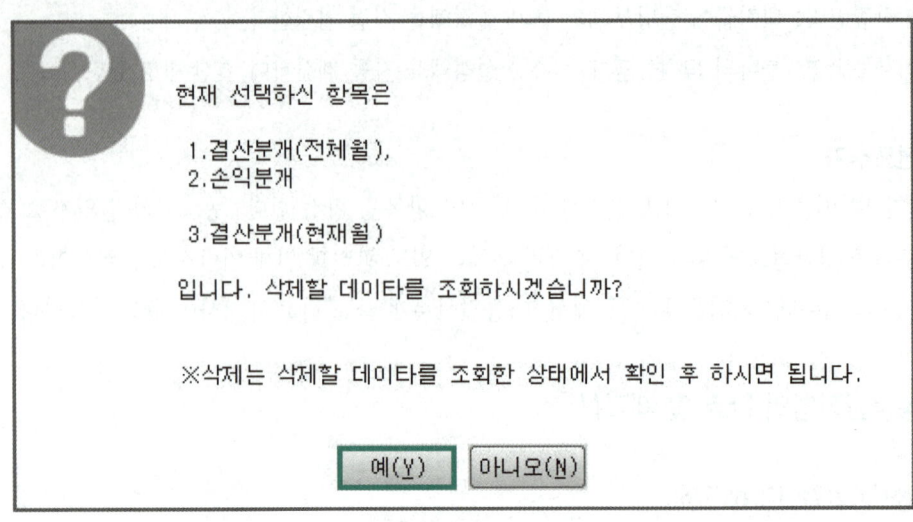

이처럼 자동으로 반영된 결산자료를 모두 삭제한 후 다시 결산자료입력 메뉴를 열어서 수정사항을 반영한 후에는 반드시 "전표추가" 키를 눌러서 결산을 완료하여야한다.

실습예제

다음은 (주)앤트패션의 결산정리항목이다. 일반전표입력 및 결산자료입력메뉴에 입력하여 결산을 완료하시오.

① 장기차입금에 대한 경과된 이자 미지급액은 120,000원이다.
② 공장건물에 대한 보험료 중에는 기간미경과분(선급분) 100,000원이 포함되어있다.
③ 장기차입금 중에는 외화차입금 $20,000(차입시 환율 1$당 1,200)이 있다. 기말 현재의 환율은 1$당 ₩1,300원이다.
④ 결산시 당사 소유주식(단기매매증권)을 아래와 같이 평가하였다.(단기투자자산평가이익계정은 단기매매증권평가이익계정으로 수정하여 사용하시오)

· 기말 현재 장부금액(₩1,680,000)   · 공정가치(₩1,800,000)

⑤ 재고자산의 기말재고액은 다음과 같다.

구 분	금 액
원 재 료	1,500,000
재 공 품	2,400,000
제 품	1,800,000

⑥ 대손충당금은 매출채권(외상매출금, 받을어음)잔액의 1%를 설정한다.(보충법으로 처리 할 것)
⑦ 유형자산에 대한 감가상각비는 고정자산등록메뉴에 입력된 자료를 조회하여 계상하시오.
⑧ 무형자산인 특허권 상각액은 3,000,000원이다.
⑨ 기말 현재 퇴직급여추계액 및 퇴직급여 충당부채 잔액은 다음과 같다.

부서	퇴직급여추계액	퇴직급여충당부채잔액
공장 생산직	36,600,000	25,000,000
본사 사무직	20,400,000	15,000,000

⑩ 당기 법인세등 추산액은 1,546,000원이다.(당기에 발생한 선납세금은 75,000원이다)
⑪ 다음은 이익잉여금 처분사항(당기처분예정일: 2026년 3월 15일, 전기처분확정일: 2025년 3월 10일)이다. 해당메뉴에 입력하시오.

구 분		금 액
Ⅱ. 임의적립금이입액	배 당 평 균 적 립 금	3,000,000
Ⅲ. 이익잉여금처분액	이 익 준 비 금	100,000
	현 금 배 당	1,000,000
	주 식 배 당	1,500,000
	사 업 확 장 적 립 금	2,000,000
	감 채 적 립 금	1,300,000

결산순서

일반전표 12월 31일자 수동분개 입력 → 데이터관리(오류검증) → 결산자료입력(1월~12월) F3 전표추가 자동분개 입력 → 제조원가명세서(12월) → 손익계산서(12월) → 이익잉여금처분계산서 F6 전표추가 → 재무상태표 순으로 결산을 완료하여야 한다.

따라하기

1. ①~②번은 수동결산항목이므로 [일반전표입력]메뉴에 입력한다.

   ① 발생된 이자비용의 인식 분개
   　　(차) 이자비용　　　120,000　　(대) 미지급비용　　　120,000

   ② 보험료 미경과분의 정리 분개
   　　(차) 선급비용　　　100,000　　(대) 보험료(제)　　　100,000

   ③ 외화차입금 환산분개
   　　(차) 외화환산손실 2,000,000　(대) 장기차입금　　2,000,000

   ④ 단기매매증권 평가분개
   　　(차) 단기매매증권　120,000　　(대) 단기매매증권평가이익 120,000

   *단기투자자산평가이익을 단기매매증권평가이익으로 수정하여 사용할 것

[일반전표입력메뉴에 입력된 화면]

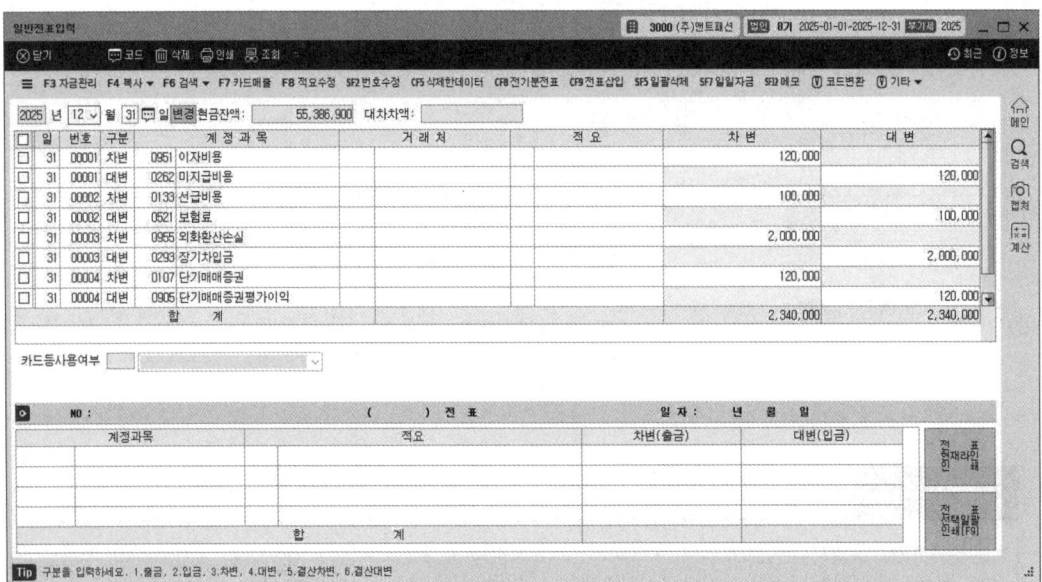

2. 데이터체크 하는 방법

수동분개를 입력한 다음 자동분개를 하기 전에 그동안 입력한 자료의 오류가 없는지 체크를 하고 자동분개를 하도록 한다.

오류 검증을 하려면 [데이타관리] → [데이타체크] → [검사시작]을 하면 잘못 입력한 데이터를 보여주는데 그 데이터에 따라 기초정보등록, 일반전표, 매입매출전표에서 수정하여야 한다.

[데이타체크화면]

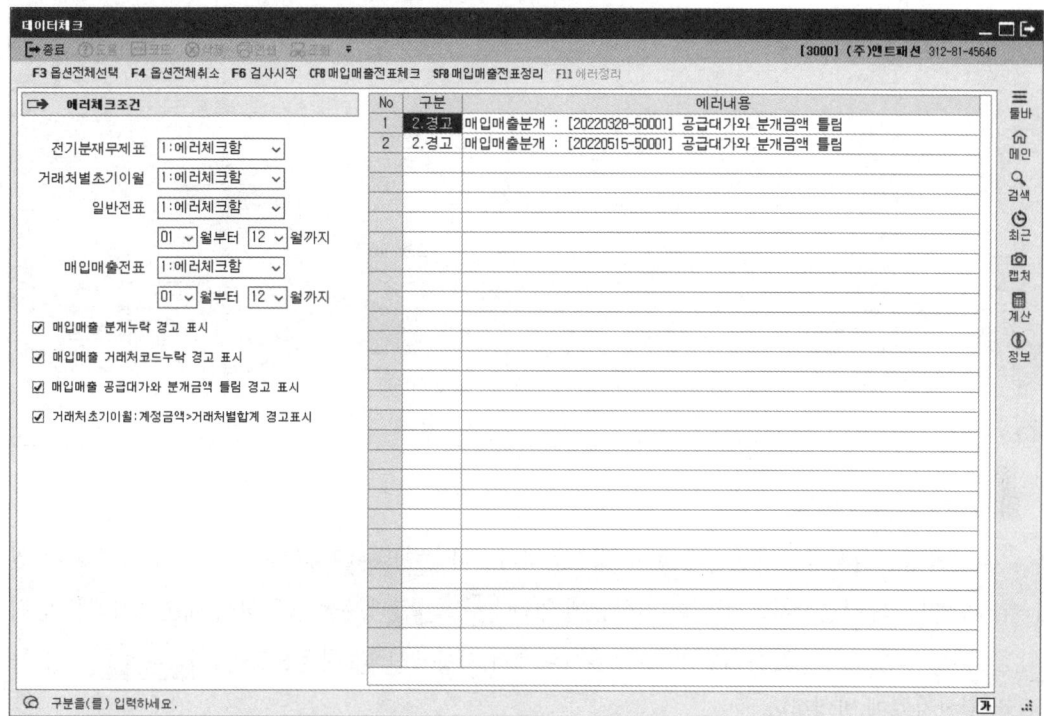

데이터체크시 공급대가와 분개금액 틀림 이란 오류내용은 유형자산 등을 처분 시 발생하는 경우이므로 무시한다.

3. ③~⑧번은 자동결산항목이므로 [결산자료입력]메뉴에 입력한 후 [추가]키를 눌러서 결산을 완료한다.

1) 기말재고액의 입력

기말재고액 해당란에 금액을 입력한다.
① "기말원재료재고액" 란에 1,500,000원
② "기말재공품재고액" 란에 2,400,000원
③ "기말제품재고액" 란에 1,800,000원을 각각 입력한다.

[재고자산의 기말재고액을 입력한 화면]

코드	과 목	결산분개금액	결산전금액	결산반영금액	결산후금액
0153	⑩ 기말 원재료 재고액			1,500,000	1,500,000
	3)노 무 비		3,400,000		3,400,000
	1). 임금 외		3,400,000		3,400,000
0504	임금		3,400,000		3,400,000
0508	2). 퇴직급여(전입액)				
0550	3). 퇴직연금충당금전입액				
	7)경 비		6,621,000		6,621,000
	1). 복리후생비 외		6,621,000		6,621,000
0511	복리후생비		1,371,000		1,371,000
0513	기업업무추진비		770,000		770,000
0515	가스수도료		100,000		100,000
0517	세금과공과		80,000		80,000
0521	보험료		1,100,000		1,100,000
0522	차량유지비		200,000		200,000
0633	외주가공비		3,000,000		3,000,000
0518	2). 일반감가상각비				
0202	건물				
0206	기계장치				
0208	차량운반구				
0212	비품				
0455	8)당기 총제조비용		86,571,000		85,071,000
0169	① 기초 재공품 재고액		3,500,000		3,500,000
0169	⑩ 기말 재공품 재고액			2,400,000	2,400,000
0150	9)당기완성품제조원가		90,071,000		86,171,000
0150	① 기초 제품 재고액		6,000,000		6,000,000
0150	⑧ 타계정으로 대체액		600,000		600,000
0150	⑩ 기말 제품 재고액			1,800,000	1,800,000

매출액: [262,025,000] 당기순이익: [160,327,000] 소득평율:61.19%

2) 대손충당금의 설정

대손충당금설정액은 대손상각 란에 직접입력하거나 F8 대손상각 메뉴를 클릭하여 입력할 수 있다. 입력방법은 [결산자료입력]화면 상단에 있는 F8 대손상각 메뉴를 클릭하여 대손설정액을 입력할 수 있는 보조화면을 불러낸 다음 프로그램에서 자동계산 된 대손설정액을 결산반영 키를 눌러 결산자료에 반영한다.

> 대손율은 1%로 설정되어 있으며, 대손율이 다를 경우 직접 입력한다.

① 대손충당금설정액의 입력

코드	계정과목명	금액	설정전 충당금 잔액			추가설정액(결산반영) [(금액×대손율)-설정전충당금잔액]	유형
			코드	계정과목명	금액		
0108	외상매출금	83,900,000	0109	대손충당금		839,000	판관
0110	받을어음	81,000,000	0111	대손충당금		810,000	판관
0131	선급금	2,000,000	0132	대손충당금			영업외
	대손상각비 합계					1,649,000	판관

대손율(%) 1.00

대손율은 1%로 설정되어 있으며, 대손율이 다를 경우 직접 입력한다.

- 외상매출금의 대손충당금 설정액
  = (83,900,000 × 1%) − 0 = 839,000
- 받을어음의 대손충당금 설정액
  = (81,000,000 × 1%) − 0 = 810,000

② 대손충당금설정액의 입력된 화면

±	코드	과 목	결산분개금액	결산전금액	결산반영금액	결산후금액
	0835	5). 대손상각		4,705,000	1,649,000	6,354,000
	0108	외상매출금			839,000	839,000
	0110	받을어음			810,000	810,000

3) 감가상각비의 입력

감가상각비는 제조경비와 판매비와 일반관리비에 있는 감가상각비란에 각각 구분하여 직접 입력하는 방법과 F7 감가상각 키를 이용하여 결산자료에 자동반영시키는 방법이 있다. 자동으로 반영시키는 방법은 상단에 있는 F7 감가상각 키를 클릭하여 감가상각비를 입력할 수 있는 보조화면을 불러낸 다음 프로그램에서 자동계산 된 감가상각비를 결산반영 키를 눌러 결산자료에 반영한다.

코드	계정과목명	경비구분	고정자산등록 감가상각비	감가상각비 X (조회기간월수/내용월수)	고정자산등록 보조금상각액	보조금상각액 X (조회기간월수/내용월수)	결산반영금액	결산반영금액 보조금상각액
0202	건물	제조	5,000,000	5,000,000			5,000,000	
0202	건물	판관	2,500,000	2,500,000			2,500,000	
0206	기계장치	제조	7,485,202	7,485,202			7,485,202	
0208	차량운반구	제조	2,067,083	2,067,083			2,067,083	
0208	차량운반구	판관	5,005,198	5,005,198			5,005,198	
0212	비품	판관	967,354	967,354			967,354	
	감가상각비(제조)합계		14,552,285	14,552,285			14,552,285	
	감가상각비(판관)합계		8,472,552	8,472,552			8,472,552	

[제조경비부분의 감가상각비 입력화면]

±	코드	과 목	결산분개금액	결산전금액	결산반영금액	결산후금액
	0518	2). 일반감가상각비			14,552,285	14,552,285
	0202	건물			5,000,000	5,000,000
	0206	기계장치			7,485,202	7,485,202
	0208	차량운반구			2,067,083	2,067,083
	0212	비품				

*기계장치의 감가상각비는 7,485,202원(재단기 : 6,963,536원 + 염색기 : 521,666원)이다.

[판매비와 관리비부분의 감가상각비 입력화면]

±	코드	과 목	결산분개금액	결산전금액	결산반영금액	결산후금액
	0818	4). 감가상각비			8,472,552	8,472,552
	0202	건물			2,500,000	2,500,000
	0206	기계장치				
	0208	차량운반구			5,005,198	5,005,198
	0212	비품			967,354	967,354

4) 무형자산 상각액의 입력

[결산자료입력]화면에서 판매비와 일반관리비의 "무형자산상각비"란에서 해당 무형자산 계정별로 당기 상각액을 각각 입력한다.

[무형자산 상각액이 입력된 화면]

±	코드	과 목	결산분개금액	결산전금액	결산반영금액	결산후금액
	0840	6). 무형자산상각비			3,000,000	3,000,000
	0219	특허권			3,000,000	3,000,000

5) 퇴직급여충당부채의 입력

퇴직급여충당부채의 설정액은 [결산자료입력]화면 해당란에 직접입력하거나 **Ctrl+F8 퇴직충당**키를 클릭하여 나타난 보조화면에 퇴직급여추계액을 입력한 후 자동계산 된 퇴직급여 추가설정액을 **결산반영**키를 눌러 결산자료에 자동반영 시키는 방법이 있다. 다음의 화면은 **Ctrl+F8 퇴직충당**키를 클릭하여 나타난 보조화면에 퇴직급여추가설정액을 자동반영 시키는 방법이다.

코드	계정과목명	퇴직급여추계액	기초금액	당기증가	당기감소	잔액	추가설정액(결산반영) (퇴직급여추계액-설정전잔액)	유형
0508	퇴직급여	36,600,000	25,000,000			25,000,000	11,600,000	제조
0806	퇴직급여	20,400,000	15,000,000			15,000,000	5,400,000	판관

기말현재 퇴직급여추계액을 직접입력하면 퇴직급여추가설정액이 자동계산 된다.

[퇴직급여추가설정액이 입력된 화면]

6) 법인세비용 추산액의 입력

[결산자료입력]메뉴에서 화면 맨 하단에 있는 "법인세등 추가계상액"란에 법인세비용 추산액 1,546,000원을 입력한다. 만일 회계기간 중에 기 납부한 법인세비용이 있을 때는 추산한 법인세액에서 기 납부세액(선납세금)을 차감한 금액을 입력한다.

[법인세등추산액이 입력된 화면]

자동결산항목을 모두 입력한 후 화면상단의 F3 전표추가 또는 F3키를 누르면 아래와 같은화면이 나타나며, 여기에서 예(Y) 를 선택하면 결산분개가 일반전표에 추가되면서 결산이 완료된다.

4. 제조원가명세서

제조원가명세서는 당기에 발생한 원가를 재료비, 노무비, 경비 등 원가요소별로 그 명세를 나타내므로써 당해 원가계산 기간 동안에 완성된 제품의 전체적인 원가 금액의 내역을 나타내주기 위해 작성되는 필수적인 부속명세서이다. 본 프로그램에서는 제조원가명세서 메뉴에서 확정된 당기 제품제조원가를 손익계산서의 제품매출원가를 산정하는데 자동 반영되도록 하고 있다.

[제조원가명세서가 입력된 화면]

5. 손익계산서

손익계산서는 일정기간의 기업의 경영성과를 나타내 주는 재무제표이다. 손익계산서의 제품매출원가에는 제조원가명세서에서 산출된 당기제품제조원가가 반영된다. 본 프로그램에서는 제조원가명세서의 당기제품제조원가를 제품매출원가를 산정하는 데 자동반영하여 당기순손익을 산출한다. [손익계산서]메뉴의 조회만으로 당기순손익 금액은 이익잉여금처분계산서에 자동반영된다.

[손익계산서가 입력된 화면]

과 목	제 8(당)기 2025년1월1일 ~ 2025년12월31일		제 7(전)기 2024년1월1일 ~ 2024년12월31일	
	금액		금액	
I. 매출액		262,025,000		230,000,000
제품매출	262,300,000		230,000,000	
매출할인	275,000			
II. 매출원가		115,923,285		114,934,000
제품매출원가		115,923,285		114,934,000
기초제품재고액	6,000,000		2,500,000	
당기제품제조원가	112,323,285		118,434,000	
타계정으로 대체액	600,000			
기말제품재고액	1,800,000		6,000,000	
III. 매출총이익		146,101,715		115,066,000
IV. 판매비와관리비		29,158,552		93,500,000
급여	2,500,000		34,500,000	
퇴직급여	5,400,000			
복리후생비	92,000		8,400,000	
여비교통비	270,000		3,250,000	
기업업무추진비	820,000		7,860,000	
통신비	125,000		1,370,000	
세금과공과	200,000		15,150,000	
감가상각비	8,472,552		8,000,000	
임차료	800,000			
보험료			1,250,000	
차량유지비			1,640,000	
교육훈련비	1,000,000			
도서인쇄비	90,000			

6. 이익잉여금처분계산서

이익잉여금처분계산서는 이익잉여금의 처분내역을 명확히 보고하기 위해 이월이익이여금의 총 변동내역을 표시한 재무제표이다. 본 프로그램은 손익계산서에 들어간.다음 이익잉여금처분계산서에 들어가면 손익계산서의 당기순손익이 자동반영 된다.

1) 이익잉여금처분계산서 들어가는 방법

[결산 및 재무제표]메뉴에서 [이익잉여금처분계산서]를 클릭하면 이익잉여금처분계산서 화면이 나타나는데 본 화면에서 자동결산 항목자료를 해당란에 입력한다.

[이익잉여금처분계산서가 입력된 화면]

2) 손익대체분개 입력방법

자동결산항목이 주어지면 입력한 후 또는 자동결산항목이 주어지지 않으면 상단의 전표추가 또는 F6키를 누르면 아래와 같은 화면이 나타나며 여기에서 확인 를 선택하면 손익대체분개가 일반전표에 추가되면서 결산이 완료된다.

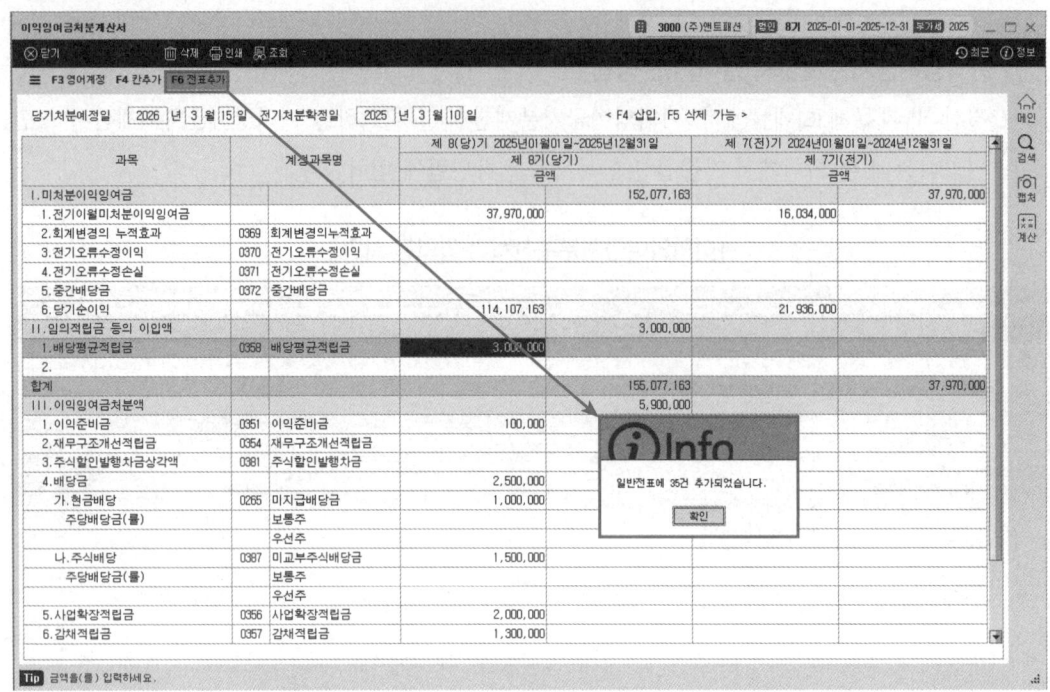

7. 재무상태표

재무상태표는 일정시점의 기업의 재무상태를 나타내 주는 기본재무제표로, 자산, 부채, 자본의 기말잔액과 증감사항 등을 확인할 수 있다.

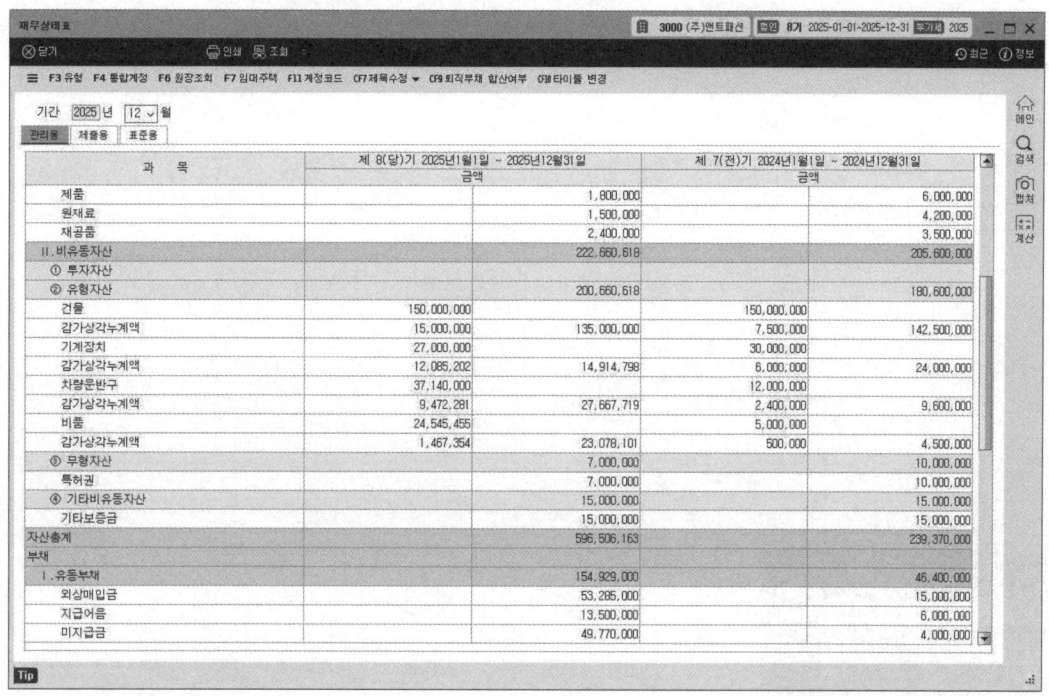

CLASS 전산회계1급
실 기 편

PART 5

실기편
입력자료조회

CHAPTER 01 _ 장부조회

CHAPTER 02 _ 부가가치세신고서류의 조회

CLASS 전산회계1급
실 기 편

01 장부 조회

01.. 거래처원장

거래처원장은 거래처의 채권·채무관리를 위한 장부로서 거래처별 외상장부를 만들 때 사용한다. 거래처원장은 잔액, 내용으로 구성되어 있다.

구 분	내 용
잔 액	특정 계정과목에 대해 각 거래처의 채권·채무 잔액만을 조회하고자 할 때 선택한다.
내 용	특정 계정과목에 대해 각 거래처별로 거래내용을 구체적으로 조회하고자 할 때 선택한다.

실습예제

(주)앤트패션의 거래처원장을 조회 하시오.

① 6월말 현재 외상매출금 잔액이 가장 많은 거래처 코드와 금액은 얼마인가?

② 현대자동차의 3월말 현재 미지급금 잔액은 얼마인가?

③ 고려섬유(주)의 1월 5일 현재 외상매입금 잔액은 얼마인가?

따라하기

① 6월말 현재 외상매출금 잔액이 가장 많은 거래처 코드와 금액 : 103코드, 52,500,000원

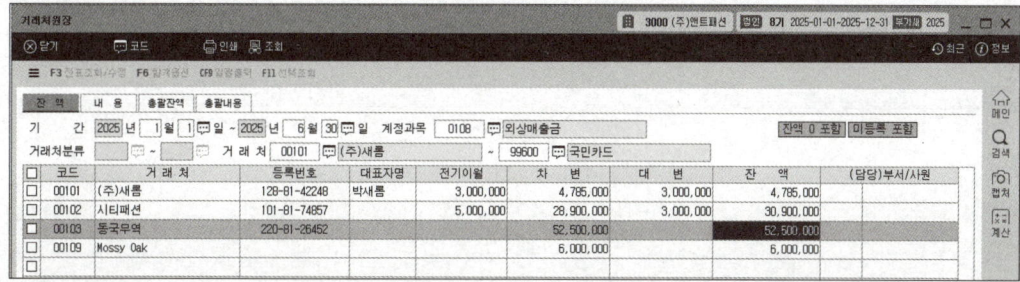

• 거래처별로 계정과목을 조회하려면 반드시 거래처원장에서 조회하여야 한다.

- 계정과목을 조회하고자 할 때 "말일" 현재를 조회하려면 내용에서 조회하는 것 보다 잔액에서 조회를 하는게 한눈에 볼 수 있어 더 편리하다. 메인화면에서[장부관리] → [거래처원장] 클릭 후 잔액의 마우스를 클릭하면 된다.
- 회사 전체 거래처를 조회하려면 거래처 코드에서 Enter↵ 키를 연속으로 치면 된다.

② 현대자동차의 3월말 현재 미지급금 잔액 : 5,500,000원

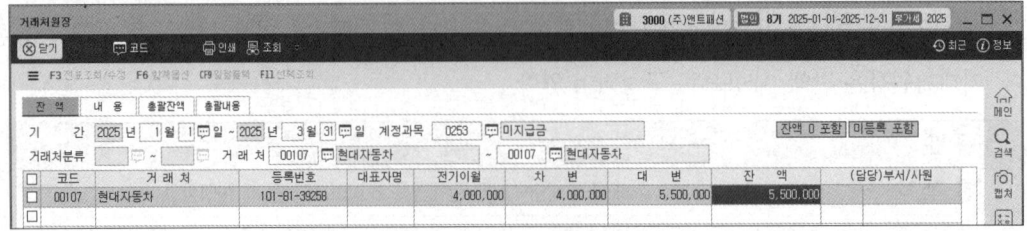

③ 고려섬유(주)의 1월 5일 현재 외상매입금 잔액 : 5,000,000원

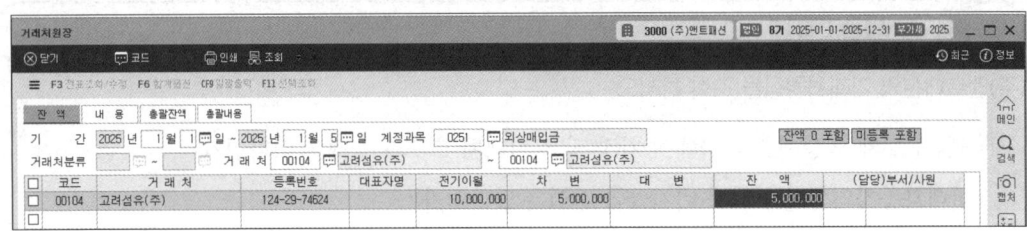

02. 계정별원장

계정별원장은 각 계정의 거래내역을 일자별로 기록한 장부이다. 그러나 현금계정(현금출납장)의 거래내역은 현금출납장에서 조회하므로, 여기에서는 현금 이외의 계정과목에 대한 정보를 조회한다. 조회하고자 하는 계정과목은 하나만 입력하여 조회 할 수도 있고, 일정범위로도 조회할 수 있다.

실습예제

(주)앤트패션의 계정별원장을 조회 하시오.

① 1월부터 3월까지 외상매출금 회수한 금액은 얼마인가?
② 1월 중 보통예금 출금 건수와 총금액은 얼마인가?

따라하기

① 1월부터 3월까지 외상매출금 회수금액 : 6,000,000원

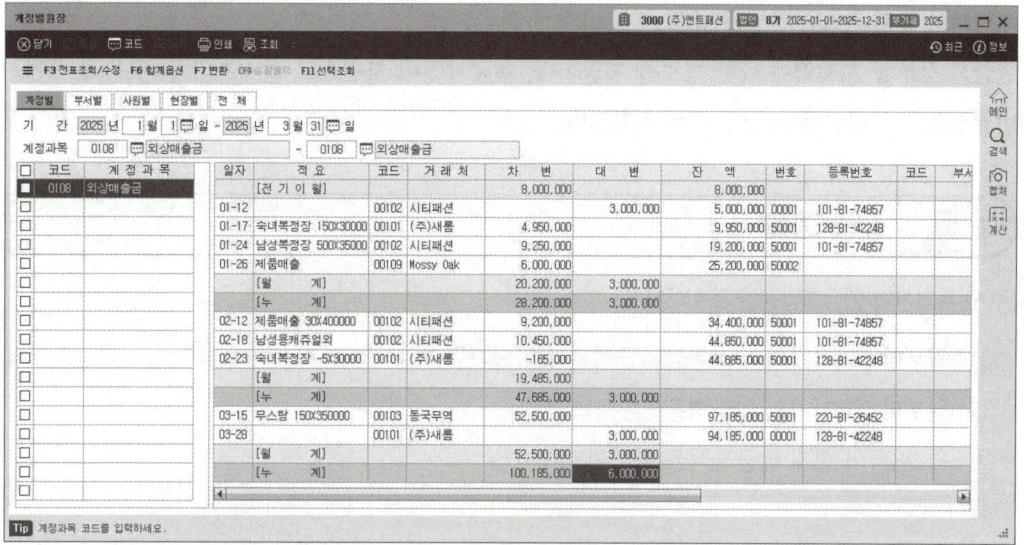

- 계정별원장에서 조회를 하려면 계정과목의 F2 또는 를 선택하면 "계정코드도움" 상자가 표시되는데 등록하고자 하는 계정과목을 두글자만 입력 한 다음 원하는 계정과목을 선택한다.
- 기간은 조회하고자 하는 월과 일자를 입력하면 내용을 보여준다.
- 월계는 한달에 월계를 말하는 것이며, 누계란 2월의 누계는 1월, 2월의 합계액 → 3월의 누계는 1월, 2월, 3월의 합계액이다.

② 1월 중 보통예금 출금 건수와 총금액 : 3건, 5,640,000원

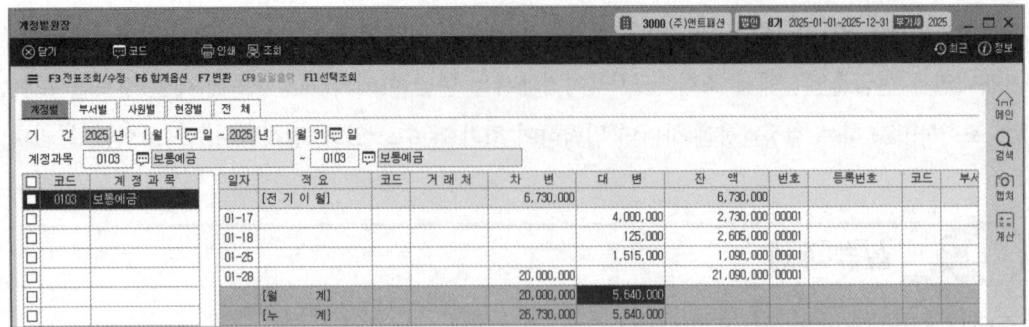

- 계정별원장은 거래일자별로 내용을 세부적으로 알고 싶을 때 조회한다.
- 거래처와 관계없이 회사 전체의 계정과목을 조회하려면 계정별원장에서 조회한다.

03..현금출납장

현금출납장은 현금의 입금과 출금을 상세히 기록 계산하는 보조기입장으로 현금의 입·출금 거래내역이 날짜순으로 기록된 장부이다. 따라서 현금출납장은 매일 매일의 현금의 입·출금 내역과 현금의 장부상 시재액에 관한 정보를 제공한다. 현금계정이 차변으로 회계처리 된 것은 입금에, 대변계정으로 처리된 것은 출금에서 조회된다.

🔍 실습예제

(주)앤트패션의 현금출납장을 조회 하시오.

① 1월부터 3월까지의 누적현금지급액은 얼마인가?
② 3월부터 5월까지의 입금액은 얼마인가?
③ 2월 28일의 현재 현금잔액은 얼마인가?

따라하기

① 1월부터 3월까지의 누적현금지급액 : 26,145,000원

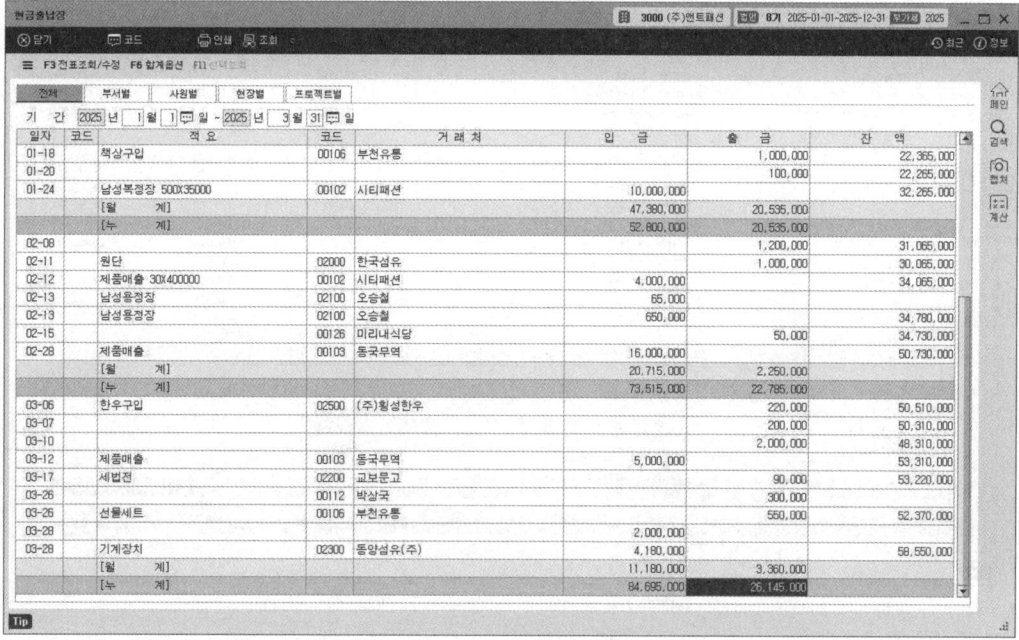

- 현금은 유입이나 유출이 중요하므로 별도로 현금출납장이 있다.
- 현금의 지출액, 현금의 입금액, 현금의 잔액은 현금출납장에서 조회 하는게 가장 편리하다.

② 3월부터 5월까지의 입금액 : 11,210,000원(84,725,000-73,515,000)

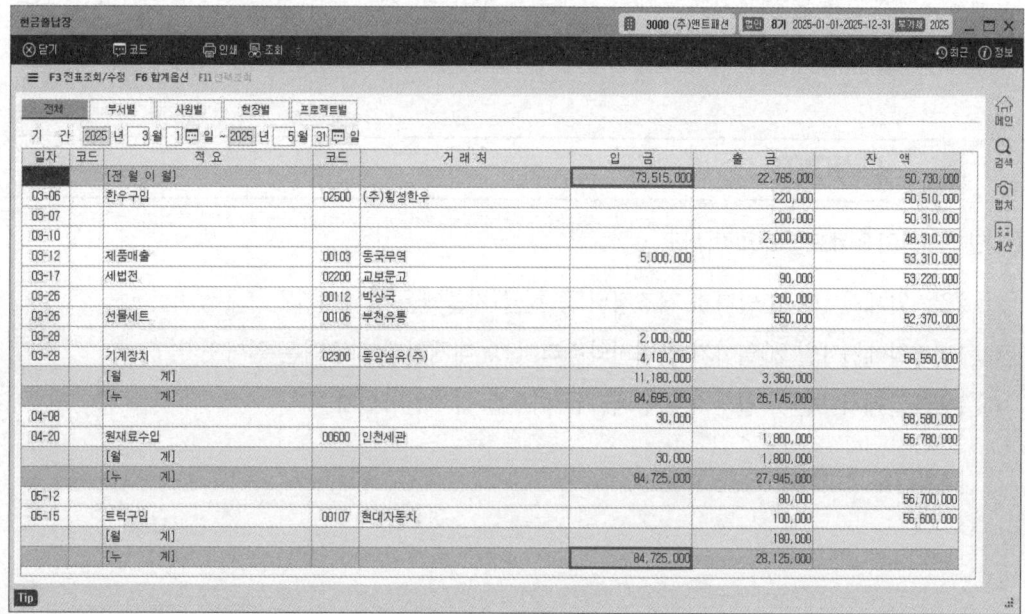

③ 2월 28일의 현재 현금잔액 : 50,730,000원

일자	코드	적요	코드	거래처	입금	출금	잔액
01-03		제품매출	00108	김태희	800,000		6,300,000
01-05			00104	고려섬유(주)		5,000,000	1,300,000
01-07		제품매출 200X20000	00103	동국무역	4,000,000		5,300,000
01-10		숙녀복 1000X25000	00102	시티패션	2,500,000		
01-10		숙녀복 1000X25000	00102	시티패션	25,000,000		
01-10						35,000	32,765,000
01-12			00102	시티패션	3,000,000		35,765,000
01-13			98000	우리은행	2,000,000		37,765,000
01-15		원단 2600X5000	00105	대한원단		1,300,000	
01-15		원단 2600X5000	00105	대한원단		13,000,000	23,465,000
01-18		책상구입	00106	부천유통		100,000	
01-18		책상구입	00106	부천유통		1,000,000	22,365,000
01-20						100,000	22,265,000
01-24		남성복정장 500X35000	00102	시티패션	10,000,000		32,265,000
		[월 계]			47,380,000	20,535,000	
		[누 계]			52,800,000	20,535,000	
02-08						1,200,000	31,065,000
02-11		원단	02000	한국섬유		1,000,000	30,065,000
02-12		제품매출 30X400000	00102	시티패션	4,000,000		34,065,000
02-13		남성용정장	02100	오승철	65,000		
02-13		남성용정장	02100	오승철	650,000		34,780,000
02-15			00126	미리내식당		50,000	34,730,000
02-28		제품매출	00103	동국무역	16,000,000		50,730,000
		[월 계]			20,715,000	2,250,000	
		[누 계]			73,515,000	22,785,000	

04.. 일계표(월계표)

[일/월계표]는 하나의 창에 일계표와 월계표의 각 탭으로 구성되어 있으며, 조회일 또는 월간의 각 계정별 대체전표 및 현금전표의 내역을 조회할 수 있다. 기간을 입력하는 경우 일계표는 조회하고자 하는 월, 일을, 월계표는 조회하고자 하는 해당 월을 입력한다.

실습예제

(주)앤트패션의 일계표를 조회 하시오.

① 2월 1일에서 2월 15일까지 제조경비 중 현금 지출액은 얼마인가?
② 1월 6일에서 1월 20일까지 판매비와관리비 중 대체거래 지출액은 얼마인가?
③ 1월 1일에서 1월 15일까지 외상매출금 회수한 금액얼마인가?

따라하기

① 2월 1일~2월 15일까지 제조경비 중 현금지출액 : 1,200,000원

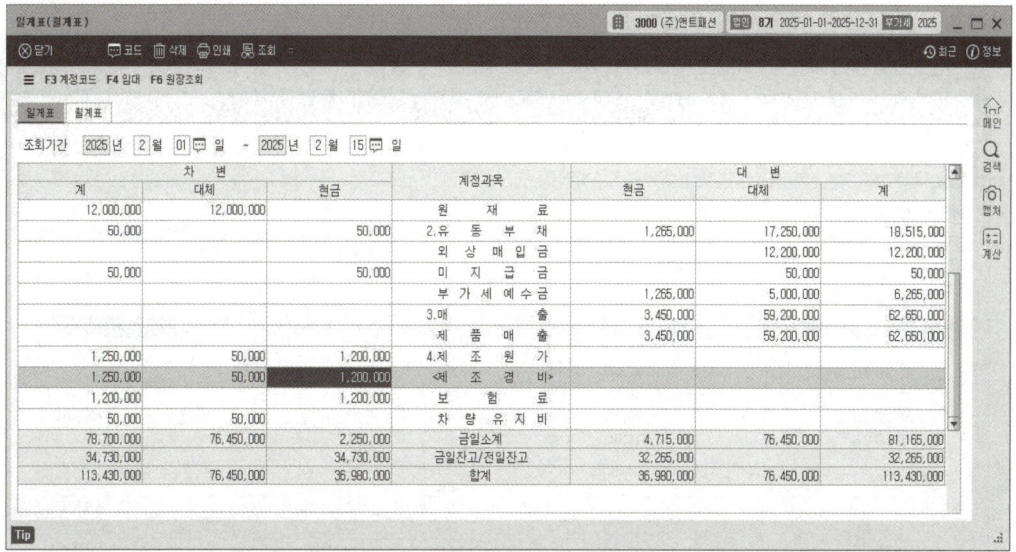

- 일계표에서 조회는 한달이 되지 않는 계정과목을 조회하고자 하는 경우 사용한다.
- 일/월계표에서 일계표를 마우스로 클릭하고 조회하고자 하는 월과 일자를 입력한다.
- 제조경비 중 현금지출액이란 경비가 발생할 때 현금으로 지급하고, 전표입력시 현금전표를 선택하여 입력한 경우다.

② 1월 6일~1월 20일까지 판매비와관리비 중 대체거래 지출액 : 175,000원

차 변			계정과목	대 변		
계	대체	현금		현금	대체	계
			부 가 세 예 수 금	2,500,000	450,000	2,950,000
			단 기 차 입 금	2,000,000		2,000,000
			4.매 출	29,000,000	4,500,000	33,500,000
			제 품 매 출	29,000,000	4,500,000	33,500,000
100,000		100,000	5.제 조 원 가			
100,000		100,000	<제 조 경 비>			
100,000		100,000	가 스 수 도 료			
210,000	175,000	35,000	6.판 매 비및일반관리비			
50,000	50,000		기 업 업 무 추 진 비			
125,000	125,000		통 신 비			
35,000		35,000	소 모 품 비			
35,220,000	19,685,000	15,535,000	금일소계	36,500,000	19,685,000	56,185,000
22,265,000		22,265,000	금일잔고/전일잔고	1,300,000		1,300,000
57,485,000	19,685,000	37,800,000	합계	37,800,000	19,685,000	57,485,000

제조경비 중 대체거래 지출액이란 경비가 발생할 때 현금으로 지급하지 않고, 현금이외의 다른 방법으로 지급하고, 전표입력시 대체전표를 선택하여 입력한 경우다.

③ 1월 1일~1월 15일까지 외상매출금 회수액 : 3,000,000원

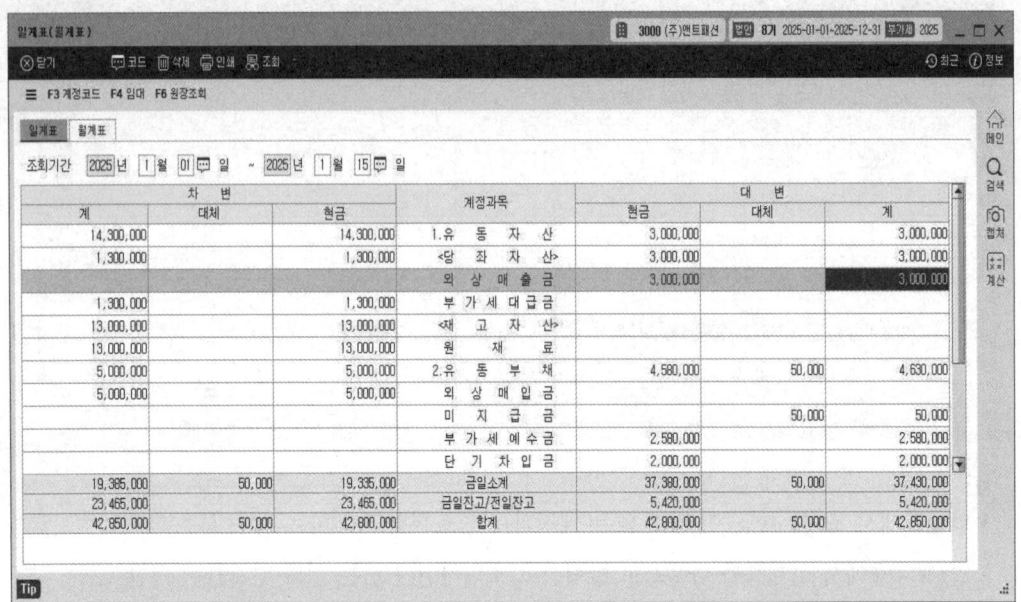

외상매출금을 회수하면 자산이 감소한다. 거래의 8요소에서 자산의 감소는 대변에서 발생하므로 대변에 있는 금액을 조회한다.

실습예제

(주)앤트패션의 월계표를 조회 하시오.

① 1월 중 현금으로 지급한 외상매입금은 얼마인가?
② 1월 한 달간 현금으로 지급된 판매비와관리비는 얼마인가?
③ 3월부터 4월까지 원재료 매입액은 얼마인가?
④ 5월에 발생된 노무비 총액은 얼마인가?

 **따라하기**

① 1월 중 현금으로 지급한 외상매입금 : 5,000,000원

차변			계정과목	대변		
계	대체	현금		현금	대체	계
22,600,000	9,600,000	13,000,000	<재 고 자 산>			
22,600,000	9,600,000	13,000,000	원 재 료			
1,000,000		1,000,000	2.비 유 동 자 산			
1,000,000		1,000,000	<유 형 자 산>			
1,000,000		1,000,000	비 품			
9,000,000	4,000,000	5,000,000	3.유 동 부 채	6,330,000	11,060,000	17,390,000
5,000,000		5,000,000	외 상 매 입 금		10,560,000	10,560,000
4,000,000	4,000,000		미 지 급 금		50,000	50,000
			부 가 세 예 수 금	4,330,000	450,000	4,780,000
			단 기 차 입 금	2,000,000		2,000,000
			4.비 유 동 부 채		20,000,000	20,000,000
76,985,000	56,450,000	20,535,000	금월소계	47,380,000	56,450,000	103,830,000
32,265,000		32,265,000	금월잔고/전월잔고	5,420,000		5,420,000
109,250,000	56,450,000	52,800,000	합계	52,800,000	56,450,000	109,250,000

- 월계표에서 조회는 한 달 이상이 되는 계정과목을 조회하고자 하는 경우 사용한다.
- 일/월계표에서 월계표를 마우스로 클릭하고 조회하고자 하는 월을 입력한다.
- 외상매입금을 지급하면 부채가 감소한다. 거래의 8요소에서 부채의 감소는 차변에서 발생하므로 차변에 있는 금액을 조회한다.

② 1월 한 달간 현금으로 지급된 판매비와 관리비 : 35,000원

차변			계정과목	대변		
계	대체	현금		현금	대체	계
			5.매 출	38,050,000	19,750,000	57,800,000
			제 품 매 출	38,050,000	19,750,000	57,800,000
100,000		100,000	6.제 조 원 가			
100,000		100,000	<제 조 경 비>			
100,000		100,000	가 스 수 도 료			
210,000	175,000	35,000	7.판 매 비및일반관리비			
50,000	50,000		기 업 업 무 추 진 비			
125,000	125,000		통 신 비			
35,000		35,000	소 모 품 비			
15,000	15,000		8.영 업 외 비 용			
15,000	15,000		수 수 료 비 용			
76,985,000	56,450,000	20,535,000	금월소계	47,380,000	56,450,000	103,830,000
32,265,000		32,265,000	금월잔고/전월잔고	5,420,000		5,420,000
109,250,000	56,450,000	52,800,000	합계	52,800,000	56,450,000	109,250,000

- 판매비와 관리비란 본사에서 발생한 비용의 합계액을 말한다.
- 거래의 8요소에서 비용의 발생은 차변에서 발생하므로 차변에 있는 금액을 조회한다.

③ 3월부터 4월까지 원재료 매입액 : 12,750,000원

원재료를 매입하면 자산이 증가한다. 거래의 8요소에서 자산의 증가는 차변에서 발생 하므로 차변에 있는 금액을 조회한다.

④ 5월에 발생된 노무비 총액 : 3,400,000원

- 노무비란 공장직원에게 지급한 임금과 퇴직급여의 합계액을 말한다.
- 모든 계정과목을 조회할 때 거래의 8요소의 대입해서 조회를 하면 된다.
- 회계처리뿐만 아니라 장부조회를 할 때도 거래의 8요소를 정확하게 이해하고 있지 않으면 차변에서 조회해야 할지 대변에서 조회해야 할지 잘 모르게 된다. 그러므로 거래의 8요소를 잘 알아두는게 중요하다.

05..분개장

분개장은 전 계정에 대한 분개내역을 날짜순으로 조회한다.

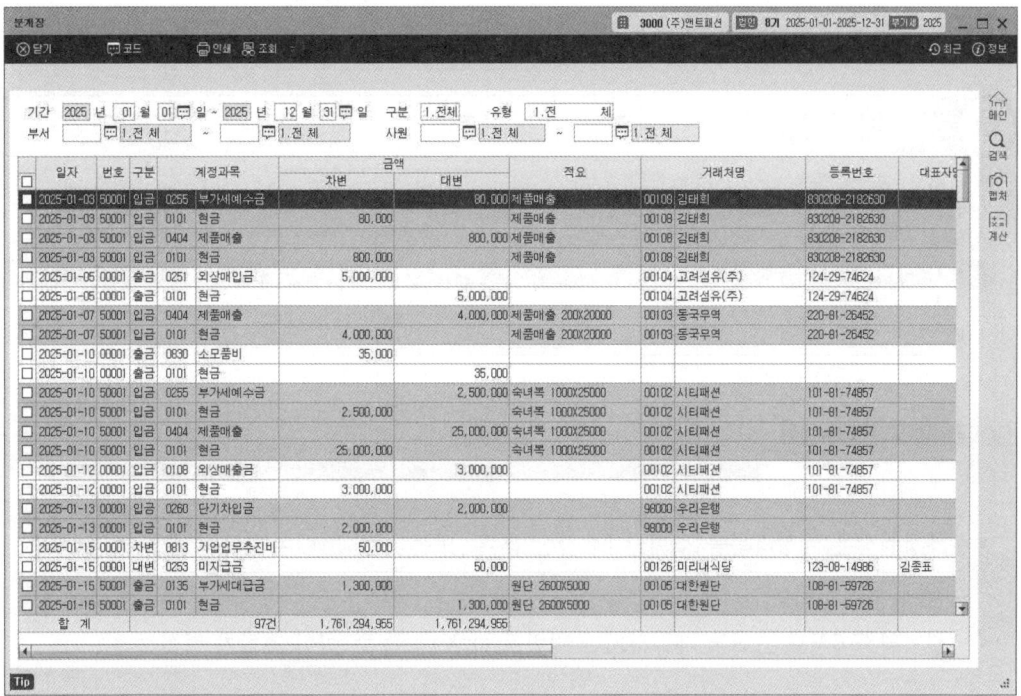

06. 총계정원장

총계정원장은 [일반전표입력]에 입력된 자료에 의하여 계정과목별 집계현황을 보여준다. 총계정원장은 각 계정별로 차변 대변에 기록된 금액을 날짜순으로 조회하며, 월별과 일별 탭으로 구분된다.

실습예제

(주)앤트패션의 총계정원장을 조회 하시오.

① 1월~3월 중 제품매출 금액이 가장 많이 발생한 달과 공급가액은 얼마인가?
② 1월~3월 중 기업업무추진비(판)의 지출이 가장 큰 달과 금액은 얼마인가?
③ 1월~5월 중 보통예금이 가장 많이 지출된 월과 금액은 얼마인가?

따라하기

① 1월~3월 중 제품매출 금액이 가장 많이 발생한 달과 공급가액 : 2월, 112,000,000원

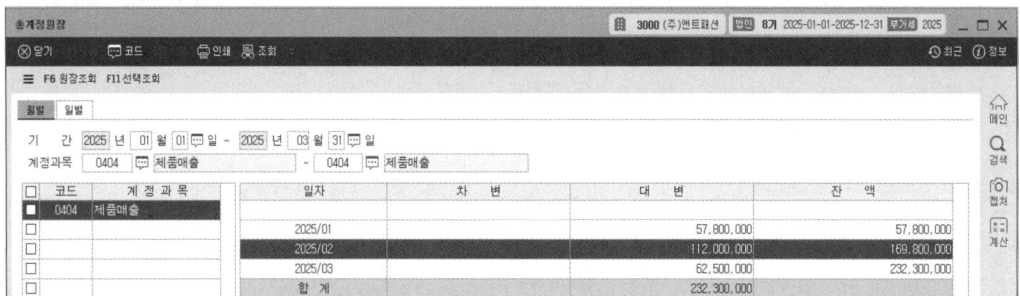

- 총계정원장은 계정과목을 조회할 때 가장 큰 달 또는 전월과 대비해서 금액을 조회하고자 하는 경우 유용하다.
- 계정별원장에서도 조회는 가능하지만 월별로 한 눈에 볼 수 있어 조회가 편리하다.

② 1월~3월 중 기업업무추진비(판)의 지출이 가장 큰 달과 금액 : 3월, 770,000원

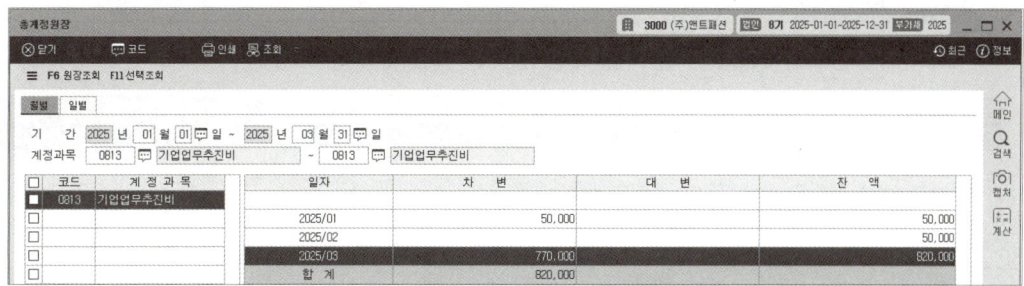

③ 1월~5월 중 보통예금이 가장 많이 지출된 월과 금액 : 5월, 13,259,900원

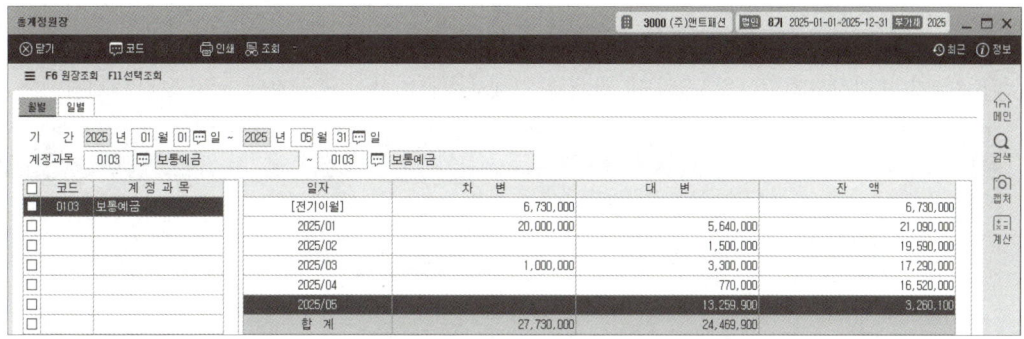

07. 매입매출장

매입매출장은 [매입매출전표]에 입력된 전표를 조회하며, 유형에서는 매입매출전표 입력 시 선택한 과세유형을 선택할 수 있다

실습예제

(주)앤트패션의 매입매출장을 조회 하시오.

① 제1기 확정신고기간(4월~6월)의 공제받지 못할 매입세액은 얼마인가?
② 제1기 예정신고기간(1월~3월)의 과세분 영세율세금계산서 공급가액은 얼마인가?
③ 제1기 예정신고기간(1월~3월)의 과세분 매출세금계산서의 공급가액은 얼마인가?

① 제1기 확정신고기간(4월~6월)의 공제받지 못할 매입세액 : 70,000원

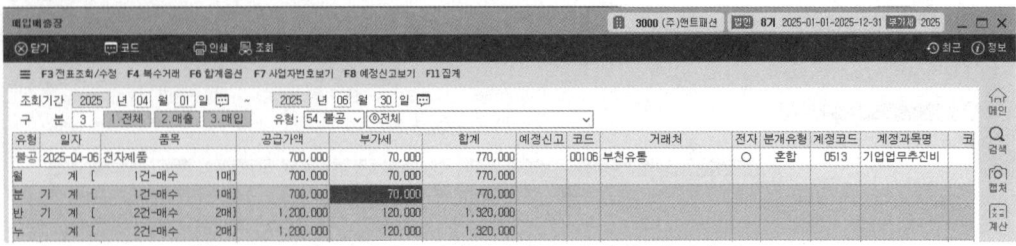

- 매입매출장은 원하는 유형만 선택하고자 하는 경우 조회가 편리하다.
- 기간에서 조회하고자 하는 "월"입력 → 구분선택 → 유형선택은 조회하려는 과세유형을 선택한다.

② 제1기 예정신고기간(1월~3월)의 과세분 영세율세금계산서 공급가액 : 96,500,000원

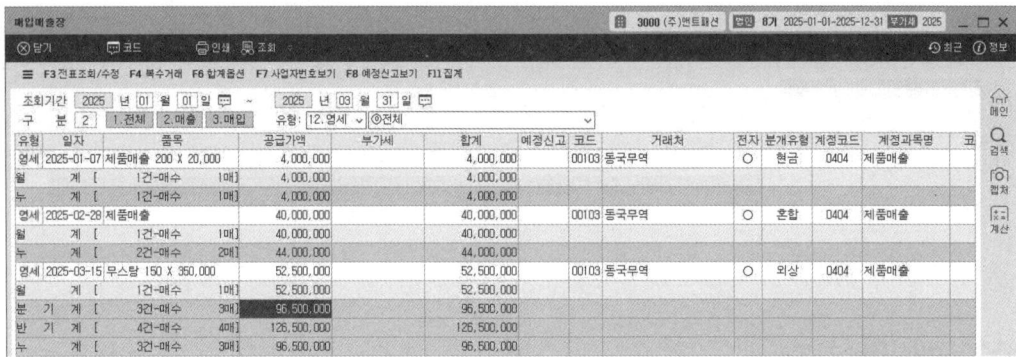

- 분기누계란 1/4분기이면 1월~3월 분기누계 → 2/4분기이면 4월~6월 분기누계→ 3/4분기이면 7월~9월 분기누계 → 4/4분기이면 10월~12월 분기누계를 말한다.

③ 제1기 예정신고기간(1월~3월)의 과세분 매출세금계산서의 공급가액 : 133,600,000원

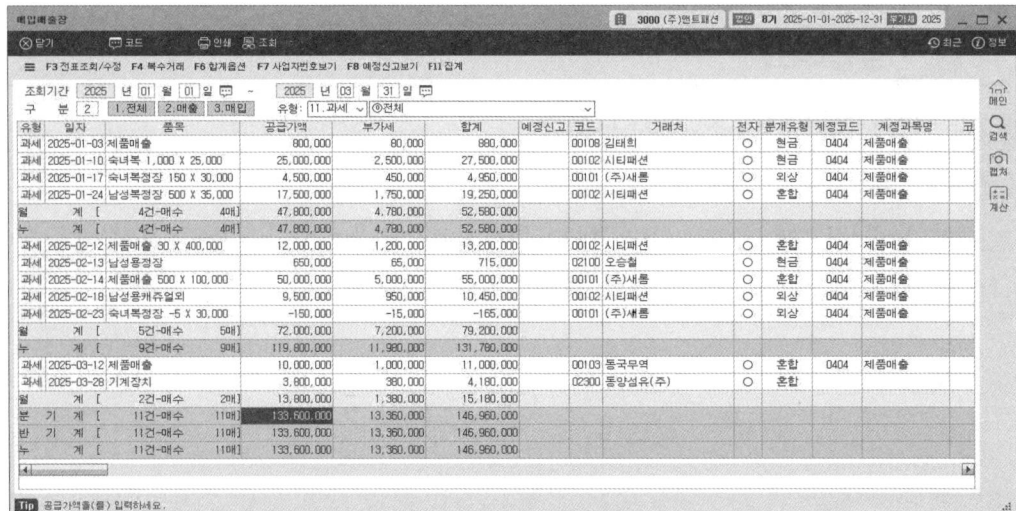

08..세금계산서(계산서)현황

세금계산서현황은 매입·매출세금계산서 또는 계산서의 수수현황을 조회하며, 유형에서는 매입매출전표 입력 시 선택한 과세유형을 선택할 수 있다.

09..전표출력

전표는 [일반전표입력]과 [매입매출전표]에 입력된 자료에 의하여 입금전표, 출금전표, 대체전표를 조회하고 출력할 수 있다.

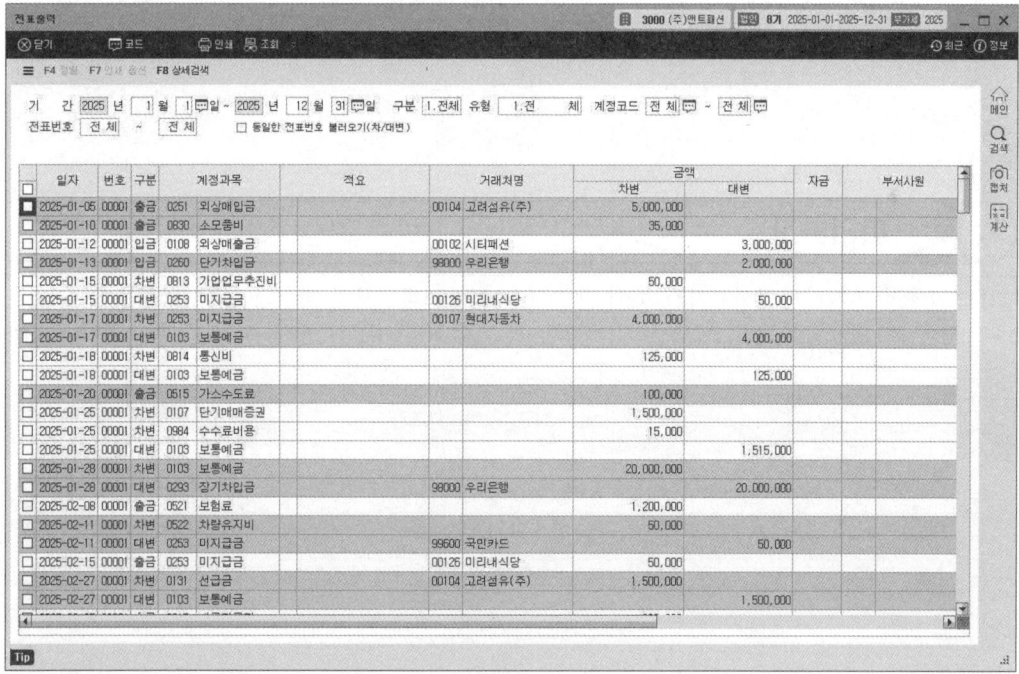

02 부가가치 조회

01..세금계산서합계표 조회

세금계산서합계표는 부가가치세신고서를 작성하기 위한 기본자료로, 매출세금계산서의 내용을 정리해서 매출처별세금계산서합계표를 작성하고, 매입세금계산서의 내용을 정리해서 매입처별세금계산서합계표를 작성한다. 세금계산서는 사업자가 보관하고 그 대신 세금계산서합계표를 관할 세무서에 제출한다.

본 프로그램에서는 [매입매출전표]입력메뉴에서 화면 상단부와 거래처 코드를 정확히 입력했으면 거래처별로 세금계산서합계표를 자동으로 작성해준다. 세금계산서합계표를 작성하려면 [부가가치세]의 [세금계산서합계표]메뉴를 클릭한다.

실습예제

(주)앤트패션의 세금계산서합계표를 조회하시오.

① 1기예정 부가가치세 신고기간중에 발행된 매출세금계산서의 매수와 공급가액 합계액은 얼마인가?
② 1월~3월 중 발행한 매출세금계산서 중 주민등록번호 발행분의 발행매수와 공급가액은 얼마인가?
③ 1기예정 부가가치세 신고기간중에 매입처별세금계산서합계표(전자분)에 매입매수와 공급가액은 얼마인가?

따라하기

① 1기예정 부가가치세신고기간 중에 발행된 매출세금계산서의 매수와 공급가액 합계
 : 14매, 230,100,000원

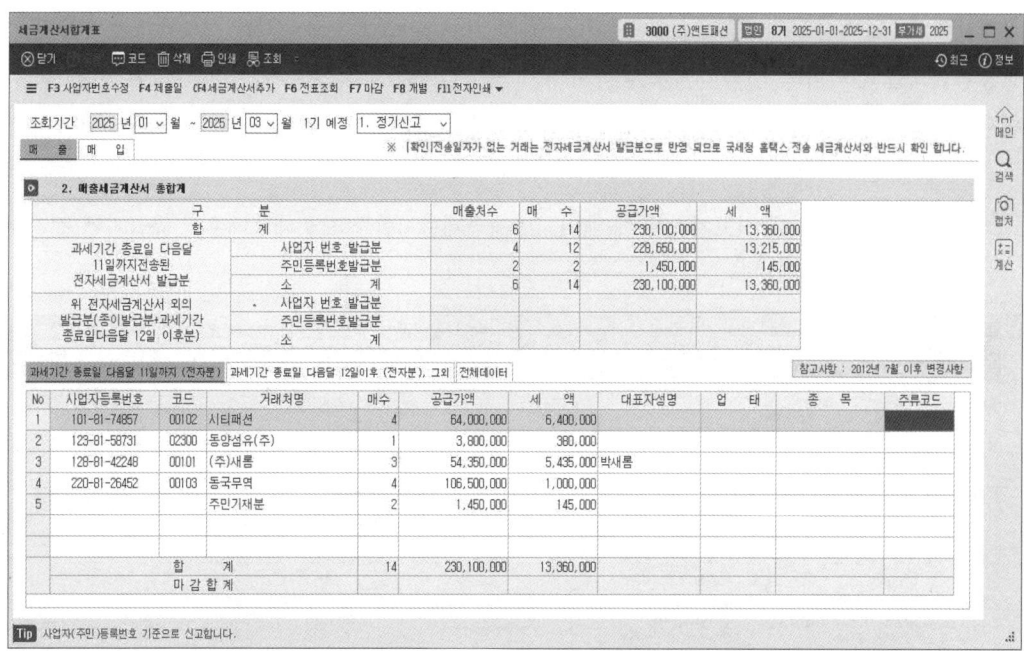

세금계산서합계표는 세금계산서 발행매수와 거래처 수, 공급가액을 조회하려고 할 때 편리하다.

② 1월~3월 중 발행한 매출세금계산서 중 주민등록번호 발행분의 발행매수와 공급가액

: 2매, 1,450,000원

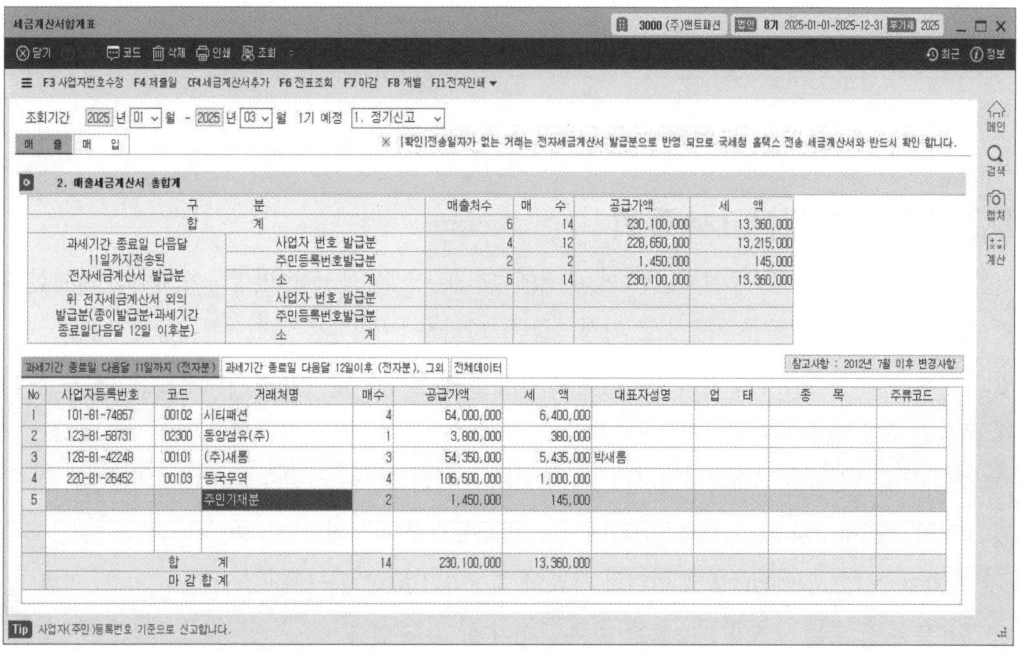

세금계산서합계표를 제출할 때 거래처가 기업이 아닌 일반인인 경우에는 거래처를 등록할 때 주민등록번호를 입력하고 우측의 주민등록기재분 여부입력란에 1.여를 선택하도록 한 것은 매출처별세금계산서합계표에 사업자등록번호 발행분과 주민등록번호 발행분을 구분표시하기 위함이다.

③ 1기예정 부가가치세 신고기간 중에 매입처별세금계산서합계표에 매입매수와 공급가액(전자분)
  : 7매, 55,850,000원

02..부가가치세신고서 조회

본 프로그램에서는 앞 장에서 입력한 매입매출전표 거래내용들을 반영하여 부가가치세신고서 및 신고관련 부속서류들을 자동으로 작성해준다. 따라서 [매입매출전표]입력메뉴에서 매출 및 매입 유형의 선택과 공급가액 및 부가가치세의 입력 등에 오류가 없어야 부가가치세신고서가 올바르게 작성될 수 있다.

부가가치세신고서는 부가가치세 신고 시 반드시 작성하여야할 서식으로서 매입매출전표에 입력된 자료와 조회하고자하는 기간의 입력에 의하여 자동으로 작성된다.

부가가치세신고서는 유형별로 입력한 자료의 대상기간별 합계금액을 조회할 수 있다. 또한 입력된 내용을 수정 또는 삭제가 가능하고 내용을 추가 할 수도 있다.

[부가가치세신고서 조회화면]

1. 과세표준 및 매출세액

과세표준및매출세액	과세	세금계산서발급분	1		10/100	
		매입자발행세금계산서	2	과세표준	10/100	매출세액
		신용카드 현금영수증발행분	3			
		기타(정규영수증외매출분)	4		10/100	
	영세	세금계산서발급분	5		0/100	
		기타	6		0/100	
	예정신고누락분		7			
	대손세액가감		8			
	합계		9	㉮		

(1) 과 세

1) 세금계산서발급분[1]

부가가치세 과세대상 거래 중 세금계산서발급분을 입력한다. 매입매출전표에서 [11. 과세]로 입력한 자료가 반영으로 된다.

2) 매입자발행세금계산서[2]

부가가치세법에 따라 매입자가 직접 발행한 매입자발행세금계산서발급분을 입력한다.

3) 신용카드 현금영수증발행분[3]

세금계산서를 발급하지 않은 과세거래 중 신용카드매출전표, 현금영수증을 발급한 거래를 입력한다. 매입매출전표에서 [17.카과], [22.현과]로 입력한 자료가 자동으로 반영 된다.

4) 기타(정규영수증외매출분)[4]

부가가치세 과세대상 거래 중 세금계산서를 발급하지 않은 거래 및 세금계산서 교부의무가 없는 거래를 입력한다. 매입매출전표에서 [14.건별], [15.간이]로 입력한 자료가 자동으로 반영 된다.

(2) 영 세

1) 세금계산서발급분[5]

영세율 대상거래 중 세금계산서를 발급한 자료를 입력한다. 매입매출전표에서 [12.영세]로 입력한 자료가 자동으로 반영으로 된다.

2) 기타[6]

영세율 대상거래 중 세금계산서를 발행하지 않은 자료를 입력한다. 매입매출전표에서 [16.수출]로 입력한 자료가 자동으로 반영된다.

(3) 예정신고누락분[7] / 대손세액가감[8]

예정신고누락분란은 예정신고 시 누락한 자료를 확정신고 시에 입력한다. 대손세액가감란은 대손세액공제를 받는 경우 대손세액을 마이너스 금액으로 입력하고 대손금을 회수한 경우에는 플러스 금액을 입력한다. 예정신고누락분과 대손세액가감은 전산세무2급에서 출제되고 있다.

(4) 합계[9]

금액(과세표준)합계액과 세액(매출세액)합계액이 자동으로 반영된다.

2. 매입세액

매입세액	세금계산서수취분	일반매입	10		
		수출기업수입분납부유예	10-1		
		고정자산매입	11		
	예정신고누락분		12		
	매입자발행세금계산서		13		
	그 밖의 공제매입세액		14		
	합계(10)-(10-1)+(11)+(12)+(13)+(14)		15		
	공제받지못할매입세액		16		
	차감계 (15-16)		17	㉯	

(1) 세금계산서수취분

1) 일반매입[10]

부가가치세법상 재화나 용역을 공급받고 매입세금계산서를 수취한 자료를 입력한다. 매입매출전표에서 [51.과세], [52.영세], [54.불공], [55.수입]으로 입력한 자료가 자동으로 반영된다. 단, 고정자산을 매입한 경우에는 제외된다. 여기서 주의할 것은 [54.불공]으로 입력한 매입액은 처음부터 매입액에서 제외되는 것이 아니라 세금계산서수취분(일반매입, 고정자산매입)에 반영되었다가 아래[16란]의 "공제받지못할매입세액"에서 차감된다.

2) 고정자산매입[11]

고정자산(비유동자산)을 매입하고 매입세금계산서를 수취한 자료를 입력한다. 매입매출전표에서 [51.과세], [52.영세], [54.불공], [55.수입]입력하고 하단분개에서 고정자산코 드로 입력된 계정의 매입액과 매입세액이 자동으로 반영된다.

3) 예정신고누락분[12]

예정신고 시 누락된 자료를 확정신고 시에 입력한다.

4) 매입자발행세금계산서[13]

부가가치세가 과세되는 재화나 용역을 공급받았으나 매입세금계산서를 발급받지 못한 경우, 국세청의 확인에 의하여 직접 발급한 매입세금계산서의 내용을 입력한다.

5) 그 밖의 공제매입세액[14]

부가가치세가 과세되는 재화나 용역을 공급받고 신용카드매출전표 등을 발급받은 경우 와 의제입매입세액, 재활용폐자원매입세액 등과 같이 세금계산서 없이 공제가 되는 매입 세액을 입력한다.

6) 공제받지못할매입세액(16)

세금계산서를 수취한 매입세액 중 부가가치세를 공제받지 못하는 매입액과 매입세액을 입력한다. 매입매출전표에서 [54.불공]으로 입력한 자료가 자동으로 반영된다.

7) 차감계[17]

세금계산서수취분과 기타공제매입세액을 합한 금액에서 공제받지 못할 매입세액을 차감한 금액이 자동으로 반영된다.

3. 납부(환급)세액 및 경감공제세액

납부(환급)세액(매출세액⑰-매입세액⑭)			⑮	
경감 공제 세액	그 밖의 경감·공제세액	18		
	신용카드매출전표등 발행공제등	19		
	합계	20	㉺	
소규모 개인사업자 부가가치세 감면세액		20-1	㉻	
예정신고미환급세액		21	㉼	
예정고지세액		22	㉽	
사업양수자의 대리납부 기납부세액		23	㉾	
매입자 납부특례 기납부세액		24	㉿	
신용카드업자의 대리납부 기납부세액		25	㊀	
가산세액계		26	㊁	
차가감하여 납부할세액(환급받을세액)⑮-㉺-㉻-㉼-㉽-㉾-㉿-㊀+㊁			27	
총괄납부사업자가 납부할 세액(환급받을 세액)				

(1) 납부(환급)세액

매출세액(㉮)에서 매입세액(㉯)을 차감한 금액이 자동으로 반영된다. 매출세액이 매입 세액보다 크면 플러스금액(납부세액)으로 표시되며, 매입세액이 매출세액보다 크면 마이너스금액(환급세액)이 표시된다.

(2) 경감공제세액

1) 그 밖의 경감 · 공제세액[18]

택시경감세액, 전자신고세액공제, 전자세금계산서발급세액공제 등을 입력한다.

2) 신용카드매출전표등발행공제등[19]

개인사업자가 과세되는 재화나 용역을 공급하고 신용카드매출전표 등을 발급한 경우에 일정한 금액을 공제받을 수 있는데 부가가치세법상 공제가능 금액을 입력한다.

3) 예정신고미환급세액[21]

예정신고 시 매입세액이 매출세액보다 커서 일반환급신고를 한 경우 미환된 세액을 입력한다. 일반환급은 예정신고 시에는 환급이 되지 않고 확정신고시에 환급되기 때문에 부가가치세확정신고서에 반영한다.

(3) 가산세액계[25]

가산세란 부가가치세의 신고 · 납부의무를 성실히 이행하지 않았을 때 산출세액에 가산하여 부과하는 조세를 말한다. 가산세액란에 부가가치세법에 의하여 계산된 가산세를 입력한다.

가산세는 전산세무2급에서 자주 출제되지만 전산회계1급에서는 가산세금액을 조회 할 수 있는 능력만 갖추면 된다.

(4) 차가감하여 납부할 세액(환급받을세액)[26]

납부(환급)세액(㉰)에서 경감공제세액이 차감되고 가산세액이 가산된 금액이 자동으로 반영된다.

실습예제

(주)제이오비(3500)는 다음 자료를 통하여 부가가치세 확정신고를 하고자 한다. 다음 자료를 매입매출전표에 입력하고 부가가치세신고서를 작성하시오. 매입매출전표입력 시 고정자산매입을 제외한 하단분개와 가산세입력은 생략한다. 회사를 변경하여 입력하시오.

- 4월 4일 은영전자에 제품을 5,000,000원(부가세별도) 판매하고 전자세금계산서를 발행하였다. 대금은 모두 현금으로 받았다.

① 매입매출전표입력

□	일	번호	유형	품목	수량	단가	공급가액	부가세	코드	공급처명	사업자주민번호	전자	분개
☐	4	50001	과세	제품			5,000,000	500,000	00101	은영전자	128-81-42248	여	

② 부가가치세신고서: 매입매출전표에 입력하면 부가가치세신고서[1]란에 자동으로 반영된다.

과세표준및매출세액	과세	세금계산서발급분	1	5,000,000	10/100	500,000
		매입자발행세금계산서	2		10/100	
		신용카드 현금영수증발행분	3			
		기타(정규영수증외매출분)	4		10/100	
	영세	세금계산서발급분	5		0/100	
		기타	6		0/100	
	예정신고누락분		7			
	대손세액가감		8			
	합계		9	5,000,000	㉮	500,000

- 4월 8일 (주)대한전자에 제품을 2,200,000원(부가세포함)에 판매하고 신용카드(하나카드)로 결제 받았다.

① 매입매출전표입력: 매입매출전표입력 시 공급가액란에는 공급대가로 입력한다.

□	일	번호	유형	품목	수량	단가	공급가액	부가세	코드	공급처명	사업자주민번호	전자	분개
☐	8	50001	카과	제품			2,000,000	200,000	00102	(주)대한전자	104-81-24017		

② 부가가치세신고서: 매입매출전표에 입력하면 부가가치세신고서[3]란에 자동으로 반영된다.

과세표준및매출세액	과세	세금계산서발급분	1	5,000,000	10/100	500,000
		매입자발행세금계산서	2		10/100	
		신용카드 현금영수증발행분	3	2,000,000		200,000
		기타(정규영수증외매출분)	4		10/100	
	영세	세금계산서발급분	5		0/100	
		기타	6		0/100	
	예정신고누락분		7			
	대손세액가감		8			
	합계		9	7,000,000	㉮	700,000

- 4월 10일 제품(공급가액 500,000, 부가세별도)을 사업자가 아닌 박미나에게 증빙 없이 현금으로 판매하였다.

① 매입매출전표입력: 매입매출전표입력 시 공급가액란에는 공급대가로 입력한다.

□	일	번호	유형	품목	수량	단가	공급가액	부가세	코드	공급처명	사업자주민번호	전자	분개
□	10	50001	건별	제품			500,000	50,000	00110	박미나			

② 부가가치세신고서: 매입매출전표에 입력하면 부가가치세신고서[4]란에 자동으로 반영된다.

과세표준및매출세액	과세	세금계산서발급분	1	5,000,000	10/100	500,000
		매입자발행세금계산서	2		10/100	
		신용카드 현금영수증발행분	3	2,000,000		200,000
		기타(정규영수증외매출분)	4	500,000	10/100	50,000
	영세	세금계산서발급분	5		0/100	
		기타	6		0/100	
	예정신고누락분		7			
	대손세액가감		8			
	합계		9	7,500,000	㉑	750,000

- 4월 15일 수출업체인 한국무역에 내국신용장(Local L/C)에 의하여 다음과 같이 판매하고 영세율전자세금계산서를 발행하였다.

품 명	수 량	단 가	공급가액	부가가치세	결제방법
냉장고	10	1,000,000	10,000,000	0	전액외상

① 매입매출전표입력

□	일	번호	유형	품목	수량	단가	공급가액	부가세	코드	공급처명	사업자주민번호	전자	분개
□	15	50001	영세	냉장고	10	1,000,000	10,000,000		00103	한국무역	120-81-35097	여	

② 부가가치세신고서: 매입매출전표에 입력하면 부가가치세신고서[5]란에 자동으로 반영된다.

과세표준및매출세액	과세	세금계산서발급분	1	5,000,000	10/100	500,000
		매입자발행세금계산서	2		10/100	
		신용카드 현금영수증발행분	3	2,000,000		200,000
		기타(정규영수증외매출분)	4	500,000	10/100	50,000
	영세	세금계산서발급분	5	10,000,000	0/100	
		기타	6		0/100	
	예정신고누락분		7			
	대손세액가감		8			
	합계		9	17,500,000	㉑	750,000

- 4월 20일 미국에 소재한 MAYCY.CO.LTD에 제품을 직수출 하였다. 대금은 5,000달러이며, 선적일 현재의 기준환율은 달러당 900원이다. 대금은 아직 수령하지 못하였다.

① 매입매출전표입력

□	일	번호	유형	품목	수량	단가	공급가액	부가세	코드	공급처명	사업자주민번호	전자	분개
□	20	50001	수출	제품			4,500,000		00104	MAYCY.CO.LTD			

② 부가가치세신고서: 매입매출전표에 입력하면 부가가치세신고서[6]란에 자동으로 반영된다.

과세표준및매출세액	과세	세금계산서발급분	1		5,000,000	10/100	500,000
		매입자발행세금계산서	2			10/100	
		신용카드 현금영수증발행분	3		2,000,000		200,000
		기타(정규영수증외매출분)	4		500,000	10/100	50,000
	영세	세금계산서발급분	5		10,000,000	0/100	
		기타	6		4,500,000	0/100	
	예정신고누락분		7				
	대손세액가감		8				
	합계		9		22,000,000	㉮	750,000

- 5월 5일 (주)호임전자으로부터 원재료(1,000개, @₩5,000원, 부가가치세 별도)를 외상으로 매입하고 전자세금계산서를 수취하였다.

① 매입매출전표입력

□	일	번호	유형	품목	수량	단가	공급가액	부가세	코드	공급처명	사업자주민번호	전자	분개
□	5	50001	과세	원재료	1,000	5,000	5,000,000	500,000	00105	(주)호임전자	112-81-25128	여	

② 부가가치세신고서: 매입매출전표에 입력하면 부가가치세신고서[10]란에 자동으로 반영된다.

매입세액	세금계산서수취분	일반매입	10		5,000,000		500,000
		수출기업수입분납부유예	10-1				
		고정자산매입	11				
	예정신고누락분		12				
	매입자발행세금계산서		13				
	그 밖의 공제매입세액		14				
	합계(10)-(10-1)+(11)+(12)+(13)+(14)		15		5,000,000		500,000
	공제받지못할매입세액		16				
	차감계 (15-16)		17		5,000,000	㉯	500,000

- 5월 7일 (주)우림가구에서 500,000원(부가가치세별도)에 본사사무실에서 사용할 책상(내용연수 10년)을 구입하고 전자세금계산서를 교부받았으며, 대금은 보통예금으로 송금하였다.

① 매입매출전표입력

□	일	번호	유형	품목	수량	단가	공급가액	부가세	코드	공급처명	사업자주민번호	전자	분개
■	7	50001	과세	책상구입			500,000	50,000	00106	우림가구	113-81-54868	여	혼합

구분	계정과목		적요			거래처		차변(출금)	대변(입금)
차변	0135	부가세대급금	책상구입			00106	우림가구	50,000	
차변	0212	비품	책상구입			00106	우림가구	500,000	
대변	0103	보통예금	책상구입			00106	우림가구		550,000

② 부가가치세신고서: 매입매출전표에 입력하면 부가가치세신고서[11]란에 자동으로 반영된다.

매입세액	세금계산서 수취분	일반매입	10	5,000,000		500,000
		수출기업수입분납부유예	10-1			
		고정자산매입	11	500,000		50,000
	예정신고누락분		12			
	매입자발행세금계산서		13			
	그 밖의 공제매입세액		14			
	합계(10)-(10-1)+(11)+(12)+(13)+(14)		15	5,500,000		550,000
	공제받지못할매입세액		16			
	차감계 (15-16)		17	5,500,000	ⓝ	550,000

- 5월 10일 이마트에서 본사 사무실에서 사용할 복사용지를 구입하였다. 대금은 150,000원(부가가치세 포함, 카드매입에 대한 부가가치세 매입세액 공제 요건을 충족함)이었으며 법인카드(국민카드)로 결제하였다.

① 매입매출전표입력: 매입매출전표입력 시 공급가액란에는 공급대가(150,000)로 입력한다.

□	일	번호	유형	품목	수량	단가	공급가액	부가세	코드	공급처명	사업자주민번호	전자	분개
■	10	50001	카과	복사용지			136,364	13,636	00107	이마트	109-81-33452		

② 부가가치세신고서: 매입매출전표에 입력하면 부가가치세신고서[14]란에 자동으로 반영된다.

매입세액	세금계산서 수취분	일반매입	10	5,000,000		500,000
		수출기업수입분납부유예	10-1			
		고정자산매입	11	500,000		50,000
	예정신고누락분		12			
	매입자발행세금계산서		13			
	그 밖의 공제매입세액		14	136,364		13,636
	합계(10)-(10-1)+(11)+(12)+(13)+(14)		15	5,636,364		563,636
	공제받지못할매입세액		16			
	차감계 (15-16)		17	5,636,364	ⓝ	563,636

- 5월 13일 이마트에서 본사 사무실에서 사용할 컴퓨터를 구입하였다. 대금은 850,000원(부가가치세 포함)이었으며 현금으로 지급함과 동시에 현금영수증을 수취하였다.

① 매입매출전표입력: 매입매출전표입력 시 공급가액란에는 공급대가(850,000)로 입력한다.

□	일	번호	유형	품목	수량	단가	공급가액	부가세	코드	공급처명	사업자주민번호	전자	분개
☑	13	50001	현과	컴퓨터			772,728	77,272	00107	이마트	109-81-33452		현금

구분	계정과목		적요		거래처		차변(출금)	대변(입금)
출금	0135	부가세대급금	컴퓨터		00107	이마트	77,272	(현금)
출금	0212	비품	컴퓨터		00107	이마트	772,728	(현금)

② 부가가치세신고서: 매입매출전표에 입력하면 부가가치세신고서[14]란에 자동으로 반영된다.

매입세액	세금계산서 수취분	일반매입	10	5,000,000		500,000
		수출기업수입분납부유예	10-1			
		고정자산매입	11	500,000		50,000
	예정신고누락분		12			
	매입자발행세금계산서		13			
	그 밖의 공제매입세액		14	909,092		90,908
	합계(10)-(10-1)+(11)+(12)+(13)+(14)		15	6,409,092		640,908
	공제받지못할매입세액		16			
	차감계 (15-16)		17	6,409,092	㉯	640,908

* [14]의 금액은 부가가치세신고서상 [40]란과 [41]란의 합계금액이다.

- 5월 15일 매출거래처인 (주)성광전자에 증정할 선물셋트를 이마트에서 200,000원(부가가치세 별도)에 구입하고 전자세금계산서를 수취하였다. 대금은 보통예금계좌에서 이체하였다.

① 매입매출전표입력

□	일	번호	유형	품목	수량	단가	공급가액	부가세	코드	공급처명	사업자주민번호	전자	분개
□	15	50001	불공	선물셋트			200,000	20,000	00107	이마트	109-81-33452	여	

② 부가가치세신고서: 매입매출전표에 입력하면 부가가치세신고서[10], [16]란에 자동으로 반영한다.

매입세액	세금계산서 수취분	일반매입	10	5,200,000		520,000
		수출기업수입분납부유예	10-1			
		고정자산매입	11	500,000		50,000
	예정신고누락분		12			
	매입자발행세금계산서		13			
	그 밖의 공제매입세액		14	909,092		90,908
	합계(10)-(10-1)+(11)+(12)+(13)+(14)		15	6,609,092		660,908
	공제받지못할매입세액		16	200,000		20,000
	차감계 (15-16)		17	6,409,092	㉯	640,908

- (주)제이오비는 예정신고 시에 누락한 다음에 자료를 확정신고 시에 반영하려고 한다. 매입매출전표입력은 생략하고 부가가치세신고서에 누락분을 직접 입력한다.

  ① 매출세금계산서: 공급가액: 800,000원(부가가치세 별도)

  ② 매입세금계산서: 공급가액: 350,000원(부가가치세 별도)

① 부가가치세신고서: 부가가치세신고서[32], [37]란에 예정신고누락분을 입력하면 [7], [12]란에 자동으로 반영된다.

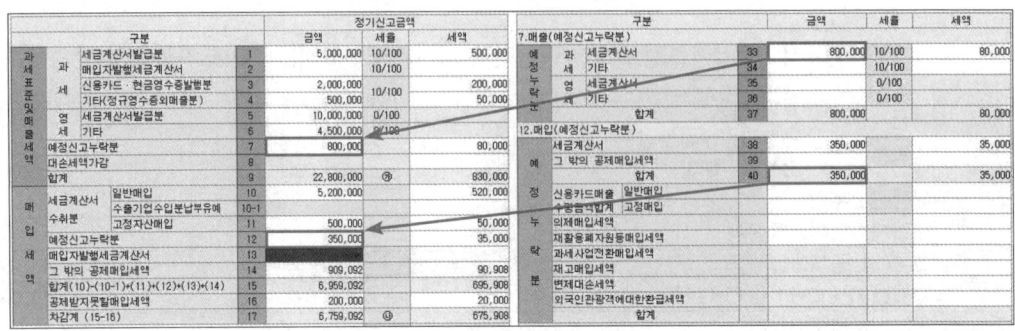

[부가가치세신고서에 신고자료가 입력된 화면]

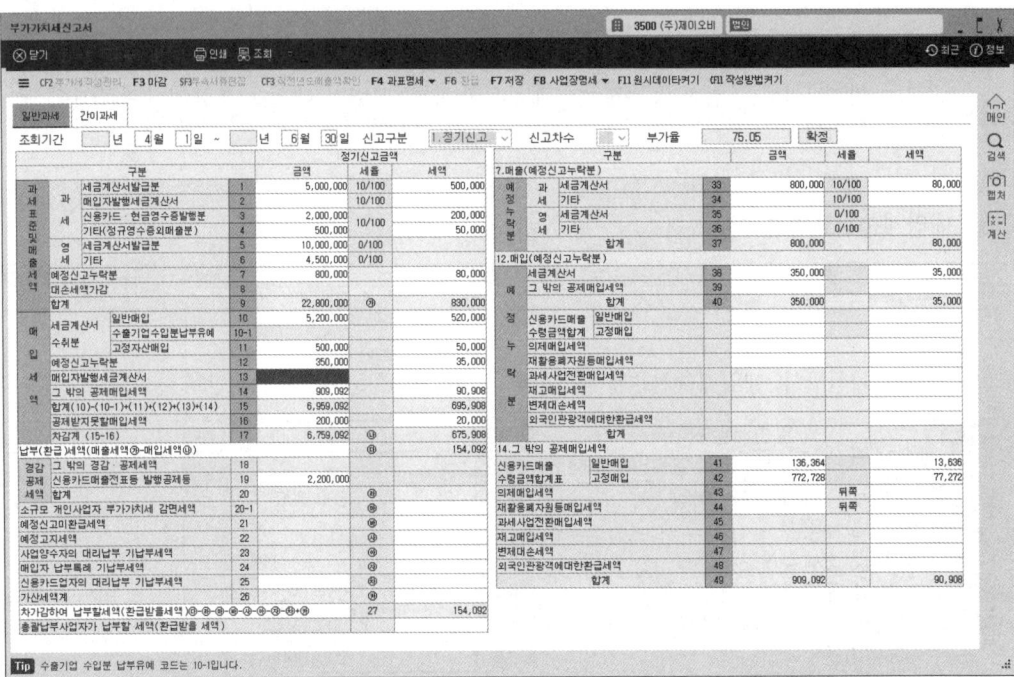

실습예제

위의 실습예제를 통하여 다음의 물음에 답을 하시오.

[1] 제1기 과세기간 최종3월(4월~6월) 중 영세율 세금계산서를 발행한 금액은 얼마인가?

[2] 부가가치세 제1기 확정신고기간(4월~6월)에 예정누락분에 대한 매출세액은 얼마인가?

[3] 제1기 확정신고기간(4월~6월)의 부가가치세 과세표준과 매출세액은 얼마인가?

[4] 부가가치세 제1기 확정신고기간(4월~6월)중 일반신용카드(일반매입)사용에 따른 매입세액 공제액은 얼마인가?

[5] 부가가치세 제1기 확정신고기간(4월~6월)에 고정자산을 매입한 공급가액은 얼마인가?

[6] 부가가치세 제1기 확정신고기간의 그 밖의 공제매입세액은 얼마인가?

[7] 부가가치세 제1기 확정신고기간의 공제받지못할매입세액은 얼마인가?

[8] 부가가치세 제1기 확정신고기간의 매입세액은 얼마인가?

[9] 부가가치세 제1기 확정신고기간의 납부세액 또는 환급세액은 얼마인가?

해답

[1] 부가가치세신고서[5]: 10,000,000원
[2] 부가가치세신고서[7]: 80,000원
[3] 부가가치세신고서[9]: 과세표준 – 22,800,000원, 매출세액 – 830,000원
[4] 부가가치세신고서[39]: 13,636원
[5] 부가가치세신고서[11]+[41]: 1,272,728원
    세금계산서수취분 고정자산매입 500,000원 + 신용매출전표수령/고정분 772,728원 = 1,272,728원
[6] 부가가치세신고서[14]: 90,908원
[7] 부가가치세신고서[16]: 20,000원
[8] 부가가치세신고서[17-㉯]: 675,098원
[9] 부가가치세신고서[㉱]: 납부세액 154,092원

CLASS전산회계1급
실 기 편

실기편
기출문제

제116회 ~ 제105회

CLASS전산회계1급
실 기 편

116회 이론시험

다음 문제를 보고 알맞은 것을 골라 이론문제 답안작성 메뉴에 입력하시오. (객관식 문항당 2점)

기본전제

문제에서 한국채택국제회계기준을 적용하도록 하는 전제조건이 없는 경우, 일반기업회계기준을 적용한다.

01. 다음 중 일반기업회계기준에 따른 재무제표에 대한 설명으로 가장 옳지 않은 것은?
① 재무상태표는 일정 시점 현재 기업실체가 보유하고 있는 경제적 자원인 자산과 경제적 의무인 부채, 그리고 자본에 대한 정보를 제공하는 재무보고서이다.
② 손익계산서는 일정 시점 현재 기업실체의 경영성과에 대한 정보를 제공하는 재무보고서이다.
③ 현금흐름표는 일정 기간 동안 기업실체에 대한 현금유입과 현금유출에 대한 정보를 제공하는 재무보고서이다.
④ 자본변동표는 기업실체에 대한 자본의 크기와 그 변동에 관한 정보를 제공하는 재무보고서이다.

02. 다음 중 단기매매증권 취득 시 발생한 비용을 취득원가에 가산할 경우 재무제표에 미치는 영향으로 옳은 것은?
① 자산의 과소계상
② 부채의 과대계상
③ 자본의 과소계상
④ 당기순이익의 과대계상

03. ㈜회계는 2024년 1월 1일 10,000,000원에 유형자산(기계장치)을 취득하여 사용하다가 2025년 6월 30일 4,000,000원에 처분하였다. 해당 기계장치의 처분 시 발생한 유형자산처분손실을 계산하면 얼마인가? 단, 내용연수 5년, 잔존가액 1,000,000원, 정액법(월할상각)의 조건으로 2025년 6월까지 감가상각이 완료되었다고 가정한다.
① 2,400,000원
② 3,300,000원
③ 5,100,000원
④ 6,000,000원

04. 다음의 자료를 바탕으로 2025년 12월 31일 현재 현금및현금성자산과 단기금융상품의 잔액을 계산한 것으로 옳은 것은?

> · 현금시재액 : 200,000원
> · 당좌예금 : 500,000원
> · 정기예금 : 1,500,000원(만기 2026년 12월 31일)
> · 선일자수표 : 150,000원
> · 외상매입금 : 2,000,000원

① 현금및현금성자산 : 700,000원
② 현금및현금성자산 : 2,500,000원
③ 단기금융상품 : 1,650,000원
④ 단기금융상품 : 2,000,000원

05. 다음 중 대손충당금에 대한 설명으로 가장 옳지 않은 것은?
① 대손충당금은 유형자산의 차감적 평가계정이다.
② 회수가 불확실한 채권은 합리적이고 객관적인 기준에 따라 산출한 대손 추산액을 대손충당금으로 설정한다.
③ 미수금도 대손충당금을 설정할 수 있다.
④ 매출 활동과 관련되지 않은 대여금에 대한 대손상각비는 영업외비용에 속한다.

06. 다음 중 자본에 영향을 미치지 않는 항목은 무엇인가?
① 당기순이익
② 현금배당
③ 주식배당
④ 유상증자

07. 다음 중 일반기업회계기준에 따른 수익 인식 시점에 대한 설명으로 옳지 않은 것은?
① 위탁판매의 경우 수탁자가 위탁품을 소비자에게 판매한 시점에 수익을 인식한다.
② 배당금수익은 배당금을 받을 권리와 금액이 확정되는 시점에 수익을 인식한다.
③ 대가가 분할되어 수취되는 할부판매의 경우 대가를 나누어 받을 때마다 수익으로 인식한다.
④ 설치수수료 수익은 재화가 판매되는 시점에 수익을 인식하는 재화의 판매에 부수되는 설치의 경우를 제외하고는 설치의 진행률에 따라 수익으로 인식한다.

08. 다음 중 재고자산에 대한 설명으로 옳지 않은 것은?
① 기업이 생산과정에 사용하거나 판매를 목적으로 보유한 자산이다.
② 취득원가에 매입부대비용은 포함되지 않는다.
③ 기말 평가방법에 따라 기말 재고자산 금액이 다를 수 있다.
④ 수입 시 발생한 관세는 취득원가에 가산하여 재고자산에 포함된다.

09. 다음 중 원가에 대한 설명으로 옳지 않은 것은?
① 원가의 발생형태에 따라 재료원가, 노무원가, 제조경비로 분류한다.
② 특정 제품에 대한 직접 추적가능성에 따라 직접원가, 간접원가로 분류한다.
③ 조업도 증감에 따른 원가의 행태로서 변동원가, 고정원가로 분류한다.
④ 기회비용은 과거의 의사결정으로 인해 이미 발생한 원가이며, 대안 간의 차이가 발생하지 않는 원가를 말한다.

10. 부문별 원가계산에서 보조부문의 원가를 제조부문에 배분하는 방법 중 보조부문의 배분 순서에 따라 제조간접원가의 배분액이 달라지는 방법은?
① 직접배분법   ② 단계배분법
③ 상호배분법   ④ 총배분법

11. 다음 중 제조원가명세서에서 제공하는 정보는 무엇인가?
① 기부금   ② 이자비용
③ 당기총제조원가   ④ 매출원가

12. 다음의 자료를 이용하여 평균법에 의한 가공원가 완성품환산량을 구하시오(단, 재료는 공정 초기에 전량 투입되고 가공원가는 공정 전반에 걸쳐 균등하게 발생한다).

· 당기완성품 : 40,000개   · 당기착수량 : 60,000개
· 기초재공품 : 10,000개(완성도 30%)   · 기말재공품 : 30,000개(완성도 60%)

① 52,000개   ② 54,000개
③ 56,000개   ④ 58,000개

13. 다음 중 부가가치세법상 납세의무자에 대한 설명으로 틀린 것은?

① 사업의 영리 목적 여부에 관계없이 사업상 독립적으로 재화 및 용역을 공급하는 사업자이다.
② 영세율을 적용받는 사업자는 납세의무자에 해당하지 않는다.
③ 간이과세자도 납세의무자에 포함된다.
④ 재화를 수입하는 자는 그 재화의 수입에 대한 부가가치세를 납부할 의무가 있다.

14. 다음 중 부가가치세법상 사업장에 대한 설명으로 옳지 않은 것은?

① 사업장은 사업자가 사업을 하기 위하여 거래의 전부 또는 일부를 하는 고정된 장소로 한다.
② 사업장을 설치하지 않고 사업자등록도 하지 않은 경우에는 과세표준 및 세액을 결정하거나 경정할 당시의 사업자의 주소 또는 거소를 사업장으로 한다.
③ 제조업의 경우 따로 제품 포장만을 하거나 용기에 충전만 하는 장소도 사업장에 포함될 수 있다.
④ 부동산상의 권리만 대여하는 경우에는 그 사업에 관한 업무를 총괄하는 장소를 사업장으로 한다.

15. 부가가치세법상 법인사업자가 전자세금계산서를 발급하는 경우 전자세금계산서 발급 명세를 언제까지 국세청장에게 전송해야 하는가?

① 전자세금계산서 발급일의 다음 날
② 전자세금계산서 발급일로부터 1주일 이내
③ 전자세금계산서 발급일이 속하는 달의 다음 달 10일 이내
④ 전자세금계산서 발급일이 속하는 달의 다음 달 25일 이내

116회 실무시험

㈜태림상사(회사코드:1163)는 자동차부품의 제조 및 도소매업을 영위하는 중소기업으로 당기(제11기) 회계기간은 2025.1.1.~2025.12.31.이다. 전산세무회계 수험용 프로그램을 이용하여 다음 물음에 답하시오.

기본전제

- 문제에서 한국채택국제회계기준을 적용하도록 하는 전제조건이 없는 경우, 일반기업회계기준을 적용하여 회계처리 한다.
- 문제의 풀이와 답안작성은 제시된 문제의 순서대로 진행한다.

문제 1 다음은 [기초정보관리] 및 [전기분재무제표]에 대한 자료이다. 각각의 요구사항에 대하여 답하시오. (10점)

[1] [거래처등록] 메뉴를 이용하여 다음의 신규 거래처를 추가로 등록하시오. (3점)

- 거래처코드 : 05000
- 사업자등록번호 : 108-81-13579
- 유형 : 매출
- 거래처명 : ㈜대신전자
- 업태 : 제조
- 사업장주소 : 경기도 시흥시 정왕대로 56(정왕동)
- 대표자 : 김영일
- 종목 : 전자제품

※ 주소 입력 시 우편번호 입력은 생략해도 무방함.

[2] ㈜태림상사의 기초 채권 및 채무의 올바른 잔액은 아래와 같다. [거래처별초기이월] 메뉴의 자료를 검토하여 오류가 있으면 올바르게 삭제 또는 수정, 추가 입력을 하시오. (3점)

계정과목	거래처	금액
외상매출금	㈜동명상사	6,000,000원
받을어음	㈜남북	1,000,000원
지급어음	㈜동서	1,500,000원

[3] 전기분 손익계산서를 검토한 결과 다음과 같은 오류를 발견하였다. 해당 오류사항과 관련된 [전기분원가명세서] 및 [전기분손익계산서]를 수정 및 삭제하시오. (4점)

- 공장 건물에 대한 재산세 3,500,000원이 판매비와관리비의 세금과공과금으로 반영되어 있다.

문제 2 [일반전표입력] 메뉴를 이용하여 다음의 거래 자료를 입력하시오(일반전표입력의 모든 거래는 부가가치세를 고려하지 말 것). (18점)

입력시 유의사항

· 일반적인 적요의 입력은 생략하지만, 타계정 대체거래는 적요번호를 선택하여 입력한다.
· 채권·채무와 관련된 거래는 별도의 요구가 없는 한 반드시 기등록된 거래처코드를 선택하는 방법으로 거래처명을 입력한다.
· 제조경비는 500번대 계정코드를, 판매비와관리비는 800번대 계정코드를 사용한다.
· 회계처리 시 계정과목은 별도의 제시가 없는 한 등록된 계정과목 중 가장 적절한 과목으로 한다.

---

[1] 08월 05일 회사는 운영자금 문제를 해결하기 위해서, 보유 중인 ㈜기경상사의 받을어음 1,000,000원을 한국은행에 할인하였으며 할인료 260,000원을 공제하고 보통예금 계좌로 입금받았다(단, 매각거래로 간주한다). (3점)

[2] 08월 10일 본사관리부 직원의 국민연금 800,000원과 카드결제수수료 8,000원을 법인카드(하나카드)로 결제하여 일괄 납부하였다. 납부한 국민연금 중 50%는 회사부담분, 50%는 원천징수한 금액으로 회사부담분은 세금과공과로 처리한다. (3점)

[3] 08월 22일 공장에서 사용할 비품(공정가치 5,000,000원)을 대주주로부터 무상으로 받았다. (3점)

[4] 09월 04일 ㈜경기로부터 원재료를 구입하기로 계약하고, 계약금 1,000,000원을 보통예금 계좌에서 이체하여 지급하였다. (3점)

[5] 10월 28일 영업부에서 사용할 소모품을 현금으로 구입하고 아래의 간이영수증을 수취하였다(단, 당기 비용으로 처리할 것). (3점)

영 수 증(공급받는자용)

No.   ㈜태림상사 귀하

공급자	사업자등록번호	314-36-87448		
	상 호	솔잎문구	성 명	김솔잎 (인)
	사업장소재지	경기도 양주시 남방동 25		
	업 태	도소매	종 목	문구점

작성년월일	공급대가 총액	비고
2025.10.28.	70,000원	

위 금액을 정히 **영수**(청구)함.

월일	품목	수량	단가	공급가(금액)
10.28.	A4	2	35,000원	70,000원
합계				70,000원

부가가치세법시행규칙 제25조의 규정에 의한 (영수증)으로 개정

[6] 12월 01일 단기시세차익을 목적으로 ㈜ABC(시장성 있는 주권상장법인에 해당)의 주식 100주를 주당 25,000원에 취득하였다. 이와 별도로 발생한 취득 시 수수료 50,000원과 함께 대금은 모두 보통예금 계좌에서 이체하여 지급하였다. (3점)

문제 3 [매입매출전표입력] 메뉴를 이용하여 다음의 거래 자료를 입력하시오. (18점)

입력시 유의사항

· 일반적인 적요의 입력은 생략하지만, 타계정 대체거래는 적요번호를 선택하여 입력한다.
· 채권·채무와 관련된 거래는 별도의 요구가 없는 한 반드시 기등록된 거래처코드를 선택하는 방법으로 거래처명을 입력한다.
· 제조경비는 500번대 계정코드를, 판매비와관리비는 800번대 계정코드를 사용한다.
· 회계처리 시 계정과목은 별도의 제시가 없는 한 등록된 계정과목 중 가장 적절한 과목으로 한다.
· 입력화면 하단의 분개까지 처리하고, 전자세금계산서 및 전자계산서는 전자입력으로 반영한다.

[1] 07월 05일 제일상사에게 제품을 판매하고 신용카드(삼성카드)로 결제받고 발행한 매출전표는 아래와 같다. (3점)

```
       카드매출전표
  --------------------------
  카드종류 : 삼성카드
  회원번호 : 951-3578-654
  거래일시 : 2025.07.05. 11:20:22
  거래유형 : 신용승인
  매   출 : 800,000원
  부 가 세 : 80,000원
  합   계 : 880,000원
  결제방법 : 일시불
  승인번호 : 20254070580001
  은행확인 : 삼성카드사
  ==========================
         - 이 하 생 략 -
```

[2] 07월 11일 ㈜연분홍상사에게 다음과 같은 제품을 판매하고 1,000,000원은 현금으로, 15,000,000원은 어음으로 받고 나머지는 외상으로 하였다. (3점)

전자세금계산서					승인번호	20250711-1000000-00009329		
공급자	등록번호	215-81-69876	종사업장번호		공급받는자	등록번호	134-86-81692	종사업장번호
	상호(법인명)	㈜태림상사	성명	정대우		상호(법인명)	㈜연분홍상사	성명	이연홍
	사업장주소	경기도 양주시 양주산성로 85-7				사업장주소	경기도 화성시 송산면 마도북로 40	
	업태	제조,도소매	종목	자동차부품 외		업태	제조	종목	자동차특장
	이메일	school_01@taelim.kr				이메일	pink01@hanmail.net	
						이메일		

작성일자	공급가액	세액	수정사유	비고
2025/07/11	30,000,000	3,000,000	해당 없음	

월	일	품목	규격	수량	단가	공급가액	세액	비고
07	11	제품				30,000,000	3,000,000	

합계금액	현금	수표	어음	외상미수금	위 금액을 (영수) 함 (청구)
33,000,000	1,000,000		15,000,000	17,000,000	

[3] 10월 01일 제조공장 직원들의 야근 식사를 위해 대형마트에서 국내산 쌀(면세)을 1,100,000원에 구입하고 대금은 보통예금 계좌에서 이체하였으며, 지출증빙용 현금영수증을 발급받았다. (3점)

현금영수증		
승인번호	구매자 발행번호	발행방법
G54782245	215-81-69876	지출증빙
신청구분	발행일자	취소일자
사업자번호	2025.10.01	-
상품명		
쌀		
구분	주문번호	상품주문번호
일반상품	20251001054897	2025100185414
판매자 정보		
판매자상호		대표자명
대형마트		김대인
사업자등록번호		판매자전화번호
201-17-45670		02-788-8888
판매자사업장주소		
서울특별시 종로구 종로동 2-1		
금액		

공급가액	1	1	0	0	0	0	0
부가세액							
봉사료							
승인금액	1	1	0	0	0	0	0

[4] 10월 30일 미국의 Nice Planet에 $50,000(수출신고일 10월 25일, 선적일 10월 30일)의 제품을 직수출하였다. 수출대금 중 $20,000는 10월 30일에 보통예금 계좌로 입금받았으며, 나머지 잔액은 11월 3일에 받기로 하였다. 일자별 기준환율은 다음과 같다(단, 수출신고필증은 정상적으로 발급받았으며, 수출신고번호는 고려하지 말 것). (3점)

일자	10월 25일	10월 30일	11월 03일
기준환율	1,380원/$	1,400원/$	1,410원/$

[5] 11월 30일 ㈜제니빌딩으로부터 영업부 임차료에 대한 공급가액 3,000,000원(부가가치세 별도)의 전자세금계산서를 수취하고 대금은 다음 달에 지급하기로 한다. 단, 미지급금으로 회계처리 하시오. (3점)

[6] 12월 10일 건축물이 있는 토지를 취득하여 그 건축물을 철거하고 토지만 사용하고자 한다. 건물 철거비용에 대하여 ㈜시온건설로부터 아래의 전자세금계산서를 발급받았다. 대금은 ㈜선유자동차로부터 제품 판매대금으로 받아 보관 중인 ㈜선유자동차 발행 약속어음으로 전액 지급하였다. (3점)

전자세금계산서					승인번호	20251210-12595557-12569886		
공급자	등록번호	105-81-23608	종사업장번호		공급받는자	등록번호	215-81-69876	종사업장번호	
	상호(법인명)	㈜시온건설	성명	정상임		상호(법인명)	㈜태림상사	성명	정대우
	사업장주소	서울특별시 강남구 도산대로 42				사업장주소	경기도 양주시 양주산성로 85-7		
	업태	건설	종목	토목공사		업태	제조, 도소매	종목	자동차부품 외
	이메일	sion@hanmail.net				이메일	school_01@taelim.kr		
						이메일			

작성일자	공급가액	세액	수정사유	비고
2025/12/10	60,000,000	6,000,000	해당 없음	

월	일	품목	규격	수량	단가	공급가액	세액	비고
12	10	철거비용			60,000,000	60,000,000	6,000,000	

합계금액	현금	수표	어음	외상미수금	위 금액을 (영수) 함
66,000,000			66,000,000		

문제 4 [일반전표입력] 및 [매입매출전표입력] 메뉴에 입력된 내용 중 다음과 같은 오류가 발견되었다. 입력된 내용을 확인하여 정정하시오. (6점)

[1] 09월 01일 ㈜가득주유소에서 주유 후 대금은 당일에 현금으로 결제했으며 현금영수증을 수취한 것으로 일반전표에 입력하였다. 그러나 해당 주유 차량은 제조공장의 운반용트럭(배기량 2,500cc)인 것으로 확인되었다. (3점)

[2] 11월 12일 경영관리부서 직원들을 대상으로 확정기여형(DC형) 퇴직연금에 가입하고 보통예금 계좌에서 당기분 퇴직급여 17,000,000원을 이체하였으나, 회계담당자는 확정급여형(DB형) 퇴직연금에 가입한 것으로 알고 회계처리를 하였다(단, 납입 당시 퇴직급여충당부채 잔액은 없는 것으로 가정한다). (3점)

문제 5 결산정리사항은 다음과 같다. 관련 메뉴를 이용하여 결산을 완료하시오. (9점)

---입력시 유의사항---
· 적요의 입력은 생략한다.
· 채권·채무와 관련된 거래는 별도의 요구가 없는 한 반드시 기등록된 거래처코드를 선택하는 방법으로 거래처명을 입력한다.
· 회계처리 시 계정과목은 별도의 제시가 없는 한 등록된 계정과목 중 가장 적절한 과목으로 한다.

[1] 7월 1일에 가입한 하나은행의 정기예금 10,000,000원(만기 1년, 연 이자율 4.5%)에 대하여 기간 경과분 이자를 계상하였다(단, 이자 계산은 월할 계산하며, 원천징수는 없다고 가정한다). (3점)

[2] 경남은행으로부터 차입한 장기차입금 중 50,000,000원은 2026년 11월 30일에 상환기일이 도래한다. (3점)

[3] 2025년 제2기 부가가치세 확정신고 기간에 대한 부가세예수금은 52,346,500원, 부가세대급금은 52,749,000원일 때 부가가치세를 정리하는 회계처리를 하시오(단, 납부세액(또는 환급세액)은 미지급세금(또는 미수금)으로 회계처리하고, 불러온 자료는 무시한다). (3점)

문제 6 다음 사항을 조회하여 알맞은 답안을 **이론문제 답안작성** 메뉴에 입력하시오. (9점)

[1] 3월 말 현재 외상매출금 잔액이 가장 큰 거래처명과 그 금액은 얼마인가? (3점)

[2] 2025년 중 실제로 배당금을 수령한 달은 몇 월인가? (3점)

[3] 2025년 제1기 부가가치세 확정신고서(2025.04.01.~2025.06.30.)의 매출액 중 세금계산서 발급분 공급가액의 합계액은 얼마인가? (3점)

115회 이론시험

다음 문제를 보고 알맞은 것을 골라 이론문제 답안작성 메뉴에 입력하시오. (객관식 문항당 2점)

> 기본전제
> 문제에서 한국채택국제회계기준을 적용하도록 하는 전제조건이 없는 경우, 일반기업회계기준을 적용한다.

01. 다음 중 회계순환과정에 있어 기말결산정리의 근거가 되는 가정으로 적절한 것은?
① 발생주의 회계
② 기업실체의 가정
③ 계속기업의 가정
④ 기간별 보고의 가정

02. 다음 중 당좌자산에 포함되지 않는 것은 무엇인가?
① 선급비용
② 미수금
③ 미수수익
④ 선수수익

03. 다음에서 설명하는 재고자산 단가 결정방법으로 옳은 것은?

> 실제 물량 흐름과 원가 흐름의 가정이 유사하다는 장점이 있으나, 수익·비용 대응의 원칙에 부적합하고, 물가 상승 시 이익이 과대 계상되는 단점이 있다.

① 개별법
② 선입선출법
③ 후입선출법
④ 총평균법

04. 다음 중 유형자산에 대한 추가적인 지출이 발생했을 경우 발생한 기간의 비용으로 처리하는 거래로 옳은 것은?
① 건물의 피난시설을 설치하기 위한 지출
② 내용연수를 연장시키는 지출
③ 건물 내부 조명기구를 교체하는 지출
④ 상당한 품질향상을 가져오는 지출

05. 다음 중 무형자산에 대한 설명으로 가장 옳지 않은 것은?

① 무형자산은 상각완료 후 잔존가치로 1,000원을 반드시 남겨둔다.
② 무형자산의 상각방법은 정액법, 정률법 둘 다 사용 가능하다.
③ 무형자산을 상각하는 회계처리를 할 때는 일반적으로 직접법으로 처리하고 있다.
④ 무형자산 중 내부에서 창출한 영업권은 무형자산으로 인정되지 않는다.

06. 다음 중 일반기업회계기준에 따른 부채가 아닌 것은 무엇인가?

① 임차보증금
② 퇴직급여충당부채
③ 선수금
④ 미지급배당금

07. 다음의 자본 항목 중 성격이 다른 하나는 무엇인가?

① 자기주식처분이익
② 감자차익
③ 자기주식
④ 주식발행초과금

08. 다음의 자료를 이용하여 영업이익을 구하시오(기초재고는 50,000원, 기말재고는 '0'으로 가정한다).

· 총매출액	500,000원	· 매출할인	10,000원	· 당기총매입액	300,000원
· 매입에누리	20,000원	· 이자비용	30,000원	· 급여	20,000원
· 통신비	5,000원	· 감가상각비	10,000원	· 배당금수익	20,000원
· 임차료	25,000원	· 유형자산처분손실	30,000원		

① 60,000원
② 70,000원
③ 100,000원
④ 130,000원

09. 다음 중 보조부문의 원가 배분에 대한 설명으로 옳지 않은 것은?

① 보조부문의 원가 배분방법으로는 직접배분법, 단계배분법 및 상호배분법이 있으며, 이들 배분 방법에 따라 전체 보조부문의 원가에 일부 차이가 있을 수 있다.
② 상호배분법은 부문간 상호수수를 고려하여 계산하기 때문에 다른 배분방법보다 계산이 복잡한 방법이라 할 수 있다.
③ 단계배분법은 보조부문간 배분순서에 따라 각 보조부문에 배분되는 금액에 차이가 있을 수 있다.
④ 직접배분법은 보조부문 원가 배분액의 계산이 상대적으로 간편한 방법이라 할 수 있다.

10. 다음의 원가 분류 중 분류 기준이 같은 것으로만 짝지어진 것은?

| 가. 변동원가 나. 관련원가 다. 직접원가 라. 고정원가 마. 매몰원가 바. 간접원가 |

① 가, 나
② 나, 다
③ 나, 마
④ 라, 바

11. 다음 자료를 참고하여 2025년 제조작업지시서 #200에 대한 제조간접원가 예정배부율과 예정배부액을 계산하면 각각 얼마인가?

가. 2024년 연간 제조간접원가 4,200,000원, 총기계작업시간은 100,000시간인 것으로 파악되었다.
나. 2025년 연간 예정제조간접원가 3,800,000원, 총예정기계작업시간은 80,000시간으로 예상하고 있다.
다. 2025년 제조작업지시서별 실제기계작업시간은 다음과 같다.
· 제조작업지시서 #200 : 11,000시간
· 제조작업지시서 #300 : 20,000시간

	제조간접원가 예정배부율	제조간접원가 예정배부액
①	42원/기계작업시간	462,000원
②	52.5원/기계작업시간	577,500원
③	47.5원/기계작업시간	522,500원
④	46원/기계작업시간	506,000원

12. 다음 중 종합원가계산을 적용할 경우 평균법과 선입선출법에 의한 완성품 환산량의 차이를 발생시키는 주요 원인은 무엇인가?

① 기초재공품 차이　　　② 기초제품 차이
③ 기말제품 차이　　　　④ 기말재공품 차이

13. 다음 중 부가가치세법상 납세의무자에 대한 설명으로 가장 옳지 않은 것은?

① 부가가치세법상 사업자는 일반과세자와 간이과세자이다.
② 국가 · 지방자치단체도 납세의무자가 될 수 있다.
③ 사업자단위과세사업자는 모든 사업장의 부가가치세를 총괄하여 신고만 할 수 있다.
④ 영세율을 적용받는 사업자도 부가가치세법상의 사업자등록의무가 있다.

14. 다음 중 부가가치세법상 매입세액공제가 가능한 경우는?

① 면세사업에 관련된 매입세액
② 개별소비세법에 따른 자동차의 유지와 관련된 매입세액
③ 토지의 형질변경과 관련된 매입세액
④ 제조업을 영위하는 사업자가 농민으로부터 구입한 면세 농산물의 의제매입세액

15. 다음 중 부가가치세법상 세금계산서 발급 의무가 면제되지 않는 경우는?

① 택시운송사업자가 공급하는 재화 또는 용역
② 미용업자가 공급하는 재화 또는 용역
③ 제조업자가 구매확인서에 의하여 공급하는 재화
④ 부동산임대업자의 부동산임대용역 중 간주임대료

115회 실무시험

다산컴퓨터㈜(회사코드:1153)는 컴퓨터 등의 제조 및 도소매업을 영위하는 중소기업으로 당기(제11기) 회계기간은 2025.1.1.~2025.12.31.이다. 전산세무회계 수험용 프로그램을 이용하여 다음 물음에 답하시오.

기본전제

- 문제에서 한국채택국제회계기준을 적용하도록 하는 전제조건이 없는 경우, 일반기업회계기준을 적용하여 회계처리 한다.
- 문제의 풀이와 답안작성은 제시된 문제의 순서대로 진행한다.

문제1 다음은 [기초정보관리] 및 [전기분재무제표]에 대한 자료이다. 각각의 요구사항에 대하여 답하시오. (10점)

[1] 다음 자료를 보고 [거래처등록] 메뉴에서 신규 거래처를 등록하시오(단, 주어진 자료 외의 다른 항목은 입력할 필요 없음). (3점)

- 거래처코드 : 02411
- 거래처명 : ㈜구동컴퓨터
- 사업자등록번호 : 189-86-70759
- 업태 : 제조
- 사업장주소 : 울산광역시 울주군 온산읍 종동길 102
- 거래처구분 : 일반거래처
- 유형 : 동시
- 대표자성명 : 이주연
- 종목 : 컴퓨터 및 주변장치

[2] 기초정보관리의 [계정과목및적요등록] 메뉴에서 821.보험료 계정과목에 아래의 적요를 추가로 등록하시오. (3점)

- 현금적요 7번 : 경영인 정기보험료 납부
- 대체적요 5번 : 경영인 정기보험료 미지급
- 대체적요 6번 : 경영인 정기보험료 상계

[3] 다음은 다산컴퓨터㈜의 올바른 선급금, 선수금의 전체 기초잔액이다. [거래처별초기이월] 메뉴의 자료를 검토하여 오류가 있으면 올바르게 삭제 또는 수정, 추가 입력을 하시오. (4점)

계정과목	거래처명	금액
선급금	해원전자㈜	2,320,000원
	공상㈜	1,873,000원
선수금	㈜유수전자	2,100,000원
	㈜신곡상사	500,000원

문제2 [일반전표입력] 메뉴를 이용하여 다음의 거래 자료를 입력하시오(일반전표입력의 모든 거래는 부가가치세를 고려하지 말 것). (18점)

입력시 유의사항

· 일반적인 적요의 입력은 생략하지만, 타계정 대체거래는 적요번호를 선택하여 입력한다.
· 채권 · 채무와 관련된 거래는 별도의 요구가 없는 한 반드시 기등록된 거래처코드를 선택하는 방법으로 거래처명을 입력한다.
· 제조경비는 500번대 계정코드를, 판매비와관리비는 800번대 계정코드를 사용한다.
· 회계처리 시 계정과목은 별도의 제시가 없는 한 등록된 계정과목 중 가장 적절한 과목으로 한다.

[1] 07월 28일 거래처 ㈜경재전자의 외상매입금 2,300,000원 중 2,000,000원은 당사에서 어음을 발행하여 지급하고 나머지는 면제받았다. (3점)

[2] 09월 03일 하나은행에서 차입한 단기차입금 82,000,000원과 이에 대한 이자 2,460,000원을 보통예금계좌에서 이체하여 지급하였다. (3점)

[3] 09월 12일 중국의 DOKY사에 대한 제품 수출 외상매출금 10,000$(선적일 기준환율 : 1,400원/$)를 회수하여 즉시 원화 보통예금 계좌로 입금하였다(단, 입금일의 기준환율은 1,380원/$이다). (3점)

[4] 10월 07일 주당 액면가액이 5,000원인 보통주 1,000주를 주당 7,000원에 발행하였고, 발행가액 전액이 보통예금 계좌로 입금되었다(단, 하나의 전표로 처리하며 신주 발행 전 주식할인발행차금 잔액은 1,000,000원이고 신주발행비용은 없다고 가정한다). (3점)

[5] 10월 28일 당기분 DC형 퇴직연금 불입액 12,000,000원이 자동이체 방식으로 보통예금 계좌에서 출금되었다. 불입액 12,000,000원 중 4,000,000원은 영업부에서 근무하는 직원들에 대한 금액이고 나머지는 생산부에서 근무하는 직원들에 대한 금액이다. (3점)

[6] 11월 12일 전기에 회수불능으로 일부 대손처리한 ㈜은상전기의 외상매출금이 회수되었으며, 대금은 하나은행 보통예금 계좌로 입금되었다. (3점)

		[보통예금(하나)] 거래 내용				
행	연월일	내용	찾으신 금액	맡기신 금액	잔액	거래점
			계좌번호 120-99-80481321			
1	2025-11-12	㈜은상전기		₩2,500,000	******	1111

문제 3 [매입매출전표입력] 메뉴를 이용하여 다음의 거래 자료를 입력하시오. (18점)

입력시 유의사항

- 일반적인 적요의 입력은 생략하지만, 타계정 대체거래는 적요번호를 선택하여 입력한다.
- 채권·채무와 관련된 거래는 별도의 요구가 없는 한 반드시 기등록된 거래처코드를 선택하는 방법으로 거래처명을 입력한다.
- 제조경비는 500번대 계정코드를, 판매비와관리비는 800번대 계정코드를 사용한다.
- 회계처리 시 계정과목은 별도의 제시가 없는 한 등록된 계정과목 중 가장 적절한 과목으로 한다.
- 입력화면 하단의 분개까지 처리하고, 전자세금계산서 및 전자계산서는 전자입력으로 반영한다.

[1] 07월 03일 회사 영업부 야유회를 위해 도시락 10개를 구입하고 현대카드로 결제하였다. (3점)

신용카드매출전표

가 맹 점 명	:	맛나도시락
사업자번호	:	127-10-12343
대 표 자 명	:	김도식
주 소	:	서울 마포구 마포대로 2
롯 데 카 드	:	신용승인
거 래 일 시	:	2025-07-03 11:08:54
카 드 번 호	:	3256-6455-****-1329
유 효 기 간	:	12/26
가맹점번호	:	123412341
매 입 사	:	현대카드(전자서명전표)

상품명	금액
한식도시락세트	330,000
공 급 가 액 :	300,000
부 가 세 액 :	30,000
합 계 :	330,000

[2] 08월 06일 제품을 만들고 난 후 나온 철 스크랩을 비사업자인 최한솔에게 판매하고, 판매대금 1,320,000원(부가가치세 포함)을 수취하였다. 대금은 현금으로 받고, 해당 거래에 대한 증빙은 아무것도 발급하지 않았다(계정과목은 잡이익으로 하고, 거래처를 조회하여 입력할 것). (3점)

[3] 08월 29일 ㈜선월재에게 내국신용장에 의해 제품을 판매하고 전자세금계산서를 발급하였다. 대금 중 500,000원은 현금으로 받고 나머지는 외상으로 하였다(단, 서류번호 입력은 생략할 것). (3점)

영세율 전자세금계산서

승인번호	20250829-100028100-484650

	등록번호	129-81-50101	종사업장번호	
공급자	상호(법인명)	다산컴퓨터㈜	성명	박새은
	사업장주소	경기도 남양주시 가운로 3-28		
	업태	제조,도소매	종목	컴퓨터
	이메일			

	등록번호	601-81-25803	종사업장번호	
공급받는자	상호(법인명)	㈜선월재	성명	정일원
	사업장주소	경상남도 사천시 사천대로 11		
	업태	도소매	종목	컴퓨터 및 기기장치
	이메일			
	이메일			

작성일자	공급가액	세액	수정사유	비고
2025.08.29	5,200,000			

월	일	품목	규격	수량	단가	공급가액	세액	비고
8	29	제품A		1	5,200,000	5,200,000		

합계금액	현금	수표	어음	외상미수금	위 금액을 **(청구)** 함
5,200,000	500,000			4,700,000	

[4] 10월 15일 ㈜우성유통에 제품을 판매하고 다음과 같이 전자세금계산서를 발급하였다. 대금 중 8,000,000원은 하움공업이 발행한 어음을 배서양도 받고, 나머지는 다음 달에 받기로 하였다. (3점)

전자세금계산서

승인번호	20251015-100028100-484650

	등록번호	129-81-50101	종사업장번호	
공급자	상호(법인명)	다산컴퓨터㈜	성명	박새은
	사업장주소	경기도 남양주시 가운로 3-28		
	업태	제조,도소매	종목	컴퓨터
	이메일			

	등록번호	105-86-50416	종사업장번호	
공급받는자	상호(법인명)	㈜우성유통	성명	김성길
	사업장주소	서울시 강남구 강남대로 292		
	업태	도소매	종목	기기장치
	이메일			
	이메일			

작성일자	공급가액	세액	수정사유	비고
2025.10.15	10,000,000	1,000,000	해당 없음	

월	일	품목	규격	수량	단가	공급가액	세액	비고
10	15	컴퓨터				10,000,000	1,000,000	

합계금액	현금	수표	어음	외상미수금	위 금액을 **(청구)** 함
11,000,000			8,000,000	3,000,000	

[5] 10월 30일 미국의 MARK사로부터 수입한 업무용 컴퓨터(공급가액 6,000,000원)와 관련하여 인천세관장으로부터 수입세금계산서를 발급받고, 해당 부가가치세를 당좌예금 계좌에서 이체하여 납부하였다(단, 부가가치세 회계처리만 할 것). (3점)

[6] 12월 02일 공장 직원들의 휴게공간에 간식을 비치하기 위해 두나과일로부터 샤인머스캣 등을 구매하면서 구매대금 275,000원을 현금으로 지급하고, 지출증빙용 현금영수증을 발급받았다. (3점)

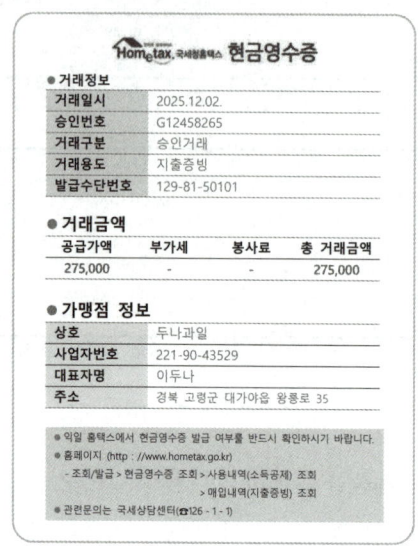

문제 4 [일반전표입력] 및 [매입매출전표입력] 메뉴에 입력된 내용 중 다음과 같은 오류가 발견되었다. 입력된 내용을 확인하여 정정하시오. (6점)

[1] 11월 01일 ㈜호수의 주식 1,000주를 단기간 차익을 목적으로 1주당 12,000원(1주당 액면가 5,000원)에 현금으로 취득하고 발생한 수수료 120,000원을 취득원가에 포함하였다. (3점)

[2] 11월 26일 원재료 매입 거래처의 워크숍을 지원하기 위해 ㈜산들바람으로부터 현금으로 구매한 선물세트 800,000원(부가가치세 별도, 종이세금계산서 수취)을 소모품비로 회계처리하였다. (3점)

문제 5 결산정리사항은 다음과 같다. 관련 메뉴를 이용하여 결산을 완료하시오. (9점)

[1] 12월 31일 제2기 부가가치세 확정신고기간의 부가가치세 매출세액은 14,630,000원, 매입세액은 22,860,000원, 환급세액은 8,230,000원이다. 관련된 결산 회계처리를 하시오(단, 환급세액은 미수금으로 처리한다). (3점)

[2] 10월 1일에 로배전자에 30,000,000원(상환기일 2026년 9월 30일)을 대여하고, 연 7%의 이자를 상환일에 원금과 함께 수취하기로 약정하였다. 결산 정리분개를 하시오(이자는 월할계산할 것). (3점)

[3] 12월 31일 현재 신한은행의 장기차입금 중 일부인 13,000,000원의 만기상환기일이 1년 이내에 도래할 것으로 예상되었다. (3점)

문제 6 다음 사항을 조회하여 알맞은 답안을 이론문제 답안작성 메뉴에 입력하시오. (9점)

[1] 6월 말 현재 외상매입금 잔액이 가장 많은 거래처명과 그 금액은 얼마인가? (3점)

[2] 1분기(1월~3월) 중 판매비와관리비 항목의 소모품비 지출액이 가장 적게 발생한 월과 그 금액은 얼마인가? (3점)

[3] 2025년 제1기 확정신고기간(4월~6월) 중 ㈜하이일렉으로부터 발급받은 세금계산서의 총매수와 매입세액은 얼마인가? (3점)

114회 이론시험

다음 문제를 보고 알맞은 것을 골라 **이론문제 답안작성** 메뉴에 입력하시오. (객관식 문항당 2점)

> **기본전제**
> 문제에서 한국채택국제회계기준을 적용하도록 하는 전제조건이 없는 경우, 일반기업회계기준을 적용한다.

01. 다음 중 거래내용에 대한 거래요소의 결합관계를 바르게 표시한 것은?

거래요소의 결합관계	거래내용
① 자산의 증가 : 자산의 증가	외상매출금 4,650,000원을 보통예금으로 수령하다.
② 자산의 증가 : 부채의 증가	기계장치를 27,500,000원에 구입하고 구입대금은 미지급하다.
③ 비용의 발생 : 자산의 증가	보유 중인 건물을 임대하여 임대료 1,650,000원을 보통예금으로 수령하다.
④ 부채의 감소 : 자산의 감소	장기차입금에 대한 이자 3,000,000원을 보통예금에서 이체하는 방식으로 지급하다.

02. 다음 중 재고자산이 아닌 것은?

① 약국의 일반의약품 및 전문의약품
② 제조업 공장의 생산 완제품
③ 부동산매매업을 주업으로 하는 기업의 판매 목적 토지
④ 병원 사업장소재지의 토지 및 건물

03. 다음은 ㈜한국이 신규 취득한 기계장치 관련 자료이다. 아래의 기계장치를 연수합계법으로 감가상각할 경우, ㈜한국의 당기(회계연도 : 매년 1월 1일~12월 31일) 말 현재 기계장치의 장부금액은 얼마인가?

> · 기계장치 취득원가 : 3,000,000원 · 취득일 : 2025.01.01.
> · 잔존가치 : 300,000원 · 내용연수 : 5년

① 2,000,000원 ② 2,100,000원
③ 2,400,000원 ④ 2,460,000원

04.
다음은 ㈜서울의 당기 지출 내역 중 일부이다. 아래의 자료에서 무형자산으로 기록할 수 있는 금액은 모두 얼마인가?

· 신제품 특허권 취득 비용 30,000,000원
· 신제품의 연구단계에서 발생한 재료 구입 비용 1,500,000원
· A기업이 가지고 있는 상표권 구입 비용 22,000,000원

① 22,000,000원
② 30,000,000원
③ 52,000,000원
④ 53,500,000원

05.
다음 중 매도가능증권에 대한 설명으로 옳지 않은 것은?
① 기말 평가손익은 기타포괄손익누계액에 반영한다.
② 취득 시 발생한 수수료는 당기 비용으로 처리한다.
③ 처분 시 발생한 처분손익은 당기손익에 반영한다.
④ 보유 목적에 따라 당좌자산 또는 투자자산으로 분류한다.

06.
다음 중 채권 관련 계정의 차감적 평가항목으로 옳은 것은?
① 감가상각누계액
② 재고자산평가충당금
③ 사채할인발행차금
④ 대손충당금

07.
다음 중 자본잉여금 항목에 포함되는 것을 모두 고른 것은?

가. 주식발행초과금
나. 자기주식처분손실
다. 주식할인발행차금
라. 감자차익

① 가, 라
② 나, 다
③ 가, 나, 다
④ 가, 다, 라

08. 다음은 현금배당에 관한 회계처리이다. 아래의 괄호 안에 각각 들어갈 회계처리 일자로 옳은 것은?

(가)	(차) 이월이익잉여금 ×××원	(대) 이익준비금 ×××원
		미지급배당금 ×××원
(나)	(차) 미지급배당금 ×××원	(대) 보통예금 ×××원

	(가)	(나)
①	회계종료일	배당결의일
②	회계종료일	배당지급일
③	배당결의일	배당지급일
④	배당결의일	회계종료일

09. 원가의 분류 중 원가행태(行態)에 따른 분류에 해당하는 것은?

① 변동원가 ② 기회원가
③ 관련원가 ④ 매몰원가

10. 다음은 제조업을 영위하는 ㈜인천의 당기 원가 관련 자료이다. ㈜인천의 당기총제조원가는 얼마인가? 단, 기초재고자산은 없다고 가정한다.

· 기말재공품재고액	300,000원	· 기말제품재고액	500,000원
· 매출원가	2,000,000원	· 기말원재료재고액	700,000원
· 제조간접원가	600,000원	· 직접재료원가	1,200,000원

① 1,900,000원 ② 2,200,000원
③ 2,500,000원 ④ 2,800,000원

11. 평균법에 따른 종합원가계산을 채택하고 있는 ㈜대전의 당기 물량 흐름은 다음과 같다. 재료원가는 공정 초기에 전량 투입되며, 가공원가는 공정 전반에 걸쳐 균등하게 발생한다. 아래의 자료를 이용하여 재료원가 완성품환산량을 계산하면 몇 개인가?

- 기초재공품 수량 : 1,000개(완성도 20%)
- 당기착수량 : 10,000개
- 당기완성품 수량 : 8,000개
- 기말재공품 수량 : 3,000개(완성도 60%)

① 8,000개 ② 9,000개
③ 9,800개 ④ 11,000개

12. 다음 중 개별원가계산에 대한 설명으로 옳지 않은 것은?
① 항공기 제조업은 종합원가계산보다는 개별원가계산이 더 적합하다.
② 제품원가를 제조공정별로 집계한 후 이를 생산량으로 나누어 단위당 원가를 계산한다.
③ 직접원가와 제조간접원가의 구분이 중요하다.
④ 단일 종류의 제품을 대량으로 생산하는 업종에는 적합하지 않은 방법이다.

13. 다음 중 우리나라 부가가치세법의 특징으로 틀린 것은?
① 국세   ② 인세(人稅)
③ 전단계세액공제법 ④ 다단계거래세

14. 다음 중 부가가치세법상 주된 사업에 부수되는 재화·용역의 공급으로서 면세 대상이 아닌 것은?
① 은행업을 영위하는 면세사업자가 매각한 사업용 부동산인 건물
② 약국을 양수도하는 경우로서 해당 영업권 중 면세 매출에 해당하는 비율의 영업권
③ 가구제조업을 영위하는 사업자가 매각한 사업용 부동산 중 토지
④ 부동산임대업자가 매각한 부동산임대 사업용 부동산 중 상가 건물

15. 다음 중 부가가치세법상 아래의 괄호 안에 공통으로 들어갈 내용으로 옳은 것은?

> 가. 부가가치세 매출세액은 (　　　)에 세율을 곱하여 계산한 금액이다.
> 나. 재화 또는 용역의 공급에 대한 부가가치세의 (　　　)(은)는 해당 과세기간에 공급한 재화 또는 용역의 공급가액을 합한 금액으로 한다.
> 다. 재화의 수입에 대한 부가가치세의 (　　　)(은)는 그 재화에 대한 관세의 과세가격과 관세, 개별소비세, 주세, 교육세, 농어촌특별세 및 교통·에너지·환경세를 합한 금액으로 한다.

① 공급대가　　　　　　② 간주공급
③ 과세표준　　　　　　④ 납부세액

114회 실무시험

㈜하나전자(회사코드:1143)는 전자부품의 제조 및 도소매업을 영위하는 중소기업으로 당기(제10기) 회계기간은 2025.1.1.~2025.12.31.이다. 전산세무회계 수험용 프로그램을 이용하여 다음 물음에 답하시오.

기본전제

- 문제에서 한국채택국제회계기준을 적용하도록 하는 전제조건이 없는 경우, 일반기업회계기준을 적용하여 회계처리 한다.
- 문제의 풀이와 답안작성은 제시된 문제의 순서대로 진행한다.

문제1 다음은 [기초정보관리] 및 [전기분재무제표]에 대한 자료이다. 각각의 요구사항에 대하여 답하시오. (10점)

[1] 다음의 자료를 이용하여 [거래처등록] 메뉴에서 신규 거래처를 추가로 등록하시오. (3점)

- 거래처코드 : 00500
- 거래처구분 : 일반거래처
- 사업자등록번호 : 134-24-91004
- 업태 : 정보통신업
- 주소 : 경기도 성남시 분당구 판교역로192번길 12 (삼평동)
- 거래처명 : 한국개발
- 유형 : 동시
- 대표자성명 : 김한국
- 종목 : 소프트웨어개발

※ 주소 입력 시 우편번호 입력은 생략함

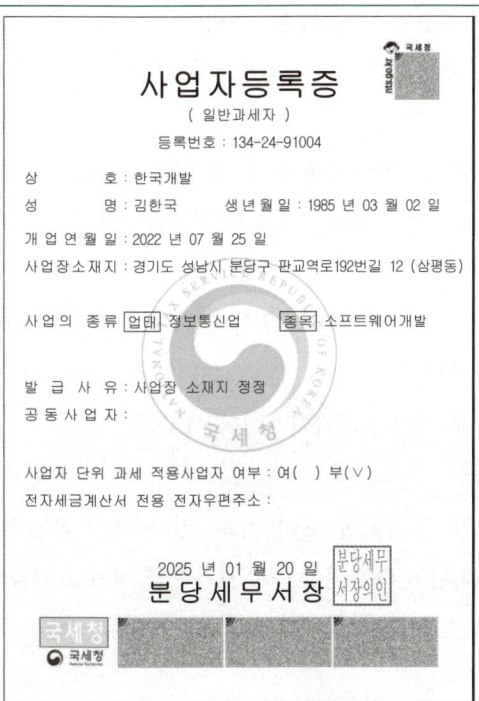

[2] 다음 자료를 이용하여 [계정과목및적요등록]에 반영하시오. (3점)

· 코드 : 862
· 계정과목 : 행사지원비
· 성격 : 경비
· 현금적요 1번 : 행사지원비 현금 지급
· 대체적요 1번 : 행사지원비 어음 발행

[3] 전기분 원가명세서를 검토한 결과 다음과 같은 오류가 발견되었다. 이와 관련된 전기분 재무제표(재무상태표, 손익계산서, 원가명세서, 잉여금처분계산서)를 모두 적절하게 수정하시오. (4점)

해당 연도(2024년)에 외상으로 매입한 부재료비 3,000,000원이 누락된 것으로 확인된다.

문제 2 [일반전표입력] 메뉴를 이용하여 다음의 거래 자료를 입력하시오(일반전표입력의 모든 거래는 부가가치세를 고려하지 말 것). (18점)

입력시 유의사항

· 일반적인 적요의 입력은 생략하지만, 타계정 대체거래는 적요번호를 선택하여 입력한다.
· 채권·채무와 관련된 거래는 별도의 요구가 없는 한 반드시 기등록된 거래처코드를 선택하는 방법으로 거래처명을 입력한다.
· 제조경비는 500번대 계정코드를, 판매비와관리비는 800번대 계정코드를 사용한다.
· 회계처리 시 계정과목은 별도의 제시가 없는 한 등록된 계정과목 중 가장 적절한 과목으로 한다.

[1] 07월 05일 영업팀 직원들에 대한 확정기여형(DC형) 퇴직연금 납입액 1,400,000원을 보통예금 계좌에서 이체하여 납입하였다. (3점)

[2] 07월 25일 ㈜고운상사의 외상매출금 중 5,500,000원은 약속어음으로 받고, 나머지 4,400,000원은 보통예금 계좌로 입금받았다. (3점)

[3] 08월 30일 자금 부족으로 인하여 ㈜재원에 대한 받을어음 50,000,000원을 만기일 전에 은행에서 할인받고, 할인료 5,000,000원을 차감한 잔액이 보통예금 계좌로 입금되었다(단, 본 거래는 매각거래이다). (3점)

[4] 10월 03일 단기 투자 목적으로 보유하고 있는 ㈜미학건설의 주식으로부터 배당금 2,300,000원이 확정되어 즉시 보통예금 계좌로 입금되었다. (3점)

[5] 10월 31일 재무팀 강가연 팀장의 10월분 급여를 농협 보통예금 계좌에서 이체하여 지급하였다(단, 공제합계액은 하나의 계정과목으로 회계처리할 것). (3점)

2025년 10월 급여명세서			
이름	강가연	지급일	2025년 10월 31일
기 본 급	4,500,000원	소 득 세	123,000원
식 대	200,000원	지 방 소 득 세	12,300원
자가운전보조금	200,000원	국 민 연 금	90,500원
		건 강 보 험	55,280원
		고 용 보 험	100,000원
급 여 계	4,900,000원	공 제 합 계	381,080원
		지 급 총 액	4,518,920원

[6] 12월 21일 자금 조달을 위하여 사채(액면금액 8,000,000원, 3년 만기)를 8,450,000원에 발행하고, 납입금은 당좌예금 계좌로 입금하였다. (3점)

문제 3 다음 거래 자료를 [매입매출전표입력] 메뉴에 입력하시오. (18점)

입력시 유의사항

- 일반적인 적요의 입력은 생략하지만, 타계정 대체거래는 적요번호를 선택하여 입력한다.
- 채권·채무와 관련된 거래는 별도의 요구가 없는 한 반드시 기등록된 거래처코드를 선택하는 방법으로 거래처명을 입력한다.
- 제조경비는 500번대 계정코드를, 판매비와관리비는 800번대 계정코드를 사용한다.
- 회계처리 시 계정과목은 별도의 제시가 없는 한 등록된 계정과목 중 가장 적절한 과목으로 한다.
- 입력화면 하단의 분개까지 처리하고, 전자세금계산서 및 전자계산서는 전자입력으로 반영한다.

[1] 07월 20일 미국 소재법인 NDVIDIA에 직수출하는 제품의 선적을 완료하였으며, 수출대금 $5,000는 차후에 받기로 하였다. 제품수출계약은 7월 1일에 체결하였으며, 일자별 기준환율은 아래와 같다(단, 수출신고번호 입력은 생략할 것). (3점)

일자	계약일 2025.07.01.	선적일 2025.07.20.
기준환율	1,100원/$	1,200원/$

[2] 07월 23일 당사가 소유하던 토지(취득원가 62,000,000원)를 돌상상회에 65,000,000원에 매각하기로 계약하면서 동시에 전자계산서를 발급하였다. 대금 중 30,000,000원은 계약 당일 보통예금 계좌로 입금받았으며, 나머지는 다음 달에 받기로 약정하였다. (3점)

[3] 08월 10일 영업팀에서 회사 제품을 홍보하기 위해 광고닷컴에서 홍보용 수첩을 제작하고 현대카드로 결제하였다. (3점)

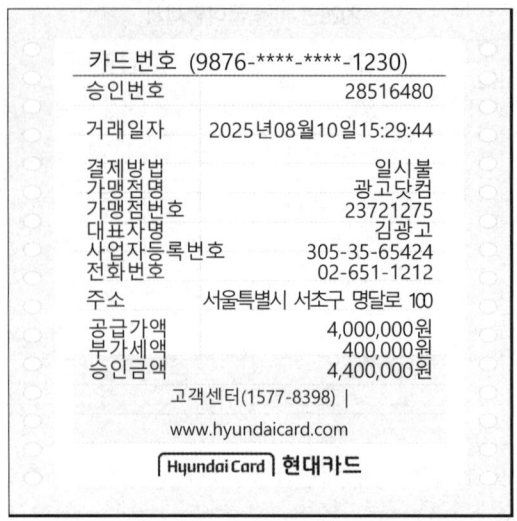

[4] 08월 17일 제품 생산에 필요한 원재료를 구입하고, 아래의 전자세금계산서를 발급받았다. (3점)

전자세금계산서

	공급자			공급받는자	
승인번호	20250817-15454645-58811889				
등록번호	139-81-54313	종사업장번호	등록번호	125-86-65247	종사업장번호
상호(법인명)	㈜고철상사	성명	황영민	상호(법인명)	㈜하나전자	성명	김영순
사업장	서울특별시 서초구 명달로 3		사업장	경기도 남양주시 덕릉로 1067	
업태	도소매	종목	전자부품	업태	제조,도소매	종목	전자부품
이메일			이메일		
			이메일		

작성일자	공급가액	세액	수정사유
2025/08/17	12,000,000	1,200,000	해당 없음

비고

월	일	품목	규격	수량	단가	공급가액	세액	비고
08	17	k-312 벨브		200	60,000	12,000,000	1,200,000	

합계금액	현금	수표	어음	외상미수금	이 금액을 (**청구**) 함
13,200,000			5,000,000	8,200,000	

[5] 08월 28일 ㈜와마트에서 업무용으로 사용하는 냉장고를 5,500,000원(부가가치세 포함)에 현금으로 구입하고, 현금영수증(지출증빙용)을 수취하였다(단, 자산으로 처리할 것). (3점)

㈜와마트

133-81-05134 류예린
서울특별시 구로구 구로동로 10   TEL : 02-117-2727
홈페이지 http://www.kacpta.or.kr

현금영수증(지출증빙용)

구매 2025/08/28/17:27   거래번호 : 0031-0027

상품명	수량	단가	금액
냉장고	1	5,500,000원	5,500,000원
		과세물품가액	5,000,000원
		부가가치세액	500,000원
		합계	5,500,000원
		받은금액	5,500,000원

[6] 11월 08일 대표이사 김영순(거래처코드 : 375)의 호텔 결혼식장 대관료(업무관련성 없음)를 당사의 보통예금 계좌에서 이체하여 지급하고, 아래의 전자세금계산서를 수취하였다. (3점)

전자세금계산서

승인번호 : 20251108-27620200-4651260

공급자
등록번호: 511-81-53215
상호(법인명): 대박호텔㈜
성명: 김대박
사업장: 서울특별시 강남구 도산대로 104
업태: 숙박,서비스
종목: 호텔, 장소대여
이메일:

공급받는자
등록번호: 125-86-65247
상호(법인명): ㈜하나전자
성명: 김영순
사업장: 경기도 남양주시 덕릉로 1067
업태: 제조,도소매
종목: 전자부품
이메일:

작성일자	공급가액	세액	수정사유
2025/11/08	25,000,000	2,500,000	해당 없음

비고

월	일	품목	규격	수량	단가	공급가액	세액	비고
11	08	파라다이스 홀 대관			25,000,000	25,000,000	2,500,000	

합계금액	현금	수표	어음	외상미수금	이 금액을 (**영수**) 함
27,500,000	27,500,000				

문제 4 [일반전표입력] 및 [매입매출전표입력] 메뉴에 입력된 내용 중 다음과 같은 오류가 발견되었다. 입력된 내용을 확인하여 정정하시오. (6점)

[1] 11월 12일 호호꽃집에서 영업부 사무실에 비치할 목적으로 구입한 공기정화식물(소모품비)의 대금 100,000원을 보통예금 계좌에서 송금하고 전자계산서를 받았으나 전자세금계산서로 처리하였다. (3점)

[2] 12월 12일 본사 건물에 엘리베이터를 설치하고 ㈜베스트디자인에 지급한 88,000,000원(부가가치세 포함)을 비용으로 처리하였으나, 건물의 자본적지출로 처리하는 것이 옳은 것으로 판명되었다. (3점)

문제 5 결산정리사항은 다음과 같다. 관련 메뉴를 이용하여 결산을 완료하시오. (9점)

[1] 당기 중 단기시세차익을 목적으로 ㈜눈사람의 주식 100주(1주당 액면금액 100원)를 10,000,000원에 취득하였으나, 기말 현재 시장가격은 12,500,000원이다(단, ㈜눈사람의 주식은 시장성이 있다). (3점)

[2] 기말 현재 미국 GODS사에 대한 장기대여금 $2,000가 계상되어 있다. 장부금액은 2,100,000원이며, 결산일 현재 기준환율은 1,120원/$이다. (3점)

[3] 기말 현재 당기분 법인세(지방소득세 포함)는 15,000,000원으로 산출되었다. 관련된 결산 회계처리를 하시오(단, 당기분 법인세 중간예납세액 5,700,000원과 이자소득 원천징수세액 1,300,000원은 선납세금으로 계상되어 있다). (3점)

문제 6 다음 사항을 조회하여 답안을 [이론문제 답안작성] 메뉴에 입력하시오. (9점)

[1] 3월에 발생한 판매비와일반관리비 중 발생액이 가장 적은 계정과목과 그 금액은 얼마인가? (3점)

[2] 2025년 2월 말 현재 미수금과 미지급금의 차액은 얼마인가? (단, 반드시 양수로 기재할 것) (3점)

[3] 2025년 제1기 부가가치세 확정신고기간(4월~6월)의 공제받지못할매입세액은 얼마인가? (3점)

113회 이론시험

다음 문제를 보고 알맞은 것을 골라 │이론문제 답안작성│ 메뉴에 입력하시오. (객관식 문항당 2점)

기본전제

문제에서 한국채택국제회계기준을 적용하도록 하는 전제조건이 없는 경우, 일반기업회계기준을 적용한다.

01. 다음 중 회계의 기본가정과 특징이 아닌 것은?
① 기업의 관점에서 경제활동에 대한 정보를 측정·보고한다.
② 기업이 예상가능한 기간동안 영업을 계속할 것이라 가정한다.
③ 기업은 수익과 비용을 인식하는 시점을 현금이 유입·유출될 때로 본다.
④ 기업의 존속기간을 일정한 기간단위로 분할하여 각 기간 단위별로 정보를 측정·보고한다.

02. 다음 중 상품의 매출원가 계산 시 총매입액에서 차감해야 할 항목은 무엇인가?
① 기초재고액
② 매입수수료
③ 매입환출 및 매입에누리
④ 매입 시 운반비

03. 건물 취득 시에 발생한 금액들이 다음과 같을 때, 건물의 취득원가는 얼마인가?

| · 건물 매입금액 | 2,000,000,000원 | · 자본화 대상 차입원가 | 150,000,000원 |
| · 건물 취득세 | 200,000,000원 | · 관리 및 기타 일반간접원가 | 16,000,000원 |

① 21억 5,000만원
② 22억원
③ 23억 5,000만원
④ 23억 6,600만원

04. 다음 중 무형자산에 대한 설명으로 틀린 것은?

① 물리적인 실체는 없지만 식별이 가능한 비화폐성 자산이다.
② 무형자산을 통해 발생하는 미래 경제적 효익을 기업이 통제할 수 있어야 한다.
③ 무형자산은 자산의 정의를 충족하면서 다른 자산들과 분리하여 거래를 할 수 있거나 계약상 또는 법적 권리로부터 발생하여야 한다.
④ 일반기업회계기준은 무형자산의 회계처리와 관련하여 영업권을 포함한 무형자산의 내용연수를 원칙적으로 40년을 초과하지 않도록 한정하고 있다.

05. 다음 중 재무제표에 해당하지 않는 것은?

① 기업의 계정별 합계와 잔액을 나타내는 시산표
② 일정 시점 현재 기업의 재무상태(자산, 부채, 자본)을 나타내는 보고서
③ 기업의 자본에 관하여 일정기간 동안의 변동 흐름을 파악하기 위해 작성하는 보고서
④ 재무제표의 과목이나 금액에 기호를 붙여 해당 항목에 대한 추가 정보를 나타내는 별지

06. 다음 중 유동부채와 비유동부채의 분류가 적절하지 않은 것은?

	유동부채	비유동부채
①	단기차입금	사채
②	외상매입금	유동성장기부채
③	미지급비용	장기차입금
④	지급어음	퇴직급여충당부채

07. 다음의 자본 항목 중 포괄손익계산서에 영향을 미치는 항목은 무엇인가?

① 감자차손　　　　　　　　　② 주식발행초과금
③ 자기주식처분이익　　　　　④ 매도가능증권평가이익

08. 다음 자료 중 빈 칸 (A)에 들어갈 금액으로 적당한 것은?

기초상품 재고액	매입액	기말상품 재고액	매출원가	매출액	매출총이익	판매비와 관리비	당기순손익
219,000원	350,000원	110,000원		290,000원		191,000원	A

① 당기순손실 360,000원　　② 당기순손실 169,000원
③ 당기순이익 290,000원　　④ 당기순이익 459,000원

09. 다음 중 원가행태에 따라 변동원가와 고정원가로 분류할 때 이에 대한 설명으로 틀린 것은?

① 고정원가는 조업도가 증가할수록 단위당 원가도 증가한다.
② 고정원가는 조업도가 증가하여도 총원가는 일정하다.
③ 변동원가는 조업도가 증가하여도 단위당 원가는 일정하다.
④ 변동원가는 조업도가 증가할수록 총원가도 증가한다.

10. 다음 중 보조부문원가를 배분하는 방법 중 옳지 않은 것은?

① 상호배분법은 보조부문 상호 간의 용역수수관계를 완전히 반영하는 방법이다.
② 단계배분법은 보조부문 상호 간의 용역수수관계를 전혀 반영하지 않는 방법이다.
③ 직접배분법은 보조부문 상호 간의 용역수수관계를 전혀 반영하지 않는 방법이다.
④ 상호배분법, 단계배분법, 직접배분법 어떤 방법을 사용하더라도 보조부문의 총원가는 제조부문에 모두 배분된다.

11. 다음 자료에 의한 당기총제조원가는 얼마인가? 단, 노무원가는 발생주의에 따라 계산한다.

·기초원재료	300,000원	·당기지급임금액	350,000원
·기말원재료	450,000원	·당기원재료매입액	1,300,000원
·전기미지급임금액	150,000원	·제조간접원가	700,000원
·당기미지급임금액	250,000원	·기초재공품	200,000원

① 2,100,000원　　② 2,300,000원
③ 2,450,000원　　④ 2,500,000원

12. 다음 중 종합원가계산에 대한 설명으로 옳지 않은 것은?

① 소품종 대량 생산하는 업종에 적용하기에 적합하다.
② 공정 과정에서 발생하는 공손 중 정상공손은 제품의 원가에 가산한다.
③ 평균법을 적용하는 경우 기초재공품원가를 당기에 투입한 것으로 가정한다.
④ 제조원가 중 제조간접원가는 실제 조업도에 예정배부율을 반영하여 계산한다.

13. 다음 중 부가가치세법상 세금계산서를 발급할 수 있는 자는?

① 면세사업자로 등록한 자
② 사업자등록을 하지 않은 자
③ 사업자등록을 한 일반과세자
④ 간이과세자 중 직전 사업연도 공급대가가 4,800만원 미만인 자

14. 다음 중 부가가치세법상 대손사유에 해당하지 않는 것은?

① 소멸시효가 완성된 어음·수표
② 특수관계인과의 거래로 인해 발생한 중소기업의 외상매출금으로서 회수기일이 2년 이상 지난 외상매출금
③ 채무자의 파산, 강제집행, 형의 집행, 사업의 폐지, 사망, 실종, 행방불명으로 인하여 회수할 수 없는 채권
④ 부도발생일부터 6개월 이상 지난 외상매출금(중소기업의 외상매출금으로서 부도발생일 이전의 것에 한정한다)

15. 다음 중 부가가치세법상 공급시기로 옳지 않은 것은?

① 폐업 시 잔존재화의 경우 : 폐업하는 때
② 내국물품을 외국으로 수출하는 경우 : 수출재화의 선적일
③ 무인판매기로 재화를 공급하는 경우 : 무인판매기에서 현금을 인취하는 때
④ 위탁판매의 경우(위탁자 또는 본인을 알 수 있는 경우) : 위탁자가 판매를 위탁한 때

113회 실 무 시 험

㈜혜송상사(회사코드:1133)는 자동차부품 등의 제조 및 도소매업을 영위하는 중소기업으로 당기(제14기) 회계기간은 2025.1.1.~2025.12.31.이다. 전산세무회계수험용프로그램을 이용하여 다음 물음에 답하시오.

기본전제

- 문제에서 한국채택국제회계기준을 적용하도록 하는 전제조건이 없는 경우, 일반기업회계기준을 적용하여 회계처리 한다.
- 문제의 풀이와 답안작성은 제시된 문제의 순서대로 진행한다.

문제1 다음은 [기초정보관리] 및 [전기분재무제표]에 대한 자료이다. 각각의 요구사항에 대하여 답하시오. (10점)

[1] 다음의 자료를 이용하여 [거래처등록] 메뉴에서 신규거래처를 추가로 등록하시오. (3점)

- 거래처코드 : 00777
- 거래처명 : 슬기로운㈜
- 사업자등록번호 : 253-81-13578
- 업태 : 도매
- 사업장주소 : 부산광역시 부산진구 중앙대로 663(부전동)
  ※ 주소 입력 시 우편번호는 생략해도 무방함
- 거래처구분 : 일반거래처
- 유형 : 동시
- 대표자 : 김슬기
- 종목 : 금속

[2] 다음 자료를 이용하여 [계정과목및적요등록] 메뉴에서 대체적요를 등록하시오. (3점)

- 코드 : 134
- 계정과목 : 가지급금
- 대체적요 : 8. 출장비 가지급금 정산

[3] 전기분 손익계산서를 검토한 결과 다음과 같은 오류가 발견되었다. 해당 오류와 관련된 [전기분원가명세서] 및 [전기분손익계산서]를 수정하시오. (4점)

공장 일부 직원의 임금 2,200,000원이 판매비및일반관리비 항목의 급여(801)로 반영되어 있다.

문제2 [일반전표입력] 메뉴를 이용하여 다음의 거래 자료를 입력하시오(일반전표입력의 모든 거래는 부가가치세를 고려하지 말 것). (18점)

입력시 유의사항

· 일반적인 적요의 입력은 생략하지만, 타계정 대체거래는 적요번호를 선택하여 입력한다.
· 채권·채무와 관련된 거래는 별도의 요구가 없는 한 반드시 기등록된 거래처코드를 선택하는 방법으로 거래처명을 입력한다.
· 제조경비는 500번대 계정코드를, 판매비와관리비는 800번대 계정코드를 사용한다.
· 회계처리 시 계정과목은 별도의 제시가 없는 한 등록된 계정과목 중 가장 적절한 과목으로 한다.

[1] 07월 15일 ㈜상수로부터 원재료를 구입하기로 계약하고, 당좌수표를 발행하여 계약금 3,000,000원을 지급하였다. (3점)

[2] 08월 05일 사옥 취득을 위한 자금 900,000,000원(만기 6개월)을 우리은행으로부터 차입하고, 선이자 36,000,000원(이자율 연 8%)을 제외한 나머지 금액을 보통예금 계좌로 입금받았다(단, 하나의 전표로 입력하고, 선이자지급액은 선급비용으로 회계처리할 것). (3점)

[3] 09월 10일 창고 임차보증금 10,000,000원(거래처 : ㈜대운) 중에서 미지급금으로 계상되어 있는 작년분 창고 임차료 1,000,000원을 차감하고 나머지 임차보증금만 보통예금으로 돌려받았다. (3점)

[4] 10월 20일 ㈜영광상사에 대한 외상매출금 2,530,000원 중 1,300,000원이 보통예금 계좌로 입금되었다. (3점)

[5] 11월 29일 장기투자 목적으로 ㈜콘프상사의 보통주 2,000주를 1주당 10,000원(1주당 액면가액 5,000원)에 취득하고 대금은 매입수수료 240,000원과 함께 보통예금 계좌에서 이체하여 지급하였다. (3점)

[6] 12월 08일 수입한 상품에 부과된 관세 7,560,000원을 보통예금 계좌에서 이체하여 납부하였다. (3점)

납부영수증서[납부자용]		File No : 사업자과세
		B/L No. : 45241542434

사업자번호 : 312-86-12548

회계구분	관세청소관 일반회계	납부기한	2025년 12월 08일
회계연도	2025	발행일자	2025년 12월 02일

수입징수관 계좌번호	110288	납부자 번호	0127 040-11-17-6-178461-8	납기내 금액	7,560,000
※수납기관에서는 위의 굵은 선 안의 내용을 즉시 전산입력하여 수입징수관에 EDI방식으로 통지될 수 있도록 하시기 바랍니다.				납기후 금액	

수입신고번호	41209-17-B11221W		수입징수관서	인천세관
납부자	성명	황동규	상호	㈜혜송상사
	주소	경기도 용인시 기흥구 갈곡로 6(구갈동)		

2025년 12월 2일
수입징수관 인천세관

문제3 다음 거래 자료를 [매입매출전표입력] 메뉴에 입력하시오. (18점)

입력시 유의사항

- 일반적인 적요의 입력은 생략하지만, 타계정 대체거래는 적요번호를 선택하여 입력한다.
- 채권·채무와 관련된 거래는 별도의 요구가 없는 한 반드시 기등록된 거래처코드를 선택하는 방법으로 거래처명을 입력한다.
- 제조경비는 500번대 계정코드를, 판매비와관리비는 800번대 계정코드를 사용한다.
- 회계처리 시 계정과목은 별도의 제시가 없는 한 등록된 계정과목 중 가장 적절한 과목으로 한다.
- 입력화면 하단의 분개까지 처리하고, 전자세금계산서 및 전자계산서는 전자입력으로 반영한다.

[1] 08월 10일 ㈜산양산업으로부터 영업부에서 사용할 소모품(공급가액 950,000원, 부가가치세 별도)을 현금으로 구입하고 전자세금계산서를 발급받았다. 단, 소모품은 자산으로 처리한다. (3점)

[2] 08월 22일 내국신용장으로 수출용 제품의 원재료 34,000,000원을 ㈜로띠상사에서 매입하고 아래의 영세율전자세금계산서를 발급받았다. 대금은 당사가 발행한 3개월 만기 약속어음으로 지급하였다. (3점)

영세율전자세금계산서

| 승인번호 | 20250822-14258645-58811657 |

공급자
등록번호	124-86-15012	종사업장번호	
상호(법인명)	㈜로띠상사	성명	이로운
사업장	대전광역시 대덕구 대전로1019번길 28-10		
업태	제조	종목	부품
이메일			

공급받는자
등록번호	312-86-12548	종사업장번호	
상호(법인명)	㈜혜송상사	성명	황동규
사업장	경기도 용인시 기흥구 갈곡로 6		
업태	제조,도소매	종목	자동차부품
이메일	hyesong@hscorp.co.kr		

작성일자	공급가액	세액	수정사유
2025/08/22	34,000,000원		
비고			

월	일	품목	규격	수량	단가	공급가액	세액	비고
08	22	부품 kT_01234				34,000,000원		

합계금액	현금	수표	어음	외상미수금	이 금액을 (청구) 함
34,000,000원			34,000,000원		

[3] 08월 25일 송강수산으로부터 영업부 직원선물로 마른멸치세트 500,000원, 영업부 거래처선물로 마른멸치세트 300,000원을 구매하였다. 대금은 보통예금 계좌에서 이체하여 지급하고 아래의 전자계산서를 발급받았다(단, 하나의 거래로 작성할 것). (3점)

전자계산서

| 승인번호 | 20250825-1832324-1635032 |

공급자
등록번호	850-91-13586	종사업장번호	
상호(법인명)	송강수산	성명	송강
사업장	경상남도 남해군 남해읍 남해대로 2751		
업태	도소매	종목	건어물
이메일			

공급받는자
등록번호	312-86-12548	종사업장번호	
상호(법인명)	㈜혜송상사	성명	황동규
사업장	경기도 용인시 기흥구 갈곡로 6		
업태	제조,도소매	종목	자동차부품
이메일	hyesong@hscorp.co.kr		

작성일자	공급가액	수정사유	비고
2025/08/25	800,000원		

월	일	품목	규격	수량	단가	공급가액	비고
08	25	마른멸치세트		5	100,000원	500,000원	
08	25	마른멸치세트		3	100,000원	300,000원	

합계금액	현금	수표	어음	외상미수금	이 금액을 (영수) 함
800,000원	800,000원				

[4] 10월 16일 업무와 관련없이 대표이사 황동규가 개인적으로 사용하기 위하여 상해전자㈜에서 노트북 1대를 2,100,000원(부가가치세 별도)에 외상으로 구매하고 아래의 전자세금계산서를 발급받았다(단, 가지급금 계정을 사용하고, 거래처를 입력할 것). (3점)

전자세금계산서					승인번호		20251016-15454645-58811886		
공급자	등록번호	501-81-12347	종사업장번호		공급받는자	등록번호	312-86-12548	종사업장번호	
	상호(법인명)	상해전자㈜	성명	김은지		상호(법인명)	㈜혜송상사	성명	황동규
	사업장	서울특별시 동작구 여의대방로 28				사업장	경기도 용인시 기흥구 갈곡로 6		
	업태	도소매	종목	전자제품		업태	제조,도소매	종목	자동차부품
	이메일					이메일	hyesong@hscorp.co.kr		
						이메일			
작성일자		공급가액		세액			수정사유		
2025/10/16		2,100,000원		210,000원			해당 없음		
비고									
월	일	품목	규격	수량	단가	공급가액	세액	비고	
10	16	노트북		1	2,100,000원	2,100,000원	210,000원		
합계금액		현금	수표		어음	외상미수금	이 금액을 (청구) 함		
2,310,000원						2,310,000원			

[5] 11월 04일 개인소비자 김은우에게 제품을 770,000원(부가가치세 포함)에 판매하고, 대금은 김은우의 신한카드로 수취하였다(단, 신용카드 결제대금은 외상매출금으로 회계처리할 것). (3점)

[6] 12월 04일 제조부가 사용하는 기계장치의 원상회복을 위한 수선비 880,000원을 하나카드로 결제하고 다음의 매출전표를 수취하였다. (3점)

```
            하나카드 승인전표

카드번호        4140-0202-3245-9959
거래유형        국내일반
결제방법        일시불
거래일시        2025.12.04.15:35:45
취소일시
승인번호        98421149

공급가액                        800,000원
부가세                            80,000원
봉사료
승인금액                          880,000원

가맹점명        ㈜뚝딱수선
가맹점번호      00990218110
가맹점 전화번호   031-828-8624
가맹점 주소      경기도 성남시 수정구 성남대로 1169
사업자등록번호   204-81-76697
대표자명        이은샘

 하나카드
```

문제 4 [일반전표입력] 및 [매입매출전표입력] 메뉴에 입력된 내용 중 다음과 같은 오류가 발견되었다. 입력된 내용을 확인하여 정정하시오. (6점)

[1] 09월 09일 ㈜초록산업으로부터 5,000,000원을 차입하고 이를 모두 장기차입금으로 회계처리하였으나, 그중 2,000,000원의 상환기일은 2025년 12월 8일로 확인되었다. (3점)

[2] 10월 15일 바로카센터에서 영업부의 영업용 화물차량을 점검 및 수리하고 차량유지비 250,000원(부가세 별도)을 현금으로 지급하였으며, 전자세금계산서를 발급받았다. 그러나 회계 담당 직원의 실수로 이를 일반전표에 입력하였다. (3점)

문제 5 결산정리사항은 다음과 같다. 관련 메뉴를 이용하여 결산을 완료하시오. (9점)

[1] 결산일 현재 외상매입금 잔액은 2025년 1월 2일 미국에 소재한 원재료 공급거래처 NOVONO로부터 원재료 $5,500를 외상으로 매입하고 미지급한 잔액 $2,000가 포함되어 있다(단, 매입 시 기준환율은 1,100원/$, 결산 시 기준환율은 1,200원/$이다). (3점)

[2] 12월 31일 결산일 현재 단기 매매 목적으로 보유 중인 지분증권에 대한 자료는 다음과 같다. 적절한 결산 분개를 하시오. (3점)

종목	취득원가	결산일 공정가치	비고
㈜가은	56,000,000원	54,000,000원	단기 매매 목적

[3] 2025년 5월 1일 제조부 공장의 1년치 화재보험료(2025년 5월 1일~2026년 4월 30일) 3,600,000원을 보통예금 계좌에서 이체하여 납부하고 전액 보험료(제조경비)로 회계처리하였다(단, 보험료는 월할 계산하고, 거래처입력은 생략할 것). (3점)

문제 6 다음 사항을 조회하여 답안을 이론문제 답안작성 메뉴에 입력하시오. (9점)

[1] 2025년 제1기 부가가치세 확정신고(2025.04.01.~2025.06.30.)에 반영된 예정신고누락분 매출의 공급가액과 매출세액은 각각 얼마인가? (3점)

[2] 2분기(4월~6월) 중 제조원가 항목의 복리후생비 지출액이 가장 많이 발생한 월(月)과 그 금액을 각각 기재하시오. (3점)

[3] 4월 말 현재 미지급금 잔액이 가장 큰 거래처명과 그 금액은 얼마인가? (3점)

112회 이론시험

다음 문제를 보고 알맞은 것을 골라 이론문제 답안작성 메뉴에 입력하시오. (객관식 문항당 2점)

기본전제

문제에서 한국채택국제회계기준을 적용하도록 하는 전제조건이 없는 경우, 일반기업회계기준을 적용한다.

01. 다음 중 일반기업회계기준에 따른 재무제표의 종류에 해당하지 않는 것은?
① 현금흐름표
② 주석
③ 제조원가명세서
④ 재무상태표

02. 다음 중 정액법으로 감가상각을 계산할 때 관련이 없는 것은?
① 잔존가치
② 취득원가
③ 내용연수
④ 생산량

03. 다음 중 이익잉여금처분계산서에 나타나지 않는 항목은?
① 이익준비금
② 자기주식
③ 현금배당
④ 주식배당

04. 다음 중 수익인식기준에 대한 설명으로 잘못된 것은?
① 위탁매출은 위탁자가 수탁자로부터 판매대금을 지급받는 때에 수익을 인식한다.
② 상품권매출은 물품 등을 제공하거나 판매하면서 상품권을 회수하는 때에 수익을 인식한다.
③ 단기할부매출은 상품 등을 판매(인도)한 날에 수익을 인식한다.
④ 용역매출은 진행기준에 따라 수익을 인식한다.

05. 다음 중 계정과목의 분류가 나머지 계정과목과 다른 하나는 무엇인가?
① 임차보증금
② 산업재산권
③ 프랜차이즈
④ 소프트웨어

06. 다음 중 자본의 분류 항목의 성격이 다른 것은?
① 자기주식
② 주식할인발행차금
③ 자기주식처분이익
④ 감자차손

07. 실제 기말재고자산의 가액은 50,000,000원이지만 장부상 기말재고자산의 가액이 45,000,000원으로 기재된 경우, 해당 오류가 재무제표에 미치는 영향으로 다음 중 옳지 않은 것은?
① 당기순이익이 실제보다 5,000,000원 감소한다.
② 매출원가가 실제보다 5,000,000원 증가한다.
③ 자산총계가 실제보다 5,000,000원 감소한다.
④ 자본총계가 실제보다 5,000,000원 증가한다.

08. 다음의 거래를 회계처리할 경우에 사용되는 계정과목으로 옳은 것은?

> 7월 1일 투자 목적으로 영업활동에 사용할 예정이 없는 토지를 5,000,000원에 취득하고 대금은 3개월 후에 지급하기로 하다. 단, 중개수수료 200,000원은 타인이 발행한 당좌수표로 지급하다.

① 외상매입금
② 당좌예금
③ 수수료비용
④ 투자부동산

09. 다음 중 원가 개념에 관한 설명으로 옳지 않은 것은?
① 관련 범위 밖에서 총고정원가는 일정하다.
② 매몰원가는 의사결정에 영향을 주지 않는다.
③ 관련 범위 내에서 단위당 변동원가는 일정하다.
④ 관련원가는 대안 간에 차이가 나는 미래원가로서 의사결정에 영향을 준다.

10. 다음 중 제조원가명세서에서 제공하는 정보가 아닌 것은?

① 기말재공품재고액　　② 당기제품제조원가
③ 당기총제조원가　　　④ 매출원가

11. 다음 중 보조부문 원가의 배부기준으로 적합하지 않은 것은?

	보조부문원가	배부기준
①	건물 관리 부문	점유 면적
②	공장 인사관리 부문	급여 총액
③	전력 부문	전력 사용량
④	수선 부문	수선 횟수

12. 다음 자료를 토대로 선입선출법에 의한 직접재료원가 및 가공원가의 완성품환산량을 각각 계산하면 얼마인가?

- 기초재공품 5,000개(완성도 70%)　　· 당기착수량 35,000개
- 기말재공품 10,000개(완성도 30%)　　· 당기완성품 30,000개
- 재료는 공정초기에 전량투입되며, 가공원가는 공정 전반에 걸쳐 균등하게 발생한다.

	직접재료원가	가공원가
①	35,000개	29,500개
②	35,000개	34,500개
③	40,000개	34,500개
④	45,000개	29,500개

13. 다음 중 우리나라 부가가치세법의 특징으로 옳지 않은 것은?

① 소비지국과세원칙　　② 생산지국과세원칙
③ 전단계세액공제법　　④ 간접세

14. 다음 중 부가가치세법상 과세기간 등에 대한 설명으로 옳지 않은 것은?

① 사업개시일 이전에 사업자등록을 신청한 경우에 최초의 과세기간은 그 신청한 날부터 그 신청일이 속하는 과세기간의 종료일까지로 한다.

② 사업자가 폐업하는 경우의 과세기간은 폐업일이 속하는 과세기간의 개시일부터 폐업일까지로 한다.

③ 폐업자의 경우 폐업일이 속하는 과세기간 종료일부터 25일 이내에 확정신고를 하여야 한다.

④ 간이과세자의 과세기간은 1월 1일부터 12월 31일까지로 한다.

15. 다음 중 부가가치세법상 매입세액공제가 가능한 것은?

① 사업과 관련하여 접대용 물품을 구매하고 발급받은 신용카드매출전표상의 매입세액

② 제조업을 영위하는 법인이 업무용 소형승용차(1,998cc)의 유지비용을 지출하고 발급받은 현금영수증상의 매입세액

③ 제조부서의 화물차 수리를 위해 지출하고 발급받은 세금계산서상의 매입세액

④ 회계부서에서 사용할 물품을 구매하고 발급받은 간이영수증에 포함되어 있는 매입세액

112회 실무시험

㈜유미기계(회사코드:1123)는 기계부품 등의 제조·도소매업 및 부동산임대업을 영위하는 중소기업으로 당기(제10기) 회계기간은 2025.1.1.~2025.12.31.이다. 전산세무회계 수험용 프로그램을 이용하여 다음 물음에 답하시오.

기본전제

- 문제에서 한국채택국제회계기준을 적용하도록 하는 전제조건이 없는 경우, 일반기업회계기준을 적용하여 회계처리 한다.
- 문제의 풀이와 답안작성은 제시된 문제의 순서대로 진행한다.

문제1 다음은 [기초정보관리] 및 [전기분재무제표]에 대한 자료이다. 각각의 요구사항에 대하여 답하시오. (10점)

[1] 다음의 신규 거래처를 [거래처등록] 메뉴를 이용하여 추가로 등록하시오. (3점)

- 거래처코드 : 5230
- 거래처명 : ㈜대영토이
- 사업자등록번호 : 108-86-13574
- 업태 : 제조
- 사업장주소 : 경기도 광주시 오포읍 왕림로 139
  ※ 주소입력 시 우편번호 입력은 생략해도 무방함.
- 유형 : 동시
- 대표자 : 박완구
- 종목 : 완구제조

[2] ㈜유미기계의 기초 채권 및 채무의 올바른 잔액은 다음과 같다. [거래처별초기이월] 자료를 검토하여 잘못된 부분은 오류를 정정하고, 누락된 부분은 추가하여 입력하시오. (3점)

계정과목	거래처	금액
외상매출금	알뜰소모품	5,000,000원
	튼튼사무기	3,800,000원
받을어음	㈜클래식상사	7,200,000원
	㈜강림상사	2,000,000원
외상매입금	㈜해원상사	4,600,000원

[3] 전기분 재무상태표를 검토한 결과 기말 재고자산에서 다음과 같은 오류가 발견되었다. 관련된 [전기분 재무제표]를 모두 수정하시오. (4점)

계정과목	틀린 금액	올바른 금액	내용
원재료(0153)	73,600,000원	75,600,000원	입력 오류

문제 2 [일반전표입력] 메뉴를 이용하여 다음의 거래 자료를 입력하시오(일반전표입력의 모든 거래는 부가가치세를 고려하지 말 것). (18점)

입력시 유의사항

· 일반적인 적요의 입력은 생략하지만, 타계정 대체거래는 적요번호를 선택하여 입력한다.
· 채권·채무와 관련된 거래는 별도의 요구가 없는 한 반드시 기등록된 거래처코드를 선택하는 방법으로 거래처명을 입력한다.
· 제조경비는 500번대 계정코드를, 판매비와관리비는 800번대 계정코드를 사용한다.
· 회계처리 시 계정과목은 별도의 제시가 없는 한 등록된 계정과목 중 가장 적절한 과목으로 한다.

---

[1] 08월 10일 제조부서의 7월분 건강보험료 680,000원을 보통예금으로 납부하였다. 납부한 건강보험료 중 50%는 회사부담분이며, 회사부담분 건강보험료는 복리후생비로 처리한다. (3점)

[2] 08월 23일 ㈜애플전자로부터 받아 보관하던 받을어음 3,500,000원의 만기가 되어 지급제시하였으나, 잔고 부족으로 지급이 거절되어 부도처리하였다(단, 부도난 어음은 부도어음과수표 계정으로 관리하고 있다). (3점)

[3] 09월 14일 영업부서에서 고용한 일용직 직원들의 일당 420,000원을 현금으로 지급하였다(단, 일용직에 대한 고용보험료 등의 원천징수액은 발생하지 않는 것으로 가정한다). (3점)

[4] 09월 26일 영업부서의 사원이 퇴직하여 퇴직연금 5,000,000원을 확정급여형(DB) 퇴직연금에서 지급하였다(단, 퇴직급여충당부채 감소로 회계처리하기로 한다). (3점)

[5] 10월 16일 단기 시세 차익을 목적으로 2025년 5월 3일 취득하였던 ㈜더푸른컴퓨터의 주식 전부를 37,000,000원에 처분하고 대금은 보통예금 계좌로 입금받았다. 단, 취득 당시 관련 내용은 아래와 같다. (3점)

| · 취득 수량 : 5,000주 | · 1주당 취득가액 : 7,000원 | · 취득 시 거래수수료 : 35,000원 |

[6] 11월 29일 액면금액 50,000,000원의 사채(만기 3년)를 49,000,000원에 발행하였다. 대금은 보통예금 계좌로 입금되었다. (3점)

문제3 다음 거래 자료를 [매입매출전표입력] 메뉴에 입력하시오. (18점)

> **입력시 유의사항**
> · 일반적인 적요의 입력은 생략하지만, 타계정 대체거래는 적요번호를 선택하여 입력한다.
> · 채권·채무와 관련된 거래는 별도의 요구가 없는 한 반드시 기등록된 거래처코드를 선택하는 방법으로 거래처명을 입력한다.
> · 제조경비는 500번대 계정코드를, 판매비와관리비는 800번대 계정코드를 사용한다.
> · 회계처리 시 계정과목은 별도의 제시가 없는 한 등록된 계정과목 중 가장 적절한 과목으로 한다.
> · 입력화면 하단의 분개까지 처리하고, 전자세금계산서 및 전자계산서는 전자입력으로 반영한다.

[1] 09월 02일 ㈜신도기전에 제품을 판매하고 다음의 전자세금계산서를 발급하였다. 대금 중 어음은 ㈜신도기전이 발행한 것이다. (3점)

전자세금계산서

승인번호: 20250902146528236-1603488

공급자
- 등록번호: 138-81-61276
- 상호(법인명): ㈜유미기계
- 성명: 정현욱
- 사업장주소: 서울특별시 강남구 압구정로 347
- 업태: 제조,도소매
- 종목: 기계부품

공급받는자
- 등록번호: 130-81-95054
- 상호(법인명): ㈜신도기전
- 성명: 윤현진
- 사업장주소: 울산 중구 태화로 150
- 업태: 제조
- 종목: 전자제품 외

작성일자	공급가액	세액	수정사유	비고
2025-09-02	10,000,000	1,000,000		

월	일	품목	규격	수량	단가	공급가액	세액	비고
09	02	제품		2	5,000,000	10,000,000	1,000,000	

합계금액	현금	수표	어음	외상미수금	위 금액을 (청구) 함
11,000,000			8,000,000	3,000,000	

[2] 09월 12일 제조부서의 생산직 직원들에게 제공할 작업복 10벌을 인천상회로부터 구입하고 우리카드(법인)로 결제하였다(단, 회사는 작업복 구입 시 즉시 전액 비용으로 처리한다). (3점)

```
우리 마음속 첫 번째 금융, 우리카드
2025.09.12.(화) 14:03:54
495,000원
정상승인 | 일시불

결제 정보
카드                우리카드(법인)
회원번호      2245-1223-****-1534
승인번호              76993452
이용구분                일시불

결제 금액            495,000원
공급가액              450,000원
부가세                45,000원
봉사료                     0원

가맹점 정보
가맹점명              인천상회
사업자등록번호      126-86-21617
대표자명               김연서

위 거래 사실을 확인합니다.
```

[3] 10월 05일 미국의 PYBIN사에 제품 100개(1개당 판매금액 $1,000)를 직접 수출하고 대금은 보통예금 계좌로 송금받았다(단, 선적일인 10월 05일의 기준환율은 1,000원/$이며, 수출신고번호의 입력은 생략한다). (3점)

[4] 10월 22일 영업부서 직원들의 직무역량 강화를 위한 도서를 영건서점에서 현금으로 구매하고 전자계산서를 발급받았다. (3점)

전자계산서

	승인번호	20251022-15454645-58811886

공급자	등록번호	112-60-61264	종사업장번호		공급받는자	등록번호	138-81-61276	종사업장번호	
	상호(법인명)	영건서점	성명	김종인		상호(법인명)	㈜유미기계	성명	정현욱
	사업장주소	인천시 남동구 남동대로 8				사업장주소	서울특별시 강남구 압구정로 347		
	업태	소매	종목	도서		업태	제조,도소매	종목	기계부품
	이메일					이메일			
						이메일			

작성일자	공급가액	수정사유	비고
2025-10-22	1,375,000	해당 없음	

월	일	품목	규격	수량	단가	공급가액	비고
10	22	도서(슬기로운 직장 생활 외)				1,375,000	

합계금액	현금	수표	어음	외상미수금	위 금액을 (청구) 함
1,375,000	1,375,000				

[5] 11월 02일 개인소비자에게 제품을 8,800,000원(부가가치세 포함)에 판매하고 현금영수증(소득공제용)을 발급하였다. 판매대금은 보통예금 계좌로 받았다. (3점)

[6] 12월 19일 매출거래처에 보낼 연말 선물로 홍성백화점에서 생활용품세트를 구입하고 아래 전자세금계산서를 발급받았으며, 대금은 국민카드(법인카드)로 결제하였다. (3점)

전자세금계산서					승인번호	20251219-451542154-542124512		
공급자	등록번호	124-86-09276	종사업장번호		공급받는자	등록번호	138-81-61276	종사업장번호	
	상호(법인명)	홍성백화점	성명	조재광		상호(법인명)	㈜유미기계	성명	정현욱
	사업장주소	서울 강남구 테헤란로 101				사업장주소	서울특별시 강남구 압구정로 347		
	업태	도소매	종목	잡화		업태	제조,도소매	종목	기계부품
	이메일					이메일			
						이메일			
작성일자		공급가액		세액	수정사유		비고		
2025-12-19		500,000		50,000					
월	일	품목	규격	수량	단가	공급가액	세액	비고
12	19	생활용품세트		10	50,000	500,000	50,000	
합계금액		현금		수표		어음		외상미수금	위 금액을 (청구) 함
550,000								550,000	

문제 4 [일반전표입력] 및 [매입매출전표입력] 메뉴에 입력된 내용 중 다음과 같은 오류가 발견되었다. 입력된 내용을 확인하여 정정하시오. (6점)

[1] 07월 31일 경영관리부서 직원을 위하여 확정급여형(DB형) 퇴직연금에 가입하고 보통예금 계좌에서 14,000,000원을 이체하였으나, 회계담당자는 확정기여형(DC형) 퇴직연금에 가입한 것으로 알고 회계처리를 하였다. (3점)

[2] 10월 28일 영업부서의 매출거래처에 선물하기 위하여 다다마트에서 현금으로 구입한 선물세트 5,000,000원(부가가치세 별도, 전자세금계산서 수취)을 복리후생비로 회계처리를 하였다. (3점)

문제 5 결산정리사항은 다음과 같다. 관련 메뉴를 이용하여 결산을 완료하시오. (9점)

[1] 7월 1일에 가입한 토스은행의 정기예금 5,000,000원(만기 1년, 연 이자율 6%)에 대하여 기간 경과분 이자를 계상하다. 단, 이자 계산은 월할 계산하며, 원천징수는 없다고 가정한다. (3점)

[2] 외상매입금 계정에는 중국에 소재한 거래처 상하이에 대한 외상매입금 2,000,000원 ($2,000)이 포함되어 있다(결산일 현재 기준환율 : 1,040원/$). (3점)

[3] 매출채권 잔액에 대하여만 1%의 대손충당금을 보충법으로 설정한다(단, 기중의 충당금에 대한 회계처리는 무시하고 아래 주어진 자료에 의해서만 처리한다). (3점)

구 분	기말채권 잔액	기말충당금 잔액	추가설정(△환입)액
외상매출금	15,000,000원	70,000원	80,000원
받을어음	12,000,000원	150,000원	△30,000원

문제 6 다음 사항을 조회하여 답안을 이론문제 답안작성 메뉴에 입력하시오. (9점)

[1] 제1기 부가가치세 예정신고에 반영된 자료 중 현금영수증이 발행된 과세매출의 공급가액은 얼마인가? (3점)

[2] 6월 한 달 동안 발생한 제조원가 중 현금으로 지급한 금액은 얼마인가? (3점)

[3] 6월 30일 현재 외상매입금 잔액이 가장 작은 거래처명과 외상매입금 잔액은 얼마인가? (3점)

111회 이론시험

다음 문제를 보고 알맞은 것을 골라 **이론문제 답안작성** 메뉴에 입력하시오. (객관식 문항당 2점)

기본전제

문제에서 한국채택국제회계기준을 적용하도록 하는 전제조건이 없는 경우, 일반기업회계기준을 적용한다.

01. 다음 중 아래의 자료에서 설명하고 있는 재무정보의 질적특성에 해당하지 않는 것은?

> 재무정보가 정보이용자의 의사결정에 유용하게 활용되기 위해서는 그 정보가 의사결정의 목적과 관련이 있어야 한다.

① 예측가치 ② 피드백가치
③ 적시성   ④ 중립성

02. 다음 중 일반기업회계기준에 따른 재무상태표의 표시에 관한 설명으로 가장 적절하지 않은 것은?

① 비유동자산은 당좌자산, 유형자산, 무형자산으로 구분된다.
② 단기차입금은 유동부채로 분류된다.
③ 자산과 부채는 유동성배열법에 따라 작성된다.
④ 재고자산은 유동자산에 포함된다.

03. 다음은 재고자산 단가 결정방법에 대한 설명이다. 어느 방법에 대한 설명인가?

> · 실제의 물량 흐름에 대한 원가흐름의 가정이 대체로 유사하다.
> · 현재의 수익과 과거의 원가가 대응하여 수익·비용 대응의 원칙에 부적합하다.
> · 물가 상승 시 이익이 과대 계상된다.

① 개별법   ② 선입선출법
③ 후입선출법 ④ 총평균법

04. 다음 중 현금및현금성자산에 해당하는 항목의 총합계액은 얼마인가?

· 선일자수표	500,000원	· 배당금지급통지서	500,000원
· 타인발행수표	500,000원	· 만기 6개월 양도성예금증서	300,000원

① 1,000,000원 ② 1,300,000원
③ 1,500,000원 ④ 1,800,000원

05. 다음 중 자본에 대한 설명으로 옳지 않은 것은?
① 자본금은 발행주식수에 액면가액을 곱한 금액이다.
② 주식발행초과금과 감자차익은 자본잉여금이다.
③ 자본조정에는 주식할인발행차금, 감자차손 등이 있다.
④ 주식배당과 무상증자는 순자산의 증가가 발생한다.

06. 다음 중 손익계산서에 나타나는 계정과목으로만 짝지어진 것은?

가. 대손상각비	나. 현금	다. 기부금
라. 퇴직급여	마. 이자수익	바. 외상매출금

① 가, 나 ② 가, 다
③ 나, 바 ④ 다, 바

07. 다음은 12월 말 결산법인인 ㈜한국의 기계장치 관련 자료이다. ㈜한국이 2025년 12월 31일에 계상할 감가상각비는 얼마인가? (단, 월할 상각할 것)

· 취득일 : 2024년 7월 1일	· 상각방법 : 정률법	· 내용연수 : 5년
· 상각률 : 45%	· 취득원가 : 10,000,000원	· 잔존가치 : 500,000원

① 4,500,000원 ② 3,487,500원
③ 2,475,000원 ④ 2,250,000원

08. 다음 중 손익계산서상 표시되는 매출원가를 증가시키는 영향을 주지 않는 것은?

① 판매 이외 목적으로 사용된 재고자산의 타계정대체액
② 재고자산의 시가가 장부금액 이하로 하락하여 발생한 재고자산평가손실
③ 정상적으로 발생한 재고자산감모손실
④ 원재료 구입 시 지급한 운반비

09. 다음 중 원가에 대한 설명으로 가장 옳지 않은 것은?

① 기초원가이면서 가공원가에 해당하는 원가는 직접노무원가이다.
② 직접원가란 특정 제품의 생산에 직접적으로 사용되어 명확하게 추적할 수 있는 원가이다.
③ 변동원가는 생산량이 증가할 때마다 단위당 원가도 증가하는 원가이다.
④ 매몰원가는 과거에 발생하여 현재 의사결정에 영향을 미치지 않는 원가를 말한다.

10. 다음 중 개별원가계산의 적용이 가능한 업종은 무엇인가?

① 제분업　　　　　　　　　② 정유업
③ 건설업　　　　　　　　　④ 식품가공업

11. 다음 중 공손 등에 대한 설명으로 옳지 않은 것은?

① 공손은 생산과정에서 발생하는 원재료의 찌꺼기를 말한다.
② 정상공손은 효율적인 생산과정에서 발생하는 공손을 말한다.
③ 비정상공손원가는 영업외비용으로 처리한다.
④ 정상공손은 원가에 포함한다.

12. ㈜서울은 직접노무시간을 기준으로 제조간접원가를 배부하고 있다. 당해연도 초의 예상 직접노무시간은 50,000시간이고, 제조간접원가 예상액은 2,500,000원이었다. 6월의 제조간접원가 실제 발생액은 300,000원이고, 실제 직접노무시간이 5,000시간인 경우, 6월의 제조간접원가 배부차이는 얼마인가?

① 과대배부 40,000원　　　　② 과소배부 40,000원
③ 과대배부 50,000원　　　　④ 과소배부 50,000원

13. 다음 중 부가가치세법상 세부담의 역진성을 완화하기 위한 목적으로 도입한 제도는 무엇인가?

① 영세율제도　　② 사업자단위과세제도
③ 면세제도　　④ 대손세액공제제도

14. 다음 중 부가가치세법상 '재화의 공급으로 보지 않는 특례'에 해당하지 않는 것은?

① 담보의 제공　　② 제품의 외상판매
③ 조세의 물납　　④ 법률에 따른 수용

15. 다음 중 부가가치세법상 과세표준에 포함하지 않는 것은?

① 할부판매 시의 이자상당액　　② 개별소비세
③ 매출할인액　　④ 대가의 일부로 받는 운송비

111회 실무시험

예은상사㈜(회사코드 : 1113)는 사무용가구의 제조·도소매업 및 부동산임대업을 영위하는 중소기업으로 당기(제16기) 회계기간은 2025.1.1.~2025.12.31.이다. 전산세무회계 수험용 프로그램을 이용하여 다음 물음에 답하시오.

기본전제

· 문제에서 한국채택국제회계기준을 적용하도록 하는 전제조건이 없는 경우, 일반기업회계기준을 적용하여 회계처리 한다.
· 문제의 풀이와 답안작성은 제시된 문제의 순서대로 진행한다.

문제1 다음은 [기초정보관리] 및 [전기분재무제표]에 대한 자료이다. 각각의 요구사항에 대하여 답하시오. (10점)

[1] 다음 자료를 이용하여 아래의 계정과목에 대한 적요를 추가로 등록하시오. (3점)

· 계정과목 : 831. 수수료비용　　　　· 현금적요 : (적요NO. 8) 결제 대행 수수료

[2] 당사는 여유자금 활용을 위하여 아래와 같이 신규 계좌를 개설하였다. [거래처등록] 메뉴를 이용하여 해당 사항을 추가로 입력하시오. (3점)

· 코드번호 : 98005　　· 거래처명 : 수협은행　　· 계좌번호 : 110-146-980558　　· 유형 : 정기적금

[3] 다음의 자료를 토대로 각 계정과목의 거래처별 초기이월 금액을 올바르게 정정하시오. (4점)

계정과목	거래처	수정 전 금액	수정 후 금액
지급어음	천일상사	9,300,000원	6,500,000원
	모닝상사	5,900,000원	8,700,000원
미지급금	대명㈜	8,000,000원	4,500,000원
	㈜한울	4,400,000원	7,900,000원

문제 2 [일반전표입력] 메뉴를 이용하여 다음의 거래 자료를 입력하시오(일반전표입력의 모든 거래는 부가가치세를 고려하지 말 것). (18점)

입력시 유의사항

· 일반적인 적요의 입력은 생략하지만, 타계정 대체거래는 적요번호를 선택하여 입력한다.
· 채권·채무와 관련된 거래는 별도의 요구가 없는 한 반드시 기등록된 거래처코드를 선택하는 방법으로 거래처명을 입력한다.
· 제조경비는 500번대 계정코드를, 판매비와관리비는 800번대 계정코드를 사용한다.
· 회계처리 시 계정과목은 별도의 제시가 없는 한 등록된 계정과목 중 가장 적절한 과목으로 한다.

[1] 07월 10일 회사는 6월에 관리부 직원의 급여를 지급하면서 원천징수한 근로소득세 20,000원과 지방소득세 2,000원을 보통예금 계좌에서 이체하여 납부하였다. (3점)

[2] 07월 16일 ㈜홍명으로부터 원재료를 구입하기로 계약하고, 계약금 1,000,000원은 당좌수표를 발행하여 지급하였다. (3점)

[3] 08월 10일 비씨카드 7월분 결제대금 2,000,000원이 보통예금 계좌에서 인출되었다. 단, 회사는 신용카드 사용대금을 미지급금으로 처리하고 있다. (3점)

[4] 08월 20일 영업부 김시성 과장이 대구세계가구박람회 참가를 위한 출장에서 복귀하여 아래의 지출결의서와 출장비 600,000원(출장비 인출 시 전도금으로 회계처리함) 중 잔액을 현금으로 반납하였다. (3점)

지출결의서

· 왕복항공권   350,000원   · 식대   30,000원

[5] 09월 12일 제조공장의 기계장치를 우리기계에 처분하고 매각대금으로 받은 약속어음 8,000,000원의 만기가 도래하여 우리기계가 발행한 당좌수표로 회수하였다. (3점)

[6] 10월 28일 중국의 'lailai co. ltd'에 대한 제품 수출 외상매출금 30,000달러(선적일 기준환율 : ₩1,300/$)를 회수하여 즉시 원화 보통예금 계좌로 입금하였다(단, 입금일의 기준환율은 ₩1,380/$이다). (3점)

문제3 다음 거래 자료를 [매입매출전표입력] 메뉴에 입력하시오. (18점)

입력시 유의사항

- 일반적인 적요의 입력은 생략하지만, 타계정 대체거래는 적요번호를 선택하여 입력한다.
- 채권·채무와 관련된 거래는 별도의 요구가 없는 한 반드시 기등록된 거래처코드를 선택하는 방법으로 거래처명을 입력한다.
- 제조경비는 500번대 계정코드를, 판매비와관리비는 800번대 계정코드를 사용한다.
- 회계처리 시 계정과목은 별도의 제시가 없는 한 등록된 계정과목 중 가장 적절한 과목으로 한다.
- 입력화면 하단의 분개까지 처리하고, 전자세금계산서 및 전자계산서는 전자입력으로 반영한다.

---

[1] 07월 06일 ㈜아이닉스에 제품을 판매하고 다음과 같이 전자세금계산서를 발급하였으며, 대금은 한 달 뒤에 받기로 하였다. (3점)

전자세금계산서

	등록번호	142-81-05759	종사업장번호				등록번호	214-87-00556	종사업장번호	
공급자	상호(법인명)	예은상사㈜	성명	한태양		공급받는자	상호(법인명)	㈜아이닉스	성명	이소방
	사업장주소	경기도 고양시 덕양구 통일로 101					사업장주소	서울시 용산구 한남대로 12		
	업태	제조·도소매	종목	사무용가구			업태	도매 외	종목	의약외품 외
	이메일						이메일			
							이메일			

작성일자	공급가액	세액	수정사유	비고
2025/07/06	23,000,000	2,300,000	해당 없음	

월	일	품목	규격	수량	단가	공급가액	세액	비고
7	6	사무용책상 등		1,000	23,000	23,000,000	2,300,000	

합계금액	현금	수표	어음	외상미수금	위 금액을 (청구) 함
25,300,000				25,300,000	

[2] 08월 10일 원재료 매입 거래처에 접대목적으로 당사의 제품(원가 300,000원)을 무상으로 제공하였다. 단, 해당 제품의 시가는 500,000원이다. (3점)

[3] 09월 16일 팔팔물산에 제품을 9,000,000원(부가가치세 별도)에 판매하고 전자세금계산서를 발급하였으며, 대금으로 팔팔물산이 발행한 당좌수표를 받았다. (3점)

[4] 09월 26일 회사 건물에 부착할 간판을 잘나가광고에서 주문 제작하였다. 대금 5,500,000원 (부가가치세 포함)은 보통예금 계좌에서 송금하고 전자세금계산서를 발급받았다 (단, 비품으로 처리할 것). (3점)

[5] 10월 15일 메타가구에서 원재료(50단위, @50,000원, 부가가치세 별도)를 매입하고 아래의 전자세금계산서를 발급받았다. 대금 중 1,000,000원은 ㈜은성가구로부터 제품 판매대금으로 받아 보관 중인 ㈜은성가구 발행 약속어음을 배서양도하고 잔액은 1개월 뒤에 지급하기로 하였다.(3점)

전자세금계산서				승인번호	20251015-154215452154		
공급자	등록번호	305-81-13428	종사업장번호		공급받는자	등록번호	142-81-05759	종사업장번호	
	상호(법인명)	메타가구	성명	윤은영		상호(법인명)	예은상사㈜	성명	한태양
	사업장주소	전북 김제시 금산면 청도7길 9				사업장주소	경기도 고양시 덕양구 통일로 101		
	업태	제조	종목	가구		업태	제조·도소매	종목	사무용가구
	이메일					이메일			
						이메일			

작성일자	공급가액	세액	수정사유	비고
2025/10/15	2,500,000	250,000	해당 없음	

월	일	품목	규격	수량	단가	공급가액	세액	비고
10	15	원재료	PC-5	50	50,000	2,500,000	250,000	

합계금액	현금	수표	어음	외상미수금	위 금액을 (청구) 함
2,750,000			1,000,000	1,750,000	

[6] 12월 20일 대표이사 한태양은 본인 자녀의 대학교 입학 축하 선물로 니캉전자에서 디지털카메라를 3,800,000원(부가가치세 별도)에 구매하면서 당사 명의로 전자세금계산서를 발급받고, 대금은 보통예금 계좌에서 지급하였다(단, 대표이사 한태양의 가지급금으로 회계처리할 것). (3점)

문제 4 [일반전표입력] 및 [매입매출전표입력] 메뉴에 입력된 내용 중 다음과 같은 오류가 발견되었다. 입력된 내용을 확인하여 정정하시오. (6점)

[1] 08월 17일 사거리주유소에서 영업부가 사용하는 비영업용 소형승용차(800cc, 매입세액공제 가능 차량)에 경유를 주유하고 유류대 44,000원를 비씨카드(법인카드)로 결제한 건에 대하여 회계담당자는 매입세액을 공제받지 못하는 것으로 판단하였으며, 이를 매입매출전표에 카드면세로 입력하였다. (3점)

[2] 11월 12일 매출거래처 직원의 결혼축하금으로 현금 500,000원을 지급한 것으로 회계처리하였으나 이는 당사의 공장 제조부 직원의 결혼축하금인 것으로 밝혀졌다. (3점)

문제 5 결산정리사항은 다음과 같다. 관련 메뉴를 이용하여 결산을 완료하시오. (9점)

[1] 제2기 부가가치세 확정신고기간에 대한 부가세예수금은 49,387,500원, 부가세대급금은 34,046,000원이다. 부가가치세를 정리하는 회계처리를 하시오(단, 불러온 자료는 무시하고, 납부세액은 미지급세금, 환급세액은 미수금으로 회계처리할 것). (3점)

[2] 2025년 7월 1일 제조부 공장의 화재보험료 1년분(2025년 7월 1일~2026년 6월 30일) 7,200,000원을 전액 납부하고 즉시 비용으로 회계처리하였다. 이에 대한 기간 미경과분 보험료를 월할계산하여 결산정리분개를 하시오. (3점)

[3] 다음은 2025년 4월 15일 제조부에서 사용하기 위하여 취득한 화물차에 대한 자료이다. 아래 주어진 자료에 대해서만 감가상각을 하시오. (3점)

취득일	취득원가	자산코드/명	잔존가치	내용연수	상각방법
2025.04.15.	30,000,000원	[101]/포터	0원	5	정액법

문제 6 다음 사항을 조회하여 답안을 [이론문제 답안작성] 메뉴에 입력하시오. (9점)

[1] 4월(4월 1일~4월 30일)의 외상매출금 회수액은 얼마인가? (3점)

[2] 상반기(1월~6월) 중 제품매출액이 가장 많은 월(月)과 가장 작은 월(月)의 차액은 얼마인가? 단, 양수로 표시할 것) (3점)

[3] 2025년 제1기 부가가치세 확정신고기간(4월~6월)에 세금계산서를 받은 고정자산매입세액은 얼마인가? (3점)

110회 이론시험

다음 문제를 보고 알맞은 것을 골라 [이론문제 답안작성] 메뉴에 입력하시오. (객관식 문항당 2점)

기본전제

문제에서 한국채택국제회계기준을 적용하도록 하는 전제조건이 없는 경우, 일반기업회계기준을 적용하여 회계처리 한다.

01. 다음 중 재무상태표에 관한 설명으로 가장 옳은 것은?
① 일정 시점의 현재 기업이 보유하고 있는 자산과 부채 및 자본에 대한 정보를 제공하는 재무보고서이다.
② 일정 기간 동안의 기업의 수익과 비용에 대해 보고하는 보고서이다.
③ 일정 기간 동안의 현금의 유입과 유출에 대한 정보를 제공하는 보고서이다.
④ 기업의 자본변동에 관한 정보를 제공하는 재무보고서이다.

02. 다음 중 유동부채에 포함되지 않는 것은 무엇인가?
① 매입채무   ② 단기차입금   ③ 유동성장기부채   ④ 임대보증금

03. 다음 중 무형자산과 관련된 설명으로 옳지 않은 것은?
① 연구프로젝트에서 발생한 지출이 연구단계와 개발단계로 구분할 수 없는 경우에는 모두 연구단계에서 발생한 것으로 본다.
② 내부적으로 창출한 브랜드, 고객목록과 같은 항목은 무형자산으로 인식할 수 있다.
③ 무형자산은 회사가 사용할 목적으로 보유하는 물리적 실체가 없는 자산이다.
④ 무형자산의 소비되는 행태를 신뢰성 있게 결정할 수 없을 경우 정액법으로 상각한다.

04. 다음 중 일반기업회계기준에 의한 수익 인식 시점에 대한 설명으로 옳지 않은 것은?

① 위탁판매의 경우에는 수탁자가 위탁품을 소비자에게 판매한 시점에 수익을 인식한다.
② 시용판매의 경우에는 상품 인도 시점에 수익을 인식한다.
③ 광고 제작 수수료의 경우에는 광고 제작의 진행률에 따라 수익을 인식한다.
④ 수강료의 경우에는 강의 시간에 걸쳐 수익으로 인식한다.

05. 재고자산의 단가 결정 방법 중 매출 시점에서 해당 재고자산의 실제 취득원가를 기록하여 매출원가로 대응시킴으로써 가장 정확하게 원가 흐름을 파악할 수 있는 재고자산의 단가 결정 방법은 무엇인가?

① 개별법　　　② 선입선출법　　　③ 후입선출법　　　④ 총평균법

06. 다음 중 영업이익에 영향을 주는 거래로 옳은 것은?

① 거래처에 대한 대여금의 전기분 이자를 받았다.
② 창고에 보관하고 있던 상품이 화재로 인해 소실되었다.
③ 차입금에 대한 전기분 이자를 지급하였다.
④ 일용직 직원에 대한 수당을 지급하였다.

07. 다음의 거래를 적절하게 회계처리 하였을 경우, 당기순이익의 증감액은 얼마인가? 단, 주어진 자료 외의 거래는 없다고 가정한다.

· 매도가능증권 : 장부금액 5,000,000원, 결산일 공정가치 4,500,000원
· 단기매매증권 : 장부금액 3,000,000원, 결산일 공정가치 3,300,000원
· 투자부동산 : 장부금액 9,000,000원,　처분금액 8,800,000원

① 100,000원 감소　　② 100,000원 증가　　③ 400,000원 감소　　④ 400,000원 증가

08. ㈜수암골의 재무상태가 다음과 같다고 가정할 때, 기말자본은 얼마인가?

기초		기말		당기 중 추가출자	이익 배당액	총수익	총비용
자산	부채	부채	자본				
900,000원	500,000원	750,000원	( )	100,000원	50,000원	1,100,000원	900,000원

① 500,000원　　② 550,000원　　③ 600,000원　　④ 650,000원

09. 다음 중 원가회계에 대한 설명이 아닌 것은?

① 외부의 정보이용자들에게 유용한 정보를 제공하기 위한 정보이다.
② 원가통제에 필요한 정보를 제공하기 위함이다.
③ 제품원가계산을 위한 원가정보를 제공한다.
④ 경영계획수립과 통제를 위한 원가정보를 제공한다.

10. 다음 중 원가행태에 따라 변동원가와 고정원가로 분류할 때 이에 대한 설명으로 올바른 것은?

① 변동원가는 조업도가 증가할수록 총원가도 증가한다.
② 변동원가는 조업도가 증가할수록 단위당 원가도 증가한다.
③ 고정원가는 조업도가 증가할수록 총원가도 증가한다.
④ 고정원가는 조업도가 증가할수록 단위당 원가도 증가한다.

11. 다음 중 보조부문의 원가 배분에 대한 설명으로 옳지 않은 것은?

① 보조부문의 원가 배분방법으로는 직접배분법, 단계배분법 및 상호배분법이 있으며, 어떤 방법을 사용하더라도 전체 보조부문의 원가는 차이가 없다.
② 상호배분법을 사용할 경우, 부문간 상호수수를 고려하여 계산하기 때문에 어떤 배분방법보다 정확성이 높다고 할 수 있다.
③ 단계배분법을 사용할 경우, 배분순서를 어떻게 하더라도 각 보조부문에 배분되는 금액은 차이가 없다.
④ 직접배분법을 사용할 경우, 보조부문 원가 배분액의 계산은 쉬우나 부문간 상호수수에 대해서는 전혀 고려하지 않는다.

12. 다음 중 개별원가계산과 종합원가계산에 대한 설명으로 옳지 않은 것은?

① 개별원가계산은 작업지시서에 의한 원가계산을 한다.
② 개별원가계산은 주문형 소량 생산 방식에 적합하다.
③ 종합원가계산은 공정별 대량 생산 방식에 적합하다.
④ 종합원가계산은 여러 공정에 걸쳐 생산하는 경우 적용할 수 없다.

13. 다음 중 부가가치세법상 사업자등록 정정 사유가 아닌 것은?

① 상호를 변경하는 경우
② 사업장을 이전하는 경우
③ 사업의 종류에 변동이 있는 경우
④ 증여로 인하여 사업자의 명의가 변경되는 경우

14. 다음 중 부가가치세법상 영세율에 대한 설명으로 가장 옳지 않은 것은?

① 수출하는 재화에 대해서는 영세율이 적용된다.
② 영세율은 수출산업을 지원하는 효과가 있다.
③ 영세율을 적용하더라도 완전면세를 기대할 수 없다.
④ 영세율은 소비지국과세원칙이 구현되는 제도이다.

15. 다음 중 영수증 발급 대상 사업자가 될 수 없는 업종에 해당하는 것은?

① 소매업
② 도매업
③ 목욕, 이발, 미용업
④ 입장권을 발행하여 영위하는 사업

| 110회 | 실 무 시 험 | |

오영상사㈜(회사코드:1103)는 가방 등의 제조·도소매업 및 부동산임대업을 영위하는 중소기업으로 당기(제11기) 회계기간은 2025.1.1.~2025.12.31.이다. 전산세무회계 수험용 프로그램을 이용하여 다음 물음에 답하시오.

기본전제

- 문제에서 한국채택국제회계기준을 적용하도록 하는 전제조건이 없는 경우, 일반기업회계기준을 적용하여 회계처리 한다.
- 문제의 풀이와 답안작성은 제시된 문제의 순서대로 진행한다.

문제1 다음은 [기초정보관리] 및 [전기분재무제표]에 대한 자료이다. 각각의 요구사항에 대하여 답하시오. (10점)

[1] 다음 자료를 이용하여 거래처등록의 [신용카드] 탭에 추가로 입력하시오. (3점)

- 코드 : 99850
- 거래처명 : 하나카드
- 카드종류 : 사업용카드
- 유형 : 매입
- 카드번호 : 5531-8440-0622-2804

[2] [계정과목및적요등록] 메뉴에서 여비교통비(판매비및일반관리비) 계정에 아래의 적요를 추가로 등록하시오. (3점)

- 현금적요 6번 : 야근 시 퇴근택시비 지급
- 대체적요 3번 : 야근 시 퇴근택시비 정산 인출

[3] 전기분 손익계산서를 검토한 결과 다음과 같은 오류가 발견되었다. 해당 오류와 연관된 재무제표를 모두 올바르게 정정하시오. (4점)

공장 생산직 사원들에게 지급한 명절 선물 세트 1,000,000원이 회계 담당 직원의 실수로 인하여 본사 사무직 사원들에게 지급한 것으로 회계처리 되어 있음을 확인하다.

문제 2 [일반전표입력] 메뉴를 이용하여 다음의 거래 자료를 입력하시오(일반전표입력의 모든 거래는 부가가치세를 고려하지 말 것). (18점)

> **입력시 유의사항**
> - 일반적인 적요의 입력은 생략하지만, 타계정 대체거래는 적요번호를 선택하여 입력한다.
> - 채권 · 채무와 관련된 거래는 별도의 요구가 없는 한 반드시 기 등록되어 있는 거래처코드를 선택하는 방법으로 거래처명을 입력한다.
> - 제조경비는 500번대 계정코드를, 판매비와 관리비는 800번대 계정코드를 사용한다.
> - 회계처리 시 계정과목은 별도제시가 없는 한 등록되어 있는 계정과목 중 가장 적절한 과목으로 한다.

[1] 07월 04일 나노컴퓨터에 지급하여야 할 외상매입금 5,000,000원과 나노컴퓨터로부터 수취하여야 할 외상매출금 3,000,000원을 상계하여 처리하고, 잔액은 당좌수표를 발행하여 지급하였다. (3점)

[2] 09월 15일 투자 목적으로 보유 중인 단기매매증권(보통주 1,000주, 1주당 액면가액 5,000원, 1주당 장부가액 9,000원)에 대하여 1주당 1,000원씩의 현금배당이 보통예금 계좌로 입금되었으며, 주식배당 20주를 수령하였다. (3점)

[3] 10월 05일 제품을 판매하고 ㈜영춘으로부터 받은 받을어음 5,000,000원을 만기 이전에 주거래은행인 토스뱅크에 할인하고, 할인료 55,000원을 차감한 나머지 금액을 보통예금 계좌로 입금받았다. 단, 어음의 할인은 매각거래에 해당한다. (3점)

[4] 10월 30일 영업부에서 대한상공회의소 회비 500,000원을 보통예금 계좌에서 지급하고 납부영수증을 수취하였다. (3점)

[5] 12월 12일 자금 조달을 위하여 발행하였던 사채(액면금액 10,000,000원, 장부가액 10,000,000원)를 9,800,000원에 조기 상환하면서 보통예금 계좌에서 지급하였다. (3점)

[6] 12월 21일 보통예금 계좌를 확인한 결과, 결산이자 500,000원에서 원천징수세액 77,000원을 차감한 금액이 입금되었음을 확인하였다(단, 원천징수세액은 자산으로 처리할 것). (3점)

문제3 [매입매출전표입력] 메뉴를 이용하여 다음의 거래 자료를 입력하시오. (18점)

> **입력시 유의사항**
> - 일반적인 적요의 입력은 생략하지만, 타계정 대체거래는 적요번호를 선택하여 입력한다.
> - 채권·채무와 관련된 거래는 별도의 요구가 없는 한 반드시 기 등록되어 있는 거래처코드를 선택하는 방법으로 거래처명을 입력한다.
> - 제조경비는 500번대 계정코드를, 판매비와 관리비는 800번대 계정코드를 사용한다.
> - 회계처리 시 계정과목은 별도제시가 없는 한 등록되어 있는 계정과목 중 가장 적절한 과목으로 한다.
> - 입력화면 하단의 분개까지 처리하고, 세금계산서 및 계산서는 전자 여부를 입력하여 반영한다.

[1] 07월 11일 성심상사에 제품을 판매하고 아래의 전자세금계산서를 발급하였다. (3점)

전자세금계산서

승인번호	20250711-1000000-00009329		

공급자:
- 등록번호: 124-87-05224
- 상호(법인명): 오영상사㈜
- 성명: 김하현
- 사업장주소: 경기도 성남시 분당구 서판교로6번길 24
- 업태: 제조,도소매
- 종목: 가방

공급받는자:
- 등록번호: 134-86-81692
- 상호(법인명): 성심상사
- 성명: 황성심
- 사업장주소: 경기도 화성시 송산면 마도북로 40
- 업태: 제조
- 종목: 자동차특장

작성일자	공급가액	세액	수정사유	비고
2025/07/11	3,000,000	300,000	해당 없음	

월	일	품목	규격	수량	단가	공급가액	세액	비고
07	11	제품				3,000,000	300,000	

합계금액	현금	수표	어음	외상미수금	위 금액을 (영수) 함 (청구)
3,300,000	1,000,000			2,300,000	

[2] 08월 25일 본사 사무실로 사용하기 위하여 ㈜대관령으로부터 상가를 취득하고, 대금은 다음과 같이 지급하였다(단, 하나의 전표로 입력할 것). (3점)

> - 총매매대금은 370,000,000원으로 토지분 매매가액 150,000,000원과 건물분 매매가액 220,000,000원(부가가치세 포함)이다.
> - 총매매대금 중 계약금 37,000,000원은 계약일인 7월 25일에 미리 지급하였으며, 잔금은 8월 25일에 보통예금 계좌에서 이체하여 지급하였다.
> - 건물분에 대하여 전자세금계산서를 잔금 지급일에 수취하였으며, 토지분에 대하여는 별도의 계산서를 발급받지 않았다.

[3] 09월 15일 총무부가 사용하기 위한 소모품을 골드팜㈜으로부터 총 385,000원에 구매하고 보통예금 계좌에서 이체하였으며, 지출증빙용 현금영수증을 발급받았다. 단, 소모품은 구입 즉시 비용으로 처리한다. (3점)

[4] 09월 30일 경하자동차㈜로부터 본사에서 업무용으로 사용할 승용차(5인승, 배기량 998cc, 개별소비세 과세 대상 아님)를 구입하고 아래의 전자세금계산서를 발급받았다. (3점)

전자세금계산서					승인번호		20250930-145982301203467	
공급자	등록번호	610-81-51299	종사업장번호		공급받는자	등록번호	124-87-05224	종사업장번호
	상호(법인명)	경하자동차㈜	성명	정선달		상호(법인명)	오영상사㈜	성명	김하현
	사업장주소	울산 중구 태화동 150				사업장주소	경기도 성남시 분당구 서판교로6번길 24	
	업태	제조,도소매	종목	자동차		업태	제조,도소매	종목	가방
	이메일					이메일		
						이메일		
작성일자		공급가액		세액		수정사유		비고
2025/09/30		15,000,000		1,500,000				

월	일	품목	규격	수량	단가	공급가액	세액	비고
09	30	승용차(배기량 998cc)		1		15,000,000	1,500,000	

합계금액	현금	수표	어음	외상미수금	위 금액을 (청구) 함
16,500,000				16,500,000	

[5] 10월 17일 미국에 소재한 MIRACLE사에서 원재료 8,000,000원(부가가치세 별도)을 수입하면서 인천세관으로부터 수입전자세금계산서를 발급받고 부가가치세는 보통예금 계좌에서 지급하였다(단, 재고자산에 대한 회계처리는 생략할 것). (3점)

[6] 10월 20일 개인 소비자에게 제품을 판매하고 현금 99,000원(부가가치세 포함)을 받았다. 단, 판매와 관련하여 어떠한 증빙도 발급하지 않았다. (3점)

문제 4 [일반전표입력] 및 [매입매출전표입력] 메뉴에 입력된 내용 중 다음과 같은 오류가 발견되었다. 입력된 내용을 확인하여 정정하시오. (6점)

[1] 08월 31일 운영자금 조달을 위해 개인으로부터 차입한 부채에 대한 이자비용 362,500원을 보통예금 계좌에서 이체하고 회계처리하였으나 해당 거래는 이자비용 500,000원에서 원천징수세액 137,500원을 차감하고 지급한 것으로 이에 대한 회계처리가 누락되었다(단, 원천징수세액은 부채로 처리하고, 하나의 전표로 입력할 것). (3점)

[2] 11월 30일 제품생산공장 출입문의 잠금장치를 수리하고 영포상회에 지급한 770,000원(부가가치세 포함)을 자본적지출로 회계처리하였으나 수익적지출로 처리하는 것이 옳은 것으로 판명되었다. (3점)

문제 5 결산정리사항은 다음과 같다. 관련 메뉴를 이용하여 결산을 완료하시오. (9점)

[1] 2월 11일에 소모품 3,000,000원을 구입하고 모두 자산으로 처리하였으며, 12월 31일 현재 창고에 남은 소모품은 500,000원으로 조사되었다. 부서별 소모품 사용 비율은 영업부 25%, 생산부 75%이며, 그 사용 비율에 따라 배부한다. (3점)

[2] 기중에 현금시재 잔액이 장부금액보다 부족한 것을 발견하고 현금과부족으로 계상하였던 235,000원 중 150,000원은 영업부 업무용 자동차의 유류대금을 지급한 것으로 확인되었으나 나머지는 결산일까지 그 원인이 파악되지 않아 당기의 비용으로 대체하다. (3점)

[3] 12월 31일 결산일 현재 재고자산의 기말재고액은 다음과 같다. (3점)

원재료	재공품	제품
· 장부수량 10,000개(단가 1,000원) · 실제수량 9,500개(단가 1,000원) · 단, 수량차이는 모두 정상적으로 발생한 것이다.	8,500,000원	13,450,000원

문제 6 다음 사항을 조회하여 답안을 이론문제 답안작성 메뉴에 입력하시오. (9점)

[1] 2025년 5월 말 외상매출금과 외상매입금의 차액은 얼마인가? (단, 양수로 기재할 것) (3점)

[2] 제1기 부가가치세 확정신고기간(4월~6월)의 영세율 적용 대상 매출액은 모두 얼마인가? (3점)

[3] 6월에 발생한 판매비와일반관리비 중 발생액이 가장 적은 계정과목과 그 금액은 얼마인가? (3점)

109회 이론시험

다음 문제를 보고 알맞은 것을 골라 │이론문제 답안작성│ 메뉴에 입력하시오. (객관식 문항당 2점)

기본전제

문제에서 한국채택국제회계기준을 적용하도록 하는 전제조건이 없는 경우, 일반기업회계기준을 적용하여 회계처리 한다.

01. 회계분야 중 재무회계에 대한 설명으로 적절한 것은?
① 관리자에게 경영활동에 필요한 재무정보를 제공한다.
② 국세청 등의 과세관청을 대상으로 회계정보를 작성한다.
③ 법인세, 소득세, 부가가치세 등의 세무 보고서 작성을 목적으로 한다.
④ 일반적으로 인정된 회계원칙에 따라 작성하며 주주, 투자자 등이 주된 정보이용자이다.

02. 유가증권 중 단기매매증권에 대한 설명으로 옳지 않은 것은?
① 시장성이 있어야 하고, 단기시세차익을 목적으로 하여야 한다.
② 단기매매증권은 당좌자산으로 분류된다.
③ 기말평가방법은 공정가액법이다.
④ 단기매매증권은 투자자산으로 분류된다.

03. 다음 중 재고자산의 평가에 대한 설명으로 옳지 않은 것은?
① 성격이 상이한 재고자산을 일괄 구입하는 경우에는 공정가치 비율에 따라 안분하여 취득원가를 결정한다.
② 재고자산의 취득원가에는 취득과정에서 발생한 할인, 에누리는 반영하지 않는다.
③ 저가법을 적용할 경우 시가가 취득원가보다 낮아지면 시가를 장부금액으로 한다.
④ 저가법을 적용할 경우 발생한 차액은 전부 매출원가로 회계처리한다.

04. 다음 중 유형자산의 자본적지출을 수익적지출로 잘못 처리했을 경우 당기의 자산과 자본에 미치는 영향으로 올바른 것은?

	자산	자본
①	과대	과소
②	과소	과소
③	과소	과대
④	과대	과대

05. ㈜재무는 자기주식 200주(1주당 액면가액 5,000원)를 1주당 7,000원에 매입하여 소각하였다. 소각일 현재 자본잉여금에 감차차익 200,000원을 계상하고 있는 경우 주식소각 후 재무상태표상에 계상되는 감자차손익은 얼마인가?

① 감자차손 200,000원   ② 감자차손 400,000원
③ 감자차익 200,000원   ④ 감자차익 400,000원

06. 다음 중 손익계산서에 대한 설명으로 옳지 않은 것은?
① 매출원가는 제품, 상품 등의 매출액에 대응되는 원가로서 판매된 제품이나 상품 등에 대한 제조원가 또는 매입원가이다.
② 영업외비용은 기업의 주된 영업활동이 아닌 활동으로부터 발생한 비용과 차손으로서 기부금, 잡손실 등이 이에 해당한다.
③ 손익계산서는 일정 기간의 기업의 경영성과에 대한 유용한 정보를 제공한다.
④ 수익과 비용은 각각 순액으로 보고하는 것을 원칙으로 한다.

07. ㈜서울은 ㈜제주와 제품 판매계약을 맺고 ㈜제주가 발행한 당좌수표 500,000원을 계약금으로 받아 아래와 같이 회계처리하였다. 다음 중 ㈜서울의 재무제표에 나타난 영향으로 옳은 것은?

| (차) | 당좌예금 500,000원 | (대) | 제품매출 500,000원 |

① 당좌자산 과소계상   ② 당좌자산 과대계상
③ 유동부채 과소계상   ④ 당기순이익 과소계상

08. ㈜한국상사의 20X3년 1월 1일 자본금은 50,000,000원(발행주식 수 10,000주, 1주당 액면금액 5,000원)이다. 20X3년 10월 1일 1주당 6,000원에 2,000주를 유상증자하였을 경우, 20X3년 기말 자본금은 얼마인가?

① 12,000,000원 ② 50,000,000원 ③ 60,000,000원 ④ 62,000,000원

09. 원가 및 비용의 분류항목 중 제조원가에 해당하는 것은 무엇인가?

① 생산공장의 전기요금 ② 영업용 사무실의 전기요금
③ 마케팅부의 교육연수비 ④ 생산공장 기계장치의 처분손실

10. 다음 중 보조부문 상호간의 용역수수관계를 고려하여 보조부문원가를 제조부문과 보조부문에 배분함으로써 보조부문간의 상호 서비스 제공을 완전히 반영하는 방법으로 옳은 것은?

① 직접배분법 ② 단계배분법 ③ 상호배분법 ④ 총배분법

11. 다음의 자료에 의한 당기직접재료원가는 얼마인가?

· 기초원재료	1,200,000원	· 기초재공품	200,000원
· 당기원재료매입액	900,000원	· 기말재공품	300,000원
· 기말원재료	850,000원	· 기초제품	400,000원
· 기말제품	500,000원	· 직접노무원가	500,000원

① 1,150,000원 ② 1,250,000원 ③ 1,350,000원 ④ 1,650,000원

12. ㈜성진은 직접원가를 기준으로 제조간접원가를 배부한다. 다음 자료에 의하여 계산한 제조지시서 no.1의 제조간접원가 배부액은 얼마인가?

공장전체 발생원가	제조지시서 no.1
· 총생산수량 : 10,000개	· 총생산수량 : 5,200개
· 기계시간 : 24시간	· 기계시간 : 15시간
· 직접재료원가 : 800,000원	· 직접재료원가 : 400,000원
· 직접노무원가 : 200,000원	· 직접노무원가 : 150,000원
· 제조간접원가 : 500,000원	· 제조간접원가 : (?)원

① 250,000원 ② 260,000원 ③ 275,000원 ④ 312,500원

13. 다음 중 부가가치세법상 과세기간에 대한 설명으로 옳지 않은 것은?

① 간이과세자의 과세기간은 1월 1일부터 12월 31일까지이다.

② 사업자가 폐업하는 경우의 과세기간은 폐업일이 속하는 과세기간의 개시일부터 폐업일까지로 한다.

③ 일반과세자가 간이과세자로 변경되는 경우에 그 변경되는 해의 간이과세자 과세기간은 7월 1일부터 12월 31일까지이다.

④ 간이과세자가 일반과세자로 변경되는 경우에 그 변경되는 해의 간이과세자 과세기간은 1월 1일부터 12월 31일까지이다.

14. 다음 중 세금계산서의 필요적 기재사항에 해당하지 않는 것은?

① 공급연월일

② 공급하는 사업자의 등록번호와 성명 또는 명칭

③ 공급받는자의 등록번호

④ 공급가액과 부가가치세액

15. 다음 중 부가가치세법에 따른 재화 또는 용역의 공급시기에 대한 설명으로 적절하지 않은 것은?

① 위탁판매의 경우 수탁자가 공급한 때이다.

② 상품권의 경우 상품권이 판매되는 때이다.

③ 장기할부판매의 경우 대가의 각 부분을 받기로 한 때이다.

④ 내국물품을 외국으로 반출하는 경우 수출재화를 선적하는 때이다.

109회 실무시험

정민상사㈜(회사코드:1093)는 전자제품의 제조 및 도·소매업을 영위하는 중소기업으로 당기(제11기)의 회계기간은 2025.1.1.~2025.12.31.이다. 전산세무회계 수험용 프로그램을 이용하여 다음 물음에 답하시오.

기본전제

· 문제에서 한국채택국제회계기준을 적용하도록 하는 전제조건이 없는 경우, 일반기업회계기준을 적용하여 회계처리 한다.
· 문제의 풀이와 답안작성은 제시된 문제의 순서대로 진행한다.

문제1 다음은 [기초정보관리] 및 [전기분재무제표]에 대한 자료이다. 각각의 요구사항에 대하여 답하시오. (10점)

[1] 다음 자료를 이용하여 [거래처등록] 메뉴에 등록하시오. (3점)

· 거래처코드 : 01230
· 사업자등록번호 : 107-36-25785
· 종목 : 사무기기
· 거래처명 : 태형상사
· 대표자 : 김상수
· 사업장주소 : 서울시 동작구 여의대방로10가길 1(신대방동)
· 유형 : 동시
· 업태 : 도소매
※ 주소 입력 시 우편번호 입력은 생략해도 무방함.

[2] 정민상사㈜의 전기말 거래처별 채권 및 채무의 올바른 잔액은 다음과 같다. 주어진 자료를 검토하여 잘못된 부분은 오류를 정정하고, 누락된 부분은 추가하여 입력하시오. (3점)

채권 및 채무	거래처	금액
받을어음	㈜원수	15,000,000원
	㈜케스터	2,000,000원
단기차입금	㈜이태백	10,000,000원
	㈜빛날통신	13,000,000원
	Champ사	12,000,000원

[3] 전기분 손익계산서를 검토한 결과 다음과 같은 오류가 발견되었다. 전기분재무제표 중 관련 재무제표를 모두 적절하게 수정 또는 삭제 및 추가입력하시오. (4점)

계정과목	오류내용
보험료	제조원가 1,000,000원을 판매비와관리비로 회계처리

문제 2 [일반전표입력] 메뉴를 이용하여 다음의 거래 자료를 입력하시오(일반전표입력의 모든 거래는 부가가치세를 고려하지 말 것). (18점)

입력시 유의사항

- 일반적인 적요의 입력은 생략하지만, 타계정 대체거래는 적요번호를 선택하여 입력한다.
- 채권·채무와 관련된 거래는 별도의 요구가 없는 한 반드시 기 등록되어 있는 거래처코드를 선택하는 방법으로 거래처명을 입력한다.
- 제조경비는 500번대 계정코드를, 판매비와 관리비는 800번대 계정코드를 사용한다.
- 회계처리 시 계정과목은 별도제시가 없는 한 등록되어 있는 계정과목 중 가장 적절한 과목으로 한다.

[1] 08월 20일 인근 주민센터에 판매용 제품(원가 2,000,000원, 시가 3,500,000원)을 기부하였다. (3점)

[2] 09월 02일 대주주인 전마나 씨로부터 차입한 단기차입금 20,000,000원 중 15,000,000원은 보통예금 계좌에서 이체하여 상환하고, 나머지 금액은 면제받기로 하였다. (3점)

[3] 10월 19일 ㈜용인의 외상매입금 2,500,000원에 대해 타인이 발행한 당좌수표 1,500,000원과 ㈜수원에 제품을 판매하고 받은 ㈜수원 발행 약속어음 1,000,000원을 배서하여 지급하다. (3점)

[4] 11월 06일 전월분 고용보험료를 다음과 같이 현금으로 납부하다(단, 하나의 전표로 처리하고, 회사부담금은 보험료로 처리할 것). (3점)

고용보험 납부내역				
사원명	소속	직원부담금	회사부담금	합계
김정직	제조부	180,000원	221,000원	401,000원
이성실	마케팅부	90,000원	110,500원	200,500원
합계		270,000원	331,500원	601,500원

[5] 11월 11일 영업부 직원에 대한 확정기여형(DC) 퇴직연금 7,000,000원을 하나은행 보통예금 계좌에서 이체하여 납입하였다. 이 금액에는 연금운용에 대한 수수료 200,000원이 포함되어 있다. (3점)

[6] 12월 03일 일시보유목적으로 취득하였던 시장성 있는 ㈜세무의 주식 500주(1주당 장부금액 8,000원, 1주당 액면금액 5,000원, 1주당 처분금액 10,000원)를 처분하고 수수료 250,000원을 제외한 금액을 보통예금 계좌로 이체받았다. (3점)

문제 3 [매입매출전표입력] 메뉴를 이용하여 다음의 거래 자료를 입력하시오. (18점)

― 입력시 유의사항 ―
- 일반적인 적요의 입력은 생략하지만, 타계정 대체거래는 적요번호를 선택하여 입력한다.
- 채권·채무와 관련된 거래는 별도의 요구가 없는 한 반드시 기 등록되어 있는 거래처코드를 선택하는 방법으로 거래처명을 입력한다.
- 제조경비는 500번대 계정코드를, 판매비와 관리비는 800번대 계정코드를 사용한다.
- 회계처리 시 계정과목은 별도제시가 없는 한 등록되어 있는 계정과목 중 가장 적절한 과목으로 한다.
- 입력화면 하단의 분개까지 처리하고, 세금계산서 및 계산서는 전자 여부를 입력하여 반영한다.

[1] 07월 28일 총무부 직원들의 야식으로 저팔계산업(일반과세자)에서 도시락을 주문하고, 하나카드로 결제하였다. (3점)

```
            신용카드매출전표
가 맹 점 명 : 저팔계산업
사업자번호 : 127-10-12343
대 표 자 명 : 김돈육
주      소 : 서울 마포구 상암동 332
롯 데 카 드 : 신용승인
거 래 일 시 : 2025-07-28 20:08:54
카 드 번 호 : 3256-6455-****-1324
유 효 기 간 : 12/24
가맹점번호 : 123412341
매  입  사 : 하나카드(전자서명전표)
    상품명             금액
   도시락세트         220,000
공 급 가 액  :   200,000
부 가 세 액  :    20,000
합      계  :   220,000
```

[2] 09월 03일 공장에서 사용하던 기계장치(취득가액 50,000,000원, 처분 시점까지의 감가상각누계액 38,000,000원)를 보람테크㈜에 처분하고 아래의 전자세금계산서를 발급하였다(당기의 감가상각비는 고려하지 말고 하나의 전표로 입력할 것). (3점)

전자세금계산서					승인번호	20250903-145654645-58811657		
공급자	등록번호	680-81-32549	종사업장번호		공급받는자	등록번호	110-81-02129	종사업장번호	
	상호(법인명)	정민상사㈜	성명	최정민		상호(법인명)	보람테크㈜	성명	김종대
	사업장주소	경기도 수원시 권선구 평동로79번길 45				사업장주소	경기도 안산시 단원구 광덕서로 100		
	업태	제조,도소매	종목	전자제품		업태	제조	종목	반도체
	이메일					이메일			
						이메일			
작성일자	공급가액		세액		수정사유	비고		
2025.09.03.	13,500,000		1,350,000		해당 없음			
월	일	품목	규격	수량	단가	공급가액	세액	비고
09	03	기계장치 매각				13,500,000	1,350,000	
합계금액		현금		수표		어음	외상미수금	위 금액을 (청구) 함
14,850,000		4,850,000					10,000,000	

[3] 09월 22일 마산상사로부터 원재료 5,500,000원(부가가치세 포함)을 구입하고 전자세금계산서를 발급받았다. 대금은 ㈜서울에 제품을 판매하고 받은 ㈜서울 발행 약속어음 2,000,000원을 배서하여 지급하고, 잔액은 외상으로 하다. (3점)

[4] 10월 31일 NICE Co.,Ltd의 해외수출을 위한 구매확인서에 따라 전자제품 100개(@700,000원)를 납품하고 영세율전자세금계산서를 발행하였다. 대금 중 50%는 보통예금 계좌로 입금받고 잔액은 1개월 후에 받기로 하다. (3점)

[5] 11월 04일 영업부 거래처의 직원에게 선물할 목적으로 선물세트를 외상으로 구입하고 아래와 같은 전자세금계산서를 발급받았다. (3점)

전자세금계산서						승인번호	20251104-15454645-58811889			
공급자	등록번호	113-18-77299		종사업장번호		공급받는자	등록번호	680-81-32549	종사업장번호	
	상호(법인명)	손오공상사	성명	황범식			상호(법인명)	정민상사㈜	성명	최정민
	사업장주소	서울특별시 서초구 명달로 102					사업장주소	경기도 수원시 권선구 평동로79번길 45		
	업태	도매	종목	잡화류			업태	제조,도소매	종목	전자제품
	이메일						이메일			
							이메일			
작성일자		공급가액		세액		수정사유		비고		
2025.11.04.		1,500,000		150,000		해당 없음				
월	일	품목	규격	수량	단가		공급가액	세액	비고	
11	04	선물세트		1	1,500,000		1,500,000	150,000		
합계금액		현금		수표		어음		외상미수금	위 금액을 (**청구**) 함	
1,650,000								1,650,000		

[6] 12월 05일 공장 신축 목적으로 취득한 토지의 토지정지 등을 위한 토목공사를 하고 ㈜만듬건설로부터 아래의 전자세금계산서를 발급받았다. 대금 지급은 기지급한 계약금 5,500,000원을 제외하고 외상으로 하였다. (3점)

전자세금계산서						승인번호	20251205-15454645-58811886			
공급자	등록번호	105-81-23608		종사업장번호		공급받는자	등록번호	680-81-32549	종사업장번호	
	상호(법인명)	㈜만듬건설	성명	다만듬			상호(법인명)	정민상사㈜	성명	최정민
	사업장주소	서울특별시 동작구 여의대방로 24가길 28					사업장주소	경기도 수원시 권선구 평동로79번길 45		
	업태	건설	종목	토목공사			업태	제조,도소매	종목	전자제품
	이메일						이메일			
							이메일			
작성일자		공급가액		세액		수정사유		비고		
2025.12.05.		50,000,000		5,000,000		해당 없음				
월	일	품목	규격	수량	단가		공급가액	세액	비고	
12	05	공장토지 토지정지 등			50,000,000		50,000,000	5,000,000		
합계금액		현금		수표		어음		외상미수금	위 금액을 (**청구**) 함	
55,000,000				5,500,000				49,500,000		

문제 4 [일반전표입력] 및 [매입매출전표입력] 메뉴에 입력된 내용 중 다음과 같은 오류가 발견되었다. 입력된 내용을 확인하여 정정하시오. (6점)

[1] 11월 10일 공장 에어컨 수리비로 가나상사에 보통예금 계좌에서 송금한 880,000원을 수선비로 회계처리 하였으나, 해당 수선비는 10월 10일 미지급금으로 회계처리한 것을 결제한 것이다. (3점)

[2] 12월 15일 당초 제품을 $10,000에 직수출하고 선적일 당시 환율 1,000원/$을 적용하여 제품매출 10,000,000원을 외상판매한 것으로 회계처리하였으나, 수출 관련 서류 검토 결과 직수출이 아니라 내국신용장에 의한 공급으로 ㈜강서기술에 전자영세율세금계산서를 발급한 외상매출인 것으로 확인되었다. (3점)

문제 5 결산정리사항은 다음과 같다. 관련 메뉴를 이용하여 결산을 완료하시오. (9점)

[1] 거래처 ㈜태명에 4월 1일 대여한 50,000,000원(상환회수일 2027년 3월 31일, 연 이자율 6%)에 대한 기간경과분 이자를 계상하다. 단, 이자는 월할 계산하고, 매년 3월 31일에 받기로 약정하였다. (3점)

[2] 제조공장의 창고 임차기간은 2025.04.01.~2026.03.31.으로 임차개시일에 임차료 3,600,000원을 전액 지급하고 즉시 당기 비용으로 처리하였다. 결산정리분개를 하시오. (3점)

[3] 당기 중 단기간 시세차익을 목적으로 시장성이 있는 유가증권을 75,000,000원에 취득하였다. 당기말 해당 유가증권의 시가는 73,000,000원이다. (3점)

문제 6 다음 사항을 조회하여 답안을 이론문제 답안작성 메뉴에 입력하시오. (9점)

[1] 2025년 상반기(1월~6월) 중 판매비및관리비의 급여 발생액이 가장 많은 월(月)과 가장 적은 월(月)의 차액은 얼마인가? (단, 양수로만 기재할 것) (3점)

[2] 일천상사에 대한 제품매출액은 3월 대비 4월에 얼마나 감소하였는가? (단, 음수로 입력하지 말 것) (3점)

[3] 2025년 제1기 예정신고기간(1월~3월) 중 ㈜서산상사에 발행한 세금계산서의 총발행매수와 공급가액은 얼마인가? (3점)

108회 이론시험

다음 문제를 보고 알맞은 것을 골라 **이론문제 답안작성** 메뉴에 입력하시오. (객관식 문항당 2점)

기본전제
문제에서 한국채택국제회계기준을 적용하도록 하는 전제조건이 없는 경우, 일반기업회계기준을 적용하여 회계처리 한다.

01. 자기주식을 취득가액보다 낮은 금액으로 처분한 경우, 다음 중 재무제표상 자기주식의 취득가액과 처분가액의 차액이 표기되는 항목으로 옳은 것은?

① 영업외비용 ② 자본잉여금 ③ 기타포괄손익누계액 ④ 자본조정

02. ㈜전주는 ㈜천안에 제품을 판매하기로 약정하고, 계약금으로 제3자인 ㈜철원이 발행한 당좌수표 100,000원을 받았다. 다음 중 회계처리로 옳은 것은?

① (차) 현금　　　100,000원　(대) 선수금　　100,000원
② (차) 당좌예금　100,000원　(대) 선수금　　100,000원
③ (차) 현금　　　100,000원　(대) 제품매출　100,000원
④ (차) 당좌예금　100,000원　(대) 제품매출　100,000원

03. 다음 중 기말재고자산을 실제보다 과대계상한 경우 재무제표에 미치는 영향으로 잘못된 것은?

① 자산이 실제보다 과대계상된다.
② 자본총계가 실제보다 과소계상된다.
③ 매출총이익이 실제보다 과대계상된다.
④ 매출원가가 실제보다 과소계상된다.

04. 다음 중 일반기업회계기준상 무형자산의 상각에 관한 내용으로 옳지 않은 것은?

① 무형자산의 상각방법은 정액법, 체감잔액법 등 합리적인 방법을 적용할 수 있으며, 합리적인 방법을 정할 수 없는 경우에는 정액법을 적용한다.
② 내부적으로 창출한 영업권은 원가의 신뢰성 문제로 인하여 자산으로 인정되지 않는다.
③ 무형자산의 상각기간은 독점적·배타적인 권리를 부여하고 있는 관계 법령이나 계약에 정해진 경우에도 20년을 초과할 수 없다.
④ 무형자산의 잔존가치는 없는 것을 원칙으로 하나, 예외도 존재한다.

05. 다음 자료를 이용하여 단기투자자산의 합계액을 계산한 것으로 옳은 것은?

| · 현금 5,000,000원 | · 1년 만기 정기예금 3,000,000원 | · 단기매매증권 4,000,000원 |
| · 당좌예금 3,000,000원 | · 우편환증서 50,000원 | · 외상매출금 7,000,000원 |

① 7,000,000원   ② 8,000,000원   ③ 10,000,000원   ④ 11,050,000원

06. 다음 중 비유동부채에 해당하는 것은 모두 몇 개인가?

| 가. 사채 | 나. 퇴직급여충당부채 |
| 다. 유동성장기부채 | 라. 선수금 |

① 1개   ② 2개   ③ 3개   ④ 4개

07. 일반기업회계기준에 근거하여 다음의 재고자산을 평가하는 경우 재고자산평가손익은 얼마인가?

상품명	기말재고수량	취득원가	추정판매가격 (순실현가능가치)
비누	100개	75,000원	65,000원
세제	200개	50,000원	70,000원

① 재고자산평가이익 3,000,000원
② 재고자산평가이익 4,000,000원
③ 재고자산평가손실 3,000,000원
④ 재고자산평가손실 1,000,000원

08. 다음 중 수익의 인식에 대한 설명으로 가장 옳은 것은?

① 시용판매의 경우 수익의 인식은 구매자의 구매의사 표시일이다.
② 예약판매계약의 경우 수익의 인식은 자산의 건설이 완료되어 소비자에게 인도한 시점이다.
③ 할부판매의 경우 수익의 인식은 항상 소비자로부터 대금을 회수하는 시점이다.
④ 위탁판매의 경우 수익의 인식은 위탁자가 수탁자에게 제품을 인도한 시점이다.

09. 당기의 원재료 매입액은 20억원이고, 기말 원재료 재고액이 기초 원재료 재고액보다 3억원이 감소한 경우, 당기의 원재료원가는 얼마인가?

① 17억원   ② 20억원   ③ 23억원   ④ 25억원

10. 다음 중 제조원가명세서의 구성요소로 옳은 것을 모두 고른 것은?

가. 기초재공품재고액	나. 기말원재료재고액
다. 기말제품재고액	라. 당기제품제조원가
마. 당기총제조비용	

① 가, 나   ② 가, 나, 라   ③ 가, 나, 다, 라   ④ 가, 나, 라, 마

11. 당사는 직접노무시간을 기준으로 제조간접원가를 배부하고 있다. 당기의 제조간접원가 실제 발생액은 500,000원이고, 예정배부율은 200원/직접노무시간이다. 당기의 실제 직접노무시간이 3,000시간일 경우, 다음 중 제조간접원가 배부차이로 옳은 것은?

① 100,000원 과대배부   ② 100,000원 과소배부
③ 200,000원 과대배부   ④ 200,000원 과소배부

12. 다음 중 종합원가계산에 대한 설명으로 옳지 않은 것은?

① 각 공정별로 원가가 집계되므로 원가에 대한 책임소재가 명확하다.
② 일반적으로 원가를 재료원가와 가공원가로 구분하여 원가계산을 한다.
③ 기말재공품이 존재하지 않는 경우 평균법과 선입선출법의 당기완성품원가는 일치한다.
④ 모든 제품 단위가 완성되는 시점을 별도로 파악하기가 어려우므로 인위적인 기간을 정하여 원가를 산정한다.

13. 다음 중 세금계산서 발급 의무가 면제되는 경우로 틀린 것은?
① 간주임대료
② 사업상 증여
③ 구매확인서에 의하여 공급하는 재화
④ 폐업시 잔존 재화

14. 다음 중 부가가치세법상 업종별 사업장의 범위로 맞지 않는 것은?
① 제조업은 최종제품을 완성하는 장소
② 사업장을 설치하지 않은 경우 사업자의 주소 또는 거소
③ 운수업은 개인인 경우 사업에 관한 업무를 총괄하는 장소
④ 부동산매매업은 법인의 경우 부동산의 등기부상 소재지

15. 다음 중 부가가치세에 대한 설명으로 옳지 않은 것은?
① 법률상 면세 대상으로 열거된 것을 제외한 모든 재화나 용역의 소비행위에 대하여 과세한다.
② 납세의무자는 개인사업자나 영리법인으로 한정되어 있다.
③ 매출세액에서 매입세액을 차감하여 납부(환급)세액을 계산한다.
④ 납세의무자는 재화 또는 용역을 공급하는 사업자이지만, 담세자는 최종소비자가 된다.

108회 실무시험

고성상사㈜(회사코드:1083)는 가방 등의 제조·도소매업 및 부동산임대업을 영위하는 중소기업으로 당기(제10기) 회계기간은 2025.1.1.~2025.12.31.이다. 전산세무회계 수험용 프로그램을 이용하여 다음 물음에 답하시오.

기본전제

- 문제에서 한국채택국제회계기준을 적용하도록 하는 전제조건이 없는 경우, 일반기업회계기준을 적용하여 회계처리 한다.
- 문제의 풀이와 답안작성은 제시된 문제의 순서대로 진행한다.

문제1 다음은 [기초정보관리] 및 [전기분재무제표]에 대한 자료이다. 각각의 요구사항에 대하여 답하시오. (10점)

[1] [거래처등록] 메뉴를 이용하여 다음의 신규 거래처를 추가로 등록하시오. (3점)

- 거래처코드 : 3000
- 사업자등록번호 : 108-81-13579
- 유형 : 동시
- 거래처명 : ㈜나우전자
- 업태 : 제조
- 사업장주소 : 서울특별시 서초구 명달로 104(서초동)
- 대표자 : 김나우
- 종목 : 전자제품

※ 주소 입력 시 우편번호 입력은 생략해도 무방함.

[2] 다음 자료를 이용하여 [계정과목및적요등록]을 하시오. (3점)

- 계정과목 : 퇴직연금운용자산
- 대체적요 1. 제조 관련 임직원 확정급여형 퇴직연금부담금 납입

[3] 전기분 재무상태표 작성 시 기업은행의 단기차입금 20,000,000원을 신한은행의 장기차입금으로 잘못 분류하였다. [전기분재무상태표] 및 [거래처별초기이월]을 수정, 삭제 또는 추가입력하시오. (4점)

문제2 [일반전표입력] 메뉴를 이용하여 다음의 거래 자료를 입력하시오(일반전표입력의 모든 거래는 부가가치세를 고려하지 말 것). (18점)

입력시 유의사항

- 일반적인 적요의 입력은 생략하지만, 타계정 대체거래는 적요번호를 선택하여 입력한다.
- 채권·채무와 관련된 거래는 별도의 요구가 없는 한 반드시 기 등록되어 있는 거래처코드를 선택하는 방법으로 거래처명을 입력한다.
- 제조경비는 500번대 계정코드를, 판매비와 관리비는 800번대 계정코드를 사용한다.
- 회계처리 시 계정과목은 별도제시가 없는 한 등록되어 있는 계정과목 중 가장 적절한 과목으로 한다.

[1] 08월 01일 미국은행으로부터 2024년 10월 31일에 차입한 외화장기차입금 중 $30,000를 상환하기 위하여 보통예금 계좌에서 39,000,000원을 이체하여 지급하였다. 일자별 적용환율은 아래와 같다. (3점)

2024.10.31. (차입일)	2024.12.31. (직전연도 종료일)	2025.08.01. (상환일)
1,210/$	1,250/$	1,300/$

[2] 08월 12일 금융기관으로부터 매출거래처인 ㈜모모가방이 발행한 어음 50,000,000원이 부도처리되었다는 통보를 받았다. (3점)

[3] 08월 23일 임시주주총회에서 6월 29일 결의하고 미지급한 중간배당금 10,000,000원에 대하여 원천징수세액 1,540,000원을 제외한 금액을 보통예금 계좌에서 지급하였다. (3점)

[4] 08월 31일 제품의 제조공장에서 사용할 기계장치(공정가치 5,500,000원)를 대주주로부터 무상으로 받았다. (3점)

[5] 09월 11일 단기매매차익을 목적으로 주권상장법인인 ㈜대호전자의 주식 2,000주를 1주당 2,000원(1주당 액면금액 1,000원)에 취득하고, 증권거래수수료 10,000원을 포함한 대금을 모두 보통예금 계좌에서 지급하였다. (3점)

[6] 09월 13일 ㈜다원의 외상매출금 4,000,000원 중 1,000,000원은 현금으로 받고, 나머지 잔액은 ㈜다원이 발행한 약속어음으로 받았다. (3점)

문제 3 다음 거래 자료를 [매입매출전표입력] 메뉴에 입력하시오. (18점)

입력시 유의사항

- 일반적인 적요의 입력은 생략하지만, 타계정 대체거래는 적요번호를 선택하여 입력한다.
- 채권·채무와 관련된 거래는 별도의 요구가 없는 한 반드시 기 등록되어 있는 거래처코드를 선택하는 방법으로 거래처명을 입력한다.
- 제조경비는 500번대 계정코드를, 판매비와 관리비는 800번대 계정코드를 사용한다.
- 회계처리 시 계정과목은 별도제시가 없는 한 등록되어 있는 계정과목 중 가장 적절한 과목으로 한다.
- 입력화면 하단의 분개까지 처리하고, 세금계산서 및 계산서는 전자 여부를 입력하여 반영한다.

[1] 07월 13일 ㈜남양가방에 제품을 판매하고, 대금은 신용카드(비씨카드)로 결제받았다(단, 신용카드 판매액은 매출채권으로 처리할 것). (3점)

신용카드 매출전표			
결제정보			
카드종류	비씨카드	카드번호	1234-5050-4646-8525
거래종류	신용구매	거래일시	2025-07-13
할부개월	0	승인번호	98465213
구매정보			
주문번호	511-B	과세금액	5,000,000원
구매자명	㈜남양가방	비과세금액	0원
상품명	크로스백	부가세	500,000원
		합계금액	5,500,000원
이용상점정보			
판매자상호		㈜남양가방	
판매자 사업자등록번호		105-81-23608	
판매자 주소		서울특별시 동작구 여의대방로 28	

[2] 09월 05일 특별주문제작하여 매입한 기계장치가 완성되어 특수운송전문업체인 쾌속운송을 통해 기계장치를 인도받았다. 운송비 550,000원(부가가치세 포함)을 보통예금 계좌에서 이체하여 지급하고 쾌속운송으로부터 전자세금계산서를 수취하였다. (3점)

[3] 09월 06일 정도정밀로부터 제품임가공계약에 따른 제품을 납품받고 전자세금계산서를 수취하였다. 제품임가공비용은 10,000,000원(부가가치세 별도)이며, 전액 보통예금 계좌에서 이체하여 지급하였다(단, 제품임가공비용은 외주가공비 계정으로 처리할 것). (3점)

[4] 09월 25일 제조공장 인근 육군부대에 3D프린터기를 외상으로 구입하여 기증하였고, 아래와 같은 전자세금계산서를 발급받았다. (3점)

전자세금계산서						승인번호	20250925 - 15454645 - 58811889			
공급자	등록번호	220-81-55976		종사업장번호		공급받는자	등록번호	128-81-32658	종사업장번호	
	상호(법인명)	㈜목포전자		성명	정찬호		상호(법인명)	고성상사㈜	성명	현정민
	사업장주소	서울특별시 서초구 명달로 101					사업장주소	서울시 중구 창경궁로5다길 13-4		
	업태	도소매	종목	전자제품			업태	제조,도소매	종목	가방 등
	이메일						이메일			
							이메일			
작성일자		공급가액		세액		수정사유	비고			
2025-09-25		3,500,000원		350,000원		해당 없음				

월	일	품목	규격	수량	단가	공급가액	세액	비고
09	25	3D 프린터		1	3,500,000원	3,500,000원	350,000원	

합계금액	현금	수표	어음	외상미수금	위 금액을 (**청구**) 함
3,850,000원				3,850,000원	

[5] 10월 06일 본사 영업부에서 사용할 복합기를 구입하고, 대금은 하나카드로 결제하였다. (3점)

매출전표

단말기번호 A - 1000 전표번호 56421454
회원번호(CARD NO)
3152-3155-****-****

카드종류	유효기간	거래일자
하나카드	12/25	2025.10.06.

거래유형	취소시 원 거래일자
신용구매	

결제방법	판 매 금 액	1,500,000원
일시불	부 가 가 치 세	150,000원
매입처	봉 사 료	
매입사제출	합 계(TOTAL)	1,650,000원

전표매입사	승인번호(APPROVAL NO)
하나카드	35745842

가맹점명	가맹점번호
㈜ok사무	5864112
대표자명	사업자번호
김사무	204-81-76697

주소
경기도 화성시 동탄대로 537, 101호

서명(SIGNATURE)
고성상사(주)

[6] 12월 01일 ㈜국민가죽으로부터 고급핸드백 가방 제품의 원재료인 양가죽을 매입하고, 아래의 전자세금계산서를 수취하였다. 부가가치세는 현금으로 지급하였으며, 나머지는 외상거래이다. (3점)

전자세금계산서					승인번호	20251201 - 15454645 - 58811886		
공급자	등록번호	204-81-35774	종사업장번호		공급받는자	등록번호	128-81-32658	종사업장번호	
	상호(법인명)	㈜국민가죽	성명	김국민		상호(법인명)	고성상사㈜	성명	현정민
	사업장주소	경기도 안산시 단원구 석수로 555				사업장주소	서울시 중구 창경궁로5다길 13-4		
	업태	도소매	종목	가죽		업태	제조,도소매	종목	가방 등
	이메일					이메일			
						이메일			
작성일자	공급가액		세액		수정사유		비고		
2025-12-01	2,500,000원		250,000원		해당 없음				
월	일	품목	규격	수량	단가	공급가액	세액	비고
12	01	양가죽			2,500,000원	2,500,000원	250,000원	
합계금액		현금		수표		어음		외상미수금	위 금액을 (**청구**) 함
2,750,000원		250,000원						2,500,000원	

문제 4 [일반전표입력] 및 [매입매출전표입력] 메뉴에 입력된 내용 중 다음과 같은 오류가 발견되었다. 입력된 내용을 확인하여 정정하시오. (6점)

[1] 07월 22일 제일자동차로부터 영업부의 업무용승용차(공급가액 15,000,000원, 부가가치세 별도)를 구입하여 대금은 전액 보통예금 계좌에서 지급하고 전자세금계산서를 받았다. 해당 업무용승용차의 배기량은 1,990cc이나 회계담당자는 990cc로 판단하여 부가가치세를 공제받는 것으로 회계처리하였다. (3점)

[2] 09월 15일 매출거래처 ㈜댕댕오디오의 파산선고로 인하여 외상매출금 3,000,000원을 회수불능으로 판단하고 전액 대손상각비로 대손처리하였으나, 9월 15일 파산선고 당시 외상매출금에 관한 대손충당금 잔액 1,500,000원이 남아있던 것으로 확인되었다. (3점)

문제 5 결산정리사항은 다음과 같다. 관련 메뉴를 이용하여 결산을 완료하시오. (9점)

[1] 2025년 9월 16일에 지급된 2,550,000원은 그 원인을 알 수 없어 가지급금으로 처리하였던바, 결산일인 12월 31일에 2,500,000원은 하나무역의 외상매입금을 상환한 것으로 확인되었으며 나머지 금액은 그 원인을 알 수 없어 당기 비용(영업외비용)으로 처리하기로 하였다. (3점)

[2] 결산일 현재 필립전자에 대한 외화 단기대여금($30,000)의 잔액은 60,000,000원이다. 결산일 현재 기준환율은 $1당 2,200원이다(단, 외화 단기대여금도 단기대여금 계정과목을 사용할 것). (3점)

[3] 대손충당금은 결산일 현재 미수금(기타 채권은 제외)에 대하여만 1%를 설정한다. 보충법에 의하여 대손충당금 설정 회계처리를 하시오(단, 대손충당금 설정에 필요한 정보는 관련 데이터를 조회하여 사용할 것). (3점)

문제 6 다음 사항을 조회하여 답안을 이론문제 답안작성 메뉴에 입력하시오. (9점)

[1] 당해연도 제1기 부가가치세 예정신고기간(1월~3월) 중 카드과세매출의 공급대가 합계액은 얼마인가? (3점)

[2] 2025년 6월의 영업외비용 총지출액은 얼마인가? (3점)

[3] 2025년 제1기 부가가치세 확정신고기간의 공제받지못할매입세액은 얼마인가? (3점)

107회 이론시험

다음 문제를 보고 알맞은 것을 골라 이론문제 답안작성 메뉴에 입력하시오. (객관식 문항당 2점)

기본전제

문제에서 한국채택국제회계기준을 적용하도록 하는 전제조건이 없는 경우, 일반기업회계기준을 적용하여 회계처리 한다.

01. 다음 중 재무제표에 대한 설명으로 가장 올바른 것은?
① 자산은 현재 사건의 결과로 기업이 통제하고 있고 미래경제적효익이 기업에 유입될 것으로 기대되는 자원이다.
② 부채는 과거 사건에 의하여 발생하였으며, 경제적효익이 기업으로부터 유출됨으로써 이행될 것으로 기대되는 미래의무이다.
③ 수익은 자산의 유입 또는 부채의 감소에 따라 자본의 증가를 초래하는 특정 회계기간 동안에 발생한 경제적효익의 증가로서 지분참여자에 대한 출연과 관련된 것은 제외한다.
④ 비용은 자산의 유출 또는 부채의 증가에 따라 자본의 감소를 초래하는 특정 회계기간 동안에 발생한 경제적효익의 감소로서 지분참여자에 대한 분배를 제외하며, 정상영업활동의 일환이나 그 이외의 활동에서 발생할 수 있는 차손은 포함하지 않는다.

02. 다음 중 기말재고자산의 수량 결정 방법으로 옳은 것을 모두 고른 것은?

| 가. 총평균법 | 나. 계속기록법 | 다. 선입선출법 | 라. 후입선출법 | 마. 실지재고조사법 |

① 가, 다   ② 나, 마   ③ 가, 나, 다   ④ 다, 라, 마

03. 기업이 보유하고 있는 수표 중 현금및현금성자산으로 분류되지 아니하는 것은?
① 선일자수표   ② 당좌수표   ③ 타인발행수표   ④ 자기앞수표

04. 다음 중 유형자산에 대한 설명으로 옳은 것은?

① 기업이 보유하고 있는 토지는 기업의 보유목적에 상관없이 모두 유형자산으로 분류된다.

② 유형자산의 취득 시 발생한 부대비용은 취득원가로 처리한다.

③ 유형자산을 취득한 후에 발생하는 모든 지출은 발생 시 당기 비용으로 처리한다.

④ 모든 유형자산은 감가상각을 한다.

05. 다음은 ㈜한국의 단기매매증권 관련 자료이다. ㈜한국의 당기 손익계산서에 반영되는 영업외손익의 금액은 얼마인가?

> · A사 주식의 취득원가는 500,000원이고, 기말공정가액은 700,000원이다.
> · B사 주식의 취득원가는 300,000원이고, 기말공정가액은 200,000원이다.
> · 당기 중 A사로부터 현금배당금 50,000원을 받았다.
> · 당기 초 250,000원에 취득한 C사 주식을 당기 중 300,000원에 처분하였다.

① 200,000원 ② 250,000원 ③ 300,000원 ④ 400,000원

06. 다음 중 사채의 발행과 관련한 내용으로 옳은 것은?

① 사채를 할인발행한 경우 매년 액면이자는 동일하다.

② 사채를 할증발행한 경우 매년 유효이자(시장이자)는 증가한다.

③ 사채발행 시 발행가액에서 사채발행비를 차감하지 않고 사채의 차감계정으로 처리한다.

④ 사채의 할인발행 또는 할증발행 시 발행차금의 상각액 또는 환입액은 매년 감소한다.

07. 다음 중 계정과목과 자본 항목의 분류가 올바르게 연결된 것은?

① 주식발행초과금 : 이익잉여금   ② 자기주식처분손실 : 자본조정

③ 자기주식 : 자본잉여금   ④ 매도가능증권평가손익 : 자본조정

08. 유형자산의 자본적지출을 수익적지출로 잘못 처리했을 경우, 당기의 당기순이익과 차기의 당기순이익에 미치는 영향으로 올바른 것은?

	당기 당기순이익	차기 당기순이익
①	과대	과소
②	과소	과소
③	과소	과대
④	과대	과대

09. 다음 중 매몰원가에 해당하지 않는 것은?
① 전기승용차 구입 결정을 함에 있어 사용하던 승용차 처분 시 기존 승용차의 취득원가
② 과거 의사결정으로 발생한 원가로 향후 의사결정을 통해 회수할 수 없는 취득원가
③ 사용하고 있던 기계장치의 폐기 여부를 결정할 때, 해당 기계장치의 취득원가
④ 공장의 원재료 운반용 화물차를 판매 제품의 배송용으로 전환하여 사용할지 여부를 결정할 때, 새로운 화물차의 취득가능금액

10. 다음 중 제조원가에 관한 설명으로 옳지 않은 것은?
① 간접원가는 제조과정에서 발생하는 원가이지만 특정 제품 또는 특정 부문에 직접 추적할 수 없는 원가를 의미한다.
② 조업도의 증감에 따라 총원가가 증감하는 원가를 변동원가라 하며, 직접재료원가와 직접노무원가가 여기에 속한다.
③ 고정원가는 관련범위 내에서 조업도가 증가할수록 단위당 고정원가가 감소한다.
④ 변동원가는 관련범위 내에서 조업도가 증가할수록 단위당 변동원가가 증가한다.

11. ㈜대한은 평균법에 의한 종합원가계산을 채택하고 있다. 재료원가는 공정 초기에 모두 투입되며, 가공원가는 공정 전반에 걸쳐 고르게 투입되는 경우 완성품환산량으로 맞는 것은?

· 기초재공품 : 100개(완성도 50%) · 당기착수수량 : 2,000개
· 당기완성수량 : 1,800개 · 기말재공품 : 300개(완성도 70%)

	재료원가 완성품환산량	가공원가 완성품환산량
①	2,100개	2,010개
②	2,100개	2,100개
③	2,100개	1,960개
④	2,100개	1,950개

12. 다음은 제조기업의 원가 관련 자료이다. 매출원가 금액으로 옳은 것은?

- 당기총제조원가 1,500,000원
- 기초제품재고액 800,000원
- 기말제품재고액 300,000원
- 기초재공품재고액 500,000원
- 기말재공품재고액 1,300,000원
- 직접재료원가 700,000원

① 700,000원　② 800,000원　③ 1,200,000원　④ 2,000,000원

13. 다음 중 부가가치세법상 면세에 해당하지 않는 것은?

① 도서대여 용역
② 여성용 생리 처리 위생용품
③ 주무관청에 신고된 학원의 교육 용역
④ 개인택시운송사업의 여객운송 용역

14. 다음 중 부가가치세 신고와 납부에 대한 설명으로 옳지 않은 것은?

① 간이과세를 포기하는 경우 포기신고일이 속하는 달의 마지막 날로부터 25일 이내에 신고, 납부하여야 한다.
② 확정신고를 하는 경우 예정신고 시 신고한 과세표준은 제외하고 신고하여야 한다.
③ 신규로 사업을 시작하는 경우 사업개시일이 속하는 과세기간의 종료일로부터 25일 이내에 신고, 납부하여야 한다.
④ 폐업하는 경우 폐업일로부터 25일 이내에 신고, 납부하여야 한다.

15. 다음 중 부가가치세법상 법인사업자의 사업자등록 정정 사유가 아닌 것은?

① 사업의 종류에 변경이 있는 때
② 상호를 변경하는 때
③ 주주가 변동되었을 때
④ 사업장을 이전할 때

107회 실무시험

세무사랑㈜(회사코드:1073)은 부동산임대업 및 전자제품의 제조·도소매업을 영위하는 중소기업으로 당기(제11기) 회계기간은 2025.1.1.~2025.12.31.이다. 전산세무회계 수험용 프로그램을 이용하여 다음 물음에 답하시오.

기본전제
· 문제에서 한국채택국제회계기준을 적용하도록 하는 전제조건이 없는 경우, 일반기업회계기준을 적용하여 회계처리 한다.
· 문제의 풀이와 답안작성은 제시된 문제의 순서대로 진행한다.

문제1 다음은 [기초정보관리] 및 [전기분재무제표]에 대한 자료이다. 각각의 요구사항에 대하여 답하시오. (10점)

[1] 다음 자료를 이용하여 [계정과목 및 적요등록] 메뉴에서 견본비(판매비및일반관리비) 계정과목의 현금적요를 추가로 등록하시오. (3점)

· 코드 : 842   · 계정과목 : 견본비   · 현금적요 : NO.2 전자제품 샘플 제작비 지급

[2] 세무사랑㈜의 기초 채권 및 채무의 올바른 잔액은 다음과 같다. 주어진 자료를 검토하여 잘못된 부분은 오류를 정정하고, 누락된 부분은 추가하여 입력하시오. (3점)

계정과목	거래처	금액
외상매출금	㈜홍금전기	30,000,000원
	㈜금강기업	10,000,000원
외상매입금	삼신산업	30,000,000원
	하나무역	26,000,000원
받을어음	㈜대호전자	25,000,000원

[3] 전기분 재무제표 중 아래의 계정과목에서 다음과 같은 오류를 발견하였다. 관련 재무제표를 적절하게 수정하시오. (4점)

계정과목	관련 부서	수정 전 잔액	수정 후 잔액
전력비	생산부	2,000,000원	4,200,000원
수도광열비	영업부	3,000,000원	1,100,000원

문제 2 다음의 거래 자료를 [일반전표입력] 메뉴를 이용하여 입력하시오(일반전표입력의 모든 거래는 부가가치세를 고려하지 말 것). (18점)

> **입력시 유의사항**
> - 일반적인 적요의 입력은 생략하지만, 타계정 대체거래는 적요번호를 선택하여 입력한다.
> - 채권·채무와 관련된 거래는 별도의 요구가 없는 한 반드시 기 등록되어 있는 거래처코드를 선택하는 방법으로 거래처명을 입력한다.
> - 제조경비는 500번대 계정코드를, 판매비와 관리비는 800번대 계정코드를 사용한다.
> - 회계처리 시 계정과목은 별도제시가 없는 한 등록되어 있는 계정과목 중 가장 적절한 과목으로 한다.

[1] 07월 03일 영업부 사무실로 사용하기 위하여 세무빌딩과 사무실 임대차계약을 체결하고, 보증금 6,000,000원 중 계약금 600,000원을 보통예금(우리은행) 계좌에서 이체하여 지급하였다. 잔금은 다음 달에 지급하기로 하였다. (3점)

[2] 08월 01일 하나카드의 7월분 매출대금 3,500,000원에서 가맹점수수료 2%를 차감한 금액이 당사의 보통예금 계좌로 입금되었다(단, 신용카드 매출대금은 외상매출금으로 처리하고 있다). (3점)

[3] 08월 16일 영업부 직원의 퇴직으로 인해 발생한 퇴직금은 8,800,000원이다. 당사는 모든 직원에 대해 전액 확정급여형(DB형) 퇴직연금에 가입하고 있으며, 현재 퇴직연금운용자산의 잔액은 52,000,000원이다. 단, 퇴직급여충당부채와 퇴직연금충당부채는 설정하지 않았다. (3점)

[4] 08월 23일 나라은행으로부터 차입한 대출금 20,000,000원(대출기간 : 2023.01.01.~2026.12.31.)을 조기 상환하기로 하고, 이자 200,000원과 함께 보통예금 계좌에서 이체하여 지급하다. (3점)

[5] 11월 05일 ㈜다원의 제품매출 외상대금 4,000,000원 중 3,000,000원은 동점 발행 약속어음으로 받고, 1,000,000원은 금전소비대차계약(1년 대여)으로 전환하였다. (3점)

[6] 11월 20일 사업용 중고트럭 취득과 관련된 취득세 400,000원을 현금으로 납부하였다. (3점)

문제 3 다음 거래 자료를 [매입매출전표입력] 메뉴에 입력하시오. (18점)

입력시 유의사항

- 일반적인 적요의 입력은 생략하지만, 타계정 대체거래는 적요번호를 선택하여 입력한다.
- 채권·채무와 관련된 거래는 별도의 요구가 없는 한 반드시 기 등록되어 있는 거래처코드를 선택하는 방법으로 거래처명을 입력한다.
- 제조경비는 500번대 계정코드를, 판매비와 관리비는 800번대 계정코드를 사용한다.
- 회계처리 시 계정과목은 별도제시가 없는 한 등록되어 있는 계정과목 중 가장 적절한 과목으로 한다.
- 입력화면 하단의 분개까지 처리하고, 세금계산서 및 계산서는 전자 여부를 입력하여 반영한다.

[1] 08월 17일 구매확인서에 의해 수출용 제품의 원재료를 ㈜직지상사로부터 매입하고 영세율전자세금계산서를 발급받았다. 매입대금 중 10,000,000원은 외상으로 하고, 나머지 금액은 당사가 발행한 3개월 만기 약속어음으로 지급하였다. (3점)

영세율전자세금계산서

승인번호				20250817-15454645-58811574					

	등록번호	136-81-29187	종사업장번호				등록번호	123-81-95681	종사업장번호	
공급자	상호(법인명)	㈜직지상사	성명	나인세		공급받는자	상호(법인명)	세무사랑㈜	성명	이진우
	사업장주소	서울특별시 동작구 여의대방로 35					사업장주소	울산광역시 중구 종가로 405-3		
	업태	도소매	종목	전자제품			업태	제조 외	종목	전자제품 외
	이메일						이메일			
							이메일			

작성일자	공급가액	세액	수정사유	비고
2025-08-17	15,000,000원	0원	해당 없음	

월	일	품목	규격	수량	단가	공급가액	세액	비고
08	17	원재료			15,000,000원	15,000,000원		

합계금액	현금	수표	어음	외상미수금	위 금액을 (청구) 함
15,000,000원			5,000,000원	10,000,000원	

[2] 08월 28일 제조부 직원들에게 지급할 작업복을 이진컴퍼니로부터 공급가액 1,000,000원(부가가치세 별도)에 외상으로 구입하고 종이세금계산서를 발급받았다. (3점)

[3] 09월 15일 우리카센타에서 공장용 화물트럭을 수리하고 수리대금 242,000원(부가가치세 포함)은 현금으로 결제하면서 지출증빙용 현금영수증을 받았다(단, 수리대금은 차량유지비로 처리할 것). (3점)

[4] 09월 27일 인사부가 사용할 직무역량 강화용 책을 ㈜대한도서에서 구입하면서 전자계산서를 수취하고 대금은 외상으로 하다. (3점)

전자계산서					승인번호		20250927-15454645-58811886		
공급자	등록번호	120-81-32052	종사업장번호		공급받는자	등록번호	123-81-95681	종사업장번호	
	상호(법인명)	㈜대한도서	성명	박대한		상호(법인명)	세무사랑㈜	성명	이진우
	사업장주소	인천시 남동구 서해2길				사업장주소	울산광역시 중구 종가로 405-3		
	업태	도소매	종목	도서		업태	제조	종목	전자제품
	이메일					이메일			
						이메일			
작성일자		공급가액		수정사유			비고		
2025-09-27		200,000원		해당 없음					
월	일	품목		규격	수량	단가	공급가액		비고
09	27	도서(직장생활 노하우 외)				200,000원	200,000원		
합계금액		현금		수표		어음	외상미수금	위 금액을 (**청구**) 함	
200,000원							200,000원		

[5] 09월 30일 ㈜세무렌트로부터 영업부에서 거래처 방문용으로 사용하는 승용차(배기량 2,000cc, 5인승)의 당월분 임차료에 대한 전자세금계산서를 수취하였다. 당월분 임차료는 다음 달에 결제될 예정이다. (3점)

전자세금계산서					승인번호		20250930-15454645-58811886			
공급자	등록번호	105-81-23608	종사업장번호		공급받는자	등록번호	123-81-95681	종사업장번호		
	상호(법인명)	㈜세무렌트	성명	왕임차		상호(법인명)	세무사랑㈜	성명	이진우	
	사업장주소	서울시 강남구 강남대로 8				사업장주소	울산광역시 중구 종가로 405-3			
	업태	서비스	종목	임대		업태	제조	종목	전자제품	
	이메일					이메일				
						이메일				
작성일자		공급가액		세액		수정사유		비고		
2025-09-30		700,000원		70,000원		해당 없음				
월	일	품목		규격	수량	단가	공급가액	세액		비고
09	30	차량렌트대금(5인승)		2,000cc	1	700,000원	700,000원	70,000원		
합계금액		현금		수표		어음	외상미수금	위 금액을 (**청구**) 함		
770,000원							770,000원			

[6] 10월 15일 우리자동차㈜에 공급한 제품 중 일부가 불량으로 판정되어 반품 처리되었으며, 수정전자세금계산서를 발행하였다. 대금은 해당 매출 관련 외상매출금과 상계하여 처리하기로 하였다(단, 음수(-)로 회계처리할 것). (3점)

전자세금계산서					승인번호		20251015-58754645-58811367	
공급자	등록번호	123-81-95681	종사업장번호		공급받는자	등록번호	130-86-55834	종사업장번호	
	상호(법인명)	세무사랑㈜	성명	이진우		상호(법인명)	우리자동차㈜	성명	신방자
	사업장주소	울산광역시 중구 종가로 405-3				사업장주소	서울특별시 강남구 논현로 340		
	업태	제조	종목	전자제품		업태	제조	종목	자동차(완성차)
	이메일					이메일			
						이메일			
작성일자		공급가액		세액		수정사유		비고	
2025-10-15		-10,000,000원		-1,000,000원		일부 반품		품질 불량으로 인한 반품	
월	일	품목	규격	수량	단가		공급가액	세액	비고
10	15	제품					-10,000,000원	-1,000,000원	
합계금액		현금		수표		어음	외상미수금	위 금액을 **(청구)** 함	
-11,000,000원							-11,000,000원		

문제 4 [일반전표입력] 및 [매입매출전표입력] 메뉴에 입력된 내용 중 다음과 같은 오류가 발견되었다. 입력된 내용을 확인하여 정정하시오. (6점)

[1] 07월 06일 ㈜상문의 외상매입금 3,000,000원을 보통예금 계좌에서 이체한 것이 아니라 제품을 판매하고 받은 상명상사 발행 약속어음 3,000,000원을 배서하여 지급한 것으로 밝혀졌다. (3점)

[2] 12월 13일 영업부 사무실의 전기요금 121,000원(공급대가)을 현금 지급한 것으로 일반전표에 회계처리 하였으나, 이는 제조공장에서 발생한 전기요금으로 한국전력공사로부터 전자세금계산서를 수취한 것으로 확인되었다. (3점)

문제 5 결산정리사항은 다음과 같다. 해당 메뉴에 입력하시오. (9점)

[1] 결산일을 기준으로 대한은행의 장기차입금 50,000,000원에 대한 상환기일이 1년 이내에 도래할 것으로 확인되었다. (3점)

[2] 무형자산인 특허권(내용연수 5년, 정액법)의 전기 말 상각후잔액은 24,000,000원이다. 특허권은 2024년 1월 10일에 취득하였으며, 매년 법정 상각범위액까지 무형자산상각비로 인식하고 있다. 특허권에 대한 당기분 무형자산상각비(판)를 계상하시오. (3점)

[3] 당기 법인세비용은 13,500,000원으로 산출되었다(단, 법인세 중간예납세액은 선납세금을 조회하여 처리할 것). (3점)

문제 6 다음 사항을 조회하여 답안을 이론문제 답안작성 메뉴에 입력하시오. (9점)

[1] 6월 30일 현재 현금및현금성자산의 전기말 현금및현금성자산 대비 증감액은 얼마인가? 단, 감소한 경우에도 음의 부호(-)를 제외하고 양수로만 입력하시오. (3점)

[2] 2025년 제1기 부가가치세 확정신고기간(04.01.~ 06.30.)의 매출액 중 세금계산서발급분 공급가액의 합계액은 얼마인가? (3점)

[3] 6월(6월 1일~6월 30일) 중 지예상사에 대한 외상매입금 결제액은 얼마인가? (3점)

106회 이론시험

다음 문제를 보고 알맞은 것을 골라 [이론문제 답안작성] 메뉴에 입력하시오. (객관식 문항당 2점)

기본전제
문제에서 한국채택국제회계기준을 적용하도록 하는 전제조건이 없는 경우, 일반기업회계기준을 적용하여 회계처리 한다.

01. 다음 중 회계정보의 질적특성과 관련된 설명으로 잘못된 것은?
① 유형자산을 역사적 원가로 평가하면 측정의 신뢰성은 저하되나 목적적합성은 제고된다.
② 회계정보는 기간별 비교가 가능해야 하고, 기업실체간 비교가능성도 있어야 한다.
③ 회계정보의 질적특성은 회계정보의 유용성을 판단하는 기준이 된다.
④ 회계정보가 갖추어야 할 가장 중요한 질적특성은 목적적합성과 신뢰성이다.

02. 다음 중 재무상태표가 제공할 수 있는 재무정보로 올바르지 않은 것은?
① 타인자본에 대한 정보
② 자기자본에 대한 정보
③ 자산총액에 대한 정보
④ 경영성과에 관한 정보

03. 다음 중 유형자산의 취득원가에 포함하지 않는 것은?
① 토지의 취득세
② 새로운 상품과 서비스를 소개하는데 소요되는 원가
③ 유형자산의 취득과 관련하여 불가피하게 매입한 국공채의 매입금액과 현재가치와의 차액
④ 설계와 관련하여 전문가에게 지급하는 수수료

04. 다음 중 유가증권과 관련한 내용으로 가장 옳은 것은?
① 만기보유증권은 유가증권 형태상 주식 및 채권에 적용된다.
② 매도가능증권은 만기가 1년 이상인 경우에 투자자산으로 분류하며 주식 형태만 가능하다.
③ 단기매매증권은 주식 및 채권에 적용되며 당좌자산으로 분류한다.
④ 만기보유증권은 주식에만 적용되며 투자자산으로 분류한다.

05. 다음 중 자본조정항목으로 분류할 수 없는 계정과목은?

① 감자차익 ② 주식할인발행차금
③ 자기주식 ④ 자기주식처분손실

06. 다음 중 수익의 측정에 대한 설명으로 옳지 않은 것은?

① 로열티수익은 관련된 계약의 경제적 실질을 반영하여 발생기준에 따라 인식한다.
② 이자수익은 원칙적으로 유효이자율을 적용하여 발생기준에 따라 인식한다.
③ 배당금수익은 배당금을 받을 권리와 금액이 확정되는 시점에 인식한다.
④ 수익은 권리의무확정주의에 따라 합리적으로 인식한다.

07. 다음 자료에 의할 때 당기의 매출원가는 얼마인가?

· 기초상품재고액	500,000원	· 기말상품재고액	1,500,000원
· 매입에누리금액	750,000원	· 총매입액	8,000,000원
· 타계정대체금액	300,000원	· 판매대행수수료	1,100,000원

① 7,050,000원 ② 6,950,000원 ③ 6,250,000원 ④ 5,950,000원

08. ㈜연무는 2025년 12월 26일 거래처에 상품을 인도하였으나 상품 판매대금 전액이 2026년 1월 5일에 입금되어 동일자에 전액 수익으로 인식하였다. 위 회계처리가 2025년도의 재무제표에 미치는 영향으로 올바른 것은?(단, 매출원가에 대해서는 고려하지 않는다.)

① 자산의 과소계상 ② 비용의 과대계상 ③ 부채의 과소계상 ④ 수익의 과대계상

09. 아래의 자료에서 설명하는 원가행태에 해당하는 것은?

> 조업도의 변동과 관계없이 총원가가 일정한 고정원가와 조업도의 변동에 비례하여 총원가가 변동하는 변동원가가 혼합된 원가

① 전화요금 ② 직접재료원가 ③ 감가상각비 ④ 화재보험료

10. 다음 중 개별원가계산에 대한 설명으로 옳지 않은 것은?

① 단일 종류의 제품을 연속생산, 대량생산하는 업종에 적합한 원가계산 방법이다.
② 조선업, 건설업이 개별원가계산에 적합한 업종에 해당한다.
③ 직접원가와 제조간접원가의 구분이 중요하며, 제조간접원가의 배부가 핵심과제이다.
④ 각 제조지시서별로 원가계산을 해야 하므로 많은 시간과 비용이 발생한다.

11. 다음의 자료를 보고 영업외비용으로 처리해야 할 공손의 수량을 구하시오.

· 기초재공품 400개	· 기말재공품 200개
· 당기착수량 1,000개	· 공손수량 200개
· 정상공손은 완성품 수량의 5%로 한다.	

① 50개   ② 100개   ③ 150개   ④ 200개

12. 다음 자료를 이용하여 당기 총제조원가를 구하면 얼마인가?

· 기초 재공품 원가	100,000원	· 직접재료원가	180,000원
· 기말 재공품 원가	80,000원	· 직접노무원가	320,000원
· 공장 전력비	50,000원	· 공장 임차료	200,000원

① 500,000원   ② 600,000원   ③ 730,000원   ④ 750,000원

13. 다음 중 부가가치세법상 과세 대상으로 볼 수 없는 것은?

① 재화의 공급   ② 용역의 공급   ③ 재화의 수입   ④ 용역의 수입

14. 다음 중 부가가치세법상 사업자등록에 관한 설명으로 잘못된 것은?

① 사업자는 사업장마다 사업개시일부터 20일 이내에 사업자등록을 신청해야 한다.
② 사업자는 사업자등록의 신청을 사업장 관할 세무서장에게만 할 수 있다.
③ 신규로 사업을 시작하려는 자는 사업개시일 이전이라도 사업자등록을 신청할 수 있다.
④ 사업자는 등록사항이 변경되면 지체 없이 사업장 관할 세무서장에게 신고하여야 한다.

15. 다음 중 부가가치세법상 간이과세에 대한 설명으로 가장 옳지 않은 것은?

① 직전 1역년의 재화·용역의 공급대가의 합계액이 1억400만원 미만인 개인사업자가 간이과세자에 해당한다.

② 해당 과세기간의 공급대가의 합계액이 4천800만원 미만인 경우에는 납부세액의 납부의무가 면제된다.

③ 직전연도의 공급대가의 합계액이 4천800만원 미만인 간이과세자는 세금계산서를 발급할 수 없다.

④ 매출세액보다 매입세액이 클 경우 환급을 받을 수 있다.

106회 실 무 시 험

남다른패션㈜(회사코드:1063)은 스포츠의류 등의 제조업 및 도소매업을 영위하는 중소기업으로 당기(제10기) 회계기간은 2025.1.1.~2025.12.31.이다. 전산세무회계 수험용 프로그램을 이용하여 다음 물음에 답하시오.

문제 1 다음은 [기초정보관리] 및 [전기분재무제표]에 대한 자료이다. 각각의 요구사항에 대하여 답하시오. (10점)

[1] 아래의 자료를 바탕으로 다음 계정과목에 대한 적요를 추가 등록하시오. (3점)

- 코드 : 0511
- 현금적요 : NO 9. 생산직원 독감 예방접종비 지급
- 계정과목 : 복리후생비
- 대체적요 : NO 3. 직원 휴가비 보통예금 인출

[2] 다음 자료를 보고 [거래처등록] 메뉴에서 신규 거래처를 등록하시오. (3점)

- 거래처구분 : 일반거래처
- 거래처코드 : 00450
- 대표자명 : 박대박
- 업태 : 제조
- 사업장 주소 : 경상북도 칠곡군 지천면 달서원길 16 (※ 주소 입력 시 우편번호 입력은 생략해도 무방함.)
- 유형 : 동시
- 거래처명 : ㈜대박
- 사업자등록번호 : 403-81-51065
- 종목 : 원단

[3] 전기분 손익계산서를 검토한 결과 다음과 같은 오류가 발견되었다. 전기분 손익계산서, 전기분 잉여금처분계산서, 전기분 재무상태표 중 관련된 부분을 수정하시오. (4점)

계정과목	틀린 금액	올바른 금액
광고선전비	3,800,000원	5,300,000원

문제 2 다음의 거래 자료를 [일반전표입력] 메뉴를 이용하여 입력하시오(일반전표입력의 모든 거래는 부가가치세를 고려하지 말 것). (18점)

입력시 유의사항

- 일반적인 적요의 입력은 생략하지만, 타계정 대체거래는 적요번호를 선택하여 입력한다.
- 채권·채무와 관련된 거래는 별도의 요구가 없는 한 반드시 기 등록되어 있는 거래처코드를 선택하는 방법으로 거래처명을 입력한다.
- 제조경비는 500번대 계정코드를, 판매비와 관리비는 800번대 계정코드를 사용한다.
- 회계처리 시 계정과목은 별도제시가 없는 한 등록되어 있는 계정과목 중 가장 적절한 과목으로 한다.

[1] 07월 18일 ㈜괴안공구에 지급할 외상매입금 33,000,000원 중 일부는 아래의 전자어음을 발행하고 나머지는 보통예금 계좌에서 지급하였다. (3점)

```
                        전 자 어 음
     ㈜괴안공구 귀하              00512151020123456789
 금   이천삼백만원정                    23,000,000원
          위의 금액을 귀하 또는 귀하의 지시인에게 지급하겠습니다.
 지급기일  2025년 8월 30일      발행일  2025년 7월 18일
 지 급 지  하나은행              주 소  세종특별자치시 가름로 232
 지급장소  신중동역지점          발행인  남다른패션(주)
```

[2] 07월 30일 매출거래처인 ㈜지수포장의 파산으로 인해 외상매출금 1,800,000원이 회수 불가능할 것으로 판단하여 대손 처리하였다. 대손 발생일 직전 외상매출금에 대한 대손충당금 잔액은 320,000원이다. (3점)

[3] 08월 30일 사무실 이전을 위하여 형제상사와 체결한 건물 임대차계약의 잔금 지급일이 도래하여 임차보증금 5,000,000원 중 계약금 1,500,000원을 제외한 금액을 보통예금 계좌에서 지급하였다. (3점)

[4] 10월 18일 대표이사로부터 차입한 잔액 19,500,000원에 대하여 채무를 면제받았다(해당 차입금은 단기차입금으로 계상되어 있다). (3점)

[5] 10월 25일 시장조사를 위해 호주로 출장을 다녀온 영업부 사원 누리호에게 10월 4일에 지급하였던 출장비 3,000,000원(가지급금으로 처리함) 중 실제 여비교통비로 지출한 2,850,000원에 대한 영수증과 잔액 150,000원을 현금으로 수령하였다(단, 거래처를 입력할 것). (3점)

[6] 11월 04일 확정기여형(DC형) 퇴직연금 불입액 5,000,000원(영업부 2,000,000원, 생산부 3,000,000원)이 보통예금 계좌에서 이체되었다. (3점)

문제3 다음 거래 자료를 [매입매출전표입력] 메뉴에 입력하시오. (18점)

> **입력시 유의사항**
>
> · 일반적인 적요의 입력은 생략하지만, 타계정 대체거래는 적요번호를 선택하여 입력한다.
> · 채권·채무와 관련된 거래는 별도의 요구가 없는 한 반드시 기 등록되어 있는 거래처코드를 선택하는 방법으로 거래처명을 입력한다.
> · 제조경비는 500번대 계정코드를, 판매비와 관리비는 800번대 계정코드를 사용한다.
> · 회계처리 시 계정과목은 별도제시가 없는 한 등록되어 있는 계정과목 중 가장 적절한 과목으로 한다.
> · 입력화면 하단의 분개까지 처리하고, 세금계산서 및 계산서는 전자 여부를 입력하여 반영한다.

[1] 07월 14일 미국에 소재한 HK사에 제품(공급가액 50,000,000원)을 직수출하고, 6월 30일에 수령한 계약금 10,000,000원을 제외한 대금은 외상으로 하였다. (3점)

[2] 08월 05일 ㈜동도유통에 제품을 판매하고 다음과 같이 전자세금계산서를 발급하였다. 대금 중 10,000,000원은 ㈜서도상사가 발행한 어음을 배서양도 받고, 나머지는 다음 달에 받기로 하였다. (3점)

전자세금계산서					승인번호		20250805-15454645-58811886	
공급자	등록번호	320-87-12226	종사업장번호		공급받는자	등록번호	115-81-19867	종사업장번호	
	상호(법인명)	남다른패션㈜	성명	고길동		상호(법인명)	㈜동도유통	성명	남길도
	사업장주소	세종특별자치시 가름로 232				사업장주소	서울시 서초구 강남대로 291		
	업태	제조,도소매,무역	종목	스포츠의류 외		업태	도소매	종목	의류
	이메일					이메일			
						이메일			
작성일자		공급가액		세액		수정사유		비고	
2025-08-05		10,000,000원		1,000,000원		해당 없음			
월	일	품목	규격	수량	단가	공급가액	세액	비고
08	05	의류				10,000,000원	1,000,000원	
합계금액		현금		수표		어음	외상미수금	위 금액을 **(청구)** 함
11,000,000원						10,000,000원	1,000,000원	

[3] 08월 20일 일반과세자인 함안전자로부터 영업부 직원들에게 지급할 업무용 휴대전화(유형자산) 3대를 4,840,000원(부가가치세 포함)에 구입하고, 법인 명의의 국민카드로 결제하였다. (3점)

[4] 11월 11일 ㈜더람에 의뢰한 마케팅전략특강 교육을 본사 영업부 직원(10명)들을 대상으로 실시하고, 교육훈련비 5,000,000원에 대한 전자계산서를 발급받았다. 교육훈련비는 11월 1일 지급한 계약금을 제외한 나머지를 보통예금 계좌에서 지급하였다 (단, 관련 계정을 조회하여 전표 입력할 것). (3점)

[5] 11월 26일 ㈜미래상사로부터 기술연구소의 연구개발에 사용하기 위한 연구용 재료를 10,000,000원(부가가치세 별도)에 구입하면서 전자세금계산서를 발급받고, 대금은 보통예금 계좌에서 지급하였다(단, 연구용 재료와 관련하여 직접 지출한 금액은 무형자산으로 처리할 것). (3점)

[6] 12월 04일 생산부가 사용하는 업무용승용차(2,000cc)의 엔진오일과 타이어를 차차카센터에서 교환하고 전자세금계산서를 발급받았다. 교환비용 825,000원(부가가치세 포함)은 전액 보통예금 계좌에서 이체하였다(단, 교환비용은 차량유지비(제조원가)로 처리할 것). (3점)

> **문제 4** [일반전표입력] 및 [매입매출전표입력] 메뉴에 입력된 내용 중 다음과 같은 오류가 발견되었다. 입력된 내용을 확인하여 정정하시오. (6점)

[1] 08월 02일 보통예금 계좌에서 지급한 800,000원은 외상으로 매입하여 영업부에서 업무용으로 사용 중인 컴퓨터(거래처 : 온누리)에 대한 대금 지급액으로 확인되었다. 잘못된 항목을 올바르게 수정하시오. (3점)

[2] 11월 19일 차차운송에 현금으로 지급한 운송비 330,000원(부가가치세 포함)은 원재료를 매입하면서 지급한 것으로 회계팀 신입사원의 실수로 일반전표에 입력하였다. 운송 관련하여 별도의 전자세금계산서를 발급받았다. (3점)

> **문제 5** 결산정리사항은 다음과 같다. 해당 메뉴에 입력하시오. (9점)

[1] 결산일 현재 재고자산을 실사하던 중 도난, 파손의 사유로 수량 부족이 발생한 제품의 원가는 2,000,000원으로 확인되었다(단, 수량 부족의 원인은 비정상적으로 발생한 것이다). (3점)

[2] 홍보용 계산기를 구매하고 전액 광고선전비(판매비와관리비)로 비용처리하였다. 결산 시 미사용한 2,500,000원에 대해 올바른 회계처리를 하시오(단, 소모품 계정을 사용하며 음수로 입력하지 말 것). (3점)

[3] 당기의 법인세등으로 계상할 금액은 10,750,000원이다(법인세 중간예납세액은 선납세금으로 계상되어 있으며, 이를 조회하여 회계처리할 것). (3점)

문제 6 다음 사항을 조회하여 답안을 이론문제 답안작성 메뉴에 입력하시오. (9점)

[1] 6월 말 현재 외상매입금 잔액이 가장 큰 거래처명과 그 금액은 얼마인가? (3점)

[2] 부가가치세 제1기 확정신고 기간(4월~6월)의 차가감하여 납부할 부가가치세액은 얼마인가? (3점)

[3] 2분기(4월~6월) 중 판매비와관리비 항목의 광고선전비 지출액이 가장 많이 발생한 월과 그 금액은 얼마인가? (3점)

105회 이론시험

다음 문제를 보고 알맞은 것을 골라 │이론문제 답안작성│ 메뉴에 입력하시오. (객관식 문항당 2점)

기본전제

문제에서 한국채택국제회계기준을 적용하도록 하는 전제조건이 없는 경우, 일반기업회계기준을 적용하여 회계처리 한다.

01. 다음 중 회계상 거래가 아닌 것은?

① 사업을 위하여 10,000,000원을 추가로 출자하다.
② 지급기일이 도래한 약속어음 10,000,000원을 보통예금에서 이체하여 변제하다.
③ 성수기 재고 확보를 위하여 상품 30,000,000원을 추가 주문하기로 하다.
④ 화재가 발생하여 창고에 있던 재고자산 20,000,000원이 멸실되다.

02. 다음은 무엇에 대한 설명인가?

> 기업은 그 목적과 의무를 이행하기에 충분할 정도로 장기간 존속한다고 가정하는 것을 말한다. 즉, 기업은 경영활동을 청산하거나 중대하게 축소시킬 의도가 없을 뿐 아니라 청산이 요구되는 상황도 없다고 가정된다.

① 계속기업의 가정
② 기업실체의 가정
③ 기간별보고의 가정
④ 회계정보의 질적특성

03. 다음 중 일반기업회계기준에 따른 재고자산으로 분류되는 항목은?

① 회계법인의 업무용으로 구입한 컴퓨터
② 임대업을 운영하는 기업의 임대용으로 보유 중인 주택
③ 경영컨설팅을 전문으로 하는 회사에서 시세차익을 목적으로 보유하는 유가증권
④ 조선업을 운영하는 기업의 판매용으로 제조 중인 선박

04. 다음 중 유형자산의 취득원가에 관한 설명으로 가장 잘못된 것은?

① 유형자산은 최초에는 취득원가로 측정한다.
② 유형자산의 취득에 관한 운송비와 설치비용은 취득원가에 가산한다.
③ 사용 중인 건물을 새로운 건물로 신축하기 위하여 철거하는 경우에 기존건물의 장부가액은 새로운 건물의 취득원가에 가산한다.
④ 국·공채를 불가피하게 매입하는 경우에는 동 국·공채의 매입가액과 현재가치와의 차액을 유형자산의 취득원가에 가산한다.

05. 다음 중 무형자산의 상각에 대한 설명으로 바르지 않은 것은?

① 자산이 사용 가능한 때부터 상각을 시작한다.
② 일반적으로 상각기간은 최대 40년까지 가능하다.
③ 합리적인 상각방법을 정할 수 없을 때에는 정액법으로 상각한다.
④ 재무상태표상 표시 방법으로 취득원가에서 무형자산상각누계액을 직접 차감하여 표시하는 직접법과 취득원가에서 무형자산상각누계액을 차감하는 형식으로 표시하는 간접법 모두 허용된다.

06. 다음 중 주요장부로 구분할 수 있는 것은?

① 현금출납장   ② 분개장   ③ 정산표   ④ 합계잔액시산표

07. 다음의 자본항목 중 기타포괄손익누계액에 해당하는 것은?

① 매도가능증권평가손익   ② 감자차손
③ 자기주식   ④ 주식할인발행차금

08. 다음 자료를 이용하여 매출총이익을 계산하면 얼마인가?

· 순매출액 475,000원	· 기초상품재고액 100,000원
· 매입할인 5,000원	· 총매입액 200,000원
· 매입환출 5,000원	· 기말상품재고액 110,000원

① 300,000원   ② 295,000원   ③ 290,000원   ④ 280,000원

09. 다음 자료를 참고로 가공원가를 계산하면 얼마인가?

- 직접재료원가 1,000,000원
- 직접노무원가 1,600,000원
- 변동제조간접원가 600,000원(변동제조간접원가는 총제조간접원가의 30%이다.)

① 1,600,000원 ② 2,600,000원 ③ 3,600,000원 ④ 4,300,000원

10. 다음 그래프의 원가행태에 해당하는 원가는 무엇인가?

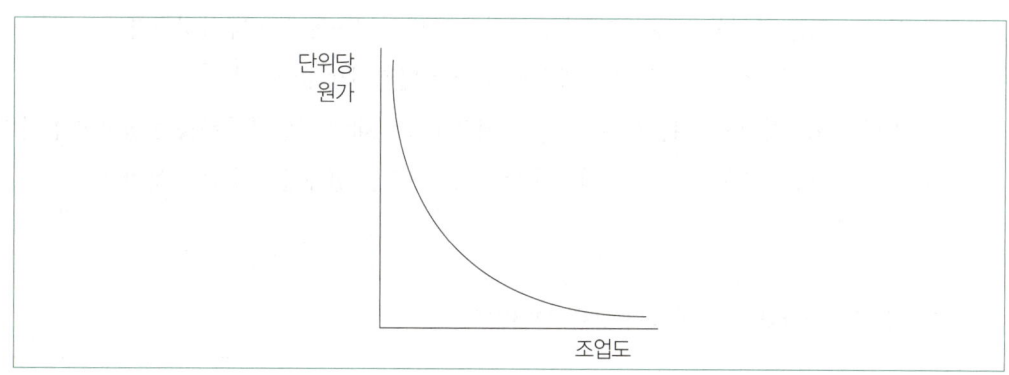

① 직접재료비　　　　　　　　　　② 공장 사무실의 전화요금
③ 기계장치 가동에 필요한 연료비　④ 공장건물의 임차료

11. 다음 자료를 이용하여 평균법에 의한 가공원가 완성품 환산량을 계산하면 얼마인가? (단, 재료비는 공정 초기에 전량 투입되며, 가공비는 공정 전반에 걸쳐 균등하게 발생한다.)

- 기초재공품 수량 : 1,000개(완성도 20%)　　· 당기 완성품 수량 : 8,000개
- 당기 착수량 : 10,000개　　　　　　　　　· 기말 재공품 수량 : 3,000개(완성도 60%)

① 8,000개 ② 9,000개 ③ 9,800개 ④ 10,000개

12. 다음 중 개별원가계산과 종합원가계산에 대한 설명으로 잘못된 것은?

① 종합원가계산은 동일 규격의 제품이 반복하여 생산되는 경우 사용된다.
② 종합원가계산은 각 작업별로 원가보고서를 작성한다.
③ 개별원가계산은 주문에 의해 각 제품을 별도로 제작, 판매하는 제조업에 사용된다.
④ 개별원가계산은 주문받은 개별 제품별로 작성된 작업원가표에 집계하여 원가를 계산한다.

13. 다음 중 부가가치세법상 납세의무자에 대한 설명으로 옳지 않은 것은?

① 영리목적을 추구하는 사업자만이 납세의무를 진다.
② 사업설비를 갖추고 계속·반복적으로 재화나 용역을 공급하는 자가 해당한다.
③ 인적·물적 독립성을 지닌 사업자가 해당한다.
④ 면세대상이 아닌 과세대상 재화·용역을 공급하는 자가 해당한다.

14. 다음 중 부가가치세법상 면세제도와 관련한 내용으로 옳은 것은?

① 건물이 없는 토지의 임대, 약사가 공급하는 일반의약품은 면세에 해당한다.
② 면세제도는 사업자의 세부담을 완화하기 위한 완전면세제도이다.
③ 면세를 포기하고자 하는 경우 포기일부터 1개월 이내에 사업자등록을 정정하여야 한다.
④ 면세포기를 신고한 사업자는 신고한 날부터 3년간은 면세를 적용받지 못한다.

15. 다음은 부가가치세법상 무엇에 대한 설명인가?

> 둘 이상의 사업장이 있는 사업자는 부가가치세를 주된 사업장에서 총괄하여 납부할 수 있다. 이는 사업자의 납세편의를 도모하고 사업장별로 납부세액과 환급세액이 발생하는 경우 자금부담을 완화 시켜주기 위한 제도이다.

① 납세지　　　　　　　　　② 사업자단위과세제도
③ 전단계세액공제법　　　　④ 주사업장총괄납부

105회 실무시험

㈜천안테크(회사코드 : 1053)는 자동차부품을 제조하여 판매하는 중소기업이며, 당기(제10기)의 회계기간은 2025.1.1.~2025.12.31.이다. 전산세무회계 수험용 프로그램을 이용하여 다음 물음에 답하시오.

> **기본전제**
> - 문제에서 한국채택국제회계기준을 적용하도록 하는 전제조건이 없는 경우, 일반기업회계기준을 적용하여 회계처리 한다.
> - 문제의 풀이와 답안작성은 제시된 문제의 순서대로 진행한다.

문제1 다음은 [기초정보관리] 및 [전기분재무제표]에 대한 자료이다. 각각의 요구사항에 대하여 답하시오. (10점)

[1] 전기분 재무상태표에서 토지의 가액이 11,000,000원 과소입력되어 있으며 건물의 가액은 11,000,000원 과대입력되어 있음을 확인하였다. 전기분 재무상태표를 수정하시오. (3점)

[2] 다음 자료를 이용하여 [계정과목및적요등록] 메뉴에서 계정과목을 등록하시오. (3점)

· 코드 : 824   · 계정과목 : 운반비   · 현금적요 : 4. 택배운송비 지급

[3] 거래처별 초기이월 채권과 채무잔액은 다음과 같다. 자료에 맞게 추가입력이나 정정 및 삭제하시오. (4점)

계정과목	거래처	금액	재무상태표 금액
외상매출금	㈜보령전자	10,200,000원	59,000,000원
	대전전자㈜	12,000,000원	
	평택전자㈜	36,800,000원	
지급어음	대덕전자부품㈜	10,000,000원	37,000,000원
	명성전자㈜	27,000,000원	

문제2 다음의 거래 자료를 [일반전표입력] 메뉴를 이용하여 입력하시오(일반전표입력의 모든 거래는 부가가치세를 고려하지 말 것). (18점)

> **입력시 유의사항**
> - 일반적인 적요의 입력은 생략하지만, 타계정 대체거래는 적요번호를 선택하여 입력한다.
> - 채권·채무와 관련된 거래는 별도의 요구가 없는 한 반드시 기 등록되어 있는 거래처코드를 선택하는 방법으로 거래처명을 입력한다.
> - 제조경비는 500번대 계정코드를, 판매비와 관리비는 800번대 계정코드를 사용한다.
> - 회계처리 시 계정과목은 별도제시가 없는 한 등록되어 있는 계정과목 중 가장 적절한 과목으로 한다.

[1] 08월 16일 영업부 사무실의 파손된 유리창을 교체하고, 대금 2,800,000원은 당좌수표를 발행하여 지급하다(수익적 지출로 처리하시오). (3점)

[2] 09월 30일 ㈜창창기계산업에 9월 20일 제품을 판매하고 발생한 외상매출금 10,000,000원을 약정기일보다 10일 빠르게 회수하여 외상매출금의 3%를 할인해 주었다. 대금은 보통예금 계좌에 입금되었다. (3점)

[3] 10월 27일 주당 액면가액이 10,000원인 보통주 2,000주를 주당 13,000원에 발행하고, 신주납입대금은 신주 발행에 소요된 비용 400,000원을 차감한 잔액이 보통예금 계좌에 입금되었다(단, 하나의 전표로 처리하며 신주 발행 전 주식할인발행차금 잔액은 없는 것으로 한다). (3점)

[4] 10월 28일 수입한 원재료에 부과되는 관세 1,500,000원과 통관수수료 500,000원을 보통예금 계좌에서 이체하였다. (3점)

[5] 10월 29일 영업부에서 제품홍보물 제작비용 510,000원을 탱탱광고사에 국민카드(법인)로 결제하였다. (3점)

[6] 11월 30일 ㈜동행기업의 파산으로 인해 단기대여금 3,000,000원이 회수불능되어 대손처리를 하였다(단, 단기대여금에 대한 대손충당금 현재 잔액은 660,000원이다). (3점)

문제 3 다음의 거래 자료를 [매입매출전표입력] 메뉴를 이용하여 입력하시오. (18점)

> **입력시 유의사항**
> - 일반적인 적요의 입력은 생략하지만, 타계정 대체거래는 적요번호를 선택하여 입력한다.
> - 채권·채무와 관련된 거래는 별도의 요구가 없는 한 반드시 기 등록되어 있는 거래처코드를 선택하는 방법으로 거래처명을 입력한다.
> - 제조경비는 500번대 계정코드를, 판매비와 관리비는 800번대 계정코드를 사용한다.
> - 회계처리 시 계정과목은 별도제시가 없는 한 등록되어 있는 계정과목 중 가장 적절한 과목으로 한다.
> - 입력화면 하단의 분개까지 처리하고, 세금계산서 및 계산서는 전자 여부를 입력하여 반영한다.

[1] 07월 20일 원재료를 구입하면서 발생한 운반비 33,000원(부가가치세 포함)을 일반과세자인 상록택배에 보통예금 계좌에서 지급하고, 지출증빙용 현금영수증을 수취하였다. (3점)

[2] 09월 30일 ㈜청주자동차에 제품을 판매하고 다음의 전자세금계산서를 발급하였다. (3점)

전자세금계산서					승인번호	20250930 - 15454645 - 58811886		
공급자	등록번호	307-81-12347	종사업장번호		공급받는자	등록번호	126-87-10121	종사업장번호	
	상호(법인명)	㈜천안테크	성명	김도담		상호(법인명)	㈜청주자동차	성명	하민우
	사업장주소	충청남도 천안시 동남구 가마골1길 5				사업장주소	충청북도 청주시 충대로1번길 21-26		
	업태	제조도매	종목	자동차부품		업태	제조	종목	자동차
	이메일					이메일			
						이메일			
작성일자	공급가액		세액		수정사유	비고		
2025-09-30	25,000,000원		2,500,000원		해당 없음			
월	일	품목	규격	수량	단가	공급가액	세액	비고
09	30	자동차부품		10	2,500,000원	25,000,000원	2,500,000원	
합계금액	현금		수표		어음	외상미수금	위 금액을 (청구) 함	
27,500,000원					25,000,000	2,500,000		

[3] 11월 07일 싱가포르에 소재한 글로벌인더스트리와 $42,000에 직수출하기로 계약한 제품의 선적을 완료하였다. 수출대금은 5개월 후에 받기로 하였으며, 선적일의 기준환율은 1,200원/$이다(단, 수출신고번호 입력은 생략한다). (3점)

[4] 12월 07일 제품 110,000원(부가가치세 포함)을 비사업자인 강태오에게 판매하고 현금을 수취하였으나 현금영수증을 발급하지 않았다. (3점)

[5] 12월 20일 생산부 직원들에게 간식으로 제공하기 위한 샌드위치를 커피프린스(일반과세자)에서 신용카드로 구매하였다. (3점)

단말기번호	14359661 08750002 040017	전표번호	
카드종류	신한카드		008202
회원번호	9435-2802-7580-0500		
유효기간	거 래 일 시	취소시당초거래일	
2026/09	2025/12/20 14:32		
거래유형	신용승인	품명	샌드위치
결제방법	일시불	금 액 AMOUNT	600 000
매장명		부가세 VAT	60 000
판매자		봉사료 S/C	
은행확인	신한카드		
대표자		합 계 TOTAL	660 000
알림/NOTICE	제출	승인번호	00360380
가맹점주소	서울 용산구 부흥로2가 15-2		
가맹점번호	104108086		
사업자등록번호	106-62-61190		
가맹점명	커피프린스		
문의전화/HELP TEL. TEL:1544-4700 (회원용)		서명/SIGNATURE	

[6] 12월 30일 영업부는 거래처의 20주년 창립기념일을 맞아 축하선물로 보내기 위한 집기비품을 두리상사로부터 2,200,000원(부가가치세 포함)에 구입하고 전자세금계산서를 발급받았으며, 대금은 보통예금 계좌에서 이체하여 지급하였다. (3점)

문제 4 [일반전표입력] 및 [매입매출전표입력] 메뉴에 입력된 내용 중 다음과 같은 오류가 발견되었다. 입력된 내용을 확인하여 수정 또는 삭제, 추가 입력하여 오류를 정정하시오. (6점)

[1] 12월 01일 임시 물류창고로 사용하기 위해 임대업자 나자비씨와 물류창고 임대차계약서를 작성하고 보증금 20,000,000원 전액을 보통예금 계좌에서 이체하였다. 이에 대해 임대보증금으로 회계처리하였다. (3점)

[2] 12월 09일 전의카센터에 생산부의 운반용 트럭의 수리비용 990,000원(부가가치세 포함)을 보통예금 계좌에서 지급하고 전자세금계산서를 발급받았으나, 일반전표로 회계처리하였다. (3점)

문제 5 결산정리사항은 다음과 같다. 해당 메뉴에 입력하시오. (9점)

[1] 부가가치세 제2기 확정신고기간에 대한 부가세예수금은 62,346,500원, 부가세대급금이 52,749,000원일 때 부가가치세를 정리하는 회계처리를 하시오. 단, 납부세액(또는 환급세액)은 미지급세금(또는 미수금)으로 회계처리하고, 불러온 자료는 무시한다. (3점)

[2] 단기차입금에는 거래처 아메리칸테크㈜에 대한 외화차입금 30,000,000원(미화 $30,000)이 계상되어 있다(회계기간 종료일 현재 기준환율 : 미화 1$당 1,100원). (3점)

[3] 당사가 단기시세차익을 목적으로 취득한 ㈜삼호산업 주식의 취득가액 및 기말 현재 공정가액은 다음과 같으며, 공정가액으로 평가하기로 한다. (3점)

주식명	2025.04.25. 취득가액	2025.12.31. 공정가액
㈜삼호산업	64,000,000원	49,000,000원

문제 6 다음 사항을 조회하여 답안을 이론문제 답안작성 메뉴에 입력하시오. (9점)

[1] 부가가치세 제1기 확정신고기간(4월~6월) 중 매입한 사업용 고정자산의 매입세액은 얼마인가? (3점)

[2] 2분기(4월~6월) 중 발생한 수수료비용(판매비및관리비)은 얼마인가? (3점)

[3] 6월 30일 현재 외상매출금 잔액이 가장 많은 거래처명과 금액은 얼마인가? (3점)

MEMO

MEMO

MEMO

CLASS 전산회계1급
해 답 편

이론문제 해답

PART 1　CHAPTER 01　회계의 개념과 순환과정

1. ④	2. ④	3. ①	4. ④	5. ④
6. ②	7. ①	8. ③	9. ③	10. ④
11. ③	12. ③	13. ④	14. ④	15. ④
16. ②	17. ③	18. ①	19. ④	20. ②

01 ④ 재무회계는 화폐적 정보만을 제공한다. 재무회계 개념체계 제2장 재무보고의 목적

02 ④ 재무제표는 재무상태표, 손익계산서, 현금흐름표, 자본변동표로 구성되며, 주석을 포함한다.

03 ① 재무상태표란 기업의 재무상태를 보여주는 보고서로서 기업이 보유하고 있는 자산, 부채, 자본을 보여주며 자산과 부채는 유동성이 큰 항목부터 배열하는 것을 원칙으로 한다.

　② 자산과 부채는 유동성과 비유동성을 구분한다.

　③ 자산과 부채는 원칙적으로 상계하여 표시하지 않는다.

　④ 손익계산서에 대한 설명이다.

04 ④ 유동성배열법으로 당좌자산(선급금), 재고자산(상품), 유형자산(건설중인자산), 기타의비유동자산(임차보증금) 순으로 나열된다.

05 ④ 현금흐름표는 발생기준에 따라 작성되지 않는다.

06 ②는 신뢰성에 대한 설명이다. ·①, ③, ④는 일반기업회계기준의 목적적합성에 해당됨.

07 ① 재무회계개념체계

　목합적합성이 있는 재무정보는 예측가치 또는 피드백가치와 적시성을 가져야 한다.

08 ③ 상품을 매입하고 대금을 현금으로 지급한 것은 자산증가(상품)와 자산감소(현금)를 초래하는 회계상 거래이다.

09 ③ 자산증가, 자본증가 · ①, ②, ④ 비용발생, 자산감소

10 ④ 종업원의 고용계약은 사회통념상의 거래이다.

11 ③ 회계상의 거래는 반드시 그 원인과 결과를 동시에 가지고 있는데, 이를 거래의 이중성이라고 한다. 따라서 분개 시 항상 차변과 대변 양편으로 복식부기에 따라 기록한다.

12 ③ 1월 15일 임대보증금 500,000원을 현금으로 받았다.

14 ④ 250,000원+330,000원+120,000원=700,000원

15 ④ 거래식별→분개→전기→수정전시산표 작성→기말 수정분개→수정후시산표 작성→수익비용계정의 마감→집합손익계정의 마감→자산부채자본계정의 마감→재무제표 작성

16 ② 제품, 재공품, 차량운반구, 건물은 재화에 해당된다.

17　③ 맞는 분개 : (차) 현금 ××× (대) 선수금(부채) ×××
　　　틀린 분개 : (차) 현금 ××× (대) 매출(수익) ×××
　　　부채가 과소계상, 수익이 과대계상되어 이익이 증가했으므로 자본이 과대계상

18　① 기말자산 = 기말부채 + 기초자본 + 이익

19　④ 차변만 이중으로 전기한 경우, 차변 합계금액이 대변 합계금액 보다 커지므로 오류를 발견할 수 있다.

20　② 564,700원

수정전 491,200원	수정전 588,200원
미수금　23,500원	미수금　−23,500원
상　품　50,000원	
수정후 564,700원	수정후 564,700원

CHAPTER 02　당좌자산

1. 실무시험대비 분개연습 해답

문항	분개				
1	(차) 보 통 예 금 　　 수 수 료 비 용	1,000,000 500	(대) 당 좌 예 금	1,000,500	
2	(차) 단 기 매 매 증 권 　　 수 수 료 비 용	7,500,000 75,000	(대) 보 통 예 금	7,575,000	
3	(차) 단 기 매 매 증 권	100,000	(대) 단기매매증권평가이익	100,000	
4	(차) 보 통 예 금 　　 단기매매증권처분손실	20,000,000 4,000,000	(대) 단 기 매 매 증 권	24,000,000	
5	(차) 현　　　　　금 　　 받 을 어 음	10,000,000 20,000,000	(대) 외 상 매 출 금	30,000,000	
6	(차) 보 통 예 금 　　 수 수 료 비 용	2,425,000 75,000	(대) 외 상 매 출 금	2,500,000	
7	(차) 부 도 어 음 과 수 표	3,000,000	(대) 받 을 어 음	3,000,000	
8	(차) 보 통 예 금 　　 매 출 채 권 처 분 손 실	29,700,000 300,000	(대) 받 을 어 음	30,000,000	
9	(차) 기 타 의 대 손 상 각 비	10,000,000	(대) 단 기 대 여 금	10,000,000	
10	(차) 보 통 예 금	430,000	(대) 대 손 충 당 금	430,000	

2. 연습문제 해답

01. ③	02. ③	03. ③	04. ④	05. ①
06. ④	07. ②	08. ③	09. ②	10. ③
11. ②	12. ③	13. ②	14. ②	15. ①
16. ②	17. ①	18. ①	19. ②	

02 ③ ①②④는 유동자산으로 분류한다.

03 ③ 타인발행약속어음은 매출채권으로 당좌자산이다.

04 ④ 우표나 수입인지는 우편서비스나 공공서비스를 이용하기 위해 수수료를 지불하고 수취하는 것이 아니므로 통화대용증권에 해당되지 않는다. 약속어음은 통화와 즉시 교환가능한 것이 아니므로 통화대용증권에 해당되지 않는다. 질권설정된 보통예금은 인출이 자유롭지 못하므로 현금 및 현금성자산으로 분류될 수 없다.

05 ① 지급기일이 도래한 사채이자표는 현금성자산으로 처리한다. 그리고 양도성예금증서를 현금성자산으로 분류되기 위해서는 취득시점에서 만기 3개월 이내이어야 하며, 결산시점을 기준으로 분류하지 않는다.

06 ④ 지급어음과 외상매입금은 매입채무계정으로, 타인발행수표와 우편환증서는 현금및현금성자산 계정으로, 받을어음과 외상매출금은 매출채권계정으로 처리한다. 당좌자산은 타인발행수표, 외상매출금, 받을어음, 우편환증서로 총 80,000,000원이다.

08 ③ 단기매매증권이 시장성을 상실한 경우에는 매도가능증권으로 분류하여야 한다. (일반기업회계기준 6.34)

09 ② 상기의 거래는 다음과 같이 회계처리된다.
    단기매매증권 560,000 / 보통예금 565,600
    지급수수료   5,600
    유가증권은 취득한 후에 만기보유증권, 단기매매증권, 그리고 매도가능증권 중의 하나로 분류하여야 한다.

10 ③ 110주, 7,000원
    20X2.8.5.
    단기매매증권 1,000,000원(100주, 10,000원/주)
    20X2.12.31.
    단기매매증권 770,000원(100주, 7,700원/주)
    20X3.5.5.
    단기매매증권 770,000원(110주, 7,000원/주)

11 ② 20X6. 3. 1
    (차) 단기매매증권 10,000,000   (대) 현 금   10,000,000
    20X6. 6.30
    (차) 현 금   2,700,000   (대)단기매매증권 3,000,000
        단기매매증권처분손실 300,000

12 ③ · 1기 결산일 평가이익 = (시 가 1,200원 − 취득가 1,000원)×100주 = 20,000원
    · 2기 처분시 처분이익 = (처분가 1,500원 − 처분시 장부가액 1,200원)×50주 = 15,000원
      (처분당시 장부가액은 전기말 공정가액 주당 1,200원으로 평가)
    · 2기 처분시 올바른 회계처리
      (차) 현 금   75,000원   (대) 단기매매증권   60,000원
                                   단기매매증권처분이익 15,000원

13 ② 매출채권에는 외상매출금과 받을어음이 있다.

14 ② 대여금은 대손충당금을 설정할 수 있다.

15 ① 가수금은 채무인 부채계정과목이다.

16 ② 상거래에서 발생한 매출채권에 대한 대손상각비는 판매비와 관리비로 처리하고, 기타 채권에 대한 대손상각비는 영업외비용으로 처리한다.

17 ① · 기말 매출채권 잔액(350,000원) = 50,000원 + 500,000원 − 200,000원
       · 기말 대손충당금 잔액(3,500원) = 350,000원×1%
       · 기말 매출채권의 순장부가액(346,500원)
         = 350,000원 − 3,500원

18 ① 대손충당금설정 한도액 : 9,000,000 × 1% = 90,000원
    대손상각비 추가설정액 : 90,000 − 50,000 = 40,000원

19 ② 1,500,000원=기말 매출채권 잔액 200,000,000원×1%−결산 전 기말 대손충당금 잔액 500,000원
     · 결산 전기말 대손충당금 잔액 : 기초 대손충당금 1,000,000원−당기 대손 발생액 500,000원= 500,000원

CHAPTER 03 재고자산

1. 실무시험대비 분개연습 해답

문항	분 개									
1	(차)	원 재 료	250,000	(대)	현			금		250,000
2	(차)	원 재 료	230,000	(대)	현			금		230,000
3	(차)	외 상 매 입 금	42,000,000	(대)	매 입 할 인			당 좌 예 금		430,000 / 41,570,000
4	(차)	원 재 료	14,000,000	(대)	현 금 / 지 급 어 음					8,000,000 / 6,000,000
5	(차)	선 급 금	7,000,000	(대)	당 좌 예 금					7,000,000
6	(차)	미 착 품	10,000,000	(대)	보 통 예 금					10,000,000
7	(차)	수 선 비	550,000	(대)	원 재 료					550,000
8	(차)	기 부 금	5,000,000	(대)	제 품					5,000,000
9	(차)	기 업 업 무 추 진 비	1,300,000	(대)	제 품					1,300,000
10	(차)	재 고 자 산 감 모 손 실	30,000	(대)	원 재 료					30,000

2. 연습문제 해답

01.	③	02.	②	03.	③	04.	④	05.	③
06.	③	07.	③	08.	④	09.	②	10.	①
11.	②	12.	③	13.	④	14.	③	15.	④

01 ③ · 재고자산의 매입원가는 매입금액에 매입운임, 하역료 및 보험료 등 취득과정에서 정상적으로 발생한 부대원가를 가산한 금액이다. 매입과 관련된 할인, 에누리 및 기타 유사한 항목은 매입원가에서 차감한다.(일반기업회계기준 7.6)
    · 재고자산 원가에 포함할 수 없으며 발생기간의 비용으로 인식하여야 하는 원가의 예는 다음과 같다.(일반기업회계기준 7.10)

(1) 재료원가, 노무원가 및 기타의 제조원가 중 비정상적으로 낭비된 부분
(2) 추가 생산단계에 투입하기 전에 보관이 필요한 경우 외의 보관비용
(3) 재고자산을 현재의 장소에 현재의 상태로 이르게 하는 데 기여하지 않은 관리간접원가
(4) 판매원가

02 ② 후입선출법에 대한 설명이다.

03 ③ 물가가 상승하고 있을 때 선입선출법을 적용하면 평균법에 비해 일반적으로 매출총이익이 크게 계상된다.

04 ④ 물가가 상승하는 경우 매출총이익 및 기말재고액 모두 선입선출법에서 가장 높게 평가된다.

05 ③ 40,000원 = (50개×200원)+(100개×300원)

06 ③ [(1,000개×@250)+(1,000개×400원)] ÷ 2,000개 = @325원

07 ③ · 선입선출법 : (20개×120,000원)+(10개×110,000원)=3,500,000원

· 총평균법 : (30개×114,000원*1)=3,420,000원*1 총평균법 단가 : [(10개×100,000원)+(30개×120,000원)+(10개×110,000원)] ÷ 50개=114,000원

08 ④ 물가상승시기에 있어 재고자산 원가결정방법의 당기순이익과 법인세비용에 미치는 순서

당기순이익 : 선입선출법 > 이동평균법 > 총평균법 > 후입선출법
법인세비용 : 선입선출법 > 이동평균법 > 총평균법 > 후입선출법

10 ① 42,000원

(매출액 250,000 − 매출에누리 50,000 − 매출할인 30,000) − (매입액 190,000 − 매입할인 10,000 − 매입환출 15,000 − 기말재고액 7,000 − 타계정으로 대체 30,000) = 42,000원

타계정으로 대체액은 매출원가에서 제외시켜야 한다.

11 ② 인도시점인 12월 24일에 수익인식 기준을 충족한다.

12 ③ 시용판매는 구매자가 매입의사를 표시한 시점, 위탁판매는 수탁자가 실제로 판매한 날, 장기할부 판매는 인도기준, 목적지 인도조건의 경우에는 목적지에 도착한 시점에 매출로 인식한다.

13 ④ 할부판매상품은 판매시점에 판매자의 재고자산에서 제외한다.

14 ③ 기말재고자산 = 150,000원 + 90,000원 + 60,000원 = 300,000원

기말 재고자산 실사액은 아니나 기말재고자산에 포함해야 할 금액

− 선적지인도조건으로 매입한 상품으로 기말 현재 운송 중인 미착상품 90,000원
− 고객이 매입의사를 표시하지 않은 시송품 재고액 60,000원(90,000원 − 30,000원)

15 ④ 일반기업회계기준 7.20

재고자산의 장부상 수량과 실제 수량과의 차이에서 발생하는 감모손실의 경우 정상적으로 발생하는 감모손실은 매출원가에 가산하고 비정상적으로 발생하는 감모손실은 영업외비용으로 분류한다.

CHAPTER 04 유형자산

1. 실무시험대비 분개연습 해답

문항	분개					
1	(차)	토 지	101,000,000	(대)	당좌예금 미지급금 보통예금	30,000,000 70,000,000 1,000,000
2	(차)	차량운반구	20,800,000	(대)	미지급금 현 금	20,000,000 800,000
3	(차)	토 지	55,000,000	(대)	자산수증이익	55,000,000
4	(차)	기계장치	150,000	(대)	미지급금	150,000
5	(차)	건설중인자산	3,000,000	(대)	당좌예금	3,000,000
6	(차)	수선비	1,000,000	(대)	현 금	1,000,000
7	(차)	건 물	50,000,000	(대)	미지급금	50,000,000
8	(차)	감가상각누계액 유형자산처분손실	550,000 450,000	(대)	차량운반구	1,000,000
9	(차)	미수금 감가상각누계액	3,400,000 4,500,000	(대)	기계장치 유형자산처분이익	7,000,000 900,000
10	(차)	재해손실 감가상각누계액	7,000,000 38,000,000	(대)	건 물	45,000,000

2. 연습문제 해답

```
01. ③    02. ②    03. ②    04. ③    05. ③
06. ③    07. ①    08. ②    09. ②    10. ④
11. ③    12. ④    13. ①    14. ②    15. ①
16. ③    17. ④    18. ②    19. ④    20. ③
21. ④    22. ②    23. ④
```

01 ③ 선급비용, 단기투자자산, 미수금은 유동자산이며, 건설중인자산, 개발비, 영업권은 비유동자산이다.

02 ② 판매를 목적으로 취득하는 자산은 재고자산이다.

03 ② 관리 및 기타 일반간접원가는 당해 비용의 성격에 따라 기간비용 또는 제조원가로 처리한다.

04 ③ 유형자산의 원가가 아닌 예는 다음과 같다.(제10장 유형자산 문단 10.10)

    (1) 새로운 시설을 개설하는 데 소요되는 원가
    (2) 새로운 상품과 서비스를 소개하는 데 소요되는 원가(예: 광고 및 판촉활동과 관련된 원가)
    (3) 새로운 지역에서 또는 새로운 고객층을 대상으로 영업을 하는 데 소요되는 원가(예:직원 교육훈련비)
    (4) 관리 및 기타 일반간접원가

05 ③ 일반기업회계기준 10.8, 유형자산을 취득하는데 직접 관련된 원가만 포함한다.

06 ③ 유형자산의 취득시 매입할인 등이 있는 경우에는 이를 차감하여 취득원가를 산출한다.

07 ① 다른 종류의 자산과의 교환으로 취득한 유형자산의 취득원가는 원칙적으로 교환을 위하여 제공한 자산의 공정가치로 측정한다. 다만, 교환을 위하여 제공한 자산의 공정가치가 불확실한 경우에는 교환으로 취득한 자산의 공정가치를 취득원가로 할 수 있다.

08 ② 315,000,000원＝매입가액 300,000,000원＋중개수수료 5,000,000원＋취득세 10,000,000원
· 유형자산의 취득원가는 구입원가와 취득세, 취득 관련 중개수수료 등 경영진이 의도하는 방식으로 자산을 가동하는 데 필요한 장소와 상태에 이르게 하는 데 직접 관련되는 원가로 구성된다.
· 관리비, 재산세, 보험료는 당기 비용으로 처리하고, 건물의 취득원가에 포함하지 않는다.

09 ② 수익적 지출을 자본적 지출로 처리하면 비용이 과소계상되고, 자산이 과대계상되므로 당기순이익이 과대계상된다.

10 ④ 자본적 지출을 수익적 지출로 인식하게 되면 자산으로 인식할 금액이 반영되지 않으므로 자산은 과소계상되고, 비용은 과대계상되어 당기순이익이 감소함으로써 자본이 감소하는 영향을 미친다.

11 ③ 제조공정에서 사용된 유형자산의 감가상각액은 재고자산의 원가를 구성한다.

12 ④ [일반기업회계기준 문단 10.40] 유형자산의 감가상각방법에는 정액법, 체감잔액법(예를 들면, 정률법 등), 연수합계법, 생산량비례법 등이 있다. 정액법은 자산의 내용연수 동안 일정액의 감가상각액을 인식하는 방법이다. 체감잔액법과 연수합계법은 자산의 내용연수 동안 감가상각액이 매기간 감소하는 방법이다. 생산량비례법은 자산의 예상조업도 혹은 예상생산량에 근거하여 감가상각액을 인식하는 방법이다. 감가상각방법은 해당 자산으로부터 예상되는 미래경제적효익의 소멸형태에 따라 선택하고, 소멸형태가 변하지 않는 한 매기 계속 적용한다.

13 ① 연수합계법은 내용연수동안 감가상각액이 매 기간 감소하는 방법이다.

14 ② 토지와 건물을 동시에 취득하는 경우에도 이들은 분리된 자산이므로 별개의 자산으로 취급한다. 건물은 내용연수가 유한하므로 감가상각 대상자산이지만, 토지는 감가상각 대상이 아니다.

15 ① 정률법의 경우 매년 상각잔액에 대하여 정해진 상각율을 적용하므로 상각액은 매년 감소한다.

16 ③ 3,713,985원＝(15,000,000원－6,765,000원)×0.451

17 ④ 유형자산의 감가상각방법에는 정액법, 체감잔액법(예를 들면, 정률법 등), 연수합계법, 생산량비례법 등이 있다.(일반기업회계기준 10.40)
· 정액법 : (취득원가 － 잔존가치) ÷ 내용연수
· 정률법 : (취득원가 － 감가상각누계액) × 상각률
· 연수합계법 : (취득원가 － 잔존가치) × $\dfrac{\text{잔여내용연수}}{\text{내용연수의 합계}}$

18 ② · 1차년도말 감가상각비 정률법 400,000 = 1,000,000 × 0.4
· 1차년도말 감가상각비 연수합계법 300,000 = (1,000,000 － 100,000) × 5/15
· 1차년도말 감가상각비 정액법 180,000 = (1,000,000 － 100,000) × 1/5

19 ④ 27,000,000원＝(취득원가 60,000,000원－잔존가치 6,000,000원)×3/6

20 ③ 50,000,000원 － 36,000,000원 = 14,000,000원
· 1차년도말 감가상각비
 : 15,000,000원 = (50,000,000원 － 5,000,000원) × 5/15
· 2차년도말 감가상각비
 : 12,000,000원 = (50,000,000원 － 5,000,000원) × 4/15

· 3차년도말 감가상각비
  : 9,000,000원 = (50,000,000원 − 5,000,000원) × 3/15
· 3차년도말 감가상각누계액 : 15,000,000원 + 12,000,000원 + 9,000,000원 = 36,000,000원

21　④ 1차년도에 정액법과 비교하여 정률법으로 감가 상각할 경우 감가상각비(비용)가 과대계상 되므로 당기순이익은 과소계상 되고, 또한 감가상각누계액이 과대계상 되므로 유형자산은 과소계상 된다.

22　② 40,000,000원 = 처분가액 37,000,000원 − 처분이익 5,000,000원 + 감가상각누계액 8,000,000원

23　④ · 정액법 : · 1차년도말 감가상각비 : 360,000원 = (2,000,000원 − 200,000원) × 1/5
　　　　　　· 2차년도말 감가상각비 : 360,000원 = (2,000,000원 − 200,000원) × 1/5
　　　　　∴ 2차년도말 감가상각누계액 : 360,000원 + 360,000원 = 720,000원
　　　· 정률법 : · 1차년도말 감가상각비 : 800,000원 = 2,000,000원 × 0.4
　　　　　　· 2차년도말 감가상각비 : 480,000원 = (2,000,000원 − 800,000원) × 0.4
　　　　　∴ 2차년도말 감가상각누계액 : 800,000원 + 480,000원 = 1,280,000원
　　　· 연수합계법 : · 1차년도말 감가상각비 : 600,000원 = (2,000,000원 − 200,000원) × 5/15
　　　　　　· 2차년도말 감가상각비 : 480,000원 = (2,000,000원 − 200,000원) × 4/15
　　　　　2차년도말 감가상각누계액 : 600,000원 + 480,000원 = 1,080,000원

CHAPTER 05　투자자산 · 무형자산 · 기타비유동자산

1. 실무시험대비 분개연습 해답

문항	분 개				
1	(차) 투 자 부 동 산	60,000,000	(대) 당 좌 예 금	60,000,000
2	(차) 특 정 현 금 과 예 금 　　당 좌 예 금	1,500,000 2,000,000	(대) 현　　　　　금	3,500,000
3	(차) 개 　 발 　 비	25,000,000	(대) 보 통 예 금	25,000,000
4	(차) 임 차 보 증 금	40,000,000	(대) 보 통 예 금	40,000,000
5	(차) 수 입 보 증 금	4,000,000	(대) 현　　　　　금	4,000,000

2. 연습문제 해답

01. ③	02. ②	03. ③	04. ③	05. ②
06. ③	07. ②	08. ②	09. ①	10. ②
11. ④	12. ④	13. ①	14. ②	15. ①

01　③ 매도가능증권평가손익은 기타포괄손익누계액 항목으로 분류한다.

02　② 매도가능증권 평가손익은 자본항목(기타포괄손익누계액)이다.

03　③ 매도가능증권 중 시장성이 없는 지분증권의 공정가치를 신뢰성있게 측정할 수 없는 경우에는 취득원가로 평가한다.

04　③ 만기보유증권은 상각후원가로 평가하여 재무상태표에 표시한다.

05　② 단기매매증권에 대한 미실현보유손익은 당기손익항목으로 처리한다. 매도가능증권에 대한 미실현보유손익은 기타포괄손익누계액으로 처리하고, 당해 유가증권에 대한 기타포괄손익누계액은 그유가증권을 처분하거나 손상차손을 인식하는 시점에 일괄하여 당기손익에 반영한다.

06　③ 지분증권과 및 만기보유증권으로 분류되지 아니하는 채무증권은 단기매매증권과 매도가능증권 중의 하나로 분류한다.

07　② ① 매도가능증권의 취득부대비용은 매도가능증권의 취득원가로 처리한다.
　　　③ 매도가능증권 평가이익 : 520,000원 − 505,000원 = 15,000원
　　　④ 매도가능증권평가손익은 자본으로 인식한다.

08　② · 단기매매증권과 매도가능증권은 공정가치로 평가한다. 다만, 매도가능증권 중 시장성이 없는 지분증권의 공정가치를 신뢰성있게 측정할 수 없는 경우에는 취득원가로 평가한다.(일반기업회계기준 6.30)
　　　· 단기매매증권에 대한 미실현보유손익은 당기손익항목으로 처리한다. 매도가능증권에 대한 미실현보유손익은 기타포괄손익누계액으로 처리하고, 당해 유가증권에 대한 기타포괄손익누계액은 그 유가증권을 처분하거나 손상차손을 인식하는 시점에 일괄하여 당기손익에 반영한다.

09　① 무형자산은 영업활동에 사용할 목적으로 보유하고 있는 자산으로 물리적 형체가 없지만 별가능하고, 기업이 통제하고 있으며, 미래 경제적 효익이 있는 자산이다. 단, 미래 경제적 효익에 대해 불확실성이 높다.

10　② 무형자산을 상각할 때는 해당 자산계정을 직접 차감할 수 있다.

11　④ 무형자산의 상각은 사용 가능한 시점부터 시작한다.

12　④ 일반기업회계기준서 제11장 무형자산 용어의 정의

13　① 모두 연구단계에서 발생한 것으로 본다.

14　② [일반기업회계기준 문단 실2.35] 무형자산은 산업재산권, 저작권, 개발비 등과 사업결합에서 발생한 영업권을 포함한다.

15　① 연구비는 무형자산이 아니라 당기 비용에 해당한다.

CHAPTER 06 부채

1. 실무시험대비 분개연습 해답

문항	분 개										
1	(차)	지	급	어	음	5,000,000	(대)	당	좌	예	금	5,000,000
2	(차)	외	상	매	입	금	4,000,000	(대)	받	을	어	음	4,000,000
3	(차)	단 기 차 입 금 이 자 비 용				35,000,000 2,000,000	(대)	보	통	예	금	37,000,000
4	(차)	미	지	급	금	3,000,000	(대)	당	좌	예	금	3,000,000
5	(차)	현			금	2,000,000	(대)	선	수		금	2,000,000
6	(차)	미	지	급	금	2,300,000	(대)	현			금	2,300,000
7	(차)	토			지	120,000,000	(대)	당 좌 예 금 단 기 차 입 금				85,000,000 35,000,000

8	(차)	보 통 예 금 사 채 할 인 발 행 차 금	5,800,000 200,000	(대)	사　　　　채	6,000,000
9	(차)	이 자 비 용	95,000	(대)	현　　　　금 사 채 할 인 발 행 차 금	80,000 15,000
10	(차)	퇴 직 급 여 충 당 부 채	2,500,000	(대)	예　　수　　금 보 통 예 금	33,000 2,467,000

2. 연습문제 해답

01. ④	02. ③	03. ④	04. ①	05. ③
06. ④	07. ①	08. ②	09. ①	10. ①
11. ④	12. ③	13. ②	14. ③	15. ①

01　④ 일반기업회계기준 2.23, 유동성장기부채는 보고기간종료일로부터 1년 이내에 결제되어야 하므로 영업주기와 관계없이 유동부채로 분류한다.

02　③ 미지급금은 일반적 상거래 이외에서 발생한 채무이다.

03　④ 미지급금은 일반적 상거래 이외에서 발생한 지급기일이 도래한 확정채무를 말한다.

04　① 재고자산 이외의 자산을 외상으로 취득하는 경우에는 매입채무(외상매입금) 계정을 사용하지 않고, 미지급금 계정을 사용한다. 그리고 타인이 발행한 당좌수표는 현금으로 처리해야 한다.

　　　　(차) 비품 5,000,000　(대) 현금　　　2,500,000
　　　　　　　　　　　　　　　　미지급금　2,500,000

05　③ · 유효이자율법 적용시 할인발행인 경우 사채의 장부가액이 매년 증가한다.
　　　　· 유효이자율법 적용시 사채할인발행차금 상각액은 매년 증가한다.
　　　　· 유효이자율법 적용시 할증발행인 경우 사채이자는 매년 감소한다.

06　④ 유동성장기부채는 유동부채로 분류한다.
　　　　부채는 1년을 기준으로 유동부채와 비유동부채로 분류한다. 다만, 정상적인 영업주기 내에 소멸할 것으로 예상되는 매입채무와 미지급비용 등은, 보고기간종료일로부터 1년 이내에 결제되지 않더라도 유동부채로 분류한다. 이 경우 유동부채로 분류한 금액 중 1년 이내에 결제되지 않을 금액을 주석으로 기재한다. 당좌차월, 단기차입금 및 유동성장기차입금 등은 보고기간종료일로부터 1년 이내에 결제되어야 하므로, 영업주기와 관계없이 유동부채로 분류한다. 또한 비유동부채 중 보고기간종료일로부터 1년 이내에 자원의 유출이 예상되는 부분은 유동부채로 분류한다.

07　① ①은 사채할증발행차금의 사채계정의 부가적인(+) 평가계정이나, ②는 재고자산평가충당금은 재고자산의 차감적인 평가계정이고 ③은 대손충당금은 자산의 채권관련계정의 차감적인 평가계정이고 ④는 감가상각누계액은 유형자산의 차감적인 평가계정이다.

08　② ① 사채할증발행차금 : 사채에 가산하여 표시
　　　　③ ④ 사채의 평가계정이 아니다

09　① 인쇄비, 수수료등 사채발행비용은 사채의 발행가액에서 차감한다.

10　① 650,000원＝퇴직급여충당부채 350,000원＋사채 300,000원
　　　　· 미지급금, 매입채무, 유동성장기부채는 유동부채에 속하며, 임차보증금은 자산에 속한다.

11 ④ 상품권을 판매하였을 경우에는 수익으로 처리하지 않고, 부채(선수금)로 처리하여야 함에도 불구하고 상품매출(수익)로 회계처리 하였으므로 부채가 과소계상되고 수익(자본)은 과대계상하게 된다. 단, 자산은 변함이 없다.

12 ③ 5월 18일 거래는 실제 퇴직하는 종업원에게 퇴직급여를 현금으로 지급하는 내용이다.
    5월 18일 분개:
    (차) 퇴직급여충당부채 3,000,000 (대) 현 금 3,000,000

13 ② 당기퇴직급여지급액−전기말충당금액+당기설정액=10,000,000원
    · 7,000,000원−5,000,000원+(8,000,000원 × 100%)

14 ③ 장기차입금, 퇴직급여충당부채는 비유동부채이다.
    유동부채(46,000) = 단기차입금(10,000) + 미지급비용(3,000) + 예수금(6,000) + 선수수익(10,000) + 유동성장기부채(17,000)

15 ① 1,400,000원

외상매입금

지급액	5,000,000	기초	1,400,000
기말	400,000	순매입액	4,000,000
계	5,400,000	계	5,400,000

CHAPTER 07 자본

1. 실무시험대비 분개연습 해답

문항	분 개				
1	(차) 보 통 예 금	128,000,000	(대) 자 본 금 주식발행초과금	100,000,000 28,000,000
2	(차) 당 좌 예 금 주식할인발행차금	45,000,000 5,000,000	(대) 자 본 금	50,000,000
3	(차) 당 좌 예 금 주식할인발행차금	13,220,000 1,780,000	(대) 자 본 금	15,000,000
4	(차) 기 계 장 치	82,500,000	(대) 자 본 금 주식발행초과금	75,000,000 7,500,000
5	(차) 토 지	10,000,000	(대) 자 본 금 주식발행초과금 현 금	5,000,000 4,000,000 1,000,000
6	(차) 자 기 주 식	12,000,000	(대) 당 좌 예 금	12,000,000
7	(차) 보 통 예 금 자기주식처분손실	11,000,000 1,340,000	(대) 자 기 주 식	12,340,000
8	(차) 자 본 금	10,000,000	(대) 현 금 감 자 차 익	7,000,000 3,000,000
9	(차) 미교부주식배당금	20,000,000	(대) 자 본 금	20,000,000
10	(차) 미 지 급 배 당 금 미교부주식배당금	5,000,000 2,000,000	(대) 현 금 자 본 금	5,000,000 2,000,000

2. 연습문제 해답

| 01. ④ | 02. ② | 03. ① | 04. ④ | 05. ① |
| 06. ④ | 07. ④ | 08. ③ | 09. ① | 10. ② |

01 ④ 재무상태표상의 자본의 총액은 주식의 시가총액과는 일치하지 않는 것이 일반적이다. [문단106]

02 ② 잉여금은 자본거래에 따라 자본잉여금, 손익거래에 따라 이익잉여금으로 구분한다.

03 ① 이익잉여금은 영업활동의 손익거래에서 발생한 이익을 말한다.

04 ④ 자기주식처분이익은 자본잉여금이고, 나머지 항목은 영업외수익이다.

05 ① 자기주식은 자본조정(차감항목)이다. · ②, ③, ④는 자본잉여금이다.

06 ④ 이익준비금은 자본항목 중 이익잉여금에 해당하나 자기주식처분이익, 주식발행초과금, 감자차익은 모두 자본항목 중 자본잉여금에 해당한다.

07 ④ 자기주식처분이익과 감자차익은 자본잉여금으로, 자기주식처분손실은 자본조정으로 계상한다.

08 ③ 이익잉여금을 자본전입하므로 이익잉여금은 감소하고 자본금은 증가한다. 총자본은 불변이다.

09 ① 자본잉여금은 불변이다.

10 ② 감자차익과 주식발행초과금은 자본잉여금으로 분류되고, 자기주식은 자본조정에 속한다
　　이익잉여금 : 500,000원(이익준비금)+200,000원(임의적립금)+3,000,000원(미처분이익잉여금) = 3,700,000원

CHAPTER 08 수익과 비용

1. 실무시험대비 분개연습 해답

문항	분 개					
1	(차) 보 통 예 금	1,000,000	(대) 배 당 금 수 익	1,000,000		
2	(차) 현　　　　　금	100,000,000	(대) 자 산 수 증 이 익	100,000,000		
3	(차) 통 신 비	125,000	(대) 현　　　　　금	125,000		
4	(차) 보 험 료	1,000,000	(대) 현　　　　　금	1,000,000		
5	(차) 교 육 훈 련 비	2,000,000	(대) 현　　　　　금	1,934,000		
			예　수　금	66,000		
6	(차) 복 리 후 생 비	30,000	(대) 현　　　　　금	30,000		
7	(차) 기 업 업 무 추 진 비	150,000	(대) 미 지 급 금	150,000		
8	(차) 세 금 과 공 과	200,000	(대) 현　　　　　금	200,000		
9	(차) 광 고 선 전 비	500,000	(대) 현　　　　　금	500,000		
10	(차) 도 서 인 쇄 비	400,000	(대) 현　　　　　금	400,000		

2. 연습문제 해답

01. ④	02. ③	03. ①	04. ④	05. ③
06. ④	07. ③	08. ②	09. ④	10. ②
11. ③	12. ③	13. ①	14. ①	15. ③
16. ③	17. ④	18. ②	19. ①	20. ①

01 ④ 손익계산서는 비용 및 수익계정을 작성하는 재무제표이다. ①, ②, ③ : 재무상태표에서 자본항목

02 ③ 소모품비는 판매비와 관리비 또는 제조간접비로 분류된다. 나머지는 모두 영업외비용이다.

03 ① 영업활동과 관련하여 비용이 감소함에 따라 발생하는 퇴직급여충당부채환입, 판매보증충당부채환입 및 대손충당금환입 등은 판매비와관리비의 부(-)의 금액으로 표시한다.

04 ④ 단기매매증권평가이익은 유가증권 보유시 보고기간 종료일의 현재의 공정가액(시가)로 평가시 발생하는 이익으로 실현되지 않은 이익에 해당한다.

05 ③ 할부매출은 할부금 회수 시가 아닌, 판매(인도)시에 수익을 인식한다.

06 ④ [일반기업회계기준 제16장 사례 20] 주문개발하는 소프트웨어의 대가로 수취하는 수수료는 진행률에 따라 수익을 인식한다. 이때 진행률은 소프트웨어의 개발과 소프트웨어 인도 후 제공하는 지원용역을 모두 포함하여 결정한다.

07 ③ 매출총이익 = 매출액 - 매출원가, 5,000,000원 = 15,000,000원 - 10,000,000원
   영업이익 = 매출총이익 - 판매비와관리비, 1,000,000원 = 5,000,000원 - 4,000,000원(급여 + 기업업무추진비)

08 ② 이자비용, 기부금은 영업외비용이다.

09 ④ 차변의 계정과목을 선급금(자산)이 아닌 매출원가(비용)로 회계처리하여, 비용이 과대(자본이 과소), 자산이 과소계상된다.

10 ② 일반기업회계기준 2.48 : 매출원가는 제품, 상품 등의 매출액에 대응되는 원가로서 판매된 제품이나 상품 등에 대한 제조원가 또는 매입원가이다.
   일반기업회계기준 7.6 : 재고자산 매입에 따른 매입운임은 매입원가에 포함된다.
   일반기업회계기준 7.20 : 재고자산의 시가가 장부금액 이하로 하락하여 발생한 손실은 재고자산의 차감계정으로 표시하고 매출원가에 가산한다. 재고자산의 장부상 수량과 실제 수량과의 차이에서 발생하는 감모손실의 경우 정상적으로 발생한 감모손실은 매출원가에 가산하고 비정상적으로 발생한 감모손실은 영업외비용으로 분류한다.
   일반기업회계기준 7.10 : 재료원가 중 비정상적으로 낭비된 부분은 재고자산 원가에 포함하지 않고, 발생한 기간의 비용으로 인식한다.

11 ③ 매출총이익 = 매출액 - 매출원가, 400,000원 = 1,000,000원 - 600,000원
   영업이익 = 매출총이익 - 판매비와관리비,
       270,000원 = 400,000원 - (급여 100,000원 + 기업업무추진비 30,000원)
   당기순이익 = 영업이익 + 영업외수익 - 영업외비용,
       200,000원 = 270,000원 + 0원 - (이자비용 50,000원 + 기부금 20,000원)

12 ③ · 2.5. : (차) 단기매매증권 10,000,000   (대) 현   금   10,500,000
            수수료비용   500,000
    · 2.6. : (차) 현   금   6,600,000   (대) 단기매매증권   6,000,000
                                    단기매매증권처분이익   600,000
    ∴ 당기순이익 : 600,000원 - 500,000원 = 100,000원 증가한다.

13 ①, ②-수익의 이연, ③-수익의 발생, ④-비용의 발생에 해당함

14 ① · 비유동자산은 사용에 의한 가치가 감소하게 된다. 가치감소액은 정액법, 정률법 등을 이용하여 감가상각비를 산출한다.
    · 부가가치세는 매입세액과 매출세액을 서로 상계처리하고 차액은 미지급금 · 미수금계정으로 처리한다.
    · 가지급금, 가수금계정은 기말결산시까지 내용이 파악되지 않은 경우에는 파악될 계정을 사용하여 반드시 상계처리하여야 한다.

15 ③ 선수수익은 부채항목으로 부채항목이 과소계상되면 당기순이익은 과대계상되며 선급비용은 자산항목으로 자산항목이 과대계상되면 당기순이익은 과대계상된다.

16 ③ 당기순이익에서 보험료 중 선급비용 5,000원은 더하고, 이자수익 중 선수수익 4,000원을 뺀다.

17 ④ 재무회계개념체계 문단 68
    발생이란 미수수익과 같이 미래에 수취할 금액에 대한 자산을 관련된 부채나 수익과 함께 인식하거나, 또는 미지급비용과 같이 미래에 지급할 금액에 대한 부채를 관련된 자산이나 비용과 함께 인식하는 회계과정을 의미한다.

19 ① · 미지급임차료 회계처리 :
        (차) 임차료(비용) ×××   (대) 미지급비용(부채) ×××
    · 회계처리되지 않았을 경우 : 비용 과소계상, 순이익 과대계상, 부채 과소계상, 자본 과대계상

20 ① 3월 1일 보험료 중 선급비용 20,000원 누락(=120,000원×)은 당기순이익에 가산
    5월 1일 선이자 중 선수이자 100,000원 누락(=300,000원×4/12)은 당기순이익에서 차감
    따라서 80,000원 당기순이익을 감소시키므로, 20×1년 12월 말 정확한 당기순이익은 270,000원(=350,000원 - 80,000원)이다.

PART 2 CHAPTER 01 원가회계의 개념

01. ①	02. ②	03. ④	04. ②	05. ②
06. ③	07. ④	08. ③	09. ④	10. ③
11. ②	12. ①	13. ④	14. ④	15. ③
16. ③	17. ③	18. ①	19. ④	20. ①

01 ① 원가관리회계는 기본적으로 제조기업에 적용되는 회계이다.

02 ② 원가회계는 일반적 기업의 내부적 의사결정목적으로 작성된다.

03 ④ 기업내부 이해관계자의 관리적 의사결정에 대한 유용한 정보제공

04 ② 조업도가 감소함에 따라 단위당 고정비는 증가하고 단위당 변동비는 일정하다.

05	② 혼합원가는 조업도의 증감에 관계없이 발생하는 고정비와 조업도의 변화에 따라 일정비율로 증가하는 변동비의 두 부분으로 구성된 원가이다.
06	③ 직접재료비+직접노무비=기본원가, 직접노무비+제조간접비=가공원가
07	④ 매몰원가는 과거 원가로서, 미래 의사결정에 전혀 관련성이 없으므로, 의사결정과정에서 고려해선 안되는 비관련원가에 해당한다.
08	③ 제조공정에 있는 작업자에게 제공하는 작업복은 제조간접원가로 처리되며, 제조간접원가는 가공원가와 제품제조원가에 포함된다.
09	④ 기회원가는 여러 대안에 대한 의사결정을 하였을 때, 선택하지 않은 대안 중 차선의 대안에 대한 기대치이다.
10	③ 고정비는 관련범위 내에서 원가총액이 일정하므로 조업도가 증가하면 단위당 고정비가 감소하게 된다.
12	① 준고정원가는 조업도와 무관하게 총원가가 일정하게 유지되다가, 일정조업도 이후 총원가가 증가한 후에 다시 일정하게 유지된다.
13	④ · 변동원가는 조업도에 따라 총원가가 비례적으로 증가하며, 고정원가는 조업도와 무관하게 총원가는 일정하다. · 준변동원가는 조업도에 따라 총원가가 비례적으로 증가하다가, 일정조업도 이후에는 단위당 변동비가 달라지므로 비율을 달리하여 총원가가 비례적으로 증가한다. · 준고정원가는 조업도와 무관하게 총원가가 일정하게 유지되다가, 일정조업도 이후 총원가가 증가한 후에 다시 일정하게 유지된다.
14	④ 포장비용의 경우 제품 생산량에 따라 증가하는 변동비에 해당한다.
15	③ 매몰원가는 과거에 발생한 원가로써 의사결정에 영향을 주지 않는 원가를 말한다. 따라서 화물차의 매몰원가는 취득원가에서 감가상각누계액을 차감한 장부금액 1,000,000원이 되는 것이다.
16	③ 가공비1,250,000원 = 직접노무비500,000원 + 제조간접비(400,000원+350,000원)
17	③ · 기초원가 : 직접재료비 100,000원+직접노무비 200,000원=300,000원 · 가공원가 : 직접노무비 200,000원+간접재료비 50,000원+간접노무비 100,000원+제조경비 50,000원=400,000원
18	① 500,000(직접노무비) + 600,000/0.4(제조간접원가) = 2,000,000원
19	④ ① 직접재료비는 기초원가에 해당된다. ② 매몰원가는 의사결정과정에 영향을 미치지 않는 원가를 말한다. ③ 고정원가는 일정 조업도내에서 일정하게 발생하는 원가를 말한다. ④ 직접원가란 특정한 원가집적대상에 추적할 수 있는 원가를 말한다.
20	① 제품원가에 고정제조간접비를 포함하는지의 여부에 따라 전부원가계산과 변동원가계산으로 구분된다.

CHAPTER 02 제조원가의 흐름

01. ①	02. ④	03. ③	04. ④	05. ③
06. ③	07. ①	08. ①	09. ②	10. ④
11. ②	12. ①	13. ②	14. ②	15. ①

02　④ 기말재공품액 - 기초재공품액 = 당기총제조원가 - 당기제품제조원가
　　　따라서, 기말재공품액 > 기초재공품액 = 당기총제조원가 > 당기제품제조원가

03　③ 제조원가요소와 판매비와관리비요소의 구분이 명확하지 아니한 경우에는 일정한 기준(원가기여도, 중요성 등)에 따라 구분하여 계상하여야 한다.

04　④ 원재료비는 재무제표인 재무상태표를 통해 확인할 수 없고, 원가명세서를 통해 확인할 수 있다.

05　③ 직접노무원가는 당기에 제조과정에 투입된 생산직 근로자의 급여를 말한다.

06　③ 매출원가 = 기초제품 + 당기제품제조원가 - 기말제품
　　　즉, 당기제품제조원가 = 매출원가 - 기초제품 + 기말제품 = 490,000원
　　　당기제품제조원가 = 기초재공품 + 당기총제조원가 - 기말재공품
　　　즉, 당기총제조원가 = 당기제품제조원가 - 기초재공품 + 기말재공품 = 505,000원

07　① · 당기제품제조원가(2,100,000) = 기초재공품(200,000)+당기총제조원가(2,000,000)-기말재공품(100,000)
　　　　· 매출원가(2,000,000) = 기초제품(400,000)+당기제품제조원가(2,100,000)-기말제품(500,000)

08　① 기초와 기말의 제품재고는 손익계산서 또는 재무상태표에서 알 수 있어 제조원가명세서에서는 계산할 수 없다.

09　② 직접재료비 = 기초원재료재고 + 당기원재료매입 - 기말원재료재고
　　　　　　　　= 150,000원 + 230,000원 - 90,000원 = 290,000원
　　　당기총제조원가 = 직접재료비 + 직접노무비 + 제조간접비
　　　　　　　　　　= 290,000원 + 450,000원 + 300,000원 = 1,040,000원

10　④ 당기제품제조원가 = 당기총제조원가 + 기초재공품 - 기말재공품
　　　당기총제조원가(2,000,000원) = 당기제품제조원가(1,500,000원)-기초재공품(0원)+기말재공품(500,000원)
　　　가공원가(800,000원) = 당기총제조원가(2,000,000원) × 가공원가 비율(40%)

11　② · 제품매출원가 = 40,000원 + (320,000원 + 30,000원 - 50,000원) - 90,000원 = 250,000원
　　　　· 매출총이익률 = 매출총이익 / 매출액 = (500,000원 - 250,000원) / 500,000원 = 50%

12　① · 기초재공품 + 당기총제조원가(=직접재료비+직접노무비+제조간접비) = 당기제품제원가+기말재공품
　　　　· 0원 + 당기총제조원가 = 1,000,000원 + 800,000원, ∴ 당기총제조원가 = 1,800,000원
　　　　· 직접재료비 = 1,800,000원 × $\frac{1}{1+2+3}$ = 300,000원

13　② 직접노무비(ⓐ) : 가공비의 20% → (직접노무비 + 제조간접비) * 0.2
　　　제조간접비가 50,000 이므로,

직접노무비(ⓐ) = (ⓐ + 50,000) * 0.2
          ⓐ = 0.2ⓐ + 10,000
          ⓐ = 12,500

14 ② 기초원가(기본원가) = 직접재료비 + 직접노무비,
    가공원가 = 직접노무비 + 제조간접비
    당기 총제조원가 2,200,000원
    = 직접재료비 900,000원 + 직접노무비 600,000원 + 제조간접비 700,000원
    기초원가 1,500,000원 = 직접재료비 + 600,000원 → 직접재료비 : 900,000원
    제조간접비 700,000원 = 200,000원 + 150,000원 + 150,000원 + 100,000원 + 100,000원

15 ① 기초재공품+직접재료비+직접노무비+제조간접비=당기제품제조원가+기말재공품
    X+5,000,000+4,000,000+3,000,000=1,500,000+13,000,000
    X=2,500,000

CHAPTER 03 원가배분

01.	②	02.	①	03.	①	04.	②	05.	④
06.	③	07.	④	08.	③	09.	①	10.	④
11.	③	12.	③	13.	④	14.	④	15.	④

01 ② 개별원가계산에서 원가계산시 이를 직접비와 간접비로 나누고, 간접비는 모두 제조간접비라는 일종의 집합(통제)계정에 모았다가 일정한 배부기준에 의해 제품별로 배부하게 된다. 이를 원가배분이라 한다.

02 ① 정확한 원가계산을 위한 원가배분의 기본원칙은 원가발생이라는 결과를 야기시킨 원인(원가동인)에 따른 원가를 배분하는 인과관계 기준이며 이 방법이 경제적으로 실현가능한 경우에는 반드시 인과관계기준에 의하여원가배분하여야 한다. 단, 인과관계가 분명하지 않거나 인과관계를 사용하는 것이 경제성이 없는 경우에 차선으로 부담능력기준이나 수혜기준을 적용한다.

03 ① 각 제품생산라인이 차지하는 연면적비율로 배부하는 것이 가장 합리적인 방법이다.

05 ④ 단계배분법은 직접배분법과 상호배분법의 절충적인 방법이다.

06 ③ 직접배부법은 보조부문의 자가용역을 고려하지 않고 직접 제조부문으로 배부한다.

07 ④ 보조부문원가를 변동원가와 고정원가로 구분하여 각각 다른 배분기준을 적용하여 배분하는 방법(이중배분율법)

08 ③ 80,000원×40%/(40%+40%)=40,000원

09 ① 전력부문에서 연마부문에 배부된 제조간접비 = 300,000×50/400 = 37,500원

11 ③ 보조부문원가의 배분방법 중 어떤 방법을 선택해도 순이익은 동일하다.

12 ③ 상호배분법은 계산이 복잡하지만, 가장 정확하다는 장점이 있다.

13 ④ · 직접배부법 : 보조부문비를 배분하지 않고 직접 제조부문에만 배부, 간단, 정확도, 신뢰도 낮음
    · 단계배부법 : 직접배부법과 상호배부법의 절충

· 상호배부법 : 보조부문비를 다른 보조 부문과 제조부문에 배부, 복잡, 정확도, 신뢰도 높음

14 ④ 보조부문 상호간 용역수수를 전부 고려하는 가장 정확한 원가배분방식은 상호배분법이다.

15 ④ 40,000원 = 80,000원 × $\frac{40\%}{40\%+40\%}$

CHAPTER 04 개별원가 계산

01. ①	02. ④	03. ③	04. ②	05. ②
06. ③	07. ②	08. ④	09. ④	10. ③
11. ③	12. ②	13. ①	14. ①	15. ①

01 ① 화학공업은 제품을 연속적으로 대량생산하므로 종합원가계산방법이 적합하다.

02 ④ 개별원가계산은 다품종소량생산을 하는 기업에 적합한 계산방법이다.

03 ③ 제조간접원가는 작업별로 추적할 수 없어서 배부한다.

04 ② 개별원가계산은 제품의 다품종 소량생산에 적합하다.

05 ② 실제배부법은 계절별 생산량이 큰 차이가 있는 경우에 제품의 단위당 원가가 계절별로 다르게 되는 문제점이 있다.

06 ③ – 제조간접비 실제배부율 = 실제 제조간접비 ÷ 실제 조업도 = 10,500,000원 ÷ 1,500시간(기계시간) = @7,000원 / 기계시간
     – 제조간접비 배부액 = 개별작업의 실제조업도 × 제조간접비 실제배부율
     – 제품 A 제조간접비 = 500시간 × 7,000원 = 3,500,000원

07 ② 정상원가계산의 경우 직접재료비와 직접노무비를 실제원가로 측정하고 제조간접비는 예정배부액으로 산정하는 원가계산방법이다.

08 ④ 배부기준의 실제조업도 × 예정배부율

09 ④ 예정제조간접비배부액=개별제품등의 실제조업도(실제 배분기준)×제조간접비 예정배부율

10 ③ 90× 43,000 + 150,000 = 4,020,000

11 ③ 제조간접비 예정배부액 = 실제발생액(23,500,000원) + 과대배부액(1,500,000원) = 25,000,000원
     따라서 기계시간당 예정배부율 = 25,000,000원 / 500시간 = 50,000원

12 ② 제조간접비 배부액 : 60,000 × 200 = 12,000,000원
     제조간접비 실제발생액 : 12,000,000 − 300,000 = 11,700,000원

13 ① 제조간접비 예정배부액 : 25,000,000원 − 1,500,000원 = 23,500,000원

14 ① 50,000원 과소배부=실제 발생액 600,000원−예정배부액 550,000원
     · 예정배부액 : 실제 직접노동시간 1,000시간 × 예정배부율 @550원＝550,000원

15 ① 제조간접비 배부방법에는 매출원가조정법, 영업외손익법, 총원가비례법(요소별비례법) 등이 있다.

CHAPTER 05 종합원가 계산

01. ①	02. ①	03. ③	04. ④	05. ②
06. ①	07. ④	08. ③	09. ①	10. ②
11. ④	12. ③	13. ①	14. ③	15. ③

01 ① 개별원가계산에 대한 설명이다.

02 ① 전기와 당기 발생원가를 구분하지 않고 모두 당기 발생원가로 가정하여 계산하는 것은 평균법에 대한 설명이다.

03 ③ 개별원가계산은 정확한 원가계산을 할 수 있지만 시간과 비용이 과다하게 든다.

04 ④ 개별원가계산은 직접비와 제조간접비로, 종합원가계산은 직접재료비와 가공비로 분류하여 원가를 집계한다.

05 ② 재료비 = 200개 × 350원 = 70,000원

   가공비 = 200개 × 70% × 200원 = 28,000원

   기말재공품원가 = 재료비 + 가공비 = 98,000원

06 ① 재료비 완성품환산량 : 1,700개 + 500개 = 2,200개

   가공비 완성품환산량 : 1,700개 + 500개 × 0.5 = 1,950개

07 ④ 30,000단위

	물량흐름	완성품환산량	
		재료비	가공비
완 성 품	20,000(100%)	20,000	20,000
기말재공품	20,000(50%)	20,000	10,000
계	40,000	40,000	30,000

08 ③ 재료비 완성품환산량 : 20,000 − 5,000 + 10,000 = 25,000개

   가공비 완성품환산량 : 20,000 − 5,000 × 0.2 + 10,000 × 0.4 = 23,000개

09 ①

   · 기초재공품수량 + 당기착수량 = 당기완성품수량 + 기말재공품수량

   · 500개 + 2,000개 = 당기완성품수량 + 300개

   ∴ 당기완성품수량 = 2,200개

   · 재료비 완성품환산량 : 2,200개 + 300개 − 500개 = 2,000개

   · 가공비 완성품환산량 : 2,200개 + 150개(=300개 × 0.5) − 100개(=500개 × 20%) = 2,250개

10 ② 평균법과 선입선출법에 의한 완성품환산량의 차이는 기초재공품의 완성품환산량 차이이다. 즉,

   평균법 : 700개 + 300개 × 40% = 820개

   선입선출법 : 700개 + 300개 × 40% − 200개 × 60% = 700개

11 ④ 재료비 완성품환산량 : 1,200개 + 200개 = 1,400개

12 ③ 820개 = 당기완성품 수량 800개 + 기말재공품 완성품환산량 20개

   · 기말재공품 완성품환산량 : 기말재공품 수량 50개 × 완성도 40% = 20개

13 ① 직접재료비 완성품환산량 35,000단위＝25,000단위(당기투입당기완성품)＋10,000단위(10,000단위×100%, 기말)

14 ③ 개별원가계산은 다품종 소량생산하는 기업에 적합하며, 특정제조지시서를 사용하고, 종합원가에 비해 각 제품별 정확한 원가계산이 가능하다. 종합원가계산은 동일한 종류의 제품을 연속적으로 대량생산하는 기업에 적합하며, 계속제조지시서를 사용한다.

15 ③ 제조지시서별 원가계산을 위하여 직접비, 간접비의 구분과 제조간접비의 배부가 중요한 방식은 개별원가계산이다.

PART 3 부가가치세

01.	④	02.	②	03.	③	04.	③	05.	④
06.	①	07.	③	08.	④	09.	②	10.	③
11.	②	12.	①	13.	①	14.	④	15.	②
16.	④	17.	③	18.	③	19.	②	20.	③
21.	④	22.	②	23.	②	24.	③	25.	②
26.	③	27.	③	28.	①	29.	②	30.	③
31.	③	32.	①	33.	②	34.	③	35.	②
36.	①	37.	④	38.	①	39.	④	40.	②
41.	①	42.	③	43.	④	44.	②	45.	①

01 ④ 개별소비세가 아니라 일반소비세이다.

02 ② 현행 부가가치세는 소비지국 과세원칙을 채택하고 있다.

03 ③ 현행 부가가치세는 전단계세액공제법을 채택하고 있어 영세율과 면세적용이 용이하다.

04 ③ 부가가치세는 이익발생과 관계없이 납부세액이 발생하면 납부해야 한다.

05 ④ 폐업사유에 해당함

06 ① 부가가치세법 제8조 제1항
· 신규로 사업을 시작하려는 자는 사업개시일 이전이라도 사업자등록 신청할 수 있다.
· 사업개시일 이전에 사업자등록을 신청한 경우에는 그 신청한 날부터 그 신청일이 속하는 과세기간의 종료일까지로 한다.
· 사업자등록의 신청은 사업장 관할세무서장이 아닌 다른 세무서장에게도 가능하다.

07 ③ 주사업장총괄납부 시 종된 사업장은 부가가치세 납부의무가 없으나 신고는 각 사업장별로 해야 한다. 따라서 종된 사업장도 부가가치세 신고는 해야 한다.(부가가치세법 제8조 및 제51조)

08 ④ 무인자동판매기를 통하여 재화를 공급하는 사업의 납세지는 사업에 관한 업무를 총괄하는 장소로 한다.

09 ② 특수관계 없는 자에게 용역의 무상공급은 용역의 공급으로 보지 아니하고, 국가 등에 무상으로 공급하는 재화는 면세대상이다.(부가가치세법 제12조)

10 ③ 부가가치세법 제5조 ④ 제1항 제1호에도 불구하고 제62조 제1항 및 제2항에 따라 간이과세자에 관한 규정이 적용되거나 적용되지 아니하게 되어 일반과세자가 간이과세자로 변경되거나 간이과세자가 일반과세자로 변경되는 경우 그 변경되는 해에 간이과세자에 관한 규정이 적용되는 기간의 부가가치세의 과세기간은 다음 각 호의 구분에 따른 기간으로 한다.〈신설 2014. 1. 1.〉

1. 일반과세자가 간이과세자로 변경되는 경우: 그 변경 이후 7월 1일부터 12월 31일까지
2. 간이과세자가 일반과세자로 변경되는 경우: 그 변경 이전 1월 1일부터 6월 30일까지

11 ② 사업장별로 사업에 관한 모든 권리와 의무를 포괄적으로 승계하는 경우 재화의 공급으로 보지 않는다.

12 ① 부가가치세법 제12조, 고용관계에 따라 근로를 제공하는 것은 용역의 공급으로 보지 아니한다. 사업자가 대가를 받지 아니하고 타인에게 용역을 공급하는 것은 용역의 공급으로 보지 아니한다. 다만, 사업자가 특수관계인에게 사업용 부동산의 임대용역 등을 공급하는 것은 용역의 공급으로 본다.

13 ① 장기할부판매의 경우는 대가의 각 부분을 받기로 한 때를 재화의 공급시기로 본다.(부가가치세법 시행령 28③)

14 ④ 폐업시 잔존재화 : 폐업하는 때

15 ② 내국신용장 또는 구매확인서에 의하여 공급하는 재화 등은 세금계산서를 발급하여야 한다.(부가가치세법 시행령 제71조 제1항 제4호)

16 ④ 국제거래되는 재화는 생산지국에서 과세하지 않고 소비지국에서 과세함을 원칙으로 하며, 이중과세방지를 위해 수출재화에 대하여 영세율을 적용한다.

17 ③ 철도건설법에 따른 고속철도에 의한 여객운송용역은 항공기에 의한 여객운송용역과 경쟁 관계에 있다는 점을 고려하여 과세대상으로 정하고 있다.

18 ③ 부가가치세법 제26조 제1항, 도서 및 도서대여 용역의 공급에 대하여는 부가가치세를 면제한다.
  · 나머지 ①,②,④는 부가가치세가 과세된다.

19 ② 부가가치세법 제26조, 수돗물, 연탄과 무연탄은 부가가치세가 면제되지만, 항공기에 의한 여객운송용역과 신문의 광고는 과세 대상이다.

20 ③ 부가가치세법 시행령 제71조 제1항, 판매목적 타사업장 반출로서 공급의제되는 재화는 세금계산서를 발급해야 한다.

21 ④ 공급받는자의 성명은 임의적 기재사항이다.

22 ① 부가가치세법 제32조 제2항, 법인사업자와 직전 연도의 사업장별 재화 및 용역의 공급가액(면세공급가액을 포함)의 합계액이 8천 만원 이상인 개인사업자는 세금계산서를 발급하려면 전자적 방법으로 세금계산서를 발급하여야 한다.

23 ④ 부가가치세법 제32조, 발급의무자는 법인사업자 전체와 직전연도 공급가액(과,면세) 합계가 8천 만원 이상인 개인사업자이다.

24 ③ 세금계산서 발급의무가 있는 사업을 영위하는 직전연도 공급대가의 합계액이 4,800만원 이상인 간이과세자는 세금계산서발급하는 것이 원칙이다.

25 ② 해당거래에 대하여 세무조사 통지를 받은후에 세금계산서의 필요적 기재사항이 잘못 기재된 것을 확인할 경우 수정세금계산서를 발급할 수 없다.

26 ③ 부가가치세법 제34조 제1항, 세금계산서는 사업자가 제15조 및 제16조에 따른 재화 또는 용역의 공급시기에 재화 또는 용역을 공급받는 자에게 발급하여야 한다.

27 ③ 폐업하는 경우 재고자산의 시가가 과세표준이다.

28 ① 다음 각 호의 금액은 공급가액에 포함하지 아니한다.(부가가치세법 제29조 5항)
   1. 재화나 용역을 공급할 때 그 품질이나 수량, 인도조건 또는 공급대가의 결제방법이나 그 밖의 공급조건에 따라 통상의 대가에서 일정액을 직접 깎아 주는 금액
   2. 환입된 재화의 가액
   3. 공급받는 자에게 도달하기 전에 파손되거나 훼손되거나 멸실한 재화의 가액
   4. 재화 또는 용역의 공급과 직접 관련되지 아니하는 국고보조금과 공공보조금
   5. 공급에 대한 대가의 지급이 지체되었음을 이유로 받는 연체이자
   6. 공급에 대한 대가를 약정기일 전에 받았다는 이유로 사업자가 당초의 공급가액에서 할인해 준 금액

29 ② 부가가치세법 제29조 제5항 5호, 공급에 대한 대가의 지급이 지체되었음을 이유로 받는 연체이자는 공급가액에 포함하지 않는다.

30 ③ 부가가치세법 제29조, 과세표준 계산 시 공급가액에 포함되지 않는 것에는 매출에누리, 매출환입, 매출할인액, 공급받는 자에게 도달하기 전 파손된 재화의 가액, 계약에 의해 확정된 대가의 지급 지연으로 지급받는 연체이자, 재화 또는 용역의 공급과 직접 관련되지 않는 국고보조금과 공공보조금 등이 있다.

31 ③ 954,000원 = 총매출액 1,000,000원 − 매출에누리 16,000원 − 매출할인 30,000원
   · 부가가치세 제29조 제5항 및 제6항, 매출할인, 매출에누리, 대가 지급의 지연으로 받는 연체이자는 공급가액에 포함하지 않는다. 판매장려금(금전) 지급액과 대손금액은 과세표준에서 공제하지 않는다.

32 ① 부가가치세법 13조 ②, 과세표준 4,500,000원(5,000,000 − 500,000)
   매출환입액은 과세표준에서 차감항목, 판매장려금(금전지급)은 공제되지 않는 항목임.

33 ② 부가가치세법 시행규칙 제18조 1항, 부가가치세법 시행령 제61조 2항, 중간지급조건부 재화공급이므로 공급시기는 대가의 각 부분을 받기로 한 날임
   계약금 20,000,000원과 1차 중도금 5,000,000원의 합 25,000,000원

34 ③ · 납부세액 = 매출세액−매입세액+매입세액불공제,
   ∴ 즉 매출세액은 납부세액+매입세액−매입세액불공제
      850,000원 = 270,000원 + 620,000원 − 40,000원
   · 과세 공급가액 = 매출세액 / 10%
   · 과세표준 = 과세 공급가액 + 영세율 공급가액
      10,000,000원 = (850,000원 / 10%) + 1,500,000원

35 ② 납부세액 = 매출세액 − 매입세액 + 매입세액불공제
   즉, 매출세액 = 납부세액 + 매입세액 − 매입세액불공제
   380,000원 = 100,000원 + 300,000원 − 20,000원

36 ① 납부세액 = 매출세액−매입세액+매입세액불공제
   즉, 매출세액은 납부세액+매입세액−매입세액불공제
   2,850,000원 = 1,500,000원 + 1,500,000원 − 150,000원

37　④ 부가가치세법 제38조 및 제39조, 사업자가 자기의 사업을 위하여 사용하였거나 사용할 목적으로 공급받은 재화 또는 용역에 대한 부가가치세액은 매출세액에서 공제하지만, 기업업무추진비 및 이와 유사한 비용으로서 대통령령으로 정하는 비용의 지출에 관련된 매입세액과 면세사업 등에 관련된 매입세액(면세사업 등을 위한 투자에 관련된 매입세액을 포함한다)과 토지에 관련된 매입세액은 매출세액에서 공제하지 아니한다.

38　① 면세사업(농산물 도매업)에 관련된 매입세액, 기업업무추진비관련 매입세액 및 세금계산서 등을 수취하지 않은 경우 매입세액이 불공제된다.(부가가치세법 제39조 1항)

39　④ 음식점을 영위하는 경우에는 계산서 등을 반드시 수취하여야 하며, ①,③는 매입세액불공제사유에 해당된다.(부가가치세법 시행령 84③)

40　② 부가가치세법 시행령 제87조 제1항, 중소기업의 외상매출금 및 미수금으로서 회수기일이 2년 이상 지난 외상매출금 등을 대손세액공제 대상 대손금으로 하되, 특수관계인과의 거래로 인하여 발생한 외상매출금 등은 제외한다.

41　① 매출할인액은 과세표준 차감항목이고, 대손세액은 매출세액에서 공제한다.

　　과세표준 = 8,000,000원 − 1,000,000원 = 7,000,000원이다. (부가가치세법 29⑤ 및 37조②)

　　∴ (7,000,000원 × 10%) − 120,000원(대손세액) = 580,000원

42　③ 제품을 재해로 인하여 소실한 경우에는 재화의 공급으로 보지 아니하며, 의제공급에 해당하는 경우에는 시가를 기준으로 과세한다.

　　(∴2,220,000원 = 2,000,000원(외상판매액)+120,000원(개인적공급)+100,000원(비영업용승용차 매각대금)

43　④ 450,000원=매출세액 700,000원−매입세액 250,000원
　　・매출세액 : 제품매출액 7,000,000원 × 10/100=700,000원
　　・매입세액 : 원재료 매입액(공급대가) 2,750,000원 × 10/110=250,000원

44　② 2,200,000원 토지 취득시 발생한 중개수수료 매입세액은 불공제대상이다.
　　건물과 부속토지를 양도하면서 발생한 중개수수료 매입세액은 공제대상이다.

45　① 조기환급 : 조기환급신고 기한 경과 후 15일 이내(부가가치세법 59, 시행령 107)

기출문제 해답

기출문제(116회)

[이론시험]

〈1〉	〈2〉	〈3〉	〈4〉	〈5〉	〈6〉	〈7〉	〈8〉	〈9〉	〈10〉	〈11〉	〈12〉	〈13〉	〈14〉	〈15〉
②	④	②	①	①	③	③	②	④	②	③	④	②	③	①

[1] ② [일반기업회계기준 "재무회계개념체계" 문단 79] 손익계산서는 일정 기간 동안 기업실체의 경영성과에 대한 정보를 제공하는 재무보고서이다.

[2] ④ 단기매매증권 취득 시 발생한 거래원가는 당기비용으로 처리한다. 만약 이를 자산으로 계상 시 자산의 과대계상으로 이어지고 이는 자본 및 당기순이익의 과대계상을 초래한다.

[3] ② 3,300,000원
- 2024년 감가상각비 : (10,000,000원-1,000,000원)/5년=1,800,000원
- 2025년 감가상각비 : (10,000,000원-1,000,000원)/5년×6/12=900,000원
- 처분손실 : (10,000,000원-1,800,000원-900,000원)-4,000,000원=3,300,000원

[4] ①
- 현금및현금성자산 : 현금시재액 200,000원+당좌예금 500,000원=700,000원
- 단기금융상품 : 정기예금 1,500,000원(보고기간 종료일로부터 1년 이내에 만기가 도래)

[5] ① 대손충당금은 채권의 차감적 평가계정이다.

[6] ③ 주식배당
① 미처분이익잉여금을 증가시킴(자본증가)
② 미처분이익잉여금을 감소시킴(자본감소)
③ 미처분이익잉여금을 감소시킴과 동시에 자본금을 증가시킴(영향 없음)
④ 자본금 및 자본잉여금을 증가시킴(자본증가)

[7] ③ [일반기업회계기준 문단 16. 사례8] 대가가 분할되어 수취되는 할부판매의 경우에는 이자부분을 제외한 판매가격에 해당하는 수익을 판매시점에 인식한다. 판매가격은 대가의 현재가치로서 수취할 할부금액을 내재이자율로 할인한 금액이다.

[8] ② 취득원가에 매입부대비용은 포함된다.

[9] ④ 매몰비용(매몰원가)에 대한 설명이다.

[10] ② 단계배분법은 보조부문원가의 배분순서를 정하여 그 순서에 따라 보조부문원가를 다른 보조부문과 제조부문에 단계적으로 배분하는 방법이다.

[11] ③ 나머지는 손익계산서에서 제공하는 정보이다.

[12] ④ 58,000개
- 가공원가 완성품환산량 : 당기완성품 40,000개+기말재공품 30,000개×60%(완성도)=58,000개

[13] ② 부가가치세법 제3조 제1항 제1호 및 제2호, 영세율을 적용받는 사업자도 납세의무자에 해당한다.

[14] ③ 제조업의 경우 따로 제품 포장만을 하거나 용기에 충전만 하는 장소는 사업장에서 제외한다.
[15] ① 전자세금계산서는 발급일의 익일까지 국세청장에게 전송하여야 한다.

[실무시험]

문제1

[1]
- [기초정보관리] >거래처등록 >일반거래처>
  - 거래처코드 : 05000
  - 거래처명 : ㈜대신전자
  - 사업자등록번호 : 108-81-13579
  - 유형 : 1.매출
  - 대표자성명 : 김영일
  - 업태 : 제조
  - 종목 : 전자제품
  - 사업장주소 : 경기도 시흥시 정왕대로 56(정왕동)

[2]
- [거래처별초기이월] >외상매출금> ·㈜동명상사 5,000,000원 → 6,000,000원으로 수정
  >받을어음> ·㈜남북 2,500,000원 → 1,000,000원으로 수정
  >지급어음> ·㈜동서 1,500,000원 추가 입력

[3]
- [전기분원가명세서] >세금과공과금 3,500,000원 입력
  >당기제품제조원가 104,150,000원 → 107,650,000원으로 수정 확인
- [전기분손익계산서] >당기제품제조원가 107,650,000원으로 수정
  >판매비와관리비 세금과공과금 3,500,000원 삭제
  >(※ 또는 세금과공과금 금액을 0원으로 수정)
  >당기순이익 18,530,000원 변동 없음 확인

문제2

[1] 일반전표입력

08.05.	(차) 보통예금	740,000원	(대) 받을어음(㈜기경상사)	1,000,000원
	매출채권처분손실	260,000원		

[2] 일반전표입력

08.10.	(차) 세금과공과(판)	400,000원	(대) 미지급금(하나카드)	808,000원
	수수료비용(판)	8,000원	또는 미지급비용	
	예수금	400,000원		

[3] 일반전표입력

08.22.	(차) 비품	5,000,000원	(대) 자산수증이익	5,000,000원

[4] 일반전표입력

09.04.	(차) 선급금(㈜경기)	1,000,000원	(대) 보통예금	1,000,000

[5] 일반전표입력
10.28. (차) 소모품비(판)　　　　　70,000원　　(대) 현금　　　　　　　70,000원
[6] 일반전표입력
12.01. (차) 단기매매증권　　　　2,500,000원　　(대) 보통예금　　　　2,550,000원
　　　　수수료비용(984)　　　　　50,000원

문제3

[1] 매입매출전표입력
유형: 17.카과, 공급가액: 800,000원, 부가세: 80,000원, 공급처명: 제일상사, 분개: 카드 또는 혼합
신용카드사:삼성카드
07.05. (차) 외상매출금(삼성카드)　　880,000원　　(대) 제품매출　　　　800,000원
　　　　　　　　　　　　　　　　　　　　　　부가세예수금　　　　80,000원

[2] 매입매출전표입력
유형: 11.과세, 공급가액: 30,000,000원, 부가세: 3,000,000원, 공급처명: ㈜연분홍상사, 전자: 여, 분개: 혼합
07.11. (차) 외상매출금　　　　　17,000,000원　　(대) 제품매출　　　30,000,000원
　　　　받을어음　　　　　　15,000,000원　　　부가세예수금　　　3,000,000원
　　　　현금　　　　　　　　　1,000,000원

[3] 매입매출전표입력
유형: 62.현면, 공급가액: 1,100,000원, 부가세: 0원, 공급처명: 대형마트, 분개: 혼합
10.01. (차) 복리후생비(제)　　　1,100,000원　　(대) 보통예금　　　　1,100,000원

[4] 매입매출전표입력
유형: 16.수출, 공급가액: 70,000,000원, 부가세: 0원, 공급처명: Nice Planet 분개: 혼합
영세율구분: ①직접수출(대행수출 포함)
10.30. (차) 보통예금　　　　　28,000,000원　　(대) 제품매출　　　70,000,000원
　　　　외상매출금　　　　42,000,000원

[5] 매입매출전표입력
유형: 51.과세, 공급가액: 3,000,000원, 부가세: 300,000원, 공급처명: ㈜제니빌딩, 전자: 여, 분개: 혼합
11.30. (차) 임차료(판)　　　　　3,000,000원　　(대) 미지급금　　　　3,300,000원
　　　　부가세대급금　　　　300,000원

[6] 매입매출전표입력
유형: 54.불공, 공급가액: 60,000,000원, 부가세: 6,000,000원, 공급처명: ㈜시온건설, 전자: 여, 분개: 혼합
불공제사유: ⑥토지의 자본적지출 관련
12.10. (차) 토지　　　　　　　66,000,000원　　(대) 받을어음(㈜선유자동차) 66,000,000원

문제4

[1]
· 수정 전 :
09.01. (차) 차량유지비(판) 110,000원 (대) 현금 110,000원
· 수정 후 : 일반전표에 입력된 내용 삭제하고 매입매출전표에 다음과 같이 입력
유형: 61.현과, 공급가액: 100,000원, 부가세: 10,000원, 공급처명: ㈜가득주유소, 분개: 현금 또는 혼합
09.01. (차) 차량유지비(제) 100,000원 (대) 현금 110,000원
       부가세대급금 10,000원

[2] 일반전표입력
· 수정 전 :
11.12. (차) 퇴직연금운용자산 17,000,000원 (대) 보통예금 17,000,000원
· 수정 후 :
11.12. (차) 퇴직급여(판) 17,000,000원 (대) 보통예금 17,000,000원

문제5

[1] 일반전표입력
12.31. (차) 미수수익 225,000원 (대) 이자수익 225,000원
· 10,000,000원×4.5%×6/12＝225,000원

[2] 일반전표입력
12.31. (차) 장기차입금(경남은행) 50,000,000원 (대) 유동성장기부채(경남은행) 50,000,000원

[3] 일반전표입력
12.31. (차) 부가세예수금 52,346,500원 (대) 부가세대급금 52,749,000원
       미수금 402,500원

문제6

[1] 양주기업, 50,000,000원
· [거래처원장]>[잔액] 탭>기간 : 1월 1일~3월 31일>계정과목 : 0108.외상매출금 조회

[2] 4월
· [계정별원장]>배당금수익 조회

[3] 295,395,000원
· [부가가치세신고서]>기간 : 4월 1일~6월 30일 조회
· 과세 세금계산서 발급분 공급가액 290,395,000원＋영세 세금계산서 발급분 공급가액 5,000,000원

기출문제(115회)

[이론시험]

⟨1⟩	⟨2⟩	⟨3⟩	⟨4⟩	⟨5⟩	⟨6⟩	⟨7⟩	⟨8⟩	⟨9⟩	⟨10⟩	⟨11⟩	⟨12⟩	⟨13⟩	⟨14⟩	⟨15⟩
④	④	②	③	①	①	③	③	①	③	③	①	③	④	③

[1] ④ 재무제표의 기본가정 중 기간별 보고의 가정이 기말결산정리의 근거가 되는 가정이다.

[2] ④ 선수수익은 유동부채 항목이다.

[3] ②
- 원가 흐름의 가정 중 선입선출법은 먼저 입고된 자산이 먼저 출고된 것으로 가정하여 입고 일자가 빠른 원가를 출고 수량에 먼저 적용한다. 선입선출법은 실제 물량 흐름과 원가 흐름의 가정이 유사하다는 장점이 있으나, 수익·비용 대응의 원칙에 부적합하고, 물가 상승 시 이익이 과대 계상되는 단점이 있다.

[4] ③ 건물 내부의 조명기구를 교체하는 지출은 수선유지를 위한 지출에 해당하며 이는 자본적 지출에 해당하지 않으므로 발생한 기간의 비용으로 인식한다.

[5] ① 무형자산의 잔존가치는 원칙적으로 '0'인 것으로 본다.

[6] ① 임차보증금은 기타비유동자산으로서 자산계정에 해당한다.

[7] ③ 자기주식은 자본조정 항목이고, 자기주식처분이익과 감자차익, 주식발행초과금은 자본잉여금 항목이다.

[8] ③ 100,000원
- 순매출액 : 총매출액 500,000원-매출할인 10,000원=490,000원
- 매출원가 : 기초재고 50,000원+(당기총매입액 300,000원-매입에누리 20,000원)=330,000원
- 판매비와관리비 : 급여 20,000원+통신비 5,000원+감가상각비 10,000원+임차료 25,000원 =60,000원
- 영업이익 : 순매출액 490,000원-매출원가 330,000원-판매비와관리비 60,000원=100,000원
- 이자비용과 유형자산처분손실은 영업외비용, 배당금수익은 영업외수익이다.

[9] ① 보조부문의 원가 배분방법으로는 직접배분법, 단계배분법 및 상호배분법이 있으며, 이들 배분 방법에 관계없이 전체 보조부문의 원가는 동일하다.

[10] ③ 나, 마
- 가, 라 : 원가행태에 따른 분류
- 나, 마 : 의사결정과의 관련성에 따른 분류
- 다, 바 : 원가 추적가능성에 따른 분류

[11] ③
- 제조간접원가 예정배부율 : 3,800,000원/80,000시간=47.5원/기계작업시간
- 제조간접원가 예정배부액 : 11,000시간(#200 실제기계작업시간)×47.5원/기계작업시간= 522,500원

[12] ① 평균법과 선입선출법에 의한 완성품 환산량의 차이는 기초재공품의 차이에서 발생한다.

[13] ③ 사업자단위과세사업자는 모든 사업장의 부가가치세를 총괄하여 신고 및 납부할 수 있다.

[14] ④ 부가가치세법 제42조, 사업자가 부가가치세를 면제받아 공급받거나 수입한 농·축·수산물 또는 임산

물을 원재료로 하여 제조·가공한 재화 또는 창출한 용역의 공급에 대하여 부가가치세가 과세되는 경우 면세 농산물 등에 매입세액이 있는 것으로 보아 매입세액을 공제할 수 있다.

[15] ③ 부가가치세법 제33조 제1항 및 시행령 제71조 제1항, 내국신용장 또는 구매확인서에 의하여 공급하는 재화는 세금계산서 발급 의무가 있다.

[실무시험]

문제1

[1]
- [기초정보관리] >거래처등록 >일반거래처>
  - 거래처코드 : 02411
  - 거래처명 : ㈜구동컴퓨터
  - 등록번호 : 189-86-70759
  - 유형 : 3.동시
  - 대표자 : 이주연
  - 업태 : 제조
  - 종목 : 컴퓨터 및 주변장치
  - 사업장주소 : 울산광역시 울주군 온산읍 종동길 102

[2]
- [계정과목및적요등록] >821.보험료>
  - 현금적요 NO.7, 경영인 정기보험료 납부
  - 대체적요 NO.5, 경영인 정기보험료 미지급
  - 대체적요 NO.6, 경영인 정기보험료 상계

[3]
- [거래처별초기이월] >선급금> · 공상㈜ 1,873,000원 입력
  - 해원전자㈜ 1,320,000원 → 2,320,000원으로 수정
  >선수금> · ㈜유수전자 210,000원 → 2,100,000원으로 수정
  - 데회전자 500,000원 삭제(또는 금액을 0원으로 수정)

문제2

[1] 일반전표입력
07.28. (차) 외상매입금(㈜경재전자)   2,300,000원   (대) 지급어음(㈜경재전자)   2,000,000원
                                                    채무면제이익   300,000원

[2] 일반전표입력
09.03. (차) 단기차입금(하나은행)   82,000,000원   (대) 보통예금   84,460,000원
         이자비용   2,460,000원

[3] 일반전표입력
09.12. (차) 보통예금   13,800,000원   (대) 외상매출금(DOKY사)   14,000,000원
         외환차손   200,000원

[4] 일반전표입력
10.07. (차) 보통예금   7,000,000원   (대) 자본금   5,000,000원
                                                    주식할인발행차금   1,000,000원
                                                    주식발행초과금   1,000,000원

[5] 일반전표입력
10.28. (차) 퇴직급여(제)   8,000,000원   (대) 보통예금   12,000,000원
           퇴직급여(판)   4,000,000원

[6] 일반전표입력
11.12. (차) 보통예금   2,500,000원   (대) 대손충당금(109)   2,500,000원

문제3

[1] 매입매출전표입력
유형: 57.카과, 공급가액: 300,000원, 부가세: 30,000원, 공급처명: 맛나도시락, 분개: 카드 또는 혼합
신용카드사:현대카드
07.03. (차) 부가세대급금   30,000원   (대) 미지급금(현대카드)   330,000원
           복리후생비(판)   300,000원   또는 미지급비용

[2] 매입매출전표입력
유형: 14.건별, 공급가액: 1,200,000원, 부가세: 120,000원, 공급처명: 최한솔, 분개: 현금 또는 혼합
08.06. (차) 현금   1,320,000원   (대) 부가세예수금   120,000원
                                                    잡이익   1,200,000원

[3] 매입매출전표입력
유형: 12.영세, 공급가액: 5,200,000원, 공급처명: ㈜선월재, 전자: 여, 분개: 혼합
영세율구분:③내국신용장·구매확인서에 의하여 공급하는 재화
08.29. (차) 현금   500,000원   (대) 제품매출   5,200,000원
           외상매출금   4,700,000원

[4] 매입매출전표입력
유형: 11.과세, 공급가액: 10,000,000원, 부가세: 1,000,000원, 공급처명: ㈜우성유통, 전자: 여,
분개: 혼합
10.15. (차) 받을어음(하움공업)   8,000,000원   (대) 부가세예수금   1,000,000원
           외상매출금   3,000,000원   제품매출   10,000,000원

[5] 매입매출전표입력
유형: 55.수입, 공급가액: 6,000,000원, 부가세: 600,000원, 공급처명: 인천세관, 전자: 여 또는 부,
분개: 혼합
10.30. (차) 부가세대급금   600,000원   (대) 당좌예금   600,000원

[6] 매입매출전표입력
유형: 62.현면, 공급가액: 275,000원, 공급처명: 두나과일, 분개: 현금 또는 혼합
12.02. (차) 복리후생비(제)   275,000원   (대) 현금   275,000원
           또는 출금전표 복리후생비(제) 275,000원

문제4

[1] 일반전표입력
- 수정 전 : 11.01. (차) 단기매매증권 12,120,000원   (대) 현금   12,120,000원
- 수정 후 : 11.01. (차) 단기매매증권 12,000,000원   (대) 현금   12,120,000원
                  수수료비용(984)   120,000원

[2] 매입매출전표입력
- 수정 전
  유형: 51.과세, 공급가액: 800,000원, 부가세: 80,000원, 공급처명: ㈜산들바람, 전자: 부, 분개: 혼합
  11.26. (차) 부가세대급금   80,000원   (대) 현금   880,000원
            소모품비(제)   800,000원
- 수정 후
  유형: 54.불공, 공급가액: 800,000원, 부가세: 80,000원, 공급처명: ㈜산들바람, 전자: 부, 분개: 현금 또는 혼합
  불공제사유:④기업업무추진비 및 이와 유사한 비용 관련
  11.26. (차) 기업업무추진비(제)   880,000원   (대) 현금   880,000원
       또는 출금전표 기업업무추진비(제) 880,000원

문제5

[1] 일반전표입력
12.31. (차) 부가세예수금   14,630,000원   (대) 부가세대급금   22,860,000원
          미수금   8,230,000원

[2] 일반전표입력
12.31. (차) 미수수익   525,000원   (대) 이자수익   525,000원
- 당기분 이자 : 30,000,000원×7%×3/12=525,000원

[3] 일반전표입력
12.31 (차) 장기차입금(신한은행)   13,000,000원   (대) 유동성장기부채(신한은행)13,000,000원

문제6

[1] 민선전자, 36,603,000원
- [거래처원장]>[잔액]>조회기간:1월 1일~6월 30일>계정과목 : 251.외상매입금 조회

[2] 2월, 800,000원
- [총계정원장]>기간 : 1월 1일~3월 31일 → 계정과목 : 소모품비(830) 조회

[3] 2매, 440,000원
- 세금계산서합계표> 4월 ~ 6월 조회>매입>㈜하이일렉의 매수와 세액 확인

기출문제(114회)

[이론시험]

〈1〉	〈2〉	〈3〉	〈4〉	〈5〉	〈6〉	〈7〉	〈8〉	〈9〉	〈10〉	〈11〉	〈12〉	〈13〉	〈14〉	〈15〉
②	④	②	③	②	④	①	③	①	④	④	②	②	④	③

[1] ②　(차) 기계장치　27,500,000원(자산 증가)　(대) 미지급금　27,500,000원(부채 증가)

[2] ④　병원 사업장소재지의 토지 및 건물은 병원의 유형자산이다.

[3] ②　2,100,000원
　　　　＝취득원가 3,000,000원－감가상각누계액 900,000원
　　　　・1차연도 감가상각비 : (취득원가 3,000,000원－잔존가치 300,000원)×5/(5+4+3+2+1)＝
　　　　　900,000원

[4] ③　52,000,000원
　　　　＝신제품 특허권 구입 비용 30,000,000원＋A기업의 상표권 구입 비용 22,000,000원
　　　　・연구단계에서 발생한 비용은 기간비용으로 처리한다.

[5] ②　매도가능증권을 취득하는 경우에 발생한 수수료는 취득원가에 가산한다.

[6] ④　대손충당금은 자산의 채권 관련 계정의 차감적 평가항목이다.

[7] ①　가, 라
　　　　・자본잉여금 : 주식발행초과금, 감자차익
　　　　・자본조정 : 자기주식처분손실, 주식할인발행차금

[8] ③　(가)는 배당결의일의 회계처리이고, (나)는 배당지급일의 회계처리이다.

[9] ①　변동원가
　　　　・원가행태에 따른 분류에는 변동원가, 고정원가, 혼합원가, 준고정원가가 있다.

[10] ④　2,800,000원
　　　　＝당기제품제조원가 2,500,000원＋기말재공품 300,000원－기초재공품 0원
　　　　・당기제품제조원가 : 기말제품 500,000원＋매출원가 2,000,000원－기초제품 0원＝2,500,000원

[11] ④　11,000개
　　　　＝당기완성품 수량 8,000개＋기말재공품 완성품환산량 3,000개

[12] ②　종합원가계산에 대한 설명이다.

[13] ②　부가가치세법은 인적사항을 고려하지 않는 물세이다.

[14] ④　부동산임대업자가 해당 사업에 사용하던 건물을 매각하는 경우는 과세 대상이다.

[15] ③　과세표준
　　　　・부가가치세법 제29조

[실무시험]

문제1

[1] [기초정보관리]〉[거래처등록]〉・코드 : 00500
　　　　　　　　　　　　　　　　・거래처명 : 한국개발

· 유형 : 3.동시
· 사업자등록번호 : 134-24-91004
· 대표자성명 : 김한국
· 업태 : 정보통신업
· 종목 : 소프트웨어개발
· 주소 : 경기도 성남시 분당구 판교역로192번길 12 (삼평동)

[2] [기초정보관리]>[계정과목및적요등록]>862.행사지원비
>성격 : 3.경비
>현금적요 NO.1, 행사지원비 현금 지급
>대체적요 NO.1, 행사지원비 어음 발행

[3]
· [전기분원가명세서]>부재료비>당기부재료매입액 3,000,000원 추가입력
>당기제품제조원가 87,250,000원→90,250,000원으로 변경 확인
· [전기분손익계산서]>당기제품제조원가 87,250,000원→90,250,000원
>당기순이익 81,210,000원→78,210,000원으로 변경 확인
· [전기분잉여금처분계산서]>F6불러오기>당기순이익 81,210,000원→78,210,000원으로 변경 확인
>미처분이익잉여금 93,940,000원→90,940,000원으로 변경 확인
· [전기분재무상태표]>이월이익잉여금 90,940,000원으로 수정
>외상매입금 90,000,000원으로 수정

문제2

[1] 일반전표입력
07.05. (차) 퇴직급여(판)　　1,400,000원　(대) 보통예금　　1,400,000원

[2] 일반전표입력
07.25. (차) 보통예금　　4,400,000원　(대) 외상매출금(㈜고운상사)　9,900,000원
　　　　받을어음(㈜고운상사)　5,500,000원

[3] 일반전표입력
08.30. (차) 보통예금　　45,000,000원　(대) 받을어음(㈜재원)　50,000,000원
　　　　매출채권처분손실　5,000,000원

[4] 일반전표입력
10.03. (차) 보통예금　　2,300,000원　(대) 배당금수익　　2,300,000원

[5] 일반전표입력
10.31. (차) 급여(판)　　4,900,000원　(대) 예수금　　381,080원
　　　　　　　　　　　　　　　　　　보통예금　　4,518,920원

[6] 일반전표입력
12.21. (차) 당좌예금　　8,450,000원　(대) 사채　　8,000,000원
　　　　　　　　　　　　　　　　　　사채할증발행차금　　450,000원

문제3

[1] 매입매출전표입력
유형: 16.수출 공급가액: 6,000,000원 부가세: 0원 공급처명: NDVIDIA 분개: 외상 또는 혼합
영세율구분:①직접수출(대행수출 포함)
07.20. (차) 외상매출금(NDVIDIA)   6,000,000원   (대) 제품매출   6,000,000원

[2] 매입매출전표입력
유형: 13.면세 공급가액: 65,000,000원 공급처명: 돌상상회 전자: 여 분개: 혼합
07.23. (차) 보통예금   30,000,000원   (대) 토지   62,000,000원
       미수금   35,000,000원   유형자산처분이익   3,000,000원

[3] 매입매출전표입력
유형: 57.카과 공급가액: 4,000,000원 부가세: 400,000원 공급처명: 광고닷컴 분개: 카드 또는 혼합
신용카드사:현대카드
08.10. (차) 부가세대급금   400,000원   (대) 미지급금(현대카드)   4,400,000원
       광고선전비(판)   4,000,000원   또는 미지급비용(현대카드)

[4] 매입매출전표입력
유형: 51.과세 공급가액: 12,000,000원 부가세: 1,200,000원 공급처명: ㈜고철상사 전자: 여 분개: 혼합
08.17. (차) 원재료   12,000,000원   (대) 지급어음   5,000,000원
       부가세대급금   1,200,000원   외상매입금   8,200,000원

[5] 매입매출전표입력
유형: 61.현과 공급가액: 5,000,000원 부가세: 500,000원 공급처명: ㈜와마트 분개: 현금 또는 혼합
08.28. (차) 비품   5,000,000원   (대) 현금   5,500,000원
       부가세대급금   500,000원

[6] 매입매출전표입력
유형: 54.불공 공급가액: 25,000,000원 부가세: 2,500,000원 공급처명: 대박호텔㈜ 전자: 여 분개: 혼합
불공제사유:②사업과 직접 관련 없는 지출
11.08. (차) 가지급금(김영순)   27,500,000원   (대) 보통예금   27,500,000원
· 해당 거래는 사업과 관련없는 거래로 불공제 처리하고 가지급금으로 처리한다.

문제4

[1] 매입매출전표입력
· 수정 전 : 유형: 51.과세 공급가액: 90,909원 부가세: 9,091원 공급처명: 호호꽃집 전자: 여 분개: 혼합
11.12. (차) 부가세대급금   9,091원   (대) 보통예금   100,000원
       소모품비(판)   90,909원
· 수정 후 : 유형: 53.면세 공급가액: 100,000원 공급처명: 호호꽃집 전자: 여 분개: 혼합
11.12. (차) 소모품비(판)   100,000원   (대) 보통예금   100,000원

[2] 매입매출전표입력

· 수정 전 : 유형: 51.과세 공급가액: 80,000,000원 부가세: 8,000,000원 공급처명: ㈜베스트디자인
　　　　　전자: 여 분개: 혼합

12.12. (차) 수선비(판)　　　　　　80,000,000원　　(대) 보통예금　　　　　　88,000,000원
　　　　　부가세대급금　　　　　　8,000,000원

· 수정 후 : 유형: 51.과세 공급가액: 80,000,000 원 부가세: 8,000,000 원 공급처명: ㈜베스트디자인
　　　　　전자: 여 분개: 혼합

12.12. (차) 건물　　　　　　　　　80,000,000원　　(대) 보통예금　　　　　　88,000,000원
　　　　　부가세대급금　　　　　　8,000,000원

문제5

[1] [일반전표입력]

12.31. (차) 단기매매증권　　　　2,500,000원　　(대) 단기매매증권평가이익　　2,500,000원

[2] 일반전표입력

12.31 (차) 장기대여금(미국 GODS사)　140,000원　　(대) 외화환산이익　　　　140,000원

· ($2,000×1,120원)−2,100,000원=140,000원

[3]

1. [결산자료입력]>9. 법인세등>· 1). 선납세금 결산반영금액 7,000,000원 입력　　>F3전표추가
　　　　　　　　　　　　　　　· 2). 추가계상액 결산반영금액 8,000,000원 입력

2. 또는 일반전표입력

12.31. (차) 법인세등　　　　　　15,000,000원　　(대) 선납세금　　　　　　7,000,000원
　　　　　　　　　　　　　　　　　　　　　　　　미지급세금　　　　　　8,000,000원

문제6

[1] 기업업무추진비, 50,000원

· [일계표(월계표)]>[월계표] 탭>조회기간 : 03월 ~ 03월

[2] 5,730,000원

　　　=미수금 22,530,000원−미지급금 16,800,000원

· [재무상태표] 기간 : 2025년 02월 조회

[3] 3,060,000원

· [부가가치세신고서]>조회기간 : 4월 1일 ~ 6월 30일>공제받지못할매입세액(16)란의 세액 확인

기출문제(113회)

[이론시험]

〈1〉	〈2〉	〈3〉	〈4〉	〈5〉	〈6〉	〈7〉	〈8〉	〈9〉	〈10〉	〈11〉	〈12〉	〈13〉	〈14〉	〈15〉
③	③	③	④	①	②	④	①	①	②	②	④	③	②	④

[1] ③ 회계는 발생주의를 기본적 특징으로 한다. 위 내용은 현금주의에 대한 설명이다.
① 기업실체의 가정, ② 계속기업의 가정, ④ 기간별보고의 가정

[2] ③ 상품의 매입환출 및 매입에누리는 매출원가 계산 시 총매입액에서 차감하는 항목이다.

[3] ③ 23억5,000만원
=매입금액 20억원+자본화차입원가 1억 5,000만원+취득세 2억원
· 관리 및 기타 일반간접원가는 판매비와관리비로서 당기 비용처리한다.

[4] ④ 일반기업회계기준은 무형자산의 회계처리와 관련하여 영업권을 포함한 무형자산의 내용연수를 원칙적으로 20년을 초과하지 않도록 한정하고 있다.

[5] ① 합계잔액시산표에 관한 설명으로 합계잔액시산표는 재무제표에 해당하지 않는다. 재무제표는 재무상태표, 손익계산서, 현금흐름표 및 자본변동표와 주석으로 구성되어 있다.
② 재무상태표 ③ 자본변동표 ④ 주석

[6] ② 유동성장기부채는 비유동부채였으나 보고기간 종료일 현재 만기가 1년 이내 도래하는 부채를 의미하므로 영업주기와 관계없이 유동부채로 분류한다.

[7] ④ 매도가능증권평가이익은 기타포괄손익누계액에 포함되는 항목으로 매도가능증권평가이익의 증감은 포괄손익계산서상의 기타포괄손익에 영향을 미친다.

[8] ① 당기순손실 360,000원

기초상품재고액	매입액	기말상품재고액	매출원가	매출액	매출총이익	판매비와관리비	당기순손익
219,000원	350,000원	110,000원	459,000원	290,000원	-169,000원	191,000원	-360,000원

[9] ① 고정원가는 조업도가 증가할수록 단위당 원가는 감소한다.

[10] ② 단계배분법은 보조부문 상호 간의 용역수수관계를 일부 인식하는 방법이다.

[11] ② 2,300,000원
=직접재료원가 1,150,000원+직접노무원가 450,000원+제조간접원가 700,000원
· 당기총제조원가 : 직접재료원가+직접노무원가+제조간접원가
· 직접재료원가 : 기초원재료 300,000원+당기원재료매입액 1,300,000원-기말원재료 450,000원
=1,150,000원
· 직접노무원가 : 당기지급임금액 350,000원+당기미지급임금액 250,000원-전기미지급임금액 150,000원=450,000원

[12] ④ 개별원가계산에 대한 설명이다.

[13] ③ 사업자등록을 한 일반과세자

[14] ② 중소기업의 외상매출금 및 미수금(이사 "외상매출금등"이라 한다)으로서 회수기일이 2년 이상 지난 외상매출금 등은 부가가치세법상 대손 사유에 해당한다. 다만, 특수관계인과의 거래로 인하여 발생한 외상매출금 등은 제외한다.

[15] ④ 부가가치세법 시행령 제28조 제10항, 위탁판매의 경우 부가가치세법상 공급시기는 위탁받은 수탁자 또는 대리인이 실제로 판매한 때이다.

[실무시험]

문제1

[1] [기초정보관리]〉[거래처등록]〉[일반거래처]〉· 코드 : 00777
　　　　　　　　　　　　　　　　　　· 거래처명 : 슬기로운㈜
　　　　　　　　　　　　　　　　　　· 유형 : 3.동시
　　　　　　　　　　　　　　　　　　· 사업자번호 : 253-81-13578
　　　　　　　　　　　　　　　　　　· 대표자성명 : 김슬기
　　　　　　　　　　　　　　　　　　· 업태 : 도매
　　　　　　　　　　　　　　　　　　· 종목 : 금속
　　　　　　　　　　　　　　　　　　· 사업장주소 : 부산광역시 부산진구 중앙대로 663(부전동)

[2] [계정과목및적요등록]〉134.가지급금〉대체적요란〉적요NO 8 : 출장비 가지급금 정산

[3]
· [전기분 원가명세서]〉임금 45,000,000원 → 47,200,000원 수정
　　　　　　　　　　〉당기제품제조원가 398,580,000원 → 400,780,000원 변경 확인
· [전기분 손익계산서]〉제품매출원가〉당기제품제조원가 398,580,000원 → 400,780,000원 수정
　　　　　　　　　　〉매출원가 391,580,000원 → 393,780,000원 변경 확인
　　　　　　　　　　〉급여 86,500,000원 → 84,300,000원 수정
　　　　　　　　　　〉당기순이익 74,960,000원 확인
· 전기분재무상태표 및 전기분잉여금처분계산서 변동 없음

문제2

[1] 일반전표입력
07.15. (차) 선급금(㈜상수)　　　3,000,000원　　(대) 당좌예금　　　　　　3,000,000원

[2] 일반전표입력
08.05. (차) 보통예금　　　　　864,000,000원　　(대) 단기차입금(우리은행)　900,000,000원
　　　　　선급비용　　　　　　36,000,000원

[3] 일반전표입력
09.10. (차) 미지급금(㈜대운)　　1,000,000원　　(대) 임차보증금(㈜대운)　10,000,000원
　　　　　보통예금　　　　　　9,000,000원

[4] 일반전표입력
10.20. (차) 보통예금　　　　　　1,300,000원　　(대) 외상매출금(㈜영광상사)　1,300,000원

[5] 일반전표입력
11.29 (차) 매도가능증권(178)　20,240,000원　　(대) 보통예금　　　　　20,240,000원

[6] 일반전표입력
12.08. (차) 상품　　　　　　　　7,560,000원　　(대) 보통예금　　　　　　7,560,000원

문제3

[1] 매입매출전표입력
유형: 51.과세 공급가액: 950,000 원 부가세: 95,000 원 공급처명: ㈜산양산업 전자: 여 분개: 현금 또는 혼합
08.10. (차) 부가세대급금　　　　　　95,000원　　(대) 현금　　　　　　1,045,000원
　　　　　소모품　　　　　　　　 950,000원

[2] 매입매출전표입력
유형: 52.영세 공급가액: 34,000,000원 부가세: 0원 공급처명: ㈜로띠상사 전자: 여 분개: 혼합
08.22. (차) 원재료　　　　　　34,000,000원　　(대) 지급어음　　　34,000,000원

[3] 매입매출전표입력
유형: 53.면세 공급가액: 800,000원 공급처명: 송강수산 전자: 여 분개: 혼합
08.25. (차) 복리후생비(판)　　　　 500,000원　　(대) 보통예금　　　　 800,000원
　　　　　기업업무추진비(판)　　 300,000원

[4] 매입매출전표입력
유형: 54.불공 공급가액: 2,100,000원 부가세: 210,000원 공급처명: 상해전자㈜ 전자: 여 분개: 혼합
불공제사유: ②사업과 직접 관련 없는 지출
10.16. (차) 가지급금(황동규)　　 2,310,000원　　(대) 미지급금　　　 2,310,000원

[5] 매입매출전표입력
유형: 17.카과 공급가액: 700,000원 부가세: 70,000원 공급처명: 김은우 분개: 카드 또는 혼합
신용카드사:신한카드
11.04. (차) 외상매출금(신한카드)　　770,000원　　(대) 부가세예수금　　 70,000원
　　　　　　　　　　　　　　　　　　　　　　　제품매출　　　　　 700,000원

[6] 매입매출전표입력
유형: 57.카과 공급가액: 800,000원 부가세: 80,000원 공급처명: ㈜뚝딱수선 분개: 카드 또는 혼합
신용카드사:하나카드
12.04. (차) 부가세대급금　　　　　 80,000원　　(대) 미지급금(하나카드)　880,000원
　　　　　수선비(제)　　　　　　 800,000원　　　　(또는 미지급비용)

문제4

[1] 일반전표입력 수정
· 수정 전 : 09.09. (차) 보통예금　　5,000,000원　(대) 장기차입금(㈜초록산업)　5,000,000원
· 수정 후 : 09.09. (차) 보통예금　　5,000,000원　(대) 장기차입금(㈜초록산업)　3,000,000원
　　　　　　　　　　　　　　　　　　　　　　　　단기차입금(㈜초록산업)　2,000,000원
　　　또는 (차) 보통예금　　3,000,000원　(대) 장기차입금(㈜초록산업)　3,000,000원
　　　　　　(차) 보통예금　　2,000,000원　(대) 단기차입금(㈜초록산업)　2,000,000원

[2]
· 수정 전 : 일반전표입력
10.15 (차) 차량유지비(판)　　 275,000원　　(대) 현금　　　　　　 275,000원

· 수정 후 : 일반전표 삭제 후 매입매출전표입력
  유형: 51.과세 공급가액: 250,000 원 부가세: 25,000원 공급처명: 바로카센터 전자: 여
  분개: 현금 또는 혼합
  10.15 (차) 부가세대급금   25,000원   (대) 현금   275,000원
         차량유지비(판)   250,000원

문제5

[1] 일반전표입력
12.31. (차) 외화환산손실   200,000원   (대) 외상매입금(NOVONO)   200,000원
· 기말환산액 : $2,000×결산 시 기준환율 1,200원=2,400,000원
· 장부금액 : $2,000×매입 시 기준환율 1,100원=2,200,000원
· 외화환산손실 : 기말환산액 2,400,000원－장부금액 2,200,000원=200,000원, 외화부채이므로 외화환산손실로 처리한다.

[2] 일반전표입력
12.31. (차) 단기매매증권평가손실   2,000,000원   (대) 단기매매증권   2,000,000원

[3] 일반전표입력
12.31. (차) 선급비용   1,200,000원   (대) 보험료(제)   1,200,000원

문제6

[1] 공급가액 5,100,000원, 세액 300,000원
· [부가가치세신고서]>조회기간 : 4월 1일 ~ 6월 30일 조회
            >과세표준 및 매출세액란>예정신고누락분 금액 및 세액 확인
            (또는 7.매출(예정신고누락분) 합계 금액 및 세액 확인)

[2] 4월, 416,000원
· [총계정원장]>[월별] 탭>기간 : 04월 01일 ~ 06월 30일>계정과목 : 0511.복리후생비 조회

[3] 세경상사, 50,000,000원
· [거래처원장]>[잔액] 탭>기간 : 1월 1일 ~ 4월 30일>계정과목 : 0253.미지급금 조회

기출문제(112회)

[이론시험]

〈1〉	〈2〉	〈3〉	〈4〉	〈5〉	〈6〉	〈7〉	〈8〉	〈9〉	〈10〉	〈11〉	〈12〉	〈13〉	〈14〉	〈15〉
③	④	②	①	①	③	④	④	①	④	②	①	②	③	③

[1] ③   [일반기업회계기준 문단 2.4] 재무제표는 재무상태표, 손익계산서, 현금흐름표, 자본변동표로 구성되며, 주석을 포함한다.
[2] ④   생산량은 생산량비례법을 계산할 때 필수요소이다.

[3] ② 자기주식은 이익잉여금처분계산서에 나타나지 않는다.
[4] ① 위탁매출은 수탁자가 해당 재화를 제3자에게 판매한 시점에 수익으로 인식한다.
[5] ① 임차보증금은 기타비유동자산으로 분류하고, 나머지는 무형자산으로 분류한다.
[6] ③ 자기주식처분이익은 자본잉여금으로 분류되고, 자기주식, 주식할인발행차금, 감자차손은 자본조정으로 분류된다.
[7] ④ 기말재고자산을 실제보다 낮게 계상한 경우, 매출원가가 과대계상되므로 그 결과 당기순이익과 자본은 과소계상된다.
[8] ④ 회계처리 : (차) 투자부동산   5,200,000원   (대) 미지급금   5,000,000원
　　　　　　　　　　　　　　　　　　　　　　　　현금   200,000원
[9] ① 총고정원가는 관련 범위 내에서 일정하고, 관련 범위 밖에는 일정하다고 할 수 없다.
[10] ④ 매출원가는 손익계산서에서 제공되는 정보이다.
[11] ② 공장 인사 관리 부문의 원가는 종업원의 수를 배부기준으로 하는 것이 적합하다.
[12] ①
　　·직접재료원가 완성품환산량 : 완성품 30,000개＋기말재공품 10,000개－기초재공품 5,000개＝35,000개
　　·가공원가 완성품환산량 : 완성품 30,000개＋기말재공품 10,000개×30%－기초재공품 5,000개×70%＝29,500개
[13] ② 생산지국과세원칙
　　·우리나라 부가가치세법은 소비지국과세원칙을 채택하고 있다.
[14] ③ 폐업자의 경우 폐업일이 속하는 달의 다음 달 25일까지 확정신고를 하여야 한다.
[15] ③ 비영업용 소형승용차가 아니므로 매입세액공제 가능하다.
　　·기업업무추진비는 매입세액불공제 대상이다.
　　·비영업용소형승용차의 구입, 유지, 임차를 위한 비용은 매입세액을 불공제한다.
　　·세금계산서, 신용카드매출전표, 현금영수증에 기재된 매입세액은 공제가능하다.

[실무시험]

문제1

[1]
[기초정보관리]>[거래처등록]>[일반거래처] 탭〉·거래처코드 : 5230
　　　　　　　　　　　　　　　　　　　　·거래처명 : ㈜대영토이
　　　　　　　　　　　　　　　　　　　　·유형 : 3.동시
　　　　　　　　　　　　　　　　　　　　·사업자등록번호 : 108-86-13574
　　　　　　　　　　　　　　　　　　　　·대표자 : 박완구
　　　　　　　　　　　　　　　　　　　　·업태 : 제조
　　　　　　　　　　　　　　　　　　　　·종목 : 완구제조
　　　　　　　　　　　　　　　　　　　　·사업장주소 : 경기도 광주시 오포읍 왕림로 139

[2]
[전기분재무제표]>[거래처별초기이월]>· 외상매출금>튼튼사무기 8,300,000원→3,800,000원
· 받을어음>㈜강림상사 20,000,000원→2,000,000원
· 외상매입금>㈜해원상사 4,600,000원 추가 입력

[3]
[전기분재무제표]>·[전기분재무상태표]>· 원재료 73,600,000원→75,600,000원 수정
·[전기분원가명세서]>· 기말원재료재고액 73,600,000원 → 75,600,000원 확인
· 당기제품제조원가 505,835,000원→503,835,000원 확인
·[전기분손익계산서]>· 당기제품제조원가 505,835,000원→503,835,000원 수정
· 당기순이익 131,865,000원→133,865,000원 확인
·[전기분잉여금처분계산서]>· 당기순이익 131,865,000원→133,865,000원 수정
· 미처분이익잉여금 169,765,000원→171,765,000원 확인
·[전기분재무상태표]>· 이월이익잉여금 169,765,000원→171,765,000원 수정

문제2

[1] 일반전표입력
08.10. (차) 예수금 340,000원 (대) 보통예금 680,000원
　　　　복리후생비(제) 340,000원

[2] 일반전표입력
08.23. (차) 부도어음과수표(㈜애플전자) 3,500,000원 (대) 받을어음(㈜애플전자) 3,500,000원

[3] 일반전표입력
09.14. (차) 잡급(판) 420,000원 (대) 현금 420,000원
　　　또는 출금전표 잡급(판) 420,000원

[4] 일반전표입력
09.26. (차) 퇴직급여충당부채 5,000,000원 (대) 퇴직연금운용자산 5,000,000원

[5] 일반전표입력
10.16. (차) 보통예금 37,000,000원 (대) 단기매매증권 35,000,000원
　　　　　　　　　　　　　　　　　　　단기매매증권처분이익 2,000,000원
※ 단기매매증권의 취득과 관련된 거래원가(취득수수료)는 수수료비용(영업외비용)으로 처리한다.

[6] 일반전표입력
11.29. (차) 보통예금 49,000,000원 (대) 사채 50,000,000원
　　　　사채할인발행차금 1,000,000원

문제3

[1] 매입매출전표
유형: 11.과세 공급가액: 10,000,000원 부가세: 1,000,000원 공급처명: ㈜신도기전 전자: 여 분개: 혼합
09.02. (차) 받을어음 8,000,000원 (대) 부가세예수금 1,000,000원
　　　　외상매출금 3,000,000원　　　제품매출 10,000,000원

[2] 매입매출전표
유형: 57.카과 공급가액: 450,000원 부가세: 45,000원 공급처명: 인천상회 분개: 카드 또는 혼합
신용카드사:우리카드(법인)
09.12. (차) 부가세대급금   45,000원   (대) 미지급금(우리카드(법인))   495,000원
         복리후생비(제)   450,000원   (또는 미지급비용)

[3] 매입매출전표입력
유형: 16.수출 공급가액: 100,000,000 원 거래처: PYBIN사 분개: 혼합
영세율구분:①직접수출(대행수출 포함)
10.05. (차) 보통예금   100,000,000원   (대) 제품매출   100,000,000원

[4] 매입매출전표입력
유형: 53.면세 공급가액: 1,375,000원 거래처: 영건서점 전자: 여 분개: 현금 또는 혼합
10.22. (차) 도서인쇄비(판)   1,375,000원   (대) 현금   1,375,000원

[5] 매입매출전표입력
유형: 22.현과 공급가액: 8,000,000원 부가세: 800,000원 공급처명: 없음 분개: 혼합
11.02. (차) 보통예금   8,800,000원   (대) 부가세예수금   800,000원
                                              제품매출   8,000,000원

※ 거래처는 입력하지 않아도 무방함

[6] 매입매출전표입력
유형: 54.불공 공급가액: 500,000원 부가세: 50,000원 공급처명: 홍성백화점 전자: 여
분개: 카드 또는 혼합
불공제사유:④기업업무추진비 및 이와 유사한 비용 관련
12.19. (차) 기업업무추진비(판)   550,000원   (대) 미지급금(국민카드)   550,000원
                                              (또는 미지급비용)

문제4

[1] 일반전표입력 수정
· 수정 전 : 07.31. (차) 퇴직급여(판) 14,000,000원   (대) 보통예금   14,000,000원
· 수정 후 : 07.31. (차) 퇴직연금운용자산 14,000,000원 (대) 보통예금   14,000,000원

[2] 매입매출전표 수정
· 수정 전 :
  유형: 51.과세 공급가액: 5,000,000원 부가세: 500,000원 공급처명: 다다마트 전자: 여 분개: 현금
10.28. (차) 부가세대급금   500,000원   (대) 현금   5,500,000원
         복리후생비(판)   5,000,000원

· 수정 후 :
  유형: 54.불공 공급가액: 5,000,000원 부가세: 500,000원 공급처명: 다다마트 전자: 여
  분개: 현금 또는 혼합
불공제사유:④기업업무추진비 및 이와 유사한 비용 관련
10.28. (차) 기업업무추진비(판)   5,500,000원   (대) 현금   5,500,000원

문제5

[1] 일반전표입력

12.31. (차) 미수수익　　　　　　　　150,000원　　(대) 이자수익　　　　　　　150,000원

· 5,000,000원×6%×6/12=150,000원

[2] 일반전표입력

12.31. (차) 외화환산손실　　　　　　80,000원　　(대) 외상매입금(상하이)　　　80,000원

· 외화환산손실 : (결산일 기준환율 1,040원×$2,000)−장부금액 2,000,000원=80,000원

[3]

1. [결산자료입력]>기간 : 1월~12월>F8대손상각>· 외상매출금 80,000원 입력>결산반영>F3전표추가
　　　　　　　　　　　　　　　　　· 받을어음 −30,000원 입력

2. 또는 [결산자료입력]>기간 : 1월~12월
　　　　　　　　　>4. 판매비와 일반관리비
　　　　　　　　　>5). 대손상각>· 외상매출금 80,000원 입력 >F3전표추가
　　　　　　　　　　　　　　· 받을어음 −30,000원 입력

3. 또는 일반전표입력

12.31. (차) 대손상각비(835)	80,000원	(대) 대손충당금(109)	80,000원
대손상각비(835)	−30,000원	대손충당금(111)	−30,000원
또는 (차) 대손상각비(835)	50,000원	(대) 대손충당금(109)	80,000원
		대손충당금(111)	−30,000원
또는 (차) 대손상각비(835)	80,000원	(대) 대손충당금(109)	80,000원
대손충당금(111)	30,000원	대손상각비(835)	30,000원
또는 (차) 대손상각비(835)	50,000원	(대) 대손충당금(109)	80,000원
대손충당금(111)	30,000원		

문제6

[1] 700,000원

· [매입매출장]>조회기간 : 01월 01일 ~ 03월 31일>구분 : 2.매출>유형 : 22.현과

[2] 3,162,300원

· [일(월)계표]>조회기간 : 06월 01일 ~ 06월 30일>5.제조원가 차변 현금액 확인

[3] 전설유통, 700,000원

· [거래처원장]>조회기간 : 1월 1일 ~ 6월 30일>계정과목 : 251.외상매입금 조회

기출문제(111회)

[이론시험]

⟨1⟩	⟨2⟩	⟨3⟩	⟨4⟩	⟨5⟩	⟨6⟩	⟨7⟩	⟨8⟩	⟨9⟩	⟨10⟩	⟨11⟩	⟨12⟩	⟨13⟩	⟨14⟩	⟨15⟩
④	①	②	①	④	②	②	①	③	③	①	④	③	②	③

[1] ④ 회계정보의 질적 특성 중 목적 적합성에 관련된 설명이며, 예측가치, 피드백가치, 적시성이 이에 해당한다. 중립성은 표현의 충실성, 검증가능성과 함께 신뢰성에 해당하는 질적 특성이다.
·[일반기업회계기준 재무회계개념체계 문단 41] 재무정보가 정보이용자의 의사결정에 유용하기 위해서는 그 정보가 의사결정 목적과 관련되어야 한다. 즉, 목적적합성 있는 정보는 정보이용자가 기업실체의 과거, 현재 또는 미래 사건의 결과에 대한 예측을 하는 데 도움이 되거나 또는 그 사건의 결과에 대한 정보이용자의 당초 기대치(예측치)를 확인 또는 수정할 수 있게 함으로써 의사결정에 차이를 가져올 수 있는 정보를 말한다. 여기서 사건이란 기업실체의 재무상태와 경영성과 등에 영향을 미치는 거래와 외부적 요인을 의미한다. 이러한 목적적합성은 재무정보가 의사결정 시점에 이용가능하도록 적시에 제공될 때 유효하게 확보될 수 있다.

[2] ① 당좌자산은 유동자산으로 구분된다.

[3] ② 원가흐름 가정 중 선입선출법은 먼저 입고된 자산이 먼저 출고된 것으로 가정하여 입고 일자가 빠른 원가를 출고 수량에 먼저 적용한다. 선입선출법은 실제 물량 흐름에 대한 원가흐름의 가정이 유사하다는 장점이 있으나, 수익·비용 대응의 원칙에 부적합하고, 물가 상승 시 이익이 과대 계상되는 단점이 있다.

[4] ① 1,000,000원
=배당금지급통지서 500,000원+타인발행수표 500,000원
·현금성자산에 해당하는 것은 배당금지급통지서, 타인발행수표이다.

[5] ④ 주식배당과 무상증자는 순자산의 증가가 발생하지 않는다.

[6] ② 대손상각비, 기부금, 퇴직급여, 이자수익이 손익계산서에 나타나는 계정과목이다. 현금, 외상매출금은 재무상태표에 나타나는 자산 계정과목이다.

[7] ② 3,487,500원
=(취득원가 10,000,000원−감가상각누계액 2,250,000원)×45%
·2024년 12월 31일 감가상각비 : 취득원가 10,000,000원×45%×6/12=2,250,000원

[8] ① 기업의 정상적인 영업활동의 결과로써 재고자산은 제조와 판매를 통해 매출원가로 대체된다. 그러나 재고자산이 외부 판매 이외의 용도로 사용될 경우 '타계정대체'라 하며 이때는 매출원가가 증가하지 않는다.

[9] ③ 변동원가는 생산량이 증가할 경우 총원가는 증가하지만, 단위당 원가는 일정하다.

[10] ③ 건설업
·정유업, 제분업, 식품가공업은 종합원가계산의 적용이 가능한 업종으로 개별원가계산은 적합하지 않다.

[11] ① 생산과정에서 나오는 원재료의 찌꺼기는 작업폐물이다.

[12] ④ 과소배부 50,000원
=실제발생액 300,000원−예정배부액 250,000원

　　　　　　· 예정배부율 : 제조간접원가 예상액 2,500,000원/예상 직접노무시간 50,000시간＝50원/시간
　　　　　　· 예정배부액 : 6월 실제 직접노무시간 5,000시간×예정배부율 50원/시간＝250,000원
　　　　　　 (제조간접원가 장부계상액)
[13] ③　면세제도
[14] ②　제품의 외상판매는 재화의 공급에 해당한다.
　　　　　· 재화의 공급으로 보지 않는 특례 - 사업의 양도
　　　　　 (사업양수 시 양수자 대리납부의 경우 재화의 공급으로 인정)
　　　　　　 - 담보의 제공 · 조세의 물납 · 법률에 따른 공매 · 경매
　　　　　　 - 법률에 따른 수용 · 신탁재산의 이전
[15] ③　매출할인액은 과세표준에서 제외한다.

[실무시험]

문제1

[1] [기초정보관리]>[계정과목및적요등록]>831.수수료비용>현금적요NO.8, 결제 대행 수수료
[2] [거래처등록]>[금융기관] 탭>· 거래처코드 : 98005
　　　　　　　　　　　　　　· 거래처명 : 수협은행
　　　　　　　　　　　　　　· 유형 : 3.정기적금
　　　　　　　　　　　　　　· 계좌번호 : 110-146-980558
[3] [거래처별초기이월]>· 지급어음>· 천일상사 9,300,000원→6,500,000원으로 수정
　　　　　　　　　　　　　　　　· 모닝상사 5,900,000원→8,700,000원으로 수정
　　　　　　　　　 · 미지급금>· 대명㈜ 8,000,000원→4,500,000원으로 수정
　　　　　　　　　　　　　　· ㈜한울 4,400,000원→7,900,000원으로 수정

문제2

[1] 일반전표입력
07.10. (차) 예수금　　　　　　　　　22,000원　　(대) 보통예금　　　　　　　　22,000원
[2] 일반전표입력
07.16. (차) 선급금(㈜홍명)　　　　1,000,000원　　(대) 당좌예금　　　　　　1,000,000원
[3] 일반전표입력
08.10. (차) 미지급금(비씨카드)　　2,000,000원　　(대) 보통예금　　　　　　2,000,000원
[4] 일반전표입력
08.20. (차) 여비교통비(판)　　　　　380,000원　　(대) 전도금　　　　　　　　600,000원
　　　　　현금　　　　　　　　　　220,000원
[5] 일반전표입력
09.12. (차) 현금　　　　　　　　8,000,000원　　(대) 미수금(우리기계)　　　8,000,000원
[6] 일반전표입력
10.28. (차) 보통예금　　　　　　41,400,000원　　(대) 외상매출금(lailai co. ltd.) 39,000,000원
　　　　　　　　　　　　　　　　　　　　　　　　　　외환차익　　　　　　　2,400,000원

문제3

[1] 매입매출전표입력

유형: 11.과세 공급가액: 23,000,000원 부가세: 2,300,000원 거래처: ㈜아이닉스 전자: 여
분개: 외상 또는 혼합

07.06.	(차) 외상매출금	25,300,000원	(대) 부가세예수금	2,300,000원
			제품매출	23,000,000원

[2] 매입매출전표

유형: 14.건별 공급가액: 500,000원 부가세: 50,000원 거래처: 없음 전자: 부 분개: 혼합

08.10.	(차) 기업업무추진비(제)	350,000원	(대) 부가세예수금	50,000원
			제품	300,000원
			(적요 8. 타계정으로 대체액)	

[3] 매입매출전표입력

유형: 11.과세 공급가액: 9,000,000원 부가세: 900,000원 거래처: 팔팔물산 전자: 여
분개: 현금 또는 혼합

09.16.	(차) 현금	9,900,000원	(대) 부가세예수금	900,000원
			제품매출	9,000,000원

[4] 매입매출전표입력

유형: 51.과세 공급가액: 5,000,000원 부가세: 500,000원 거래처: 잘나가광고 전자: 여 분개: 혼합

09.26.	(차) 부가세대급금	500,000원	(대) 보통예금	5,500,000원
	비품	5,000,000원		

[5] 매입매출전표입력

유형: 51.과세 공급가액: 2,500,000원 부가세: 250,000원 거래처: 메타가구 전자: 여 분개: 혼합

10.15.	(차) 부가세대급금	250,000원	(대) 받을어음(㈜은성가구)	1,000,000원
	원재료	2,500,000원	외상매입금	1,750,000원

[6] 매입매출전표입력

유형: 54.불공 공급가액: 3,800,000원 부가세: 380,000원 거래처: 니캉전자 전자: 여 분개: 혼합
불공제사유:② 사업과 직접 관련 없는 지출

12.20.	(차) 가지급금(한태양)	4,180,000원	(대) 보통예금	4,180,000원

문제4

[1] 매입매출전표입력 수정

· 수정 전 :

　유형: 58.카면 공급가액: 44,000원 거래처: 사거리주유소 분개: 카드 또는 혼합

　신용카드사:비씨카드

08.17.	(차) 차량유지비(판)	44,000원	(대) 미지급금(비씨카드)	44,000원

· 수정 후 :

　유형: 57.카과 공급가액: 40,000원 부가세: 4,000원 거래처: 사거리주유소 분개: 카드 또는 혼합

　신용카드사:비씨카드

08.17. (차) 부가세대급금　　　　　　4,000원　　（대) 미지급금(비씨카드)　　44,000원
　　　　　차량유지비(판)　　　　　40,000원　　　　(또는 미지급비용)

[2] 일반전표입력 수정
· 수정 전 : 11.12. (차) 기업업무추진비(판)500,000원　　(대) 현금　　　　　　500,000원
· 수정 후 : 11.12. (차) 복리후생비(제)　　500,000원　　(대) 현금　　　　　　500,000원
　　　　　또는 출금전표　　복리후생비(제)　　500,000원

문제5

[1] 일반전표입력
12.31. (차) 부가세예수금　　　　49,387,500원　　(대) 부가세대급금　　34,046,000원
　　　　　　　　　　　　　　　　　　　　　　　　　　미지급세금　　　　15,341,500원

[2] 일반전표입력
12.31. (차) 선급비용　　　　　　3,600,000원　　(대) 보험료(제)　　　　3,600,000원

[3]
1. [결산자료입력]>F7감가상각>차량운반구(제조) 결산반영금액 입력>결산반영>F3전표추가
2. 또는 [결산자료입력]>2. 매출원가
　　　　　　　　>2). 일반감가상각비>차량운반구 결산반영금액 입력>F3전표추가
3. 또는 일반전표입력
12.31. (차) 감가상각비(제)　　　　4,500,000원　　(대) 감가상각누계액(209)　4,500,000원
　　　　　　　　　　　　또는 4,250,000원　　　　　　　　　　　　　　또는 4,250,000원
　　　　　　　　　　　　또는 4,290,410원　　　　　　　　　　　　　　또는 4,290,410원

문제6

[1] 40,000,000원
· [계정별원장]>기간 : 4월 1일~4월 30일>계정과목 : 108.외상매출금 조회>대변 월계금액 확인

[2] 117,630,000원
　　　=6월 매출액 147,150,000원-2월 매출액 29,520,000원
· [총계정원장]>[월별] 탭>기간 : 01월 01일~06월 30일>계정과목 : 404.제품매출 조회>대변 금액 확인

[3] 6,372,000원
· [부가가치세신고서]>기간 : 4월 1일~6월 30일>11.고정자산매입(세금계산서수취분) 세액란 금액 확인

기출문제(110회)

[이론시험]

⟨1⟩	⟨2⟩	⟨3⟩	⟨4⟩	⟨5⟩	⟨6⟩	⟨7⟩	⟨8⟩	⟨9⟩	⟨10⟩	⟨11⟩	⟨12⟩	⟨13⟩	⟨14⟩	⟨15⟩
①	④	②	②	①	④	②	④	①	①	③	④	④	③	②

[1] ① 재무상태표는 일정 시점 현재 기업이 보유하고 있는 자산과 부채, 그리고 자본에 대한 정보를 제공하는 재무보고서이다.
· 일정 기간 동안의 기업의 수익과 비용에 대해 보고하는 보고서는 손익계산서이다.
· 일정 기간 동안의 현금의 유입과 유출의 정보를 제공하는 보고서는 현금흐름표이다.
· 기업의 자본변동에 관한 정보를 제공하는 재무보고서는 자본변동표이다.

[2] ④ 임대보증금은 비유동부채에 포함된다.

[3] ② 내부적으로 창출한 브랜드, 고객목록과 같은 항목은 무형자산으로 인식할 수 없다.

[4] ② 시용판매의 경우에는 소비자가 매입의사를 표시하는 시점에 수익을 인식한다.

[5] ① 매출 시점에 실제 취득원가를 기록하여 매출원가로 대응시켜 원가 흐름을 가장 정확하게 파악할 수 있는 재고자산의 단가 결정 방법은 개별법이다.

[6] ④ 일용직 직원에 대한 수당은 잡급(판)으로 처리한다. 이자수익은 영업외수익으로, 재해손실과 이자비용은 영업외비용으로 처리한다.

[7] ② 100,000원 증가 =단기매매증권평가이익 300,000원-투자자산처분손실 200,000원
· 결산일에 매도가능증권을 공정가치로 평가하여 발생하는 손익은 기타포괄손익누계액(자본)으로 회계처리하도록 규정하고 있다.
· 단기매매증권평가이익 : 공정가치 3,300,000원-장부금액 3,000,000원=300,000원
· 투자자산처분손실 : 처분금액 8,800,000원-장부금액 9,000,000원=△200,000원

[8] ④ 650,000원 =기초자본 400,000원+추가출자 100,000원-이익배당액 50,000원+당기순이익 200,000원
· 기초자본 : 기초자산 900,000원-기초부채 500,000원=400,000원
· 당기순이익 : 총수익 1,100,000원-총비용 900,000원=200,000원

[9] ① 외부의 정보이용자들에게 유용한 정보를 제공하는 것은 재무회계의 목적이다.

[10] ① 변동원가는 조업도가 증가할수록 총원가는 증가하지만 단위당 원가는 변동이 없다. 고정원가는 조업도가 증가할 때 총원가는 일정하며 단위당 원가는 감소한다.

[11] ③ 단계배분법을 사용할 경우, 배부순서에 따라 각 보조부문에 배분되는 금액은 차이가 발생한다.

[12] ④ 공정별 원가계산에 적합한 것이 종합원가계산이다.

[13] ④ 증여로 인하여 사업자의 명의가 변경되는 경우
· 증여로 인하여 사업자의 명의가 변경되는 경우는 폐업 사유에 해당한다. 증여자는 폐업, 수증자는 신규 사업자등록 사유이다.

[14] ③ 영세율은 완전면세제도이다.

[15] ② 도매업

[실무시험]

문제1

[1] [거래처등록]>[신용카드] 탭>·코드 : 99850
· 거래처명 : 하나카드 · 유형 : 2.매입
· 카드번호 : 5531-8440-0622-2804
· 카드종류 : 3.사업용카드

[2] [계정과목및적요등록]>812.여비교통비>·현금적요 NO.6, 야근 시 퇴근택시비 지급
· 대체적요 NO.3, 야근 시 퇴근택시비 정산 인출

[3]
· [전기분원가명세서]>·511.복리후생비 9,000,000원>10,000,000원
· 당기제품제조원가 94,200,000원>95,200,000원
· [전기분손익계산서]>·당기제품제조원가 94,200,000원>95,200,000원
· 455.제품매출원가 131,550,000원>132,550,000원
· 811.복리후생비 30,000,000원>29,000,000원
· 당기순이익 61,390,000원 확인
· [전기분이익잉여금처분계산서]>미처분이익잉여금이나 이월이익잉여금에 변동이 없으므로 정정 불필요
· [전기분재무상태표]>당기순이익에 변동이 없으므로 정정 불필요

문제2

[1] 일반전표입력
07.04. (차) 외상매입금(나노컴퓨터)   5,000,000원   (대) 외상매출금(나노컴퓨터)   3,000,000원
                                                          당좌예금   2,000,000원

[2] 일반전표입력
09.15. (차) 보통예금   1,000,000원   (대) 배당금수익   1,000,000원

[3] 일반전표입력
10.05. (차) 보통예금   4,945,000원   (대) 받을어음(㈜영춘)   5,000,000원
        매출채권처분손실   55,000원

[4] 일반전표입력
10.30. (차) 세금과공과(판)   500,000원   (대) 보통예금   500,000원

[5] 일반전표입력
12.12. (차) 사채   10,000,000원   (대) 보통예금   9,800,000원
                                                사채상환이익   200,000원

[6] 일반전표입력
12.21. (차) 보통예금   423,000원   (대) 이자수익   500,000원
        선납세금   77,000원

문제3

[1] 매입매출전표입력
유형:11.과세 공급가액:3,000,000원 부가세:300,000원 거래처:성심상사 전자:여 분개:혼합
07.11. (차) 외상매출금　　　　　2,300,000원　(대) 부가세예수금　　　　300,000원
　　　　　현금　　　　　　　　1,000,000원　　　제품매출　　　　　3,000,000원

[2] 매입매출전표입력
유형:51.과세 공급가액:200,000,000원 부가세:20,000,000원 거래처:㈜대관령 전자:여 분개:혼합
08.25. (차) 부가세대급금　　　　20,000,000원　(대) 선급금　　　　　　37,000,000원
　　　　　토지　　　　　　　150,000,000원　　　보통예금　　　　　333,000,000원
　　　　　건물　　　　　　　200,000,000원

[3] 매입매출전표입력
유형:61.현과 공급가액:350,000원 부가세:35,000원 거래처:골드팜㈜ 분개:혼합
09.15. (차) 부가세대급금　　　　　 35,000원　(대) 보통예금　　　　　　385,000원
　　　　　소모품비(판)　　　　　350,000원

또는
유형:62.현면 공급가액:385,000원 거래처:골드팜㈜ 분개:혼합
09.15. (차) 소모품비(판)　　　　　385,000원　(대) 보통예금　　　　　　385,000원

[4] 매입매출전표입력
유형:51.과세 공급가액:15,000,000원 부가세:1,500,000원 거래처:경하자동차㈜ 전자:여 분개:혼합
09.30. (차) 부가세대급금　　　　 1,500,000원　(대) 미지급금 16,500,000원
　　　　　차량운반구　　　　 15,000,000원

※ 개별소비세 과세 대상 차량이 아닌 승용차는 매입세액 공제 대상이다.

[5] 매입매출전표입력
유형:55.수입 공급가액:8,000,000원 부가세:800,000원 거래처:인천세관 전자:여 분개:혼합
10.17. (차) 부가세대급금　　　　　800,000원　(대) 보통예금　　　　　　800,000원

[6] 매입매출전표입력
유형:14.건별 공급가액:90,000원 부가세:9,000원 분개:현금 또는 혼합
10.20. (차) 현금　　　　　　　　　99,000원　(대) 부가세예수금　　　　　9,000원
　　　　　　　　　　　　　　　　　　　　　　　제품매출　　　　　　90,000원

문제4

[1] 일반전표입력 수정
· 수정 전 : 08.31. (차) 이자비용　　362,500원　(대) 보통예금　　　362,500원
· 수정 후 : 08.31. (차) 이자비용　　500,000원　(대) 보통예금　　　362,500원
　　　　　　　　　　　　　　　　　　　　　　　예수금　　　　137,500원

[2] 매입매출전표입력 수정
· 수정 전 :
　유형:51.과세 공급가액:700,000원 부가세:70,000원 거래처:영포상회 전자:여 분개:혼합

11.30. (차) 부가세대급금   70,000원   (대) 보통예금   770,000원
           건물   700,000원

· 수정 후 :
  유형:51.과세 공급가액:700,000원 부가세:70,000원 거래처:영포상회 전자:여 분개:혼합
  11.30. (차) 부가세대급금   70,000원   (대) 보통예금   770,000원
           수선비(제)   700,000원

문제5

[1] 일반전표입력
12.31. (차) 소모품비(제)   1,875,000원   (대) 소모품   2,500,000원
           소모품비(판)   625,000원

또는   (차) 소모품비(제)   1,875,000원   (대) 소모품   1,875,000원
        (차) 소모품비(판)   625,000원   (대) 소모품   625,000원

· 소모품비(판) : (3,000,000원−500,000원)×25%=625,000원
· 소모품비(제) : (3,000,000원−500,000원)×75%=1,875,000원

[2] 일반전표입력
12.31. (차) 차량유지비(판)   150,000원   (대) 현금과부족   235,000원
           잡손실   85,000원

[3] [결산자료입력]>기간 : 1월~12월>① 원재료 9,500,000원 입력>F3전표추가
                               ② 재공품 8,500,000원 입력
                               ③ 제품 13,450,000원 입력
  · 원재료 : 9,500개×1,000원=9,500,000원(정상적인 수량차이는 원가에 포함한다.)

문제6

[1] 40,465,000원
    =외상매출금 107,700,000원−외상매입금 67,235,000원
· [재무상태표]>기간 : 05월 조회

[2] 48,450,000원 =12.영세 38,450,000원+16.수출 10,000,000원
1. [매입매출장]>조회기간 : 04월 01일~06월 30일
              >구분 : 2.매출
              > · 유형 : 12.영세> ⓪ 전체>분기계 합계 금액 확인
              · 유형 : 16.수출>분기계 합계 금액 확인
2. [부가가치세신고서]>조회기간 : 4월 1일~6월 30일
                >과세표준및매출세액
                  >영세> · 세금계산서발급분 금액 · 기타 금액

[3] 도서인쇄비, 10,000원
· [일계표(월계표)]>[월계표] 탭>조회기간 : 06월~06월

기출문제(109회)

[이론시험]

〈1〉	〈2〉	〈3〉	〈4〉	〈5〉	〈6〉	〈7〉	〈8〉	〈9〉	〈10〉	〈11〉	〈12〉	〈13〉	〈14〉	〈15〉
④	④	②	②	①	④	③	③	①	③	②	③	④	①	②

[1] ④ 일반목적의 재무제표 작성을 목적으로 하며 주주, 투자자, 채권자 등이 회계정보이용자이다.
① 원가관리회계의 목적이다.
② 세무회계의 정보이용자에 해당한다.
③ 세무회계의 목적이다.

[2] ④ 단기매매증권은 유동자산 중 당좌자산으로 분류된다.

[3] ② 재고자산의 매입원가는 매입금액에 매입운임, 하역료 및 보험료 등 취득과정에서 정상적으로 발생한 부대비용을 가산한 금액이다. 매입과 관련된 할인, 에누리 및 기타 유사한 항목은 매입원가에서 차감한다.

[4] ② 자본적지출을 수익적지출로 잘못 처리하게 되면, 자산은 과소계상, 비용은 과대계상되므로 자본은 과소계상하게 된다.

[5] ① 감자차손 200,000원 =200주×(취득가액 7,000원-액면가액 5,000원)-감자차익 200,000원
· 기인식된 감자차익 200,000원을 상계하고 감자차손은 200,000원만 인식한다.

[6] ④ 수익과 비용은 각각 총액으로 보고하는 것을 원칙으로 한다.

[7] ③ 선수금을 제품매출로 인식함에 따라 유동부채가 과소계상된다.
· 옳은 회계처리 : (차) 현금 500,000원 (대) 선수금 500,000원
· 당좌자산의 금액은 차이가 없으나, 영업수익(제품매출)은 과대계상 하였으므로 당기순이익도 과대계상된다.

[8] ③ 60,000,000원
=기초 자본금 50,000,000원+(2,000주×액면금액 5,000원)

[9] ①
· 판매비와관리비 : 영업용 사무실의 전기요금, 마케팅부의 교육연수비
· 영업외손익 : 유형자산의 처분으로 인한 손익

[10] ③ 상호배분법

[11] ② 1,250,000원 =기초원재료 1,200,000원+당기원재료매입액 900,000원-기말원재료 850,000원

[12] ③ 275,000원 =(직접재료원가 400,000원+직접노무원가 150,000원)×배부율 0.5원
· 제조간접원가 배부율 : 제조간접원가 500,000원÷(직접재료원가 800,000원+직접노무원가 200,000원) =0.5원/직접원가당

[13] ④ 부가가치세법 제5조, 간이과세자가 일반과세자로 변경되는 경우 : 그 변경되는 해의 1월 1일부터 6월 30일까지

[14] ① 공급연월일은 임의적 기재사항이며, 작성연월일이 필요적 기재사항이다.

[15] ② 상품권이 현물과 교환되어 재화가 실제로 인도되는 때를 공급시기로 본다.

[실무시험]

문제1

[1]
[기초정보관리]>[거래처등록]>[일반거래처]> · 코드 : 01230
· 거래처명 : 태형상사
· 유형 : 3.동시
· 사업자등록번호 : 107-36-25785
· 대표자성명 : 김상수
· 업태 : 도소매
· 종목 : 사무기기
· 사업장주소 : 서울시 동작구 여의대방로10가길 1(신대방동)

[2] [거래처별 초기이월]> · 받을어음>㈜원수 10,000,000원 → 15,000,000원으로 수정
· 단기차입금>㈜이태백 10,000,000원 추가입력
· 단기차입금>㈜빛날통신 3,000,000원 → 13,000,000원으로 수정

[3]
[전기분원가명세서]> · 보험료(제) 1,000,000원 추가입력
· 당기제품제조원가 93,000,000원 → 94,000,000원 금액 변경 확인

[전기분손익계산서]> · 제품매출원가>당기제품제조원가 93,000,000원 → 94,000,000원으로 수정
· 매출원가 금액 120,350,000원 → 121,350,000원 변경 확인
· 보험료(판) 3,000,000원 → 2,000,000원으로 수정
· 당기순이익 356,150,000원 변동 없음.

따라서 재무상태표, 잉여금처분계산서는 변동사항 없음.

문제2

[1] 일반전표입력
08.20. (차) 기부금   2,000,000원   (대) 제품   2,000,000원
                                              (적요 8. 타계정으로 대체액)
· 제품을 기부하였을 경우 해당 비용은 원가의 금액으로 하며, 적요는 8. 타계정으로 대체 처리한다.

[2] 일반전표입력
09.02.(차) 단기차입금(전마나)   20,000,000원   (대) 보통예금   15,000,000원
                                              채무면제이익   5,000,000원

또는 (차) 단기차입금(전마나) 15,000,000원   (대) 보통예금   15,000,000원
      (차) 단기차입금(전마나)   5,000,000원   (대) 채무면제이익   5,000,000원

[3] 일반전표입력
10.19. (차) 외상매입금(㈜용인)   2,500,000원   (대) 현금   1,500,000원
                                              받을어음(㈜수원)   1,000,000원

[4] 일반전표입력
11.06.	(차) 예수금	270,000원	(대) 현금	601,500원
	보험료(제)	221,000원		
	보험료(판)	110,500원		

[5] 일반전표입력
11.11.	(차) 퇴직급여(판)	6,800,000원	(대) 보통예금	7,000,000원
	수수료비용(판)	200,000원		
또는	(차) 퇴직급여충당부채	6,800,000	(대) 보통예금	7,000,000원
	수수료비용(판)	200,000원		

[6] 일반전표입력
12.03.	(차) 보통예금	4,750,000원	(대) 단기매매증권	4,000,000원
			단기매매증권처분이익	750,000원

· 처분금액 : 10,000원×500주－처분수수료 250,000원＝4,750,000원
· 장부금액 : 8,000원×500주＝4,000,000원
· 처분손익 : 처분금액 4,750,000원－장부금액 4,000,000원＝처분이익 750,000원

문제3

[1] 매입매출전표입력
유형:57.카과 공급가액:200,000원 부가세:20,000원 거래처:저팔계산업 분개:카드 또는 혼합
신용카드사:하나카드
07.28.	(차) 부가세대급금	20,000원	(대) 미지급금(하나카드)	220,000원
	복리후생비(판)	200,000원	(또는 미지급비용)	

[2] 매입매출전표입력
유형:11.과세 공급가액:13,500,000원 부가세:1,350,000원 거래처:보람테크㈜ 전자:여 분개:혼합
09.03.	(차) 감가상각누계액	38,000,000원	(대) 부가세예수금	1,350,000원
	현금	4,850,000원	기계장치	50,000,000원
	미수금	10,000,000원	유형자산처분이익	1,500,000원

[3] 매입매출전표
유형:51.과세 공급가액:5,000,000원 부가세:500,000원 거래처:마산상사 전자:여 분개:혼합
09.22.	(차) 부가세대급금	500,000원	(대) 받을어음(㈜서울)	2,000,000원
	원재료	5,000,000원	외상매입금	3,500,000원

[4] 매입매출전표입력
유형:12.영세 공급가액:70,000,000원 거래처:NICE Co.,Ltd 전자:여 분개:혼합
영세율구분:③내국신용장·구매확인서에 의하여 공급하는 재화
10.31.	(차) 외상매출금	35,000,000원	(대) 제품매출	70,000,000원
	보통예금	35,000,000원		

[5] 매입매출전표입력

유형:54.불공 공급가액:1,500,000원 부가세:150,000원 거래처:손오공상사 전자:여 분개:혼합
불공제사유:④기업업무추진비 및 이와 유사한 비용 관련

11.04. (차) 기업업무추진비(판)   1,650,000원   (대) 미지급금   1,650,000원
                                                      (또는 미지급비용)

[6] 매입매출전표입력

유형:54.불공 공급가액:50,000,000원 부가세:5,000,000원 거래처:㈜만듬건설 전자:여 분개:혼합
불공제사유:⑥토지의 자본적지출 관련

12.05. (차) 토지   55,000,000원   (대) 선급금   5,500,000원
                                                  미지급금   49,500,000원

문제4

[1] 일반전표입력

· 수정 전 : 11.10. (차) 수선비(제)   880,000원   (대) 보통예금   880,000원
· 수정 후 : 11.10. (차) 미지급금(가나상사) 880,000원   (대) 보통예금   880,000원

[2] 매입매출전표입력

· 수정 전 :

유형:16.수출 공급가액:10,000,000원 거래처:㈜강서기술 전자:부 분개:혼합
영세율구분:①직수출(대행수출 포함)

12.15. (차) 외상매출금   10,000,000원   (대) 제품매출   10,000,000원

· 수정 후 :

유형:12.영세 공급가액:10,000,000원 거래처:㈜강서기술 전자:여 분개:혼합
영세율구분:③내국신용장·구매확인서에 의하여 공급하는 재화

12.15. (차) 외상매출금   10,000,000원   (대) 제품매출   10,000,000원

문제5

[1] 일반전표입력

12.31. (차) 미수수익   2,250,000원   (대) 이자수익   2,250,000원
· 이자수익 : 50,000,000원×6%×9/12=2,250,000원

[2] 일반전표입력

12.31. (차) 선급비용   900,000원   (대) 임차료(제)   900,000원

[3] 일반전표입력

12.31. (차) 단기매매증권평가손실 2,000,000원 (대) 단기매매증권   2,000,000원

문제6

[1] 3,000,000원 =3월 8,400,000원-1월 5,400,000원
· [총계정원장]>기간 : 1월 1일~6월 30일>계정과목 : 801.급여 조회

[2] 8,140,000원 =3월 13,000,000원-4월 4,860,000원
· [거래처원장]>·기간 : 3월 1일~3월 31일>계정과목 : 404.제품매출>거래처 : 일천상사 조회>대변합계
· 기간 : 4월 1일~4월 30일>계정과목 : 404.제품매출>거래처 : 일천상사 조회>대변합계

[답] 6매, 10,320,000원
· [세금계산서합계표]>매출>기간 : 1월~3월 조회

기출문제(108회)

[이론시험]

〈1〉	〈2〉	〈3〉	〈4〉	〈5〉	〈6〉	〈7〉	〈8〉	〈9〉	〈10〉	〈11〉	〈12〉	〈13〉	〈14〉	〈15〉
④	①	②	③	①	②	④	①	③	④	①	③	③	④	②

[1] ④   자기주식처분손실은 자본조정 항목이다.
[2] ①   계약금은 선수금으로 회계처리하고, 타인이 발행한 당좌수표를 수취한 경우에는 현금으로 회계처리한다.
[3] ②   기말재고자산을 실제보다 과대계상한 경우, 매출원가가 실제보다 과소계상되고, 매출총이익 및 당기순이익은 과대계상되어 자본총계도 과대계상된다.
[4] ③   [일반기업회계기준 문단 11.26] 무형자산의 상각기간은 독점적·배타적인 권리를 부여하고 있는 관계 법령이나 계약에 정해진 경우를 제외하고는 20년을 초과할 수 없다.
[5] ① 7,000,000원
=1년 만기 정기예금 3,000,000원+단기매매증권 4,000,000원
· 현금및현금성자산 : 현금, 당좌예금, 우편환증서
· 매출채권 : 외상매출금
[6] ②   2개
· 비유동부채 : 사채, 퇴직급여충당부채
· 유동부채 : 유동성장기부채, 선수금
[7] ④   재고자산평가손실 1,000,000원
=비누(취득원가 75,000원-순실현가능가치 65,000원)×100개
· 세제의 경우 평가이익에 해당하나 최초의 취득가액을 초과하는 이익은 저가법상 인식하지 않는다.
[8] ①
· 예약판매계약 : 공사결과를 신뢰성 있게 추정할 수 있을 때에 진행기준을 적용하여 공사수익을 인식한다.
· 할부판매 : 이자부분을 제외한 판매가격에 해당하는 수익을 판매시점에 인식한다. 이자부분은 유효이자율법을 사용하여 가득하는 시점에 수익으로 인식한다.
· 위탁판매 : 위탁자는 수탁자가 해당 재화를 제3자에게 판매한 시점에 수익을 인식한다.
[9] ③ 23억원
=당기 원재료 매입액 20억원+원재료 재고 감소액 3억원
· 당기원재료비 : 기초 원재료 재고액 A+당기 원재료 매입액 20억원-기말 원재료 재고액 B

[10] ④ 기말제품재고액은 재무상태표와 손익계산서에서 확인할 수 있다.
· 기초재공품재고액, 기말원재료재고액, 당기제품제조원가, 당기총제조비용은 제조원가명세서에서 확인할 수 있다.
[11] ① 100,000원 과대배부
=제조간접원가 예정배부액 600,000원−실제 제조간접원가 발생액 500,000원
· 제조간접원가 예정배부액 : 실제 직접노무시간 3,000시간×예정배부율 200원=600,000원
[12] ③ 기초재공품이 존재하지 않는 경우에 평균법과 선입선출법의 당기완성품원가와 기말재공품원가가 일치한다.
[13] ③ 구매확인서에 의하여 공급하는 재화는 영세율 적용 대상 거래이지만 세금계산서 발급의무가 있다.
[14] ④ 부가가치세법 시행령 제8조 제1항, 부동산매매업은 법인의 경우 법인의 등기부상 소재지
[15] ② 부가가치세법 제3조 제1항, 사업자 또는 재화를 수입하는 자 중 어느 하나에 해당하는 자로서 개인, 법인(국가·지방자치단체와 지방자치단체조합을 포함한다), 법인격이 없는 사단·재단 또는 그 밖의 단체는 이 법에 따라 부가가치세를 납부할 의무가 있다.

[실무시험]

문제1

[1] [거래처등록]> · 코드 : 3000
· 거래처명 : ㈜나우전자
· 유형 : 3.동시
· 사업자등록번호 : 108-81-13579 · 대표자성명 : 김나우
· 업종 : 업태−제조, 종목−전자제품
· 주소 : 서울특별시 서초구 명달로 104 (서초동)

[2]
[계정과목 및 적요 등록]>186. 퇴직연금운용자산
> · 적요NO : 1 · 대체적요 : 제조 관련 임직원 확정급여형 퇴직연금부담금 납입

[3]
[전기분재무상태표]> · 260.단기차입금 20,000,000원 추가입력
· 장기차입금 20,000,000원 → 0원으로 수정
[거래처별초기이월]> · 260.단기차입금 : 기업은행 20,000,000원 추가입력
· 장기차입금 : 신한은행 20,000,000원 → 0원으로 수정 또는 삭제

또는

[전기분재무상태표]> · 260.단기차입금 20,000,000원 추가입력
· 장기차입금>20,000,000원 → 삭제
[거래처별초기이월]> · 260.단기차입금 : 기업은행 20,000,000원 추가입력

문제2

[1] 일반전표입력
08.01. (차) 외화장기차입금(미국은행) 37,500,000원   (대) 보통예금   39,000,000원
　　　　　외환차손　　　　　　　　1,500,000원

[2] 일반전표입력
08.12. (차) 부도어음과수표(㈜모모가방) 50,000,000원   (대) 받을어음(㈜모모가방)   50,000,000원

[3] 일반전표입력
08.23. (차) 미지급배당금　　　　10,000,000원   (대) 보통예금　　　8,460,000원
　　　　　　　　　　　　　　　　　　　　　　　　　예수금　　　　　1,540,000원

[4] 일반전표입력
08.31. (차) 기계장치　　　　　　5,500,000원   (대) 자산수증이익　　5,500,000원

[5] 일반전표입력
09.11. (차) 단기매매증권　　　　4,000,000원   (대) 보통예금　　　4,010,000원
　　　　　수수료비용(984)　　　　　10,000원

· 단기매매증권의 취득과 직접 관련된 거래원가는 비용(일반적인 상거래에 해당하지 않으므로 영업외비용 항목의 수수료비용)으로 처리한다.

[6] 일반전표입력
09.13. (차) 현금　　　　　　　　1,000,000원   (대) 외상매출금(㈜다원)　4,000,000원
　　　　　받을어음(㈜다원)　　　3,000,000원

문제3

[1] 매입매출전표
유형:17.카과 공급가액:5,000,000원 부가세:500,000원 거래처:㈜남양가방 분개:카드 또는 혼합
신용카드사:비씨카드
07.13. (차) 외상매출금(비씨카드)　5,500,000원   (대) 부가세예수금　　500,000원
　　　　　　　　　　　　　　　　　　　　　　　　　제품매출　　　　5,000,000원

[2] 매입매출전표
유형:51.과세 공급가액:500,000원 부가세:50,000원 거래처:쾌속운송 전자:여 분개:혼합
09.05. (차) 부가세대급금　　　　　　50,000원   (대) 보통예금　　　　550,000원
　　　　　기계장치　　　　　　　500,000원

[3] 매입매출전표입력
유형:51.과세 공급가액:10,000,000원 부가세:1,000,000원 거래처:정도정밀 전자:여 분개:혼합
09.06. (차) 부가세대급금　　　　1,000,000원   (대) 보통예금　　　11,000,000원
　　　　　외주가공비(제)　　　10,000,000원

[4] 매입매출전표입력
유형:54.불공 공급가액:3,500,000원 부가세:350,000원 거래처:㈜목포전자 전자:여 분개:혼합
불공제사유:②사업과 직접 관련 없는 지출
09.25. (차) 기부금　　　　　　　3,850,000원   (대) 미지급금　　　3,850,000원

· 국가 및 지방자치단체에 무상으로 공급하는 재화의 경우, 취득 당시 사업과 관련하여 취득한 재화이면 매입세액을 공제하고, 사업과 무관하게 취득한 재화이면 매입세액을 공제하지 아니한다.

[5] 매입매출전표입력
유형:57.카과 공급가액:1,500,000원 부가세:150,000원 거래처:㈜ok사무 분개:카드 또는 혼합
신용카드사:하나카드
10.06. (차) 부가세대급금   150,000원   (대) 미지급금(하나카드)   1,650,000원
        비품   1,500,000원

[6] 매입매출전표입력
유형:51.과세 공급가액:2,500,000원 부가세:250,000원 거래처:㈜국민가죽 전자:여 분개:혼합
12.01. (차) 부가세대급금   250,000원   (대) 현금   250,000원
        원재료   2,500,000원   외상매입금   2,500,000원

문제4

[1]
· 수정 전 :
유형:51.과세 공급가액:15,000,000원 부가세:1,500,000원 거래처:제일자동차 전자:여 분개:혼합
07.22. (차) 부가세대급금   1,500,000원   (대) 보통예금   16,500,000원
        차량운반구   15,000,000원

· 수정 후 :
유형:54.불공 공급가액:15,000,000원 부가세:1,500,000원 거래처:제일자동차 전자:여 분개:혼합
불공제사유:③개별소비세법 제1조제2항제3호에 따른 자동차 구입·유지 및 임차
07.22. (차) 차량운반구   16,500,000원   (대) 보통예금   16,500,000원

[2] 일반전표입력
· 수정 전 : 09.15. (차) 대손상각비   3,000,000원 (대) 외상매출금(㈜댕댕오디오) 3,000,000원
· 수정 후 : 09.15. (차) 대손충당금(109) 1,500,000원 (대) 외상매출금(㈜댕댕오디오) 3,000,000원
                  대손상각비(판) 1,500,000원

문제5

[1] 일반전표입력
12.31 (차) 외상매입금(하나무역)   2,500,000원   (대) 가지급금   2,550,000원
       잡손실   50,000원
또는   (차) 외상매입금(하나무역)   2,500,000원   (대) 가지급금   2,500,000원
       (차) 잡손실   50,000원   (대) 가지급금   50,000원

[2] 일반전표입력
12.31. (차) 단기대여금(필립전자) 6,000,000원   (대) 외화환산이익   6,000,000원
· 대여일 기준환율 : 60,000,000원÷$30,000=2,000원/$
· 외화환산이익 : $30,000×(결산일 기준환율 2,200원-대여일 기준환율 2,000원)=6,000,000원

[3]
1. [결산자료입력]>기간 : 1월~12월
   >F8 대손상각>·대손율(%) : 1.00 입력
              ·미수금 외 채권 : 추가설정액 0원 입력
   >결산반영>F3 전표추가
2. [결산자료입력]>7.영업외비용>2).기타의대손상각>미수금 결산반영금액 300,000원 입력>F3 전표추가
3. 또는 일반전표입력
12.31. (차) 기타의대손상각비   300,000원   (대) 대손충당금(121)   300,000원
   · 대손충당금(미수금) : 미수금 잔액 40,000,000원×1%－대손충당금(121) 잔액 100,000원＝300,000원

문제6

[1] 1,330,000원
 · [매입매출장]>기간 : 01월 01일~03월 31일>구분 : 2.매출>유형 : 17.카과>분기계 합계 금액 확인
[2] 131,000원
 · [일계표/월계표]>[월계표]>조회기간 : 6월~6월>8.영업외비용 차변 계 확인
[3] 3,060,000원
 · [부가가치세신고서]>기간 : 4월 1일~6월 30일>16.세액(공제받지못할매입세액) 금액 확인

기출문제(107회)

[이론시험]

〈1〉	〈2〉	〈3〉	〈4〉	〈5〉	〈6〉	〈7〉	〈8〉	〈9〉	〈10〉	〈11〉	〈12〉	〈13〉	〈14〉	〈15〉
③	②	①	②	①	①	②	③	④	④	①	③	④	④	③

[1] ③
 · 자산 : 자산은 과거의 거래나 사건의 결과로서 현재 기업실체에 의해 지배되고 미래에 경제적 효익을 창출할 것으로 기대되는 자원이다.
 · 부채 : 부채는 과거의 거래나 사건의 결과로 현재 기업실체가 부담하고 있고 미래에 자원의 유출 또는 사용이 예상되는 의무이며, 기업실체가 현재 시점에서 부담하는 경제적 의무이다.
 · 비용 : 비용은 차손을 포함한다.
[2] ②   계속기록법과 실지재고조사법을 통해 기말재고자산의 수량을 결정한다.
[3] ①   선일자수표는 받을어음으로 처리한다.
[4] ②
 · 기업이 보유하고 있는 토지는 보유목적에 따라 재고자산, 투자자산, 유형자산으로 분류될 수 있다.
 · 유형자산을 취득한 후에 발생하는 비용은 성격에 따라 당기 비용 또는 자산의 취득원가에 포함한다.
 · 토지와 건설중인자산은 감가상각을 하지 않는다.

[5] ①　200,000원
　　　　＝단기매매증권평가이익 200,000원－단기매매증권평가손실 100,000원＋배당금수익 50,000원＋
　　　　　단기매매증권처분이익 50,000원
　　　　・단기매매증권평가이익 : A주식 기말공정가액 700,000원－취득원가 500,000원＝200,000원
　　　　・단기매매증권평가손실 : B주식 취득원가 300,000원－기말공정가액 200,000원＝100,000원
　　　　・단기매매증권처분이익 : C주식 처분가액 300,000원－취득원가 250,000원＝50,000원
[6] ①　사채의 액면발행, 할인발행, 할증발행 여부와 관계없이 액면이자는 매년 동일하다.
　　　　・할증발행 시 유효이자는 매년 감소한다.
　　　　・사채발행비는 사채발행가액에서 차감한다.
　　　　・할인발행 또는 할증발행 시 발행차금의 상각액 및 환입액은 매년 증가한다.
[7] ②
・주식발행초과금 : 자본잉여금
・자기주식 : 자본조정
・매도가능증권평가손익 : 기타포괄손익누계액
[8] ③　자본적지출을 수익적지출로 잘못 처리했을 경우 당기 비용은 과대계상되어 당기의 당기순이익은 과소
　　　　계상되고, 차기의 당기순이익은 과대계상된다.
[9] ④　자산을 다른 용도로 사용하는 것은 기회원가에 해당한다. 대체 자산 취득 시 기존 자산의 취득원가는
　　　　의사결정에 영향을 주지 않는 경우 매몰원가에 해당한다.
[10] ④　변동원가는 관련범위 내에서 조업도가 증가하면 변동원가 총액이 증가하고, 단위당 변동원가는 일정하다.
[11] ①
・재료원가 : 당기완성 1,800개＋기말재공품 300개＝2,100개
・가공원가 : 당기완성 1,800개＋기말재공품 300개×70％＝2,010개
[12] ③　1,200,000원
　　　　　＝기초제품 800,000원＋당기제품제조원가 700,000원－기말제품 300,000원
・당기제품제조원가 : 기초재공품 500,000원＋당기총제조원가 1,500,000원－기말재공품 1,300,000원
　　　　　　＝700,000원
[13] ④　부가가치세법 제26조 제1항, 다음 각 호의 재화 또는 용역의 공급에 대하여는 부가가치세를 면제한다.
　　　　7. 여객운송 용역. 다만, 다음 각 목의 어느 하나에 해당하는 여객운송 용역으로서 대통령령으로 정하
　　　　　는 것은 제외한다.
　　　　　　가. 항공기, 고속버스, 전세버스, 택시, 특수자동차, 특종선박(特種船舶) 또는 고속철도에 의한 여
　　　　　　　객운송 용역
[14] ④　부가가치세법 제49조 제1항, 사업자는 각 과세기간에 대한 과세표준과 납부세액 또는 환급세액을 그
　　　　과세기간이 끝난 후 25일(폐업하는 경우 제5조 제3항에 따른 폐업일이 속한 달의 다음 달 25일) 이내
　　　　에 대통령령으로 정하는 바에 따라 납세지 관할 세무서장에게 신고하여야 한다.
[15] ③　법인사업자의 주주가 변동된 것은 사업자등록 정정 사유가 아니다.

[실무시험]

문제1

[1]
[계정과목 및 적요등록]>842. 견본비>현금적요>적요NO : 2, 전자제품 샘플 제작비 지급

[2]
[거래처별초기이월]> · 외상매출금 : ㈜홍금전기 3,000,000원 → 30,000,000원으로 수정
　　　　　　　　· 외상매입금 : 하나무역 12,000,000원 → 26,000,000원으로 수정
　　　　　　　　· 받을어음 : ㈜대호전자 25,000,000원 추가 입력

[3]
· [전기분원가명세서]> · 전력비 수정 : 2,000,000원 → 4,200,000원
· 당기제품제조원가 변경 확인 : 94,300,000원 → 96,500,000원
· [전기분손익계산서]> · 당기제품제조원가 수정 : 94,300,000원 → 96,500,000원
· 제품매출원가 변경 확인 : 121,650,000원 → 123,850,000원
· 수도광열비(판) 수정 : 3,000,000원 → 1,100,000원
· 당기순이익 변경 확인 : 88,200,000원〉 → 87,900,000원
· [전기분잉여금처분계산서]> · F6 불러오기
· 당기순이익 변경 확인 88,200,000원 → 87,900,000원
· 미처분이익잉여금 및 차기이월미처분이익잉여금 변경 확인 :
　134,800,000원 → 134,500,000원
· [전기분재무상태표]> · 이월이익잉여금 수정 : 134,800,000원 → 134,500,000원
· 대차 금액 일치 확인

문제2

[1] 일반전표입력
07.03. (차) 선급금(세무빌딩)　　　600,000원　　(대) 보통예금　　　　　600,000원

[2] 일반전표입력
08.01. (차) 보통예금　　　　　　3,430,000원　　(대) 외상매출금(하나카드)　3,500,000원
　　　　수수료비용(판)　　　　　70,000원

[3] 일반전표입력
08.16. (차) 퇴직급여(판)　　　　8,800,000원　　(대) 퇴직연금운용자산　　8,800,000원

[4] 일반전표입력
08.23. (차) 장기차입금(나라은행)　20,000,000원　(대) 보통예금　　　　　20,200,000원
　　　　이자비용　　　　　　　200,000원

[5] 일반전표입력
11.05 (차) 받을어음(㈜다원)　　3,000,000원　　(대) 외상매출금(㈜다원)　4,000,000원
　　　　단기대여금(㈜다원)　　1,000,000원

[6] 일반전표입력
11.20. (차) 차량운반구   400,000원   (대) 현금   400,000원
또는 출금전표 차량운반구   400,000원

문제3

[1] 매입매출전표입력
유형:52.영세 공급가액:15,000,000원 거래처:㈜직지상사 전자:여 분개:혼합
08.17. (차) 원재료   15,000,000원   (대) 지급어음   5,000,000원
                                                외상매입금   10,000,000원

[2] 매입매출전표
유형:51.과세 공급가액:1,000,000원 부가세:100,000원 거래처:이진컴퍼니 전자:부 분개:혼합
08.28. (차) 부가세대급금   100,000원   (대) 미지급금   1,100,000원
        복리후생비(제)   1,000,000원   (또는 미지급비용)

[3] 매입매출전표입력
유형:61.현과 공급가액:220,000원 부가세:22,000원 거래처:우리카센타 분개:현금 또는 혼합
09.15. (차) 부가세대급금   22,000원   (대) 현금   242,000원
        차량유지비(제)   220,000원

[4] 매입매출전표입력
유형:53.면세 공급가액:200,000원 거래처:㈜대한도서 전자:여 분개:혼합
09.27. (차) 도서인쇄비(판)   200,000원   (대) 미지급금   200,000원
        (또는 교육훈련비(판))   (또는 미지급비용)

[5] 매입매출전표입력
유형:54.불공 공급가액:700,000원 부가세:70,000원 거래처:㈜세무렌트 전자:여 분개:혼합
불공제사유:③개별소비세법 제1조제2항제3호에 따른 자동차 구입·유지 및 임차
09.30. (차) 임차료(판)   770,000원   (대) 미지급금   770,000원
                                                (또는 미지급비용)

[6] 매입매출전표입력
유형:11.과세 공급가액:-10,000,000원 부가세:-1,000,000원 거래처:우리자동차㈜ 전자:여 분개: 외상 또는 혼합
10.15. (차) 외상매출금   -11,000,000원   (대) 부가세예수금   -1,000,000원
                                                제품매출   -10,000,000원
                                                (또는 매출환입및에누리(405))

문제4

[1] 일반전표입력
· 수정 전:
07.06. (차) 외상매입금(㈜상문)   3,000,000원   (대) 보통예금   3,000,000원

· 수정 후 :
 07.06. (차) 외상매입금(㈜상문)   3,000,000원   (대) 받을어음(상명상사)   3,000,000원
[2]
· 수정 전 : 일반전표입력
 12.13. (차) 수도광열비(판)   121,000원   (대) 현금   121,000원
· 수정 후 : 일반전표 삭제 후 매입매출전표입력
 유형:51.과세 공급가액:110,000원 부가세:11,000원 거래처:한국전력공사 전자:여 분개:현금 또는 혼합
 12.13. (차) 부가세대급금   11,000원   (대) 현금   121,000원
      전력비(제)   110,000원

문제5

[1] 일반전표입력
 12.31. (차) 장기차입금(대한은행)   50,000,000원   (대) 유동성장기부채(대한은행) 50,000,000원
[2]
· [결산자료입력]>기간 : 2025년 01월~2025년 12월
        >4. 판매비와 일반관리비
        >6). 무형자산상각비
        >특허권 결산반영금액란>6,000,000원 입력>F3전표추가
· 또는 일반전표입력
 12.31. (차) 무형자산상각비(판)   6,000,000원   (대) 특허권   6,000,000원
· 특허권 취득가액 : 전기말 상각후잔액 24,000,000원×5/4=30,000,000원
· 무형자산상각비 : 30,000,000원×1/5=6,000,000원

[3]
1. [결산자료입력]>기간 : 2025년 01월~2025년 12월
        >9. 법인세등> · 1). 선납세금 6,800,000원 입력   >F3전표추가
               · 2). 추가계상액 6,700,000원 입력
2. 또는 일반전표입력
 12.31. (차) 법인세등   13,500,000원   (대) 선납세금   6,800,000원
                      미지급세금   6,700,000원

문제6

[1] 191,786,000원
 =6월 30일 284,609,000원-전기말 92,823,000원
· [재무상태표]>기간 : 6월>[제출용] 탭
[2] 390,180,000원
 =과세 세금계산서 발급분 공급가액 351,730,000원+영세 세금계산서발급분 공급가액 38,450,000원
· [부가가치세신고서]>기간 : 4월 1일~6월 30일 조회

[3] 40,000,000원
  · [거래처원장]>기간 : 6월 1일~6월 30일>계정과목 : 251.외상매입금>지예상사 차변 금액

기출문제(106회)

[이론시험]

〈1〉	〈2〉	〈3〉	〈4〉	〈5〉	〈6〉	〈7〉	〈8〉	〈9〉	〈10〉	〈11〉	〈12〉	〈13〉	〈14〉	〈15〉
①	④	②	③	①	④	④	①	①	①	③	④	④	②	④

[1] ① [일반기업회계기준 재무회계개념체계 문단 52] 유형자산을 역사적 원가로 평가하면 일반적으로 검증 가능성이 높으므로 측정의 신뢰성은 제고되나 목적적합성은 저하될 수 있다.

[2] ④ [일반기업회계기준 문단 2.44] 손익계산서는 일정 기간 동안 기업의 경영성과에 대한 정보를 제공하는 보고서이다. 손익계산서는 당해 회계기간의 경영성과를 나타낼 뿐만 아니라 기업의 미래현금흐름과 수익창출능력 등의 예측에 유용한 정보를 제공한다.

[3] ② 새로운 상품과 서비스를 제공하는데 소요되는 원가는 취득원가에 포함하지 않는다.

[4] ③ 만기보유증권은 채권에만 적용되며, 매도가능증권은 주식, 채권에 적용 가능하다.

[5] ① 감자차익은 자본잉여금에 속한다.
  · 주식할인발행차금, 자기주식, 자기주식처분손실은 자본조정에 속한다.

[6] ④ [일반기업회계기준서 문단 16.17] 재화의 판매, 용역의 제공, 이자, 배당금, 로열티로 분류할 수 없는 기타의 수익은 다음 조건을 모두 충족할 때 발생기준에 따라 합리적인 방법으로 인식한다.
  (1) 수익가득과정이 완료되었거나 실질적으로 거의 완료되었다.
  (2) 수익금액을 신뢰성 있게 측정할 수 있다.
  (3) 경제적 효익의 유입 가능성이 매우 높다.

[7] ④ 5,950,000원
  = 기초상품재고액 500,000원 + 당기순매입액 7,250,000원 − 타계정대체금액 300,000원 − 기말상품재고액 1,500,000원
  · 순매입액 : 총매입액 8,000,000원 − 매입에누리금액 750,000원 = 7,250,000원

상품(자산)			(단위 : 원)
기초상품재고액	500,000	매 출 원 가	5,950,000
총 매 입 액	8,000,000	타계정대체금액	300,000
매입에누리금액	(750,000)	기말상품재고액	1,500,000
(증 가)		(감 소)	
	7,750,000		7,750,000

[8] ① 자산 과소계상 및 수익 과소계상
  · 아래의 올바른 회계처리가 누락되어 자산(외상매출금)과 수익(상품매출)이 과소계상된다.
    2025.12.26. (차) 외상매출금 (대) 상품매출

[9] ① 자료에서 설명하는 원가는 준변동원가로, 기본요금 및 사용량에 따른 요금이 부과되는 전화요금이 이

에 해당한다.
- 변동원가 : 직접재료원가, 직접노무원가
- 고정원가 : 감가상각비, 화재보험료 등
- 준변동원가 : 전력비, 전화요금, 가스요금 등
- 준고정원가 : 생산관리자의 급여, 생산량에 따른 설비자산의 임차료 등

[10] ① 단일 종류의 제품을 연속생산, 대량생산하는 업종에 적합한 원가계산 방법은 종합원가계산이다. 개별원가계산은 다품종 소량생산, 주문생산하는 업종에 적합하다.

[11] ③ 150개
=공손수량 200개-정상공손수량 50개
- 당기 완성품 수량 : 기초재공품 400개+당기착수량 1,000개-기말재공품 200개-공손수량 200개 =1,000개
- 정상공손수량 : 당기 완성품 수량 1,000개×5%=50개
- 영업외비용으로 처리할 공손은 비정상공손을 말한다.

[12] ④ 750,000원
=직접재료원가 180,000원+직접노무원가 320,000원+제조간접원가 250,000원
- 제조간접원가 : 공장 전력비 50,000원+공장 임차료 200,000원=250,000원

[13] ④ 부가가치세법 제4조, 부가가치세는 다음 각 호의 거래에 대하여 과세한다.
1. 사업자가 행하는 재화 또는 용역의 공급
2. 재화의 수입

[14] ② 부가가치세법 제8조 제2항, 사업자는 제1항에 따른 사업자등록의 신청을 사업장 관할 세무서장이 아닌 다른 세무서장에게도 할 수 있다. 이 경우 사업장 관할 세무서장에게 사업자등록을 신청한 것으로 본다.

[15] ④ 부가가치세법 제63조 제5항, 간이과세자의 경우 제3항(매입세금계산서 등 수취세액공제) 및 제46조 제1항(신용카드매출전표 등 발행세액공제)에 따른 금액의 합계액이 각 과세기간의 납부세액을 초과하는 경우에는 그 초과하는 부분은 없는 것으로 본다.

[실무시험]

문제1

[1]
[계정과목및적요등록]>511.복리후생비>·현금적요>적요NO : 9, 생산직원 독감 예방접종비 지급
　　　　　　　　　　　　　　　　· 대체적요>적요NO : 3, 직원 휴가비 보통예금 인출

[2]
[기초정보관리]>거래처등록>일반거래처>· 거래처코드 : 00450
　　　　　　　　　　　　　　　　　· 거래처명 : ㈜대박
　　　　　　　　　　　　　　　　　· 유형 : 3.동시
　　　　　　　　　　　　　　　　　· 사업자등록번호 : 403-81-51065
　　　　　　　　　　　　　　　　　· 대표자 : 박대박

· 업태 : 제조
· 종목 : 원단
· 사업장주소 : 경상북도 칠곡군 지천면 달서원길 16

[3]
1. [전기분손익계산서]> · 광고선전비(판) 3,800,000원 → 5,300,000원으로 수정
                    · 당기순이익 88,020,000원 → 86,520,000원으로 변경 확인
2. [전기분잉여금처분계산서]> · 6.당기순이익 88,020,000원 → 86,520,000원으로 수정(또는 F6불러오기)
                        · Ⅰ.미처분이익잉여금 164,900,000원 → 163,400,000원으로 변경 확인
3. [전기분재무상태표]> · 이월이익잉여금 164,900,000원 → 163,400,000원으로 수정
                   · 대차차액이 없음을 확인

또는

1. [전기분손익계산서]> · 매출원가>당기제품제조원가 550,900,000원 → 538,900,000원으로 수정
                    · 광고선전비(판) 3,800,000원 → 5,300,000원으로 수정
                    · 당기순이익 88,020,000원 → 98,520,000원으로 변경 확인
2. [전기분잉여금처분계산서]> · 6.당기순이익 88,020,000원 → 98,520,000원으로 수정(또는 F6불러오기)
                        · Ⅰ.미처분이익잉여금 164,900,000원 → 175,400,000원으로 변경 확인
3. [전기분재무상태표]> · 이월이익잉여금 164,900,000원 → 175,400,000원으로 수정
                   · 대차차액 (-)12,000,000원 발생 확인

문제2

[1] 일반전표입력
07.18. (차) 외상매입금(㈜괴안공구) 33,000,000원   (대) 지급어음(㈜괴안공구) 23,000,000원
                                                    보통예금   10,000,000원

[2] 일반전표입력
07.30. (차) 대손충당금(109)   320,000원   (대) 외상매출금(㈜지수포장) 1,800,000원
         대손상각비(판)   1,480,000원

[3] 일반전표입력
08.30. (차) 임차보증금(형제상사)   5,000,000원   (대) 선급금(형제상사)   1,500,000원
                                                    보통예금   3,500,000원

[4] 일반전표입력
10.18. (차) 단기차입금(대표이사)   19,500,000원   (대) 채무면제이익   19,500,000원

[5] 일반전표입력
10.25. (차) 여비교통비(판)   2,850,000원   (대) 가지급금(누리호)   3,000,000원
         현금   150,000원

[6] 일반전표입력
11.04. (차) 퇴직급여(판)   2,000,000원   (대) 보통예금   5,000,000원
         퇴직급여(제)   3,000,000원

문제3

[1] 매입매출전표입력
유형:16.수출 공급가액:50,000,000원 부가세:0원 거래처:HK사 분개:혼합
영세율구분:①직접수출(대행수출 포함)
07.14. (차) 선수금   10,000,000원   (대) 제품매출   50,000,000원
            외상매출금   40,000,000원

[2] 매입매출전표입력
유형:11.과세 공급가액:10,000,000원 부가세:1,000,000원 거래처:㈜동도유통 전자:여 분개:혼합
08.05. (차) 받을어음(㈜서도상사) 10,000,000원   (대) 부가세예수금   1,000,000원
            외상매출금   1,000,000원   제품매출   10,000,000원

[3] 매입매출전표입력
유형:57.카과 공급가액:4,400,000원 부가세:440,000원 거래처:함안전자 분개:혼합 또는 카드
신용카드사:국민카드
08.20. (차) 부가세대급금   440,000원   (대) 미지급금(국민카드)   4,840,000원
            비품   4,400,000원

[4] 매입매출전표입력
유형:53.면세 공급가액:5,000,000원 부가세:0원 거래처:㈜더람 전자:여 분개:혼합
11.11. (차) 교육훈련비(판)   5,000,000원   (대) 선급금   1,000,000원
                                            보통예금   4,000,000원

[5] 매입매출전표입력
유형:51.과세 공급가액:10,000,000원 부가세:1,000,000원 거래처:㈜미래상사 전자:여 분개:혼합
11.26. (차) 부가세대급금   1,000,000원   (대) 보통예금   11,000,000원
            개발비   10,000,000원

[6] 매입매출전표입력
유형:54.불공 공급가액:750,000원 부가세:75,000원 거래처:차차카센터 전자:여 분개:혼합
불공제사유:③개별소비세법 제1조제2항제3호에 따른 자동차 구입·유지 및 임차
12.04. (차) 차량유지비(제)   825,000원   (대) 보통예금   825,000원

문제4

[1] 일반전표입력
· 수정 전 : 08.02. (차) 외상매입금(온누리)800,000원 (대) 보통예금   800,000원
· 수정 후 : 08.02. (차) 미지급금(온누리) 800,000원 (대) 보통예금   800,000원

[2]
· 수정 전 : 일반전표입력
  11.19. (차) 운반비(판)   330,000원   (대) 현금   330,000원
· 수정 후 : 일반전표 삭제 후 매입매출전표입력
유형:51.과세 공급가액:300,000원 부가세:30,000원 거래처:차차운송 전자:여 분개:현금 또는 혼합

11.19. (차) 부가세대급금　　　　　　30,000원　　(대) 현금　　　　　　　　330,000원
　　　　원재료　　　　　　　　　　 300,000원

문제5

[1] 일반전표입력
12.31. (차) 재고자산감모손실　　　2,000,000원　　(대) 제품　　　　　　　2,000,000원
　　　　　　　　　　　　　　　　　　　　　　　　　(적요 8. 타계정으로 대체액)

[2] 일반전표입력
12.31. (차) 소모품　　　　　　　　 2,500,000원　　(대) 광고선전비(판)　　 2,500,000원

[3]
1. [결산자료입력]>기간 : 1월~12월
　　　　　　　>9. 법인세등>1). 선납세금 결산반영금액 6,500,000원 입력　　>F3전표추가
　　　　　　　　　　　　　　2). 추가계상액 결산반영금액 4,250,000원 입력

2. 일반전표입력
12.31. (차) 법인세등　　　　　　　10,750,000원　　(대) 선납세금　　　　　6,500,000원
　　　　　　　　　　　　　　　　　　　　　　　　　　　미지급세금　　　　 4,250,000원

문제6

[1] 다솜상사, 63,000,000원
　· [거래처원장]>기간 : 1월 1일~6월 30일>계정과목 : 외상매입금(251) 조회
[2] 11,250,700원
　· [부가가치세신고서]>기간 : 4월 1일~6월 30일>차가감하여 납부할세액(환급받을세액) 확인
[3] 6월, 5,000,000원
　· [총계정원장]>기간 : 4월 1일~6월 30일>계정과목 : 광고선전비(833) 조회

기출문제(105회)

[이론시험]

⟨1⟩	⟨2⟩	⟨3⟩	⟨4⟩	⟨5⟩	⟨6⟩	⟨7⟩	⟨8⟩	⟨9⟩	⟨10⟩	⟨11⟩	⟨12⟩	⟨13⟩	⟨14⟩	⟨15⟩
③	①	④	③	②	②	①	②	③	④	③	②	①	④	④

[1] ③　순자산 변동이 없으므로 회계상 거래가 아니다.
[2] ①　계속기업의 가정
[3] ④　재고자산은 판매용으로 보유하는 자산을 의미한다.
　　　　· ① 유형자산, ② 유형자산, ③ 투자자산
　　　　· [일반기업회계기준 문단 7.3] '재고자산'은 정상적인 영업과정에서 판매를 위하여 보유하거나 생산
　　　　　과정에 있는 자산 및 생산 또는 서비스 제공과정에 투입될 원재료나 소모품의 형태로 존재하는 자산
　　　　　을 말한다.

[4] ③ [일반기업회계기준 문단 10.13] 새로운 건물을 신축하기 위하여 기존건물을 철거하는 경우 기존건물의 장부가액은 제거하여 처분손실로 하고, 철거비용은 당기 비용처리 한다.
[5] ② 특별한 경우를 제외하고는 무형자산의 상각기간은 20년을 초과할 수 없다.
[6] ② 주요장부에는 총계정원장과 분개장이 있다.
[7] ① 감자차손, 자기주식, 주식할인발행차금은 자본조정항목에 해당한다.
[8] ② 295,000원 =순매출액 475,000원−매출원가 180,000원
· 당기순매입 : 당기총매입 200,000원−매입할인 5,000원−매입환출 5,000원=190,000원
· 매출원가 : 기초상품 100,000원+당기순매입 190,000원−기말상품 110,000원=180,000원

상품(자산)			
기초상품재고액	100,000원	매출원가	180,000원
매입액	200,000원	기말상품재고액	110,000원
매입할인	(5,000)원		
매입환출	(5,000)원		
(증가)		(감소)	
	290,000원		290,000원

[9] ③ 3,600,000원 =직접노무원가 1,600,000원+총제조간접원가 2,000,000원
· 총제조간접원가 : 변동제조간접원가 600,000원÷0.3=2,000,000원
[10] ④ 고정원가에 대한 그래프이다.
① 변동원가, ② 준변동원가, ③ 변동원가에 해당한다.
[11] ③ 9,800개 =당기완성품 수량 8,000개+기말재공품 완성품환산량 3,000개×60%
[12] ② 종합원가계산은 각 공정별로 원가보고서를 작성한다.
[13] ① 부가가치세의 납세의무는 사업목적이 영리인지 비영리인지 관계없이 발생한다.
[14] ④ 면세제도는 부가가치세의 역진성완화를 위한 제도로 부분면세제도이며, 면세포기 시 지체없이 등록신청하여야 한다. 나대지의 토지 임대와 일반의약품은 과세대상이다.
[15] ④ 주사업장총괄납부

[실무시험]

문제1

[1]
[전기분재무제표] 〉[전기분재무상태표] 〉· 토지 : 20,000,000원 → 31,000,000원 수정입력
· 건물 : 150,000,000원 → 139,000,000원 수정입력

[2]
[계정과목및적요등록] 〉824. 운반비 〉현금적요란 〉적요NO : 4, 택배운송비 지급

[3]
[거래처별초기이월] 〉· 외상매출금 〉·㈜보령전자 : 12,000,000원 → 10,200,000원으로 수정
· 평택전자㈜ : 3,680,000원 → 36,800,000원으로 수정
· 지급어음 〉· 대덕전자부품㈜ : 1,000,000원 → 10,000,000원으로 수정
· 명성전자㈜ : 20,000,000원 → 27,000,000원으로 수정

문제2

[1] 일반전표입력
08.16. (차) 수선비(판)　　　　　　　2,800,000원　　(대) 당좌예금　　　　　　　2,800,000원

[2] 일반전표입력
09.30. (차) 보통예금　　　　　　　　9,700,000원　　(대) 외상매출금(㈜창창기계산업) 10,000,000원
　　　　　매출할인(406)　　　　　　300,000원

[3] 일반전표입력
10.27. (차) 보통예금　　　　　　　25,600,000원　　(대) 자본금　　　　　　　　20,000,000원
　　　　　　　　　　　　　　　　　　　　　　　　　　주식발행초과금　　　　　5,600,000원

[4] 일반전표입력
10.28. (차) 원재료　　　　　　　　　2,000,000원　　(대) 보통예금　　　　　　　2,000,000원

[5] 일반전표입력
10.29. (차) 광고선전비(판)　　　　　　510,000원　　(대) 미지급금(국민카드)　　　510,000원
　　　　　　　　　　　　　　　　　　　　　　　　　　또는 미지급비용

[6] 일반전표입력
11.30. (차) 대손충당금(115)　　　　　660,000원　　(대) 단기대여금(㈜동행기업)　3,000,000원
　　　　　기타의대손상각비(954)　2,340,000원

문제3

[1] 매입매출전표입력
유형:61.현과　공급가액:30,000원　부가세:3,000원　거래처:상록택배　분개:혼합
07.20. (차) 부가세대급금　　　　　　　3,000원　　(대) 보통예금　　　　　　　　33,000원
　　　　　원재료　　　　　　　　　　30,000원

[2] 매입매출전표입력
유형:11.과세　공급가액:25,000,000원　부가세:2,500,000원　거래처:㈜청주자동차　전자:여　분개:혼합
09.30. (차) 외상매출금(㈜청주자동차) 2,500,000원　　(대) 부가세예수금　　　　　2,500,000원
　　　　　받을어음(㈜청주자동차)　25,000,000원　　　　제품매출　　　　　　　25,000,000원

[3] 매입매출전표입력
유형:16.수출　공급가액:50,400,000원　부가세:0원　거래처:글로벌인더스트리　분개:혼합
영세율구분:①직접수출(대행수출 포함)
11.07. (차) 외상매출금(글로벌인더스트리)　50,400,000원　(대) 제품매출　　　50,400,000원

[4] 매입매출전표 입력
유형:14.건별　공급가액:100,000원　부가세:10,000원　거래처:강태오　분개:현금 또는 혼합
12.07. (차) 현금　　　　　　　　　　110,000원　　(대) 부가세예수금　　　　　　10,000원
　　　　　　　　　　　　　　　　　　　　　　　　　　제품매출　　　　　　　　100,000원

[5] 매입매출전표입력
유형:57.카과　공급가액:600,000원　부가세:60,000원　거래처:커피프린스　분개:카드 또는 혼합

신용카드사:신한카드
12.20. (차) 부가세대급금　　　　　　60,000원　　　(대) 미지급금(신한카드)　　　660,000원
　　　　　복리후생비(제)　　　　　600,000원　　　　　또는 미지급비용

[6] 매입매출전표입력
유형:54.불공　공급가액:2,000,000원　부가세:200,000원　거래처:두리상사　전자:여　분개:혼합
불공제사유:④기업업무추진비 및 이와 유사한 비용 관련
12.30. (차) 기업업무추진비(판)　　2,200,000원　　(대) 보통예금　　　　　　2,200,000원

문제4

[1] 일반전표입력 수정
· 수정 전 :
　12.01. (차) 임대보증금(나자비)　20,000,000원　(대) 보통예금　　　　　20,000,000원
· 수정 후 :
　12.01. (차) 임차보증금(나자비)　20,000,000원　(대) 보통예금　　　　　20,000,000원

[2] 일반전표 삭제 후 매입매출전표입력
· 수정 전 : 일반전표입력
　12.09. (차) 차량유지비(판)　　　　　990,000 원　(대) 보통예금　　　　　　990,000원
· 수정 후 : 매입매출전표입력
유형:51.과세　공급가액:900,000원　부가세:90,000원　거래처:전의카센터　전자:여　분개:혼합
　12.09. (차) 부가세대급금　　　　　　90,000원　(대) 보통예금　　　　　　　990,000원
　　　　　차량유지비(제)　　　　　900,000원

문제5

[1] 일반전표입력
12.31. (차) 부가세예수금　　　　62,346,500원　(대) 부가세대급금　　　　52,749,000원
　　　　　　　　　　　　　　　　　　　　　　　미지급세금　　　　　　9,597,500원
[2] 일반전표입력
　12.31. (차) 외화환산손실　　　　3,000,000원　(대) 단기차입금(아메리칸테크㈜) 3,000,000원
[3] 일반전표입력
12.31. (차) 단기매매증권평가손실　15,000,000원　(대) 단기매매증권　　　15,000,000원

문제6

[1] 2,500,000원
· [부가가치세신고서] 〉 조회기간 : 4월 1일~6월 30일 〉 고정자산매입(11)란의 세액 확인
[2] 1,200,000원
· [총계정원장(월별)] 〉 조회기간 : 4월 1일~6월 30일 〉 계정과목 : 831.수수료비용 조회
[3] 송도무역, 108,817,500원
· [거래처원장] 〉 조회기간 : 1월 1일~6월 30일 〉 계정과목 : 108.외상매출금 조회

저자	
저 자 | 손현삼	**저 자 | 임순덕**
약 력 | 서울시립대경영대학원경영학석사 졸업 　　　　동국대학교 경상대학 회계학과 졸업 　　　　숭실대학교전산원 세무회계강사 　　　　대진대학교산학능력개발원 세무회계강사 　　　　중앙전산직업전문학교 세무회계대표강사 　　　　주경야독 경영아카데미 동영상 강의 　　　　동양시멘트(주) 경리부근무 　　　　고려합섬(주) 자금부근무	약 력 | 숭실대학교전산원 세무회계강사 　　　　대진대학교산학능력개발원 세무회계강사 　　　　고려정보전문학교 세무회계강사 　　　　중앙전산직업전문학교 세무회계강사 　　　　강서여성인력개발센터 세무회계강사 　　　　주경야독 경영아카데미 동영상 강의
저 서 | ANT 전산회계2급(나눔에이엔티) 　　　　ANT 전산회계1급(나눔에이엔티) 　　　　ANT 전산세무2급(나눔에이엔티) 　　　　CLASS 전산회계1급(나눔클래스)	저 서 | ANT 전산회계2급(나눔에이엔티) 　　　　ANT 전산회계1급(나눔에이엔티) 　　　　ANT 전산세무2급(나눔에이엔티) 　　　　CLASS 전산회계1급(나눔클래스)

CLASS 전산회계1급 (2025)　　　　가격 26,000원

5 판 발 행　2025년 1월 17일	주　　　　소　서울시 성북구 오패산로 38 2층(하월곡동)
저　　　자　손현삼 · 임순덕	홈 페 이 지　www.nanumclass.com
발 행 인　김 상 길	전　　　　화　02-911-2722
발 행 처　나눔클래스	팩　　　　스　02-911-2723
편　　　집　㈜서울멀티넷	ISBN 979-11-91475-86-9
등　　　록　제2021-000008호	2025@나눔클래스

파본은 구입하신 서점이나 출판사에서 교환해 드립니다.

나눔클래스는 정확한 지식과 정보를 독자분들께 제공하고자 최선의 노력을 다하고 있습니다. 본서가 모든 경우에 완벽성을 갖는 것은 아니므로 주의를 기울이시고 필요한 경우 전문가와 사전 논의를 하시기 바랍니다. 본서의 수록내용은 특정사안에 대한 구체적인 의견 제시가 될 수 없으므로 본서의 적용 결과에 대해서 책임 지지 않습니다.

MEMO

MEMO

MEMO